广东省优秀社会科学家文库（系列四）

张国雄自选集

张国雄 ◎ 著

中山大学出版社
·广州·

版权所有　翻印必究

图书在版编目（CIP）数据

张国雄自选集／张国雄著. ——广州：中山大学出版社，2025.5. ——（广东省优秀社会科学家文库）.
ISBN 978-7-306-08466-8

Ⅰ. D634.3-53

中国国家版本馆 CIP 数据核字第 2025WT4279 号

ZHANG GUOXIONG ZIXUANJI

出 版 人：	王天琪
策划编辑：	嵇春霞　廖丽玲　翁慧怡
责任编辑：	翁慧怡
封面设计：	曾　斌
责任校对：	管陈欣
责任技编：	靳晓虹
出版发行：	中山大学出版社
电　　话：	编辑部 020-84110283，84113349，84111997，84110779，84110776
	发行部 020-84111998，84111981，84111160
地　　址：	广州市新港西路 135 号
邮　　编：	510275　　传　真：020-84036565
网　　址：	http://www.zsup.com.cn　　E-mail:zdcbs@mail.sysu.edu.cn
印 刷 者：	佛山市浩文彩色印刷有限公司
规　　格：	787mm×1092mm　1/16　35.75 印张　626 千字
版次印次：	2025 年 5 月第 1 版　2025 年 5 月第 1 次印刷
定　　价：	130.00 元

如发现本书因印装质量影响阅读，请与出版社发行部联系调换

张国雄

　　祖籍江苏宜兴,出生于重庆,高中毕业后到湖北省谷城县月光林场当知识青年,1977年考入武汉大学历史系。1992年获得历史学博士学位,师从石泉教授。1993年进入北京大学地理学博士后流动站工作,在侯仁之院士指导下开展历史人口地理研究。1995年南下广东,在五邑大学工作。

　　张国雄曾任五邑大学副校长,现任五邑大学学术委员会主任,二级教授。中华全国归国华侨联合会第十届委员会常务委员、国务院侨务办公室海外专家咨询委员会委员,广东省优秀社会科学家、广东省文史馆馆员,享受国务院特殊津贴专家。荣获"全国模范教师""全国先进工作者"称号。获得广东省哲学社会科学优秀成果奖三项,其中,一等奖两项,三等奖一项。

　　张国雄长期研究侨乡文化、华侨历史、世界遗产,是"开平碉楼与村落"申报世界文化遗产和"侨批档案——海外华侨银信"申报世界记忆遗产首席专家,因申报世界文化遗产的杰出贡献被广东省人民政府荣记一等功。

"广东省优秀社会科学家文库"(系列四)

出版说明

哲学社会科学是人们认识世界、改造世界的重要工具,是推动历史发展和社会进步的重要力量。党的十八大以来,以习近平同志为核心的党中央高度重视发展哲学社会科学,习近平总书记亲自主持召开哲学社会科学工作座谈会,就哲学社会科学工作发表一系列重要讲话,作出一系列重要论述和指示批示,对构建中国特色哲学社会科学作出总体部署,有力推动哲学社会科学事业繁荣发展。党的二十届三中全会进一步明确提出"构建中国哲学社会科学自主知识体系",这是党中央立足完成新的文化使命和哲学社会科学发展规律作出的重大部署,也是新时代我国哲学社会科学发展的战略目标。

广东省委省政府深入学习贯彻习近平文化思想,认真落实习近平总书记关于哲学社会科学的重要论述,着力加强组织领导、政策保障、人才培育,扎实推动全省哲学社会科学事业高质量发展。全省广大哲学社会科学工作者自觉立时代之潮头、通古今之变化、发思想之先声,积极为党和人民述学立论、建言献策,涌现出了一大批方向明、主义真、学问高、德行正的优秀社科名家,在推进构建中国哲学社会科学自主知识体系进程中充分展现了岭南学人担当、演绎了广东学界精彩。广东省委宣传部、省社科联组织评出的"广东省优秀社会科学家"就是其中的杰出代表,他们以深厚的学识修养、高尚的人格魅力、先进的学术思想、优秀的学术品格和严谨的治学方法，生动展现了岭南学人的使命担当和时代风采。

遵循自愿出版原则，"广东省优秀社会科学家文库"（系列四）收录了第四届广东省优秀社会科学家中9位学者的自选集，包括（以姓氏笔画为序）石佑启（广东外语外贸大学）、李凭（华南师范大学）、李萍（中山大学）、李新春（中山大学）、张卫国（华南理工大学）、张国雄（五邑大学）、胡钦太（广东工业大学）、黄国文（华南农业大学）、黄建华（广东外语外贸大学）。自选集编选的原则是：（1）尽量收集作者最具代表性的学术论文和调研报告，专著中的章节尽量少收。（2）书前有作者的"学术自传"，叙述学术经历，分享治学经验；书末附"作者主要著述目录"。（3）为尊重历史，所收文章原则上不做修改，尽量保持原貌。

这些优秀社会科学家有的年事已高，有的工作繁忙，但对编选工作都高度重视。他们亲自编选，亲自校对，并对全书做最后的审订。他们认真严谨、精益求精的精神和学风，令人肃然起敬，我们在此表示衷心的感谢和崇高的敬意！

我们由衷地希望，本文库能够让读者比较方便地进入这些当代岭南学术名家的思想世界，领略其学术精华，了解其治学方法，感受其思想魅力。希望全省广大哲学社会科学工作者自觉以优秀社会科学家为榜样，始终胸怀"国之大者"，肩负时代使命，勇于担当作为，不断为构建中国哲学社会科学自主知识体系，为广东在推进中国式现代化建设中走在前列作出新的更大贡献！

丛书编委会
2024年11月

目录

学术自传 / 1

侨乡文化与侨乡文化研究 / 1

试论中国侨乡发展的分期及其形态变化 / 15

侨乡文化的国际性与侨乡文化研究的国际合作
　　——以北美铁路华工研究为例 / 30

地域视野下的侨乡文化
　　——以广东侨乡为例 / 42

中国式现代化视野下的侨乡建设 / 62

自觉与自信：近现代侨乡民众的"现代化"观念 / 71

人类命运共同体视野下的"侨"研究 / 87

中国碉楼的起源、分布与类型 / 94

开平碉楼的类型、特征、命名 / 118

碉楼人家　文化记忆 / 130

试析开平碉楼的功能
　　——侨乡文书研究之三 / 144

开平碉楼的设计
　　——开平碉楼文书研究之一 / 156

开平碉楼的建造
　　——开平碉楼文书研究之二 / 168

开平近代村落的规划、建设与管理
　　——以塘口镇潭边院为例 / 180

开平碉楼与村落的文化景观价值 / 192

试析开平碉楼与村落的真实性与完整性 / 217

从开平碉楼看近代侨乡民众对西方文化的主动接受 / 227

"开平碉楼与村落"的遗产属性与保护措施 / 239

开平碉楼与村落研究二十年 / 249
潮州厝的世界文化遗产价值 / 265
侨批文书的遗产价值 / 273
从"银信"到"侨批"演变的历史文化因由 / 286
近代五邑侨乡"口供纸"产生的背景与种类 / 310
五邑侨乡"口供纸"的内容与价值 / 317
初中学生视野里的侨乡校园生活
　　——以开平开侨中学方其赏日记为例 / 329
五邑华侨华人文化的特质
　　——兼谈不同区域华侨华人的特征 / 355
近代五邑侨乡国际移民网络的构建
　　——以开平周运中家族为例 / 374
跨域视角下的美国铁路华工研究述评 / 385
美国铁路华工的追梦与圆梦
　　——基于侨乡视角的考察 / 404
中美文化交流的独特符号：丁龙研究的解构与再建构 / 439
唐人街经济结构中的五邑华侨因素 / 459
唐人街中的五邑侨团 / 468
唐人街民族经济模式的形成与五邑华侨 / 479
九十年代广东五邑侨乡新移民的涉外婚姻观 / 489
九十年代广东五邑侨乡涉外婚姻移民的人口构成 / 499
九十年代广东五邑侨乡因婚移民的地理特征
　　——广东新移民研究之一 / 505
多元荟萃，交流融汇
　　——澳门文化散论 / 512
中国历史上移民的主要流向和分期 / 527

附录　张国雄主要著述目录 / 547

后　记 / 552

学术自传

◎ 张国雄

1995年，我完成北京大学的博士后工作后，南下广东五邑大学教书育人，至今已近三十年。

广东五邑大学是改革开放后响应海外侨胞倡议而创办的新的综合性本科高校。1985年，广东五邑大学开始招收本科学生。我入职时，学校工科科研与当地企业已经建立起比较广泛的联系，而人文社科的学科建设还处于初创阶段，谈不上科研对教学的支撑。与老高校不同，新办的五邑大学学科建设基础薄弱，学术团队水平参差不齐，大家都在教学之余努力开展科研，科研范围多延续在原高校时的研究领域。今天，五邑大学逐渐形成了侨、工科两大办学特色，我参与组织推动的"侨乡文化与遗产"学科成为省级重点学科，为"侨"的办学特色提供了重要的学科支撑。个人的学术进步与学校的发展紧密相连，为学校贡献了微薄之力，共同奋斗的成就感告慰了当年南下时我的忐忑心情和师友们的担忧。

将侨乡文化、华侨历史、世界遗产作为学术研究方向，就是我在五邑大学工作期间逐渐确立的，我也由此奠定了自己的学术基础，完成了从一个学人向一个学者的蜕变。与同事们在五邑大学拼搏20多年所构建的侨乡文化学科，首开中国侨乡文化研究的新领域，在广东文化大省、文化强省建设中茁壮成长，助推广东高校侨乡文化研究、涉侨遗产保护走在全国前列。我见证了地方新办高校发挥资源优势而形成错位发展、特色发展的学科建设之路，见证了个人的学术成长之路，甚感欣慰。

一、坚守情怀，持恒笔耕

初到广东五邑大学，没有专门的研究室，学校图书馆藏书主要为满足学生学习服务，科研文献收藏薄弱，学术资料非常欠缺。新会景堂图书馆、广州的广东省立中山图书馆成为我查阅资料的去处，受当时交通不便和教学任务繁重的影响，我也不可能经常去。中山大学、暨南大学、华南师范大学的前辈专家学者，我一一前往请益，当时在五邑大学做华侨华人研究的只有梅伟强教授，他给了我极大的助益。我深刻体会到新办地方高校开展科研的现实困难，这里与我在武汉大学读研究生和在北京大学做博士后工作的条件相比，简直是云泥之别。虽然之前早有心理准备，但现实的困境依然出乎意料。

在高校教书育人，必须做学术研究，否则是无根之木，不仅书教不好，而且不符合一个高校教师的最基本要求。这是我师从石泉教授、侯仁之教授得到的最基本的教诲，也一直是我孜孜不倦的追求。

最初，我本以为可以利用当地文献做华侨历史的研究，可当时了解到的校内、校外的文献收藏现实告诉我，难度极大。在我了解到20世纪80年代以来江门五邑侨乡有不少因婚移民之后，江门市民政局婚姻登记处就成为我常去的地方。从1985年起，与华侨结婚的手续在各县民政局办理，与外籍华人结婚的人集中在江门市民政局登记领证。改革开放以来，江门五邑侨乡涉外婚姻人数逐年增加，90年代中期达到了每年数千对。新移民是当时华侨华人研究的一个热点课题，因婚移民又是新移民的一个重要类型，这是一个很好的切入点，很值得研究。于是，我一有时间就骑自行车往江门市民政局跑，去手抄涉外婚姻登记资料，婚姻登记处的鲁仲金科长等给予我很大的支持。依据这些第一手的涉外婚姻登记资料，我先后发表了《九十年代广东五邑侨乡新移民的涉外婚姻观》《九十年代广东五邑侨乡涉外婚姻移民的人口构成》《九十年代广东五邑侨乡因婚移民的地理特征——广东新移民研究之一》三篇论文。其与同时期发表的《唐人街民族经济模式的形成与五邑华侨》《唐人街经济结构中的五邑华侨因素》《唐人街中的五邑侨团》《广东五邑海外移民与唐人街》等论文，共同组成了早期我对五邑华侨华人研究的学术认知。虽然我当时的学术认识还很粗浅，资料分析运用也有明显局限，但也算是探了路、开了局，没有耽误宝贵的时间。

后来，在教学科研之外，行政管理任务不断增加。不论教学多累，行政事务多忙，我对于学术研究一直都没有放松。我主要是利用晚上和节假日去努力，有时晚上上完课，回到家休息一会儿后就进书房继续整理资料或写论文，基本都是12点以后休息，这样的作息，已然成为我这个大学教师的生活常态。在从事学术研究过程中，我始终坚持一个基本原则——

接受的学术任务一定得由自己独立完成，比如世界遗产申报文本、侨乡文化生态保护实验区纲要和总体规划、华侨博物馆布展大纲和布展方案（包括展陈文物的解说词）等的撰写都是由我自己执笔。记得当时广东省档案局一位领导对《侨批档案——海外华侨银信》申报文本初稿和定稿都是由我执笔完成的表示赞叹。于我而言，我认为这是自己的本分，都是应该做的。

"广东华侨史"编修工程自2012年启动，我负责古代卷的组织撰写。这一卷也是集体项目，由我、石坚平、姚婷三人承担，石坚平为项目的完成做了很多资料的收集准备工作。我们按照章节分工完成各自的撰写任务。在最后成稿阶段，我每天坚持至少写3000字，以保证按时完成初稿，最后完成了全书的统稿工作。在所有的合作项目中，我都坚持了这种模式，这是对学术研究的基本尊重。

20多年来，学术是我心中最重要的事情。一些学术问题时常萦绕在心里，每当我阅读报纸、杂志或专著、论文，因一个语句、一个视角受到启发时，我都会赶紧把灵感记录下来。有时走路、坐车都在构思学术论文，和妻子外出散步会时不时自言自语，为了记住一时的灵感，就多次重复语句。最初她还问我莫名其妙说什么，后来习惯了也就不问了。总之，多年来，我一直处在不断探索的学术状态，学术成果就是这样日积月累形成的。直到近年来，我依然笔耕不辍，并很享受这种快乐。

二、立足侨乡，错位发展

在新办的地方高校开展科研，最烦恼的是确立研究方向。

南下广东之前，我选择了华侨华人研究，一方面是因为我的博士学位论文和博士后工作都与历史人口地理相关，聚焦中国古代长距离、大规模移民，熟悉人口迁移理论和方法；另一方面，江门五邑侨乡的华侨华人集中在美洲和大洋洲，当时学界研究的重点在东南亚，其他区域的华侨华人研究相对薄弱。

到五邑大学工作之后，在努力开展五邑华侨华人研究的同时，我的困惑也与日俱增。这来自两个方面，一是随着频繁参加全国的华侨华人学术研究活动，我看到了暨南大学、厦门大学、中山大学等高校的研究实力和学术积累。二是时任广东省侨办副主任的吴行赐很关心和支持我们的研究工作,他时常推荐北美华侨华人研究专家学者到江门与我们交流,并考察侨乡。在学术交流中,我发现北美学者的华侨华人研究已经很深入了,他们有地利之便,因此,我们的一些有关五邑华侨华人的学术观点并不能真正引发他们的兴趣。国内有标杆,有我们难以追赶的学术差距;国外有高山,有我们无法企及的学术优势。五邑大学是新办的地方高校,华侨华人研究一无团队基础,二无学术积累,三无资源优势,继续做华侨华人研究会走得十分艰难,而且走不远、做不大。

出路何在?

与此同时,21世纪以来,对国家、广东省重大涉侨项目建设的参与,使我看到了另外一片学术天地,这就是"侨乡"。海外专家学者在交流中最感兴趣的是侨乡的状况,老高校的学者多聚焦海外华侨华人研究,这让我意识到新办的地方高校的学术优势不在海外,而就在脚下,就在这片侨乡大地。与老高校和海外学界相比,华侨华人研究不是我们的优长,五邑大学地处侨乡,开展侨乡研究有天时、地利、人和之便,走错位发展之路,既现实可行,又有更大的拓展空间。

"侨乡"概念出现在20世纪40年代,而侨乡研究最早可追溯到20世纪30年代,陈达的《南洋华侨与闽粤社会》一书是开端,是经典。20世纪50年代,厦门大学开始进行福建侨乡调查。1982年,中山大学黄重言先生发表的《试论我国侨乡社会的形成、特点和发展趋势》一文是改革开放后首篇在华侨华人研究领域专题论述侨乡的重要成果。中山大学学者吴行赐、郑德华等将研究目光投射到侨乡,挖掘了侨刊乡讯的学术价值。20世纪90年代初,厦门大学南洋研究院承担了福建新一轮的侨情调查任务,组织召开了国内首次侨乡研究学术会议。

同时,我也观察到,国内的侨乡研究与其所拥有的丰富内涵、学术价值是很不相称的。总体上,侨乡研究长期以来是在华侨华人研究领域内展开且多是作为华侨华人研究的"背景""配角"而存在的。涉侨的重大项目建设促使我思考:侨乡研究是否与华侨华人研究具有同等的学术价值,能否成为一个与华侨华人研究同等重要的学术领域,是否与华侨华人研究具有同等重要的学术地位?一句话,侨乡研究能否从华侨华人研究中"独立出来",自成一个学科?随着对五邑侨乡、广东侨乡、福建侨乡调研的深入,这些问题的答案在我脑海中越来越清晰,侨乡文化学科发展的学术意识越来越浓,于是,在不断的追问与探索中,建设"侨乡文化"

学科成为我学术追求的方向和目标。

经过10多年的努力，五邑大学的"侨乡文化与遗产"于2012年顺利通过广东省第九轮重点学科评审而成为省级重点学科（新兴交叉类）。这是中国侨乡研究的一个重大进步，标志着侨乡文化作为一个独立的研究主体和领域得以确立。五邑大学逐渐形成了以涉侨遗产保护为核心的文理工多学科侨乡文化学科建设格局，《侨乡文化研究的理论与实践》也于2024年出版发行。2015年，五邑大学与中国华侨华人研究所共建"中国侨乡文化研究中心"，推动福建、云南、海南、浙江、黑龙江先后建立省级侨乡文化研究中心，加上广东、广西侨乡文化研究中心，全国重点侨乡初步建立起侨乡文化研究网络。"国际移民与侨乡研究国际学术研讨会"（2010年举行首届研讨会，此后每两年举办一届）、"中国侨乡比较研究学术研讨会"（2015年举行首届研讨会）为侨乡文化的国际学术交流和比较研究搭建了学术平台。

侨乡既然是一个与华侨华人对等的研究主体和领域，那么对于它的基本概念、基本发展历程、基本理论与方法等就必须开展相关研究。例如，侨乡何时形成？是否有海外移民就自然形成侨乡？"侨乡"这一概念何时出现？侨乡文化形态有哪些特征？这些侨乡研究的基本学术问题都有待回答。例如，对于侨乡何时形成这一问题，国内学术界的看法不一，其中最有代表性的是"1893年为中国侨乡社会形成的重要分界线"的见解，因为在这一年，清政府废止了"海禁"政策。我以为，并非有海外移民就自然形成侨乡，也不能以1893年为界线。因为《中英北京条约》《中法北京条约》《中美天津条约》早就为东南沿海民众自由出洋打开了法律的缺口，实际上宣告了清初以来禁止商民出洋的法令的失效。结合广东侨乡乡土文献的记载，我提出了中国侨乡形成于19世纪60年代初的看法。

侨乡是中国的一个新的地域文化类型，以中外文化融合为鲜明特征，丰富了中国地域文化的多样性。从外来文化角度考察，广东潮汕、梅州和福建的泉漳厦（泉州、漳州、厦门）三大侨乡属于东南亚文化类型，进行的是以农耕文明为基础的"同质"文化交流；五邑侨乡属于欧美文化类型，进行的是农业文明与工业文明之间的"异质"文化交流，所以中外文化融合的侨乡文化特征最为鲜明突出。从本土文化角度考察，四大著名传统侨乡分属福佬文化、广府文化、客家文化区域，赓续的传统文化各异。这一特点让我们不难看到侨乡文化与中国传统地域文化的区别。传统地域文化的区域往往与省级行政区域合一，诸如晋文化与山西、秦文化与陕西、燕赵文化与河北、齐鲁文化与山东、蜀文化与四川、巴文化与重庆、吴文化与江苏、越文化与浙江等；而侨乡文化则是跨省级行政区域的，近代形成的四大著名传统侨乡就分布在广东、福建两省。到今天，广西、云南、吉林等沿边地区都形成了少数民族侨乡，内地也有侨乡点状分布。历史上，侨乡地区长期远离中国的政治、经济、文化中心，偏居东南沿海沿边蛮荒之地，是古代中国的边缘地带。明代以来，东南沿海地区成为中外文化交流、交汇、交融的前沿重地。近代中国重大变革的力量主要来自广东、福建开风气之先的侨乡地区，边缘之地演进为中国发展、走向世界的前沿之区。侨乡由于最早融入世界，直接对中国近代史、中国现当代史、中外文化交流史有贡献，因而具有重要的学术价值和学术地位，我们必须站在全国、全球的视野对之进行学术研究。这些学术思考促使我陆续形成了《侨乡文化与侨乡文化研究》《试论中国侨乡发展的分期及其形态变化》《地域视野下的侨乡文化——以广东侨乡为例》《侨乡文化的国际性与侨乡文化研究的国际合作——以北美铁路华工研究为例》等关于侨乡文化研究的系列论文。

　　侨乡文化的独立性和与华侨华人联系的紧密性两者并不冲突。侨乡发展深受华侨华人的影响，正因为华侨华人，侨乡才从中国传统乡村脱颖而出，最早与世界建立起密切的联系。这是华侨华人"在家乡建世界"的见证。同理，华侨华人在世界的发展也离不开侨乡，侨乡为他们提供了"在世界建家乡"的重要历史文化资源。与此同时，我们更要看到两者的区别。首先，从地理空间看，侨乡位于中国，华侨华人生活在海外。其次，侨乡民众是中国公民，华人是外国公民，华侨虽然为中国公民，但主要遵循住在国法律而生产生活。因此，侨乡文化属于中国历史文化范畴，是中国文化形态的组成部分，其发展的最根本、最深层的因素来自中国自身。华侨华人历史是住在国历史的组成部分。因此，我以为站在中国与世界联系的视角，侨乡与华侨华人互为主体，是"侨研究"的一体两面，这对人类命运共同体的构建有显著的现代价值。

三、注重转化服务社会

石泉教授、侯仁之教授的学术实践带给我的又一个鲜明的学术认知是，学术要为社会发展服务。作为地方高校的科研工作者，我们更应该有这个明确的意识和主动性。

21世纪以来，我在广东五邑大学的学术研究很幸运地迎来了三个重大的发展机遇，而对侨乡文化学术意识的孕育，促使我的学术方向从华侨华人研究转向侨乡文化研究，形成了科研服务国家、广东省重大涉侨文化项目建设的学术生涯特色，并在侨乡文化研究领域发挥了重要的影响。

2000年，江门市委、市政府准备创建华侨华人博物馆，我受邀撰写可行性论证报告，并担任文物征集委员会主任，承担布展大纲和展陈方案的研制任务。经过长达10年的筹备，2010年10月1日，以"根在五邑"为主题的"江门五邑华侨华人博物馆"正式开馆。我个人也因此与江门五邑地区的华侨华人博物馆建设结下不解之缘。后来，我陆续设计了台山华侨文化博物馆和台山海上丝绸之路博物馆布展方案；2020年，我又承担了华侨博物馆的提质升级设计任务；2023年元旦，全新的以"根在侨乡"为主题的中国侨都华侨华人博物馆开馆，成为全国涉侨博物馆的新标杆。

2001年，开平市委常委会决定启动开平碉楼申报世界文化遗产的工作（简称"申遗"），我和梅伟强教授受邀成为首批顾问专家。最初，我们承担申报文本的撰写和开展碉楼文化深度田野调查的任务，后又负责国际学术研究策划组织工作。在国家文物局遗产处处长、国际古迹遗址理事会前副主席郭旃的具体指导和开平市委、市政府的大力支持下，我们高质量地完成了申报文本的撰写任务，出版了《开平碉楼与村落研究》《开平碉楼与村落田野调查》，为申遗工作提供了坚实的学术支撑。此外，我还参与开平碉楼与村落历史文献资料的建档工作，指导申遗办公室档案整理工作人员对每一件文献资料做编目整理。这项成果给前来现场考察的联合国世界遗产评估专家卢光裕先生留下了非常深刻的印象，获得高度赞赏。2005年，我被聘为"开平碉楼与村落"申报世界文化遗产首席专家。2007年，"开平碉楼与村落"被列入《世界遗产名录》，成为中国首个涉侨世界文化遗产项目，也是广东省第一个世界遗产项目。先侨创造的中外文化交流遗产成为世界文化财富，受到全人类的保护。

2008年，国家档案局启动"侨批档案——海外华侨银信"申报世界记忆遗产工作（简称"申遗"）。早在20世纪90年代，潮汕历史文化研究中心一批老同志就在挖掘和整理侨批，汕头的省政协委员也一直在努力呼吁，要将侨批申报中国档案文献遗产和世界记忆遗产。这批老同志保护侨批、研究侨批的精神令人十分感动，侨批申遗成功他们居功厥伟。广东省档案局将撰写申报文本和组织国际学术研究的任务交给了五邑大学学术团队，我和刘进、吴小琼、王纬中组成申报文本研制核心团队，并联系美国、澳大利亚、泰国等国学者开展国际学术合作。经过6年的努力，2013年，"侨批档案——海外华侨银信"被列入《世界记忆名录》，中国又增加了一项涉侨世界遗产。随后，我和刘进教授受广东省档案局的委托，承担了《广东侨批档案保护管理办法》的研制任务。该办法于2018年实施，这是侨批申遗成功之后第一个省级保护管理法规。

《开平碉楼与村落》（申报世界文化遗产文本）、《侨批档案——海外华侨银信》（申报世界记忆遗产文本）分别于2009年、2015年获得广东省哲学社会科学优秀成果一等奖。我也因为在"开平碉楼与村落"申报世界文化遗产工作中的杰出贡献，被广东省人民政府荣记一等功。

回顾近30年的学术辛勤耕耘，我更加坚信"将论文写在侨乡大地""将侨乡潜在的文化资源转化为现实的文化生产力"这条路走对了，且大有可为！

侨乡文化与侨乡文化研究

自 2007 年以来，侨乡文化研究逐渐成为广东省一个独立的研究领域和学科，五邑大学的学术实践在其中发挥了重要的推动作用，这种作用逐渐得到国内外学术同行的认同。俗话说"十年磨一剑"，如何把"侨乡文化研究"这把剑打磨得更亮，让其学术影响更大，我认为现在对我们的学术实践活动做一个梳理是必要的。

一、侨乡文化研究的缘起

我们沉心于侨乡文化研究，始于 20 世纪 90 年代后期。

其实，我们最初的兴趣、想选择的研究方向是华侨历史，重点研究北美华侨华人，因为五邑侨乡的华侨华人主要分布在北美，正是因为他们，北美才成为世界华侨华人分布格局中的第二大板块。2001 年，广东高等教育出版社出版的《五邑华侨华人史》就是在这样的指导思想下大家一起努力的成果。

也是在 20 世纪 90 年代后期，我们遇到的一些情况促使大家思考：我们的研究方向是否应该进行调整，从华侨历史转向主攻侨乡文化领域？

1995 年，我从北京大学来到五邑大学后，作为一个外来的、对华侨历史感兴趣的人，自然将乡土文献的收集和乡村的田野调查当成主要的工作思路和方法，希望以此确定研究方向。那时，梅伟强老师时常带我深入台山和开平的村镇，进行田野调查。一来二去，我对五邑侨乡文化的感性认识日益增多加深，脑海里逐渐出现了一些感觉有意思的课题，最让我想去探究的就是乡村中随处可见的碉楼、别墅、学校、骑楼等中西融合的侨乡建筑。时任省侨办副主任的吴行赐兄很关心支持我们的研究工作，他时常推荐到广州访问的外国学者来江门，与我们交流并考察侨乡。在学术交流和侨乡考察的过程中，我日益得到一个明显的感受——国外学者很关注华侨家乡的状况，而我们在他们面前交流对海外华侨华人历史的看法，很难引起他们的兴趣，反而是当时我们研究得很少的一点侨乡文化心得常被他们刨根问底。这种反差给我强烈的启示：我们的优势不是在海外，而是在脚下，就在这片侨乡大地上。

也是在这个时期，学校将五邑华侨史研究列为校级重点扶持方向，我们就在想一个问题，如何将扶持方向变为重点方向，由重点方向发展为重点扶持学科，再到重点学科呢？在校内，那时是有点"企图心"的。同时，五邑大学作为一所兴办时间不长的地方高校，在进行学科建设时，自然还会考虑如何与中山大学、暨南大学等老高校的学科建设进行错位发展。在省内，中山大学（那时东南亚研究所还没有撤销）、暨南大学的华侨历史研究是我们面前的高山，在学术拜访交流中，深切地感受到了他们在华侨历史研究上的学术实力和学术优势，他们的学术团队、学术积累、学术影响都是我们无法逾越的学习榜样，是带领我们的"老大哥"。放眼国内，同为华侨大省的福建，也有厦门大学、华侨大学在进行华侨历史研究，其学术积累、学科建设同样是我们难以逾越的高山。如果我们也像省内外这些老高校那样将研究方向继续确定在华侨历史方面，且不说新建院校不可能有老高校那样的资源投入，这样做也不利于自己的特色发展。与老高校相比，五邑大学地处侨乡，地利、人和让我们在侨乡文化研究方面有更大的施展空间。在老高校的带领下，我们的学科建设有可能实现错位发展，这也是符合五邑大学"侨"的属性的。

其实，对于"侨乡"的研究，国内学术界最早可以追溯到20世纪30年代。我一直认为，陈达是中国"侨乡"研究的开创者，他出版的《南洋华侨与闽粤社会》一书是国内学术界对"侨乡"关注的开端（虽然陈老没有使用"侨乡"的概念）。我们将此视为侨乡文化研究的经典，让研究中心的学者人手一册，认真研习。

在福建，厦门大学从20世纪50年代开始就在进行侨乡调查，20世纪80年代出版了一批以华侨华人与侨乡经济为主的史料[1]。20世纪90年代初期，厦门大学南洋研究院承担了福建新一轮的侨情调查任务，这不是一次普通的调查。南洋研究院与侨务部门紧密结合，汇集了多家学术机构的力量实施项目，提交的侨情调查报告很扎实。作为结题工作的一部分，他们召开了国内首次侨乡研究的学术会议，论文后来结集出版。南洋研究

---

[1] 参见戴一峰、宋平《福建侨乡研究的回顾与前瞻》，载《华侨华人历史研究》1998年第1期，第38-47页。

院的工作对推动国内学术界关注侨乡研究发挥了重要的作用。此外，该校的李明欢教授从社会学、历史学角度对福建侨乡、浙江侨乡进行研究，给予国内侨乡研究很多重要的启示。

在广东，20世纪80年代就有年轻的学者将研究目光投射到侨乡，郑德华、吴行赐以台山档案馆馆藏的侨刊乡讯为对象所撰写的论文为当时国内华侨研究领域打开了一扇满含泥土清新味的窗，五邑侨乡的乡土文献首次进入学者的视野，展现了其独特的研究价值。随后，郑德华的《台山侨乡的成因及其剖析》也是这一时期侨乡研究的代表性学术成果之一。

总体来讲，这一时期的侨乡研究重点是在华侨华人与侨乡关系的大背景下进行的主题研究。相对于华侨历史研究而言，"侨乡"文化研究在学术界还没有得到应有的重视，虽有陈达之开启，广东、福建学者的涉足，但总体上后续乏力，"侨乡"文化研究长期作为华侨华人研究的"背景"和"配角"而存在，这一状况没有得到改变。这固然有对侨乡文献资料挖掘的重视度不够所导致的在开展侨乡文化研究时遇"无米之炊"的客观困难；更重要的是，学术界的研究视野长期放在国外，集中关注的是海外华侨华人，国内的侨乡反被多数学者忽视，并没有深入思考"侨乡"是否与华侨华人一样具有同等重要的学术价值，是否应该从华侨历史研究的"背景"角色脱离出来自成一体，走到学术前台，侨乡文化研究是否可以取得与华侨历史研究一样的学术地位，等等。因而也就没有将更多的关注投放到"侨乡"文化研究这一对中国学者而言具有优势的学术资源上。

形势比人强的道理在学术领域同样是适用的。2000年，江门市政府决定筹建"江门五邑华侨华人博物馆"，2001年，开平市政府决定启动"开平碉楼与村落"申报世界文化遗产的工作，还有起始于2008年的"侨批档案——海外华侨银信"申报世界记忆遗产等国家、省重大的文化建设现实需要，为我们揭开"侨乡"美丽的面纱，推动我们学科建设方向的调整转型，带来了"天时"之利。社会需要是助推地方高校学科建设的动力。今天回头看，我们能够在21世纪初期将研究方向从华侨历史调整到侨乡文化，固然有我们的学术自觉，更重要的还是社会现实需要的推动。

上述这几项国家、省重大的文化建设项目对我们的学科建设所产生的最直接的影响，首先是大量侨乡文书的出现。这解决了以往侨乡文化研究无资料基础的"瓶颈"问题,使侨乡文化研究成为可能。至今令我记忆深刻的是,在"开平碉楼与村落"申报世界文化遗产的过程中,每次推开厚重的大门,走进尘封的碉楼,接触到以家庭或家族为单位的完整的碉楼史料时的那种兴奋情形;在江门五邑华侨华人博物馆筹建办公室征集文物的过程中,每次发现文物线索,接触到以往从未见识过的系列而完整的文献时的那种激动情形。这些史料和文献在我眼中都是开拓侨乡文化研究领域的"金矿"。在2001年之前,我们有想法没条件,与当时国内侨乡文化研究难以开展,缺乏文献资料的挖掘积累有关。正是在这样的过程中,开平碉楼申遗办公室收藏的数千件(套)碉楼相关的文献、江门五邑华侨华人博物馆筹建办公室征集到的数万件(套)文物,还有我们在侨乡档案馆挖掘到的上万件、数十万页晚清和民国档案资料,帮助我们对侨乡文献的认识逐渐形成整体的形象,被我们统称为"侨乡文书"的侨乡族谱、侨批(银信)、账册、证件、货单、侨刊、侨报、政府档案等,则构成了侨乡文化研究最坚实的文献资料基础。

其次是推动我们逐渐形成了对侨乡文化学科建设的认识。因为政府重大文化项目实施的需要,我们对侨乡文化的研究最初是从具体课题展开的,比如围绕碉楼的历史、设计、建造、管理、文化意蕴、开发利用等方面,挖掘各种文献和田野资料去解决其中的学术问题。研究范畴由碉楼扩展到村落、圩镇、家族,从侨乡建筑扩展到侨乡历史、侨乡经济、侨乡交通、侨乡教育,由物及人,由物质文化进入非物质文化。伴随着政府的重大文化项目建设的进展,我们对侨乡文化的认识也由点及面不断地深化,越来越清晰地认识到资源占优势、内涵丰富的"侨乡"完全可以作为一个与华侨华人同等重要而又有所不同的独立研究对象。

我们日益认识到侨乡与华侨是一个硬币的两面,合起来便是"侨文化"的整体,既相互紧密联系而不可分割,又各自都是独立的研究主体,互为对方发展的背景、条件。简单而言,华侨历史是中国史,是世界史,更是侨居国历史的组成部分。华侨是侨居国重大历史进程的积极参与者和直接推动者,比如东南亚农业、矿业、工业等的开发和城镇的发展,美国和加拿大横贯大陆铁路的修建,古巴为取得民族独立解放进行的战争,以及世界反法西斯战争,等等,无不有我侨胞流血牺牲,他们立下的丰功伟绩受到侨居国人民的尊重和纪念。他们将优秀的中华文化传播到五大洲,逐渐发展成为当地多元文化的重要组成部分,在中国与世界之间架起了文化交流的桥梁。而侨乡，虽与海外联系很紧密，深受海外文化的影响、国际环境变化的牵扯，但它归根是中国历史文化的一部分，不论是乡村景观，还是社会结构、民众信仰，都带有鲜明的地域性，传统文化的影响根深蒂固，民族文化是它的基调和主色，主要遵循着中国历史发展的逻辑而进步。这种区别与联系为我们提供了一个更加广阔的学术发展空间。

再从"侨乡"的诞生来看。毫无疑问，侨乡因为海外移民而生，是否有海外移民就立即形成了侨乡呢？其实这两者并非简单的对应关系。东南沿海最迟在唐代就有人出洋谋生，明清更成风气，有的以海外为基地往来奔走，有的就直接定居海外，成为早期的海外移民；鸦片战争以后，去东南亚等海外地区谋生形成风潮。比如五邑侨乡，当时出现了"父携其子，兄挈其弟，几于无家无之，甚或一家而十数人者有矣"①的移民潮。"家里贫穷去亚湾（古巴），为求出路走金山"的顺口溜风传五邑大地。那么此时的五邑是否已表现出与传统的广府区域不同的文化面貌呢？答案可能是否定的。周南京等主编的《华侨华人百科全书（侨乡卷）》将侨乡形成的标志概括为华侨侨眷众多，海内外联系紧密，侨汇多、商品经济发达，文化教育水平高四个方面，我以为是准确的。华侨侨眷众多，是侨乡形成的基本前提之一，但不是充分条件，只是必要条件。这股力量能否改变家乡的面貌，最关键的是海内外是否形成了紧密的联系。19世纪60年代之前，清政府对海外移民有严格的控制，海外移民与家乡的联系不是公开的，在《大清律例》中未经批准的海外移民以及其与家乡的联系都是非法的，不少人因此被处以极刑。这一政策的实际转变发生在第二次鸦片战争之后，1860年的《北京条约》和1868年的《中美续增条约》（也称《蒲安臣条约》）都制定了允许两国民众自由往来，或游历，或贸易，或久居，不得禁碍的条款。虽然此时大清对海外移民的禁令还没有废除，但是，从此之后向海外移民和移民与家乡的联系开始公开化。潮水般的人流向外的"出"，与海外向家乡的人流、物流、资金流、信息流的"入"，成为正常的交流状态，它带给移民输出地的影响是巨大而显著的，这在时人和后人的文献中都有所记载。

比如，光绪年间（1875—1908）的台山县令李平书在其《宁阳存牍》中对当地有这样一段描述：

---

① 《实业》，宣统《开平乡土志》（抄本）。

宁邑地本瘠苦,风俗素崇俭朴。自同治初年以来,出洋日多,获资回华,营造屋宇,焕然一新;服御饮食,专尚华美;婚嫁之事,尤斗靡夸奢,风气大变。

民国《开平县志》卷二《舆地略》也有类似的记载:

至光绪初年,侨外寖盛,财力渐张,工商杂作各有所营,而盗贼已熄。嗣以洋货大兴。买货者以土银易洋银,以洋银易洋货,而洋银日涨,土银日跌。故侨民工值所得愈丰,捆载以归者愈多,而衣食住行无一不资外洋。凡有旧俗,则门户争胜;凡有新装,则邯郸学步。至宣统间,中人之家虽年获千金,不能自支矣。……未知与道、咸间相去几何也。

民国《开平县志》卷十二《建置略》言:"充斥于市者,境外洋货尤占大宗。"民国《开平县志》卷五《习尚》的记载更生动:"衣服喜番装,饮食重西餐","婚姻讲自由,拜跪改鞠躬"。开平塘口镇的留美建筑学硕士谢钦明在20世纪20年代写过一篇《对于本族风俗改良之我见》的文章,其主旨是抨击家乡奢侈之风,批评侨乡一些人不尊重海外华侨拼搏奋斗的艰辛和希望家乡坚持勤俭持家传统的愿望,从中我们可以窥得当时侨乡的衣食住行和习尚特征:

勤俭之风本为族人之特色,自族人往美洲及南洋各处经商而后,收入颇丰,此风渐失。至于今日,无论男女老幼,都罹奢侈之病。昔日多穿麻布棉服者,今则绫罗绸缎矣;昔日多住茅庐陋巷者,今则高楼大厦矣。至于日用一切品物,无不竞用外洋高价之货。就中妇人衣服,尤极华丽,高裤革履,五色彩线,尤为光煌夺目。甚至村中农丁,且有衣白衣服鞋袜俱穿而牵牛耕种者。至每晨早,潭溪市之大鱼大肉,必争先夺买,买得者视为幸事……其余宴会馈赆,更为数倍之奢侈。①

---

① 此处为未刊稿,原件收藏于开平市文物局开平碉楼研究所。

五邑侨乡的变化在其他侨乡也相继出现了，潮汕的地方文献为我们留下了这样的文字记录，民国《潮州志·风俗志》自序：

> 潮土僻处海滨，讵能独免。晚近以来，尚幸贤明领袖，接纳新颖潮流，摧挞残腐习气，俾我潮人，欣沐嘉善美风，从此风移俗易，继长增高，我潮群众，方且拳拳欣欣，瞻望惟恐弗及。

民国《潮州志·风俗志》序：

> 潮为岭海名邦，号称"邹鲁"。人物富庶，质直任信，仕宦不谒公门，儒生耻于奔竞。又地滨海，连垆沃壤，可田可沼，宜稼宜麻，交通便利，而工商尤发达。若夫贺元张灯，饮社上冢，悬蒲竞渡，乞巧赏月，登高守岁，与夫八日浴佛，中元祀先及冠婚丧祭诸俗，率与中原无异。自欧风东渐，俗尚奢华，酒楼歌馆，比连相望，端品立行者有之，而呼卢买笑，挥金如土者，亦踵相接也，故游娼以潮为钱窟，而邹鲁之风，亦因少替。

台山的县令将当地的转变定格在清朝同治年间（1862—1874），此正为1860年《中英北京条约》签订之后。在清末民初人们的眼中，开平的转变也是发生在同治年间。潮汕文献的记录不如台山、开平那样具体，但是"晚近"和"欧风东渐"这种士人常用的约定俗成的时间词语，也表明他们心目中的社会转型是发生在清末。在五邑和潮汕文献中，对于有关乡村历史转变的不约而同的记载，应该不是巧合，可视为侨乡形成的见证。这些文献明确告诉我们，同治以后，东南沿海传统的移民输出地与周围传统的乡村相比，已经表现出不同的文化面貌，"侨乡"特色已形成。

侨乡与华侨这种不同步的联系，也提示我们侨乡绝不是华侨历史的"背景"和"配角"，它有自己的发展轨迹、丰富内容和基本特征，是值得我们认真对待的独立研究主体。为了凸显侨乡文化研究的主体性，我们逐渐形成了一种表述的习惯，用"侨乡文化"与"华侨历史"将两个联系紧密又各有空间的主体区隔开来。所以，2005年，我们成立了"广东侨乡文化研究所"，完成了研究重点的转移。在形成这样认识的同时，我们欣喜地看到郑德华对"侨乡"这一概念的梳理和侨乡研究阶段性的归纳。郑振满的《国际化与地方化：近代闽南侨乡的社会文化变迁》，使我们感受到这篇侨乡文化研究的力作对闽南侨乡研究也突破了以往的视角。

二、侨乡文化的学术特征

经过多年的学术实践，我们逐渐认识到"侨乡文化"这个研究主体大致具有以下这样一些特征。

（一）侨乡文化具有跨地域性

"侨乡"，首先是一个文化地理的概念，它有稳定的地域范围、地理空间和区域界线。如今，中国各地的侨乡大致可以从行政区划上划出边界，同时又不是一一对应的，因为行政区划因时而变。今天的五邑侨乡在行政区划上被划分为三区四市，潮汕侨乡也被分为汕头、潮州、揭阳，不管行政区划上如何分分合合，作为文化地理意义上的侨乡还是比较稳定的，今后五邑侨乡、潮汕侨乡的行政区划肯定还会调整，但是在人们心里的五邑侨乡、潮汕侨乡的地理空间和边界不会因政区划分整合而模糊。这是我们从文化地理和政治地理的联系与区别中观察到的侨乡的文化地理特征。从这个意义上讲，侨乡文化具有类似秦文化、齐鲁文化、楚文化、粤文化等中国地域文化的特点。

但是，侨乡文化又不能完全等同于地域文化，它有地域文化的特点，同时又是跨区域的，是一种特殊的地域文化。中国的地域文化往往在一个大致独立的地理空间内保持主体的完整性，与其他地理空间内的文化主体相区别，具有唯一的特征。比如，秦文化与齐鲁文化、楚文化与粤文化都稳定地在中国版图的一定区域内发展延续。而侨乡文化却不受区域的限制，在不同区域内形成和发展。比如，中国东南沿海的广东、福建、广西、浙江、海南的一些区域近代以来都形成了侨乡，然而它们在地理空间上是相互间隔的；广东的五邑、潮汕、梅州三大著名侨乡各自分布在珠江三角洲、粤东、粤东北，潮汕与梅州地理相连；广东的潮汕侨乡又与福建的泉漳厦（泉州、漳州、厦门）在地理上相连而行政区划分属两省，这种地理分布上的复杂性是地域文化所不具备的。侨乡文化的跨区域性，还可以基于各个侨乡的文化底色角度予以审视，比如，广东三大著名侨乡的文化底色就各不相同，五邑侨乡的文化底色是广府文化，潮汕侨乡是闽南文化，梅州侨乡是客家文化；广东与福建、浙江、广西、海南侨乡的文化底色也各有神采。

侨乡的跨地域性要求我们把握侨乡文化的多样性，注意地理、历史、社会、文化、习俗、观念等因素的地域差异在侨乡文化中的投射；同时，侨乡所具有的文化地理属性，也为我们打开了借鉴地域文化的研究视角及理论、方法的大门。

（二）侨乡文化具有国际性

侨乡文化具有国际性，主要表现在以下这样几个方面。

其一，国际因素是侨乡文化形成、发展的重要条件之一。广东、福建数千万华侨分布在世界180多个国家和地区，他们形成一个强有力的纽带，将家乡与侨居地长期、稳定、紧密地联系起来，将中国乡村最早纳入世界的整体，国际金融、国际经济、国际政治、国际交通等国际环境的风吹草动，都会直接波及侨乡，影响侨乡民众的生活。19世纪以来，东南亚地区、北美地区、中南美洲地区、澳洲地区移民政策的变动，每次世界经济危机的发生，世界政局的重大变化，侨乡都有明显的反应，侨乡的人口移动、经济繁荣、社会稳定、民众生活富贫等，无不随之起伏。因此，考察侨乡文化必须了解海外。

其二，侨乡文化的主体是本土的、传统的，同时不可忽视外来文化因子的融入，其文化特征是基于本土文化与外来文化融合交汇而形成的。华侨身在海外，念祖爱乡，是推动侨乡社会发展的重要因素和力量。正是他们的直接参与和推动，使得近代以来形成的人流、物流、资金流、信息流持续不断地将侨居国的文化输入侨乡，改变了侨乡的建筑文化、经济结构、乡村治理及人们的观念行为，丰富了侨乡文化的色彩，使侨乡从中国传统的乡村中脱颖而出，成为"侨乡"。所以，笔者以为侨乡文化的本质特征，简而言之就是中外文化融合。

通过进一步考察侨乡的外来文化，我们可以看到世界文化的多样性投射到侨乡表现出的不同的光彩，不同历史进程的外来文化对侨乡多方面产生深度和广度各异的影响。广东的潮汕、梅州、五邑和福建的泉漳厦是近代以来形成的中国四大著名侨乡，它们具有侨乡共同的中外交融的文化特征，同时外来文化的内涵和表现又有所不同。以外来建筑文化为例，走进潮汕侨乡、泉漳厦侨乡，映入眼帘的是成片以"厝"为主要民居形式的传统村落，而梅州侨乡则是一座座半圆形的围龙屋散落丘陵、岗地、城镇。"厝"是闽南民居的主要建筑式样，围龙屋则是客家民居的主要建筑式样，它们都是传统的、本土的。走进五邑侨乡则是另一种乡村景观，中西合璧的乡土建筑随处可见，碉楼、别墅、学校、祠堂等，远观是西式的，而近看时，不论是平面布局还是装饰细节，皆蕴含着对传统乡土建筑文化的坚守。其实，中外建筑文化融合的痕迹在潮汕、梅州、泉漳厦侨乡都有遗存，梅州侨乡的联芳楼就非常典型，不过像联芳楼这种带有外来建筑文化痕迹的建筑，在潮汕、梅州和泉漳厦侨乡的数量不如五邑侨乡多而普遍，更多地表现在民居建筑之内。先说说具有代表性的潮州的陈慈黉故居。这座始建于清朝宣统二年（1910），占地2.54万平方米的故居，共有厅堂506间，是典型的厝组成的建筑群，踏入宅邸大门，在立柱、拱券、门窗造型、墙面和地面装饰、壁画等处，我们都不难发现外来的建筑文化，这些外来建筑文化所具有的鲜明的南洋风格，成为整座建筑群的组成部分。而在五邑侨乡，外来建筑文化通过外在的造型和风格非常张扬地宣示自己的特色，不像其他三个侨乡那样"内敛"，这里的外来建筑文化还与其他三个侨乡有别，具有鲜明的欧美风格。我对四大著名侨乡中的外来建筑文化所做的这两大类归纳，就揭示了各个侨乡所接收的外来文化具有的不同内涵和表现。

为何同为侨乡，传入的外来文化有这样的差别呢？简单而言，这与华侨主要分布的区域有直接的关系。潮汕、梅州和泉漳厦侨乡的华侨集中分布在东南亚地区，五邑华侨集中分布在美国、加拿大、澳大利亚等国，虽同为华侨，但是接触到的外来文化、所处的社会发展进程显然是很不一样的。东南亚也有欧洲文化，但彼时是殖民时期的产物，是已经带有当地文化色彩的欧洲文化了，在陈慈黉故居里面的欧式立柱的柱头、柱身和拱券，不难发现东南亚文化的元素，所以总体上这些国家和地区的华侨所传回侨乡的，很自然主要是东南亚文化。而五邑侨乡的华侨主要生活的美国、加拿大、澳大利亚等国，无不是欧洲文化的势力范围，所以我们在五邑侨乡看不到以大象为装饰题材的建筑文化,反而有很多将民国国旗、国徽运用于建筑装饰的现象,这都透射出欧美民众那种国家意识、国家认知方式、国家表达方式的文化对五邑侨乡的影响。

我以为更重要的是研究东南亚和北美等地不同的社会发展进程对当地华侨文化心理、文化行为的影响。东南亚自汉代以来便与中国有着密切的经济、文化、政治联系,深受中华文明的影响,高度发达的中国古代文明被当地的统治者和民众所敬仰、接纳。前往东南亚的华侨虽然在当地感受到了异域文化的冲击,但归根结底,发生在他们身上的应该是先进的封建农业文明与落后的封建农业文明的碰撞。而五邑华侨大量迁入北美时,其所处欧洲文化区,更是工业文明蒸蒸日上的新兴资本主义国家,他们不论在身体上还是心理上都感受到异域文化的显著刺激,更感受到工业文明带来的强烈冲击,发生在他们身上的应该是落后的封建农业文明与先进的资本主义工业文明的碰撞。东南亚华侨和北美华侨感受到的文化碰撞无疑存在"质"的差异。如果说东南亚的华侨还带有一定的大中华文化的优越感,那么北美华侨则痛切地感受到了中国政治制度、经济发展、科技水平的落后,先进的资本主义强势文化与落后的封建专制弱势文化在他们身上所发生的冲突,这是东南亚华侨难以体验的,这也必然影响到他们对外来文化、对传统文化的态度和行为,希望改变家乡政治、经济、文化、生活各方面落后面貌的意识无疑也就会更加强烈。我以为,这就是外来建筑文化从造型到风格多方面对五邑传统广府乡土建筑文化进行改变,以至于乡村景观更加"洋气",而使得潮汕、梅州、泉漳厦侨乡传统的闽南建筑文化、客家建筑文化基本得以保存的深层原因所在。[①] 因此,考察侨乡文化还必须深入了解不同的海外文化。

其三,华侨大量向海外迁移,国内侨乡形成之际,也正是近代国际移民运动蓬勃兴盛的阶段,华侨不单纯是中国的人口迁移现象,更带有国际移民的属性,是同时期国际移民运动的重要组成部分。因此,我们在审视华侨行为的国家个性时,还需要把握这一时期国际移民运动的共同规律,

---

① 参见梅伟强、张国雄主编《五邑华侨华人史》,广东高等教育出版社2001年版,第459–469页。

华侨具有的行为特征在其他国家的国际移民身上也可能同样具备,他们也与自己的家乡形成了长期、稳定、紧密的联系,因此,"侨乡文化"现象在其他产生大规模国际移民运动的国家也存在。如果说华侨研究需要国际比较的思维,那么侨乡文化研究也应该具有国际比较的视野,将华侨与家乡的互动置于其他国家的国际移民与家乡互动的大背景之下,是我们深入认识侨乡文化的途径之一。2010年以来,我们在国内最早进行的国际移民与侨乡比较研究,就是在这一认识基础上的学术实践。至2015年,两年一次的国际学术会议已经召开了四届,渐成国内侨乡文化研究的国际学术交流平台。

(三)侨乡文化具有多学科性

侨乡文化资源深厚,内涵丰富,为开展历史学、社会学、人类学、人口学、建筑学、经济学、文化学等多学科的研究提供了广阔的领域,非多学科探索和交叉研究不能把握侨乡文化之全貌和本质。其实,多学科的研究已经是客观存在的学术实践,比如,"侨乡"是历史学、社会学的学术术语,人类学称之为"原乡",人口学叫"迁出地",近年来,这些学科都已将侨乡作为独立的研究主体,拓展着自己的学术空间。因此,不同学科的理论、方法、问题意识的视野和视角,都应该是侨乡文化研究构建其学术逻辑、学术理论和学术方法时所必须借鉴和运用的。

(四)侨乡文化具有极高的现实价值

近年来,在市场经济竞争的大环境下,侨乡所在的省、市都将侨乡文化当作当地优势的文化资源,结合城市形象的塑造和城市软实力的提升,对其进行挖掘、整理、研究,促其向文化产业资源转化。广东省江门市"中国第一侨乡"形象的打造、梅州市"世界客都"的宣扬、潮州市"中国瓷都"的建设,无不以当地优势的侨乡文化资源为根基。2001年以来,广东、福建以"开平碉楼与村落"申报世界文化遗产、"侨批档案——海外华侨银信"申报世界记忆遗产为代表的一批重大文化工程的实施,更是标志性的见证。在"21世纪海上丝绸之路"倡议推动中国文化、中国信仰、中国价值、中国追求"走出去"的当下,侨乡文化具有不可替代的价值和作用。

上述已经完成的文化建设和正在展开的文化实践，都揭示了不论是在国家战略层面，还是在区域发展、城市营销层面，侨乡文化所蕴含的突出价值和现实使命，也揭示了侨乡文化的又一基本属性。因此，侨乡文化研究不仅具有学科价值，更具有现实性，这就要求我们务必具有国家战略层面、区域发展层面的学术视野，在确立学术方向、学术目标、学术路径和配置学术力量时都要关注现实需求，树立主动"服务"的意识，积极推动学术成果向资政等社会需要转化，我们将此概括为"将优势的侨乡文化资源转化为现实的文化生产力"。总之，为现实服务应该是侨乡文化研究的特色和学科建设任务之一。我们提交的《开平碉楼与村落》申报世界文化遗产的文本、《侨批档案——海外华侨银信》申报世界记忆遗产的文本，主持的"江门五邑华侨华人博物馆"陈列布展设计，等等，无不以多年在这些方面积累的学术研究心得为基础，是学术研究和现实操作结合的样本，我们的学科建设水平和学术影响力也因此得到很大的提升。

2007年"开平碉楼与村落"申报世界文化遗产的成功，也标志着我们的侨乡文化研究得到社会的认可和学界的肯定，并初步形成特色。此前一年，广东省社科联建设的第一个地方历史文化研究基地"广东侨乡文化研究基地"落户五邑大学，五邑大学从此成为广东省"侨乡文化"唯一的研究基地；同年，五邑大学"广东侨乡文化研究中心"被广东省教育厅评定为广东省普通高校人文社会科学重点研究基地。这些进步标志着我们开展的"侨乡文化"研究在全国第一次进入省级学术部署。五年后的2012年，五邑大学的"侨乡文化与遗产"学科被评定为广东省第九轮重点学科，这不仅是对我们多年探索的肯定，更是"侨乡文化"被学科评介体系接纳的标志。"侨乡文化"终于作为独立的研究主体，从传统的华侨研究领域分离出来，成为一个学科，日渐被学术界接受。

这些就是我们开展侨乡文化研究所走过的学术历程，对侨乡文化从感性认识到理性认识的心路历程，以及对侨乡文化的基本内容、基本特征和学术研究基本逻辑所形成的一些初步把握，也是我们坚持走下去的信心所在。

参考文献

［1］陈达. 南洋华侨与闽粤社会［M］. 北京：商务印书馆，2011.

［2］周南京，方雄普，冯子平. 华侨华人百科全书：侨乡卷［M］. 北京：中国华侨出版社，2001.

［3］庄国土. 中国侨乡研究［M］. 厦门：厦门大学出版社，2000.

［4］张春旺，张秀明. 中国侨乡研究［M］. 北京：中国华侨出版社，2014.

［5］李平书. 宁阳存牍［M］. 广州：粤东省城印，1898.

［6］余启谋，张启煌. 开平县志［M］. 香港：香港民声印书局，1933.

［7］饶宗颐. 潮州志［M］. 潮州：潮州市地方志办公室，2005.

［原载《五邑大学学报（社会科学版）》2015 年第 4 期］

试论中国侨乡发展的分期及其形态变化

中国侨乡在19世纪60年代形成以后①，经历了怎样的独特的历史进程，这一议题是中国侨乡研究及其学科建设最基本的学术问题之一。为侨乡研究建立一个时间框架，有利于我们更好地揭示侨乡发生发展的原因机制，有利于描述侨乡形态的阶段性演变，有利于把握中国侨乡发展的趋势和规律，更对考察当今侨乡的价值具有重要现实意义。21世纪以来，中国的侨乡研究已经广泛展开，这不仅为准确认识侨乡发展脉络积累了一定的学术基础，而且也使得针对这一基本学术问题展开深入讨论具有了必要性和迫切性。本文拟以广东侨乡为分析对象，对中国侨乡发展的分期进行研讨，就教于方家。

一、中国侨乡发展分期的原则

分期是中国侨乡研究的一种历史方法，帮助我们以原始资料为基础，透过纷繁复杂的内外要素，看到中国侨乡的演变过程和规律，揭示出中国侨乡发展的整体性、阶段性和连续性。因此，它的运用带有分析者的视角和时代性，必然按照一定的原则去梳理发展脉络，这是中国侨乡发展分期的基本前提。

中国侨乡发展分期应该遵循什么原则？对此，学界没有专门的讨论，笔者拟通过学术回顾提出己见。

最早对中国侨乡发展进行分期的是黄重言。他于1982年和1988年先后发表《试论我国侨乡社会的形成、特点和发展趋势》《侨乡社会的历史和侨乡调查》，对侨乡分期进行了最初的讨论。其观点前后有变化，后文将中国侨乡发展分为四个时期：19世纪末形成时期、辛亥革命到1949年前的半封建半殖民地时期、1949年到1978年社会主义革命和建设时期、

---

① 参见冉琰杰、张国雄《地域视野下的侨乡文化——以广东侨乡为例》，载《广东社会科学》2020年第6期，第131-139页。

1978年以来飞越发展时期。① 1998年，方雄普发表的《中国侨乡的形成与发展》将侨乡发展分为六个时期：1840年至辛亥革命前为形成期、1912年至1937年为发展期、1937年至1949年为破坏期、1949年至1966年为转轨期、1966年至1976年为停滞期、1976年后为繁荣期。② 2009年，澳门学者郑德华将中国侨乡发展分为五个阶段：19世纪中到20世纪初为孕育和形成阶段，1912年到1937年为发展阶段，1937年到1945年为停止阶段，20世纪40年代末到70年代末为转变阶段，1978年至今为新发展阶段。③

21世纪以来，各大侨乡研究也对分期有所关注。在广东侨乡方面，梅伟强、张国雄将五邑侨乡的发展分为四个阶段：唐宋元孕育期、明清发展期、鸦片战争至辛亥革命高潮期、民国初年至抗日战争成熟期。④ 在福建侨乡方面，俞云平、王付兵提出鸦片战争后、民国时期、中华人民共和国成立、改革开放的时段分期。⑤ 蔡苏龙参照了方雄普的分期将泉州侨乡发展分为：19世纪末20世纪初为形成和定型期，1912年至1937年为抗日战争发展期，1937年至1949年为破坏期，1949年到1976年为转轨停滞期，1976年为改革开放繁荣期。⑥ 在广西侨乡方面，赵和曼将鸦片战争至19世纪末分为形成阶段，20世纪初至抗日战争前为初步发展阶段，1937年至1949年期间为中断与恢复期，中华人民共和国成立后为快速发展期。⑦

深入观察归纳上述境内外学者对中国侨乡发展分期的论述，不难看出都是围绕着"侨乡的形成"和"侨乡的发展"两个基本问题展开，隐含

---

① 参见黄重言《试论我国侨乡社会的形成、特点和发展趋势》，载《广东华侨历史学会通讯》1982年第2期，第5－12页。

② 参见方雄普《中国侨乡的形成与发展》，见庄国土《中国侨乡研究》，厦门大学出版社2005年版，第283－287页。

③ 参见郑德华《关于"侨乡"概念及其研究的再探讨》，载《学术研究》2009年第2期，第95－100页。

④ 参见梅伟强、张国雄《五邑华侨华人史》，广东高等教育出版社2001年版，第363页。

⑤ 参见俞云平、王付兵《福建侨乡的社会变迁》，湖南人民出版社2002年版，第8－12页。

⑥ 参见蔡苏龙《侨乡社会转型与华侨华人的推动：以泉州为中心的历史考察》，天津古籍出版社2006年版，第72－76页。

⑦ 参见赵和曼《广西籍华侨华人研究》，中国华侨出版社1996年版，第206－230页。

着"何以为侨乡""侨乡演变的因果机制"等问题意识,并且动态地把握"过程"。其中,对"过程"推进的阶段划分交织着三条论述主线:首先是华侨的变化,集中在移民规模和反馈家乡两个方面;其次是中国政局的变动,集中在外交、侨务政策和政局巨变;最后是世界格局的改变,集中在对华关系和世界变局。三条主线构建了侨乡的演变机制,华侨是机制的具体构建者、实践者,而且华侨也是侨乡形成和发展的主要元素。在三条主线的推进论述中,都选择了辛亥革命、抗日战争(重点是1937年全面抗战爆发)、中华人民共和国成立、改革开放等中外重大历史事件作为分期的节点,以表示中国侨乡发展的阶段性质变,因此,相关的分期大同小异。

上述中国侨乡分期的学术论述及探索很有学术价值,即它们构建了一个时间框架,为侨乡研究提供了平台。其不足之处在于,三条主线集中关注了海外和国家层面,忽视了侨乡本土,侨乡民众基本没有声音,仿佛是被动的沉默的接受者;三条主线反映的动因缺乏主次分析;对不同发展阶段的合理性缺乏深入的讨论。这些不足,直接影响到分期研究的学术深度和意义。

笔者以为,中国侨乡分期应该遵循如下原则。

第一个原则是世界视野。侨乡的形成从初始就是中外多重因素交织影响的结果,外来文化的影响是最初的变因。从近代至今,其发展绝非局限于国内,而与世界有着非常紧密的联系,动能且多元。因此,中外关系、世界政局的重大变化,都会深刻地影响到侨乡的发展。海外侨胞从落叶归根到落地生根再到溯源寻根,① 他们与侨乡的互动方式和动能转换对侨乡的发展都发挥着不同的作用。

第二个原则是核心主线。如果说华侨华人的现实生存空间是在世界各地,其历史首先是世界历史的组成部分,那么侨乡则扎根于中华大地,侨乡史属于中国史的范畴。② 侨乡形态并非独立于国家形态,其首先是中国文化形态的组成部分,是中国乡村社会的重要组成部分,即便外来文化是

---

① "溯源寻根"是由李明欢在国务院侨办国内司2019年3月于江门召开的"侨乡文化理论研讨会"上首次提出并加以论述的。

② 参见张国雄《侨乡文化与侨乡文化研究》,载《五邑大学学报(社会科学版)》2015第4期,第1-7页。

侨乡形成发展的重大变因,侨乡形态转变最根本、最深层的制约因素仍是中国自身的发展,外部因素必须通过内部因素发挥作用。1912年、1949年、1978年中国社会的巨变,对侨乡的影响至大至深,是主导因素,侨乡与国家关系的互动应当成为侨乡分期的核心主线。侨乡民众更是侨乡形成、发展的实践主体,海外侨胞的影响、世界格局的演变,都要通过他们的具体行为去形塑侨乡的经济、社会、文化面貌。

第三个原则是变与不变。"变"是中国侨乡发展的一个基本特性,因而呈现出阶段性。其阶段的合理性在于与前后过程的质差,如果划分出的阶段是交叉的、重合的,就会严重影响对其发展规律的把握。因此,关注"变"重在合理性。同时,作为一种新的地域文化形态,① 近代以来,中国侨乡一直保持着与非侨乡地区不同的基本特征,其基本特征不仅没有消失,反而在不断强化,使中国侨乡发展保持着整体性和连续性。

保持三条主线的考察,以中国为主,关注侨乡民众的反映,把握变与不变的辩证关系,将"侨乡的形成"和"侨乡的发展"两大基本问题,通过侨乡"实体"的出现、侨乡"观念"的形成、侨乡"认同"的建构进行论述,② 将是本文的分析逻辑。

二、中国侨乡发展的分期

按照上述分析逻辑,我们将中国侨乡发展分为如下五个时期。

(一) 质变形成期(19世纪六七十年代)

中国侨乡的形成是一个突变的过程,长期的海外移民(尤其是鸦片战争之后移民规模的迅速扩大)积累的量变因第二次鸦片战争之后商民私自出洋禁令的实际废止而引发质变,③ 侨乡"实体"随之形成显现。光绪年间(1875—1908)新宁(今台山)县令李平书在其《宁阳存牍》中

---

① 参见冉琰杰、张国雄《地域视野下的侨乡文化——以广东侨乡为例》,载《广东社会科学》2020年第6期,第131–139页。
② 参见李明欢《福建侨乡调查:侨乡认同、侨乡网络与侨乡文化》,厦门大学出版社2005年版,第363–364页。
③ 参见冉琰杰、张国雄《地域视野下的侨乡文化——以广东侨乡为例》,载《广东社会科学》2020年第6期,第131–139页。

记载:"宁邑地本瘠苦,风俗素崇俭朴。自同治初年以来,出洋日多,获资回华,营造屋宇,焕然一新;服御饮食,专尚华美;婚嫁之事,尤斗靡夸奢,风气大变。"① 相邻的开平县,"至光绪初年,……衣食住行无一不资外洋,……未知与道、咸间相去几何也"②。台山、开平两县相邻,乡村建筑、饮食、婚俗、民风皆因"出洋之人多获资回华"而"大变",民众接受"洋风"表现出新的生活样态,这些带给地方主官和乡村士绅极大的心理和视觉冲击。

(二)初步发展期(19世纪末至1911年)

晚清的30多年是中国侨乡"实体"内涵更加丰富、外延不断扩展的阶段。这一时期,广东潮汕、五邑、梅州的出洋人群继续增加,其分布从东南亚扩展到美洲、大洋洲。"父携其子,兄挈其弟,几于无家无之,甚或一家而十数人者有矣。"③ "潮民之出洋者,人皆称为番客。二三十年前,'番客'二字,为极不美之名词,今则奉为至尊至荣之徽号矣。"④ 海外移民规模的扩大,为侨乡持续带来侨汇资源。"近年以来,号称'小康'不至竟成困竭者,全恃出洋寄归之款为之把注。"⑤ 广东侨乡由俭而入奢的民风民俗变化更加突出,公益慈善事业推广,"宣讲堂、育婴堂、赠医院、方便所、义庄诸善举,所在多有"⑥。侨乡民众对外来宗教的态度转圜,"咸同以前,视异教如仇敌,有入教者目为异类,至鄙之不齿与人数。光绪纪元以后,……教堂遍邑中矣"⑦。西方的宪政民权理念也引入侨乡,"同光以来,欧化输入,华风嘘出。于五洲宪国之权利,宪民之义务,颇有见闻。可谓本境之所易而韶雄之所难"⑧。侨乡"实体"的"面"和"质"以及与非侨乡地区的差别,越来越厚实鲜明。

---

① 李平书:《宁阳存牍》,粤东省城印,1898年,第55页。
② 民国《开平县志》卷二《舆地略》,第96页。
③ 《实业》,宣统《开平乡土志》(抄本)。
④ 肖文评等编:《〈岭东日报·潮嘉新闻〉梅州客家侨乡史料选编》,广东人民出版社2018年版,第38页。
⑤ 《实业》,宣统《开平乡土志》(抄本)。
⑥ 宣统《新宁乡土地理》卷下,第二十一章,第六十五课,第15页。
⑦ 《宗教》,宣统《开平乡土志》(抄本)。
⑧ 《历史》,宣统《开平乡土志》(抄本)。

（三）成熟发展期（1912—1949）

"侨乡"概念在此时期的出现，[1] 标志着侨乡"观念"在本土民众中形成，构建起"认同感""归属感"，近代侨乡形态完全成熟。这一时期的中国侨乡发展又经历了三个阶段，总体上从中外文化交汇区发展成为中外文化交融区，对确立广东在中国近现代历史发展中的重要地位做出了不可磨灭的贡献。

1. 辛亥革命后快速发展

侨乡移民在海外的拼搏奋斗中，深切地感受到国家的贫弱至深，个人权益得不到来自国家的保护。即便是有一定经济实力的华商，也是"没有帝国的商人"[2]。推翻封建帝制，建立强大国家是他们迫切的心愿，"中华民族"意识逐渐凝聚起侨心，华侨成为辛亥革命的主要力量。

辛亥革命成功后，华侨与侨乡的关系进入到一个新的阶段，从华侨新村到潮汕铁路、新宁铁路先后兴建，从大力开展交通基础设施建设到兴办侨乡企业，从投资中小学、医院、图书馆到创办侨刊乡讯营造侨乡舆情氛围，华侨对家乡的投资热情从家庭扩大到侨乡社会，人流、资金流、物流、信息流加速。民国《潮州志·实业志六》记载："都市大企业及公益交通事业多由华侨投资而成，内地乡村所有新祠夏屋，有十之八九系出侨资盖建。且潮州每年入超甚大，所以能繁荣而不衰落者，无非赖批款之挹注。"从1889年到1949年的60年间，华侨在潮汕地区投资兴办的工业、商业、农矿业、服务业、交通业、金融业、房地产业等企业共4062家，其中从1920年到1937年的18年间兴办2157家，形成了城乡商业网络。[3] 1833座开平碉楼中，有1490座兴建于这个时期。[4] 中西合璧的乡村建筑成为中国侨乡的重要地标。

---

[1] 参见冉琰杰、张国雄《地域视野下的侨乡文化——以广东侨乡为例》，载《广东社会科学》2020年第6期，第131–139页。

[2] ［美］孔飞力：《他者中的华人：中国近现代移民史》，李明欢译，江苏人民出版社2016年版，第50页。

[3] 参见广东省汕头市地方志编纂委员会编《汕头市志》卷六十九，新华出版社1999年版，第587–590页。

[4] 参见中国侨乡文化研究中心主办《中国侨乡研究（第二辑）》，中国华侨出版社2016年版，第17页。

家庭、家乡与国家一体的家国意识日益深入侨乡民心。五邑侨乡开平立园泮立楼四楼神龛的"宗功伟大兴民族，祖德丰隆护国家"对联，突出地宣示了华侨与侨乡民众的家族、民族、国家三位一体的思想观念和精神追求。20 世纪 20 年代、30 年代，先后有以加拿大华侨和美国华侨为主的台山海内外乡亲投资兴办台山县立第一中学的初中部和高中部，这是台山侨界、港澳同胞和侨眷第一次打破房界、族界、地域界限，齐心协力共同捐资办校的创举。① 这些都是侨乡认同、归属的文化基础和逐渐构建的标志。

2. 抗日战争期间发展停滞

1931 年"九一八"事变爆发后的 14 年间，对中国侨乡发展影响最大的是 1938 年后的 7 年，尤其是 1941 年日军侵入东南亚、占领香港、偷袭珍珠港引发太平洋战争后的 4 年。在此期间，侨乡与海外关系几乎中断，侨乡发展态势急降，严重依赖侨汇为生的侨眷家庭无不陷入生活的困境，很多侨眷家庭分崩离析；各项建设停滞，经济下滑，物价飞涨，百业萧条，人口锐减。台山县在 1941 年到 1945 年间经历了 5 次沦陷和 3 次严重的饥荒，根据 1946 年的统计，抗战期间，台山因饥饿等非正常因素死亡的人口达到 14 万多，② 国内外政治、经济环境的变化使侨乡发展陷入无心、无力、无资源的境地。

3. 抗战胜利后恢复重建

1945 年反法西斯战争结束后，侨乡与海外的联系全面恢复。随着美国、加拿大等国的排华法案的废除，以及《战争新娘法》《外籍未婚夫与未婚妻法》《美国公民华籍妻子法》等新移民法的相继颁布，引发侨乡向海外移民的新高潮，因婚移民美国在五邑侨乡非常突出。流入侨乡的侨汇急剧增长，1946 年 1 月，通过台城中国银行的侨汇就有 425 万美元，全年达到 1420 万美元，③ 当年台山只有 77 万多人，④ 人均达到 18.44 万美

---

① 参见黄海娟、张国雄《百年侨校：台山一中历史文化论》，中国华侨出版社 2009 年版，第 255 页。
② 参见台山侨务局办公室编《台山县华侨志》，内部刊印本，1992 年，第 170 页。
③ 参见台山侨务局办公室编《台山县华侨志》，内部刊印本，1992 年，第 177 页。
④ 1947 年 2 月出版的《莘村族刊》第 2 期报道："现有人口计男四十二万二千二百九十四人，女三十五万四千零十二人，合共七十七万七千三百零六人。"台山档案馆档案宗卷号：1-7-87。

元的离奇水平，代表了战后侨汇收入爆炸性恢复增长的特点。1946 年到 1949 年，华侨在潮汕地区投资兴建的工业、商业、服务业、交通业、金融业、房地产企业就有 1235 家，占总数的 30% 多，① 是 1889 年以来的第二个发展高峰期，如果考虑到这是战后仅仅 4 年的情况，更可见侨乡恢复重建的势头是多么的强劲。五邑侨乡恢复重建在人员往来、侨汇体系、海外婚姻等方面同样有突出的表现和成效。② 同时，必须指出，这个阶段的恢复重建时间很短暂，紧随而来的是国民政府金融体系崩溃，侨乡的一些经济重建项目陷入极度的困难，比如新宁铁路的重建被迫停在纸面上。即便如此，1946 年、1947 年"侨乡"概念出现在侨刊乡讯之中，③ 它是中国侨乡形态完全成熟、侨乡民众文化认同合乎逻辑的发展结果。

（四）转型发展期（1949—1978）

中华人民共和国的成立是中国历史发展开天辟地的变革，中国侨乡完全纳入国家治理体系，侨乡形态发生根本性转变。

1. 侨乡基层社会组织结构发生根本转变

近代侨乡的基层社会结构是聚族而居，延续着千年来的家族自组织形式，村与家族合一为治理单位，基层社会治理还是宗法自治模式。虽然 1949 年以前，华侨在侨刊乡讯中屡屡发文抨击宗法制度和宗法势力对乡村的控制，在侨乡新村建设中引入西方的民主治理理念，设计了重大事项集体讨论民主决策的制度，提升了每户村民在乡村治理中的发言权，努力推动传统宗法治理模式的转变。但是，并没有彻底消除宗法势力对宗法制度的维护，宗法组织依然存在，在华侨新村自治中也发挥着一定的作用。以宗法为中心的士绅势力还是国家县级以下治理体系的主要依靠力量。

1951 年，土地改革运动开始了，随后进行农村合作化改造，成立农

---

① 参见广东省汕头市地方志编纂委员会编《汕头市志》卷六十九，新华出版社 1999 年版，第 587－590 页。

② 石坚平从侨汇、婚姻等角度对五邑侨乡战后的恢复重建进行了多角度的论述，提出了"重建"的概念。参见石坚平《国际移民与婚姻挤压——以战后四邑侨乡为例的探讨》，载《华侨华人历史研究》2011 年第 4 期，第 11－20 页；石坚平《战后广东四邑侨汇体系的恢复与重建》，载《五邑大学学报（社会科学版）》2014 年第 2 期，第 1－5 页；石坚平《战后四邑侨乡社会权力体系的恢复与重建》，载《八桂侨刊》2019 年第 1 期，第 75－81 页。

③ 参见冉琰杰、张国雄《地域视野下的侨乡文化——以广东侨乡为例》，载《广东社会科学》2020 年第 6 期，第 131－139 页。

业生产合作社和人民公社，彻底打破了乡村的土地关系，宗法制度解体。土改期间，五邑侨乡台山县有21661户侨眷家庭，有67971人分得土地、耕牛，占该县侨户数和侨眷人数的55%。① 1956年3月，广东省召开的第一次侨务工作扩大会议制定了吸引归侨、侨户加入农业生产合作社的措施，台山县当年就有3万多户入社，占全体侨户的91%。1957年发展到96%侨户入社。② 1956年，潮阳县侨眷农户共32400多户，参加农业社的就有31500多户，占总数的97%。潮安县29个乡参加农业社的侨眷农户占比达到96.3%。③ 侨村的土地关系、生产生活方式发生根本变化，族姓势力在基层组织结构中的权力基础被打破，士绅权力组织被"人民公社—生产队—生产小队"的治理体系彻底取代，政府行政管理直接深入到村，家族中的贫苦农民成为基层政权的主要依靠力量。近代侨乡社会受宗法组织控制的侨乡农户、特殊的侨眷阶层被纳入新政权的组织网络之中，乡村政治生活发生根本性转变。

2. 侨乡经济发展模式发生根本转变

近代侨乡的经济发展一直是输血依赖型模式，"衣焉食焉及一切日用器具，无不籍资于外来"④，侨汇是侨眷家庭的命根，也是侨乡各项发展的主要依赖。在民国时期侨乡有识之士一直对这种发展模式的可持续性深感担忧，尤其是1941年年底与海外联系中断，侨乡发展受到重创，促使他们在战后大声疾呼，必须改变依赖型侨乡发展模式。然而直到1949年，这种反思也没能改变侨乡民众对侨汇的输血依赖。1949年《台山至孝笃亲月刊》第14期登载的《严防悲剧的重演》一文，足见侨乡有识之士对这种模式的痛心疾首：

> 台山本就是一个粮食不足的县份，过去因为靠了华侨的众多和外汇的大量涌进，令到农村崩溃和造成社会畸形的发展，养成邑人奢侈繁荣的陋习和倚赖外洋的心理，对于怎样增加生产，从来没有人加以

---

① 参见广东省地方史志编纂委员会编《广东省志·华侨志》，广东人民出版社1996年版，第156页。
② 参见台山侨务局办公室编《台山县华侨志》，内部刊印本，1992年，第178页。
③ 参见广东省地方史志编纂委员会编《广东省志·华侨志》，广东人民出版社1996年版，第173–174页。
④ 林觐廷：《再告广海自治体各职员（续二十四期）》，载《新宁杂志》1911年第25期。

注意。所以到了抗战期间,外汇断绝,台山人便遭受了空前的厄运。当时那种卖妻鬻子,饿殍遍野,死亡无算那种惨绝人寰的状况,相信到现在还深深印在邑人的脑海中的。可是胜利以后,因为华侨的大量回国和外汇的增进,又把这些血淋淋的惨痛冲淡了,……战前那种奢侈繁华之风,变本加厉地在本邑中蔓延着。

中华人民共和国成立后进行的社会革命,将侨户组织起来,大搞农田水利建设,推动农业生产发展,大力批判依赖侨汇的错误思想,使有劳动能力的侨眷逐步转变了依赖侨汇生活的观念和方式,加入合作社,参与农业、手工业及其他生产劳动,县域农业经济被组织起来。有识之士呼吁了半个多世纪的发展农耕生产,改变外购内销经济结构的心愿,终于在中华人民共和国得以实现。台山县广海东南农业合作社由46户侨眷组成,拥有500多亩耕地和72个劳动力,他们一改过去的依赖思想和习惯,积极参加农业劳动,掌握生产技能,粮食年年增产,闻名全国。① 历史上缺粮的台山县,在中华人民共和国成立不久就实现粮食自给自足,近代侨乡的输血依赖型发展模式向内生型发展模式发生根本的转变。

3. 华侨参与侨乡事务的方式发生根本转变

在近代侨乡社会,华侨有着强烈的"侨乡共同体意识",他们通过往返家乡、家庭书信、各种侨团及侨刊乡讯等渠道和方式,参与到侨乡工商业、城镇建设、文教卫生及村落事务等发展与建设事业之中,侨乡是他们的家乡,他们自认为从来没有"离场",一直"在场"参与着侨乡方方面面的建设。

中华人民共和国成立后,国家治理体系和治理方式发生根本转变。因当时西方对中国的封锁,以及大量华侨的人生安排从过去的落叶归根转变为落地生根,侨乡成为他们的祖籍国,等等国内外政治、经济、社会环境的变化,致使20世纪50年代到70年代末,华侨华人与侨乡的人流、物流、信息流乃至资金流在客观上都受到一定的影响。例如,华侨与侨乡的联系。从近代侨乡的网络状态转变为比较单一的家庭信、银(侨汇)往来及少量的回国探亲和告老还乡,对家庭之外的侨乡事务的参与相应减少。

---

① 参见台山侨务局办公室编《台山县华侨志》,内部刊印本,1992年,第178页。

中华人民共和国成立后，中国侨乡的这三个根本转变，推动并突出了侨乡发展与全国广大非侨乡地区"同质"建设的一面。同时，也必须注意到，这些根本转变并没有使中国侨乡失去"侨"的特质。近代以来形成的海内与海外两个群体、侨乡与世界的广泛联系、侨眷与非侨眷的特殊结构、侨汇经济及文化观念等，依然对侨乡发展产生着持续的重要影响。华侨华人与侨乡的联系依然是一个客观的存在而广受政府的重视。在社会主义建设中，国家制定了优待华侨投资的办法，努力吸引侨资参与经济建设。台山县1952年到1960年吸引华侨投资的建设项目就有蛮陂头水电厂、三合糖厂、华侨自来水厂、华侨粮食加工厂等。[①] 1953年，汕头31个同业公会的2768商户中，有224家商户有华侨投资、借贷和存款，总投资额324.73万元，占全市工商业资本总额的19.25%。[②] 我们还需要看到，20世纪50年代在传统侨乡地区安置难侨、归侨，陆续兴建华侨农场的举措，使归、难侨成为侨乡发展的新动力，这是对现代侨乡内涵的丰富和外延的扩展，也加强了侨乡的特质。这些都继续维护着中国侨乡的历史惯性，持续表现出与非侨乡地区的区别，中国侨乡在新的社会制度下实现了转型发展。

（五）全面发展期（1978年至今）

1978年，国家拉开了改革开放的序幕，中国历史和世界历史随之而改变。走进全球化的当代中国带给侨乡新的发展机遇，具有独特资源优势的中国侨乡的发展更深地嵌入国家发展战略之中，并被赋予新的发展使命、新的战略要求和新的发展定位，从而进入一个不同于近现代侨乡发展的新阶段。

广东、福建传统侨乡自近代以来拥有的发展资源、渠道和方式等"侨乡"特质，随国家发展战略的重大转变凸显出当代价值，浙江及闽东

[①] 参见广东省地方史志编纂委员会编《广东省志·华侨志》，广东人民出版社1996年版，第157页。

[②] 参见广东省地方史志编纂委员会编《广东省志·华侨志》，广东人民出版社1996年版，第176页。

等新侨乡的快速发展扩大了中国侨乡的地域版图,[①] 中心城市"侨"资源的快速增加赋予城市侨务工作新的空间,[②] 侨乡资源成为改革开放的重要资源。从1978年到2017年,广东引进的外资中70%是侨资,60%多的外资企业也是侨资企业。[③] 五邑侨乡台山县1979年到1987年实际利用外资、侨资2145.22万美元,同时期恩平县实际利用外资、侨资3864万美元。[④] 截至1987年年底,汕头市全市侨眷、归侨和港澳同胞家属在海外和港澳乡亲的资助下,兴办个体和集体企业7847家,吸收从业人员12万人。[⑤] 文教卫公益事业捐助达到新的高潮,超过了近代侨乡的规模和水平。1979年到1986年,台山县368所中小学接受的捐赠即已达4500万元人民币,台山县图书馆、台山少年宫、台山科学技术馆、正贤体育训练馆、台山县教育电视台、台山华侨博物馆等一批大型文化基础设施得以兴建。[⑥] 1978年到1987年,潮汕侨乡接受的海外侨胞和港澳同胞捐款达到5.71亿人民币,[⑦]中小学校、医院、幼儿园等公益事业大受助益。广东侨乡因此成为改革开放初期经济发展最快速的地区。更重要的是,广东、福建侨乡的海外资源极大地推动了国家的发展战略,成为深圳、珠海、汕头、厦门四大特区建设的重要力量,并投资广州乃至内地城市经济建设。

进入新时代以来,世界面临百年未有之大变局,党的二十大吹响了以中国式现代化全面推进中华民族伟大复兴的号角,推动构建人类命运共同体,创造人类文明新形态是其本质要求。中国侨乡发展对标国家战略的意

[①] 参见周望森《浙江华侨史》,中国华侨出版社2010年版,第325页。《浙江华侨史》第八章第一节指出:"20世纪90年代至21世纪初,浙江海外移民出现前所未有的高潮,大批侨乡在浙江各地涌现。"

[②] 随着中心城市留学移民、技术移民、投资移民的增加以及华侨华人科技人才进入中心城市创业发展,张应龙提出"都市侨乡"的研究命题。参见张应龙《都市侨乡:侨乡研究新命题》,载《华侨华人历史研究》2005年第3期,第41-49页。

[③] 本数据来自广东华侨华人博物馆华侨历史展览内容。

[④] 参见广东省地方史志编纂委员会编《广东省志·华侨志》,广东人民出版社1996年版,第158页。

[⑤] 参见广东省地方史志编纂委员会编《广东省志·华侨志》,广东人民出版社1996年版,第173-174页。

[⑥] 参见广东省地方史志编纂委员会编《广东省志·华侨志》,广东人民出版社1996年版,第159页。

[⑦] 参见广东省地方史志编纂委员会编《广东省志·华侨志》,广东人民出版社1996年版,第175页。

义和地位也因此更加突显,其肩负的国家战略使命和责任远远超出了近代侨乡、现代侨乡。习近平总书记2010年提出了"根魂梦"的重要侨务论述,侨乡的山山水水、地域文化和中外融合的侨乡文化,就是海内外中华儿女共同的"根"、共同的"魂"的具象物,将侨乡建设成海外侨胞的精神家园,必然增强他们的文化认同、民族认同,因此,侨乡发展具有国家重要的战略意义。2014年国务院批准建立"汕头华侨经济文化合作试验区",2019年中共中央、国务院颁布的《粤港澳大湾区发展规划纲要》支持在江门建设"华侨华人文化交流合作重要平台",2004年国务院侨办批准在广东举办"中国(江门)侨乡华人嘉年华",2017年广东批准建设"侨乡文化(江门)生态保护实验区",这些都是新时代站在国家战略高度对中国侨乡发展的国家地位和作用的充分肯定,是侨乡资源上升为国家发展重要政治资本、文化资本的表现。国家与社会各界对当代侨乡角色、地位和作用的认识,已经从传统的经济视域更广泛地扩展到政治、文化、社会领域,从对内的重要意义扩展到内外兼顾的价值,因此,当代侨乡具有了与近代侨乡、现代侨乡不同的内涵和外延,中国侨乡正在向一个更加全面发展的时期前行。

三、中国侨乡的形态变化

上述五个时期反映的侨乡形成与发展,从侨乡与国家互动关系的核心主线考察,可以表现为近代侨乡、现代侨乡和当代侨乡三种形态。①

近代侨乡包含形成、初步发展、成熟发展三个时期,经历了晚清和民国时期的半殖民地半封建社会,呈现出与非侨乡地区有鲜明区别的文化特质。这主要表现为侨眷与海外移民众多,华侨全面参与侨乡经济、社会、文化建设,各种血缘、地缘、业缘侨团与侨乡的联系形成紧密网络,是侨乡发展的重要动能;侨乡民众对世界有较多的认知,"金山""南洋"与侨乡是一个交融的整体,"番畔钱银唐山福",其生活方式受到更多的世界局势变化的影响,他们生活在"侨乡"与"世界"融合的文化空间中;

---

① 郑德华最早提出将侨乡分为"近代侨乡""当代侨乡"的学术观点(参见郑德华《关于"侨乡"概念及其研究的再探讨》,载《学术研究》2009年第2期,第95-100页)。另外,郑德华认为,传统侨乡与当代侨乡的分界线是第二次世界大战。

各种中西合璧的乡村近代建筑成为侨乡鲜明的文化景观,基础设施、基础教育、文化卫生发达;侨乡意识形态既传统又开放,观念混杂,乡村治理结合了宗族和外来的理念机制;侨汇成为国家外汇平衡的重要资源,推动清政府和民国政府对侨乡的关注,侨务工作因此成为国家新的治理事项;广东、福建、海南等沿海地区从历史上中国的"边缘"地带转变为"前沿"地区,是近代中国连接世界的桥梁,展示文化交流、文明互鉴的窗口,在推翻封建帝制的革命运动中得领风气之先。这三个时期的文化面貌,是侨乡"实体"、侨乡"概念"、侨乡"认同"的基础和具象,贯穿其间的根本相同之处在于传统乡村社会与近代国家的关系,具有相对独立的自治空间,因此构成了侨乡的近代形态。

1949年中华人民共和国成立,侨乡发展的国内环境发生翻天覆地的重大变化。1950年6月,司徒美堂在政协全国会议第二次会议上提交的《关于华侨土地问题的几点意见》发言稿中使用了"广东侨乡""四邑和中山等侨乡"的提法。① "侨乡"进入国家话语体系,得到社会广泛认同。侨乡在继续保持海外侨胞、侨眷众多和侨汇量大这一侨务"特质"的同时,经过土地改革、公私合营等社会主义改造,侨乡原有的社会结构被改变,国家控制效能直达基层,宗族自治成为历史;第二次世界大战后尤其是1955年中华人民共和国政府宣布不承认双重国籍等国际形势和国内政策,使落地生根成为华侨面临的重要选择,华侨社会也发生重大转变,海外力量投资社会主义建设依然受到重视,而对侨乡社会事务的参与面和参与度大大减弱;侨汇不再具有支配经济生活的地位和作用,侨乡输血型经济发展模式发生根本转变,自力更生的生活方式取代了传统的依赖性生活;侨乡与非侨乡地区的"同质"发展得到极大推进。总之,经过1949年后的转型发展,侨乡的政治生活、经济生活、社会生活、文化生活全面融入国家治理体系,呈现出与近代国家有限控制不同的现代形态。

1978年开启的改革开放,促使中国融入全球化并逐渐成为全球化发展的重要力量,此时的中国更加需要了解世界,也需要更好地向世界说明一个真实的中国,中国侨乡拥有的海内外"侨"资源就彰显出不可替代的时代价值和世界意义。加强海内外中华儿女大团结,共创民族复兴伟业,进入国家战略;侨乡遗产资源对6000万海外侨胞固"根"、筑

---

① 参见中国致公党中央委员会编《司徒美堂》,中国致公出版社2003年版,第23页。

"魂"、圆"梦"有着特殊的作用，将侨乡建设成侨胞的精神家园也赋予侨乡乡村振兴更高的国家站位。于是，中国侨乡与国家发展战略的联系更加紧密，在国家战略中的地位得以提升。新移民的大规模出现，增强了江门五邑等传统侨乡与海外联系的新鲜血液，浙江等新侨大省推动新侨乡扩展和丰富。改革开放之初的四大经济特区分布在广东、福建传统侨乡，广大侨乡成为接受侨资、外资的重地，并最早形成外向型经济发展模式，经济发展速度和质量全国领先。进入21世纪以来，中国侨乡近现代遗产的价值和世界意义日益契合讲好中国故事的时代需求，通过世界文化遗产、世界记忆遗产等国际文化形式，展示给全球，得到全人类的认同。当代中国侨乡延续着现代侨乡融入国家体系的惯性，从侧重经济意义的侨乡社会向更加突出文化意义、政治意义全面发展的侨乡社会扩展，在更高的层面发挥着它与世界紧密联系的独特作用，是中国更深地融入世界，实现民族伟大复兴的重要桥梁和渠道，中国侨乡转型为当代形态。

中国侨乡三种形态的转化演变，相互之间是一个继承发展的关系，侨乡特质不断加强，"认同感""归属感"不断建构，具有整体性和连续性；同时，其不断融入国家体系、纳入国家发展战略的过程又表现出具有质差的阶段性，其资源禀赋从"侨乡"走向"国家"，逐渐显现出世界性；其发展地位从"地域"走向"全局"，逐渐纳入"国家战略"。近代、现代、当代三种侨乡形态的划分也揭示出中国侨乡分期的规律性。

［原载《五邑大学学报（社会科学版）》2023年第1期］

侨乡文化的国际性与侨乡文化研究的国际合作
——以北美铁路华工研究为例

侨乡文化是近代以来首先在中国东南沿海国际移民输出较多的地区形成的一种新的地域文化,广东的潮汕、五邑、梅州和福建的泉漳厦被誉为中国四大著名侨乡,世界6000万华侨华人中近2/3的人祖籍在这些地区。它是在中国历史大的框架下,以中华传统地域文化为母体,在与外来文化的长期交流之中,其乡村建筑、乡村治理、经济结构、政治生态、教育发展、婚姻家庭、人际关系、乡风民俗、观念语言等方面层层积淀,构成的一种以中外文化融合为显著特征的乡村文化形态①,是中华民族多元一体文化的重要组成部分。

作为与世界紧密接触的乡村,国际性是侨乡文化的鲜明特点之一,这就决定了侨乡文化的研究与传统地域文化研究、乡村研究相比,更需要有国际的学术视野和学术组织方式。这既是一个学术理论问题,也是一个学术实践问题,是侨乡文化研究的必由之路,且目前尚处于探索阶段。本文拟通过近年来以美国铁路华工研究为主的国际合作实践,对此进行分析,求教于学界同仁,祈不吝赐教。

一、侨乡文化的国际性

侨乡因华侨(国际移民)而生,真正形成是在19世纪60年代。第二次鸦片战争之后陆续签订的《中英北京条约》(1860)、《中法北京条约》(1860)、《中美蒲安臣条约》(1868),将清初确定的禁止商民私自出洋的法令撕开了一个大口子(正式的废除是1893年),东南沿海地区民众的出洋尤其是返乡实际上"去罪化""合法化",华侨得以开始自由

---

① 有关侨乡文化的地域文化特征,笔者已在拙作《地域视野下的侨乡文化——以广东侨乡为例》中进行讨论。

出入国境和回国创办企事业。于是，海外侨胞与家乡的联系进一步密切起来，大量的人流、物流、资金流、信息流进入华侨的家乡，不仅改变了传统的乡村景观，丰富了生产生活方式，更重要的是经过海外华侨和家乡民众两个行为主体集体创造、约定俗成、自觉遵从、口耳传承、周期性循环演示，在价值取向、情感心理、思维模式、休闲娱乐方式、审美情趣和生存智慧等方面形成了群体性行为认同和文化认同，文化面貌表现出与传统乡村不同的地域特征，这就是"侨乡文化"。

20世纪初，民众如潮水般地出洋和归乡，侨乡地区经济、文化、教育、社会各方面获得快速发展，乡村社会转型加速，侨乡文化形态更为丰满突出。1941年太平洋战争爆发之后，香港和东南亚被日军占领，这对华侨与家乡的联系造成严重阻碍，侨乡发展进入低潮，直到1945年世界反法西斯战争取得胜利，侨乡与海外的联系才得以恢复重建。

改革开放是侨乡大发展时期。今天中国侨乡形成了传统侨乡、新兴侨乡和特殊侨乡（华侨农场）三种类型。①

不论在侨乡形成的初期，还是发展成熟期，海外力量一直是侨乡进步和发展的重要动能，华侨华人身在异国，心系家乡，他们不仅仅是家乡慈善公益的捐赠者，更是家乡事务的重要参与者，从而赋予侨乡显著的开放性、外向性。

首先，海内外人员往来频繁。侨乡青壮年男子出洋谋生形成传统，以解决人多田少生活艰难之困。广东台山有"家里贫穷去亚湾（古巴），为求出路走金山"的民谣。②"父携其子，兄挈其弟，几于无家无之，甚或一家而十数人者有矣。"广东五邑侨乡"谋食外洋者十之七八"。③ 在侨乡，"无侨不成村，无村无侨眷"。除了这些长期定居海外以打工挣钱为主的人员之外，海外侨校还定期或不定期聘请家乡校长、教师开展教育活动，拳馆、武馆聘请家乡拳师出任教练，由此可见，海内外的人员交流联系是很紧密的。

其次，人流必然带来资金流、物资流和文化流，源源不断的侨汇成为

---

① 参见李明欢于2017年3月在国务院侨务办公室于广东江门组织召开的侨乡侨文化研讨会上的发言。
② 参见刘重民编著《台山华侨沧桑录》，台山市华侨历史学会内部刊印本，1994年，第33页。
③ 《实业》，宣统《开平乡土志》（抄本）。

侨眷家庭维持日常生活和子女教育、商业投资的重要资源，同时也是推动侨乡商业繁荣、基础设施建设、文教发展的重要保障。"衣食住行无一不资外洋"①，是对外来的资金、物质与侨乡民众生存状态关系的生动揭示。

再次，侨乡随处可见"洋风"建筑。民居大量吸收西方的建筑材料、建筑技术和建筑艺术，表达审美情趣的壁画上出现了不少描述海外风情、城乡生活的内容，反映了侨乡民众的眼界视野和对世界的认识。中西合璧的防御建筑（碉楼）、骑楼建筑、学校建筑、祠堂建筑、教堂建筑等与岭南自然环境和谐共生，构成了特色鲜明的侨乡乡村景观。

复次，乡村媒体资讯发达。侨乡的县刊、族刊、校刊、会刊等侨刊乡讯广辟言路，舆论开放，作为"集体家书"，它们在海外侨团建立了发行网络。华侨是海外读者群，也是作者群。家乡见闻达于南洋、金山，海外信息也很时常传递到村户。村里阅报亭存放的外国杂志和各地报刊开阔了村民的认知视野，五邑侨乡一些民居、别墅的"永进中华宝，常招外国财"门神对联表达了侨乡民众对待外来事物的开放胸怀和开放追求。

最后，乡村治理方面，在保持家族自治组织的同时，扩大了所有村民包括海外华侨的议事权利，传统乡村社会的族长族老把持的议事权、话语权被削弱，建村章程成为议事的规则。议事的范围从购买村地、规划村落、建筑要求、民居式样、宅基地退出、房屋出售、公地公物处置、外来人员入村管理、村容卫生管理、村落治安管理、与外村纠纷处置、村落自治机构和人员管理等方面，均在建村章程中做了详细约定，入村各户均有一本章程、知晓自己的义务和权利。这种治理方式融入了外来的平等、公开的原则，注意了村落、家族的公权力与住户的财产权、知情权和参与权方面的平衡，海外华侨及其代理人（侨眷）参与村落管理事务的权利得到了保障。

侨乡的上述景象与中国传统乡村的村落景观、乡村治理、发展模式显然是有区别的，华侨传回来的外来文化是促使侨乡从传统乡村脱颖而出的最大变量，而中国传统乡村的组织结构和治理模式虽然也是变量之一，但属于次变量，是在主变量的影响下逐渐退守蜕变。这个最大变量使侨乡成为近现代以来与世界联系最为紧密的区域，世界经济发展的起伏、政局变动都直接影响到侨乡的社会变化，海外"打喷嚏"，侨乡就会"感冒"。

---

① 民国《开平县志》卷二《舆地略》，第96页。

例如，19世纪80年代，美国的经济危机导致排华法案的颁布，直接影响了广东五邑侨乡移民的规模和形式。又如，20世纪二三十年代，美国经济发展顺利，侨汇稳定，广东五邑侨乡华侨新村、墟镇、基础设施、商贸文教等发展是最为迅速的阶段。再如，1941年年底太平洋战争爆发，日本侵占香港，展开对东南亚的进攻，导致来自东南亚和美洲、澳洲的侨汇大幅下降，长期依赖东南亚侨汇的广东潮汕侨乡和梅州侨乡、福建泉漳厦侨乡的侨眷生活大受影响，而长期依赖美洲、澳洲侨汇的广东五邑侨乡的侨眷生活和社会经济也同样陷入了困境，1943年的旱灾在台山一县造成的非正常死亡人数就达到10多万。这些例证都说明，侨乡不仅仅是中国乡村的一部分，更是与世界紧密联系的中国乡村，已经被纳入近现代的全球化进程。

作为侨乡发展最大变量的外来因素，不仅华侨群体直接影响着乡村事务的处理，还因其分布在世界各地，其传回的文化本身就带有多样性。近代以来，华侨就形成了以东南亚为最大聚居地，以美洲（尤其北美）为第二大聚居地，以澳洲为第三聚居地的分布格局，这就决定了影响广东、福建侨乡发展的外来文化，不仅有来自东南亚的与中国历史发展进程同步的农业文明，更有来自美国、加拿大等国的与中国历史发展进程不同的欧美工业文明①，中外文化交流在侨乡是一个长期的、普遍的、大众的文化现象，而且工业文明对侨乡的冲击远远大于同时期其他的中国乡村，才有了侨乡的近代化进程走在中国乡村前列的历史进步。

因此，国际性是侨乡区别于传统乡村，侨乡文化区别于传统乡村文化的重要标志。

二、侨乡文化研究的国际性

侨乡文化的国际性特点决定了侨乡文化研究的研究思路和技术路线必须具有国际性，这大致可以从如下方面加深认识。

1. 学术视野

侨乡作为与世界紧密联系的中国乡村，对侨乡文化的研究就需要将其

---

① 有关广东、福建侨乡外来文化的内部结构及其文化类型，笔者首先在拙作《侨乡文化与侨乡文化研究》[载《五邑大学学报（社会科学版）》2015年第4期]中提出并做了初步分析。

置于世界的视野加以审视。这里的世界视野包括课题背景、课题对象、课题内容、课题意义、课题条件以及课题可行性的国际观察，还包括研究课题的国际比较。例如，侨乡建筑遗产研究，必须从建筑材料、建筑技术和建筑艺术方面分别考察外来建筑文化要素，还应注意不同建筑流派、不同时期建筑风格、不同类型建筑特点的分析；进行侨乡建筑与中外近代建筑的比较，确定侨乡建筑遗产的价值和研究意义；注意建筑主体（业主和建筑者）的群体心理和群体行为特点与专业人士的差别，以及其对侨乡建筑的建造和建筑风格形成的影响。这是世界文化遗产"开平碉楼与村落"的建筑研究带给我们的一些启示，正是这样的研究论证了开平碉楼建筑的唯一性，为申报世界文化遗产奠定了学术基础。世界视野还包括不同文化背景、不同学术研究经历所形成的能相互启发的观察视角。例如，2017年以来，加拿大卑诗大学历史系学生在广东五邑侨乡的课程学习中对侨乡建筑、民俗的观察①；2019年12月，新加坡国立大学建筑系师生对厦门、南安、金门乡土建筑文化的考察②。虽然是大学生的课程学习，但是他们对侨乡建筑的跨国文化分析和乡土民俗的感受，对于长期生活在侨乡的中国师生来说，还是很有启发的。在"开平碉楼与村落"申报世界文化遗产工作期间，我们从与多批次的外国遗产保护学者的交流中，获得了有关开平碉楼建筑造型、建筑风格、建筑价值、西方建筑材料历史等多方面的学术收益，对确认它的世界意义很有助益。③

2. 学术资料

侨乡文化形成过程的中外文化融合，决定了记录保留载体的国际性。以侨批为例，侨批是广东、福建侨乡文化研究的重要乡土文献，被收录入

---

① 这是五邑大学广东侨乡文化研究中心与加拿大卑诗大学长期交流合作的一个项目，学生以开平仓东遗产教育基地为学习生活基地，在开平、台山、新会、江门进行田野考察，通过课程论文、小视频等形式提出自己的观察认识从而获得学分。

② 这是新加坡国立大学建筑系陈煜老师2017年2月以来"亚洲都市与乡村更新"课程的一部分内容，于2019年12月八天的闽南侨乡活动中，以《国大建筑系学生眼中的闽南影像系列》为名发表在"Onlab在线"上。

③ 在2001年到2007年的申报世界文化遗产期间，我们先后与国际古迹遗址理事会（International Council on Monuments and Sites，简称ICOMOS）的英国、以色列、马来西亚、澳大利亚、美国的专家学者进行了侨乡建筑遗产的学术交流。

《世界记忆遗产名录》"侨批档案——海外华侨银信"项目的侨批档案约有 16 万件，其中，广东约 15 万件，福建 1 万余件。这些侨批档案主要来自东南亚、美洲、大洋洲，以东南亚最多，其次是北美洲，是以批局或家庭、家族为单位形成的长时间的文献记录，内容非常丰富，是从侨眷家庭家族生活、侨居国政治经济法律文化、19 世纪末 20 世纪前期的国际政局等多方面的民间视角做的记录。尽管侨批档案数量如此庞大，内容如此丰富，但开展侨批研究或运用这些侨批开展的侨乡文化研究，依然还是有一个重要的缺环，即从侨乡写出去的批信（回批）非常欠缺。虽然在"侨批档案——海外华侨银信"申报《世界记忆遗产名录》的文本中收录有回批，但是数量非常有限，与海外寄回来的侨批极其不成比例，只有阅读了一来一回的侨批，才能帮助我们复原事件的完整过程和内容，才能更好地提出学术问题，做出学术判断。在海外，尤其是在东南亚保留的有部分从侨乡寄出去的批信，这些批信对广东潮汕侨乡、梅州侨乡和福建泉漳厦侨乡的侨批研究非常有帮助。目前，国内保留的最早的侨批是清朝光绪九年（1883）的遗物，① 而泰国的许茂春则收藏有清朝乾隆年间（1736—1795）从侨乡寄出去的批信。因此，要开展侨批研究或运用侨批研究侨乡文化，必须将海内外收藏的侨批结合起来，才能形成比较完整的资料链条，有更加科学的资料基础。侨批档案的事例告诉我们，侨乡文化研究的资料收集需要开展国内国外的工作。

3. 学术资源

侨乡是中国本土的，它不仅大量接受了外来的文化，而且也是中华文化传播的重要输出地；在改革开放之前，海外认识的中华文化是以岭南地域文化为主体的，最早前往东南亚、美洲、大洋洲的华侨的着装、饮食、语言、民俗、文艺、信仰等都带有鲜明的岭南地域特征。华侨就这样将中华文化传播到了世界各地。时至今日，在很多国家，尤其是华侨华人聚居的国家和地区，中华文化对当地民众的生活方式产生了深远而积极的影响，并因此成为当地文化多元化的重要组成部分而得以保存。这些近代以

---

① 参见申报《世界记忆遗产名录》的文本《侨批档案——海外华侨银信》（内部文件，暂未刊出）第 6 页"历史/出处"，以及附录第 23 页"最早的侨批"。

来传播出去并传承至今的带有鲜明地域特点的中华文化，是我们观察近现代侨乡嬗变的重要学术资源。海外学者对当地华侨华人文化的研究已经形成了一定的学术力量，并且积累了相当丰富的学术成果。例如，有关美国铁路华工的观察在19世纪60年代美国横贯大陆铁路修建期间就有了文字的记录，铁路沿线的报纸对华工的体貌特征、生活习惯、劳动组织、群体管理方式等都有相关的记载，历史学家的研究也有触及。在东南亚，尤其是新加坡、马来西亚、泰国，与华侨华人相关的研究比北美洲更为兴盛，学术队伍也更有实力。这些从事华侨华人研究的人员和百多年来积累的学术成果，是侨乡文化研究必须加以重视的学术资源。

4. 学术组织

侨乡文化的本体属性、研究视野、资料组合、资源整合等特点形成了侨乡文化研究内在发展的逻辑，当今的侨乡文化研究学术活动规划应着力构建国际学术交流平台，着力开展国际学术合作，通过具体的研究课题建立稳定的学术合作机制，国际合作应当成为侨乡文化研究学术实践的重要推动。

三、侨乡文化研究国际合作案例

2019年是美国横贯大陆铁路建成通车150周年，这条连接美国东西部的战略大通道的建设与华工直接相关，正是因为华工于1864年开始参与其最艰巨最艰难的西段建设，才使原计划的14年建设期缩短了7年，东部到西部的运输时间从6个月缩短为7天，美国实现了真正意义上的统一，① 可见其战略意义之大。美国政府、学界、社团从2012年就开始筹备150周年纪念活动，予以隆重纪念。

这样一件发生在美国的重大历史纪念活动也为侨乡文化研究的国际合作提供了机遇。

参与横贯大陆铁路建设的华工来自珠江三角洲，以广东五邑侨乡为

---

① 参见［美］加里·M. 沃尔顿、［美］休·罗考夫《美国经济史》（第10版），王珏等译，中国人民大学出版社2011年版，第352页。

主。美国对这一劳工群体的研究，是以非华裔学者为研究主体，起步于19世纪60年代铁路建设时期，20世纪70年代华裔学者崛起，成为推动美国铁路华工研究的重要学术力量。美国侨团对铁路华工不断举办的纪念活动和社会公关宣传也引起了美国社会的重视。2014年，美国政府将"铁路华工"群体请入劳工部大楼荣誉堂，对铁路华工的巨大贡献给予崇高的荣誉，就是学界和侨团多年共同努力的结果。在中国大陆，改革开放之后的华侨华人、美国史研究领域渐受关注。在21世纪初期之前一个相当长的历史时期内，中美学者对于美国铁路华工的研究主要是在"美国视角"主导下进行的，利用的资料、设置的课题、研究对象的场域基本上是以美国为中心，其成果积累丰硕。① 当横贯大陆铁路建成通车150周年的重大历史节点日渐临近，如何取得美国铁路华工研究的新突破，是中美学术界都在思考的问题。

"美国视角"主导的研究显然有学术突破的空间。铁路华工群体的另外一个身份是国际移民，而且这个群体在同时期的国际移民中有一个鲜明的文化特征，那就是他们一直生活在"两个世界"之中："一个是他们每日需要面对，但始终感觉是一个陌生的'他者'的世界；另一个则是存在空间距离，但在他们想象中却总是充满亲情温馨、近在咫尺的属于'我的'世界。"② "他者世界"与"我的世界"的客观存在就是突破口，如何从"美国视角"主导的铁路华工研究向"中美视角"双主导转变，是最合理的学术设计和最佳的技术路线，而"中国视角"的重心就在"侨乡"。

"美国视角"主导的铁路华工研究存在的学术局限和学术发展困难，在美国考古学界、社会学界的铁路华工生活史研究中就提供了印证。长期以来，以斯坦福大学考古系为主导的美国考古学界、社会学界联合对横贯大陆铁路西段沿线的华工遗址进行了全面的勘察和发掘，重点考察铁路华

---

① 有关美国铁路华工研究的学术评述，参见冉琰杰、张国雄《跨域视角下的美国铁路华工研究述评》，载《华侨华人历史研究》2020年第2期，第82—90页。

② ［美］孔飞力：《他者中的华人：中国近现代移民史》，李明欢译，江苏人民出版社2016年版，第448页。笔者认为，孔飞力与李明欢对华侨历史提出的"两个世界"的理论，对美国铁路华工研究同样适用。

工的生活，研究基础已经比较深厚了。但是，项目负责人斯坦福大学考古系芭芭拉·沃斯博士却指出："由于缺少关于铁路华工家乡的物质文化信息，美国的考古学家在分析铁路华工遗址中遗物和遗迹的时候面临了困难。……与之相似的是，在中国的侨乡学者们他们很难获取北美考古学家关于铁路华工的研究成果，因此无法将其与侨乡的历史、建筑和民族学的丰富资料进行比较。……显然，铁路华工和其故乡生活的物质实践紧密相连，我们不能把它们视为独立的分析个体。"① 芭芭拉·沃斯博士的学术感悟是很有启发价值的，她实际上提出了一个中美学者都应该思考的问题，单就美国考察铁路华工是有学术缺陷的，单就中国看侨乡的外来文化也是有学术缺陷的，只有将"美国场域"与"中国场域"结合起来考察铁路华工群体，才是完整的学术研究。芭芭拉·沃斯博士的工作重点是通过考古发掘研究美国铁路华工的生活，长期的学术实践让她看到了这个群体的跨国性质所决定的研究视野和技术路线，这同样也揭示了侨乡文化国际性特点所决定的研究视野和技术路线。

2013 年 11 月，中美学者共同的学术需求促使大家走到了一起。美国横贯大陆铁路建成通车 150 周纪念学术组织单位斯坦福大学项目组的代表斯坦福大学图书馆原馆长、时任美国国会图书馆亚洲部主任的邵东方来到五邑大学，与广东侨乡文化研究中心签订了联合开展美国铁路华工研究的协议。双方商议将美国与铁路华工的家乡结合起来开展研究，各自发挥学术优势，分工进行。

五邑大学广东侨乡文化研究中心围绕铁路华工课题，对已掌握的文献和文物资料进行了新的审视和判读，努力梳理出铁路华工在侨乡的印记，并且开展了铁路华工村落的专题考察。梅伟强带领课题组多次深入台山，重点对铁路华工招聘人李天沛的家乡台山市大江镇水楼乡龙安里进行了考察。我们初步积累了侨乡文献、侨乡文物、铁路华工遗物、侨乡遗产和铁路华工后人口述记录等系列资料。

2014 年，斯坦福大学铁路华工项目课题组第一次到江门，对铁路华

---

① 谭金花、[美]芭芭拉·沃斯、[美]莱恩·肯尼迪：《铁路华工的跨国生活：广东侨乡和北美铁路华工营的物质文化研究》，中国社会科学出版社 2019 年版，第 231 页。

工的家乡进行田野调查，先后考察了新会、台山、开平等与铁路华工有联系的一些遗址和村落。在学术交流中，广东侨乡文化研究中心第一次向中外学术界公布了与铁路华工相关的一些文献、文物资料，并对其学术价值进行了分析和揭示。也是在这次考察中，双方商定组成联合课题组，整合中美双方的学术资源，在五邑侨乡开展铁路华工村落社会学深度田野调查，以实现与美国横贯大陆铁路沿线华工遗址考古发掘成果的比较研究。

2015年至2017年，由五邑大学广东侨乡文化研究中心谭金花博士和斯坦福大学考古系芭芭拉·沃斯博士负责的工作组，以开平仓东村为基地进行了多次深度的社会学田野调查。美国方面，除斯坦福大学之外，还有新奥尔良大学、旧金山州立大学、南俄勒冈大学、洪堡州立大学、马萨诸塞大学波士顿分校等高校的考古学、人类学、社会学专家学者和博士研究生参与实地深度调查。

经过7年的合作，双方有关美国铁路华工的跨国研究取得了新的进展。五邑大学广东侨乡文化中心课题组成员先后发表了《美国铁路华工的追梦与圆梦——基于侨乡视角的考察》《追寻沉默的美国铁路华工——以中国近现代广东五邑侨乡文书为中心的探讨》《北美铁路华工家乡五邑的建筑风格的演变及文化根源》等系列论文，并组织翻译出版了拉塞尔·H.康威尔著、谢利·费希尔·费雪金编注的《为何与如何：中国人移民美国的原因与方式》（1871年版）一书。《为何与如何：中国人移民美国的原因与方式》（1871年版）是作者到珠江三角洲进行实地调查后，就19世纪五六十年代中国人移居美国的情况做出的美国人的解读；这部美国著作对分析铁路华工出洋动机及出洋经费筹措、出洋方式等提供了不少难得的第一手资料。

2019年4月，中美联合课题组在美国斯坦福大学举办了铁路华工研究国际学术会议，作为铁路华工项目的结项，并在大会上发布了双方在铁路华工研究项目的合作成果。

2019年6月，"北美铁路华工的跨国生活国际学术研讨会"在五邑大学举办，同时举行了《铁路华工的跨国生活：广东侨乡和北美铁路华工营的物质文化研究》《金山上的中国长城：美国铁路华工简史》《为何与如何：中国人移民美国的原因与方式》（1871年版）首发式。其中，《铁路华工的跨国生活：广东侨乡和北美铁路华工营的物质文化研究》由谭金花、芭芭拉·沃斯、莱恩·肯尼迪联合撰写，这部著作以仓东村收集到的10000多份物件为基础，从人类学、考古学、社会学多学科角度进行分析比较，让我们看到在100多年前，仓东村的居民就已使用英国的瓷器、法国的枪、美国的玻璃瓶和药物；同时也看到19世纪中期，在美国的中药商人已经跟当地人合作生产玻璃药瓶，并通过香港进口至广东销售的情况。研究报告认为，这些可视的物质证实了五邑侨乡地区早在19世纪中期就已经踏入全球化的进程。中美联合课题组还在开平仓东村举办了"北美铁路华工的跨国生活：仓东项目"首映式，为这次国际合作研究画上圆满的句号。

这次美国铁路华工研究国际合作的一个突出特点，是加强了对"中国视角"（即"侨乡视角"）的分析，使侨乡资源得到充分挖掘，侨乡分析得到深化，其主要成果极大地弥补了以往美国铁路华工研究中的"侨乡视角"短板，使"美国场域"与"中国场域"的失衡有所调整。从侨乡文化研究来讲，帮助我们更好地了解了铁路华工对侨居国文化的感知吸收情况、侨乡外来文化的内涵、外来文化与侨乡民众生活的联系及给家乡的经济和文化面貌带来的影响。

实践证明，实施7年的美国铁路华工国际合作研究是一个学术上的双赢。

四、结语

以国际合作作为侨乡文化研究的学术组织和学术技术路线之一，是由侨乡文化国际性的内在逻辑决定的，7年美国铁路华工研究的学术实践证明了开展国际合作的必要性和可行性。这是侨乡文化研究与中国地域文化研究、中国传统乡村研究在学术视野、学术意识、组织方式等方面不同的一个鲜明特点。

侨乡文化研究的国际性渗透在学术视野、学术意识、学术资源、学术组织各个方面，研究的重心在"侨乡"，"他者世界"是不可缺少的有机组成部分。在"他者世界"中，与华侨相关的其他群体也是其学术资源，同样应予以深入考察，让我们更好地认识华侨在文化认知、文化传播方面的特点，这对分析侨乡的外来文化是很有学术意义和价值的。7年的美国铁路华工合作研究已经取得了不错的成果，但依然还有可以拓展的空间。例如，铁路华工与爱尔兰劳工、摩门教劳工（他们修建了横贯大陆铁路的东段）的比较研究，可以让我们在一个更加广阔的视野上把握华工的文化心理和文化行为特点。

美国铁路华工国际合作研究的学术实践启发我们，以重大课题为中心开展侨乡文化研究的国际合作，更容易形成共同的学术兴趣、持续的学术实践和突出的学术成果，其示范、推动作用更为显著；同时，也更有学术发展空间和延展性。在7年合作的实践中，我们结识了一批美国专家学者，更多地了解到美国有关横贯大陆铁路学术研究的情况，这为我们下一步开展铁路华工与爱尔兰劳工、摩门教劳工的比较研究创造了条件。

［本文为广东省社科基金特别委托项目"广东侨乡的形成与发展"（GD13TW01-2）阶段性成果。原载《韩山师范学院学报》2020年第5期］

地域视野下的侨乡文化
——以广东侨乡为例

中国侨乡是 19 世纪 60 年代的产物,20 世纪 30 年代学界开启了对侨乡的研究,公认陈达的《南洋华侨与闽粤社会》① 为开山之作。改革开放之后,侨乡研究在学术界逐渐受到重视。1981 年,黄重言的《试论我国侨乡社会的形成、特点和发展趋势》一文是国内第一篇全面专题论述侨乡的学术论文。② 进入 21 世纪,广东、福建、广西、浙江、云南、海南、黑龙江等省、自治区先后成立了省级侨乡文化研究中心,由中国华侨华人历史研究所与广东五邑大学共建的"中国侨乡文化研究中心"也于 2015 年在广东省江门市成立。经过 80 多年的发展,中国的侨乡研究虽然还很稚嫩,但是也逐渐呈现出与华侨华人研究并重的多学科研究态势。

"侨乡"作为一种文化形态,内涵丰富,地域性是其最基本的特征,也是中国侨乡研究最基础的学术问题之一。笔者在《侨乡文化与侨乡文化研究》一文初有涉及,③ 但是没有展开论述,迄今学术界的深入讨论尚缺,故拙笔陈见,求教方家。

一、概念:从乡土到学界

"侨乡"的概念出现较晚,比与之联系非常紧密的出自 19 世纪末的"华侨"概念要晚很多,④ 这是否反映了两者的历史发展逻辑呢?1909 年创刊的《新宁杂志》在谈到台山侨乡的事务时,没有使用"侨乡"一词,

---

① 陈达的《南洋华侨与闽粤社会》(商务印书馆 1938 年初版)被认为是侨乡研究开山之作。
② 参见黄重言《试论我国侨乡社会的形成、特点和发展趋势》,载《广东华侨历史学会通讯》1982 年第 2 期,第 5-12 页。
③ 参见张国雄《侨乡文化与侨乡文化研究》,载《五邑大学学报(社会科学版)》2015 年第 4 期,第 1 页。
④ 庄国土对"华侨"一词出现的时间进行了可靠的考证,认为最迟出现于 1883 年。参见庄国土《中国封建政府的华侨政策》,厦门大学出版社 1989 年版,第 343 页。

而是直接用"邑"来指称。① 随后台山、开平等地创办的侨刊，也大致是这样来指称本地。② 这种现象在广东的潮汕和梅州传统侨乡也很普遍。比如，清光绪年间（1875—1908）的《岭东日报·潮嘉新闻》就是用行政地域名称来指称潮汕、梅州的州县，没有出现"侨乡"这种具有文化地理内涵的专称。笔者所见，"侨乡"一词的出现至迟是在20世纪的40年代。③ 1946年12月出版的晋江《南侨校刊》在《庆祝开校及新校舍奠基礼讲话特辑》中提到"提高侨乡的文化水准"，"改进侨乡的社会"。1947年9月出版的《开平华侨月刊》中《关如春执笔》一文也有了"侨乡，即四邑"的提法。与以往常使用的具有行政地域意涵的"邑"相比，"侨乡"则是文化地理的概念，揭示的是一个地方的文化形态。福建、广东这两本侨刊不约而同出现"侨乡"的概念，说明在20世纪40年代后期"侨乡"的文化特征已经引发关注，并得到表达。与1909年创刊的《新宁杂志》相比，这种文化现象的出现说明一种新的文化认知和文化自豪在当地精英人士心目中逐渐成形，说明他们已经意识到所在乡村的文化形态与非侨乡乡村文化形态的区别。这是否可以视为当地民众和海外华侨的一种文化自觉意识的兴起呢？同时，我们也注意到，这个时期"侨乡"概念还没有进入社会的主流话语体系，并行的依然是大量的"邑"的指称。

"侨乡"在20世纪30年代进入学术界的研究视野，陈达在《南洋华侨与闽粤社会》一书中使用"华侨社区"与"非华侨社区"这一对相互区别的概念来标识他考察的闽粤乡村。这一方面反映了陈达意识到产生华侨的乡村与没有华侨的乡村已经出现了文化上的差别，另一方面也说明陈

---

① 广东台山为中国著名侨乡，原名新宁，1914年改名台山。《新宁杂志》编辑之一刘小云就称本地是"滨海一边邑耳……惟海通以后，出洋之人稍众……旅外邑人，辇金归里。兴办种种实业者，又复相望于道。邑中有志之士，遂谋所以兴革利弊"。刘小云：《新宁杂志序例》，见《新宁杂志》1909年创刊号，第8页。

② 1926年出版的《台山中学校开幕纪念录》收录了来自广东党政军各界人士以及加拿大、美国、英国华侨为庆贺台山中学校新校舍落成的贺词、贺信、发言稿，其中对台山的称呼有台山、台邑、台城、三台、宁阳等，这些概念有的是新老县名（宁阳、台山），有的是习惯地名（台邑、台城），有的是自然地理名（三台）。总之，其反映的是时人对台山的称呼受到行政、历史、自然、民间因素影响，还没有出现文化特征上有别于非侨乡的意识。

③ 笔者对"侨乡"一词的考据，得到五邑大学广东侨乡文化研究中心姚婷博士、石坚平博士的帮助。

达重点是以华侨为中心的视角来看待这些乡村,而乡村本体不是重点考察的角度,从研究对象的主体属性和研究视野、研究方法等方面看,侨乡是华侨研究的从属者。陈达以华侨为中心的侨乡研究思路,对后世的侨乡文化学术研究影响很大。

"侨乡"进入社会主流话语体系,大致是在20世纪50年代。1950年6月,司徒美堂在政协全国会议第二次会议上提交了《关于华侨土地问题的几点意见》发言稿,文中有了"广东侨乡""四邑和中山等侨乡"的提法。① 这是目前笔者所见"侨乡"最早在国家话语体系中的表达。1956年,《侨乡报》在福建问世,编辑部还出版了《侨乡故事》,介绍福建侨乡的风情风貌。② 1959年,《高鹤侨刊》有了"侨乡消息"专目。这一时期"侨乡"成为广东、福建的通用语,"闽粤侨乡"这一术语也在学界流行开来。

改革开放之初,中山大学与境外高校联合开展台山侨乡研究项目,极大地唤起了学术界对侨乡研究的重视。③ 1981年,在华侨华人学术会议上,中山大学历史系教授黄重言提交的《试论我国侨乡社会的形成、特点和发展趋势》一文,是改革开放后学者首次在华侨华人研究领域专题论述侨乡、展示侨乡特殊性的重要成果,其学术价值不亚于陈达的《南洋华侨与闽粤社会》。2002年,《华侨华人百科全书(侨乡卷)》中关于侨乡的认识,很多就是来自黄重言的见解。这反映了学术界对侨乡这种地域文化现象的最新评估和学术重视,预示着考察侨乡与华侨、侨乡与非侨乡的文化差异和形成机制开始成为学界的独立学术问题。

先有华侨,后有侨乡;先有"华侨社区",后有"侨乡"社会。"侨乡"概念相比"华侨"概念进入社会话语体系和学术界的时间差,符合人们的认知规律,也符合学术发展的规律。

二、侨乡:近代形成的地域文化

"侨乡"作为一种地域文化形态,形成于何时呢?

---

① 参见中国致公党中央委员会编《司徒美堂》,中国致公出版社2003年版,第23页。
② 参见《侨乡报》编辑部编《侨乡故事》,福建人民出版社1958年版。
③ 刘玉遵、成露西、郑德华发表于1981年广东华侨历史学会成立大会上的《华侨,新宁铁路与台山》一文,就是中山大学与境外高校合作开展侨乡研究的代表性成果。该文载于广东华侨历史学会编《华侨论文集(第一辑)》,广东华侨历史学会1982年版,第304页。

很长一段时间学术界并没有将此作为一个学术问题加以深究,很自然地认为侨乡是随着华侨的出现而自然形成的,侨乡只是华侨华人研究的从属对象。这一学术现象很容易理解。侨乡作为华侨华人研究的一部分,表现在两个方面。其一,谈侨乡必从当地最早的海外移民开始,尤其是结合鸦片战争后大量海外移民出现这一时代大背景来看待侨乡形成的学术思路,注重的是华侨产生的背景和华侨反馈家乡的表现。其二,"侨乡"究竟形成于何时,似乎不是一个学术问题,它就是因海外移民自然伴生的现象。1996年的《泉州市华侨志》就将泉州侨乡的形成与唐末五代即有海外移民挂钩;① 龙登高提出,侨乡大体形成于19世纪后期,彼时出国移民源源不断,成为侨乡民众谋生的主要途径之一,并开始对家乡回馈;② 俞云平、王付兵认为,鸦片战争后福建移民潮汹涌澎湃,闽南侨眷较多的地区出现了侨乡;③ 2010年的《浙江省华侨志》也将浙江侨乡的形成与20世纪20年代向欧洲的移民运动联系在一起。④

研究侨乡当然要联系海外移民,这一点毫无疑问,因为海外移民是侨乡产生的必要条件。问题在于,是否一个地方有了海外移民,就自然成为一个区别于其他传统乡村的侨乡?海外移民是否就是侨乡形成的必要且充分的条件?如果我们认为"侨乡"是一个独立的研究对象和研究领域,那么答案显然是否定的。因此,"侨乡形成于何时?"就成了一个真实的学术问题,而且是侨乡研究首先必须解决的学术问题。

最早提出这个学术问题并加以解答的是黄重言,他明确指出,鸦片战争之前因为明清的"海禁"政策,海外乡亲与家乡联系少,所在家乡与其他非侨乡地区相比,没有特点,差异不大,谈不上形成侨乡社会。鸦片战争后,清政府越来越难以维持"海禁"政策,并于1893年宣布废止"海禁"政策,华侨和侨眷的权利和地位得到法律正式承认,"也许可以

---

① 参见泉州市华侨志编撰委员会编《泉州市华侨志》,中国社会出版社1996年版,第281页。
② 参见龙登高《侨乡经济发展论纲》,见周南京主编《华侨华人百科全书(总论卷)》,中国华侨出版社2002年,第572页。
③ 参见俞云平、王付兵《福建侨乡的社会变迁》,湖南人民出版社2002年版,第8页。
④ 参见《浙江省华侨志》编纂委员会编《浙江省华侨志》,浙江古籍出版社2010年版,第247页。周望森在《浙江华侨史》中写道:"20世纪之前还没有侨乡,20世纪以后出国人多的地方出现了侨乡。"(周望森:《浙江华侨史》,中国华侨出版社2016年版,第324页。)

说，1893年是中国侨乡社会形成的重要分界线"①。黄重言显然认为，"侨乡"并不是随着海外移民自然而然产生的一种地域文化现象，这一观念无疑于侨乡研究而言，具有里程碑式的进步意义，关于中国侨乡社会的形成，他提出以1893年为界的学术观点也是很有启发的探索。

1991年，郑德华、成露西在《台山侨乡与新宁铁路》一书中提出，"台山侨乡社会的形成时间大约在晚清光绪初期"②，他们的观点既注意到1893年法令，又是引用台山的乡土文献进行分析而来，与黄重言的学术观点略有不同，于侨乡研究而言，同样是一个推进。

正如方雄普在《华侨华人百科全书（侨乡卷）》之《中国侨乡的形成与发展》中写道的那样："侨乡究竟形成于何时，学术界尚未有定论。"③目前，这依然是一个有待解决的学术问题。

那么，"侨乡"究竟形成于何时？

这还是需要从黄重言提出的1893年光绪皇帝废止"海禁"的诏令说起。该诏令提道："除华侨海禁，自今商民在外洋，无问久暂，概许回国治生置业，其经商出洋亦听之。"④废除海禁，移民来去自由，允许海外侨民回国回乡"治生置业"，表明在国家法令层面对海外侨民的法律地位和迁移权、财产权予以承认和保护。海外侨民的地位和权益的合法性对侨乡形成具有决定性意义，这是黄重言以1893年为界的学术基础所在。

将海外移民自由往来于家乡与侨居地之间的合法性和侨乡的形成挂钩，无疑是正确的。我们想在此基础上提出的问题是，海外侨民在家乡的治生置业是否真的就是从1893年才开始？对此需要打个问号。

方雄普没有对侨乡形成于何时给予一个肯定的结论，但是他在《中国侨乡的形成与发展》中指出，侨乡的形成是一个渐变的过程，应该放在一个大的历史时期来考察，不应该以某个事件的出现或某一政策的颁布来划分。同时，他认为，侨乡是一个有一定含义的特殊地区，具有四大特

---

① 黄重言：《试论我国侨乡社会的形成、特点和发展趋势》，载《广东华侨历史学会通讯》1982年第2期，第5-12页。

② 郑德华、成露西：《台山侨乡与新宁铁路》，中山大学出版社1991年版，第13页。

③ 周南京、方雄普、冯子平主编：《华侨华人百科全书（侨乡卷）》，中国华侨出版社2001年版，第803页。

④ 赵尔巽等撰：《清史稿》卷二十三《德宗本纪一》第四册，中华书局1977年版，第904页。

点:"第一,华侨、华人、归侨、侨眷众多;第二,与外海的亲友在经济、文化、思想诸方面有着千丝万缕的联系;第三,尽管本地人多地少,资源缺乏,但由于侨汇、侨资多,因而商品经济比较发达;第四,华侨素有筹资办学的传统,那里的文化、教育水平较高。"①

方雄普关于侨乡四大特点的梳理,对我们认识侨乡的形成很有开拓性,具有了更具体的观察渠道和标志。虽然站在今天的学术研究基础上来看待侨乡形态特征还可以总结得更加丰富,但是方雄普对侨乡形成的基本要素、关键要素的确定,笔者非常赞同。进而言之,方雄普提出的侨乡四大特点,如果从侨乡形成机制的角度考察,其内在的逻辑关系也就是按照对侨乡"形成"的重要性来排序的话,似可加以调整,第二个特点比第一个特点更加关键,是侨乡形成的充分而且必要的条件,其他三个特点或者说要素则是必要条件。

也就是说,促使侨乡从传统乡村脱颖而出,形成区别于非侨乡的特定文化形态和文化内涵的关键因素,应该是海外人流、资金流、物资流、信息流、文化流的大量合法返乡,为侨乡社会转型提供了新发展的动能。只有这样,侨乡地域文化的形成才有可能实现。因此,返乡的合法性至关重要。只有消除海禁,能够出入自由,安居置业,才有可能促使海外移民放心大胆地往来于家乡与侨居地之间,将海外挣得的血汗钱放心地寄回家乡,买地建房,投资商铺,改善家庭生活;才会心甘情愿地投资办企业,捐资兴学办慈善。如果还是实施严禁商民私自出洋贸易的法令,② 人流、

---

① 周南京、方雄普、冯子平主编:《华侨华人百科全书(侨乡卷)》,中国华侨出版社 2001 年版,第 803 页。
② 清顺治十三年(1656)清廷颁令:"商民船只私自下海,将粮食、货物等项与逆贼贸易者,不论官民,俱奏闻处斩,货物入官。本犯家产,尽给告发之人。其该管地方文武各官不行盘缉,皆革职从重治罪。地方保甲不行举首,皆处死。"[《钦定大清会典事例》原刊本卷七百七十六;翻印本(中国台北,1963 年),第 14953 页。]康熙五十一年(1712)皇帝诏令:"沿海文武官员,隐匿不报者,从重治罪。"(见《皇朝通典》卷八十"刑制",引自华侨志编纂委员会编《华侨志总志》,中国台湾台北海外出版社 1956 年版,第 95 页)。清政府一直对商民出洋实施禁止之令。其间,也曾开恩,允许海外商民返籍。雍正五年(1727)皇帝诏令:"朕思此等贸易外洋者,多系不安本分之人。若听其去来任意,不论年代久远,伊等益无顾忌,轻去其乡,而飘流外国者愈众矣。嗣后应定限期,若愈期不还,是其人甘心流移外方,无可怜惜,朕意不许令其复回内地。"(见《皇朝通典》卷八十"刑制"。)雍正皇帝诏令的核心还是禁止商民出洋,只是给私自出洋者一次回籍的机会而已。清政府的这个政策一直延续到光绪十九年(1893)才明令废除。

资金流、物资流、信息流、文化流不能畅通,海外移民难以合理合法地参与家乡治理,海外资金就很难对家乡形成规模性投资效应,华侨、侨眷就只能是潜在的资源而无法转换利用,何来发达的商品经济,何来较高水平的文化教育事业?!故笔者以为海外移民与家乡互动联系的合法性、广泛性、紧密性对侨乡的形成至关重要。这也是笔者肯定上述学者注意到返乡合法性、治生置业重要性的学术价值之所在。因此,判断侨乡形成的首要条件,当以是否形成了侨乡与侨居地之间合法的频繁的大量的人流、资金流、物资流、信息流和文化流。有此前提,海外移民、归侨、侨眷才可能从潜在的资源转换为现实的推动侨乡经济、社会、文化发展的力量,侨汇才可能大量稳定寄回,促进家乡商品经济发达和教育文化事业进步。

如果这个判断是合理的,那么清政府允许商民自由出入,是否真的是从 1893 年才开始的呢?答案应该是否定的。

清政府主动废除严禁商民私自出洋的禁律,确实是在光绪十九年(1893)。当年 9 月 13 日,总理衙门上奏提请正式废除清初以来的旧例:"良善商民,无论在洋久暂、婚娶生息,一概任其回国谋生置业,与内地人民一律看待;并听其随时经商出洋,毋得仍前借端讹索,违者按律惩治。"① 这个奏议和光绪皇帝的诏令标志着影响海外移民 200 余年的"紧箍咒"正式解除了,广而告之天下官民,海外移民的权益受到朝廷的重视和保护。②

考察清政府对待商民出洋的政策,既要看旧例的正式废除,更不能忘记咸丰十年(1860)发生的一些事。如果说第一次鸦片战争后的《南京条约》开启五口通商,英国实现了打开中国国门之目的,那么第二次鸦片战争结束后,英法联军通过《中英北京条约》《中法北京条约》获得了在中国的招工权利,以满足其海外殖民地对劳工供应的急切需求。这两个条约都直接对清初以来的禁止商民私自出洋的律令产生了实质性冲击。

《中英北京条约》第五款:"戊午年订约互换以后,大清大皇帝允于即日降谕各省督抚大吏,以凡有华民情甘出口,或在英国所属各处,或在外洋别处承工,俱准与英民立约为凭。无论单身或携带家属,一并赴通商

---

① 朱寿朋:《光绪朝东华录(第 3 册)》,中华书局 1958 年版,第 3244 页。
② 参见[澳]颜清湟《出国华工与清朝官员:晚清时期中国对海外华人的保护(1851—1911)》,粟明鲜、贺跃夫译,中国友谊出版社 1990 年版,第 280 页。

各口下英国船只，毫无禁阻。"① 《中法北京条约》第九款也有类似内容。争取中国移民出洋，是英法发动第二次鸦片战争的重要原因之一。早在1845年，英、法等国就开始在福建厦门进行臭名昭著的"猪仔"华工贸易，1852年更是将其扩散到汕头、香港、澳门，广东成为"猪仔"华工贸易的重灾区。1854年，因为两广总督叶名琛一份奏折，才使朝廷真正全面了解到"猪仔"华工贸易的情况。英国代表西方列强与清政府之间关于华工贸易合法性问题进行了博弈，列强屡有挫折感。② 让海外殖民地获得廉价劳动力自然就成了英、法两国迫使清政府必须接受的重要谈判要价，通过战争他们也如愿获得了从此以后中国劳工出洋各级地方政府不得阻禁的权益。同时，我们注意到英法招募的廉价劳动力主要来自福建、广东这样一个事实。

这两个条约不仅为英、法招募华工提供了合法依据，而且也为其他列强招募华工提供了合法的依据。1868年，中美之间签订了《中美续增条约》，在1858年《中美天津条约》的基础上增订了八条。其第五条也是关于中美人民合法往来的法律规定："大清国与大美国切念民人前往各国，或愿常住入籍，或随时来往，总听其自便，不得禁阻，为是现在两国人民互相来往，或游历，或贸易，或久居，得以自由，方有利益。"③ 中美的条约更加明确，中国商民可以"随时来往"，"听其自便，不得禁阻"。这个条约不仅解决了美国西部开发急需的廉价劳动力供应问题，同样也为中美之间商民往来提供了合法性保障。笔者特别要指出的是，当年前往美国的中国劳工主要出自广东的五邑侨乡。

虽然第二次鸦片战争后清政府禁阻商民出洋的法令还没有正式废除，仍是笼罩在他们头上的阴影，可能会影响一些人在选择出洋时对风险成本的评估，但是实际上上述这些条约宣告了清初以来禁止商民出洋法令的失效，至少是在东南沿海传统的移民输出地区，它们没有约束力了。彼时，清政府中央和地方的官员在处理广东、福建出洋人员时，不再依据清初的法令，不再有以前那样的心理顾忌和防范，而是依据中英、中法、中美之

---

① 黄月波、于能模、鲍厘人编：《中外条约汇编》，商务印书馆1936年第3版，第12页。
② 关于第二次鸦片战争前清政府与英法等国就"猪仔"华工贸易展开的博弈，见颜清湟《出国华工与清朝官员：晚清时期中国对海外华人的保护（1851—1911）》，粟明鲜、贺跃夫译，中国友谊出版社1990年版，第81–101页。
③ 转引自陈翰笙主编《华工出国史料汇编（第一辑）》，中华书局1985年版，第1320页。

间签订的条约办事了。

总之，从法律的角度讲，清初以来，对商民出洋的禁律实际上被撕开了口子，合法性问题已经基本解决。因此，将清政府1893年废除一纸空文作为侨乡形成的"重要分界线"，我们以为是不合适的。

如果上述对中英条约、中法条约、中美条约带来的商民出洋合法性影响的分析可以成立，那么这些条约就会对广东、福建传统的海外移民输出地商民的出洋心理、出洋行为和出洋规模产生直接的影响，同时也会促使这些乡村发生明显的社会变化。

理论的推论是如此，那么地方的实际情况怎样呢？唐宋以来，广东、福建沿海地区就有商民出洋谋生开展贸易，即使在明清海禁的环境下依然不绝，[①] 形成传统。但是其移民的规模、移民的心态及带给输出地的社会影响，应该与1860年一系列中外条约颁布实施后还是有所不同的。广东侨乡的地方文献也为我们认识这一点提供了非常难得的史料。1895年，台山知县李平书在《宁阳存牍》中写道："宁邑地本瘠苦，风俗素崇俭朴。自同治初年以来，出洋日多，获资回华，营造屋宇，焕然一新；服御饮食，专尚华美；婚嫁之事，尤斗靡夸奢，风气大变。"[②]

台山濒临南海，其广海港于宋代以来就是海上丝绸之路航线、海防、海贸的重要节点，朝廷设浔洲以拱卫，明朝洪武年间升为广海卫，明清时期这里是珠江三角洲西岸商民出洋的重要港口。李平书作为地方官观察记录地方事，其可信度高。很有意思的是，其一，他将台山的"风气大变"起始时间划定在"同治初年以来"。同治元年为1862年，紧接着咸丰。结合上述分析，李平书的判断绝非个人臆断，而是对国家法律环境变化后在台山当地所产生效应的个人认识和重要举证。其二，他将台山风气大变的动力归结为"出洋之人多获资回华"，是很有见地的。海外移民带着获得的血汗钱大量返乡，这本身就是社会大变的重要内容之一。此前出洋谋生的海外移民也有冒着杀头风险返回家乡的情况，但是同治以来情形不同了，返乡已经具有了合法性，也就有了返乡"多"的现象，他们带着资

---

① 参见庄国土《中国封建政府的华侨政策》，厦门大学出版社1989年版，第110–117页。庄国土在第四章第三节"为什么不能阻止华侨出国的浪潮"中，对禁律下东南沿海依然有商民冒险出洋的原因进行了详细的分析。

② 李平书：《宁阳存牍》，粤东省城印，1898年，第55页。

金回来促进了家乡的"大变"。

与台山毗邻的开平,也在晚清发生了很大变化。民国《开平县志》认为:"至光绪初年,侨外寝盛,财力渐张,工商杂作各有所营,而盗贼已熄,嗣以洋货大兴。买货者以土银易洋银,以洋银易洋货,而洋银日涨,土银日跌。故侨民工值所得愈丰,捆载以归者愈多,而衣食住行无一不资外洋。凡有旧俗,则门户争胜;凡有新装,则邯郸学步。至宣统间,中人之家虽年获千金,不能自支矣。……未知与道、咸间相去几何也。"①

开平社会变化起始于"光绪初年",其变化前的参照是道光、咸丰年间,以及同治十三年(1874),这些时间段在开平人眼中是一个过渡期。开平县的海外移民基本是通过台山县走广海港出洋,其数量比台山要少。《开平县志》与《宁阳存牍》所反映出的两地社会转型变化的时间差,可能与此有一定关系。与《宁阳存牍》记载相似的是,《开平县志》也将这种变化的动因放在了海外移民的大量返乡方面,"捆载以归者愈多"是"衣食住行无一不资外洋"这种特殊格局和风气形成的前提,侨资是开平风貌变化的主要资源。

粤东的潮汕地区是广东自唐宋以来又一个海外移民的重要输出地,《潮州志·风俗志》记载:"潮土僻处海滨,讵能独免。晚近以来,尚幸贤明领袖,接纳新颖潮流,摧挞残腐习气,俾我潮人,欣沐嘉善美风,从此风移俗易,继长增高,我潮群众,方且拳拳欣欣,瞻望惟恐弗及。"②虽然这段文献对潮州社会变化起始时间的表述没有台山、开平的地方文献那样具体明确,使用了"晚近"这样比较模糊的时间概念,但是,这至少表明在当地精英人士心目中,潮州的"风移俗易"固然与海外移民有关,却并不是随之自然产生的现象,而是发生在清末。

广东这些地方文献不约而同的记录,应该不是巧合。如果笔者关于商民出洋合法性对侨乡形成的重要性的分析是合理的,那么上接国家法律的变化,下对地方"风气大变"的例证,海外移民输出地从中国传统乡村环境中演变而成为"侨乡",就不应该以1893年清政府正式废除禁阻法令为重要分界线,也不是有海外移民就会产生侨乡,像有的研究那样上溯

---

① 民国《开平县志》卷二《舆地略》,第96页。
② 翁辉东分纂:《潮州志·风俗志》,见饶宗颐总纂《潮州志(第八册)》,潮州市地方志办公室,2005年,第3391页。

到最早的海外移民时期，而应该以 19 世纪 60 年代初期为分界线。同时，也要看到各海外移民输出地因地理位置、移民规模、侨汇数量和侨居地文化等因素影响，形成侨乡的时间有先后的差别。

上述广东地方文献还提醒我们应注意到这一特征："风气大变"的这些乡村已经与周边传统乡村的文化面貌有了显著的区别，外来文化影响到了当地民众的衣、食、住、行，中外文化交融成为这些地方鲜明的地域文化特征，这就是中国侨乡文化的本质特点。

三、跨界：侨乡的地域结构

"乡"是文化地理概念，比如出生地或祖籍地，即"故乡"；或为县以下的行政管理单位，古代有"十邑为乡，是三千六百家为一乡"的说法；或为相对于城市的地区，即"乡村"。这些关于"乡"的解释都与"地方"有关，其最基本的特点是有一定的地域空间范围。

"侨"在中国典籍中，指旅居、客寓之意。在中国人还没有太多海外观念的时候，"侨"主要是指从国内甲地到乙地的旅居行为、旅居者，清代开始也指从大陆到台湾的旅居或国与国之间的移民。近代中国海外移民愈多，"侨"务成为清政府管制国民以及与外国交涉的重要政务之一，从陈兰彬出使美国开始，"侨"逐渐成为旅居海外中国人的专指了。①

如果说"华"与"侨"两字的结合，重心在海外，"侨胞"专指特殊的人，那么"侨"与"乡"两个字的结合，重心则在国内，是专指特殊地方。"侨乡"之"侨"，取"客""旅"这种特殊的中国人之意；"侨乡"之"乡"，则特指"侨"的输出之地。简言之，侨乡是华人的祖籍地、华侨的家乡、归侨侨眷的聚居地。② 人、地结合，地域性是侨乡最基本的特征之一。

近代以来，中国的粤东、粤中沿海和闽西南沿海一带形成了四大著名传统侨乡，分别是广东的潮汕侨乡、五邑侨乡、梅州侨乡和福建的泉漳厦

---

① 参见庄国土《中国封建政府的华侨政策》，厦门大学出版社 1989 年版，第 347－348 页。
② 归侨从民国以来就有，中华人民共和国成立后多次接受归侨，对他们或返乡安置，或集中安置，集中安置就形成了后来的华侨农场。李明欢教授将华侨农场列为"特殊侨乡"（见 2017 年 3 月 1 日在国务院侨办国内司于江门召开的"侨乡文化保护理论研讨会"上的报告），笔者深为认同。

侨乡。其中，广东的三大著名传统侨乡总面积41867平方公里，占全省面积（170000平方公里）近1/4；其人口2692万，约占全省人口总数（1亿）的1/4。① 可见，广东、福建两省侨乡的地域范围比较广大而突出。广东五邑侨乡的台山市面积3286平方公里，常住人口94.8万人，在常住人口中，归侨、侨眷和港澳台的眷属有70万，旅居海外及港澳等90多个国家和地区的有160万人。②

（一）从地域文化的形成考察，中国侨乡文化形成的时间晚

这是其在中国地域文化领域第一个鲜明的特点。从《尚书·禹贡》和《山海经》开始，古人就对中国有九州的划分，后来以先秦的诸侯国名或古代的地名形成了全国几大地域文化区域，例如，三晋文化、燕赵文化、齐鲁文化、三秦文化、巴蜀文化、荆楚文化、吴越文化、岭南文化等。这些文化区域多以先秦历史为基础，是中国古代文化的地域展示。而侨乡文化则年轻得多，至今只有一个半世纪的历史。为了与近代形成的侨乡文化相区别，本文将古代形成的地域文化称为"传统地域文化"。

（二）从地域文化的分布考察，中国侨乡文化具有跨界性

第一，地域文化存在中心与边缘的结构。从全国的角度来看，传统的地域文化之间发展是不平衡的，因而有文化中心随着政治中心、经济中心转移的过程，地理上则主要表现为从先秦黄河流域的三秦、齐鲁文化区到唐宋向长江中下游的吴越文化、荆楚文化区的转移，岭南文化区长期处于边缘地位。传统地域文化中心与边缘的结构在地理空间上就有边界的划分，虽然一个地域文化区的边界地带与中心地区的文化特征、文化联系有所减弱，与相邻地域文化区的文化有更多的交融，但是，传统地域文化区的边界大致是明确的。早期多以山河等自然地物为界，从秦统一实施郡县制以来，历经2000多年的行政建置演变，行政区划逐渐与有的传统地域文化区域融合成为边界；换言之，行政区划是随着经济、社会的发展从传

---

① 文中的数据是笔者根据三大侨乡政府网站公布的数据分别统计而得。
② 该数据参考台山市政府网站公布的数据以及方雄普《中国侨乡的形成与发展》而得，见周南京、方雄普、冯子平主编《华侨华人百科全书（侨乡卷）》，中国华侨出版社2001年版，第803页。

统地域文化区逐渐演变而来的行政管理区域,因此,我们看到一些行政区与传统地域文化区约定俗成的合一,例如,三晋文化与山西、三秦文化与陕西、燕赵文化与河北、齐鲁文化与山东、蜀文化与四川、巴文化与重庆、吴文化与江苏、越文化与浙江等。虽然如此,文化地理的传统地域文化概念依然存在于当地民众的头脑和学者的视野中,中国古代形成的几大地域文化区域各自具有的区域独立性一直延续至今。

中国侨乡文化其内部同样具有地域文化的中心与边缘的结构,广东五邑侨乡的文化中心是台山、开平、新会,不论基础设施建设、乡村景观、海外移民规模、侨汇数量、文教事业、语言习俗等方面都更是集聚了典型区域,而恩平与鹤山则是其边缘区,比如中西合璧的碉楼和别墅属开平、台山最多,其数量向四周逐渐减少。

第二,中国的"侨乡"从空间上考察,同样有稳定的地理范围和区域界线。今天中国沿海、沿边或内地的侨乡,有以行政县为单位的,有以行政的地级市为单位的,都大致可以行政区划勾勒出一个侨乡的地理边界和地理空间形象。例如,广东的43个重点侨乡、福建的20个重点侨乡、广西的14个重点侨乡、海南的6个重点侨乡都是以行政的县、市(区)为地域单位。① 同时,我们也注意到一个突出的现象,侨乡与行政区划并非完全一一对应,行政区划往往因时而变,而侨乡作为一种文化地理现象是稳定的,常常跨行政区划范围,这在近代形成的著名传统侨乡中尤其典型。例如,广东五邑侨乡是由古代的五个县(新会、台山、开平、恩平、鹤山)组成,演变到今天成为江门地级市。又如,广东潮汕侨乡原来是一个"府",如今也被分为汕头、潮州、揭阳三个地级市。尽管历史上行政区划多变,但是从文化地理意义来看,侨乡的空间形态还是比较稳定。人们提到某一个侨乡时在心理上依然是一个统一的形象,侨乡本地人心目中认同的侨乡文化,以及侨乡文化的地理空间和边界,不会随着行政区划的改变而模糊。这是我们从文化地理和政治地理的联系与区别中观察到的侨乡的地域文化特征。从这个意义上讲,侨乡文化具有类似三秦文化、齐鲁文化、荆楚文化、岭南文化等中国地域文化的特点。

第三,我们更注意到中国侨乡的跨地域、跨行政区的文化地理现象,

---

① 参见方雄普《中国侨乡的形成与发展》,见周南京、方雄普、冯子平主编《华侨华人百科全书(侨乡卷)》,中国华侨出版社2001年版,第804页。

从传统地域文化视角来看，它也具有特殊性。传统地域文化往往在一个大致独立的地理空间内保持文化主体的完整性，与其他地理空间内的地域文化主体鲜明地区别开来。换言之，传统地域文化在地理空间分布上具有唯一性的特征。例如，三秦文化作为单一文化主体在今天的陕西，齐鲁文化在山东，燕赵文化在河北，都稳定地在中国版图的一定区域内发展延续，而没有同时在其他地域出现秦文化、齐鲁文化、燕赵文化并存的现象。因为传统地域文化的形成机制是民族历史文化与地域的结合，体现了"多源同归，多元互补"的特点。① 这种形成机制决定了地域文化主体在地理空间分布上的唯一性。受国际移民流动这种独特形成机制的影响，中国的侨乡文化不受地域空间的限制，而是在不同区域内形成和发展，只要有海外移民的动因、移民的渠道，不同地域的民众都可以离乡出洋从而形成侨乡。例如，中国东南沿海的广东、福建、广西、浙江、云南、海南等省或自治区内的一些区域近代以来都形成了侨乡，现代尤其是改革开放以来，除了沿海地区传统侨乡在发展，内地及西南、西北、东北沿边地区也因为海外移民的因素出现了现代侨乡。从全国范围看，这些侨乡在地理空间上绝大多数是相互间隔的点状分布，个别侨乡在地理空间上相连，作为移民文化的主体则具有相同性。例如，广东珠江三角洲有五邑侨乡，粤东有潮汕侨乡，粤东北有梅州侨乡，潮汕与梅州地理相连；潮汕侨乡又与福建的泉漳厦侨乡在地理上相连，而行政区划分属于两省。中国侨乡这种地理分布上的跳跃性、间隔性是传统地域文化所不具备的，为其又一个鲜明的地理特点。

（三）从地域文化的多样性考察，中国侨乡文化具有差异性

传统地域文化具有显著的地域差异，从而表现出多样性的特点。数千年来，在汉族民系与民系之间、汉族与少数民族之间一直进行着文化的交融，形成了中华民族大一统的文化基础。同时，传统地域文化的丰富多彩依然是其鲜明的特征，对中华文化的延续发挥着文化的影响力。侨乡文化是近代以来在传统地域文化区的基础上形成的，势必受到传统地域文化的深刻影响，由此可见，各地侨乡所在的本土文化是侨乡文化的源流之一。

---

① 参见詹文宏、孙继民、李金善主编《中国地域文化通览（河北卷）》，中华书局2014年版，第2-4页。

中国东南沿海的广东、福建、浙江、海南等传统侨乡，其本土文化具有鲜明的地域性，比如福建是福佬文化，广西是古壮文化，海南是苗黎文化，浙江是越文化。而中国最大侨乡的广东，其文化底色也鲜明各异，五邑侨乡的文化底色是广府文化，潮汕侨乡是闽南的福佬文化，梅州侨乡是客家文化，广东三大著名传统侨乡的乡村建筑、语言、习俗、饮食、宗教信仰等都非常不同。各地侨乡本土文化的底色不仅对其海外移民的心理、行为产生着直接的影响，更重要的是对各个侨乡的文化面貌发挥着文化基因的塑造作用，使各地侨乡表现出文化的多样性。前引广东台山、开平、潮州侨乡的乡土文献资料所记录的"风气大变"，当地精英人士和官员看到的是与本土道光、咸丰时期社会风气的直观对比，而学术界看到的是这些侨乡内在的文化差别，即各侨乡风气变化的结果没有改变地域文化的差异性。

四、融合：侨乡的外来文化类型

地域文化的差异性必然带来不同地域之间的文化交流，中国古代几大地域文化形成的过程中，无不有今中国国境内外地域之间文化交流的历史实践；地域之间文化交流的推动者、途径，无疑以移民和商旅最重要。

侨乡文化的形成同样具有上述地域文化的特点。前述各个侨乡的本土文献就记录了这种发展轨迹，历史上的中国境内大量移民和商旅促进了侨乡本土文化与相邻地域文化的交融。同时，更应该看到，与传统地域文化相比，在晚起的中国侨乡的文化源流中，除中国侨乡本土文化之外，中国侨乡更有大量的海外文化的传入。在塑造侨乡文化形态方面，外来文化具有与本土文化同等重要的地位，这一点也是与传统地域文化有明显区别的地方，而海外移民就是中外文化交流的传播者、推动者。

前引广东台山、开平、潮州的乡土文献，不仅对"风气大变"的时间做了判断，而且对社会风气变化的内容也有描述。

宣统《新宁乡土地理》第二十一章第六十五课："自红匪客匪之乱（笔者按：咸丰、同治之间），适洋务大兴，壮者辄走国外。……近年颇藉外洋之资，宣讲堂、育婴堂、赠医院、方便所、义庄诸善举，所在多有。但民风渐入奢靡，婚冠之费，动千数百金。田既浇薄，力复不济，岁入仅支半年，余日则仰给洋米。倘舟楫偶梗，则炊烟立断，是诚可忧。"①

《新宁杂志》1911年第25期之《再告广海自治体各职员（续二十四期）》："衣焉食焉及一切日用器具，无不藉资于外来。"

民国台山《那扶区乡土志略》："洋钱充斥，经济日形富裕。"②

民国《开平县志》卷五《舆地略》："自洋风四簸，风俗六门有五门尤判今昔者。习俗如衣服喜番装，饮食重西餐之类；礼节如婚姻讲自由，拜跪改鞠躬之类；岁时如日三十六食不关灾，岁三百六旬不置闰之类；居处如几重城，一旦为平地百尺楼，四处皆插天之类；器用如耕田将无须服轭之犁耙，绞米有毫不费力之碓磨之类；独方言一门，至今犹昔无大变异变，变异亦不免矣。否曰那，是曰野，犹出于侨民归国者。"卷六《舆地略》："光绪以前，邑人留心衣食住者，多以土物为臧，其后皆以洋产为重。"卷十二《建置略》："充斥于市者，境外洋货尤占大宗。"③

20世纪20年代，开平县塘口镇的留美建筑学硕士谢钦明论及开平乡间风气："勤俭之风本为族人之特色，自族人往美洲及南洋各处经商而后，收入颇丰，此风渐失。至于今日，无论男女老幼，都罹奢侈之病。昔日多穿麻布棉服者，今则绫罗绸缎矣；昔日多住茅庐陋巷者，今则高楼大厦矣。至于日用一切品物，无不竞用外洋高价之货。就中妇人衣服，尤极华丽，高裤革履，五色彩线，尤为光煌夺目。甚至村中农丁，且有衣白衣服鞋袜俱穿而牵牛耕种者。至每晨早，潭溪市之大鱼大肉，必争先夺买，买得者视为幸事……其余宴会馈赆，更为数倍之奢侈。"④

民国《潮州志·风俗志》载："潮为岭海名邦，号称'邹鲁'。人物富庶，质直任信，仕宦不谒公门，儒生耻于奔竞。又地滨海，连垆沃壤，可田可沼，宜稼宜麻，交通便利，而工商尤发达。若夫贺元张灯，饮社上塚，悬蒲竞渡，乞巧赏月，登高守岁，与夫八日浴佛，中元祀先及冠婚丧祭诸俗，率与中原无异。自欧风东渐，俗尚奢华，酒楼歌馆，比连相望，端品立行者有之，而呼卢买笑，挥金如土者，亦踵相接也，故游娼以潮为

---

① 宣统《新宁乡土地理》卷下，第15页。
② 觉庐主人编印：《（台山）那扶区乡土志略》，1933年2月，第160页。
③ 民国《开平县志》卷五《舆地略》，第111页；卷六《舆地略》，第128页；卷十二《建置略》，第153页。
④ 谢钦明：《对于本族风俗改良之我见》，未刊稿，原件收藏于开平市文物局开平碉楼研究所。

钱窟，而邹鲁之风，亦因少替。"①

光绪《嘉应州志》卷八《礼俗志》记载广东梅州侨乡社会变化："州俗土瘠民贫，山多田少，男子谋生各抱四方之志。……自海禁大开，民之趋南洋者如鹜。始至为人雇佣，迟之又久，囊橐稍有余积，始能自为经纪。……其或番银常来，则为之立产业，营新居，谋婚嫁，延师课子，莫不井井有条。"②

通过上述乡土文献，我们看到各地侨乡的精英人士感知到的侨乡文化特点有如下几个方面。

其一，各侨乡出洋者众，海外移民返乡现象普遍，人口流动性强。梅州侨乡"自海禁大开，民之趋南洋者如鹜"。台山侨乡"洋务大兴，壮者辄走国外"，"出洋之人多获资回华"。开平乡民出洋，"父携其子，兄挈其弟，几于无家无之，甚或一家而十数人者有矣"③，"族人往美洲及南洋各处经商，而后收入颇丰"。潮汕侨乡"数十年来，我潮民往外洋谋生计者踵相接。无论为工为商，其捆载归来也，俗皆以'番客'称之"④。

其二，侨汇大量流入侨乡，成为侨眷重要的生活来源。开平侨乡"侨民工值所得愈丰，捆载以归者愈多"，"侨外寖盛，财力渐张"；台山侨乡"颇藉外洋之资""洋钱充斥"；梅州侨乡"番银常来"。

其三，从物质到观念、行为，侨乡都出现了明显的变化。台山侨乡"衣焉食焉及一切日用器具，无不籍资于外来"；"营造屋宇，焕然一新；服御饮食，专尚华美；婚嫁之事，尤斗靡夸奢"。开平侨乡"自洋风四簸，风俗六门有五门尤判今昔者。习俗如衣服喜番装，饮食重西餐之类；礼节如婚姻讲自由，拜跪改鞠躬之类"；"衣食住行无一不资外洋"，"洋货大兴"，"独方言一门，至今犹昔无大变异变，变异亦不免矣。否曰那，是曰野，犹出于侨民归国者"；"昔日多穿麻布棉服者，今则绫罗绸缎矣；昔日多住茅庐陋巷者，今则高楼大厦矣。至于日用一切品物，无不竞用外洋高价之货"。潮州侨乡"自欧风东渐，俗尚奢华，酒楼歌馆，比连相

---

① 翁辉东分纂：《潮州志·风俗志》，见饶宗颐总纂《潮州志（第八册）》，潮州市地方志办公室，2005年，第3389页。
② 光绪《嘉应州志》卷八《礼俗志》，第151－152页。
③ 张启琛：《开平乡土志》，开平市华侨博物馆藏手抄本，1909年。
④ 肖文评等编：《〈岭东日报·潮嘉新闻〉梅州客家侨乡史料选编》，广东人民出版社2018年版，第54页。

望，端品立行者有之，而呼卢买笑，挥金如土者，亦踵相接也"；梅州侨乡"立产业，营新居，谋婚嫁，延师课子，莫不井井有条"。

其四，侨乡经济结构发生变化，从中国传统乡村经济单一对土地的依赖，转向对侨汇依赖与土地依赖并重，甚至前者冲击动摇着对后者的依赖，输血型经济模式逐渐形成。中国侨乡中侨汇最多的台山在这方面表现得最为典型。各地侨乡大部分是山多田少，土瘠民贫，入不敷出。台山在海禁大开之前就是一个缺粮的县，男子出洋谋生挣钱养家糊口成为传统。民谣"燕雀喜，贺新年；爹爹去金山赚钱，赚得金银成万两，返来起屋兼买田"①，揭示了台山海外移民众多的内在动因与机制。民国台山一中校长黄铁铮指出："查台山人民生计，以男子言，出洋者约占十之六七，在国内从事商业或从事耕渔者约占十之一二，其坐食不事生产者约占十之一二。以妇女言，坐食者约占十之八九，其从事生产者又仅占十之一二而已。"② 青壮年男劳动力的大量出洋，侨汇返乡让多数侨眷过上了比较好的乡村生活，依赖侨汇追求奢华享受之风，这些反过来又严重影响了台山农业的发展。"田既浇薄，力复不济，岁入仅支半年，余日则仰给洋米。倘舟楫偶梗，则炊烟立断，是诚可忧。"前引《新宁杂志》1911 年第 25 期之《再告广海自治体各职员（续二十四期）》一文的立意就是"农务之所当急兴"。

在这些"风气大变"的背后，是"欧风东渐""洋风四簸"新颖潮流带来的物质文化、观念文化对侨乡的冲击。外来文化与本土文化的交融，塑造了侨乡不同于中国传统乡村的特殊的文化内涵和文化形态。这种跨国界的文化交流，在传统地域文化形成过程中也有表现，只是不如在侨乡文化形成过程中外来文化的影响和表现广泛和深远罢了。

从国际地域文化差异角度审视侨乡的外来文化因素，我们还能看到各个侨乡海外移民分布的地域性对外来文化结构的影响。四大著名传统侨乡的海外移民分别聚居在不同的国家和地区，潮汕侨乡、梅州侨乡和泉漳厦侨乡的海外移民集中分布在东南亚，这里至今是海外侨胞最大的聚居地；五邑侨乡的海外移民主要分布在美洲、大洋洲，尤其是北美洲，美洲是中

---

① 陈元柱：《台山歌谣集》，国立中山大学语言历史学研究所 1929 年刊印本，第 55 页。
② 黄铁铮：《台山县立中学校筹款计划书》，见协助黄校长为台中出洋筹款委员会编《协助黄校长为台中出洋筹款特刊》，1931 年，第 41-42 页。

国海外侨胞的第二大聚居地。海外移民在世界不同的国家和地区长期生活，感知到了世界文化的多样性和地域差异性，他们将侨居地的各种物质文化（如衣食住行）和行为文化（如"自由""鞠躬"等观念）传回家乡，也就自然形成了外来文化的地域性。简言之，潮汕侨乡、梅州侨乡、泉漳厦侨乡接受的外来文化主要是东南亚文化，五邑侨乡接受的主要是欧美文化。这是中国侨乡外来文化的基本地域结构特点。

如果从社会发展的进程再深入考察四大著名侨乡外来文化的性质，那么，我们会更进一步看到，东南亚属于中华文化圈，长期受到以岭南文化为代表的儒家文化影响，在近代，其社会经济发展还是处于农业文明阶段；而美洲、大洋洲则深受欧洲文化的影响，以美国为代表的北美地区在近代已经进入工业文明阶段。因此，东南亚文化对潮汕侨乡、梅州侨乡、泉漳厦侨乡的影响，与当地福佬文化、客家文化的交流，我们称之为"同质的农业文明交流"；欧美文化对五邑侨乡的影响，与当地广府文化的交流，我们称之为"异质的工业文明与农业文明的交流"。这是中国侨乡外来的东南亚文化类型和欧美文化类型的重要区别，这种区别分别带来了四大著名侨乡的乡村景观等的不同表现，带来了各地侨乡文化风貌的多样性。①

五、结语

名正言顺，我们通过考察"侨乡"之名的产生，从乡土进入庙堂的变化过程，考察学术界"侨乡"研究的发端发展，反映了近代以来侨乡海内外民众对家乡有别于其他乡村的文化认知和文化自觉，也反映了"侨乡"从华侨华人研究的从属地位向独立研究主体的转变，地域视角的分析为这种转变的合理性提供了支持。相比较"华侨"是对海外中国人的认知而言，"侨乡"作为中国一种地域文化的特点就非常突出，侨乡的历史理当是中国近现代史的组成部分，研究侨乡当然必须联系海外侨胞，但是侨乡研究不是华侨华人研究的附从，而是一个具有独立主体地位的研究对象、学术问题，值得我们关注。

---

① 关于这个问题的详细分析，参见张国雄《侨乡文化与侨乡文化研究》，载《五邑大学学报（社会科学版）》2015年第4期，第1-7页。

地域性当然是中国侨乡文化的基本特征，与传统地域文化不同，侨乡文化在中国大地的分布具有跳跃状的分散性，近现代以来它的分布范围从东南沿海传统侨乡分布地向西南、西北、东北沿边乃至内地扩展，呈现出跨行政区、跨地域的分布特征。而传统地域文化是在一个地域内形成发展，与侨乡文化地理分布相比，在这个意义上具有单一性，侨乡文化在地理分布上则具有非单一性。

侨乡兴起于近代，其文化源流一为本土文化，二为外来文化，中外文化融合是侨乡文化形态最本质的特征，这使侨乡文化在中国地域文化中成为一个有鲜明特点的类型，增添了中国地域文化的丰富性。从地域的视角考察，要求侨乡文化研究不能泛泛地讲中外文化融合，对侨乡的本土文化要素必须做地域文化的具体分析，深入了解哪些本土文化在外来文化的冲击下发生了嬗变，哪些本土文化依然不变，承载了中国侨乡文化地域性的坚守；同理，对影响侨乡的外来文化也需要做国际地理和历史发展阶段、文化学等角度的具体分析，深入了解来自不同地域和不同社会发展水平的外来文化对侨乡本土文化冲击影响的广度、深度及机理。

作为一种地域文化，侨乡文化不仅其文化内涵和文化形态带有鲜明的外来文化色彩，其形成机制也有时代的特色。如果说传统地域文化是中华民族在中国地域内对地理环境适应，繁衍生息，各族各地文化相互交流融合而形成的，那么侨乡文化形成的机制与此有同又有不同。移民、交通、商贸等作为地域文化交流融合的重要途径和推动力量，这一点在侨乡文化形成中同样发挥着关键性作用。更重要的是，文化交流对侨乡文化形成的重要意义相比较而言更加突出，而且侨乡所进行的文化交流带有鲜明的跨国特点和性质，中外文化在中国传统乡村所发生的碰撞，其内涵、形式以及广度、深度都是传统地域文化所不具备的，因而使侨乡成为与世界联系最早最紧密的中国乡村，具有鲜明的国际文化地理色彩。因此，侨乡文化的国际地理性是否也拓展了中国地域文化的研究视野呢？

（本文为笔者与五邑大学广东侨乡文化研究院冉琰杰博士联合发表。原载《广东社会科学》2020年第6期）

中国式现代化视野下的侨乡建设

自党的二十大明确阐释了中国式现代化的理念以后,中国式现代化成为国内外各界普遍关注的热点与焦点。学界从多个领域研究、阐述中国式现代化,取得了丰硕成果。其中,有不少学者从中国式现代化与高质量发展、共同富裕,以及农业强国、乡村振兴等视角进行了深入研究。① 侨乡建设属于乡村振兴、城乡融合及扩大中国式现代化世界影响的范畴,因而是中国式现代化建设的有机组成部分。在中国式现代化的历史进程中,侨乡建设具有重要地位和作用。侨乡研究是华侨华人研究的一个重要领域,成果丰富多样。② 但是,从中国式现代化的视角来审视侨乡建设的成就及未来侨乡建设面临的新使命,成果还不多见。本文拟从中国式现代化视野,从国家重大战略发展的角度来思考侨乡研究和侨乡建设。

一、中国式现代化道路的探索

什么是现代化?"现代化"这个命题不仅是自近代以来国人一直在探

---

① 参见徐鹏、郭鸿鑫、梁贵春《中国式现代化与高质量发展的共生路径探析》,载《产业创新研究》2023年第8期,第13–15页;宋才发《共同富裕是中国式现代化的重要目标和主要特征》,载《贵州民族研究》2023年第2期,第134–140页;韩喜平、王思然《中国式现代化与共同富裕》,载《思想理论教育导刊》2023年第4期,第23–29页;朱嘉琳、陈寿灿、包大为《共同富裕:彰显中国式现代化的"中国特色"》,载《观察与思考》2023年第4期,第90–98页;等等。

② 参见戴一峰、宋平《福建侨乡研究的回顾与前瞻》,载《华侨华人历史研究》1998年第1期,第38–47页;周聿峨、曾品元《华侨华人与广东侨乡关系的思考》,载《华侨华人历史研究》2001年第1期,第15–21页;张应龙《都市侨乡:侨乡研究的新命题》,载《华侨华人历史研究》2005年第3期,第41–49页;杨永平、何作庆、鲁建国《陆疆侨乡与华侨华人互动发展研究——以云南滇西地区为例》,载《思想战线》2009年第4期,第137–138页;郑德华《关于"侨乡"概念及其研究的再探讨》,载《学术研究》2009年第2期;王晓、李鸿阶《乡村振兴背景下侨乡异质性社会治理考察》,载《福建论坛(人文社会科学版)》2022年第1期,第191–200页;张赛群《华侨华人和港澳同胞助力乡村振兴——以闽浙重点侨乡为研究中心》,载《华侨大学学报(哲学社会科学版)》2022年第6期,第32–40页;等等。

讨的学术问题，更是一代又一代仁人志士不断探索的实现民族独立、国家富强之发展道路的根本问题。百年来，中国共产党团结带领中国人民成功走出中国式现代化道路，创造了人类文明新形态。在探索中国式现代化道路的进程中，我们经历了认识上不断深入、战略上不断成熟、实践上不断丰富的过程。中国共产党始终秉持从中国实际出发的理念，探索中国式现代化道路。中华人民共和国成立初期，先后提出工业化、农业机械化和"四个现代化"的发展路径。1954年，周恩来在第一届全国人民代表大会第一次会议《政府工作报告》中首次提出"四个现代化"：现代化的工业、现代化的农业、现代化的交通运输业和现代化的国防。后来，我们党不断完善和拓展对现代化的认识和内涵。1964年，周恩来在第三届全国人民代表大会第一次会议《政府工作报告》中提出，要在不太长的历史时期内，把我国建设成为一个具有现代农业、现代工业、现代国防和现代科学技术的社会主义强国，赶上和超过世界先进水平。1975年，周恩来在第四届全国人民代表大会第一次会议《政府工作报告》中，再次发出"在本世纪内，全面实现农业、工业、国防和科学技术的现代化，使我国国民经济走在世界的前列"的号召。① 1983年，邓小平提出了"中国式的现代化"和"有中国特色的社会主义"的概念，并强调要走一条适合中国国情的现代化道路，达到小康水平。他说："我们搞的现代化，是中国式的现代化。我们建设的社会主义，是有中国特色的社会主义。""现在搞建设，也要适合中国国情，走出一条中国式的现代化道路，这就是达到小康的水平。"② 2020年，习近平总书记首次系统阐述了"中国式现代化"的五个特征，他指出，中国式现代化既切合中国实际，体现了社会主义建设规律，也体现了人类社会发展规律，并提出了以中国式现代化推进中华民族伟大复兴的命题。③ 2022年，习近平总书记在党的二十大报告中明确指出："中国式现代化，是中国共产党领导的社会主义现代化，既有各国现代化的共同特征，更有基于自己国情的中国特色。中国式现代化是人口规模巨大的现代化、是全体人民共同富裕的现代化、是物质文明和

---

① 参见石平洋《"四个现代化"是如何提出与发展的》，新华网，2020年5月29日，见 http://www.xinhuanet.com/politics/2020-05/29/c_1126048256.htm。
② 邓小平：《邓小平文选（第二卷）》，人民出版社1994年版，第163页。
③ 参见习近平《新发展阶段贯彻新发展理念必然要求构建新发展格局》，载《求是》2022年第17期，第4-17页。

精神文明相协调的现代化、是人与自然和谐共生的现代化、是走和平发展道路的现代化。"① 坚持中国共产党领导,坚持中国特色社会主义是中国式现代化首要的本质要求。从邓小平以小康诠释中国式现代化目标,到习近平对中国式现代化的深刻阐述,体现了中国式现代化理论的不断丰富和发展,其核心在于坚持中国共产党的领导和坚持中国特色社会主义道路。早期探索和当前实践共同构成了中国现代化历程,都体现了民族复兴的历史追求和时代内涵。从中国式现代化视野下来审视侨乡建设,可以发现,近代以来侨乡的发展是中国乡村现代化的一个缩影。

二、侨乡建设的历史进程

从中国式现代化建设来看,中国侨乡的形成、发展与形态转变,是现代化在中国乡村实践的一种类型。中国的侨乡建设具有显著的阶段性表征,是中国乡村现代化的缩影。② 侨乡从19世纪60年代形成中国一种新的地域文化以来,经历了近代侨乡、现代侨乡和当代侨乡三种形态的转变。③

在近代侨乡的发展中,华侨发挥了重要作用。华侨改变了乡村的封闭状态,打开了民众的世界视野;归侨侨眷改变了乡村传统的人群社会结构;侨汇改变了乡村传统的经济结构、生产生活方式和交通、教育、文化、卫生基础设施建设;近代建筑改变了乡村传统的景观,而城镇商业的繁荣,则体现了中外文化交流的民间实践成就。侨乡因具备这些文化形态而与周边、与中国其他的非侨乡乡村区别开来,成为侨乡。以广东江门五邑侨乡为例。早在20世纪30年代,五邑就已经被认为是新兴城市的代表。20世纪30年代初,上海的《良友》杂志进行了一次全国的考察,北至关外,南迄海南岛,"所见所闻,只觉得足资伤感的地方多,可供欣幸

---

① 习近平:《高举中国特色社会主义伟大旗帜 为全面建设社会主义现代化国家而团结奋斗——在中国共产党第二十次全国代表大会上的报告(2022年10月16日)》,载《人民日报》2022年10月26日,第5版。

② 参见张国雄《试论中国侨乡发展的分期及其形态变化》,载《五邑大学学报(社会科学版)》2023年第1期,第1—7页。

③ 参见冉琰杰、张国雄《地域视野下的侨乡文化——以广东侨乡为例》,载《广东社会科学》2020年第6期,第131—139页。

的地方少。可是就一般的情形而论，广东一省，比较上物质建设最前进，精神生活也较其他各地人民为兴奋，而大宗华侨发源地的四邑（笔者按：今江门新会、台山、开平、恩平四县），更可以作为新兴城市的代表。""看到那平坦的公路、整洁的市政建设、美丽的公园、藏书万卷的私家图书馆，以及许多私立的中学校和小学校，在我们已到过的地方里，可以说没有一处及得上它那样有生气的。"《良友》杂志的记者认为，侨乡的这些变化是海内外侨乡人现代化梦想的追求，"这些作客他乡的四邑人民，对于故乡的热爱，并不以空间的隔离而减少，反而为了在国外受到因祖国赢弱而被其他民族所轻视的刺激，使他们每个人都抱着一个理想——一个如何在国外发了财，要把自己的故乡改造得和国外的城市一样兴旺发达的理想"[1]。

向西方学习是那个时期侨乡的现代化建设方向。类似江门五邑这样的侨乡，还有广东的潮汕、梅州和福建的泉漳厦地区，它们被称为近代形成的中国四大著名侨乡，对中国乡村的近代发展进程发挥了独特的推动作用。由此可见，近代侨乡是最早融入全球化的中国乡村，它反映了中国乡村现代化的早期实践，为中国式现代化的侨乡建设积淀了独特的资源和发展基础。

中华人民共和国成立以来，在建设社会主义现代化国家的历史进程中，侨乡经历了从近代形态到现代形态和当代形态的演变。

在社会主义革命和建设时期，侨乡完全融入国家治理体系，基层社会组织结构、经济发展模式、海内外跨界治理方式等发生了根本性变化。侨乡成为国家县域治理的有机组成部分。而侨务资源在侨乡的现代化建设中发挥了重要作用。例如，华侨倡议成立的广东华侨投资公司，在1955年到1967年的12年间就吸收侨资7157多万元人民币。[2] 类似的华侨投资公司还在福建、广西、云南、辽宁、上海、南京等10个省（区、市）设立。学者研究显示，作为侨务资源丰富的省份，中华人民共和国成立初期，广东吸收的华侨投资最多，大量的华侨投资推动了广东城乡经济的发展和对外经贸交流。华侨投资对华南地方社会经济发展的作用，从一个侧

---

[1] 张沅恒：《今日之四邑》，上海良友图书印刷公司1934年版，"导言"，第2页。
[2] 参见广东省地方史志编纂委员会编《广东省志·华侨志》，广东人民出版社1996年版，第317页。

面体现了中华人民共和国成立初期中国社会经济发展与现代化的多样性和复杂性。① 又如，侨汇收入始终是维持侨眷生计、推动侨乡经济发展以及增加国家外汇收入等方面的重要资金来源之一。中华人民共和国成立后，由于当时国际上的冷战格局以及西方的经济封锁，侨汇收入更成为重要的外汇来源。1950—1957 年，全国侨汇收入总额为 11 亿美元左右。② 1950—1980 年，侨汇收入总额为 75.86 亿美元。侨汇收入在当时国家经济发展落后、侨乡人民生活困难的背景下发挥了不可替代的作用。③ 总之，这一时期在剪刀差等政策和侨资投入、侨汇收入的支持下，侨乡建设为国家工业体系的初步建成做出了应有的贡献。

改革开放以来，侨乡由于海外资源众多，成为中国乡村改革开放的前沿。侨乡率先吸引了外资（特别是海外华商资本的投资），推动了"三来一补"经济模式的发展和乡镇企业的快速成长。在外向型经济模式培育、现代企业管理经验引进等方面，侨乡领风气之先。海外华侨华人 70% 以上祖籍地为广东、福建两大侨乡。1980 年，国家率先在广东的深圳、汕头、珠海和福建的厦门设立经济特区，考虑的一个重要因素就是因为"毗邻港澳，华侨众多"。由于这种历史渊源和地缘、血缘联系，以及经济特区的优惠政策，华侨华人最早选择在家乡投资。④ 学者研究显示，改革开放以后，来自海外乡亲的大量侨汇和捐赠，以及众多侨属企业的建立，为侨乡发展培育造血功能，而海外华商在侨乡的大规模投资，不仅为侨乡经济发展带来为数可观的资金，而且也引入了先进的经营理念和管理制度，华商投资还促进了侨乡产业结构的改善，特别是外向型经济的形成与发展。⑤ 广东在吸收外资中占有重要地位。特别是在改革开放初期，广

---

① 参见张小欣《新中国初期海外华侨在广东的投资活动及成效（1949—1955）》，载《冷战国际史研究》2017 年第 2 期，第 107–129 页。

② 参见林金枝《侨汇对中国经济发展与侨乡建设的作用》，载《南洋问题研究》1992 年第 2 期，第 21–34 页。

③ 参见任贵祥《新中国三十年侨汇政策研究（1950—1980）》，载《吉林大学社会科学学报》2020 年第 4 期，第 186–199、239–240 页。

④ 参见王望波《改革开放以来东南亚华商对中国大陆的投资研究》，厦门大学出版社 2004 年版，第四章、第一节、第二节。

⑤ 参见龙登高《粤闽侨乡的经济变迁——来自海外社会资源的影响》，载《华侨华人历史研究》1999 年第 3 期，第 51–55 页。

东吸收外资占比近一半。数据显示，1979—2013年，广东吸收外资占全国外商投资的15.1%，略低于江苏的15.3%，位居第二。但是分时段来看，1979—1990年，广东吸收外资占全国外商投资的45.5%，位列第一；1991—2000年，占比27.6%，仍然位居第一。另一大侨乡福建，同样是吸收外资较多的省份。1979—2013年，福建吸收外资占全国外商投资的4.6%，位居第八。但是分时段来看，1979—1990年，福建吸收外资占全国外商投资的7.3%，位列第四；1991—2000年，占比9.9%，仍然位居第四。① 闽粤侨乡吸收的外商投资中，有很大比例是海外华商的资本。海外资源是侨乡经济率先发展的重要影响因素。进入21世纪以来，中国的发展日新月异。侨乡建设也进入新阶段，侨乡文化建设成为重要领域。侨乡文化是近代以来在中国东南沿海国际移民输出较多的地区形成的一种地域文化。侨乡文化是以中华传统地域文化为母体，在与外来文化的长期交流之中，形成的以中外文化融合为显著特征的乡村文化形态。国际性是侨乡文化的鲜明特点之一，是侨乡区别于传统乡村、侨乡文化区别于传统乡村文化的重要标志。中外文化交流在侨乡是一个长期的、普遍的文化现象，而华侨是侨乡文化多元化与国际化发展的重要因素。②

中国式现代化的特征之一是物质文明和精神文明相协调。侨乡的文化建设是侨乡现代化的重要面向。近年来，国家在侨乡文化建设方面不断加大投入，不仅扶持了一批文化工程和平台建设，还支持侨乡打造具有侨特色的侨乡文化。侨乡文化建设不断突破创新。例如，2007年，"开平碉楼与村落"被列入《世界遗产名录》；2013年，"侨批档案——海外华侨银信"被列入《世界记忆遗产名录》；2014年，汕头华侨经济文化合作实验区得到国务院批准；2019年，江门被选为粤港澳大湾区建设的"华侨华人文化交流合作重要平台"。这些国家主导的文化工程和平台建设无不彰显了侨乡文化建设在国家战略中的地位提升。当然，侨乡文化建设的意义

---

① 参见［美］米高·恩莱特《助力中国发展：外商直接投资对中国的影响》，闫雪莲、张朝辉译，中国财政经济出版社2017年版，第25－26页。
② 参见张国雄《侨乡文化的国际性与侨乡文化研究的国际合作——以北美铁路华工研究为例》，载《韩山师范学院学报》2020年第5期，第13－19页。

远不止于此。因为侨乡是海外华侨华人的故乡，承载着海外华侨华人的情感归属和文化认同，是华侨华人的精神家园，对于海外华侨华人来说，其意义非凡。侨乡的文化建设具有世界意义。

三、侨乡建设的历史使命

党的二十大报告郑重宣告："从现在起，中国共产党的中心任务就是团结带领全国各族人民全面建成社会主义现代化强国、实现第二个百年奋斗目标，以中国式现代化全面推进中华民族伟大复兴。"① 在这一新的历史进程中，侨乡现代化建设当代形态的内涵和表征将更加丰富鲜明。

中国式现代化建设的本体建设是全面建成社会主义现代化强国，这是中国式现代化建设的坚实基础、根本任务。侨乡自身的现代化建设，其目标是贯彻乡村振兴和城乡融合发展总体要求。然而，当前侨乡现代化建设还存有一些短板。以广东为例，广东共有122个县（市、区）、1609个乡镇（街道）、2.65万个行政村。2022年12月8日通过的《中共广东省委关于实施"百县千镇万村高质量发展工程"促进城乡区域协调发展的决定》明确指出："广东实现高质量发展的突出短板在县、薄弱环节在镇、最艰巨最繁重的任务在农村。"② 在广东的百县、千镇、万村中，仅潮汕、五邑、梅州三大侨乡就有34个县、410个镇、5974个村，③ 基本上占全省的1/4。侨乡的现代化建设关系到广东城乡协调高质量发展的大局，侨乡现代化建设任重道远，需要展开攻坚克难的冲刺。

中国式现代化在世界上产生了广泛的影响，14亿人口的现代化本身就是对世界的巨大贡献。同时，我们应该看到，在人类社会寻求现代化之路的过程中，西方的现代化实践起步早、时间长，形成了西方化等同于现

---

① 习近平：《高举中国特色社会主义伟大旗帜　为全面建设社会主义现代化强国而团结奋斗》，人民出版社2020年版，第21页。
② 《中共广东省委关于实施"百县千镇万村高质量发展工程"促进城乡区域协调发展的决定》，载《广州晚报》2023年2月27日，第A8版。
③ 根据潮汕、五邑、梅州政府网站数据统计。

代化的认知。而中国式现代化提供了发展现代化道路的多元化选择。由于中国式现代化还在不断发展完善之中，需要大力提升国际社会对中国式现代化的认知。要加强中国式现代化的世界传播和认知，特别是扩大中国式现代化在发展中国家的感知度、美誉度和亲近度，为发展中国家现代化的探索提供借鉴，海外华侨华人可以发挥桥梁纽带作用。

首先，侨乡的现代化建设可以作为海外华侨华人了解中国式现代化的生动实践。侨乡现代化建设属于乡村振兴、城乡协调发展范畴，所面临的问题和困难（如乡村空心化、乡村老龄化、资源净流出和环境破坏等）都是世界性的难题，在发展中国家更具有共性。侨乡建设难题的破解，更易引发发展中国家侨胞对中国现代化建设的共鸣和关注，启发他们对住在国乡村建设以及国家现代化道路的思考。通过华侨华人的媒介作用，可以提升发展中国家民众对中国式现代化的认知和理解，同时，中国式现代化的侨乡建设将更好地向世界展示中外文化交流、文明互鉴的传统和成就，这也将帮助各国民众更好地了解和认识中国式现代化所具有的吸收一切人类文明成果的特性。

四、结语

侨乡建设的发展历程是中国式现代化探索的一个缩影。侨乡的现代化建设广泛向世界尤其是向西方现代化实践学习，吸收了各国现代化的长处，认识到了现代化的发展规律，从而使中国式现代化具有了各国现代化的共同特征。然而，西方现代化路径对中国这样一个人口大国、一个历史文化悠久的大国、一个社会主义大国的现代化建设的"不适"逐渐显现：包括侨乡在内的乡村建设出现资源不断向城市流动的情况，建设严重滞后、发展后劲不足的问题暴露无遗，成为影响中国式现代化发展大局的短板。西方的现代化并没有有效的解决方法来应对这些问题。最终中国共产党团结带领中国人民在不断探索和反复实践中，成功开辟了中国式现代化道路。

党的二十大报告站在人类文明形态的高度，对中国式现代化进行了深刻、系统的论述，侨乡建设也因此明确了新的历史使命。《中共广东省委关于实施"百县千镇万村高质量发展工程"促进城乡区域协调发展的决定》提出："在新起点上更好解决城乡区域发展不平衡不充分的问题。"这为我们认识侨乡建设新的历史使命提供了一个宏观的视角。包括侨乡在内的中国乡村发展不平衡、不充分问题，是中国社会主要矛盾的突出反映；"突出短板""薄弱环节"和"最艰巨最繁重的任务"就是这种发展不平衡、不充分的严重体现。因此，兼顾"公平"和"效率"的平衡发展，已经成为基于中国国情的现代化发展命题，补齐短板，实现"共同富裕"的目标，就是包括侨乡在内的中国乡村建设的历史使命。而侨乡实现"共同富裕"现代化，更具有扩大中国式现代化世界传播效应的使命。

（原载《华侨华人历史研究》2023年第2期）

自觉与自信：近现代侨乡民众的"现代化"观念

近代以来，"现代化"进程对中国社会各阶层的思想观念、生活方式都产生了重大影响，在中华人民共和国成立前，各阶层因其经济基础、文化程度、社会地位、生活环境的不同，对"现代化"有自己的感受和认知，形成了不同的现代化选择与反应。其中，不同阶层的"现代化"观念意识直接影响其"选择和反应"的方向和行为。学界现有的讨论多集中在专业人士、社会上层和政党，对基层社会尤其是乡村民众"现代化"观念的研究的长期忽略。本文拟就中华人民共和国成立前侨乡民众的"现代化"观念进行梳理分析，借以推动学界对基层社会民众的"现代化"观念、行为的关注，丰富中国的现代化研究。

一、侨乡民众的"现代化"研究概述

自 20 世纪 30 年代以来，"现代化"的研究一直是中国学界关注的热点话题。1933 年《申报月刊》开展的"中国现代化问题"讨论，将其推向了那个时代的高潮，其本身也成为"中国现代化"研究的一个"现象"而受到关注。① 笔者以"现代化观念""现代化概念"为主题词进行检索，在知网共检索到 1978 年 1 月至 2023 年 11 月间发表的 633 篇论文，其中，直接讨论"观念"和"概念"的有 118 篇（观念 19 篇、概念 99 篇）②。可见"现代化"这一论题的研究伴随着改革开放的历史进程而日渐深入。

上述 118 篇讨论现代化观念、概念的论文，既有一般意义上的"现

---

① 参见侯风云、刘孟信《1933 年〈申报月刊〉关于中国现代化问题讨论述评》，见王智、郭德宏主编《知识分子与近现代中国社会》，湖北人民出版社 2009 年版，第 372－384 页；孙宏云《中国"现代化"观念溯源》，载《郑州大学学报（哲学社会科学版）》2007 年第 2 期，第 38－43 页。

② 数据统计来自知网 1978 年 1 月至 2023 年 11 月的信息。

代化"观念、概念讨论（32篇），更有国家治理（18篇）、工业（15篇）、教育（12篇）、中国式现代化（11篇）、农业（11篇）、科技（6篇）、法制（4篇）、中医（3篇），以及交通、体育、文艺、新闻、编辑、广告等领域（各1篇）的现代化观念、概念的全面讨论。

从讨论的时间跨度考察，中华人民共和国成立前或跨中华人民共和国成立前后的论文有20篇，中华人民共和国成立后的论文有98篇。从实践主体考察，有关中国共产党的"现代化"观念、概念内涵的讨论热度最高（19篇），民国时期知识分子为主体的讨论有3篇。1933年，参与《申报月刊》"中国现代化问题"讨论的全部都是城市知识分子、社会上层人士，这也形成了学界关注的惯性。

纵观上述学界讨论，有关当代的研究超过了近现代，政党和社会上层、专业人士的"现代化"观念、概念的讨论一直是重点，这符合现代化运动理论先行的规律，更符合中国共产党切实推动中国现代化发展的历史性贡献。同时，我们也看到，有关中华人民共和国成立前的乡村现代化探索，一直是薄弱的环节，民众作为社会主体在乡村的现代化建设中有何表现，更没有涉及。

在中华人民共和国成立之前的百年间，不论从中国的人口结构、经济基础还是社会发展阶段方面看，农民、农村都是主体、是基础，其现代化进程直接关系到中国现代化的成败，中国共产党"农村包围城市"革命的成功即是历史的证明。当中国社会的精英阶层在讨论"广义的现代化包含社会的许多方面，狭义的现代化，也就是《申报月刊》社所认为主要的，乃限于经济一方面"① 之时，梁漱溟、晏阳初、卢作孚等一批知识分子和企业家沿着"民族—国家建设路向"②，选择关注农民，关注农村的改造，以实现民族自救、民族复兴之目标。晏阳初认为："中国今日唯一的出路是要把广大人力开发起来，把这衰老的民族振作起来，把这散漫的民众组织起来，把这无知无识的人民教育起来，方可成为一个现代有力的新国家。所以复兴民族，首当建设农村，首当建设农村的人。"③ 关于如何"建设农村的人"，他针对广大民众的愚、穷、弱、私提出进行四大

---

① 陶孟如：《中国现代化问题》，载《申报月刊》1937年第7期，第2页。
② 王先明：《中国乡村建设思想百年史（上）》，商务印书馆2021年版，第6页。
③ 晏阳初：《平民教育与乡村建设运动》，商务印书馆2014年版，第246页。

教育。① 而卢作孚则提出了以经济为中心的"乡村现代化"概念。②也就是说，在被称为"乡村建设"的运动中，城市知识分子、企业家等领导者对于"中国乡村应该进行怎样的现代化建设"有着系统、理性的思考，这些思想指导着他们关于乡村建设运动的发展方向和行为。

在城市知识分子、企业家领导的乡村建设运动中，其所实验地域的民众是被动的受教育者。在中国共产党领导的根据地，革命的理论转化为革命的行动，广大乡村民众主动积极地投入根据地建设、武装斗争之中，他们是中国共产党的乡村建设思想的实践主体。学界对这两方面的历史实践都有相当的关注和丰富的研究成果，其侧重点在于乡村建设的理论、领导主体及其成效。③

这是不是中国乡村民众参与现代化探索的全部景象呢？笔者以为，不是。乡村民众有自己的现代化观念吗？笔者以为，是肯定的。在东南沿海广大的侨乡地区，中华人民共和国成立前，就同步甚至更早地开展了乡村的现代化探索，民众的参与角色和方式都具有侨乡的特色，这是自发内生的。④ 几十年来，他们在广大的侨乡地域连续进行的现代化实践中形成的特有的现代化观念，应该是中国现代化观念史的组成部分，然而迄今为止，并没有引起学术界的关注。笔者以为，中国现代化观念缺少对中国侨乡民众的现代化观念的研究，尤其是乡村的"现代化"观念、概念的研究，是不完整的。这是中国现代化研究的基础性课题之一，不应缺失。

---

① 参见晏阳初《平民教育与乡村建设运动》，商务印书馆 2014 年版，第 216 页。
② 参见卢作孚《四川嘉陵江三峡的乡村运动》，见凌耀伦、熊甫《卢作孚文集》，北京大学出版社 1999 年版，第 353 页。参见卢作孚《论中国战后建设》，见凌耀伦、熊甫《卢作孚文集》，北京大学出版社 1999 年版，第 602 页。
③ 参见王先明《中国乡村建设思想百年史》（商务印书馆 2021 年版），该成果对中国共产党领导的乡村建设思想和实践以及知识分子、企业家领导的乡村建设思想和实践进行了全面的梳理和论证分析。
④ 侨乡的现代化探索与城市知识分子、实业家领导的乡村建设是不同的类型，笔者将另文论述。

二、侨乡民众的"现代化"观念表征

侨乡,是近代形成的一个有别于传统乡村的地域文化类型。① 从乡村社会形态考察,它逐渐从传统宗法社会向乡村自治社会脱胎转型;用"现代化"的视角看,侨乡就是从根基于农耕经济的封闭、僵化、压迫的传统乡村向适应农商工经济的开放、变通、自由的近现代乡村演进的产物。这种变化发生在19世纪60年代,② 广东的潮汕、五邑、梅州和福建的泉漳厦因此成为中国四大著名传统侨乡。

有关这一乡村社会形态的变化,清光绪年间(1875—1908),新宁县(今台山县)知县李平书是这样记录的:"宁邑地本瘠苦,风俗素崇俭朴。自同治初年以来,出洋日多,获资回华,营造屋宇,焕然一新;服御饮食,专尚华美;婚嫁之事,尤斗靡夸奢,风气大变。"③在其北面的开平县景象与其相似:"至光绪初年,侨外寖盛,财力渐张,工商杂作各有所营,而盗贼已熄,嗣以洋货大兴。买货者以土银易洋银,以洋银易洋货,而洋银日涨,土银日跌。故侨民工值所得愈丰,捆载以归者愈多,而衣食住行无一不资外洋。凡有旧俗,则门户争胜;凡有新装,则邯郸学步。至宣统间,……未知与道、咸间相去几何也。"④潮汕侨乡"晚近以来,尚幸贤明领袖,接纳新颖潮流,摧挞残腐习气,俾我潮人,欣沐嘉善美风,从此风移俗易,继长增高,我潮群众,方且拳拳欣欣,瞻望惟恐弗及"⑤。这些地方文献所记录的当地民众在"同治初年以来""光绪初年""晚近"时期,其衣、食、住、行等方面所发生的"风气大变",就是传统乡村向近现代乡村转变的表征,这是侨乡官民对本地社会形态大变化的一种不约而同的"自我"认知、认同和评价。

---

① 参见冉炎杰、张国雄《地域视野下的侨乡文化——以广东侨乡为例》,载《广东社会科学》2020年第6期,第131页。
② 参见张国雄《侨乡文化与侨乡文化研究》,载《五邑大学学报(社会科学版)》2015年第4期,第1-7页。
③ 李平书:《宁阳存牍》,粤东省城印,1898年,第55页。
④ 民国《开平县志》卷二《舆地略》,第96页。
⑤ 翁辉东:《风俗志》,见饶宗颐《潮州志(第八册)》,潮州市地方志办公室,2005年,第3391页。

发展到 20 世纪 30 年代，侨乡与非侨乡的现代化面貌和现代化程度的差距已鲜明地呈现在世人面前。1934 年，《良友》杂志社出版了一本《今日之四邑》画册，在张沅恒的"导言"中有这样的记述：

> 这次有机会旅行全国各地，北至关外，南迄海南岛，所见所闻，只觉得足资伤感的地方多，可供欣幸的地方少。可是就一般的情形而论，广东一省，比较上物质建设最前进，精神生活也较其他各地人民为兴奋，而大宗华侨发源地的四邑，更可以作为新兴城市的代表。……看到那平坦的公路、整洁的市政建设、美丽的公园、藏书万卷的私家图书馆，以及许多私立的中学校和小学校，在我们已到过的地方里，可以说没有一处及得上它那样有生气的。①

《今日之四邑》是外界基于中国南北乡村现状对比而形成的关于侨乡社会形态"他认"的感知、评价，体现了对侨乡历史进步及其社会价值、文化价值的肯定。不管是"自我"的认知，还是"他认"的肯定，都反映出侨乡已经具有了与传统乡村不同的近现代乡村景象，这种近现代的乡村"情形"当然是观念意识的产物。透过它，侨乡民众的"现代化"观念意识就更多面地展现在我们面前。

（一）乡土文献中的观念表征

广东五邑侨乡有一批乡村建设文献和相关文物，它涉及村、墟、镇的规划、建设和管理，为我们考察侨乡民众的"现代化"观念提供了珍贵的史料。这批以华侨新村建设为重点的乡土文献数五邑侨乡的台山、开平两县为多，最早的是光绪十三年（1887）的《垂立堂创立新村合约》，延至 1949 年的《业成堂荣桂坊村份业权凭折》，见证了侨乡 60 多年的现代化探索实践。其"现代化"的观念在如下建设事项中得以体现。

1. 建设宗旨

民国时期，国民政府在农村推行"模范乡村"建设，自然成为侨乡

---

① 张沅恒：《今日之四邑》，上海良友图书印刷公司 1934 年版，"导言"，第 1 页。

现代化建设的基本理念。① 侨乡模范乡村建设的具体指向，是"文明""自治"。光绪三十四年（1908）《创建琼林股份章程簿》以世界文明为目标，改良陋习，打破房界，发展教育，倡导公益，改良乡村生活，自信"琼林虽小，亦足自雄著伟业而耀全球"。民国《珠峰新村组织大纲》第二条"建设宗旨"为三个方面："改善乡村制度，改良乡村生活，培养村民自治的能力。"光绪三十一年（1905），《广东新宁倡建新埠叙论章程》提出，墟、镇的建设目标是"输入文明""振兴工商"。其具体建设事项有"辟道路，建铺屋，填河堤，筑码头，通水渠，筹办市内治安、卫生、学校、警察，并拓充地址，敷设电灯、自来水，建筑医院、公园及其他关于民生商务等事业"②。

2. 规划布局

华侨新村建设无不考察自然环境、文化环境，确定村落发展方向；集体编制村落股份章程，绘制村图；按股份分发章程簿（一份宅基地、一份股权、一本股份章程），规范建设事项，明确村民住户必须遵守的建筑义务，诸如房屋兴筑顺序、建筑式样、建筑面积、建筑高度、宗祠、学校、书室、碉楼、厕所的建筑位置和建筑式样等。

3. 管理规章

华侨新村公共资产、私人房产的转卖处置和住户村民日常生活行为，必须遵守村落股份章程的规定，不得任意妄为。例如，生活垃圾处理和牲畜饲养要有利于环境卫生，房产转卖要符合章程约定。同时，明确规定"村地一切利权概归股内人所得，……日后村中无论大小利权，诸凡事务，必须会集股东当众议决，方准进行，不得私自妄为，破坏公德"③，"至凡创造动作更变，吉凶大小事务有关涉村中主义者，须要合众斟酌，毋得碍合红章程，方得动手为事，不得自作自为。如有不遵合红章程，各

---

① 民国时期，"模范村""模范乡"等概念时常出现在五邑侨乡的华侨新村建设文献中，例如，1917年《筹建毓圣里股份部》记载："优胜之地，堪建模范之乡。"1931年《大边村余集成堂股部征新录》："以模范为本。"1947年《安亲村村政会章程》记载："我们最宝贵的父母之邦，不难马上就变成一片良好的模范乡村。"

② 参见1923年《光兴有限公司台山西门墟注册招股简章》，见《光兴公司息折》。本文引述的乡土文献未特别注明收藏单位者，均为五邑大学广东侨乡文化研究院收藏。

③ 参见1927年《筹办陈边乡德星里村场小序》，见《陈边德星里股份簿》。

人务要合力抗阻，当恐后无凭，特立合同执据为照"①。村落事务决策权在村民股东之手，决策事项包括选举管理人员，确定职务待遇，决定村落池塘、树林、尝田等公产的承包，村落基础建设项目预算和投充（招投标），等等。村民股东按照拥有的股权行使决策权力，决策事项的提议、实施和结果，并公开告示周知。

(二) 建筑装饰中的观念表征

民居、祠堂、校舍、书屋和碉楼等，不仅仅是满足人们生活起居、信仰习俗、宗族活动、文化教育和治安防御的物理空间，更是满足村民的审美情趣，表达其审美意识和价值观念的文化空间、精神空间，后者主要通过建筑装饰得以实现。因此，侨乡建筑装饰突出而具体地表达了民众的"现代化"观念指向。

侨乡的建筑装饰形式主要有灰塑、湿壁画、门对三种。灰塑图案主要布置在外墙的门、窗、山花、房檐和室内吊顶、神龛、天神神位等处；湿壁画主要布置在门楣和厅堂神龛与天神上部、地神神位及阳台内墙上部，祠堂外廊和大门内墙上部也多有布置；门对多为木制，悬挂在大门两侧，有的用水磨石工艺嵌在大门两侧。这些建筑装饰的题材和词句有丰富的传统文化内容，例如，灰塑、湿壁画大量使用鸡、狮子、凤凰、仙鹤、蝙蝠、松、梅、兰、竹、菊和案八仙等传统图样，门对中不乏"家富于俭，宅建于勤""镜开仁寿，花发吉祥""人杰地灵，物华天宝"等吉词福语。② 同时，让人十分惊奇的是，近现代的欧美工业文明、城市文化和价值观念也成为建筑装饰素材在侨乡建筑中得以普遍运用。其中，表达工业文明题材的湿壁画占比就达10%，③ 这在同时期的传统乡村建筑装饰中是绝无仅有的。

火车行驶在田野，越洋蒸汽轮船与中国大小木船同框，飞机翱翔天空，公共汽车、小汽车、摩托车、自行车穿行城乡，天官赐福的灰塑中嵌

---

① 1906年《创建龙河里小序》，见《白水龙河里村份屋地部》。
② 门对出自开平市塘口镇南安村。
③ 杨田在开平、台山对16个镇街68个村的湿壁画、门对进行调查，采得2021幅湿壁画、1107对门对，对其中彰显时代思潮的湿壁画和门对进行的统计，为本文相关论述提供了重要的信息。参见杨田、张民巍《江门侨居兴建、装饰风格与文化认同》，载《文化遗产》2023年第5期，第32、34页。

入了钟表,在中国山水田园之间耸立着一幢幢洋楼、碉楼,楼上的探照灯居高临下光束四射,还有香港的繁忙的维多利亚港湾城景,在灰塑、湿壁画中多有所见,给侨乡民众带来外部世界的现代化感官刺激。

门和窗是观察不同时代文明、开放程度的聚焦点,侨乡的门对画龙点睛地表达了民众对西方文明的向往。例如,"汉唐盛日,欧美新风""家庭自治,民族潮流"①"具世界观,造家庭福"②"中外同风,世界文明"③"人群进步,世界文明"④"世界文明,家庭幸福""世界维新,家庭发达""国主共和,人增幸福""文明兴国、自治齐家""民权发达,家族开明"⑤"自由主义,民权发达"⑥"世界图新,民权发达"⑦。侨乡民众接受西方文明观念的同时,具有强烈的国家、国族意识和强国富民的愿望,诸如"惠此中国,宏我汉京"⑧"青年发达,黄种图强"⑨"三民主义,五族共和"⑩"山河锦绣,国家富强"⑪"汉邦巩固,华夏光明",最具有豪情壮志的是"雄驾东海,优胜西欧"⑫。此类洋溢着新时代观念和启蒙思想的门对占比达到21%,⑬由此可见,西方文明观念在侨乡的广泛接受度。

三、侨乡民众的"现代化"观念内涵

通过上述对侨乡村、墟、镇建设文献的记载以及建筑装饰的审美表达,我们可以对侨乡民众"现代化"观念的内涵做出如下观察。

---

① 门对出自开平市塘口镇南安村。
② 中国侨都华侨华人博物馆"根在侨乡"展品。
③ 门对出自开平市赤坎镇加拿大村。
④ 门对出自台山市端芬镇模范村(改革村)。
⑤ 五邑大学侨文化展示馆展品。
⑥ 门对出自开平市塘口镇自力村。
⑦ 门对出自开平市塘口镇仓东村。
⑧ 门对出自开平市百合镇焕光楼。
⑨ 门对出自开平市塘口镇自力村。
⑩ 门对出自开平市百合镇光头园村。
⑪ 门对出自开平市塘口镇南安村。
⑫ 五邑大学侨文化展示馆展品。
⑬ 参见杨田、张民巍《江门侨居兴建、装饰风格与文化认同》,载《文化遗产》2023年第5期,第32页、第34页。

（一）历史情感

侨乡民众的现代化意识扎根于乡土，尊重家族发展历史，尊重村落传统伦理道德。台山莘村李氏家族在制定乡约时这样写道："爰集伯叔兄弟，在祠公议，重申乡约，因其故有之良者而修明之，其有不便于今者酌量而变通之。创举无异守成，利导贵能因势，齐民共仰，绅耆莫作旁观，责任同肩；子弟亦毋放弃，庶成众志之城，永葆阖乡之治。"① 台山斗山镇《浮石乡自治法》也记载，"我乡自治法实发源于二百年前内外营之更夫条例，即由不成文法进而为成文法"，其"上卷系照浮石习惯法汇编，下卷系照浮石旧例修正，此浮石自治之指南也"。② 台山斗山镇陈姓编制《乔林村纪略》也是遵循这样的原则："前人之遗像，世系之流传，田舍之真形，买地之契据，以及开村之合同、自治规则，靡不详载。至于风俗之孰宜保存，孰宜改革，前事之或堪鉴戒，或堪仿模，皆一一据实摅陈。"③ 对乡村绅耆等精英力量给予了尊重，并努力发挥其社会见识、人脉社交、组织管理方面的优势，通过制度性设计的安排，使其成为乡村自治的重要力量。④

（二）世界视野

侨乡是最早被纳入全球化进程的中国乡村，⑤ 其民众的现代化意识中有传统乡村民众不具备的"世界观"。他们时常通过华侨间接接收西方社会的种种信息，了解外部世界的变化，眼界超越县域、国域，投向了海外。"世界"是其现代化观念的视域，地球题材进入灰塑、湿壁画，湿壁画中常见的一河两岸、中国乡村与外国城市融为一体的构图，以及门对中时常出现的"世界""中外""欧美""东海""西欧"等词语，具象地表

---

① 参见1915年《台山莘村李氏乡约》，现存台山市档案局。
② 参见1926年《赵耀苍序》，见《浮石乡自治法》。
③ 参见1928年《叙》，见《乔林村纪略》。
④ 绅耆作为传统乡村社会的精英力量，在侨乡自治建设过程中受到重视。1928年，《西平里村份部》记载："集本家耆老议决创立新村。"绅耆往往是倡议者、策划者和管理者。类似记载在五邑侨乡华侨新村股份章程中多有所见。
⑤ 参见张国雄《侨乡文化的国际性与侨乡文化研究的国际合作——以北美铁路华工研究为例》，载《韩山师范学院学报》2020年第5期，第15页。

达了他们对"世界"的认知,反映出他们的现代化目标是在广阔的国际视野内对标"世界"的发展。

(三)文明追求

侨乡民众的现代化意识既有历史形成的经验,更有时代的新价值。在村落管理中,强调遵守共同规则,拒绝私利主导,透露出"义"与"利"的协调;尊重历史、尊重传统,强调"礼"的延续,蕴含着历史的经验和智慧。在侨乡,遵循传统与接受新时代观念得到统一,"共和""自由""民权""文明""自治"等西方观念和意识成为民众的自觉追求;按照华侨新村股份章程,宗族族长、绅耆把持决策权的传统被改变,他们转变为村落事务的日常管理者,各住户按股份拥有决策权,村落大小事务的决策实施过程公开、透明,平等、公正的价值观得到尊崇。

(四)科技向往

高度肯定西方工业文化、科技进步的态度,是侨乡民众现代化观念的重要内涵。灰塑、湿壁画中时常出现的火车、轮船、飞机、汽车装饰题材,都是工业文化的符号象征;水泥、钢材等新建筑材料和由钢筋、混凝土等新建筑技术建造的城市高楼,同样是工业文明的产物。湿壁画中频繁出现的钟楼建筑式样,以及至今保存完好的开平市赤坎镇的司徒氏通俗图书馆、关族图书馆钟楼建筑,都隐喻着民众利用现代"高层"建筑打破传统乡村低、平的天际线,体现了民众对现代生活的向往,① 隐喻着利用城市高效率发展代替日出而作、日落而息的乡村慢节奏生活的期盼,隐喻着民众崇尚科技、崇尚城市生活,希望依靠工业,依靠科技改变传统乡村生活的现代意识。

(五)集体意识

在侨乡的华侨新村建设中,传统熟人社会的"差序格局"② 得以延续。"创新村,无论各处兄弟,皆得来起屋,但不许别姓掺杂。至兄弟无

---

① 参见柳名俊、温为才、王骏驰《五邑侨乡西方文明类题材建筑湿壁画隐喻内涵研究》,载《家具与室内装饰》2023年第1期,第122-127页。

② 费孝通、方李莉:《费孝通论乡村建设》,商务印书馆2021年版,第20-23页。

论贫富，要同心保护，以御外侮。"① "无论远近及本县别县，凡属同宗者，皆一律欢迎，以敦感情而固团体。"② 宗族依然是侨乡社会的重要基础。传统的以"集体"为中心的规范继续培养着民众的意识，这种意识在华侨新村股份章程中多有体现。比如，章程对房屋建筑秩序、建筑形式及建筑体量、村落格局的统一规划设计，强调的是村落的整体性、集体面貌和内部和谐。"创建屋宇高低尺寸、屋式，要依例一律相同，以期同里相安。"③ "从前面第一行建立新屋，从中开地，由左至右，一俟建满后，开第二行地。如因风水所关，宜再起出的，亦须从经建之屋前，再开地一行建宅。如法行之，然后再开第三行，以照整齐而壮观瞻。"④ "建立之始，以重整齐，宜先将门面平排创建。"⑤ "填地台要与合众相正，不得高低，恐碍风水。""门面高、屋尾高，合众订议，不得抗例。"⑥ 这些规范贯彻了统一、整齐的集体意志，是入村住户必须履行的义务。它来自熟人社会传统，同时也契合了陌生人社会依靠制度、契约规范民众行为的内在需要。

（六）家国富强

传统社会民众有皇权意识、臣民意识，而在侨乡，公民意识开始觉醒。开平市赤坎镇五堡民居的一副湿壁画由左侧规划整齐的民居、居中的"皇后公园"、右侧商铺及"旅侨俱乐部"三部分组成乡村空间，完全改变了传统乡村的空间布局，隐喻出侨乡民众萌发的公民意识。⑦ 伴随而生的还有国家意识、民族意识。门对中家庭与国家、民族并列，兴国与齐家共进，共和与幸福相连，都揭示了侨乡民众期盼国强民富屹立于世界民族之林的强烈愿望。开平市塘口镇的立园泮立楼四楼神龛基座镶嵌着中华民国国徽，"宗功伟大兴民族，祖德丰隆护国家"的对联"宗祖""民族"

---

① 参见1909年《黄联益堂村地股份部》。
② 参见1927年《李氏陇西建筑模范村章程》，现存中国侨都华侨华人博物馆。
③ 参见1909年《黄联益堂村地股份部》。
④ 参见1921年《李族创办东宁里股份部》，见《李敬业堂创办东宁里新村重订集股章程》。
⑤ 参见1916年《倡建南隆村缘起善后简章》，见《倡建南隆村缘起小叙并善后简章》。
⑥ 1906年《创建龙河里小序》，见《白水龙河里村份屋地部》。
⑦ 参见柳名俊、温为才、王骏驰《五邑侨乡西方文明类题材建筑湿壁画隐喻内涵研究》，载《家具与室内装饰》2023年第1期，第122-127页。

"国家"三位一体,同样典型地表达了侨乡民众的家国情怀。

四、侨乡民众"现代化"观念的底层逻辑

侨乡民众的"现代化"观念凝聚了他们对鸦片战争以来大变局环境下中国乡村发展前景的期望和态度,这是不同于社会上层的一种来自底层民众对现代化的选择和反应,具有侨乡社会自身的形成逻辑和特点。

侨乡文化是传统地域文化与外来文化融合的产物,中国四大著名传统侨乡的地域文化分别是广府文化(五邑侨乡)、福佬文化(广东潮汕侨乡、福建泉漳厦侨乡)和客家文化(梅州侨乡),① 均以"邹鲁"之乡为誉。同时,又都受到外来文化的深刻影响,"美风欧雨,沾被最早"②。"衣服喜番装,饮食重西餐","婚姻讲自由,拜跪改鞠躬","充斥于市者,境外洋货尤占大宗","衣食住行无一不资外洋"。③ 此处之"资",既是实指侨汇,又是泛指外来文化。侨乡接受的外来文化,不仅有东南亚的殖民文化、土著文化,更有以城市为标志的欧美资本主义工业文化。19世纪80年代以后,海外华侨向城市唐人街聚集,成为一个普遍的现象,以北美洲、大洋洲为甚。华侨长期在城市生活所形成的日常感受认知,直接塑造了他们心目中的外国现代化形象。④ 宣统元年(1909),美国归侨、新宁县自治研究所所长赵宗坛就言:"纽约为欧美最有名之镇市,其人民富于平等自由之理想,故其政府制度皆本人权公理以为组织,而文明之发达遂为各国各族之冠首。"⑤ 他典型地反映了华侨认识欧美现代化的路径。侨乡民众从书信、返乡华侨的口述以及外国杂志报纸上接受得最多的往往是外国城市文化和工业文化,这构成了侨乡外来文化的主要素材,自然而然地影响到侨乡民众对外国时尚摩登的理解而使其纷纷仿效。1924年的

---

① 参见司徒尚纪《广东文化地理》,广东人民出版社1993年版,第381-406页。
② 《户口》,宣统《开平乡土志》(抄本)。
③ 参见民国《开平县志》卷二《舆地略》,第96页;民国《开平县志》卷五《舆地略》,第119页;民国《开平县志》卷十二《建置略》,第153页。
④ 都市文化是华侨观察西方现代化的重要窗口,从而形成了很多感性的认知。1924年,美国旧金山发明公司刊行的《金门吟社诗集》收录的郑季敦、王孙卓的《前提》集中记录了其对美国城市景观、城市生活的观察,诸如选举、集会活动,公园、博物馆、水族馆、游乐场等基础设施以及妇女自由、男女交往、时装美容等方面,感叹"花旗事事尚时宜"。
⑤ 新宁县自治研究所:《纽约省政府制》,1909年。原件收藏于中国侨都华侨华人博物馆。

《华林新庄屋地部》就明确宣示："近今世界昌明，公路发达，城市开辟大道，乡村尤宜仿效。"① 这显然是要对标欧美城市进行乡村现代化建设。《今日之四邑》在描述了侨乡的现代化景象后，也有这样的评价："这些作客他乡的四邑人民，对于故乡的热爱，并不以空间的隔离而减少，反而为了在国外受到因祖国羸弱而被其他民族所轻视的刺激，使他们每个人都抱着一个理想——一个如何在国外发了财，要把自己的故乡改造得和国外的城市一样兴旺发达的理想。"

在现代化探索中，侨乡延续了传统乡村的"差序格局"，尊重发挥绅耆等乡村精英的作用。同时，发生了两个重大的转变：第一是将村落治理的决策权转移到村民股东之手，削弱了绅耆等乡村精英把持乡村事务的绝对权利；第二是侨商、华侨成为维系侨乡社会秩序的重要力量。近代以来，侨乡青壮年男性普遍到海外打拼，"父携其子，兄挈其弟，几于无家无之，甚或一家而十数人者有矣"，"谋食外洋者十之七八"。② 这些远在海外的华侨自认为从来没有离开家乡，他们一直"在场"，不是"他者""外人"。侨汇源源不断地进入侨眷家庭，维持了亲人的生计，成为家庭主要的经济支柱；有的华侨更在墟、镇购置房产，出租商铺，补贴家用。侨汇改变了传统乡村完全以土地为依赖的经济基础，从而在侨乡社会生活中，侨眷家庭的独立性和权利意识得到加强。华侨不仅改变了家庭的经济状况，他们还非常关心、积极参与村落管理和家乡建设事务，以维护其权益。1929年，首届美洲宁阳恳亲大会在美国三藩市召开，其动因就是"吾侨身居海外，情殷乡土，势不能作壁上观，置邑事于不闻不问。可知侨务邑务，两者并重"，"或为侨梓排难解纷，或为乡邑兴学办团，或为国家赈灾筹饷。一切慈善公益，毋分国内外"。③《驻美台山宁阳总会馆章程》明确宣示："以切实图谋宁阳邑侨全体福利，及本邑公益事业为宗旨。"海外侨胞对侨乡的关注实际上不限于公益慈善，而是更广泛的侨乡事务。"关于本邑范围者，若者应兴，若者应革，如教育、交通、实业、

---

① 原件收藏于五邑大学广东侨乡文化研究院。
② 《户口》，宣统《开平乡土志》（抄本）。
③ 黄吉堂：《首届恳亲大会之缘起》，见台山宁阳总会馆《全美宁阳第一届恳亲大会始末记》，1929年，第41、34页。原件收藏于中国侨都华侨华人博物馆。

公益等等，则促其有成；如陋习、害人事业种种，则务求廓而清之。"①侨乡民众也没有将远隔天涯的华侨视为"外人"，依然当作"在场"的主人，各项建设"非筹款外洋，不足以济事"②。华侨往往是侨乡村、墟、镇建设的倡议者、投资者、推动者。1933 年，《广东开平儒良荫头龙安里村股地图总表册》明确记载："投地事非小，必要限定时期，通知外洋昆仲、国内兄弟均知，方得出投。"美国的台山华侨就曾骄傲地宣称："比年以来，吾邑得有积极整顿之机会，如学校之创办也，铁道之建筑也，与及文化、慈善等事业之发展也，论者多之，有模范县之许，为其原动力者，厥为旅外邑侨之金钱。"③ 华侨的国际视野、对欧美现代化的认识，更重要的是他们拥有的经济实力，为侨乡的现代化探索提供了源源不断的动能，重新构建了侨乡发展的动力结构，从而使其比绅耆等传统乡村精英掌握了更多的乡村事务话语权、发展主导权，通过章程的制定、建筑装饰审美情趣的表达，引导着侨乡现代化的探索方向。这在传统乡村是完全不具备的条件，也是难以想象的。

　　华侨和侨乡民众推动的现代化发展目标，不仅仅是对工业、科技、欧美城市生活的追求，更是对国家发展更高期望的表达。五邑侨乡有一个重要的文化现象，即在神龛对联、华侨新村股份章程等印刷品中常常使用"囻"字，④ 充分表达了民众期盼国家当以民为中心、以民为本的强烈愿望。同时，维护国家主权的意识十分鲜明，这在村、墟、镇的股份章程中就有体现。例如，台山市端芬镇东宁里章程"第五条，变股。……不得按典断卖与别姓及洋人，以照慎重"⑤。又如，台山市端芬镇汀江墟规定"本墟不收外国人及零碎银"，"本墟股份凡属中华国籍人无论个人或团体，均得附股，但外国人不收"。⑥ 再如，鹤山市共和镇也规定："所有地段，除外国籍外，无论何人均得在本市场备价购地段家住铺宇营业"，

---

① 陈敦朴：《首届恳亲大会幕庆之演说》，见台山宁阳总会馆《全美宁阳第一届恳亲大会始末记》，1929 年，第 117 页。原件收藏于中国侨都华侨华人博物馆。
② 参见 1930 年《台洞叶族倡议村头立宅劝捐缘部》。
③ 参见《筹备美洲宁阳恳亲大会宣言》，见台山宁阳总会馆《全美宁阳第一届恳亲大会始末记》，1929 年，第 37 页。原件收藏于中国侨都华侨华人博物馆。
④ 比如开平市塘口镇立园泮立楼神龛对联，1927 年《乔林村纪略》也多有"中华民囻"的表达。
⑤ 参见 1921 年《李敬业堂创办东宁里新村重订集股章程》，见《李族创办东宁里股份部》。
⑥ 参见 1933 年《汀江墟股份簿》，见《汀江墟招股开办章程》。

"开辟之市场不分畛域,除外国人之外,皆能认股"。① 这些有关村、墟、镇的地产、房产、股权排斥外国人的规定,让我们感受到在开放的侨乡民众心中自觉而强烈的维护利权(主权)的意识,追求人民和平幸福、国家民主富强、民族独立自主的家国情怀深深地影响着侨乡民众的心理和行为。明乎此,我们就能更深刻地理解建筑装饰门对中对家庭、对青年、对民族、对国家发展的观念表达的由来。

  侨乡从总体上讲是中国的农村,侨乡民众以农民为主体,海外华侨也多是背井离乡出洋谋生的农民。对传统文化和外来文化,农民有农民的视角,有符合其文化程度、社会地位、生活环境的切身感受和判断,岭南远儒、直观、感性、包容的文化性格,② 使之与专业人士、社会上层的认知心理、知识系统和表达方式不同。例如,华侨对外来文化的认知和积累不是在学校课堂经过专业学习获得,而是通过长期在城市街区、日常社会生活耳闻目染主动形成和接受的;其知识没有专业的系统性和理论性,主要是直观感性的积累、生活化的务实判断。他们对侨乡民众传播的知识,也是在同一个频道上,侨乡民众也表现出充分的主动性,不存在村民的接收障碍和抵触心理。③ 这样的外来知识传播过程就深刻地影响到外来文化在侨乡与传统文化的融合,形成了"现代化"观念及其表达、养成方式。前述侨乡民众"现代化"观念的表征,一个是立足基层乡村制度建设,对民众日常村居生活的意识和行为进行规范,涉及村民的经济关系、政治关系、社会关系和文化态度多方面的权利和义务,在熟人社会道德约束、情感信任的基础上,培养规则意识、契约精神和民主参与能力,从而满足侨汇输入推动侨乡经济基础发生转变后,提高侨乡民众独立性,增强对自身权益保护,以及侨乡商业发展的内在需要。另一个表征是指民居、村落场景化的营造,形成三位一体的生活空间、文化空间、精神空间,将传统文化与外来的工业文化、城市文化具象化、直观化,民众在其间周而复始的生活实践中,潜移默化地形成集体记忆,构建起共同的现代价值观,确定共同的现代化目标。两个表征体现的"现代化"观念没有理论性、规

---

 ① 参见1931年《鹤山共和市场立案章程》《开辟鹤山共和市场会议案录》,见《共和市场纪事录》。
 ② 参见李权时《岭南文化》,广东人民出版社1993年版,第22—28页。
 ③ 参见张国雄《从开平碉楼看近代侨乡民众对西方文化的主动接受》,载《湖北大学学报(哲学社会科学版)》2004年第5期,第60页。

范性的概括论述，还没有上升到"概念"的层面，其表达、养成方式贴近基层民众的生活实践，从生活习惯的养成入手，很"农民"很"乡村"，逐渐形成了有别于传统乡村社会的生活观念、生活向往和生活方式。更重要的是，两个表征都具有传统文化与外来文化的二元融合特征，例如，他们既尊重绅耆继续发挥其作用，又强调平等、公正、民主的乡村制度建设，在侨乡民众心目中，这样的处理很自然，不存在问题，没有任何的违和感。由此，彰显了他们在侨乡现代化探索中贯穿始终的朴素的文化自觉和文化自信。

[本文的撰写得到五邑大学广东侨乡文化研究院吴捷老师的帮助。原载《五邑大学学报（社会科学版）》2024年第1期]

人类命运共同体视野下的"侨"研究

党的十八大以来,中国政府向世界贡献了"构建人类命运共同体"的新理念。习近平总书记2017年1月18日在联合国日内瓦总部发表的《共同构建人类命运共同体》的主旨演讲,对人类命运共同体理念做了详细、完整的阐释,主张对话协商,共建共享,合作共赢,交流互鉴,绿色低碳,共同建设一个美好的世界。这些内容构成了人类命运共同体的基本体系,并指出了践行的具体路径、方法和终极目标,将中国的发展与世界的发展融为一个整体,在人类政治文明中溶进了中国的主张、中国的道路,这是中国为全球治理提供的理想方案,也是中国人民的美好愿望。构建人类命运共同体理念提出后,受到越来越多的国家和国际组织的关注,产生了广泛的影响,日渐成为国际共识。

一、人类命运共同体理念蕴含着丰富的特点

一是跨国性。当今世界经过全球化浪潮,国与国之间已经形成你中有我、我中有你、相互依存、利益交集的命运共同体格局。当今全球治理面临的各种重大挑战都超越了国界,任何国家都不可能独善其身,各国必须齐心协力,方能共同面对。

二是整体性。人类命运共同体的构建,要有整体推进的意识,需采取综合治理方略,政治上互尊互信,经济上合作共赢,文化上文明互鉴,生态上绿色低碳,缺一不可。

三是平等观。构建人类命运共同体的主体是各个主权国家以及各个国际组织,每个国家的民族、宗教、历史、文化、经济发展水平等都存在差异,"物之不齐,物之情也"。2014年3月27日,习近平总书记在法国巴黎联合国教科文组织总部的主旨演讲中指出:文明是多彩的,文明是平等

的，文明是包容的，世界上没有十全十美的文明，必须互鉴。① 尊重各国的差别，平等相待，加强文明互鉴，促进民心相通，是推进构建人类命运共同体这一伟大进程的重要前提，多元化、协作化是世界发展的趋势，所以共商、共建、共享就成为构建人类命运共同体的基本原则。

四是多时态。构建人类命运共同体的理念是基于中国对全球化之后的当今世界格局及其发展趋势的判断，这是现实时态；实现构建人类命运共同体这一伟大进程的目标，则是未来时态，需要我们从人类历史发展的角度去认识这一带有理想性、历史感的理念。

二、华侨华人是人类命运共同体三个时态的参与者、见证者、执行者

作为人类命运共同体理念前提的当今世界格局，是全球化的产物，形成了现实时态的命运共同体。今天的全球化是英国近代全球化的延续，工业革命以后，贸易、资本向世界的流动，将远隔大洋的各国联系起来，形成统一的市场。马克思在《共产党宣言》中就指出，资本在全球范围内的自由流动、扩张将世界连为一个整体。这说明当今的命运共同体有一个发展的过程，世界各国联系越来越紧密是一个历史的趋势，现实时态命运共同体的形成经历了一个历史的时态。习近平总书记在2013年3月莫斯科国际关系学院所做的主旨演讲中就指出："人类生活在同一个地球村里，生活在历史和现实交汇的同一个时空里。"②

历史时态、现实时态、未来时态在结果上看似相同，世界各国联结成为一个整体，但其实有本质的区别，它们形成的原则、方式、核心价值都有根本的差异。历史时态和现实时态形成的原则、理论和方式是以西方为中心，遵循的是弱肉强食的丛林法则、零和游戏规则，绝大多数发展中国家在其中没有平等的地位，这个共同体毛孔里流着血和肮脏的东西（马克思《资本论》对资本的评述）。中国倡导的未来要构建的人类命运共同

---

① 参见《习近平在联合国教科文组织总部发表演讲》，载《人民日报》2014年3月28日，第1版。

② 习近平：《顺应时代前进潮流 促进世界和平发展——在莫斯科国际关系学院的演讲》，载《人民日报》2013年3月24日，第2版。

体,遵循的是共商、共建、共享原则,目标是合作共赢。

用这三个时态来审视华侨华人和侨乡,一个重要的事实是,不论在历史时态还是在现实时态,华侨华人都是命运共同体形成的重要参与者、见证者和推动者,侨乡从近代就受到世界政治、经济脉搏跳动的直接影响。

在东南亚,华侨和当地民众一道推动了当地农业、工业、城镇的建设发展,是最早参与东南亚开发的重要力量之一。

19世纪中期,在美国,大量华工参与到加利福尼亚州(简称"加州")的淘金潮中,与大量来自欧洲的劳工一起,为满足美国工业化大量的资金需求做出了贡献。在横贯大陆铁路建设的过程中,华工的贡献同样卓著。这条横贯美国大陆的铁路被历史学家誉为是"一条永不能断的钢带",把美国东西部连接在一起,正是华工的参与才使这条原本计划14年建设的战略大通道不到7年就通车了。正如美国历史学家所言,如果没有中国人用生命闯过了白人难以忍受的艰苦难关,铁路不可能建成;即使建成,也要拖很久。这条被誉为19世纪人类最伟大工程之一的铁路对美国的国家统一、西部边疆大开发都具有至关重要的战略意义。习近平总书记赞誉铁路华工的奋斗、进取、奉献的精神是一座丰碑。

近现代以来,华侨华人在大洋洲、欧洲、非洲等地区参与当地发展建设所做出的贡献同样卓著。一个突出的特点是,他们是以勤奋拼搏、和平相处的方式做出自己的贡献,经常是在不公平的环境中,为近现代命运共同体的形成发挥推动作用。历史是一面镜子,我们从中看到了中华民族参与命运共同体所形成的历史传统,看到其渴望平等相待、协力合作构建人类命运共同体的历史基础和历史责任,而华侨华人必将在构建未来时态的人类命运共同体的伟大进程中成为重要的推动力量之一。

三、人类命运共同体理念为华侨华人研究的理论创新提供了新的视角

近代以来,中国就是大量输出国际移民的重要国家,也是国际移民与其迁出地联系很紧密的国家。中国的海外移民分布在世界各地,形成了今天的华侨华人群体,中国政府正式公布的数字是6000万。这一庞大的群体与侨乡(移民的迁出地、祖籍地)的关系虽然经历了落叶归根、落地

生根到今天的溯源寻根的变化①，不同时期对侨乡发展产生着不同的影响，但是，抹不掉的血脉烙印、割不断的文化基因，让侨乡成为他们的"根"。基于前者产生了华侨华人研究，基于后者产生了侨乡文化研究，那么，构建人类命运共同体的理念对华侨华人和侨乡学术研究可以带来哪些启迪呢？

人类命运共同体理论蕴含的特质启示我们，华侨华人和侨乡研究需要更多地注意用世界的眼光、历史的眼光、平等的眼光和文化交流的视角予以审视，这可以使我们的学术视野、学术价值、学术思维方式进一步地拓宽转变，使学术格局进一步得到提升。中国学者可以据此对国际移民研究领域的理论创新有所作为。②

用历史的眼光、多时态的视角研究华侨华人对构建人类命运共同体的历史贡献，研究中华民族在命运共同体形成过程中的文化心理、文化性格，由此让世界认识到中国为什么对构建人类命运共同体持开放包容、平等相待的态度，这是值得重视的研究课题。

华侨华人研究已经取得了大量的成果，这一点无可否认。但同样不可否认的是，我们的相关理论贡献还有待更多的建树与拓展。一方面，我们在理论上多是运用西方的跨国主义等有关国际移民的理论和方法，这些理论和方法无疑是值得学习借鉴的，但也要注意到这些理论的局限，现有的西方理论多是以西方人的视角构建的，潜移默化中容易使我们的华侨华人研究不知不觉地带有了西方中心的思维定式和视角，可能会影响我们的学术格局；另一方面，我们的研究很多又带有中国中心的特点，在选题和分析角度等方面，往往局限在中国的视野来讨论，这同样会限制我们对华侨华人宏大历史产生全面、客观、深入的认知，而无法客观评价华侨华人对世界历史的独特贡献。这看似矛盾，却是客观的存在。

例如，我们在美国铁路华工的研究中，较多关注铁路华工群体所遭受的不平等待遇；比较多地研究横贯美国大陆的铁路建成通车后，美国排华法案的颁布，以及民族不平等、社会歧视、法律不公正而导致对华工的严

---

① 参见2017年3月1日国务院侨务办公室国内司在江门召开的全国"侨乡侨文化研讨会"上李明欢的观点。

② 参见李明欢《国际移民与人类命运共同体构建：以华侨华人为视角的思考》，载《华侨华人历史研究》2018年第1期，第3页。

重迫害。这些现象当然需要我们去研究，而且要将中美双方的官方、民间、媒体资料和学界的成果结合起来深入研究，这是我们对先侨的历史责任和学术使命。同时，也要承认我们至今的研究多是就铁路华工研究铁路华工，没有研究同时期其他族裔劳工在美国的境遇，没有比较铁路华工与同时期其他行业劳工的经济收益；忽视铁路华工实际的经济回报研究；重视华工对美国的贡献而忽视其对侨乡的贡献，也没有比较其他族裔对美国历史发展的贡献；强调铁路建成后华工没有享受应有的礼遇，忽视 1869 年 5 月 10 日横贯大陆铁路通车典礼上 20 多位华工代表被单独邀请到车厢受到铁路公司隆重宴请、高度评价而后美国媒体长期跟踪这些华工的历史细节（加利福尼亚州萨克拉门托火车站候车大厅悬挂了一幅反映这一重大历史事件的油画，在画中特意添加了华工的形象，以示补正）。总之，铁路华工研究悲情的心态和眼光较重，有理有据地说透铁路华工对美国历史的独特贡献就严重不足。因此，也就缺乏对美国铁路华工的卓越贡献的全面、科学的评价，对铁路华工研究的国际学术影响力不高，研究成果主要在国内传播。

又如，华侨华人历史研究在加强国别华侨史研究的基础上更应该加强华侨华人历史的整体研究，探讨华侨华人整体在世界历史进程中的行为特征、历史地位、独特贡献，以改变目前华侨历史研究视野多集中在华侨华人身上，多为简单的国别史堆砌的思维定式和研究方法。我们要看到，一些现象不仅美洲华侨有，东南亚华侨有，其他地方的华侨社会也有，有的现象甚至在国内也存在，而整体的审视和比较研究很缺乏，更遑论与当地其他族裔的同类现象做比较了。不仅华侨历史研究是如此，华侨华人现状研究也有很多是就华侨华人谈华侨华人，就一国谈一国。比如对华侨华人媒体状况的研究，很多都没有将视角投射到住在国的媒体生态上，很少做不同国家、不同区域华侨华人媒体的比较分析。

这是不是可以说带有中国中心的色彩呢?！笔者以为，中国中心或者西方中心都有偏颇。吴于廑在 20 世纪 80 年代后期提出，中国的世界史研究要摆脱西欧中心论的影响和堆砌国别史的简单研究方法，进而从整体看待世界史。这一论述至今仍然有生命力，对华侨华人研究亦是如此。站在世界发展的整体高度，从住在国历史发展的全面角度去研究华侨华人，以天下观天下，是值得我们努力的学术方向。在这里，构建人类命运共同体不仅仅是全球治理的理念，也是华侨华人研究中的一个理论创新的方向和思维方式。

加强华侨华人对世界文化交流、文明互鉴贡献的研究，也是值得我们努力的又一个方向。华侨华人不仅是国际人口移动，也是中华文化的传播者、中外文化交流的主体和动力源。

近代以来，在海外形成的华侨华人社区——唐人街，已经成为集中传承中华文化的场域和中华文化的符号，成为住在国文化多样性的重要组成部分，是族裔和谐的重要润滑剂。我们当然要研究它的中华文化源流，同时更应该从住在国社会发展、文化进步的角度去看待华侨华人的独特贡献。在美国横贯大陆铁路建设过程中，崎岖陡峭的高山工地，华工从中国带去的独轮车很好地解决了铁路建设物资运输的"最后一公里"问题，内华达山脉狭窄的山路就是通过大量使用中国独轮车来进行运输进而提高了效率。华工不惧挑战、不畏艰险的胆识勇气和聪明才智与美国其他族裔民众开发西部敢于冒险、勇于吃苦的品格融为一体，成为美国精神的一部分。在加利福尼亚州的农业开发中，中国传统水利技术、果树嫁接技术的运用，促使华侨华人的奋斗成为美国农业历史的重要组成部分。

海外侨胞同时将他们在住在国的所见所闻传回侨乡，带来家庭、村落、城镇的改变，形成以中外文化融合为特点的侨乡文化形态，侨乡因之成为近代以来最早与世界接轨的中国乡村，成为中外文化交流的特殊类型。

以开平碉楼为例。为了保护家人生命财产安全，开平海外华侨华人和村民从19世纪末到20世纪40年代初在广东开平侨乡大量兴建碉楼，最后形成了无"碉"不成村的侨乡景观。兴建碉楼的资金主要来自海外乡亲，使用的是进口建筑材料，建筑造型大量吸收了国外的建筑文化。最有意思的是建筑行为特点。开平碉楼绝大多数是乡村工匠设计建造的，他们对外国建筑材料性能的了解，对钢筋混凝土建筑技术的把握，对外国建筑文化的认识，均来自华侨的书信、画报、图样等以及工匠们自己的理解，承接工程的工匠与侨眷相互商量碉楼的功能和造型设计，最后建成的碉楼亦中亦西、亦土亦洋，拱券和柱的比例、混凝土水泥沙石材料配比和钢筋主筋拉筋的配置可能都不符合教科书的规范，造型的组合也很随意，完全是按照他们的爱好进行的。目前保留的1833座碉楼形态各异，没有一座碉楼的造型是重复的。国外的不同时期、不同风格的建筑文化都可以在这里找到身影，把开平碉楼称为外国"建筑碎片的组合"十分贴切。同时，开平碉楼又保留了大量本土传统的建筑文化。碉楼的背后是侨乡民众对外来文化的广泛接受，开平侨乡"衣食住行，无一不资外洋"。与中国沿江沿海城市的近代建筑不同，在开平侨乡，华侨、侨眷、工匠成为外来文化的传输者、吸收者和创造者，开平碉楼能够成为世界文化遗产，正是对这种独特的文化交流创造行为和遗产的世界普遍意义的充分肯定。

华侨对住在国文化的传播，侨眷和乡村工匠对外来文化的接受消化，这些现象是自然而然发生的，没有外来压力强迫他们这样做，这是一种不自觉的自主自愿的文化交流行为，他们以和平的心态、和平的方式实现着对进步和时尚的追求。开平碉楼所展现的中国侨乡民众对待外来文化的包容态度和开放吸收的创造能力，向世界展示了中国基层社会拥有文明互鉴、文化平等交流的广泛的民众基础和长期的社会实践基础。

民心相通是构建人类命运共同体的重要社会基础，文明互鉴、文化交流是实现民心相通的重要条件。近代以来，在海外，在侨乡，华侨华人和侨乡民众进行了大量的文化交流实践，其成果融入当地，成为住在国文化和中国乡村文化的重要组成部分。这为华侨华人和侨乡研究提供了丰富的学术资源，加强这方面的研究将极大地扩展相关的研究领域，是值得我们努力的学术方向。

侨乡是国际移民的产物，从19世纪的60年代至今已有150多年的历史了。侨乡文化研究从华侨华人研究的"背景"中脱离出来，成为一个独立的研究领域，始于21世纪初，时间虽不长，发展空间却很大。以世界的眼光审视，中国侨乡文化研究不仅要加强与同时期中国非侨乡地区的比较，更要开展与其他国家国际移民迁出地的比较研究，这样我们才能够从世界整体视角去把握中国侨乡文化的特质和普遍的世界意义。

华侨华人与侨乡民众的跨国文化交流实践还告诉我们，仅仅从住在国、从侨乡去认识他们的文化交流行为，评价其遗产价值，都是不全面的，需要综合起来考察，才能形成完整的认识。从2014年开始，广东五邑大学与美国斯坦福大学合作开展美国铁路华工研究，对这个国际移民群体在两个场域的杰出贡献进行整体的探索评价，就是基于这样的认识。同理，虽然华侨华人历史研究的学科分类是世界史，但侨乡文化研究被列在中国史的专门史目下，其实它们是一个硬币的两面，都是"侨"的研究，构建人类命运共同体的理念为这两个学科提供了研究方向、研究重点的启迪和理论基础。

(原载《华侨华人历史研究》2018年第1期)

中国碉楼的起源、分布与类型

开平碉楼随着其申报世界文化遗产活动的展开，其历史文化价值日益受到人们的关注，但是，碉楼究竟是一种什么样的乡土建筑？开平碉楼有哪些特征使之区别于其他同类建筑？为什么这种广泛存在于五邑侨乡的乡土建筑要以"开平碉楼"命名？以上这些问题则是至今我们还没有深入讨论和有待确定的，以致在实际工作中出现了一些模糊的认识。中国古代文化讲究"名不正则言不顺"，因此，开平碉楼的名与实，是我们应该首先提出来并加以分析、界定的问题。

碉楼在不同的历史时代、不同的国家或地区、一些不同的民族中都有所兴建，正因为它是一种多民族、多地域广泛存在的建筑，所以本文准备将开平碉楼放在一个大的范围来考察。希望从此得到对开平碉楼比较充分的认识，也求教于方家，谨请诸方家不吝赐教！

一、语意学的考察

从字义上考察，"楼"字的使用最早，在汉代许慎的《说文解字》中已经出现。《说文解字》收录的是时俗常用字，共有9543个，"楼"字就是其中之一。其语义为"重屋也"，也就是多层的房屋。这种多层建筑有一定的高度，比较壮观。中国第一部词典、汉代的《尔雅》的《释宫》篇曰："陕而修曲曰楼。"这里的"陕"与"狭"相通。同样成书于汉代，主要探讨字词由来的《释名》在其《释宫室》篇中对"楼"字有这样的解释："楼，言牖户诸射孔娄娄然也。"它进一步描述了楼的建筑形体特征：不仅有门、窗等建筑设施，而且有防卫建筑设施射击孔。在汉代，尤其是东汉，随着构架式楼阁建筑技术的成熟，居住型、储藏型、警卫型等各种功能的楼普遍出现，[①] 最高的有7层（16米），一般为2层

---

① 参见马志祥《汉代陶楼小议》，载《文博》1991年第1期，第107–108页。

（5米）至4层（9米），① 这应该是"楼"字得以成为汉代日常用字的社会基础。在英文中，"楼"为tower，从建筑形体上看，"楼"首先也是指多层的"塔"或"楼塔"，同时又有"城堡""碉堡"的含义，即不仅突出了建筑的形体，而且增加了建筑功能的内容。这一点是与中文不同的地方，中国的"楼"没有城堡、碉堡这样的军事建筑的含义。在英文里，tower又与watch结合，增加了瞭望的功能，所以有的英文书将碉楼称为watch tower。

"碉"字没有出现在《说文解字》一书里，这可能反映了"碉"字在汉代还不是常用的字。笔者所见最早使用"碉"字来解释这种建筑的，是唐朝人李贤。他在注释《后汉书·南蛮西南夷传》中介绍冉駹夷的石结构防御建筑"邛笼"时，注："按：今彼土夷人呼为'雕'也。""雕"与"碉"可以通假，说明唐朝时，当地民众已经改用"碉"来称呼这种建筑了。《新唐书》卷二二二《南蛮传下》记载，今四川大渡河中上游有三王蛮，"叠甓而居，号'雕舍'"。《新唐书》为宋人欧阳修、宋祁撰，应该是对"碉"字在民间常用的一个例证。"碉"字在中文里的意思是：军事上防卫或瞭望的工事建筑。英文里"碉"有两个发音，即pillbox、fortification。前者表示独立的小地堡，后者语意更宽，表示防御工事、堡垒和要塞。可见"碉"字在中外文字里的本意，都主要是指一种起防御作用的建筑。

根据以上的字义考察，"碉楼"一词在中文里是"楼"的建筑形体与"碉"的防御功能相结合而构成，而英文中，"楼"本身就含有军事防御的含义，所以西方的著述或翻译的中国文献以及中国人用英文撰写的论著中，"碉楼"一词多用tower或watch tower，基本上不使用pillbox或fortification。

字词是现实生活的凝结，下面就让我们进入实际去考察。

二、从世界范围考察

碉楼这种单体塔楼式建筑在西方也有兴筑。例如，10世纪至12世纪西欧以教堂建筑为代表的"罗马风"建筑中，在教堂的西立面往往建有

---

① 参见彭卫、杨振红《中国风俗通史（秦汉卷）》，上海文艺出版社2002年版，第211页。

砖石结构钟塔，它发挥着召唤信徒、授时的功能，在战争频繁的封建社会时期，又用于瞭望。起初，钟塔是独立建在教堂旁边。① 这种"罗马风"教堂最初兴起于法国，后来传播到了西班牙、意大利和德国等地。② 到12世纪，单体塔形建筑似乎走出了教堂，进入到城镇，不仅继续起着瞭望的作用，而且增加了军事防御和火警监护的功能。现今保存较好的这样的城镇是意大利的锡耶纳，该城在12世纪建有70多座石结构的高层塔楼，高高耸立在城镇的各个角落，迄今还保存有10余座，这些塔楼的上部造型丰富。2001年5月1日，中国中央电视台《环球》栏目的《千年沧桑》节目对此做了专题报道，它们给人很强烈的视觉冲击。西欧的塔楼式建筑不仅屹立在教堂和城镇，还是一些古老城堡的重要组成部分。

东欧格鲁吉亚东北部的外高加索山区曼克顿一带，至今保存着为数不少的碉楼，分布在村中或山岗，当地人称其为"塔楼"（tower）。有的建于千年以前，有的是15世纪的遗物。全部是石质建筑，或块石垒砌，或片石砌结。其楼高一般都有四五层，有的高达七层。塔楼造型非常简单，多数是下宽上窄的四方形，顶部有的为尖顶，有的为平顶，少数塔楼的上部一层四边都向外悬挑。所有塔楼的每层四面墙都开设有射击孔，射击孔的开口是外小内大的斗状，既防外来的攻击，又便于楼内的人向外还击。楼内的陈设极其简陋，空间狭小。当地碉楼的大量出现，一是为了躲避这一带家族之间的仇杀，二是为了抵御车臣人的进攻。香港电视明珠台2002年11月5日晚的《天涯海角》栏目对此进行了详细的报道。

"碉楼"作为一种建筑形式的存在，也被写入西方一些文学大师的作品中。卢梭的《忏悔录》、莫泊桑的《温泉》、雨果的《悲惨世界》等名著中的环境描写，碉楼往往成为其渲染气氛的重要素材。文学创作来自生活，"碉楼"在大师们的作品中经常出现，自然是有现实环境基础的。

在现存的西方古代著名建筑中，建于16世纪初期的葡萄牙里斯本的贝伦塔（Towre de Belem）就是一座典型的碉楼，它采用的是灰白色石材。贝伦塔坐落在里斯本港湾的特茹河中，四面环水，原为一座军用的碉堡，其主体建筑是一座五层高的四边形碉楼，第二层正面为一敞廊，连拱

---

① 参见陈志华《外国建筑史（19世纪末叶以前）》，中国建筑出版社1997年版，第90页。
② 参见陈志华《西方建筑名作（古代—19世纪）》，河南科学技术出版社2000年版，"前言"，第3页。

的排柱和哥特式栏杆为这座威严、坚实的碉楼增添了几分明亮和宽敞。第四层往后收进，留出一圈巡逻道，女儿墙上的雉堞为救世军十字盾牌造型；第五层平台四周也建有带雉堞的女儿墙，四角各有一个突出的圆筒形岗亭（这个部件在开平碉楼中叫作"燕子窝"）①，这些造型和建筑部件都凸现了贝伦塔军事防卫的性质。

有意思的是，包括贝伦塔在内的一套葡萄牙著名古建筑的明信片早就被开平华侨带回到家乡，现存于立园内的开平碉楼博物馆二楼。这是否向我们传递着开平碉楼与西方著名建筑之间的一些联系呢？

三、从中国范围考察

如果说由于笔者手头资料的限制，难以对国外的碉楼做更广泛的考察的话，那么国内相当丰富的资料则可供我们进行分析。为了更好地给开平碉楼在全国同类乡土建筑中定位，笔者在这里将比较详细地对广东以外地区的碉楼进行考察。

1. 碉楼的起源

中国的碉楼主要是作为乡村或住宅的防卫建筑而存在，它是为了保卫村落和住宅的安全。民间对碉楼的称呼是"炮台"或"炮楼"。同时，不同地区、不同民族又对碉楼有很多不同的称呼。

早在中国秦汉以前就有一种高层建筑存在，叫"角楼"或"望楼"。"角楼"更多地反映了这种建筑在住宅中的位置，建于住宅院墙的转角部位；"望楼"主要表达的是它的功能，望楼在上古时期是人们望候神人的"台"②，建在院落内，对位置的要求并不严格。炮台是取其登高远望之意。碉楼的建造受到古代角楼或望楼的启示，发展是很早的，远在汉代就已经很完备了。③ 汉代的碉楼实物今天已见不到，不过在画像砖、画像石以及明器中仍有保留。1979年，湖北云梦西郊的癞痢墩发掘了一座东汉墓，出土的器物中有一个陶楼模型，是由一组楼阁组成的宅院，分前后两

---

① 参见陈志华《西方建筑名作（古代—19世纪）》，河南科学技术出版社2000年版，第307－308页。
② 参见梁思成《中国建筑史》，百花文艺出版社1998年版，第57页。
③ 参见张驭寰《中国古代建筑百问》，中国档案出版社2000年版，第118页。

楼。陶楼的西北角是一座四方形的碉楼，楼分三层。下层有门，与前楼相通，共用一道墙，后壁有两层腰檐。中层正面开有三扇窗。楼顶为两面坡，正中起脊，两坡各有斜脊。各层之间有方口天窗，上下相通。①成都的汉代画像砖庭院中的楼成正方形，斗拱支撑的腰檐上置平座，楼分成三层，各层腰檐和平座的挑出收进，满足了实际使用中的遮阳避雨和凭栏远眺的需要，又使楼体富于节奏的变化，具有典型的中国楼阁风格。②这座碉楼在宅院中起着瞭望、防御的作用。墓主是一位行政官员或豪强，这种建筑在当时有地位、有钱财的人家中应该是比较普遍的。到了魏晋南北朝时期，北方社会战乱纷争不断，民间大量兴建带防御性设施的城堡式建筑——"坞"，碉楼是整个防御设施的重要部分。甘肃嘉峪关魏晋墓出土的画像砖使我们一睹坞堡碉楼的风采，碉楼与坞堡的高墙厚壁相连，高出堡内其他建筑，成为视觉的关注点。③

今存最早的碉楼实物，可能是坐落在西藏阿里地区札达县扎布让区托林镇象泉河南岸的古格故城遗址里的58座碉楼。④古格王朝是由吐蕃王室后裔在9世纪、即唐朝中期建立于吐蕃西部的地方政权，偏居此地700多年，17世纪才灭亡。遗址有宏伟的宫殿和城垣，879孔窑洞、445座房屋、28座各类佛塔，他们依山而建，层层相连，直至山顶，气势巍峨。散布在城内的58座夯土碉楼高耸的残垣诉说着古城昔日的威严和坚固。古格遗址的碉楼表明，这种建筑因其登高望远、预警防卫的功能，不仅被乡村民众采用，与国外一样也是城镇的重要附属建筑。其实远不止乡村、城镇，在其他建筑场所中也有碉楼的建造。例如，位于北京石景山、建于明朝正德年间（1506—1521）的承恩寺，寺院内的四个角就各建有一座石砌的碉楼。

也就是说，碉楼这种建筑最迟从汉代开始就比较普遍地扎根在中国城乡了，并且一直延续建造。

---

① 参见云梦博物馆《湖北云梦痾痢墩一号墓清理简报》，载《考古》1984年第7期，第607页。

② 参见罗哲文《中国古代建筑》，上海古籍出版社2001年版，第142-144页。

③ 参见嘉峪关市文物清理小组《嘉峪关汉画像砖墓》，载《文物》1972年第12期，第24-42页。

④ 参见辜东方《我眼中的阿里高原》，载《地理知识》2000年第2期，第54-68页。

2. 碉楼的分布

碉楼既然是一种具有专门用途的建筑,那么只要有社会需要,它就会出现。因此,在历史时期应该是一种比较普遍的建筑,不仅少数民族地区有,汉族地区也有。例如,清朝咸丰元年(1851),胡林翼在贵州苗族、侗族聚居的黎平府(今贵州省黎平县)"实行保甲团练,千五百余寨,建碉楼四百余座"①。就像西方的文学大师以碉楼作为其作品的环境素材一样,在中国的文学大师的作品中,如茅盾、沈从文的散文和姚雪垠的历史小说《李自成》以及清朝俞万春的《荡寇志》、今人古龙和梁羽生等的武侠小说中,碉楼也是被作为重要的环境素材来使用。这个现象充分说明碉楼建筑在传统乡村的普遍性。1949 年以后,由于社会环境的改变,这种建筑失去了它的社会需要,逐渐被大量拆除。目前,国内除广东以外,其他省区保留有碉楼建筑的,不是太多。除了上面提到的北京,碉楼主要分布在青海、西藏、云南、四川、重庆、福建、江西等省、自治区和香港特别行政区。

青海南部的玉树、果洛、黄南州藏族居住的一些半农半牧地区普遍建有一种石木结构的二三层(个别为四层)平顶楼房,形似碉楼,当地人称为"碉房",也有的就叫作"碉楼"。它是用片石和泥巴垒砌而成,墙厚 80～100 厘米,外形封闭、坚实、稳重、粗犷;开窗小,像碉楼的枪眼;室内采光不好,光线暗淡;每层都有一个天井式的方孔,一架圆木做成的独木梯连通上下。青海藏族碉房分为四类:碉楼式碉房、独立式碉房、碉塔式碉房、院式碉房,前两类主要为下层民众居住,后两类为百户、千户头人和贵族头人的财产,标准高,投资大,建造难。其共同点在于:每层楼的用途基本相同,一层是圈养牲畜或堆放杂物,二层为居室,三层为供佛念经场所,也储藏粮物。② 碉房是青海民居的一个重要类型。

西藏自治区也有碉房,建筑方法和建筑造型与青海藏族聚居区相同。早在乾隆《西藏志》(不分卷)就有这样的记载:"自炉(按:打箭炉,今四川康定县)至前后藏各处,房皆平顶,砌石为之,上覆以土石,名曰'碉房'"。《清史稿》卷一三七《兵志》记载,乾隆年间(1736—

---

① 《清史稿》卷四〇六《胡林翼传》。
② 参见新华网青海频道"地方建筑",最后访问时间:2003 年 5 月 12 日,见 http://www.qh.xinhua.org/index.htm。

1795），西藏被中央政府控制后，清军在川藏交界地区"增筑碉房"以驻扎。

云南现存的碉楼多为清朝兴建的防御性建筑。宣威市老堡冲上营村的古堡建于嘉庆年间（1796—1820），古堡的四个转角处各建有一座碉楼，楼高8米，宽4米。腾冲县古永傈僳族乡槟榔江畔的"得胜碉"建于道光年间（1821—1850），呈正方形，宽5.6米，残高7.3米。马关县安平乡的石丫口碉楼和龙半坡碉楼相距1000米，均呈方形，墙厚1.34米，高5.6米，楼分两层，四周开设了38个瞭望射击孔。①

在江西、福建的客家土楼中，个别地区建有碉楼，叫作"炮楼"。例如，福建漳州诏安县官陂镇的溪口楼，圆围四角的土墙外侧有一个落地碉楼，用条石垒砌而成，对外三面开有射击孔。② 这在福建其他圆形土楼中比较少见。江西龙南县新里村的李宅为方形土楼，四角也建有夯土碉楼。

香港沙田的曾氏大屋（"山夏围"），碉楼也是其重要的建筑构成部分。③

3. 四川、重庆碉楼

根据现有文献记载，四川是全国最早兴建碉楼的地方，目前保存的碉楼文献和实物比较丰富，中国各类传统碉楼也比较集中，是我们考察中国碉楼难得的样板之一，因此有必要进行重点的分析。

中国古代文献对碉楼这种建筑最早加以记载的是《后汉书》，被记载的碉楼所在地就是今四川西北部藏、羌少数民族地区。

《后汉书》卷八十六《南蛮西南夷传》记载："冉駹夷者，武帝所开。元鼎六年，以为汶山郡（今四川茂汶羌族自治县）。……其山有六夷七羌九氐，各有部落。……皆依山居止，累石为室，高者至十余丈，为'邛笼'。"在汉代，不管是十余丈的，还是十余丈以下的，都笼统的称作"邛笼"。"邛笼"是目前所见对碉楼建筑最早的称呼，来自古羌族。现代研究表明，它是羌语音译的借词，其意就是碉楼。④

根据前面的考证，虽然从唐朝起，这种建筑在当地已经被称之为

---

① 摘自云南风情"名胜古迹"，最后访问时间：2003年5月9日，见http://www.ynht.com。
② 参见林嘉书《土楼与中国传统文化》，上海人民出版社1995年版，第57-58页。
③ 参见林嘉书《土楼与中国传统文化》，上海人民出版社1995年版，第130页。
④ 参见蓝勇《西南历史文化地理》，西南师范大学出版社1997年版，第371页。

"碉"了，但是直至南宋当地仍然还有其他的叫法。《舆地纪胜》卷一四九《茂州》（按：就在汉代汶山郡的治所）记载："其村皆垒石为巢以居，如浮图数重，门内以梯上下，货藏于上，人居其中，畜圈于下，高二三丈者谓之'宠鸡'。"随着历史的发展，"碉"逐渐成为川西地区这种石结构建筑中高者的专门称呼。清朝初年成书的《天下郡国利病书》卷六六《四川》就引述明人曹学佺《蜀中广记》卷五五《风俗记·第一》中的记载："威茂，古冉駹地，……垒石为巢以居，……高二三丈者谓之'鸡笼'，十余丈者谓之'碉'。"嘉庆重修《大清一统志》卷四一五《茂州》也采用顾祖禹引述的记载。民族不同，具体的称呼像古羌族一样，也有所异。民国时期，汶川县的藏族把碉楼叫作"达雍"，汉族称为"石碉"或"石室"。①

称谓的变化表现出一个特点："碉楼"可以是各种类型的统称，二三层的一般叫作"碉房""鸡笼""石室"或"达雍"，而十余丈高的则只能专称为"碉楼"，不使用"碉房"等其他称谓。

对川西碉楼的形状和内部结构做比较详细记载的是《隋书》卷八三《西域·附国传》："附国者，蜀郡西北二千余里。……其巢高至十余丈，下至五六丈，每级丈余，以木隔之。基方三四步，巢上方二三步，状似浮图。于下级开小门，从内上通，夜必关闭，以防贼盗。"前举《舆地纪胜》则对碉楼内部各层的功用作了描述，我们发现川西的碉楼与青海碉房的用途结构基本上相同。清人李心衡在其《金川琐记》卷二中对金川地区（今茂汶、汶川、理县、金川、马尔康一带）碉楼的防御结构和形状作了记载："下大颠细，与高至三四十丈者，中有数十层，每层四面，各有方孔，可施枪炮。各家有之，特高低不一耳。"

川西北今为藏、羌族聚居的地区，历史上族内、族外部落之间矛盾时起，械斗不断，产生了居住与防御一体的社会需要。民国《松潘县志》卷三《边防》记载，该县在明朝嘉靖十四年（1535）、嘉靖二十五年（1546）、嘉靖二十六年（1547）和万历十四年（1586）就发生了多起大规模的部族冲突，政府都出兵抚镇。当地盛产的页岩片石为兴建碉楼提供了丰富的物质基础。因此，由汉代一直到清朝，当地建造碉楼的风气不断，寨寨有碉楼，甚至家家有碉楼。碉楼是藏族和羌族民居的标志性

---

① 参见民国《汶川县志》卷五《风土志》，民国《汶川县志》卷七《古迹》。

建筑。

道光《茂州志》卷二《建置志》明确记载，蒿坪村在明朝嘉靖三年（1524）为了阻止其他部族的进攻而"筑楼防之"，该楼叫"蒿坪楼"。今茂县黑虎山的虎寨还保留了十多座风格各异的羌族碉楼，高者十多层，低者四五层，有四角的，有六角的，还有八角形的。

理番厅（今四川省理县）羌族村寨的高碉有的达20丈，"藏其珍宝兵甲，……坚牢深密，炮石不能破毁"。这里的碉楼还有一个作用，因为"地寒冷，染痘者易死。酋长忌见生人，恐带痘疮进也。大金川犷野更多忌，遇人至，则上碉遥放乌枪，持刀呼跃，状如内地逐疫者，云恐带鬼至"①。今理县一带的羌寨也保留着不少碉楼，以四角碉和单碉为多。最著名的要数县城附近的姚坪羌寨，传说该寨建于西汉，距今已有2000多年，它是目前唯一保存完好的羌族古寨。碉楼是整个村寨的标志性建筑，目前仅存两座，村中央的一座叫"土舍碉"，下大上小，共九层，高30余米，似一把直刺苍天的利剑；层层有木梯相连，每层四面开有数个射击孔，楼内进出的门很小，人只能躬身进退。楼顶有一个钟孔，用于传递消息。姚坪古羌寨也正在申报世界文化遗产。在清朝，理县碉楼之多，于顺治十二年（1655）的一次镇压羌族的武装冲突中就可得到证明，当年清军在围剿羌族的行动中"焚斩贼番不计其数，划平八十七碉"②。

松潘也是川西羌族碉楼较多的地方，自汉代到明朝羌族部落分散，半农半牧的羌族"居止傍山腰，或山顶，累石为屋，层级而上，紧牢深密，形如箱柜，高者十余丈，土人呼为'碉'"③。民国《松潘县志》卷四《土司志·夷俗类志》说，定居的羌族"居住碉房，其制或石或土或木，屹立如楼，三四层不等，上设经堂，中卧室，下饲畜，皆依岗据险而成。上层四面开窗，可以远望，若遇战事，枪弹弓矢即由窗内施放"。明朝时该县碉楼众多，仅嘉靖二十六年（1547）镇压羌族的军事行动中，都督何卿一次就"毁碉楼四千八百有奇"④。

川西藏、羌少数民族地区的碉楼主要以石、土为建筑材料，基本上是

---

① 同治《直隶理番厅志》卷四《边防志》。
② 同治《直隶理番厅志》卷四《边防志》。
③ 同治《松潘直隶厅纪略》不分卷。
④ 道光《龙安府志》卷五《武功》。民国《松潘县志》卷三《边防》称"毁碉房四千八百七十"。

平顶。它分为三种类型：一类是专门用于瞭望观察、防御作战的碉楼，一般高达十余丈，十多层；一类是主要供居住用的碉房，多数为三层，富裕或有权势的人家建四层；一类是居住和防御结合的混合式，前为碉房，后为碉楼，连为一体。

川西南的彝族地区也有碉楼，当地叫作"彝碉"①。彝族的碉楼与四川汉族地区的碉楼形式基本相同，它们主要与房宅相连，多建立在院落四角，一般二三层，每层开有若干射击孔。一些彝族头人居住的院落更是碉楼密集。

在四川、重庆的汉族聚居地区，碉楼式建筑的分布也比较广泛。② 不同地方也有不同的称呼。开县叫"箭楼"，宜宾称为"印子"。③ 四川、重庆汉族地区的碉楼分两类人建造，一类是当地土著居民建造，另一类是清朝广东客家移民的成果。武胜县在民国十九年（1930）保存的219座碉楼、建于明朝的江安县黄氏宅第碉楼和建于清朝光绪的江津市风场乡会龙庄碉楼等，④ 都是非客家人建造。涪陵市明家乡双石村瞿九畴土楼、武隆县长平乡刘家土楼、仪陇县李家湾碉楼（朱德故居）、巴县木洞镇蔡家碉楼、宜宾李场顽伯居碉楼、成都市青白江区姚渡乡曾家寨碉楼、成都市龙潭乡向龙村碉楼、成都市龙泉驿青龙村周家院子碉楼等，⑤ 都是客家人建造。从现存实物和文献来看，似乎客家人更乐意建碉楼，例如，民国时期今成都市龙潭乡共有82座碉楼，而民宅只有79座，其中，76户为一宅一碉，另有3户为一宅双碉。⑥

不论是非客家还是客家人建造的碉楼，在建筑样式和造型风格方面基

---

① 吉木布初、黄承宗：《凉山彝族古代建筑小考》，载《四川文物》1991年第1期，第48—50页。

② 季富政《四川民居散论》（成都出版社1995年版）列举有碉式建筑的地方有四川的高县、珙县、宜宾、叙永、纳溪、古蔺、仪陇、巴中、峨眉、洪雅、广安、邻水、仁寿、井研、威远、中江、武隆、武胜、大竹、江安、合江等县市，重庆的涪陵、垫江、巴县、南川、綦江、江津等县市。

③ 参见蓝勇《西南历史文化地理》，西南师范大学出版社1997年版，第375页。

④ 参见四川农经网（今四川农村信息网）"住行习俗"，访问日期：2003年4月23日，见www.scnjw.gov.cn。

⑤ 参见孙晓芬《四川的客家人与客家文化》，四川大学出版社2000年版，第185、190、194—196页。

⑥ 成都市龙潭乡文化站站长严正发统计整理，转引自孙晓芬《四川的客家人与客家文化》，四川大学出版社2000年版，第195页。

本一样，没有大的区别；但是有别于藏族、羌族建造的碉楼，具有更多的中国古代楼阁建筑的风格。如同我们在汉墓出土的陶器模型和画像石上所见，四川、重庆汉族地区的碉楼大部分也是与宅院相连，建在宅院围墙的转角处，是宅院的防卫性建筑，楼高三层或五层（有的高达七层，如巴县木洞镇蔡家碉楼）。墙体多为夯土，楼层采用木梁木板，楼顶为悬山式或歇山式的坡顶，覆小青瓦，有多重腰檐，悬挑比较夸张的重檐四角高翘，使威严坚实的碉楼增添了几分轻盈和活泼。

四川碉楼的多样性和建筑历史，使其在中国碉楼发展史上占有重要的地位。

四、从广东范围考察

广东是我国乡村建造碉楼比较普遍的省，与四川汉族聚居区一样，碉楼主要由客家人和非客家人建造，集中分布在以下两个地区。

1. 客家地区的碉楼

在客家聚居地区的乡村，碉楼并不是出现在所有的客家围，只是在部分客家围中耸立。这类客家围叫"四角楼"（俗称"四点金"），民众把碉楼多称作"炮楼"。"四角楼"以粤东北的梅州、粤北的韶关为中心，分布在粤东兴宁、五华、梅县和粤北的新丰、翁源、始兴一带。[①] 其总体特点是碉楼与客家围宽厚的围墙相连，或正面两角建楼（二碉），或正面两角与后围正中建楼（三碉），或四角建楼（四碉），或四角加后围正中建楼（五碉），或四角加左、右、后三围正中建楼（七碉）。著名的有，建于清朝康熙年间（1662—1722）的兴宁县新陂镇长岭村的刘氏彭城堂、翁源县江尾镇长江村刘氏素其楼、南浦镇马墩三村黄氏德安楼、南浦镇马山一村林氏喜庆楼、坝子镇梅村刘氏燕桂楼、南侵镇马山十村林氏楠杞楼，建于道光年间（1821—1850）的始兴县隘子镇官氏满堂围，建于光绪年间（1875—1908）的五华县锡坑镇联庆楼等，这些四角楼绝大部分于清朝所建，极少数为明朝的建筑，例如，蕉岭县的石寨围楼就建于明朝

---

① 参见杨耀林、黄崇岳《粤东、粤北客家围若干类型及其流变的初步研究》，见陆元鼎主编《中国客家民居与文化：'2000客家民居国际学术研讨会论文集》，华南理工大学出版社2001年版，第168页。

嘉靖年间（1522—1566）。

客家四角楼的分布，经东莞一直延伸到深圳。深圳的客家四角楼从清朝康熙初年到民国时期都有兴建，其兴建高潮在乾隆至道光年间（1736—1850）。① 最著名的有，建于乾隆五十六年（1791）的原宝安县坪山镇的大万世居，建于嘉庆二十二年（1817）的龙岗镇的罗氏洪围，建于道光十七年（1837）的宝安县坑梓镇的龙田世居。在深圳，不仅四角楼有碉楼，其他的一些客家民居也多数建有碉楼，这是其与粤东客家民居不同的地方之一。②

广东客家民居中的碉楼是围屋防御性建筑的主要部分，极少独立于围屋之外。墙体厚实，多数为三合土夯土墙，有的底层用条石或鹅卵石垒砌，有的顶层用青砖砌墙。顶部或为悬山式两面坡（如梅县南口镇南华又庐），或是四角攒尖（如五华县锡坑镇联庆楼）。客家围屋中的碉楼多数是四五层，清朝早期四角楼的碉楼与横屋高度基本取平，乾隆以后碉楼向空间发展，高出了横屋，③ 成为整座建筑的制高点和标志物，使客家四角楼形成了四角高、中间低的天际轮廓线。楼体的向外面不开门，通过围内通廊进出，一般不开窗，少数开窗的，窗户也很狭小，但是都开设有若干个射击孔，给人封闭坚实的感觉。

2. 五邑侨乡的碉楼

五邑侨乡是广东乃至全国目前保存碉楼最多的地区。区内的原六个市都有碉楼广泛分布，东边以江门市棠下镇（原属新会市）为界，西边到恩平市的那吉镇，南面抵台山市的原上川镇，北缘达鹤山市的鹤城镇，基本上覆盖了整个五邑侨乡。进一步从分布的密集情况考察，开平是五邑侨乡碉楼分布的中心区，数量最多。2001 年，开平市政府碉楼文化办公室

---

① 参见彭全民《深圳新客家围屋的渊源与兴衰》，见陆元鼎主编《中国客家民居与文化：'2000客家民居国际学术研讨会论文集》，华南理工大学出版社 2001 年版，第 201 页。

② 参见陈荣、彭水清、喻祥等《龙岗客家民居与其他地区客家民居比较》，见陆元鼎主编《中国客家民居与文化：'2000客家民居国际学术研讨会论文集》，华南理工大学出版社 2001 年版，第 193 页。

③ 参见杨耀林、黄崇岳《粤东、粤北客家围若干类型及其流变的初步研究》，见陆元鼎主编《中国客家民居与文化：'2000客家民居国际学术研讨会论文集》，华南理工大学出版社 2001 年版，第 168 页。

组织全市村镇进行了详细普查，结果显示，开平现存碉楼 1833 座，① 该市的 18 个镇均建有碉楼，其中，塘口镇、百合镇、蚬岗镇、赤坎镇最多。台山市的碉楼数量居全区第二。2001 年，由该市档案局、博物馆组织的古碉楼、古建筑、古榕树"三古"普查，结果显示，全市现存碉楼 459 座。② 其他几个市目前尚未进行普查，从博物馆日常工作调查得知，原新会市（现江门市新会区）以西北部的大泽、七堡、小冈、罗坑、牛湾、司前几个镇为多，鹤山市则以西南的址山、云乡、共和镇常见，恩平主要集中在东部的沙湖、牛江、君堂、良西、圣堂、东成数镇。有意思的是，这三个市碉楼较多的镇都靠近开平。民国时期，五邑侨乡的碉楼远比今天要多，据说台山县的碉楼就"数逾五千"③。即便如此，也只能说五邑侨乡碉楼分布以开平、台山为中心，集中的区域仍然没有突破今存碉楼分布的范围。随着时代的变迁，历史时期的很多碉楼或被人为拆除，或自然颓毁，不过五邑侨乡现存的碉楼数量之多在全国仍然是罕见的。

碉楼在五邑侨乡广泛分布，大量存在，反映在文献上，则最早见载于清朝宣统年间（1909—1911），此前的地方文献中还缺乏有关这种建筑的记载。目前，笔者所见最早记载碉楼的是宣统《恩平县志》卷四《舆地志》曰：

> 本邑地瘠民贫，向少楼台建筑。迄因匪风猖獗，劫掳频仍，惟建楼居住，匪不易逞。且附近楼台之家，匪亦有所顾虑。故薄有资产及从外洋归国，无不百计张罗勉筹建筑，师古人坚壁清野之意。当夕阳西下，挈眷登楼。甚至贫苦小户，家无长物，仅有妻儿，亦通力合作，粗筑泥楼，用资守望。

促使五邑地区兴建碉楼的原因之一，或最主要的原因，是清朝末年社会治安的恶化，侨眷或非侨眷不分贫富，纷纷筑楼以自卫。所以，恩平有

---

① 开平市政府开平碉楼申报世界文化遗产办公室谭伟强主任告之，在申报世界文化遗产的 *KAIPING DIAOLOU*（开平碉楼申遗报告英文版，中华人民共和国国家文物局，2001 年）中公布。
② 参见黄苏照《古楼古榕树统统来入册》，载《台山报》2002 年 4 月 13 日，第 4 版。
③ 《和平实现后建设新台山》，民国二十九年（1940），存台山市档案馆。参见陈田军、黄仁夫、黄仲楣编《台山县志（1963 年编）》，台山市档案局、原台山县志编写组，2000 年，第 127 页。

"村村有碉楼，村村有更夫"的民间俗语。

但是，碉楼出现在五邑地区的时间则要早得多。现存地方文献中记载的五邑侨乡早期碉楼都在开平。民国《开平县志》卷四十四《古迹》：

> 瑞云楼，在驼驸井头里。清初关子瑞建，楼高三层，壁厚三尺六寸①，全用大砖砌筑，籍避社贼之挠。
>
> 迓龙楼，在驼驸三门里，规模与瑞云楼同，亦清初关圣徒建，以避贼者。光绪甲申，大潦，村人登楼，全活。
>
> 奉父楼，在那囿龙田村。清初，盗炽，许龙所妻某氏被虏。子益将备金议赎。某氏语使人曰："母不必赎，但将此金归筑高楼以奉尔父足矣。"是夜投崖而死。益将遵命筑楼奉父。日久颓圮，后乃改为"在平家塾"。

这三座碉楼是目前所知的五邑侨乡最早的碉楼，余启谋编写的《开平县志》根据当时的《访册》确定三座碉楼均建于清朝初年，而且都是为了防贼防盗，同时在驼驸这样的平原地区，碉楼还有防御洪涝的功能。

三座碉楼中，有两座已经不存在了，目前，只有迓龙楼还比较完好地保存在三门里，成为开平乃至五邑侨乡现存最早的碉楼实物。

不过，余启谋所依据的《访册》对这几座碉楼年代的确定则有误。余编《开平县志》卷三十五《人物志》"列女"目中，许龙所妻"黄氏"条是归入明朝，说她是"崇祯末为贼所掳"，奉父楼的兴建就应该比清初早，当在崇祯末年。既然许益将已经筹备了钱，就没有必要等几年或十几年后再建楼。如果说卷四十四所记载的奉父楼兴建年代与实际兴建年代差距还不是很大，那么迓龙楼的实际兴建年代就要比《访册》所记早得多。

迓龙楼为关圣徒所建，这一点没有问题。现在三门里的关族乡亲还都异口同声地称，迓龙楼是他们这位十七世祖关圣徒与谭氏夫妇共同留下的遗产，是在他50岁左右时兴建的。根据清末、民国的三个《关氏家谱》

---

① 1尺≈33.33厘米；1寸≈3.33厘米。

的手抄本，① 以及宣统《开平乡土志》（不分卷）"氏族"的记载，关氏家族在开平驼驸一带肇基繁衍的历史线索非常清楚，在今三门里立村是十四世祖芦菴公（1421—1482），兴建迓龙楼的关圣徒为十七世祖，生于明朝正德五年（1510），卒于万历四年（1576），享年66岁。他的生卒年代距离"清初"有六七十年，余启谋将迓龙楼的兴建确定在清朝初年显然是错误的。迓龙楼最迟应该是建于16世纪的60年代，按照关族后人的说法，就还要早十几年。关氏后人的口碑资料还是可以找到一些旁证。康熙《开平县志》卷二十二《纪事》中反映，在明朝嘉靖二十七年（1548）、嘉靖三十一年（1552）、嘉靖三十三年（1554）、嘉靖三十五年（1556），今梁金山一带多次发生土匪劫村掳民的事件。梁金山就在今天的开平市区，距三门里只有6000米，匪患理当波及关氏聚居之地。这应该就是建迓龙楼"以避贼"的社会背景。因此，可以推定，迓龙楼距今已经有440多年的历史了；也可以据此确定，五邑侨乡碉楼的兴建最迟不晚于16世纪的60年代。

五邑侨乡大规模地兴建碉楼则起于清朝末期，辛亥革命以后直至1941年太平洋战争爆发以前达到了极盛。以开平为例，1833座碉楼中，建于辛亥革命以前的，有314座，占总数的17.1%；而建于1912年至1942年的，有1512座，占总数的82.5%，其中，1938年抗日战争全面爆发以前的碉楼合计有1490座，1921年到1926年的六年间更是接近全部碉楼的1/3，有608座。② 民国二十二年（1933）《开平县志》卷五《舆地略》记载："自时局纷更，匪风大炽，富家用铁枝、石子、士敏土建三四层楼以自卫，其艰于资者，集合多家而成一楼。先后二十年间，全邑有楼千余座。"③ 这与今天普查的结果基本一致。所以，至今开平民间还流传着"无碉楼不成村"的俗语。台山县大量建筑碉楼也是从民国初年开

---

① 三本手抄本现均藏于三门里，由关博文于2001年7—8月笔者在开平进行碉楼的田野调查时提供。一部是清朝宣统年间（1909—1911）《关氏家谱》，一部是民国十年（1921）后《关氏家谱》，另一部为民国二十二年（1933）《关氏家谱》。
② 参见国家文物局 *KAIPING DIAOLOU*（开平碉楼申遗报告英文版），中华人民共和国国家文物局，2001年，第23页。
③ 民国《开平县志》卷五《舆地略》，第116页。

始，到民国二十九年（1940）时已"数逾五千"了。① 抗日战争全面爆发尤其是太平洋战争爆发以后，五邑侨乡碉楼的建造基本停顿，抗战胜利以后的碉楼建筑也很少。辛亥革命以前的碉楼又主要是清朝末年的遗物。也就是说，五邑侨乡大规模建造碉楼的时间并不长，只有40年左右，基本上是民国前期的产物。

从最迟400多年前就建造碉楼，到碉楼的大规模出现，与五邑侨乡的社会、经济发展有着紧密的联系。社会治安不好是兴建碉楼的必要条件之一，宣统《恩平县志》和民国《开平县志》都直接指出了这一点。鸦片战争以后，大量五邑人出洋，经过几十年的艰苦奋斗，到清朝末年开始陆续汇回血汗钱，使侨乡有了大量建造碉楼的经济基础。② 前引宣统《恩平县志》就特别提到碉楼建设与"外洋"的关系。侨汇支持是碉楼得以建造的又一重要的必要条件。

侨乡民众普遍把这种乡土建筑就叫作"碉楼"，也有的称"炮楼"。在巴金20世纪30年代游历新会的散文和一些参加解放战争途经侨乡的第四野战军将士写的回忆录中，碉楼是侨乡的一道风景，这些外来人能够直接使用"碉楼"一词应该是受到当地人称谓的影响。具体到每座碉楼，一般都有楼名，叫"××楼"，个别的叫"××庐"，还有的即不叫楼也不叫庐，直接以祥瑞祈福的字词取名，比较随意，碉楼正面上方的中式匾额起到了画龙点睛的作用。笔者发现，在开平，"碉楼"是民间对这种建筑的一种统称，民众还会直接以"碉楼"命名。开平塘口镇南兴里的一座碉楼就叫作"国兴碉楼"，这种现象在笔者所知全国其他地区的碉楼建筑中还是唯一的，这是否反映了"碉楼"一词在五邑侨乡使用得更加广泛性、大众化呢？

以开平为中心的五邑侨乡碉楼多独立建造，一般不与普通民居相连，

---

① 《和平实现后建设新台山》民国二十九年（1940），存台山市档案馆。参见陈田军、黄仁夫、黄仲楫编《台山县志（1963年编）》，台山市档案局、原台山县志编写组，2000年，第127页。

② 五邑侨乡侨汇大增是清朝末年以来的事情，宣统元年（1909）《开平乡土志》（不分卷）中的《实业》记载："以北美一洲而论，每年汇归本国者实一千万美金有奇，可当我二千万有奇。而本邑实占八分之一。"侨汇成为侨乡民众重要的经济支柱。宣统《恩平县志》卷四《舆地志》曰："创造一旧式屋宇，非数千金不办。"旧式房屋尚要数千，碉楼的造价更不是一笔小的开支，没有一定的经济来源是不可能建造的。

为单体建筑。选址灵活，或立于村口，或建于村外山岗、河畔、田间，绝大多数耸立在村后。村口者俗称"门楼"或"闸楼"，多为二三层。村外者俗称"灯楼"，是几个同姓或异姓村落共同兴建的，主要发挥预警与联防的作用，大部分都比门楼高，多为三四层。最著名的是开平塘口镇的方氏灯楼。村后者高大挺拔，一般都在四层以上，最著名者开平蚬冈镇锦江里瑞石楼更是高达九层，居五邑侨乡碉楼之最。一座座碉楼高层建筑使村落轮廓的节奏富于变化，丰富了村落的天际轮廓线。这类碉楼如果是全村或几家合建，功能就比较单一，主要用于防御，而且楼体窄小，造型简单，开窗小或不开窗，只设射击孔，封闭感很强，当地也将这类碉楼称作"众人楼"。如果是一家自建楼，在防御的同时，更增加了居住的功能，楼内生活设施比较齐备，楼体宽大，讲究外部造型，为便于通风采光，开窗大，通过加设铁窗栏和铁窗门提高防卫的功能。这类碉楼给人豪华气派之感，而富裕的家境则为建造碉楼提供了经济上的保障。开平蚬冈镇锦江里村后有三座碉楼，中间的锦江楼就是众人楼，两侧的瑞石楼和升峰楼为自家楼，其贫富差距的悬殊，造型的复杂与简陋，楼体的高大与窄小，一目了然。

　　从建筑材料考察，五邑侨乡的碉楼也具有多样性。通过对大量文献的考据和实物的搜索、考察研究，我们发现，在开平的三座五邑地区最早的碉楼是砖木结构建筑，"大砖"砌墙，这种砖的规格是33厘米×15厘米×8厘米，木梁木楼板，楼顶为硬山式两面坡，覆盖小青瓦。进入大规模建设时期以后，在山区的碉楼多数以石垒砌，楼顶为硬山式坡顶；丘陵或平原地区有的用三合土夯筑，楼顶或平顶或坡顶；用小青砖砌筑的砖楼同样建立在平原或丘陵地区，造型比前两种要复杂一些；最多的是钢筋混凝土楼，水泥、钢筋等主要的建筑材料都是舶来品，至今很多碉楼内还保存有进口水泥的包装桶（"红毛泥桶"），伴随建筑材料进口的是先进建筑技术被引入乡村。在乡村，采用进口的钢筋混凝土材料和建筑技术建造碉楼，这在全国其他地区是极其少见的。钢筋混凝土楼，其造型复杂多样、楼体高大，成为表现不同建筑文化特征的代表。在五邑侨乡中，只有开平市同时具有不同建筑材料的碉楼。根据2001年的普查，开平现有石楼10

座,夯土楼 100 座,砖楼 249 座,钢筋混凝土楼 1474 座。①

五邑侨乡的碉楼与国内其他地方的同类建筑最大的不同,在于其建筑式样和建筑风格的独特性。在五邑侨乡,最有表现力的碉楼是钢筋混凝土楼。与普通民居等高的楼体下部比较简单,一般只在窗楣做一些西式建筑的造型,外墙面基本上不做细部的处理。经济实力雄厚的人家则例外,如开平瑞石楼、升峰楼等,但是,这种楼体通体建造精细的碉楼很少。而高出一般民居的碉楼上部才是表现其主人经济实力、审美情趣、个性特征的部位,是楼主人非常着力经营的部位。它造型千姿百态,外墙面大多数有装饰图案,表现力非常丰富。五邑侨乡上千座碉楼无一重复,即使一些姊妹楼细看也差别较大。更有价值的是,碉楼的上部具有浓郁的外国建筑风格。在这里,希腊的柱廊、古罗马的各种柱式、中世纪欧洲城堡的圆柱体岗塔、罗马或伊斯兰的拱券和穹隆、哥特式尖拱、巴洛克风格的山花、洛可可特征的图案、西式的卷草涡卷璎珞等,大到造型及其构件,小到细部装饰手法,不一而足,国外不同时期、不同地域、不同宗教的建筑艺术被主人随心所欲地荟萃于碉楼一体。② 从国外建筑的角度来考察,开平碉楼很不规范,不是严格的仿造,它是各种外国建筑风格"碎片"的组合。例如,古罗马的柱式在这里只是有其风韵,并没有严格遵守其尺寸比例,所以我们很难具体地将五邑侨乡的碉楼建筑风格归入哪个国家、地区或时代。陈志华很正面地评价其为"不三不四",③ 沈文权博士说它的建筑风格具有后现代建筑的特征。④ 正是这种"不三不四"的风格,以及这种突破常规的后现代建筑表现手法,才充分展示了五邑侨乡民众蕴藏的巨大建筑文化创新能力。

碉楼透露着浓烈的国外建筑风情,但又使人明显感受到中国传统建筑艺术融于其中。例如,有的楼顶采用中式坡顶造型,开平塘口镇荣安村的强亚楼五层楼顶为庑殿式,塘口镇自力村的铭石楼第六层建有一个六角攒尖琉璃瓦凉亭;碉楼正面上方正中嵌入了书写有楼名和建筑年代的匾额,

---

① 参见国家文物局 *KAIPING DIAOLOU*(开平碉楼申遗报告英文版),中华人民共和国国家文物局,2001 年,第 18 页。
② 参见张国雄、李玉祥《老房子:开平碉楼与民居》,江苏美术出版社 2002 年版,第 15 - 19 页。
③ 参见陈志华、楼庆西、李秋香考察开平碉楼后在 2001 年 7 月 9 日考察汇报会上的发言。
④ 参见 2001 年 8 月 16 日,沈文权博士考察开平碉楼,编制保护整治规划期间见告。

借以突出碉楼的名称，寄予建造者的希望，表现主人的文化品位和情趣爱好；外墙面通过灰雕大量采用了中国传统风格的"喜""福""寿""禄"字形和案八仙、荷花、中国结、金钱、龙、凤、麒麟等建筑题材。这些都反映和体现了当地民众在接受外国文化的过程中，挥之不去的、深藏于心的、牢牢坚守的中国传统文化情怀。

中西建筑文化合璧，使五邑侨乡的碉楼脱离中国传统碉楼的样式和风格，自成一体。其中，开平市的碉楼最典型地展示了这一独特的建筑风格。

在地域分布上，中西建筑文化合璧这一特点表现也十分突出。五邑各市的碉楼在材料和风格上还是有所不同的。新会（今改属江门市，称新会区）的碉楼多为中国传统样式，比如棠下镇良溪村的镇北楼和镇东楼均建于20世纪20年代，圆柱体，楼分三层，第三层是瞭望层，顶部为平顶，30多个窄小的射击孔开设在第二层和第三层，非常封闭，是典型的中式碉楼建筑；新会南部的崖门、双水、古井等镇的碉楼多为夯土楼或砖楼，硬山式楼顶，外国建筑元素很少；而靠近开平的大泽、牛湾、司前几镇的碉楼在建筑风格上就有了变化，比如砖楼就与开平月山、水口的砖楼风格相同，外国建筑文化的元素明显比新会东部要多，新会牛湾镇南洋村的一座建于清朝后期的钢筋混凝土楼与开平的同类碉楼很相似。恩平的碉楼也表现出与新会一样的变化，恩平西部的那吉等镇的碉楼主要是夯土坡顶的中式风格，而靠近开平的君堂等镇的碉楼则明显受到开平碉楼建筑式样的影响，以钢筋混凝土楼为多，上部造型比较复杂。鹤山市的碉楼主要集中在靠近开平的几个镇，虽然也是采用钢筋混凝土结构，但上部造型仍然比较简单，鹤山市址山镇的砖楼也与邻近的开平月山、水口镇砖楼很相像。台山是五邑在海外的华侨华人最多的市，从目前保存下来的碉楼实物看，以钢筋混凝土楼为主，主人同样是在上部着力经营，外国建筑文化元素的表现也集中在上部。同时，有两点需要指出，一是即使同样采用西式建筑风格，台山碉楼的外国建筑元素、式样也比开平要少；二是建筑不像开平那样精细，比较粗，质量不如开平碉楼高。不少台山当地人也认为，开平碉楼比台山碉楼漂亮。这个所谓不如开平碉楼漂亮，实际上就是外国建筑的式样不是那么多，风格不是那么标准。因此，笔者认为，五邑侨乡碉楼中西文化融合的建筑风格是以开平为中心向外辐射的。同时需要注意的是，五邑碉楼中西融合的建筑风格并不局限在这个地区，笔者在中山市南的翠亨村、南蓢一带也见到了一两座有西式建筑风格的钢筋混凝土楼。

五、比较分析的初步结论

综合以上对碉楼所进行的大范围考察，现在可以从三个方面归纳出如下认识。

1. 碉楼的特征

第一，"碉楼"在中文里是一个组合词。"楼"字出现并常用于汉代，"碉"字则晚至唐朝才被普遍使用于指称碉楼这种建筑。楼的本意是多层房屋，强调的是建筑形体；碉指军事上防卫或瞭望的工事，强调的是建筑功能。两字组合就将功能放在了前面，同时要求一定的建筑形体特征。在英文里，tower 具有中文"碉"和"楼"的含义，这是与中文不同的地方。所以，将中国碉楼这类建筑翻译成英文，多使用 tower 或 watch tower。

第二，目前所见文献记载的中国碉楼的最早称呼是来自川西古羌族，羌语的"邛笼"就是碉楼的意思。宋朝、明朝当地的"宠鸡""笼鸡"应该是羌族"邛笼"称谓的演变。从唐朝开始，川西羌族也将这种建筑称作"碉"，并演变出"碉房""碉楼""石室""石碉"等多种叫法。清朝至民国时期，川西的藏族叫"达雍"，川西南的彝族叫"彝碉"。在全国汉族地区，民间俗称"炮台""炮楼"。地域不同，民族不同，对"碉楼"的称谓也不同。

第三，在碉楼实物和文献保存较多的川西和青海羌族、藏族聚居的地区，碉楼有广义和狭义之分。广义的碉楼包括高达十余丈的单体防卫性建筑，还包括二三层的居住碉房，青海的四类藏族碉房也可以称作"碉"。狭义的碉楼则专指十余丈高、下大上小的防卫建筑，这种建筑不能叫作"碉房"，可以叫作"高碉"。这种广义和狭义的区分在其他地方似乎并不存在。

第四，碉楼是作为一种防御性建筑而出现在中外不同的国家和不同的民族的，它们似乎有各自发展的轨迹。在西方，它是存在于城镇和军事要塞，带有西方自身的建筑特征（因笔者学力所限，不能对国外碉楼发表更多的意见）。在中国，碉楼则主要出现在乡村，它是受中国古代角楼和望楼启示而产生的一种乡土建筑类型，也就是说，它的源是传统的、民族的，其流也带有浓厚的中国色彩。

第五，广东五邑侨乡之外的碉楼绝大部分是与院落连在一起，每座碉楼的具体位置虽然各有不同，但是与院墙组合为一个防御体系则是共同的特点。碉楼是独立于住房的防御性设施，作用是拱卫住宅和居民的安全，在整个院落或围屋中，它应该属于附属性建筑。川西藏、羌民族聚居区的碉楼（狭义的碉楼）与汉族地区的碉楼在这一点上，相同又不同。相同的是，它们都是单纯的防御性附属建筑；不同的是，碉楼不与庭院院墙或围屋土墙相连，而是独立于村中或村外。

第六，广东五邑侨乡之外的碉楼，从材料到建筑技术，从楼体到楼顶造型，都是中式的。各地碉楼就地取材，或石材，或青砖，或三合土。夯土筑墙、齐砖对缝和木构架梁拱技术广泛运用。楼体都是下大上小，或向内收进直至楼顶，造型简单；或腰檐与平座交替出现，造型富于变化。楼顶多用坡顶，或硬山式，或庑殿式，或歇山式。藏、羌族聚居区的碉楼楼体也是下大上小，楼顶则是当地民居建筑中常见的平顶，四周加筑女儿墙。

综上特点，我们大致可以这样定义碉楼：碉楼是防御性的多层塔楼式乡土建筑。

2. 五邑碉楼的特征

五邑碉楼（这里使用的"五邑碉楼"不是一个准确的术语，只是为了行文逻辑的需要暂借这个词。前面多次使用"五邑侨乡的碉楼"一词也有这个考虑。正确的用语应该是"开平碉楼"）在中国碉楼建筑中，以其中外建筑文化融合的独特鲜明形象自成一体，在以下几个方面与其他乡村的同类建筑相区别。

第一，从建筑源流看，五邑碉楼不完全来自民族和传统。与其他地区碉楼保持传统的风格不同，早期的五邑碉楼是典型的中式建筑（如迓龙楼），但清末民国前期的碉楼则突破了中式传统的下大上小式样，上部不收进反而悬挑出来，扩大了空间范围和视野。这应该是受到西方建筑的影响，意大利锡耶纳城的碉楼就是物证。

第二，从物质技术看，五邑碉楼呈现出多元化倾向。我们可以看到，早期的碉楼和后期的少数石楼、砖楼、夯土楼从材料到技术仍然比较传统。同时在大量的钢筋混凝土楼中，进口的水泥、钢筋等建筑材料取代砖、石、三合土，成为主要的建材，这为建筑结构和装修技术的实施创造了条件，所以钢筋混凝土的梁板结构技术、拱券结构技术和悬挑结构技取代砖木结构、斗拱结构技术成为五邑碉楼建设的主流技术。在其他地区的碉楼中，很难见到这种材料、技术多元化的情况。

第三，从建筑形象看，五邑碉楼非常西化、洋气。国外不同时期、不同国家、不同民族、不同宗教的建筑艺术被广泛地引入五邑乡村，成为重要的建筑表现手段，国外的建筑文化与中国传统的建筑文化相糅合，使五邑碉楼既有浓郁的外国风情，又富于中国传统韵味。比如中式的匾额与西式的山花结合，基本上每座碉楼都有自己的名字，这在中国其他地方的碉楼中极其少见。在碉楼营造的物质环境背后，透过建筑形象，表现出侨乡民众追求、炫耀财富，张扬个性，开放自信，享受国外生活方式的观念和行为特点；同时，又固守传统信仰，传承风水意识，强调家族和谐、集体团结的传统价值取向和行为模式。

第四，从建筑功能看，五邑碉楼与其他地区的碉楼也存在很大的区别，它不仅发挥着防御的作用，更增加了居住的用途。与其他汉族地区的碉楼不同，五邑碉楼独立成体，不与民居或宅院围墙相连；与羌、藏民族聚居地区单纯防御的碉楼不同，它还为主人的生活起居提供了便利的条件。正是大量集防卫与居住功能为一体的自家楼的出现，改变了传统村落集体防御、家族保卫的模式，形成集体、家族防御与家庭防御相结合的二元模式。

第五，从建筑影响看，五邑碉楼对当地民居建筑形式的变化产生了辐射作用——使碉楼本身就成了一种新的民居形式。一些传统的三间两廊式两层民居，在门上方开射击孔，在后墙两角加筑燕子窝，使普通民居的形象发生变化。庐（别墅），这种楼房建筑也大量吸收碉楼的建筑设计思想和设计手法，在保证居住方便、宽敞、舒适的前提下，借用碉楼的防卫系统，在底层大门的上方开枪眼，在上部四角增添燕子窝，既丰富了造型，又达到了保障安全的目的，以至于一些楼房既像碉楼又像洋楼，难以区分。在其他有碉楼的地区，像这样的附属建筑辐射影响主体建筑形式的情况同样是很少见的。

第六，从建筑文化看，五邑碉楼表现了中外文化在中国乡村自发融合的广泛性和深刻性。同为华侨之乡，唯五邑侨乡将中外多种文化在各个方面多个层面的交融和碰撞中直接地表达出来，物化在具体的建筑之中，直观形象，举目可望。同为引入西式建筑，在这里我们看不到被动强迫、照单接受的殖民主义色彩，到处洋溢着主动自愿、以我为主、为我所用、吸收创新的主旋律。作为侨乡建筑，五邑碉楼无疑最典型地代表了中国华侨文化的特质。

那么，该如何界定这种建筑呢？笔者以为给五邑侨乡的碉楼下定义，应该考虑到生存地域、建筑形象、建筑功能、建筑风格、历史地位五个方面，不宜过细。是否可以这样表述：五邑碉楼是广泛存在于五邑侨乡，具有防卫和居住功能，集中外建筑艺术于一体的多层塔楼式乡土建筑，是中国碉楼建筑中的一个独特类型。这一界定实际上就是开平碉楼的定义。

在实际界定中，应该注意几个情况。第一，不能以楼名定碉楼。碉楼的取名有很大的随意性，有的碉楼不叫楼，称庐，或命名为"安然""观光"等；而有的别墅不叫庐，称楼。可见"楼"不是碉楼的独有专用词。第二，不能以燕子窝定碉楼。燕子窝是碉楼的一个明显的主要的防御设施，一个标志性的构件。碉楼一般都有燕子窝，没有燕子窝的也会在上部悬挑出柱廊或步廊，同样起到扩大防御空间的作用。这种建筑设施后来被运用到普通民居和别墅（庐）的建设中，可见它也不是碉楼专有的构件。普通民居有燕子窝，我们容易别识出它不是碉楼；困难的是一些具有燕子窝的别墅，容易混淆界定。其实仔细辨识，我们可以发现绝大多数的别墅不建燕子窝，它是将居住的功能放在首位，所以窗户大，采光通风条件好；房间开间大，居住更舒适方便。碉楼仍然是将防御功能放在首位，所以从开窗和房间顶高相对别墅要小一些、低一些，外观封闭一些。第三，不能以射击孔定碉楼。道理同第二点。

3. "开平碉楼"命名的合理性

五邑侨乡的碉楼作为中国碉楼的一个独特类型，应该如何给它命名呢？这个问题还没有引起各方的注意。为了申报世界文化遗产，我们使用了"开平碉楼"一词。"开平碉楼"能否作为五邑侨乡碉楼的正式名称呢？开平市作为具体的申报操作者，提出"开平碉楼"的术语，有没有内在必然性呢？笔者以为，可以用"开平碉楼"为五邑侨乡的碉楼命名。理由如下。

第一，碉楼，不仅作为一个正式术语，而且作为一个在民间被广泛使用的大众俗语，在五邑侨乡很突出，但是，正式为碉楼命名的，只有开平，也就是塘口镇南兴里的"国兴碉楼"。

第二，根据文献和实物两方面考证，五邑侨乡最早的碉楼是建于开平，目前所知的早期碉楼也都在开平。赤坎镇三门里的迓龙楼成为确定五邑侨乡碉楼发端的标尺,开平是五邑侨乡碉楼的发源地。

第三,在现存的碉楼中,开平碉楼数量最多,分布最密,类型(从材料分类到功能分类)最全,它是五邑侨乡碉楼分布的中心。开平蚬冈镇锦江里的瑞石楼在五邑侨乡的碉楼中最高大、最气派,是侨乡碉楼的标志。

第四,从建筑风格上看,开平碉楼最典型地代表了五邑侨乡碉楼的中外建筑文化融合的特征;在地域分布上,这一特征也是以开平为中心向四周扩散。五邑侨乡碉楼中的外国建筑文化元素,在开平碉楼中体现得最齐全、最丰富。

总之,开平碉楼是中国碉楼建筑乃至世界碉楼建筑中一个独特类型的最佳样本。以其命名,理所当然。

[本文原名为《开平碉楼名实考》,首次发表于五邑华侨历史文化国际学术研讨会,原载《湖北大学学报(哲学社会科学版)》2003年第4期]

开平碉楼的类型、特征、命名

在我国,碉楼是一种分布较广的、不同的民族都有兴建的乡土建筑。"楼"字最早在汉代许慎的《说文解字》中就已经出现。最早使用"碉"字来解释这种乡土建筑的,则是唐朝人李贤。而碉楼的建造是受到古代角楼或望楼的启示,发展很早,远在汉代就已经比较普遍地扎根在中国城乡了①。

开平碉楼是中国乡村众多碉楼中的一种类型,随着其申报世界文化遗产活动的展开,它的历史文化价值日益受到人们的关注。但是,它究竟是一种什么样的乡土建筑?具有哪些基本的特征?为什么广泛存在于五邑侨乡的这种乡土建筑要以"开平碉楼"为名?以上这些问题,是至今我们还没有深入讨论而有待确定的问题,从而使我们在实际工作中出现了一些模糊的认识。本文拟就此谈一些笔者自己的意见,以便引起人们对侨乡建筑文化研究的重视。

一、五邑侨乡的碉楼

(一)碉楼的分布

五邑侨乡位于珠江三角洲的西缘,面积为9288平方公里,人口378万(1998年数据),海外华侨华人为215万多人(1998年数据),加上149万多名港澳同胞,相当于侨乡人口的97%。它以江门为首府,今包括三区四市,即新会、蓬江、江海三区和开平、台山、恩平、鹤山四市。

五邑既是全国著名的侨乡,也是广东乃至全国目前保存碉楼这种乡土建筑最多的地区。五邑各市区均有碉楼广泛分布,东边以江门市棠下镇(原属新会市)为界,西边到恩平市的那吉镇,南面抵台山市的原上川

---

① 参见张国雄《中国碉楼的起源、分布与类型》,载《湖北大学学报(哲学社会科学版)》2003年第4期,第79–85页。

镇，北缘达鹤山市的鹤城镇，基本上覆盖了整个五邑侨乡。

笔者进一步从分布的密集情况考察，发现开平是五邑侨乡碉楼分布的中心区，数量最多。2001年，开平市政府碉楼文化办公室组织全市村镇进行详细普查的结果显示，开平现存碉楼1833座，① 该市的18个镇均建有碉楼，其中，塘口镇、百合镇、蚬岗镇、赤坎镇最多。

台山市的碉楼数量居全区第二。2001年，由该市档案局、博物馆组织的古碉楼、古建筑、古榕树"三古"普查数据显示，全市现存碉楼459座②。

其他几个市目前尚未进行普查。不过，从博物馆日常工作调查得知，新会区的碉楼以西北部的大泽、七堡、小冈、罗坑、牛湾、司前几个镇为多，鹤山市的碉楼则以西南的址山、云乡、共和镇常见，恩平的碉楼主要集中在东部的沙湖、牛江、君堂、良西、圣堂、东成数镇。有意思的是，这三个市碉楼较多的镇都靠近开平。

民国时期五邑侨乡的碉楼远比今天要多，据说台山县的碉楼就"数逾五千"③。即便如此，也只能说碉楼的分布以开平、台山为中心，集中的区域仍然没有突破今存碉楼分布的范围。随着时代的变迁，历史时期的很多碉楼或被人为拆除，或自然颓毁，不过五邑侨乡现存的碉楼数量之多在全国仍然是罕见的。

(二) 碉楼的起源

碉楼在五邑侨乡大量存在，分布广泛，反映在文献上，最早是在清朝宣统年间（1909—1911）被提及，此前的地方文献中还缺乏有关这种建筑的记载。目前，就笔者所见，最早记载碉楼的是宣统《恩平县志》，其卷四《舆地志》曰：

　　本邑地瘠民贫，向少楼台建筑。迩因匪风猖獗，劫掳频仍，惟建

---

① 开平市政府开平碉楼申报世界文化遗产办公室谭伟强主任告之，在申报世界文化遗产的 *KAIPING DIAOLOU*（开平碉楼申遗报告英文版，中华人民共和国国家文物局，2001年）中公布。

② 参见黄苏照《古楼古榕树统统来入册》，载《台山报》2002年4月13日，第4版。

③ 参见《和平实现后建设新台山》，民国二十九年（1940），存台山市档案馆。参见陈田军、黄仁夫、黄仲楫编《台山县志（1963年编）》，台山市档案局、原台山县志编写组，2000年，第127页。

楼居住，匪不易逞。且附近楼台之家，匪亦有所顾虑。故薄有资产及从外洋归国，无不百计张罗勉筹建筑，师古人坚壁清野之意。当夕阳西下，挈眷登楼。甚至贫苦小户，家无长物，仅有妻儿，亦通力合作，粗筑泥楼，用资守望。

促使五邑地区兴建碉楼的原因之一，或最主要的原因，是清朝末年社会治安的恶化，侨眷或非侨眷，不分贫富，纷纷筑楼以自卫。所以，恩平有"村村有碉楼，村村有更夫"的民间俗语。

但是，碉楼实际出现在五邑侨乡的时间则要早得多。现存地方文献中记载的五邑侨乡早期碉楼都在开平。

民国《开平县志》卷四十四《古迹》：

瑞云楼，在驼驸井头里。清初关子瑞建，楼高三层，壁厚三尺六寸，全用大砖砌筑，籍避社贼之挠。

迓龙楼，在驼驸三门里，规模与瑞云楼同，亦清初关圣徒建，以避贼者。光绪甲申，大潦，村人登楼，全活。

奉父楼，在那围龙田村。清初，盗炽，许龙所妻某氏被虏。子益将备金议赎。某氏语使人曰："母不必赎，但将此金归筑高楼以奉尔父足矣。"是夜投崖而死。益将遵命筑楼奉父。日久颓圮，后乃改为"在平家塾"。

这三座碉楼是五邑侨乡目前所知最早的碉楼。余启谋编写《开平县志》根据当时的《访册》确定三座碉楼均建于清朝初年，而且都是为了防贼防盗，同时在驼驸这样的平原地区碉楼还有防御洪涝的功能。

三座碉楼中有两座已经不存在了，目前只有迓龙楼还比较完好地保存在三门里，成为开平乃至五邑侨乡现存最早的碉楼实物。

不过，余启谋所依据的《访册》对这几座碉楼年代的确定则有误。余编《开平县志》卷三十五《人物志》"列女"目中许龙所妻"黄氏"条是归入明朝，说她是"崇祯末为贼所掳"，奉父楼的兴建就应该比清初早，当在崇祯末年。既然许益将已经筹备了钱，就没有必要等几年或十几年后再建楼。如果说卷四十四所记载的奉父楼兴建年代与实际兴建年代差距还不是很大，那么迓龙楼的实际兴建年代就比《访册》所记载的要早得多了。

迓龙楼为关圣徒所建，这一点没有问题。现在三门里的关族乡亲还都异口同声地称，迓龙楼是他们这位十七世祖关圣徒与谭氏夫妇共同留下的遗产，是在他50岁左右时兴建的。根据清末、民国的三个《关氏家谱》的手抄本①，以及宣统《开平乡土志》（不分卷）"氏族"的记载，关氏家族在开平驼驸一带肇基繁衍的历史线索非常清楚，在今三门里立村是十四世祖芦菴公（1421—1482），兴建迓龙楼的关圣徒为十七世祖，生于正德五年（1510），卒于万历四年（1576），享年66岁。他的生卒年代距离"清初"有六七十年，余启谋将迓龙楼的兴建确定在清朝初年显然是错误的。迓龙楼最迟应该是建于16世纪的60年代，这样按照关族后人的说法，就比民国《开平县志》所记早80多年。关氏后人的口碑资料也为我们提供了一些旁证。康熙《开平县志》卷二十二《纪事中》反映，在明朝嘉靖二十七年（1548）、嘉靖三十一年（1552）、嘉靖三十三年（1554）、嘉靖三十五年（1556），今梁金山一带多次发生土匪劫村掳民的事件。梁金山就在今天的开平市区，距关族聚居的驼驸一带只有3公里，匪患理当波及这里。这应该就是建迓龙楼"以避贼"的社会背景。因此，迓龙楼距今应该已经有440多年的历史了。

因此，我们据此确定，五邑侨乡碉楼的兴建最迟不晚于16世纪60年代。

五邑侨乡大规模地兴建碉楼则起于清朝末期，辛亥革命以后直至1941年太平洋战争爆发以前达到了极盛。以开平为例，1833座碉楼中建于辛亥革命以前的有314座，占总数的17.1%；而建于1912年至1942年的有1512座，占总数的82.5%，这其中在1938年抗日战争全面爆发以前的碉楼有1490座，1921年到1926年的六年间更是接近全部碉楼的1/3，有608座。② 民国二十二年（1933）《开平县志》卷五《舆地略》记载："自时局纷更，匪风大炽，富家用铁枝、石子、士敏土建三四层楼以自卫，其艰于资者，集合多家而成一楼。先后二十年间，全邑有楼千余

---

① 三部手抄本现均藏于三门里，笔者2001年七八月间在开平进行碉楼的田野调查时，由关博文提供。这三部手抄本，一部是清朝宣统年间（1909—1911）《关氏家谱》，一部是民国十年（1921）后《关氏家谱》，另一部为民国二十二年（1933）《关氏家谱》。

② 参见张国雄《开平碉楼》，广东人民出版社2005年版，第11页。

座。"这与今天普查的结果基本一致。所以,至今开平民间还流传着"无碉楼不成村"的俗语。台山县大量建筑碉楼也是从民国初年开始,到民国二十九年(1940)时已"数逾五千"① 了。抗日战争全面爆发尤其是太平洋战争爆发以后,五邑侨乡碉楼的建造基本停顿,抗战胜利以后建造的碉楼也很少。辛亥革命以前的碉楼又主要是清朝末年的遗物。也就是说,五邑侨乡大规模建造碉楼的时间并不长,只有40年左右,基本上是民国前期的产物。

从最迟 400 多年前就建造碉楼,到碉楼的大规模出现,与五邑侨乡的社会、经济发展有着紧密的联系。社会治安不好是兴建碉楼的必要条件之一,宣统《恩平县志》和民国《开平县志》都直接指出了这一点。鸦片战争以后,大量五邑人出洋,经过几十年的艰苦奋斗,到清朝末年开始,陆续汇回血汗钱,使侨乡有了大量建造碉楼的经济基础。② 前引宣统《恩平县志》就特别提到碉楼建设与"外洋"的关系。侨汇支持是碉楼得以建造的又一重要的必要条件。

侨乡民众普遍把这种乡土建筑叫作"碉楼",也有的称"炮楼"。具体到每座碉楼,一般都有楼名,如"迓龙楼""瑞石楼";有的不称楼,称为庐,如"杏庐""沾安居庐";还有的既不叫作楼,也不叫作庐,直接以祥瑞祈福的字词取名,如"光天化日"等等。可见碉楼取名比较随意,碉楼正面上方的中式匾额起到了画龙点睛的作用。笔者发现,在开平,"碉楼"不仅是民间对这种建筑的一种统称,而且还用来命名具体的碉楼。开平塘口镇南兴里的一座碉楼就叫作"国兴碉楼",这种现象在笔者所知全国其他地区的碉楼建筑中还是唯一的。

(三) 碉楼的分类

在以开平为中心的五邑侨乡,碉楼多为独立建造的单体建筑。选址灵

---

① 民国二十九年(1940)《和平实现后建设新台山》,存台山市档案馆。另参见陈田军、黄仁夫、黄仲梓编《台山县志(1963年编)》,台山市档案局、原台山县志编写组,2000年,第127页。

② 五邑侨乡侨汇大增是清朝末年以来的事情,宣统元年(1909)《开平乡土志》(不分卷)"实业"记载:"以北美一洲而论,每年汇归本国者实一千万美金有奇,可当我二千万有奇。而本邑实占八分之一"。侨汇成为侨乡民众重要的经济支柱。宣统《恩平县志》卷四《舆地志》曰:"创造一旧式屋宇,非数千金不办。"旧式房屋尚要数千,碉楼的造价更不是一笔小的开支,没有一定的经济来源是不可能建造的。

活，或立于村口，或建于村外山岗、河畔、田间，绝大多数耸立在村后。

碉楼在村口者，俗称"门楼"，或"闸楼"，多为二三层。由全村成年男人昼夜轮班值勤，白天负责检查进出人员的身份，夜晚关上闸门，依时敲锣报更、报警。

碉楼在村外者，俗称"灯楼"，它是附近几个村落（或同姓或异姓）因共同防卫的需要共同出资建造的。灯楼由参加联防的村出人出钱，轮流值班防卫，多配备探照灯、报警器、发电机、铜锣、响鼓和枪支，主要发挥预警与联防的作用，大部分都比门楼高，多为三四层。最著名的是开平塘口镇的方氏灯楼。

碉楼在村后者多高大挺拔，一般都在四层以上，最著名的是开平蚬冈镇锦江里瑞石楼，其高达九层，居五邑侨乡碉楼之最。一座座高耸的点式建筑——碉楼，使村落轮廓的节奏富于变化，丰富了村落的天际轮廓线。这类碉楼如果是全村或几家合建，一般只有单一的防御功能，而且楼体窄小，造型简单，开窗小或不开窗，只设射击孔，封闭感很强，当地将它称为"众人楼"。如果是一家自建，在防御的同时，更增加了居住的功能，这类碉楼就叫作"居楼"。居楼楼体宽大，外部造型比较复杂且气派，为了便于通风采光而开窗较大，通过加设铁窗栏和铁窗门提高防卫的功能。楼内卧室、书房、卫生间、厨房等功能用房齐全，生活设施比较齐备，有的还安装有供水系统、消防系统。这类碉楼的大量出现，改变了以往碉楼功能的单一性，使碉楼由此成为防御与居住功能兼而有之的乡土建筑。居楼多为家境富裕的人家建造，因此，碉楼造型的繁复简陋和装饰的浮华粗糙，也反映了楼主人的经济实力、文化修养和审美情趣。开平蚬冈镇锦江里村村后有三座碉楼，中间的锦江楼就是众人楼，两侧的瑞石楼和升峰楼为自家楼，其贫富差距的悬殊、造型的复杂与简陋、楼体的高大与窄小，一目了然。

走近不同类型的碉楼，你可以从各个角度感受到它对外的防御设计，一座碉楼就是一个防御单位。碉楼的门窗基本上是铁栏、铁板，关闭后整座碉楼就是一个封闭的空间，厚实的墙体和坚固的门窗，可以抵挡枪击火攻。大门的顶部开设有两个射击孔，楼内的人可以从二楼向下射击靠近大门的来犯之敌。每层楼墙的四面都有"○""⊥""｜"等形状的射击孔，射击孔的造型都是内大外小，有利于观察和射击。顶层有1米多高的女儿墙，同样有多个射击孔。四个角一般建有凸出悬挑的防御掩体设施——燕子窝，扩大了防御的空间，人在其中可以向下、向前、向左、向右四个方向对外射击，形成交叉火力。华侨出资购买的手枪、步枪以及运上楼里的石块、石灰都是有效的打击武器，对暴露在楼外的土匪有很大的杀伤力。同样使用枪支的土匪往往在这些碉楼面前束手无策，最后只好无功而返。

从建筑材料考察，五邑侨乡的碉楼也具有多样性。通过对文献和实物的考证，笔者发现，在开平五邑地区最早的三座碉楼是砖木结构建筑，"大砖"砌墙，木梁木楼板，楼顶为硬山式两面坡，覆盖小青瓦。进入大规模建设时期以后，在山区的碉楼多数以石垒砌，楼顶为硬山式坡顶；丘陵或平原地区有的用三合土夯筑，楼顶或平顶，或坡顶；用小青砖砌筑的砖楼同样建立在平原或丘陵地区，造型比前两种要复杂一些；最多的是钢筋混凝土楼，水泥、钢筋等主要的建筑材料都是舶来品，至今很多碉楼内还保存有进口水泥的包装桶（"红毛泥桶"①），伴随着建筑材料进口的是先进的建筑技术被引入乡村。材料和技术的进步为碉楼建造的由简趋繁提供了物质上的保障。在乡村，采用进口的钢筋混凝土材料和建筑技术建造碉楼，这在全国其他地区极其少见。钢筋混凝土建造的碉楼造型复杂多样，楼体高大，成为表现国外不同建筑文化特征的主要载体。在五邑侨乡中，只有开平市同时具有不同建筑材料的碉楼。根据2001年的普查，开平现有石楼10座，夯土楼100座，砖楼249座，钢筋混凝土楼1474座。②

（四）碉楼的建筑风格

五邑侨乡的碉楼与国内其他地方的同类建筑最大的不同，更在于其建筑式样和建筑风格的独特性。

在五邑侨乡最有表现力的碉楼是钢筋混凝土楼。与普通民居等高的碉楼，其楼体的中下部造型和装饰都比较简单，一般只在窗楣、窗裙做一些西式建筑的造型，外墙面基本上不做细部的处理。经济实力雄厚的人家则例外，如开平瑞石楼、升峰楼等，但是，这种楼体通体建造精细的碉楼很少。只有高出一般民居的碉楼上部才是表现楼主人经济实力、审美情趣、

---

① 近代以来广东民众称英国人为"红毛"，后"红毛"泛指外国人。对于外国人生产的水泥也就习惯地叫作"红毛泥"。

② 参见张国雄《开平碉楼》，广东人民出版社2005年版，第16页。

个性特征的部位，是楼主人非常着力经营的地方。它造型千姿百态，外墙面大多数有装饰图案，表现力非常丰富。五邑侨乡数千座碉楼上部无一重复，即使一些姊妹楼细看也差别较大。

更能体现其历史和文化价值的是，碉楼的上部具有浓郁的外国建筑风格。在这里，希腊的柱廊、古罗马的各种柱式、中世纪欧洲城堡的圆柱体岗塔、罗马或伊斯兰的拱券和穹隆、哥特式尖拱、巴洛克风格的山花、洛可可特征的图案、西式的卷草涡卷璎珞等，大到造型及其构件，小到细部装饰手法，不一而足，国外不同时期、不同地域、不同宗教的建筑艺术被主人随心所欲地荟萃于碉楼一体。① 从国外建筑的角度来考察，开平碉楼很不规范，不是严格的仿造，它是各种外国建筑风格"碎片"的组合。例如，古罗马的柱式在这里只是有其风韵，并没有严格遵守其尺寸比例，所以我们很难具体地将五邑侨乡的碉楼建筑风格归入哪个国家、地区或时代。陈志华很正面地评价其为"不三不四"；② 沈文权博士说，它的建筑风格具有后现代建筑的特征。③ 正是这种"不三不四"的艺术风格和这种突破常规的后现代建筑表现手法，才充分展示了五邑侨乡民众蕴藏的巨大建筑文化创新能力。

碉楼带有浓烈的国外建筑风情，又使人明显感受到中国传统建筑艺术融于其中。例如，有的楼顶采用中式坡顶造型，开平塘口镇荣安村的强亚楼五层楼顶为庑殿式，塘口镇自力村的铭石楼第六层建有一个六角攒尖琉璃瓦凉亭；碉楼正面上方正中嵌入了书写有楼名和建筑年代的匾额，借以突出碉楼的名称，寄予建造者的希望，表现主人的文化品位和情趣爱好；外墙面通过灰雕体现了大量中国传统风格的"喜""福""寿""禄"字形和案八仙、荷花、中国结、金钱、龙、凤、麒麟等建筑题材。这些都反映了当地民众在接受外国文化的过程中，挥之不去的、深藏于心的、牢牢坚守的中国传统文化情怀。

中西建筑文化合璧，使五邑侨乡的碉楼脱离中国传统碉楼的样式和风格，自成一体。其中，开平市的碉楼最典型地展示了这一独特的建筑

---

① 参见张国雄、李玉祥《老房子：开平碉楼与民居》，江苏美术出版社2002年版，第15-19页。
② 参见陈志华、楼庆西、李秋香考察开平碉楼后在2001年7月9日考察汇报会上的发言。
③ 参见沈文权博士考察开平碉楼，编制保护整治规划期间见告，2001年8月16日。

风格。

在地域分布上，这一特点表现也十分突出。五邑各市的碉楼在材料和风格上还是有所不同的。新会区的碉楼多为中国传统样式，例如，棠下镇良溪村的镇北楼和镇东楼均建于20世纪20年代，圆柱体，楼分三层，第三层是瞭望层，顶部为平顶，30多个窄小的射击孔开设在第二层和第三层，非常封闭，是典型的中式碉楼建筑；新会南部的崖门、双水、古井等镇的碉楼多为夯土楼或砖楼，硬山式楼顶，外国建筑元素很少；而靠近开平的大泽、牛湾、司前几镇的碉楼就渐而有了变化。例如，砖楼就与开平月山、水口的砖楼风格相同，外国建筑文化的元素明显比新会东部要多，牛湾镇南洋村的一座建于清朝后期的钢筋混凝土楼与在开平的同类碉楼很相似。恩平的碉楼也表现出新会一样的变化，恩平西部的那吉等镇的碉楼主要是夯土坡顶的中式风格，而靠近开平的君堂等镇的碉楼则明显受到开平碉楼建筑式样的影响，以钢筋混凝土楼为多，上部造型比较复杂。鹤山市的碉楼主要集中在靠近开平的几个镇中，虽然也是采用钢筋混凝土结构，但上部造型仍然比较简单，其址山镇的砖楼也与邻近的开平月山、水口镇砖楼很相像。台山是五邑在海外的华侨华人最多的市，从目前保存下来的碉楼实物看，以钢筋混凝土楼为主，碉楼主人同样是着力于上部的经营，外国建筑文化元素的表现也集中在上部。笔者在此处有两点需要指出，一是即使同样采用西式建筑风格，台山碉楼中的外国建筑元素、式样也比开平要少；二是碉楼建筑不像开平那样精细，比较粗，质量不如开平碉楼高。不少台山当地人也认为，开平碉楼比台山碉楼漂亮。因此，笔者认为五邑侨乡碉楼中西文化融合的建筑风格是以开平为中心向外辐射的。

二、五邑碉楼的特征与命名

散布五邑侨乡的数以千计的碉楼，在中国碉楼建筑中，以其中外建筑文化相融合的独特鲜明形象自成一体，与其他地方的同类建筑有所区别。

（一）碉楼的特征

（1）从建筑源流看，五邑碉楼不完全来自民族和传统。与其他地区的碉楼所保持的浓厚的民族传统建筑风格不同，早期的五邑碉楼是典型的中式建筑（如迓龙楼），但清末和民国前期的碉楼则突破了中式传统的造型，改变了简单的直上直下的式样，注意对上部空间的利用，多数向外悬挑，扩大空间防卫范围和视野。

（2）从物质技术看，五邑碉楼出现多元化倾向。我们可以看到，早期的碉楼和后期的少数石楼、砖楼、夯土楼从材料到技术仍然比较传统，而在大量的钢筋混凝土楼中，进口的水泥、钢筋等建筑材料取代了砖、石、三合土，成为主要的建材，这为建筑结构和装修技术的实施创造了条件，所以钢筋混凝土的梁板结构技术、拱券结构技术和悬挑结构技术取代砖木结构、斗拱结构技术成为五邑碉楼建设的主流技术。在其他地区的碉楼中，很难见到这种材料、技术多元化的情况。

（3）从建筑形象看，五邑碉楼非常西化、洋气。西方不同时期不同国家不同民族不同宗教的建筑艺术被广泛地引入五邑乡村，成为重要的建筑表现手段，国外的建筑文化与中国传统的建筑文化糅合居于一楼，使五邑碉楼既有浓郁的外国风情，又有明显的中国传统韵味。比如中式的匾额与西式的山花结合，基本上每座碉楼都有自己的名字，这在中国其他地方的碉楼中极其罕见。透过碉楼建筑形象，表现出侨乡民众追求、炫耀财富，张扬个性，开放自信，借鉴国外生活方式的观念和行为特点；同时，又固守传统信仰，传承风水意识，强调家族和谐、集体团结的传统价值取向和行为模式。

（4）从建筑功能看，五邑碉楼与其他地区的碉楼也存在很大的区别，它不仅发挥着防御的作用，更增加了居住的用途。正是大量集防卫与居住功能为一体的自家楼的出现，便改变了传统村落集体防御、家族保卫的模式，形成集体、家族防御与家庭防御相结合的多元模式，这对传统乡村家族社会内部的组织结构形成一种冲击。

（5）从建筑影响看，五邑碉楼对当地民居建筑形式的变化产生了辐射作用。碉楼本身就成了一种新的民居形式。一些传统的三间两廊式两层民居，在门上方开设射击孔，在后墙两角加筑燕子窝，使普通民居的形象发生变化。庐（别墅）这种楼房建筑也大量吸收碉楼的建筑设计思想和设计手法，在保证居住方便、宽敞、舒适的前提下，借用碉楼的防卫系统，在底层大门的上方开枪眼，在上部四角增添燕子窝，在窗户增设铁窗栏、铁窗门，既丰富了造型，又达到了保障安全的目的，以至于一些楼房既像碉楼又像洋楼，难以区分。在其他有碉楼的地区，像这样的附属建筑辐射影响主体建筑形式的情况同样是很少见的。

（6）从建筑文化看，五邑碉楼表现了中外文化在中国乡村自发融合的广泛性和深刻性。同为华侨之乡，唯五邑侨乡将中外多种文化在各个方面多个层面上的交融和碰撞直接地表达出来，物化在具体的建筑之中，直观形象，举目可望，视觉冲击力极强。同为引入西式建筑，在这里我们看不到被动强迫、照单接受的殖民主义色彩，到处洋溢着主动自愿，以我为主，为我所用，吸收创新的主旋律。作为侨乡建筑，无疑碉楼最典型地代表了中国华侨文化的特质。

（二）"开平碉楼"命名的合理性

五邑侨乡的碉楼作为一种独特的乡土建筑类型，至今还没有一个正规的命名，这与她所拥有的历史文化价值是不相符的。因此，命名已经成为这一独特乡土建筑研究亟待解决的问题。

笔者认为，对五邑侨乡碉楼的命名应该包含两层含义，一是冠名，二是定义。

关于冠名，五邑各地民间对当地的碉楼多简称为"碉楼"，乡民也有叫"炮楼"的；同时，在各市中唯有开平将碉楼冠名为"开平碉楼"，尤其是五邑侨乡以外的人们对这一名称比较耳熟。碉楼申报世界文化遗产的具体工作，主要是由开平市政府操办，五个提名地都集中在开平，我们结合当地的习惯，就直接使用了"开平碉楼（KAIPING DIAOLOU）"这一术语向联合国申报。

那么散布在五邑侨乡的这些同类建筑能否也冠名"开平"呢？笔者持主张态度，理由如下：

（1）"碉楼"不仅作为一个正式术语，而且作为一个在民间使用比较普遍的大众俗语，在五邑侨乡很突出，但是，正式为具体碉楼命名的，只有开平，这就是塘口镇南兴里的"国兴碉楼"。

（2）根据文献和实物两方面考证，五邑侨乡最早的碉楼是建于开平，目前所知的早期碉楼也都在开平。赤坎镇三门里现存的迓龙楼已经考证确定为五邑侨乡碉楼发端的标尺，由此可以说开平是五邑侨乡碉楼的发源地。

（3）在现存的碉楼中，开平碉楼数量最多，分布最密，类型（从材料分类到功能分类）最全，它是五邑侨乡碉楼分布的中心。开平蚬冈镇锦江里的瑞石楼在五邑侨乡的碉楼中是最高大、最气派的，是侨乡碉楼的标志。

（4）从建筑风格上看，开平碉楼最典型地代表了五邑侨乡碉楼的中外建筑文化融合的特征，在地域分布上也呈现出以开平为中心向四周扩散的特征。五邑侨乡碉楼中的外国建筑文化元素，在开平碉楼中体现得最齐全、最丰富。

（5）基于上述开平碉楼在五邑侨乡碉楼中的特殊而无可替代的地位，"开平"在这里已经不再是一个简单的地名，完全应该将它视为这类乡土建筑的代名词、标志。

因此，如果说五邑侨乡的碉楼是中国碉楼的一个特殊的类型，那么开平碉楼就是它的一个最佳的样本。将五邑侨乡的碉楼冠名为"开平碉楼"，应该可以成立。

至此，我们应该如何定义开平碉楼呢？根据以上的分析，笔者以为在定义开平碉楼时，应该考虑到源流地域、建筑形象、建筑功能、建筑风格、历史地位五个方面，不宜过细。综合上述五个要素，似可以这样表述：开平碉楼是广泛存在于五邑侨乡，具有防卫和居住功能，集中外建筑艺术于一体的多层塔楼式乡土建筑，是中国碉楼建筑中的一个独特类型。

参考文献

[1] 张国雄，李玉祥. 老房子：开平碉楼与民居 [M]. 南京：江苏美术出版社，2002.

[2] 陆元鼎，魏彦钧. 广东民居 [M]. 北京：中国建筑工业出版社，1990.

（原载《中国历史地理论丛》2004 年第 3 期）

碉楼人家　文化记忆

我早就知道，珠江三角洲是一个热火朝天的建设大工地，城镇化的进程正在模糊着乡村与城镇的地理界线，传统的乡村田园正被一片接一片的厂房和一幢连一幢的楼房分割。我又听朋友讲，就是在这片热土上，还有一大片基本保持着文化原生态的乡村，它透着浓郁的外来文化色彩的乡土气息，还没有被认识和开发。

长期生活在大都市的我，对此半信半疑，不可否认这个信息也对我产生了很大的诱惑，我想去看看这块文化沃土上快速的城镇化进程与传统的农耕文明是如何协调共存的？

2001年的初秋，我们从广州出发向西行，不到40分钟，就跨过了九江大桥。同行的当地朋友告诉我，过了这座桥就进入了江门五邑侨乡。确实，刚才还穿行在延绵不断的厂房间，一路上基本看不到农田，一江之隔，就是山青水绿两重天了。佛（山）开（平）高速公路两旁的低丘、植被状况很好，满眼绿色，成片的稻田满载着秋的收获，被竹林包围的村落不时闪过。越往西行，沿路的景观更加与广州、佛山、顺德、南海不同，确实令我惊讶不已：这真的是在珠江三角洲吗？

一路上，朋友不停地介绍着五邑，使我们在车上就对这个地区有了一个大致的了解。珠江三角洲西缘的江门五邑是我国著名的侨乡，它与广东的潮汕侨乡、梅州客家侨乡和福建闽江三角洲的泉州、漳州、厦门侨乡并称为中国四大华侨之乡。不同的是，其他三个侨乡的绝大部分海外华侨华人是分布在东南亚，而从这里走出去的华侨华人则主要居住在美国、加拿大和澳大利亚。更大的区别还在于，进入其他三个侨乡，我们感受到的仍然是中国传统的乡村文化，而江门五邑展示的则是具有西方文化元素的侨乡风情。

朋友介绍说，最能代表这个地区文化生态的，就是开平碉楼。我们一致的意见是，直奔开平，要看就看最典型的。

开平是江门五邑侨乡下属的一个县级市，位于侨乡的中心，距离广州有一个半小时的车程。这里有65万人口，而在海外的乡亲则有75万。确实,一进入开平,在村后的篱竹林丛中、村外的山岗上田野间,一座座突兀屹立的碉楼扑面而来,令人无暇环顾四周,它的造型不是中国传统的碉楼式样,而是大量吸收了外国的建筑元素。以我对北方乡土建筑的认知,这些特殊的建筑与岭南民居、自然环境融为一体,成为当地乡村的标志。它丰富和改变了中国传统村落的环境空间和视觉空间,打破了传统村落低平、舒展、简单的天际轮廓线,使这里的乡村轮廓高低起伏、变化多样,更加富有韵律。

据说,民国时期,开平建有3000多座碉楼,这种侨乡村落标志的建筑迄今还保存着1833座,即便我们在繁华的市区游览,也随时可以看到饱经风霜的碉楼与现代化的建筑为伴。当地人自豪地告诉我们,开平是"无碉不成村"。所以,即使没有亲身感受这方乡土的人,仅从这一数字,也可想见当地传统乡村环境景观的延续,侨乡民众闲适、恬静的生活照样唱着田园的牧歌。我置身开平,走马观花地穿行在村落之间,漫步笔直幽静的村巷和竹林、蕉林中的石板小道,这种感受就更加真切,时时令我忘记了现代城市生活的快节奏和浮躁。

拥有如此之多碉楼而且相关村落环境保存如此之好的地方,在全国还找不到第二处,所以开平是当之无愧的"中国碉楼之乡"。

开平碉楼是活的建筑,绝大部分是华侨的私产,它记载着一个个华侨家庭或家族的兴衰,至今还维系着源于当地而延伸于世界各地的乡情和传统。看多了,听多了,我发现每座碉楼都有一段奇妙的故事,于是兴发从村落环境走进碉楼,寻找着乡土文化传承的基因的夙愿。

一、迓龙楼

迓龙楼:建于明朝嘉靖年间,众楼,关氏家族产业。

赤坎镇三门里的迓龙楼,距开平市区最近,到开平看碉楼的人,往往首先来到这里。因为这是开平现存历史最久远的一座碉楼,已经经历了440多年的风风雨雨,它见证了关氏家族的兴旺发达。

早在北宋后期,一个叫关兴义的年轻人从新会迁到了赤坎古镇驼驸,是赤坎关族的始迁祖。当时这一带河汊多、沙多,芦苇丛生,所以关兴义最早建的大梧村又叫"芦村"。到了明朝,关族第八世祖关芦庵从大梧村迁到芦阳,创建了三门里。经过数十年的发展,芦庵公的后人在这里开枝散叶，人丁兴旺起来，同时也不断受到土匪的骚扰。芦庵公的第四个儿子为了防匪防洪，就在村里兴建了关族的第一座碉楼——瑞云楼。楼高三层，砖木结构。这样，一有匪情或洪涝灾害，关族村民就得以进楼躲避保全。所以，瑞云楼又叫众人楼。

随着家族人口的不断繁衍，瑞云楼再也无法满足防匪、防洪的需要，芦庵公的曾孙关圣徒又在村里兴建了一座碉楼，这就是"迓龙楼"。为了建这座碉楼，关圣徒的夫人还拿出了自己的私房钱，与丈夫共襄善举。不到一年，碉楼建成。

迓龙楼坐北朝南，占地面积152平方米，建筑面积456平方米，砖木结构，楼高三层11.4米，一层至二层为明朝的大红砖砌筑，墙厚93厘米，是明朝的原构；第三层为青砖，那是清朝光绪年间（1875—1908）重修时留下的痕迹。三层正面外墙嵌有"迓龙楼"的楼匾。这座碉楼墙体宽厚，内部是木梁木地板。该楼四角各有一个突出的落地式塔楼，"丨"字形射击孔就开在塔楼二三层突出楼体的三面，楼顶为传统的硬山顶建筑。迓龙楼的建筑造型与开平其他碉楼有很大的不同，非常传统，风格拙朴，结构简洁，它代表了开平碉楼的早期形态。

与瑞云楼一样，迓龙楼也多次帮助村民躲过匪患和洪灾。很可惜，瑞云楼因年久失修成为危楼，于1962年拆毁。迓龙楼则因一直是生产队的用房得以保存下来，成为关氏家族最古老的文物，在家族历史文化中具有特殊的地位而更加受到乡亲的保护。坐在村口古老榕树下歇息的老人是最好的导游和讲解员，他们热情、主动并深感自豪，关于迓龙楼的故事一代代口耳相传，年轻人对这些家族口述的历史早已耳熟能详了。

二、云幻楼

云幻楼，建于1921年，马来西亚华侨方文娴私产，居楼。

开平的碉楼绝大部分建在村后，前面是密集的民居，往往在村外观赏或拍照较走近碉楼更为便易。而在塘口镇的自力村观光浏览，则可以在开阔的田野间欣赏楼群的多姿，从不同的角度随意取景拍摄，成片的稻田、弯曲的河流与西式建筑的碉楼构成了一副美妙的田园风光。

自力村建于清朝道光年间（1821—1850），村民全部姓方，是一个祖宗传衍发展而来的。这也是一个侨村，海外华侨分布在北美的美国、加拿大和东南亚的新加坡、马来西亚、印度尼西亚等国家，村里基本上家家有亲人在海外，直至今天侨汇依然还是村民们重要的经济来源之一。经济的富足使这个村在清朝末年和民国时期成为土匪们垂涎的对象。

村民方文娴是一位旅居马来西亚的华侨，他的祖辈也在马来西亚谋生。像侨乡的很多华侨一样，方文娴在自力村安了家，妻子黄氏和两个儿子在家乡务农，方文娴经常回家居住。最让他头痛的是家乡的社会治安混乱，民不能安居。他多次夜里从床上爬起来，背着自己小脚的妻子与两个儿子一道跑去较远的岐岭碉楼躲避，当地人将这种躲匪叫作"走鬼"。方文娴感到这终究不是个办法，于是下决心在村里建起了集居住与防御为一体的碉楼，取名"云幻楼"。当地人称这类碉楼为居楼。

云幻楼高五层，外部造型和装饰带有西方文化的特征，但是楼内还是传统的农村家居构造。一层是方文娴在家的妻子黄氏的卧室和客厅，二三层分别由两个儿子居住，用房结构、面积大小完全一样，以示均等对待。这种居住方式实际上是将已经分家的儿子又团聚在一起，形成了分户分灶不分家的家庭格局。四层也是居住层，留给以后的儿子使用。五层是供奉祖先神牌的地方。走出五层就是一个带柱廊的平台，四角各有一个突出的"燕子窝"，这是最能够体现碉楼防卫功能的地方，向外、向下的射击孔就开在燕子窝的墙上。

方文娴是一个有文化修养的华侨，他将自己对民国政府治理无能的愤懑和无奈表现在楼联之中。五层柱廊正中的门匾书写着"祇谈风月"四个大字，长长的门联是他亲笔题写的：

云龙风虎际会常怀怎奈壮志莫酬只赢得湖海生涯空山岁月；
幻影昙花身世如梦何妨豪情自放无负此阳春烟景大块文章。

方文娴的这幅楼联表达了很多华侨目睹家乡匪盗横行、时局纷乱、政治腐败，深感个人无力回天，只求躲进小楼自成一统的心声。后来方文娴和他在马来西亚的十几个儿女很少回乡，不能说与此没有关系。直到20世纪的80年代，方文娴在外娶妻生育的两个儿子才从马来西亚回来寻根祭祖。

现在看管这座碉楼的是方文娴的长孙媳妇方陈齐桂，楼内还完整地保存着方文娴及其妻儿们使用过的生产和生活用具。

三、铭石楼

铭石楼，建于1925年，美国华侨方润文私产，居楼。

在云幻楼旁边的是楼高六层的铭石楼。铭石楼比云幻楼的体量要大，上部造型更富丽，尤其是楼顶的六角攒尖凉亭，它为这座典雅端庄的碉楼增添了几分灵秀。

铭石楼是旅居美国芝加哥的华侨方润文于1925年修建的。方润文出生在一个华侨世家，他的父亲和爷爷很早就到美国谋生去了，出生于光绪四年（1878）的方润文在十几岁时也踏上了父辈走过的出详谋生路。初到美国，他在餐馆、洗衣馆打过工，后来在芝加哥经商，有了经济实力后于1925年回乡建碉楼。

走进铭石楼，浓厚的华侨家庭生活气氛扑面而来。一层大厅正中墙上高挂着方润文和他分别在开平、香港、美国娶的三位夫人的1.2米高的大幅照片，结发夫人吴氏一身传统的打扮，而梁氏、杨氏一个比一个年轻、摩登。这是一个在当时侨乡非常普遍的具有国际色彩的传统家庭的结构，很多华侨都是在家乡有一位原配夫人，在外又迎娶一到二位太太，这样拥有十多个儿女也就很正常了。墙上的四位主人栩栩如生的目光默默注视着每一个踏进碉楼的客人，仿佛交流着逝去岁月的历史信息。客厅两旁做工精美的隔扇和玻璃画反映了方润文的经济富足与审美情趣。进口的落地大钟和暖水瓶等生活用品与釉红的中式柚木家具、神牌、香炉共处一室，体现了当年楼主人对传统的坚守与开放并存。

方润文的原配夫人吴氏居住在一层。二层、三层分别是在家的大儿子、二儿子夫妇的住房，面积和功能用房同一种规格，各有独立的厨房、卫生间、主卧室、书房等。从铭石楼和云幻楼，我们感觉到开平碉楼又是一个将父母和独立门户的几个子女的家叠起来的一个空间，形成以父母为中心的家庭结构的新形式，传统的尊老美德得到了延续和传承。

四层的陈设简洁而洋气，进口的留声机放出的是原汁原味的粤曲，梳妆台上摆放的"旁氏冷霜"、法国香水等舶来的化妆品还散发着幽香。1948年，70岁的方润文病逝美国，三太太扶灵回乡安葬，就是住在第四层。

走上第五层，一座金碧辉煌的神龛展现在来客面前，当地人称之为

"伯公"。神龛四周多层镂空的龙、凤、麒麟、喜鹊、鹿、梅花、竹等木雕，精雕细刻，巧夺天工。神龛里供奉的主要是人神（祖先），也有自然神（孔雀公主）、宗教神（观音菩萨）等，这是碉楼人家最深层的信仰世界所在。

铭石楼里至今还保存有大量的华侨书信、侨汇、侨刊、地契、建村股份薄、乡村中小学课本、外国的报纸杂志、老照片及小学生的日记和作文，俨然是一座家庭华侨历史的博物馆。

现在这座碉楼已由远在美国的方润文后人委托给政府进行管理，产权性质不变，政府出钱维修整治，这是开平市政府为保护碉楼而独创的托管办法。

四、瑞石楼

瑞石楼，建于1921年，美国华侨黄碧秀私产，居楼。

蚬冈镇锦江里的瑞石楼有"开平第一楼"的美称。它坐落在村后东侧，被大片竹林包围，它的西侧有锦江楼、升峰楼。锦江里的村民都姓黄，是清朝光绪年间（1875—1908）从附近的长安里迁来的，所以称"新村"。锦江河从村前流过，它是锦江里村民的"生命之源"和"财富之源"，至今村民们还在河里放鸭捕鱼。锦江里也是侨村，海外华侨主要在美国和加拿大，家家比较富有，当年土匪就是乘船从锦江河入村进行抢劫。于是，村民在村子四周种上密实的簕竹，并拉上半人高的铁丝网，村口建立闸楼，铁闸门依时开启关闭。有钱的人家自己在村后建碉楼，例如，瑞石楼、升峰楼；贫困的人家则合力建楼，例如，锦江楼就是一座众人楼。

建瑞石楼的主人叫黄璧秀，他是一位清朝末年出洋到美国谋生的华侨，他还将两个儿子也带出了国。生意做大后，他们父子三人又在香港开设了钱庄。黄璧秀年迈的双亲都在锦江里，为了老人的安全，1923年，他回乡开始建碉楼。本来这是一桩好事，可在建楼的过程中，父子俩观念上的冲突使老人多次感到不快，责骂儿子突破常规。

建碉楼被乡民看作是一件光宗耀祖的事，黄璧秀的父亲黄贻桂也感到脸上有光，经常到工地察看工程进度。当碉楼建到第六层时，老人发现还没有封顶的迹象，知道儿子还要往高处建。锦江里周边的碉楼一般都是四层到六层,自家的碉楼再往高建,就太显张扬了。于是,老人要黄璧秀就此封顶。黄璧秀不听,继续向上施工。他告诉父亲这座碉楼的设计是九层,目的就是要在全村、全乡、全县建最高的碉楼,让人们远远就能看到是黄家的碉楼,无人可比。老人说服不了黄璧秀,只有极其生气地骂他。骂归骂,儿子执意照计划建造。最后一座高九层的碉楼矗立在锦江里村后,它的建成确实成为蚬冈一带的标志性建筑,沿着旧的广湛公路,老远就可以看到它在竹林背景的衬托下高高耸立的雄姿。黄氏宗族乡亲当年也倍感骄傲。

开平碉楼建成后,一般都要题写楼名,父子俩的冲突再次发生。黄贻桂提出要以他的名字命名碉楼,因为他在周边黄姓村落是有声望的长辈,子以父尊是中国的老规矩,如果不以他的名字命名会在乡亲中很没有面子。没有想到黄璧秀早对楼名有自己的想法,不买父亲的账。他提出要以自己的字"瑞石"命名,而且理直气壮地表示这座碉楼是他和两个儿子在外挣的钱建的,当然要自己说了算。父亲仍然拗不过儿子,碉楼最后还是被命名为"瑞石楼"。瑞石即美玉,就是璧的意思。在这里,我们看到经济至上的原则对传统的家庭人伦理念形成的冲击,黄璧秀敢于坚持,也反映了周围村民对这种变化的默认。

瑞石楼占地92平方米,九层共25米,是开平现存碉楼中最高的,钢筋混凝土结构,总体造型为混合式。内部布置、用具是岭南传统的样式,一层为客厅,二层至六层每层都有厅房、两间卧室、卫生间和厨房。整体造型和细部处理得非常精致,有浓厚的西方建筑风格。一层至五层楼体,每层都有不同的线脚和柱饰,增加了建筑立面效果,各层的窗裙、窗楣、窗山花的造型和构图也各异。五层顶部的仿罗马拱券和四角别致的托柱代替了其他碉楼中常见的卷草托脚,很有美学上的视觉效果,形成向上部的自然过渡;六层是有爱奥尼克风格的列柱与拱券组成的柱廊;七层为平台,四角建有穹隆顶的角亭,南北两面都建有巴洛克风格的山花;八层平台中立有一座西式塔亭;九层小凉亭的穹隆顶罗马的风格更多一些。在整体的西方建筑风格中,楼主人没有忘记注入中国传统建筑文化的因素,七层匾额中的"瑞石楼"三个大字刚劲隽秀,是当时广东著名的书法家、广州六榕寺主持铁禅大师的墨迹。楼内从一层到六层,每层的隔扇都镌刻了绿色字体的条幅,有楷书、隶书、行书、魏碑、宋体、篆体多种书法,流露出楼主人深厚的传统文化素养;条幅的内容或"富贵吉祥""延年益寿""际会风云",或"世界大同""家庭自治""五族共和",是楼主人精神世界的展示,传统与时代的气息并存。瑞石楼是典型的居楼,它结构完整,比例匀称,大气端庄,墙体的法国蓝涂色给它抹上了一些浪漫的气息,很像一位气质高雅秀丽的贵妇。

绝大多数开平碉楼都在上部的正中央嵌入匾额。匾额是中国传统塔楼建筑的一种装饰手段,楼必有匾,而这些楼、塔多是不一般的名楼名塔,像开平乡村这样普通的碉楼也悬嵌匾额,不能不说是一个十分有趣的文化现象。匾额里书写的楼名对碉楼起到了画龙点睛的作用,借这一方之地表明碉楼的名称、建造的年代,寄予建造者的希望,也给村民以精神上的振奋和慰藉,同时还表现出建造者的文化修养和情趣爱好。开平碉楼的楼名或雅或俗,或隐或浅,大致分以人命名、以数字命名、以方位命名、以村落命名、以美愿命名多种情况。中国历来讲究名正言顺,村民们为开平碉楼取名,无不寄寓一定的含义,打上了时代的烙印。开平碉楼的楼名含有大量反映振兴中华、振兴民族、振兴国家的内容,近代的国家、民族、民主意识渗透进村民的脑海,如耀华楼、共和楼、中坚楼、振昌楼、华焕楼、国兴碉楼等。但是,命名并不简单,像瑞石楼这样的命名冲突,在乡村中还是比较多的。在百合镇的西和村就有一座无字楼,也经历了瑞石楼这样的命名矛盾。

五、无字楼

无字楼,建于1924年,美国华侨方福新私产,居楼。

西和村也是一个建于清朝后期的古村落,有300多村民,很多人在美国、加拿大、墨西哥、古巴谋生。有一位叫方福新的青年十几岁就随村里的亲人去到美国,父母在家乡为他娶了妻子,人在美国的方福新看到照片后非常满意,就寄了一些钱回来让父母为他办了婚事。这位没有见过丈夫面的妻子按照当地的习俗抱着公鸡结的婚,过门后她在家为方福新尽侍奉父母之责,远在美国的方福新深感高兴。为了父母双亲和妻子的安全,像其他华侨一样,1924年,方福新也寄了钱回来让父亲方秀文建碉楼。不到一年,碉楼落成。方秀文像黄贻桂一样,理所当然地给碉楼命名为"秀文楼"。媳妇美玉见老公建的碉楼非常气派,本来十分高兴,可是,对刻上公公的名字,心里很不爽。她心想,建碉楼的钱全是自己老公在外辛苦赚来的，当然应该以老公的名字命名，不应该刻上公公的名字；如果刻上公公的名字，就表示碉楼是公公建的了，全家都有份，丈夫的几个兄弟以后住进来，就有可能与自己争家产。美玉越想越生气，就和公公论理，你一言我一语地争吵起来。方秀文认为，自己儿子寄钱回来建的碉楼，刻上父亲的名字是应该的，同时也可以在西和村甚至周边乡村炫耀一下自己，出出风头。因此，方秀文坚持不修改楼名。美玉见说理行不通，第二天一早就自己请人搬来木梯，爬上碉楼，将"秀文楼"几个字铲掉了。方秀文闻讯，大发雷霆，又要叫泥水匠上去将楼名重新刻上。美玉站在碉楼门口拦阻泥水匠，不让进楼。方秀文被气得捶胸顿足，最后放弃了努力。

一座新建成的碉楼从此就成为"无字楼"。媳妇为了产权敢于跟公公争辩，这在内地是想都不敢想的事情。联想到瑞石楼命名的父子之争，侨乡观念的冲突和转变折射出时代的变化，碉楼就是这些变化的见证。

六、南楼

南楼，建于1913年，司徒氏家族产业，更楼。

开平碉楼除了有全村或多户人家集资建造的众人楼和单家建造的居楼外，还有一种就是矗立在村外要道边、河流旁、山岗上、田野间，发挥预警功能的更楼。更楼一般是由几个村为了联防而集资修建的，它的地理位置好，可以提前发现匪情，向村里预报，使村民有充足的时间由民居进入碉楼躲避。更楼里的联防队员都是来自参与建楼的各村青壮年男性，他们的武器和探照灯、报警器等装备也是由华侨从国外购买的。

赤坎镇潭江旁的南楼就是这样一座更楼，从民国初年建成以来，它不仅为赤坎一带的司徒氏家族多次发挥防匪预警的作用，在抗日战争即将胜利之时，还记载了一段司徒氏家族抗击日寇的悲壮历史。

南楼南面潭江，北靠东滘龙公路，是扼守潭江和陆路交通的要塞，地理位置十分重要。楼高七层，共19.6米，钢筋混凝土结构，门、窗均为铁制，楼体四周开设有枪眼，第六层是一个瞭望平台，架设有探照灯、轻机枪。民国三十四年（1945）夏，原来驻扎海南岛的数万日寇沿潭江向广州方向撤退，要顺利通过潭江必须占领南楼。七月十六日深夜，日寇的数十艘汽艇、木帆船途径潭江，企图偷袭南楼，攻占赤坎古镇，被驻守在南楼里的司徒氏自卫队队员发现，以机枪、步枪和土炮攻击，阻截敌人的偷袭。当时，楼内有司徒煦、司徒昌、司徒旋、司徒遇、司徒耀、司徒浓、司徒丙七名自卫队员，年龄最大的38岁，最小的18岁，队长司徒煦是东南亚的归侨。七名自卫队员经过两夜两天的阻击，使日军难以通过潭江。后来日军从陆路攻占了赤坎古镇，包围了南楼。关键时刻，附近驻守的正规军又弃守而逃，致使自卫队得不到援救，只好困守南楼。

几天下来，日军使用了迫击炮进行轰击，坚固的南楼仍岿然不动。日军见强攻难以取胜，又企图靠近墙体凿洞进攻，结果受到自卫队员的射杀。日军变换手法，胁迫守楼队员的亲人前来劝降，并且许以重金和不杀等条件，都被自卫队员一一拒绝。到第四日，七位队员自知无法突围了，便在楼内的墙上写下了视死如归的遗书：

  我等保守腾蛟，历时四日来，未见援救，敌人屡次劝我们投降，我们虽不甚读诗书，但对尽忠为国为乡几字，亦可以明瞭。现在，我们击毙敌人十六名，亦已有相当代价。现在我们各同一心，于大中华民国三十四年（1945）六月十五日（按：农历）自杀于腾蛟南楼，留语族人，祈在敌退后，将此情形发表报纸上，则同人等死心甘矣。

恼羞成怒的日寇在第八天向南楼发射了毒气弹，致使七名队员中毒昏厥，落入敌手。日寇将七名壮士拖押到赤坎古镇司徒氏通俗图书馆院内，捆绑在树上，百般折磨。队长司徒煦醒来后大声怒斥敌寇，惨无人性的日寇将壮士的耳、鼻、舌割去，敲掉牙齿，肢解四肢，最后抛尸潭江。机枪手司徒浓也被活活肢解，其余五名队员同样受尽酷刑后被杀害，抛尸潭江。后来有六位烈士的遗体被乡民寻找到，隆重安葬。唯独队长司徒煦的遗体永远留在了潭江，与江水长伴。

七位壮士牺牲后的第二十天，日本宣布投降。八月二十五日，由司徒氏四乡事业促进会发起，在古镇开平中学广场举行隆重的追悼大会。开平、台山、新会、恩平的各界人士，以及四乡民众三万余人与会，祭奠司徒氏七壮士。两千余幅挽联和挽诗悬挂在会场四周，肃穆庄严，备极哀荣。有一副挽联将七壮士与正规军对比，脍炙人口，流传最久，知名度最高，至今年老的乡亲们仍能脱口而出：

> 七士守南楼，两路倭寇曾被阻；
> 三军逃夹水，四乡团队竞留名。

还有当年的一些挽诗也极表哀悼之意：

> 潭江碧水绿悠悠，杀敌成仁子弟秀；
> 七士英雄身投国，乡民沾泪洒南楼。

今天，司徒氏家族将南楼交给了市政府管理，成为国家爱国主义教育基地，司徒七壮士的事迹在开平侨乡流传百芳。

七、逊志轩

逊志轩，建于清朝光绪年间，美国华侨周成敏私产，居楼。

今天，开平碉楼随着社会环境的变迁，主人出国、进城，以及功能设施的落后，有相当部分已是人去楼空，不再使用。楼后郁郁葱葱、节节增高的簕竹和大叶蕉与斑驳尘封的碉楼形成了强烈的现实与历史的反差。

但是，碉楼并没有完全从侨乡民众的生活中消退，她仍然维系着海外乡亲对故乡的牵挂和思念，仍然是侨乡一些人家日常生活不可或缺的一部分，是他们的精神家园。

塘口镇岐兴村的"逊志轩"是一座具有110多年历史的碉楼。楼左侧是"务时书室"，书室与祖屋之间是一片开阔的果园。楼主人周齐佑（67岁）与碉楼仍然是难分难舍，他延续着碉楼的历史，以下是他的自述：

> 我的曾祖父叫周成敏，他十几岁就去到美国做工，经过很长时间，赚了一些钱，三十多岁时寄钱给他的哥哥周成权，在村里建了这座碉楼，我不知道建碉楼用了多少钱。后来曾祖父返唐山（即回乡）成了亲，曾祖母叫潘女妹。曾祖父娶亲后，又买了一些地，他还与人合伙在广州购置了房产，出租的钱用于家人的日常生活开支。
>
> 祖父周家传后来也去了美国，在洛省（洛杉矶）的洗衣馆、餐馆、农场和体育中心都干过活，他的一个儿子和三个女儿全都在

美国。

我和哥哥文佑自小在家乡与曾祖母生活在一起，后来文佑去了香港。曾祖父专门请人在家教曾祖母识字，"务时书室"就是为她建的。

我和祖母长期生活在碉楼里，果园旁边的祖屋只是做饭、吃饭的地方。除了在地里劳动，其他时间的生活都是在碉楼里度过，曾祖母更是与碉楼相伴一身。祖父等人也是在碉楼里出生，生活了很长一段时间，才出去美国。

我长大后成亲的新房也是安在碉楼，两个儿子和两个女儿都出生碉楼里，也是在楼里长大，后来去到外面做工。我的大儿子是2001年9月11日到美国纽约的，过了8个钟就发生了"9·11"事件，当时我们非常担心，这一天我一辈子都忘不了。

现在外孙女还与我们两位老人一起生活，她住在三楼她母亲原来的房间，白天去潭溪的宝树中学读书，晚上回来睡觉、自修。

我在潭溪也建有一座三层的洋楼，那里是一个市集，很热闹。现在洋楼交给二儿子管理，做一些建筑的活。碉楼里的房间小一些，没有厕所，也没有自来水，喝的水和洗的水每天都要自己提进去，不像在洋楼里方便。但是，我们在碉楼里住了几十年，对它非常熟悉，很喜欢这里的环境，还是愿意住在这里。碉楼里面不用安装空调，窗户打开，非常凉爽，空气流通很新鲜。儿子帮助在楼里拉了电线和电视线，可以看电视，知道外面发生了乜事。外孙女的房里不仅有电视机，还有影碟机、音响。我们在楼边建了一个厕所和冲凉房，生活比以前方便多了。每天，我和老伴喜欢在自家果园里锄锄草，挖挖地，打理果树，种点菜；或者与村里的老人在村口的树下聊聊天，非常开心。

要我们住到集市的洋楼里去，会感到很不舒服，还是碉楼好。

周齐佑老人对碉楼的那份质朴的情感，表达出他对自己生活的历史、生活的习惯和周围的人文环境的深深眷恋和坚守，他不排斥新的物质生活形式，但是不希望宁静的生活改变轨迹。

八、崇礼楼

崇礼楼，建于清朝光绪末年，澳大利亚华侨何朋燕私产，居楼。

沙冈镇杏美里崇礼楼的何邦基（66岁）老人则演绎出碉楼人家的另一种情怀。他说：

> 崇礼楼是澳洲雪梨（悉尼）的何朋燕在清朝光绪晚年寄钱回来，让他哥哥何森燕在村里建的，已经有100多年了。
>
> 森燕有四个儿子，大儿子（颂鹤）和二儿子（颂尧）都去了新加坡，后去到印尼。三儿子颂雅被朋燕接到了澳洲雪梨（悉尼），在他开的远东酒楼做工。1946年，又把森燕的第四个儿子颂椒接去雪梨（悉尼），继承了朋燕的远东酒楼。
>
> 我们家与何森燕、何朋燕是一个祖宗，两家的祖屋又前后相连。森燕去世后，家中留下了二儿媳许尚珠，就住在碉楼里面。1947年，我母亲受托，也住进崇礼楼照顾许尚珠的日常生活，我也跟着在楼里生活过一段时间。
>
> 颂椒每年都要寄钱给居住香港的颂鹤的儿子，让他回来看望二嫂和拜山，在楼里敬香。
>
> 许尚珠1980年去世后，何颂椒与其他几位兄长的后人商量，共同决定委托我帮助照看崇礼楼，给我写有委托书。现在，每年颂尧在香港的儿子还要拿着颂椒寄的钱回来拜山，看看崇礼楼。
>
> 就这样，我在1981年住进了崇礼楼，都已经有20多年了。
>
> 我自己有一个儿子、两个孙子，他们住在新建的洋楼里，就我一个人在崇礼楼生活。颂椒他们信任我，我要尽力把碉楼给看好，才对得起他们。我喜欢碉楼周围的环境，很安静，四周的树木还是原来的样子。我养了一条大狗，很凶，这样可以防止别人来偷，来破坏。

何邦基老人每天自己在碉楼里做饭，起居生活。有时，他很早起来，去帮助儿子、媳妇摆摆早市，卖些日杂用品，维持生计。他周而复始、平静安宁的碉楼生活，延续的是今天碉楼人家对承诺的执着和家族情谊的珍惜。

任何建筑都是社会变迁、文化发展的固化，是存在的活的历史。走进一个个碉楼家庭、家族故事，我们感知到了侨乡文化的群体记忆。与在沿海、沿江一些城市所看到的西式建筑群不同，中西合璧的开平碉楼落户在岭南沿海乡村，华侨华人是外来文化的引入者，他们与家乡的亲人们一道完成了不同文化的交流、融合。华侨也好，乡亲也罢，他们都是普普通通的中国农民，这些人是主动自愿向西方文化学习，在一个社会动荡、贫穷落后的年代，这是需要多么大的勇气和胆识啊！他们对外来文化的学习和引进，与近代的传教士、留学生和殖民统治者所进行的文化传播是决然不同的，使开平碉楼既洋气又有很浓厚的乡土气息，它是中国农民创造的文化遗产。

这份群体记忆随着时代的演变尤显珍贵，当它与周边的环境一起被原生态地保存下来，没有被快速的城镇化进程淹没，真是幸运至极。我似乎从三门里关氏家族乡亲对迓龙楼的自发保护和周齐佑、何邦基等碉楼人家的坚守，以及开平市政府独创的管理办法中，找到了解读以开平碉楼为标志的江门五邑乡土传统文化延续的密码。

在解读开平碉楼文化记忆的过程中，我时时感受到文化传承的力量，为这些淳朴的乡亲自发珍惜和保护这份历史文化遗产的举动而感动！

（本文为笔者与开平碉楼申遗办公室谭伟强联合发表，原文见《开平碉楼与村落研究》，中国华侨出版社2006年版）

试析开平碉楼的功能
——侨乡文书研究之三

19世纪末20世纪初期,开平侨乡的民众为什么要建碉楼?碉楼在当时发挥了什么作用?这是研究开平碉楼必须回答的基本课题之一。以往人们多从实用物质的角度去认识它,比较多地看到了它防匪、居住的一面。笔者以为仅此是不够的,我们应该有一个更宽的视野,将它放在侨乡社会、文化、民众心理的大环境中去全面分析。本文也正是在这样的角度提出一些思考,求教于同行专家学者。

一、从碉楼产生的社会背景看功能

任何建筑首先都是适应它的社会需要而产生的。碉楼在中国作为一种乡土建筑,促使它产生的最初、最直接的原因,就是不安定的社会环境。不论是川西羌族藏族的碉楼和碉房,还是贵州安顺屯堡人和闽粤赣三省客家围屋的碉楼,莫不是他们各自所处的社会环境险恶,才使之做出兴建这种建筑的选择。

开平碉楼的兴建也反映了这一基本规律。首先,我们从地方文献的记载来看看社会环境对开平早期碉楼的决定性影响。民国《开平县志》卷四十四《古迹》云:

瑞云楼,在驼驸井头里。清初关子瑞建,楼高三层,壁厚三尺六寸,全用大砖砌筑,籍避社贼之挠。

迓龙楼,在驼驸三门里,规模与瑞云楼同,亦清初关圣徒建,以避贼者。

奉父楼,在那囤龙田村。清初,盗炽,许龙所妻某氏被虏。子益将备金议赎。某氏语使人曰:"母不必赎,但将此金归筑高楼以奉尔父足矣。"是夜投崖而死。益将遵命筑楼奉父。日久颓圮,后乃改为"在平家塾"。

这三座碉楼是目前广东地方文献中所记载的建造最早的开平碉楼,①留存至今只有迓龙楼了。它们的兴建不约而同地牵涉到贼盗,都是为了躲避贼盗的侵扰。

开平立县之初就是一个山高皇帝远、社会不靖之地。明朝万历年间（1573—1620），在今苍城设"开平屯"，就有稳定地方社会，打开交通的含义。清朝顺治年间（1644—1661）变驻军单位为县治，取名"开平"，同样反映了这一寓意。由名见实，当时开平地方社会治安混乱，足可为证。清朝时期开平的治安状况并没有因为设立县制就得到了很大的改变，盗贼仍然猖獗横行。清后期开平出现了长达12年的土客械斗，碉楼也见证了这段历史。"寨楼，在棠红乐仁里，清乾隆三十八年建，楼高六丈，壁厚五尺，分设房舍十六间，四周甬巷相通，内有井泉备用，以铁门守卫，俨然一寨垒也。咸丰客匪之乱，乡邻被屠，惟奔避楼中者得免。"②不仅如此，族姓之间的争斗也长期掺杂其中，人人自危，村村有险。民国《广东通志稿》"广东各县兵要地理参考书""开平县民情风俗"条记载了清朝后期咸丰、同治、光绪年间的情况，其中就提到这一时期兴建碉楼的环境：

> 县内村落大抵聚族而居，姓氏之见颇深，其自卫能力颇偏重于一姓一族或一乡之范围，古各乡碉楼林立，类皆为一种狭义的自卫之设备。

鸦片战争之后，开平有大量的人出洋谋生。宣统《开平乡土志》就记载，当时是"父携其子，兄挈其弟，几于无家无之，甚或一家而十数人者有矣"，从而形成了村村有华侨，绝大部分家庭为侨眷的状况。到了19世纪末20世纪的二三十年代，海外的开平乡亲经过几十年的积累，开始有钱寄回家乡，娶妻育子，建房买地，规划新村。华侨回乡沿途的张扬、华侨家庭摆席宴请的铺张，很快使回乡的华侨本人和他们的眷属亲人成为匪盗的目标。开平民间过去流行的"一个脚印三个贼"俗语，就形

---

① 这三座碉楼的兴建年代有误，至少迓龙楼就兴建得更早，参见张国雄《开平碉楼的类型、特征、命名》，载《中国历史地理论丛》2004年第3期，第25页。

② 民国《开平县志》卷四十四《古迹》，第429页。

象深刻地反映了华侨和侨眷生存环境的高度险恶。确实当时就有一些华侨在回家的第一天夜晚就被匪盗绑架,其在外辛苦积攒的一点血汗钱很快就成为土匪们索取的赎金,甚至有人即使交出赎金也还赔上了生命。根据民国《开平县志》的记载,仅在民国元年(1912)到民国十九年(1930),开平县就发生了71宗较大的匪劫案,土匪三陷县城,连县长都被活捉。当官的都无安全保障,有点钱的华侨家庭,更时时为自己和家人的生命财产安全而担忧。

于是,华侨们想到了学习古人坚壁清野的办法,兴建碉楼。宣统《恩平县志》卷四《舆地志》有一段很生动的记载:

> 本邑地瘠民贫,向少楼台建筑。迩因匪风猖獗,劫掳频仍,惟建楼居住,匪不易逞。且附近楼台之家,匪亦有所顾虑。故薄有资产及从外洋归国,无不百计张罗勉筹建筑,师古人坚壁清野之意。当夕阳西下,挈眷登楼。甚至贫苦小户,家无长物,仅有妻儿,亦通力合作,粗筑泥楼,用资守望。

恩平为开平邻县,其华侨兴建碉楼的起因是具有共同性的。开平的一些侨刊也记载了很多华侨们迫于无奈建碉楼的用心。民国十七年(1928)《儒良月报》第5期"家乡消息"栏,"吾族又多一保障矣"条记载:

> 边汤遵植之子持允君,上数年由红毛还乡,缔造华厦一间、书馆一所,堂堂大雅,尽可安居。惟感于时局之多变,若不建筑碉楼,万一肘腋变生,事后之悔过何及。所以去岁归来乡井,决心碉楼宏敞,以垂久大之规,血汗之资非所计,而但得保障一方,费去之钱文何惜。

民国十九年(1930)《儒良月报》第3期"本族新闻"栏记载:

> (圈村)兰和,向往墨国,于旧岁秋间,满载回唐,为保护安全起见,现在该村后方,大兴土木,建造碉楼一座,闻落成之期,行将不远云。

民国二十二年（1933）《教伦月报》第 111 期"反对建筑碉楼之无理"条记载：

  长安里，系关姓与该族人毗邻聚居，向称和睦。近有关崇仰，由外洋旋乡，见地方不靖，乃拟将自己原有之地段，建筑碉楼一座，一则自己自卫，二则为一村保障。

民国三十七年（1948）《茅冈月报》第 6 期"提倡重建茅丛岭碉楼"条记载：

  本乡于民国初年，因匪氛披猖，间里不宁，故自民十一后，各村侨胞，为保护家乡巩固自安起见，咸纷纷建筑碉楼，添置枪械，守望相助，厉行清乡，有乡内贤达联络华侨，醵资建一碉楼于茅丛岭只巅，配有探照灯，夜间遣派团勇看守，裨益于乡间治安极大。

有什么样的社会需要，就会产生什么样的乡土建筑。碉楼就是这样出现在开平的乡村，防御当然成为其首要的功用。

既然开平碉楼最主要的功能是保障一方安全，那么社会需要也就对它的建筑形式提出了具体的要求。首先，它必须坚实稳固，易守难攻。其次，它还需要反击的设施和器具，因为攻击是最好的防守。为了满足这些要求，开平碉楼的建造者们在材料、楼高、墙体厚度、门窗的用材和大小、附属防卫攻击构件等方面花尽了心思，使碉楼形成一个严密的防守单位。

开平碉楼因地取材，山区多用石材，丘陵平原地区或钢筋混凝土或夯土。不论什么用材，它都远远高出于一般的民居，开平的民居一般是两层，而碉楼最少是 3 层，多数有五六层，最高的 9 层；碉楼的墙体也比普通的民居厚实坚固，明朝大红砖结砌的迓龙楼墙壁厚近 1 米，远远超过了同时期的民居。楼高，可以望远，还有利于居高临下进行防卫和进攻；墙体厚实，不怕匪盗凿墙火攻。开平碉楼的窗户比民居开口小，从防御心理来讲，越封闭就越有安全感，开窗小有利于楼内的人观察外面而外面的人对楼内人们的活动无法了解，因此，如何更好地采光通风并不是碉楼开窗要考虑的问题。开平碉楼不仅开窗小，而且窗户内有铁栅和窗扇，外设钢板窗门。一旦关上,就形成一个封闭的空间,外面的枪弹无法穿透。碉楼的门一般都是内凹形,外有铁门栏,内有沉重的钢板大门。门栏与大门之间的上方,有射击孔,楼内的人可以从2楼向下射击靠近大门的敌人。

这些都是为了实现碉楼的防守功能而采取的建造措施,碉楼的建造同时也考虑到了其反击和进攻功能的设置。

在碉楼上部的四角,一般都建有突出悬挑的燕子窝,或全封闭,或半封闭,燕子窝四壁和地面开设了向前、向后、向下的射击孔,即可居高临下地向进村之匪盗攻击,又能够形成交叉火力,防止匪盗接近碉楼,纵火凿墙。不仅如此,在碉楼上部各层的墙上,也开有各式各样的射击孔,增加了楼内居民的攻击点。

开平碉楼在建筑上的各种考虑,完全能够满足楼主人对防御安全的要求,保障了防御功能的实现。

二、从碉楼所处的地理环境看功能

开平位于珠江三角洲的西部,"六山一水三分田",南、北部多低山丘陵,东部和中部是丘陵平原,潭江穿过开平中部与主要支流苍江在三埠相汇,两岸是肥沃的冲积平原,构成了中部地区一马平川,江河交错,河网密布的自然地貌。潭江和苍江常年河面宽阔,水量充沛,每年夏秋,一遇台风暴雨,便洪水泛滥,江水漫堤,河湖一片,很多村落就会被浸淹。2001年8月底,笔者在塘口镇自力村调研,正值连续几天的大雨,笔者在村中挽着裤腿淌着半腿高的积水穿行在农户之间。历史时期,洪水灾害更是经常出现在开平中部平原的村落,积水久久难退。这些村落的民众兴建碉楼也就有了又一实际的需要——躲避洪水。

开平现有18个镇,其中的8个镇集中分布在中部平原河网地区的潭江、苍江两岸,它们也是碉楼数量最多的几个镇。塘口镇(536座)、百合镇(385座)、赤坎镇(200座)、蚬冈镇(155座)、长沙镇(145座)5个镇的碉楼数量就达到1421座,占开平碉楼1833座总数的77.7%;如果加上沙岗镇(71座)、三埠镇(28座)和水口镇(15座)的碉楼数量,那么开平中部平原地区集中的碉楼就有1535座,[①] 占开平碉楼总数

---

① 参见张国雄《开平碉楼》,广东人民出版社2005年版,第3页。

的比例进一步高达83.7%。这一数字充分说明因躲避洪水而兴建的碉楼在开平碉楼中具有相当的普遍性。

前引民国《开平县志》所记载的迓龙楼在"光绪甲申[笔者按：光绪十年（1884）]，大潦，村人登楼，全活"。开平平原地区的很多中年以上的民众都有过进碉楼躲避洪水的经历，一直到20世纪的60年代，平原地区的碉楼仍然在发挥着这样的作用。因此，这里的民众对碉楼有一份更深的感情。赤坎镇三门里的迓龙楼之所以得以比较完好地保存下来，应该与当地民众对它的爱护和深厚的感情有关。

为了满足躲避洪水的需要，中部平原地区村中的碉楼，一般都选择在地势比较高的地方兴建，或者夯筑地基，形成高台。赤坎镇三门里的迓龙楼如此，塘口镇自力村的几座碉楼也是如此。2001年8月底的那场水浸中，无一座碉楼进水。由此可见，村民们兴建碉楼时考虑了防洪因素。

三、从碉楼与村落的关系看功能

开平碉楼在乡村是一种附属性建筑，并不是主体的建筑，主体的建筑还是民居。从它与村落的关系来看，我们发现，碉楼还具有环境符号和满足防范心理的作用。

开平民众非常注意审视大的自然环境，通过相天法地，综合安全防御、环境优美、生活方便等因素来确定村落的位置和轮廓。这具体表现为倚山、面水、前祠、后楼、簕竹环绕，村不论贫富，地不分大小，其平面布局大同小异，规整而富有韵律。村民们很通俗地称这种要素的组合为"风水格局"，可达"箕裘绍述，发福无穷"① 之目的。

在这里，碉楼成为一个优化风水环境的手段。它与村中其他的要素结合，形成了一种强烈的象征功能。开平的村落，其村前必有河流或池塘，因为水是村民们生活的命脉，一湾清流、一潭碧波几乎成为整个村落的活动焦点，而且开平人还视水为财。村前河水碧蓝如茵，水静如镜，流水不腐，源远流长。它既可供蓄水、洗濯、排水汇流、放养家鱼水禽之实用（村民称它为"四水归塘"），又被赋予人文的意义。村前池塘基本上是半圆形，称作"泮池"，只有京城国子监和孔庙前的池塘为圆形，乡村不可

---

① 民国《贻福村分地契书》，原件收藏于开平市碉楼办公室。

越制，其传承文化的寓意是一样的。池塘为砚，塘边条石如墨，村前大片晒谷场如纸，村后高高直立的碉楼如笔，这样就构成了一个象征"文房四宝"的风水格局，勾画出村民的耕读诗书、寄望后代文人辈出的理想生活追求。从这个意义上讲，碉楼的高建突出于民居成为村落标志，也是村落环境符号的要求。

开平的村落多数没有围墙，村前的池塘和两侧的闸楼阻止了外人从正面随便进出的可能；村口闸楼之后一般连接着大片密实的簕竹林，竹林将村落紧紧地包裹，簕竹的小枝尖而硬，人根本无法穿过，这样就形成了一道屏障，既保障了村落侧面和后面的安全，绿化了村落环境，又使村民多了一项经济来源。碉楼往往矗立在村后的竹林之中，前面一排排低矮的民房以它为靠山，这就像一个人在遭受袭击时往往选择背靠墙壁面向歹徒，首先免使自己四面受敌，可以全副精力地处理正面之敌。村后高耸的碉楼也给村民同样的心理保障，令他们在动荡不安的夜晚可以踏实放心地睡觉和安全地躲避和还击自卫。

四、从侨乡民众的社会心理看功能

人们从开平碉楼的建造不难发现一个很矛盾的现象：一方面，碉楼兴建的初衷是防御，人们害怕匪盗的劫掠；可是另一方面，相当一部分碉楼的建筑形式又非常华美，不遗余力地展示自己的财富，这不是招匪上门吗？

这一看似矛盾的现象的背后，反映的是开平近代社会风尚的变化和碉楼防御体系的形成。① 本节主要分析社会风尚和社会心理变化所提出的功能要求。

到了清朝的光绪年间（1875—1908），海外乡亲有余资寄回家乡资助亲人生活之后，开平乡村民众的社会心理发生了由崇尚简朴到追求奢华的变化。这里主要是乡村民众的相互攀比、露财显富、标榜荣耀、讲求排场的思想作祟，也有部分海外乡亲衣锦还乡、光宗耀祖的行为的推波助澜，

---

① 碉楼大量修建后，多种类型的碉楼构成了多层次的防御体系，对开平乡村的社会治安是有所改变的，这对碉楼其他功能的发挥起到了一定的保障作用。参见拙作《试析开平碉楼的防御体系》（待刊）。

更有西方张扬个性、求新求异文化传入的影响。时人对此变化做了生动的记载。

民国《开平县志》卷二《舆地略》云：

> 道咸之际，红客交讧，水灾并作，邑民疲悴至斯而极，然风尚勤朴，工商营业年得百金，可称家肥。是时，海风初开客乱，难民纷走海外，阅时而归，耕作有资，于愿已足。……至光绪初年，侨外寝盛，财力渐张，工商杂作各有所营，而盗贼已熄，嗣以洋货大兴。买货者以土银易洋银，以洋银易洋货，而洋银日涨，土银日跌。故侨民工值所得愈丰，捆载以归者愈多，而衣食住行无一不资外洋。凡有旧俗，则门户争胜；凡有新装，则邯郸学步。至宣统间，中人之家虽年获千金，不能自支矣。而烟赌陷之，盗贼乘之，掠赎惨杀，樵采不宁，穷民无告，未知与道、咸间相去几何也。

侨汇的流入使很多侨眷不劳动也能够过上舒适的生活，他们将华侨寄回的钱多数用于生活消费，① 食用比求洋货，追求高消费。相互攀比，好面子，讲排场，成为时尚。一些年轻人好逸恶劳，吸毒赌博，被人称为"二世祖"。塘口镇的谢钦明是留美的建筑学硕士，他在20世纪20年代撰写的《对于本族风俗改良之我见》一文中，这样评说家族的世风民俗：

> 勤俭之风本为族人之特色，自族人往美洲及南洋各处经商而后，收入颇丰，此风渐失。至于今日，无论男女老幼，都罹奢侈之病。昔日多穿麻布棉服者，今则绫罗绸缎矣；昔日多住茅庐陋巷者，今则高楼大厦矣。至于日用一切品物，无不竞用外洋高价之货。就中妇人衣服，尤极华丽，高裤革履，五色彩线，尤为光煌夺目。甚至村中农丁，且有衣白衣服鞋袜俱穿而牵牛耕种者。至每晨早，潭溪市之大鱼大肉，必争先夺买，买得者视为幸事……其余宴会馈赆，更为数倍之奢侈。②

---

① 民国《开平县志》卷二《舆地略》曰："唯侨民既得此巨资回国，惜不能用诸生产事业，以增物力，徒然为求田问舍之谋……使风俗日趋浮靡，踵事增华。"
② 《对于本族风俗改良之我见》，原件收藏于开平市立园。

虽然有的华侨回乡十分张扬，出手大方，显富摆阔。但是更多的滞留海外无力归乡的华侨则对家乡的奢华浮靡之风十分反感痛心。他们在书信中批评："地方奢华，日甚一日。举凡婚姻诸事，动辄费金数千员。要历十年八载尝受血汗艰苦，然后积蓄而成，仅三数日费消尽净。所依赖者，'金山'两字耳。"① "四邑内地，烟赌林立，无知青年，挥金如土。观此情形，不寒而栗。……要须知，我们华侨出洋谋生者，多数系做苦力工人，如洗衣馆、洗盘碗、厨夫、企台，或耕种及其他苦力工作。计每年所得之工金，除衣食住行之外，所积蓄者，不过系几百元而已。若果每年寄多少回祖国做家用者，一年之血汗，化为乌有。……汝在家，务要勤俭，对于加重一切费用，不可过于浪费，至紧至紧。"②

这样一种社会心态和风尚与同时传入的西方讲求个性发展的文化观念相结合，必然要在建筑上表现出来，留下文化的痕迹，碉楼高大的楼体就成为表达社风民意的最好载体。开平碉楼有一个特点，它的中下部造型很简单，外墙一般不做装饰；最有看头的是上部，不仅造型丰富，而且柱、廊、外墙面的装饰十分用心，有的到了不惜烦琐堆砌的地步，它承载了反映主人经济实力、审美情趣、个性爱好的所有重任。对于开平碉楼的千姿百态、丰富的文化内涵，我们主要从碉楼的上部去区别，去认识。

为什么近代侨乡民众如此注重碉楼上部的经营与建造呢？从实际上讲，碉楼中下部的简单有利于防止匪盗攀援，不为敌所用。同时，我们更注意到，碉楼的中下部与民居等高，只有上部才突出于民居，能够成为视线的焦点、村落的标志。如果碉楼中下部也做复杂的造型装饰，就如同一个人穿着光鲜华丽的衣服在自家屋里转悠，别人是看不见的，这就达不到炫耀攀比的目的。而上部就不同了，它摆脱了民居的遮挡，高凸于成排的民居之上，远远地就吸引了人们的眼球，还有什么手段能够比它更有利于满足楼主的争富斗奇心态呢！

由此可见，碉楼还是近代开平侨乡民众心态和社会习尚变化的见证和特殊的记录，它实现了侨乡民众铺张排场、攀比炫耀的普遍心理。

---

① 民国十六年（1927）元月二十五日加拿大华侨关国镜致关国暖信。
② 民国三十七年（1948）十一月五日美国华侨雷法秀致雷景豪信。

五、从碉楼自身的使用看功能

开平碉楼在实际的使用中,还存在以下两个现象。

首先,开平碉楼大致可以分为三类:主要建于村外田间山岗上起联防预警作用的更楼,由全村或村中几户人家集资兴建于村后的众人楼,以及完全由个人独自出资建造的居楼。前两类碉楼的功能比较单一,都是为了防御,而居楼除了具有防御功能外,还兼有居住的功能。居楼出现的时间比较晚,它是将民居的一些功能与碉楼的防御功能合而为一,这当然有一个变化过程。在现存的1833座碉楼中,居楼竟达1149座,[①]占总数的62.7%。笔者在调查中也发现,很多华侨家庭不仅有居楼,还保存着老屋(他们称为"祖屋"),直到20世纪的70年代前,不少人既在老屋住,也在居楼里住。居楼所占碉楼总数的高比例,使我们不能忽视开平碉楼的居住功能。

其次,有一小部分碉楼被用作学校的教学建筑用房,或为教室,或为宿舍。前者如塘口镇潭溪村的宝树楼,后者如塘口镇安荣村的强亚楼和百合镇儒良学校的安定楼。

近代开平侨乡注意发展教育,学校突破私塾教学,采用西式现代教育,中小学的课程设置比较完整,学生多住校学习。能够读书的人多为华侨后代,有一定的经济条件,正是匪盗瞄准的目标。在社会治安环境不理想的状态下,学校不能不考虑加强自卫防御能力,以免学生教员成为匪盗绑架的对象。开平乡村一些学校的校长、教员、学生被掳为人质的教训沉痛而深刻,使碉楼也同样成为保护师生的有效手段。民国《儒良学校建筑碉楼最后议决之章程布告》明确提出:

> 我儒良之有学校也,创设于清季末年。自开办以来,成效卓著,久为邑人所推许。嗣以匪徒骚扰,学子戒心,遂至衰落。经族中热心学务者,提议建筑巩固炮楼,为学生寄宿舍。

---

① 国家文物局:*KAIPING DIAOLOU*(开平碉楼申遗报告英文版),中华人民共和国国家文物局,2001年,第16页。

《建筑炮楼招股及劝捐章程》第一条也开宗明义:"建筑坚固炮楼为学生寄宿舍,使学生安心向学,维持儒良学务为宗旨。"① 因此,开平碉楼也保障和推动了近代乡村教育的发展。

六、结语

通过上述初步的分析,笔者认为开平碉楼的功能远比我们以前所了解的要多,归纳如下。

第一,防御的功能。这是开平碉楼最基本的作用,也是所有碉楼都具备的功能。

第二,防洪的功能。特定的地理环境决定了开平中部平原的绝大多数碉楼同时兼具供村民防洪避灾的功效。

第三,居住的功能。碉楼发展到 20 世纪的前期,它逐渐与民居的功能相结合,使绝大多数的碉楼由单纯的防御性堡垒进而演变成防御性的居所。

第四,学校的功能。这类碉楼往往出现在那些家族力量比较强大、乡村教育比较发达的村镇学校,数量虽然不多见,但其特殊的功能决定它仍然是不可忽视的一种类型。

第五,村落环境的构件。一方面它满足了村落建设风水格局的需要,另一方面给村民营造了安全的心理环境。

第六,社会心理、习尚的承载。它记录了开平侨乡近代社会转型过程中,民众生活逐渐富裕变化的历程,还记录了民众心理和社会风尚随之变迁的痕迹,不可否认,这也是侨乡浮靡奢华的消极心态和追求时尚的见证。

笔者进一步分析发现,上述六种功能又可以分为两大类:前四种功能都非常实用、物质、外在,后两种功能则侧重反映了侨乡民众内在的心理需要,主要体现在精神方面,更具有文化学的意义。

正是开平碉楼功能的多样性,才使我们得出这样一个结论:开平碉楼虽然只是乡土建筑中的一种附属性建筑,但是它集中全面地见证了近代开平侨乡政治、经济、社会、文化、民众心理各方面的变化,包含了丰富的

---

① 《建筑炮楼招股及劝捐章程》,载《儒良月报》1923 年第 11 期,第 11 页。

文化内涵，因此，成为记录特定时期、特定地域、特定人群生存状态的难得的历史文化遗产。

［本文是广东省"十五"社科规划项目"广东华侨文化遗产研究"的成果之一，并得到开平市人民政府的资助，原载《五邑大学学报（社会科学版）》2004年第4期］

开平碉楼的设计
——开平碉楼文书研究之一

面对1800多座千姿百态的开平碉楼,人们很自然会想到一个问题:这些碉楼都是谁设计的?这个问题同样困扰了笔者多年,所以,在田野调查和碉楼文书的收集过程中,寻找碉楼的设计图、施工图,一直是笔者工作的重点。经过我们多年的努力,开平碉楼设计图的搜寻已经初有收获。结合多年积累的田野调查和碉楼纸质文物,笔者认为,现在已经具备了撩开碉楼设计这一神秘面纱的条件。

本文主要根据目前笔者掌握的有关开平碉楼设计的第一手资料,对开平碉楼研究中这一最基本的问题进行探讨,以求建筑史学家的指教。

一、"图则"是开平乡土建筑必备的基本条件

开平大规模兴建碉楼是在20世纪的40年代以前,此时开平的建筑管理已经有了比较具体的规章制度。不论是城镇还是乡村,不论是建筑公私楼房还是道路桥梁,都必须到有关部门办理登记手续,领取建筑执照,方准兴工;否则,属于违规,职能部门有权制止,令其停工。

要办理建筑执照,就必须先提交建筑计划,其中,图则(又称"图式",设计者称"图则师")是建筑计划的重要构件,除建筑承包商、业主各持有1份外,还有1份要留局备案。民国二十六年(1937)四月,五堡的谭初华在村里与人换地建私房,就曾于民国二十五年(1936)年底"绘定图式,向政府准领建筑照,依图比例,每寸作八尺,及四分做一尺建立"①。民国十五年(1926)荻海区风采路马路改造,也要提前申

---

① 《四月二十五日因初华与岚东社换地建屋请求调节案》,载《五堡双月刊》1937年第65期。

领建筑执照。为此,"须先将图则缴交建筑局工务课核定"①。当然,当时开平乡村的每一项建筑工程是否都严格照此登记办理了建筑执照,是值得怀疑的。不过,这是另外一个问题。从制度上讲,只有提交图则,才能办理建筑执照,制度规定是非常明确的。这不仅说明了建筑管理的具体规范,而且说明绘制设计图或施工图,是当时建筑工程的必要环节。设计在先,施工于后,才能保证建筑的质量。

就开平碉楼而言,它同样是一种建筑工程,动工兴建之前按理也应该要绘制图则,申办执照,方可合法施工。塘口镇自力村的湛庐在建造过程中政府对其征收了建筑税②,这说明湛庐是取得建筑执照的合法施工。再者,开平碉楼中西合璧,其建筑过程中存在业主和承建商的关系③。图则是业主发包的前提条件,只有业主认可了图则表现的建筑造型和功能,他才会招标;而且在与承建商签订的建筑合约中,业主对图则遵守也会做出具体的规定。比如,民国二十五年(1936)七月百合镇马降龙庆临村林庐的业主关定林与承建人吴波、吴坡签订的《林庐建筑合约》中,就明确规定楼屋的长短宽阔高低装修款式"要依图则及说明书做到妥当"④。《林庐建造合约》原附有章程、图则、说明书,可惜这些附件已经遗失,保存下来的只是合约的正本。

由此可见,开平碉楼的建造理所当然地应该是设计绘图在先,并非简单搭建。建筑设计图是开平碉楼建造的重要要件之一。

二、开平碉楼设计的分类

如果我们确定1800多座开平碉楼是设计在先、施工于后,那么这些碉楼具体是由什么人设计的呢?根据笔者多年的田野调查,开平碉楼的设计大致可以分为三种情形。

---

① 《呈请维持荻海马路图案》,载《风采月刊》1931年第3期;《建筑执照由荻海区委会就近填发》,载《风采月刊》1931年第6期。

② 参见2006年6月6日在自力村笔者对湛庐建造人何德安的采访记录。

③ 参见张国雄《从开平碉楼看近代侨乡民众对西方文化的主动接受》,载《湖北大学学报(哲学社会科学版)》2004年第5期,第597-602页。

④ 参见开平市百合镇马降龙村的《林庐建筑合约》,原件收藏于开平市开平碉楼与村落保护管理办公室。

（一）聘请外国设计师设计

笔者初到开平时，常常听当地人讲，碉楼是外国人设计的。可是在相当长的一段时间内，没有收集到直接的资料，而且至今没有发现由外国设计师设计的碉楼图，这曾经使我对民间这一普遍的说法产生过怀疑。

2006年3月，笔者在开平一文物贩家中购得民国十八年（1929）《（余氏）宏义祖家谱》一卷，以及民国四年（1915）余觐光撰写的《荻海余襄公祠堂记》和他于民国九年（1920）撰写的《荻海学校记》，这几本书第一次为我提供了有关这方面的直接资料。余觐光为荻海学校校长，亲身经历了余氏宗祠风采堂的兴建，当时人记当时事，其言可信。余氏风采堂由前面的风采堂和后面的风采楼两部分组成。风采堂"权中西式而折中之"①，建成于民国二年（1913），而4层高的风采楼则是"全仿西式"②，建筑于后。《荻海余襄公祠堂记》明确记载：

> 而祠之后，画区为楼，功乃未竟。三年甲寅，乃以五百金雇西人鹜新绘式。

虽然我们至今不知道设计风采楼的这位"西人"是谁，但是，风采楼是聘请外国建筑师设计则是明确无误、有案可查的。与中西合璧的风采堂相比，风采楼确实是完全的西洋风格，造型大气端庄，建筑比例协调，与风采堂形成鲜明的对比，是开平近代乡土建筑中的珍品。

风采楼虽然不是碉楼，但是既然它可以由外国建筑师设计，难道乡村的碉楼就不会？蚬冈镇锦江里的升峰楼为我们提供了一个直接的例证。升峰楼的楼主黄峰秀是一个美国华侨，他从美国学医归来，在广州的法租界开诊所行医。1919年，黄峰秀回到锦江里建造升峰楼，建造图纸是他从广州带回来的，其设计者为法国建筑师③。黄峰秀晚年归里，在升峰楼度过余生。升峰楼的造型精致秀丽，立柱采用罗马混合式，罗马和伊斯兰风

---

① 余觐光：《荻海学校记》，见《（余氏）宏义祖家谱》，1929年。
② 余觐光：《荻海学校记》，见《（余氏）宏义祖家谱》，1929年。
③ 国家文物局：*KAIPING DIAOLOU*（开平碉楼申遗报告英文版），中华人民共和国国家文物局，2001年。

格的拱券交替使用，角亭为巨柱组合，其窗楣、窗裙和外墙的装饰性强。与风采楼一样，也是开平乡土建筑中比较规范的西式建筑。

如果以升峰楼和风采楼为标尺，再来看看同在蚬冈镇锦江里的瑞石楼，笔者以为它的设计水平绝不低于前两座楼，应该也是按照标准的西方建筑式样建造的。

据瑞石楼建造者黄璧秀的孙子黄炳洪和重孙黄耀铿回忆，瑞石楼是黄璧秀在香港谋生的侄子黄滋南设计的。黄滋南是业余的画家，尤其擅长建筑素描。当时他只是画了一个草图，将其带回来交给承建商。施工过程中，瑞石楼由泥水匠修改、充实，最后才得以建成①。

笔者相信黄炳洪和黄耀铿父子俩的回忆也是有所依据的，但对黄滋南设计了碉楼的图纸这一说法，笔者表示怀疑。黄滋南的职业已经无法得知，如果他真是一个业余的画家，即便喜欢画建筑图，没有经过专业的训练，也难以画出这样规范的楼式，更不要说乡村泥土匠的修改充实了。我认为瑞石楼应该是楼主黄璧秀聘请外国建筑师设计的。黄璧秀与大儿子黄畅兰、二儿子黄赐兰从清光绪年间（1875—1908）起就在香港谋生，后来父子三人经营了钱庄和药店，积聚了豪财，在香港聘请专业建筑师应该非常方便。作为一个有身份、投重资建碉楼的成功发家者，怎么会舍不得出钱聘请专业建筑师拿出与众不同的建筑设计和乡邻炫耀，而会让一个业余画家用以草图对付呢？！在建筑过程中，黄璧秀与其父黄贻桂为楼高的争执就很说明问题。当瑞石楼建到第七层时，黄贻桂就骂儿子："起甘高做乜？三层就得。"黄璧秀不听父言："我就是要建最高的楼！"② 瑞石楼最终建成9层高，确实成为开平碉楼第一楼，四周民众可以远远看到它。建楼耗资3万港元，这在那个时代不是一笔小数目。这样一个充分张扬个性、炫耀财富的楼主，没有道理不会对设计环节予以重视，否则不合情理。

退而言之，如果真是黄滋南所设计，从常理上分析，他也应该是香港的一位专业建筑设计师。

赤坎镇耀华坊是一条全部由加拿大华侨回来建成的华侨新村，由10座洋楼组成。村落首排三座的建筑式样、造型完全相同，只是里面的灰塑

---

① 参见2001年5月17日在锦江里和三埠笔者对黄炳洪、黄耀铿的采访记录。
② 参见2001年5月17日在锦江里和三埠笔者对黄炳洪、黄耀铿的采访记录。

装饰有一些区别。据关积卫老人回忆，这三座洋楼是按国外带回来的同一张图纸建造的①。

聘请外国建筑师设计乡村建筑，在五邑侨乡并不仅见于开平，在台山，笔者也看到了实证。台山端芬镇庙边村有一处洋楼群，分别由西式别墅玉书楼、沃文楼、相忠楼和中西合璧式的两座洋楼组成，它们建于民国十六年（1927）至民国二十年（1931）。三座西式别墅是翁玉书、翁沃文和翁相忠在香港请德国建筑师设计的②。台山紧邻开平，翁家别墅群的设计旁证了开平碉楼聘请外国建筑师进行设计的事实。

由此看来，开平侨乡直接从香港、外国带回碉楼的设计施工图纸的可能性是完全存在的。利用外面的建筑师设计新颖的建筑造型，符合逐步富裕起来的侨乡民众表现自己、张扬财富、提升社会地位的心态，他们也有这个便利的条件。

20世纪的八九十年代，开平还有华侨从国外寄回施工图纸，兴建祖屋。1989年5月13日，美国旧金山的开平华侨李伟堂致信开平市三埠镇新昌大兴街的李国，随信附有几张建筑草图和4张照片。建筑施工图是由旧金山哈沃德大街568号的比德·库利建筑设计公司（Peter Culley & Associates）设计的，建筑样式是西班牙式的别墅。这是一个非常有价值的旁证，说明开平华侨聘用外国建筑师进行建筑设计的做法一直流传到今天。③

（二）聘请内地建筑师设计

这里所说的内地建筑师是指专业的设计人员，他们可能是开平当地的专业设计人员，也可能来自广州等地，有别于前面提到的大陆以外的建筑师，也有别于下面要提到的乡村工匠。

开平碉楼由当地建筑师设计，最直接的证据之一是江门市博物馆（即江门五邑华侨华人博物馆）近期征集到的一张碉楼设计图纸。这张图纸是绘制在硫酸纸上，图名是"荻海区塘边乡余宏义新建碉楼图"，它由

---

① 参见2006年7月6日上午在开平市赤坎镇耀华坊笔者对关积卫的采访记录。

② 参见2004年4月20日上午在香港德辅道中25号翁家灼律师行对翁家灼进行采访的笔录。翁家灼为翁玉书之孙。

③ 原件收藏于开平市碉楼研究所。

一幅立面图、一幅剖面图和六幅平面图组成,与现实中的余宏义楼完全相同。从图纸的绘制水平、材料来看,它应该出自专业的设计人员之手。遗憾的是图纸上没有设计年代和设计师的名字。即使如此,它依然是非常珍贵的碉楼文物,是内地建筑设计师设计碉楼的有力证据。

开平碉楼由当地建筑师设计的间接证据,是雁平楼业主后人黄宗晃的来信。他在信中指出:

> 父亲于是决意出资兴建新房舍,择定在齐塘乡前"百赤茅"公路之南名"岗顶"地区,为新房舍地点。委托本乡工程承包商黄益兰先生,聘请开平著名建筑师设计进行。于一九三二年夏日动土兴建。①

从雁平楼的造型到装饰来看,虽然比不上瑞石楼、风采楼,但是也还是比较规范,看得出这位建筑师受过专业的建筑设计训练。可惜这位"著名建筑师"的姓名今天已经无人知晓了。

类似设计雁平楼这样的"著名建筑师"是开平建筑之乡的重要支柱,大有人在。

民国三十七年(1948)《儒良月报》复刊第8期"乡闻"栏"天才建筑师"条记载:"新梓园持宣,向业泥水建筑,人极聪明,早年习师香港,能绘图设计算力计料,颇具天才。"胡持宣曾在香港专习建筑,经受了科班的训练,使他从一个乡村泥水工匠成为一位远近闻名的建筑师。设计往往与工程承包相连,所以胡持宣承包的工程不仅走出开平,并且分布到新会、台山。

民国十二年(1923)开平荻海余氏宗亲创建群济医院,根据民国十九年(1930)创办总干事余康表撰写的《群济医院征信录》记载,群济医院最初的图式是同族的余和星绘制,工银24元。可能是设计图式不理想,达不到要求,后来改聘长沙镇的邓爵"图式师"(又称为"绘则师""绘式师")"绘群济医院图式",工银150元②。

民国二十二年(1933)年底,开平西南地区政府决定在赤坎镇建设

---

① 参见2004年5月21日黄宗晃致张建文书信,原件收藏于开平市碉楼办公室。
② 参见1930年《群济医院征信录》十三,"西华坊琚中伯经手进支数"。

开平县立中学新校区,"向邑内外工程师征求图案及作法说明书"。第二年中,"决定选取关以舟工程师所绘图则"①。

当时,来开平承接建筑设计项目的不仅仅是本地的图式师,还有广州等外地的专业建筑设计人员。例如,民国二十年(1931)沙塘乡建设沙溪小学,其图书馆就是"向广州市三兴建筑公司请黄瑞工程师规划最新式图则"②。又如,民国二十一年(1932)赤坎镇司徒氏家族筹资8000元建筑通俗图书馆前的牌楼,最初是由赤坎筑堤会提交了一个图则,后来到广州"请李卓工程师将牌楼与园亭等作一整个建筑计划,牌楼样式,仿照北平正阳门,昨经将该图寄回"③。这些图式师生逢其时,正值开平侨乡华侨新村镇建设蓬勃发展的时期,他们承接的项目除了医院、洋楼、学校,碉楼也必然是大量承接的工程。

抗日战争胜利后,一些在广州等地的开平籍建筑师纷纷回乡承接楼宇建筑工程。百合镇凉水井旧村的胡荣,"从幼习建筑业,为人忠厚,且和蔼可亲……从业迄今,已三十余年,省港各大建筑公司当工程司(师),因设计精密,颇为东家与业主所推重。近胡荣君因感我国自抗战后,各地均遭日寇破坏,亟须建设,遂在广州光孝路创设'建睦营造厂',承办各项大小建筑"④。胡荣的"建睦营造厂"也在家乡的《儒良月报》上刊登广告,承接工程,广告词有"承接大小建筑工程,特聘精密设计工程师,图职设计"⑤。同镇均安里的胡持博也在广州维新北路开设了"大东建筑置业行",专"聘新从欧美回国工程师设计"⑥,起点就很高,同样回乡承揽工程。

其实像这样的专业建筑公司,在开平本地也有。百合镇凉水井旧村是一个出建筑工程师的地方,民国三十七年(1948)《儒良月报》复刊第6期就以"同村出了两个建筑大家"为名做了这样的记载:

---

① 《开中建委会征求建校图案》,载《教伦月报》1933年第122期;《开中开投建校工程》,载《教伦月报》1934年第128期。
② 《沙溪图书馆建筑竣工》,载《开平明报》1932年第11卷第18期。
③ 《馆前建筑纪念牌楼已成事实》,载《教伦月报》1933年第119期。
④ 《族人胡荣君在广州创设建睦营造厂》,载《儒良月报》复刊1947年第2期。
⑤ 《建睦营造厂广告》,载《儒良月报》复刊1947年第2期。
⑥ 《族人持博君在穗开设大东建筑行》,载《儒良月报》复刊1948年第6期。

> 凉水井旧村，所称建筑大家，前有持材君（即泥水林），后有持荣君（即泥水洁）。以两君之执业相同，而其得到结果者亦相同也。持材起迹在先，族人皆知，及后持荣相继振起，少年英蔚，手面阔绰，得四乡人之信仰。佢本人兄弟五人，均熟手建筑，持荣得兄弟携手，所接厂口，主持独周。

抗战胜利后，胡持荣在赤坎镇开设了"广鸿兴""大源隆"两家建筑店铺，专营建筑材料，"承接建造大小工程，设计，装修，连工包料"①。

在赤坎镇开设的建筑公司，还有胡维材的"联安昌号"，也是"承接大小土木工程，设计建筑，坚固，新型，美观"②。

从侨刊中梳理出来的这些资料，反映了开平侨乡建筑蓬勃发展的过程中，确实存在着一支专业的建筑设计师队伍，他们为华侨家庭和侨村的楼房屋宇建设提供了专业的服务。碉楼设计出自他们之手，一点也不意外。

（三）本地泥水匠创作

开平侨乡还有一大批生存在乡村的建筑工匠，这些人多数都没有接受过正规的专业学习训练，是由师傅带徒弟的传统方式带出来的，在实践中成长为工匠。当地人称他们为"泥水佬"。

泥水佬不少是世代相传，子承父业。他们一般都没有自己独立的公司，没有自己稳定的施工队伍，游走于乡村之间，接到工程后便临时雇佣施工人员，相互关系很松散。他们同样是开平碉楼设计的重要力量。

2001年7月15日和2002年1月15日，笔者在赤坎镇两堡村委会兰兴村，两次采访了余卓焕（57岁）。据他回忆：其爷爷余彬生出生于清朝光绪二十五年（1899），1967年去世，享年68岁。其母亲家是一个乡土建筑世家，余彬生14岁跟其舅舅学做泥水，他舅舅的几个儿子都是从事乡土建筑的。18岁时，余彬生开始自己独立承接建筑工程，中年时已经在赤坎、百合、蚬岗一带很有些名气了，有"泥水享"的美誉。工程甚

---

① 《大源隆广告》，载《儒良月报》复刊1949年第12期。
② 《大源隆广告》，载《儒良月报》复刊1949年第12期。

至做到了台山，最多时有20个工程在同时进行，雇工达到200余人。余彬生做的乡土建筑工程不分碉楼、洋楼，有什么做什么。他还是个多面手，心灵手巧，泥水、木工、铁器活，都可以自己动手做。经过常年的积累，他逐渐形成了自己的建筑特点，他做的碉楼多数是穹庐顶、圆体柱的燕子窝，在廊的拱券方面，擅长罗马的圆拱和伊斯兰的叶形拱。在附近一带的建筑工匠中，余彬生久负盛名，职业代际相传，余彬生、余荣洽、余卓焕又形成了祖孙三代的建筑世家。

余卓焕还清楚地记得，他见过爷爷余彬生自己绘画的建筑图，其中就有碉楼草图，比较简单，既有造型又有施工要求，很可惜这些图纸在"文革"中由余彬生自己亲手烧掉了。

余卓焕的追忆应该带有真实性。爷爷去世时，他已经23岁，与余彬生共同生活了20多年，多年耳濡目染，自然对爷爷的经历和成果有真切的记忆和见证。

参与塘口镇自力村湛庐建筑的排栅佬何德安（80岁）这样回忆他看到的湛庐建筑图纸：

搭排栅前，泥水佬给我看过湛庐的建筑图，是手画的，里面有湛庐建多高、梁多厚、卡位多宽。我记得大致是每层有3.2米高，梁有40公分，横梁是35～40公分，墙有24公分厚。当时用的尺是95尺，一尺等于今天的35公分。泥水佬他必须拿图纸给我看，我要知道湛庐的尺寸，才好备料搭排栅。[①]

梁仲华回忆他家建洋楼，是父亲从秘鲁寄回几千元钱，母亲请乡村工匠设计建造，他看过工匠画的图纸[②]。

像"泥水亨"或建湛庐的泥水佬这样的乡村工匠，在当时的开平还有很多，他们到处承接不同的工程项目，只要是泥水活都接。民国二十五年（1936）八月，赤坎镇元六祖祠堂修葺，"泥水匠陈巨出价一百二十元

---

① 参见2006年6月6日上午在塘口镇自力村笔者对何德安的采访记录。
② 参见2005年4月2日晚上在开平市半岛酒店笔者对梁仲华的采访记录。

投得"①。同样在赤坎的龙背西村,有一个名叫"关宇"的人,"向以泥水为业,近数年来,多在台山斗山一带专做建造生意"②。这些泥水匠多数都有家庭的职业传承,自学成才,游走于乡村之间,有良好的人缘关系,祖辈相传所积累的信誉也是他们的资本,而且价格比前两种建筑工程师要低,受到乡村一般华侨家庭欢迎的程度肯定很高。

因此,有理由相信,开平广大乡村的碉楼,应该有相当大一部分是由"泥水享"这样的乡村工匠所设计。

三、开平碉楼不同设计的比较

以上三种不同背景的人员所做的碉楼设计,有以下不同的特点。

首先,第一、二种设计一定有标准而详细的设计图纸和施工图纸,设计师所受的专业训练必然通过图纸表现出来,第三种设计可能不是每位工匠都会提供详细的图纸,有的很可能只是一张草图,给出一个大致的造型,谈不上真正意义上的建筑设计图。但是他们所处的时代和侨乡文化环境,帮助他们了解到国外的建筑情况,获得一定的资料积累,所以做出来的碉楼同样是中西合璧,只是不那么标准罢了。

其次,三种设计对具体施工所发挥的影响有大小之别。国外寄回来的图纸,并不是最后的施工图,它是交给开平侨乡的工匠施工,被改动的可能性很大,指导性的意义比较突出,因此,最后建成的碉楼与外国寄回的原图一定有较大的区别。例如,由"西人"设计而由乡村工匠建造的风采楼,实际上就已经被承建的工匠添加了一些传统乡土建筑的元素。前引1989年5月13日,美国旧金山的开平华侨李伟堂给开平市三埠镇新昌大兴街李国的信中就有这样的表述:"总之,还是要视乎实际环境而定。最好还是参照当地情况,承建商自己应有主意。"这里说得非常明确,国外的设计是参照那里的地质、地理、环境、经济、社会、习俗等条件而成,来到开平侨乡,不变是不可能的,原封不动地照搬"西人"的设计很不现实。而当地承建商的"主意"对最后建筑的完成有很大的决定作用。

---

① 《元六祖祠焕然一新》,载《光裕月刊》1936年第8卷第9期。
② 《营造新居》,载《光裕月刊》1937年第9卷第3期。

第二种和第三种设计是在本土，建筑师接受业主委托设计之始，本土的自然、人文环境因素就在有形无形地影响着他的设计思路和画笔，出来的作品与实际可行性之间的距离，比外来的设计要小得多。从开平荻海群济医院先后更换了图则师的情况来看，在内地建筑设计师和本地泥水匠设计的过程中，设计者与业主之间存在一个互动的关系，设计师可在征求业主意见的基础上不断地修改设计方案，若业主不满意其设计甚至可以更换设计师。因此，他们的设计一旦确定，在具体的建造过程中，被改动的可能性就比第一种要小得多。

再次，由乡村工匠所做的设计，从专业的角度讲，可能很不规范，很不标准，甚至没有严格意义上的设计图。但是，他同样要先拿出一个造型的式样，也就是草图，给业主审查通过。业主与这些工匠的空间距离短，他们随时可以见到工匠，亲切感降低了心中对工匠的敬畏之心（对来自省城广州等外地设计师崇敬的心理可能更强），大胆提出对设计具体要求的可能性比前两种设计要多。侨眷们手中拥有的外国建筑画报、建筑照片、建筑明信片都是业主提出具体要求的参照物，增加了业主与乡村工匠直接对话交流的信心，会提出诸如"燕子窝要欧洲古城堡的造型""立柱采用罗马的某种样式""拱券给我做成伊斯兰的叶形"等要求。他们对自己选择的部位式样可能叫不出专业的名字，不过，这并不影响他们按照自己的喜好提出要求。因此，乡村工匠设计的过程与业主的互动性就更强，从这个意义上讲，可以说业主也在参与设计。乡村工匠在这个过程中也不是完全处于被动，他们一方面可以为对国外建筑了解较少的侨眷提供资料，方便业主选择；另一方面，他们还可以从施工技术方面对业主提出的具体要求发表自己可行性的意见，进而左右设计。所以笔者认为，第三种设计更是开平乡村民众（工匠和业主）的一种有创造性的群体活动，开平碉楼的千姿百态、富有创意而又不失浓郁乡土气息的表现，更多是来自他们之手。

复次，根据三种设计师的不同设计所建成的碉楼，不论在造型还是建筑质量上，是有所区别的。采用外国设计师或内地设计师设计方案而建造的碉楼，楼体包含的国外建筑元素比较统一，比较规范标准，专业性比较强，建造质量也比较高，它们对乡村工匠们起着示范的作用，是后者模仿的对象。乡村工匠设计建造的碉楼基本上是外国建筑"碎片"的组合，造型比较随心所欲，建造的质量不如根据第一种和第二种设计建造的碉楼高，其亦中亦西、不土不洋的建筑风格赋予开平碉楼特殊的历史和人文价值。

最后，外国和内地专业设计师的作品成为乡村工匠设计时模仿的对象。在乡村调查中，有村民回忆起当年业主请工匠建碉楼，就带他到看附近的碉楼去观摩，并被要求照样建造。瑞石楼的造型就明显被附近的庆云楼所仿造。

［原载《五邑大学学报（社会科学版）》2006 年第 4 期］

开平碉楼的建造
——开平碉楼文书研究之二

开平碉楼的研究逐渐受到人们的重视，不断有国内外不同学科的学者将自己的研究关注点移向了"开平碉楼与村落"。同时笔者也看到，"开平碉楼与村落"的研究还处于起步阶段，很多最基本的问题尚未被人们深入讨论和研究，比如有关碉楼的建造就是其中之一。本文拟就此提出个人的初步意见，希望对这一新的研究课题的深入开展有所助益。

本文主要讨论碉楼的造价和建造两个基本问题。

一、开平碉楼的造价

开平为华侨之乡，建碉楼主要是因为华侨为保护家乡亲人的生命和财产安全，将他们在海外含辛茹苦积攒的血汗钱寄回家乡建造碉楼，这些钱就成为碉楼建筑的主要资金来源。

民国十五年（1926），《教伦月报》第47期"族闻"栏，"族侨返美调查"条记载：

> 黄其塘族人俊超、俊灿、俊瑞三君，前数年由美旋家，各建碉楼屋宇，用资几及万元。

《教伦月报》第47期"族闻"栏，"碉楼落成"条记载：

> 澄溪里族人文厚君，父子经商于美，积有余资。现在该乡建造碉楼，业经完竣。

民国二十二年（1933），《教伦月报》第111期"反对建筑碉楼之无理"条记载：

> 长安里，系关姓与该族人毗邻聚居，向称和睦。近有关崇仰，由外洋旋乡，见地方不靖，乃拟将自己原有之地段，建筑碉楼一座，一则自己自卫，二则为一村保障。

民国十五年（1926），《楼冈月刊》第 3 卷 "族闻" 栏，"建楼不成" 条记载：

> 锦洲人士，拟捐款在大头圳附近，用山坭建筑碉楼，以资守卫，详情业纪上卷。近闻因村中住户，贫富不一，人心涣散，款项难筹，以成泡影云。

民国十六年（1927），《潭溪青年先锋》第 8 期 "华侨回埠" 条记载：

> （春塘里）世任君，经商克列，于去年为旋后，建一碉楼，用去建筑费万余元，规模为潭溪之冠。

民国十六年（1927），《儒良月报》总 65 期 "乡族新闻" 栏，"均安里捐款筑公楼" 条记载：

> 均安里非千万户之巨乡，现有碉楼三座，可以捍卫而有余。然前建之碉楼，乃村人集股而成，可为私人之住眷，不可为全村设防之地点。于是集众会议，议决于村中冲要处，另建一更楼，转为通村驻防之所。斯楼也，未论其形胜，先拟其制度，可以高瞻而远瞩，可以俯察而仰观。村外之往来，不能逃我之眺视；村内之庐舍，统皆归我之范围。无事则隶属防维，有事则呼应灵敏，自卫之善，孰有善于此者。虽然，善则善矣。而建筑之费，计将安出？借箸筹之，仍以募捐之法为最良。于是发布题签，务望诸公鼎力。凡英美两属侨商，每人额捐十元为底，余则随人乐助。

民国十七年（1928），《儒良月报》第 5 期 "家乡消息" 栏，"吾族又多一保障矣" 条记载：

边汤遵植之子持允君,上数年由红毛还乡,缔造华厦一间、书馆一所,堂堂大雅,尽可安居。惟感于时局之多变,若不建筑碉楼,万一肘腋变生,事后之悔过何及。所以去岁归来乡井,决心碉楼宏敞,以垂久大之规,血汗之资非所计,而但得保障一方,费去之钱文何惜。持允君之意,可谓安不忘危,能弭事变于未形者也。

民国十七年(1928),《儒良月报》第 5 期"家乡消息"栏,"创屋未久又创楼也"条记载:

安吉里和畴君,出洋经商,青蚨大获,前数年回乡,建造华屋两间,自居一间,尚有一间,交伊第二弟妇母子居住,根深蒂固,可无意外之虞。乃和畴君以啸聚萑苻,万一失之疏虞,噬脐亦将何及?因此客岁东旋,预定建楼之策。今春购备机件,运回本乡应需。昨夏历三月间,特托亲信人嵩君,代行摄理职权,刻下大兴鸠工,自料不久碉楼告成,足资一方之保障。而该楼之辉煌金碧,系属当前之余事云云。

民国十九年(1930),《儒良月报》第 3 期"本族新闻"栏记载:

(圈村)兰和,向往墨国,于旧岁秋间,满载回唐,为保护安全起见,现在该村后方,大兴土木,建造碉楼一座,闻落成之期,行将不远云。

民国十九年(1930),《风采月刊》第 8 期"乡闻"栏,"乡民筹建校舍"条记载:

获海雀囷堡圣操高级小学校校董会,以校址狭迫,教师不敷分配,现特拟具图则,筹建校舍炮楼,为栽培人才之所。当即鳌定章程,编纂募捐缘部,分发海外侨胞募捐,其募款数额,为一万四千元。

民国二十二年(1933),《晨钟旬报》第 34 期"永兴里筹筑闸阁"条记载：

> （六区）永兴里人多出洋，素称殷富，最近冬防吃紧，同里堪虞。该村父兄利某雨等，召集全村公民会议，即席议决通过，分部额捐千余元，以备兴工建筑最完善之闸阁两座，俾固村场而壮观瞻。

民国三十七年（1948），《茅冈月报》第6期"提倡重建茅丛岭碉楼"条记载：

> 本乡于民国初年，因匪氛披猖，同里不宁，故自民十一后，各村侨胞，为保护家乡巩固自安起见，咸纷纷建筑碉楼，添置枪械，守望相助，厉行清乡，有乡内贤达联络华侨，酿资建一碉楼于茅丛岭之巅，配有探照灯，夜间遣派团勇看守，裨益于乡间治安极大。

类似的记载在侨刊和其他文书中，数不胜数。上引数例确实反映了华侨是开平碉楼建筑的主要资金来源的事实。开平碉楼的兴建，或是华侨自己回乡出资建筑，或是家乡父老向海外集资。也有一些碉楼是在当地按房头集资，各房各户分摊的钱，其中应该有相当部分仍是来自海外的侨汇。有没有完全是非侨资呢？应该也是有的，不过这种情况不多，一则开平侨乡华眷分布广数量多，绝大部分村落都有侨汇，二则前引楼冈锦洲里建楼的失败，可能从一个侧面反映了本地资金在建造碉楼资金中所占比例的困窘。

那么，建造一座碉楼具体需要多少资金呢？这没有一个统一的价格，不同的碉楼建造费用是有差别的。上引的《教伦月报》记载的赤坎黄其塘司徒俊超、俊燦、俊瑞三兄弟各自建的碉楼和庐，费用都在万元以上；《潭溪青年先锋》记载的塘口镇春塘里谢世任建的碉楼也是花费万余元，《晨钟旬报》记载的塘口镇永兴里两个闸楼开销是千余元。可惜这些碉楼今天已不存在，难以了解其体量规模以及建筑造型的复杂情况。这样，就大大降低了它们的参照价值，不过这动辄万元的开支，在近代乡村也不是一个小数目。

不过，在乡村的田野调查和碉楼文书中，笔者还是掌握了一些至今有碉楼实物存在的相关资料，可以帮助我们对碉楼的造价有一个粗略的了解。

蚬冈锦江里的瑞石楼有开平碉楼第一楼的美誉，它楼高9层，造型复杂丰富，讲究装饰。据建造者黄璧秀的孙子黄炳洪和重孙（现在的守护者）黄耀铿回忆，瑞石楼建于民国十二年（1923），民国十四年（1925）完工，造价是港币3万元，瑞石楼建成后，黄家在村里大摆宴席5日，花销1万港币。①

百合镇儒良学校民国十二年（1923）为学生住宿而建的安定楼共5层高，1层至4层是宿舍，以集股形式筹资，共集1500股，每股为10元双毫银，总计股资15000元双毫银。第5层为培英阁，主要作为捐款留名的纪念堂，以捐款方式集资，共有400人捐资，总计12000元双毫银，实际开支3000余元双毫银。这样，安定楼的造价就为18000元双毫银。②

百合镇齐塘雁平楼也是楼高5层，但是比安定楼宽敞，体量更大。据建楼者黄锐兰之子黄宗晃回忆，民国十二年（1923）夏，动工兴建雁平楼的资金由黄锐兰亲赴香港提款，计耗资3万元双毫银。③

百合镇马降龙永安村和南安村的天禄楼高7层，建于民国十四年（1925），它是由29户华侨家庭合股集资修建的，共耗大洋12000元。④

塘口镇自力村的安庐为民国十五年（1926）由旅居英属斐济岛的方广彰寄回1000元港币，委托伯父方文旋兴建，楼高4层。方文旋与方广彰的父亲方文厚为堂兄弟，方文厚也是英属斐济岛的华侨。安庐紧挨方文旋的居安楼，表示兄弟亲密无间。安庐原计划建2层，后来又加了2层，造成桩基不稳，逐渐向左倾斜，20世纪80年代一场台风，使正面左边立柱倾倒，但是整座楼没有倒下，也算是一个奇迹了。⑤

上述瑞石楼、安定楼、雁平楼、天禄楼和安庐的层高、体量、造型各

---

① 参见2001年8月27日下午笔者在锦江里的采访记录，以及8月30日晚在开平长沙笔者对黄炳洪的采访记录。黄炳洪为黄耀铿的父亲，早年在香港读书，后为开平一中英语教师，长期住在瑞石楼第6层，20世纪90年代后期才搬到开平市区居住，2003年去世，享年89岁。

② 参见《儒良学校建筑碉楼最后决议之章程布告》《建筑炮楼招股及劝捐章程》，载《儒良月报》1934年第11期。

③ 参见2002年夏黄宗晃致开平市碉楼文化办公室张建文主任信。

④ 参见2001年8月28日上午在永安村笔者采访黄均森（80岁）、黄锡昂（75岁）的记录。

⑤ 参见2001年8月18日下午在自力村笔者采访方春桥老人（79岁）的记录。方春桥是方广彰的侄子，于1958年从外回到自力村，在安庐住了十多年。

不相同，使用的币种分大洋、港币和双毫银三种。瑞石楼与雁平楼相比，都是3万元，一个是港币，一个是双毫银。毫无疑问，瑞石楼的造价理应当比雁平楼更高一些。如果黄炳洪、黄耀铿的回忆没错，那么只能说当时港币比双毫银更值钱。那么，当时港币与今天的人民币换算，笔者暂时不知。双毫银是清末至民国二三十年代广东自铸使用的货币，币值比较稳定。广东的双毫银与全国流通的银圆换算，是5个双毫银为一个银圆。民国二三十年代1个银圆合今天的40元人民币。这样，雁平楼的3万双毫银合6000银圆，相当于今天的24万人民币。安定楼的18000双毫银合3600银圆，相当于144000人民币。而天禄楼换算下来则值48万人民币，从该楼的建筑造型、建筑质量等方面来看，笔者对这座楼的造价有所保留，它的造价不应该比雁平楼高这么多。不管怎么样，即使放在今天的开平侨乡，每座楼的造价也不是一笔小数目。

前面引述的赤坎镇黄其塘的司徒三兄弟和塘口镇潭溪春塘里的谢世任所建碉楼都在万元以上的情况为旁证，笔者以为，开平碉楼的造价多在双毫银万元左右，也就是相当于今天的8万多人民币。碉楼分布的普遍性，从一个侧面反映了开平侨乡民众的富裕程度，很多侨眷在当时即已都是万元户。

二、开平碉楼的建造

开平碉楼进入具体的建造，大致分可以为如下几个阶段和方面。

（一）招标

20世纪初期，开平的建筑工程就形成了招标的管理模式，大至学校、家族祠堂，小至村落书社、民宅，一般都要向社会公布，邀请投承。

例如，民国二十三年（1934），开平中学新校舍工程于6月14日开投，"到投者颇为拥挤，省港以及内地之建筑公司参加投承者，计工十四处。开投结果，以美和公司投价七万四千九百元为最低，达成公司投价七万七千元次之，三票则为七万八千元。查一二两阄均为本族族人所得，美和公司主事人为书楼族侨俊织、尚义两君，达成公司则为塘边乡梓荣君之侄某君。开投后，昨经建校委员会审查，决议交与二阄达成公司承建，承价仍减为七万四千九百元"①。

开平中学是一个比较大的建筑工程，吸引了远至广州、香港的建筑公司，招标的程序比较完整。有意思的是美和公司不是开平当地的公司，美和公司很可能是在香港，但它由司徒氏的海外乡亲（族侨）司徒俊织和司徒尚义组建的。达成公司或者在广州或者就在开平当地。中标的既不是投标时出价最高的公司，也不是最低的公司，但是最后的造价则取了最低标准。

在建筑工程的招标中，有的是分项目招标。例如，民国十七年（1928）月山镇的月山书院重修工程总造价是 1025 元，十二月三日在书院开投，"泥水三百六十五元，许旗投充；木工二百七十元，苏泽投充中；篷厂二百二十元、漆工百七十元，公益埠元昌投充"②。

不管是哪种投标形式，都反映了当时开平建筑招投标的普遍性。

碉楼的建造也不例外。民国十六年（1927）百合镇齐塘龙凝里建造村口的闸楼，"以壮观瞻兼资守御，而建阁工程，系陈巨取价一百二十元，接得办理"③。这个陈巨是一个长期活跃在乡间的工匠，民国二十五年（1936），他同样以 120 元的报价投得赤坎脾冲里元六祖祠堂修复工程的泥水部分项目④。虽然目前笔者只收集到一条有关碉楼招标的资料，不过从开平当时的建筑管理环境来看，绝大多数碉楼要进行招标的程序，应该是没有什么问题的。当然，是不是每座碉楼都要招标，则不敢断言。有些投资少的碉楼也可能省掉了这个程序，直接找人承建。赤坎镇鸿溪里的司徒俊燦是一位老华侨，民国三十七年（1948）春，他回到家乡，"因碉楼窄狭，不敷居住，故于前月聘工在碉楼左侧增建房廊一座，闻该工程乃该乡建筑师庐良君包料建筑"⑤。司徒俊燦在碉楼旁加建房屋的项目就可能没有进行招标。

（二）施工

业主和施工单位在动土之前，要到风水师那里求吉课。吉课内容包括

---

① 《开中开投建校公司，一二两阐均为族人投得》，载《教伦月报》1934 年第 128 期。
② 《月山书院重修投充工程》，载《晨钟旬报》1928 年第 33 期。
③ 《龙凝里建闸阁已积极进行》，载《齐塘月刊》1927 年第 2 卷第 3 期。
④ 参见《元六祖祠焕然一新》，载《光裕月刊》1936 年第 8 卷第 9 期。
⑤ 《俊燦翁碉楼增建》，载《教伦月报》复刊 1948 年第 4 期。

建筑朝向、动土日期、上梁日期、入伙日期、各种禁忌等繁多的项目，施工单位必须遵照执行。

施工单位如何对一座碉楼具体施工？目前，笔者还没有查阅到详细的文字资料，根据多年在乡间进行的田野调查，大致可以归纳出以下几个方面。

（1）中标者在接标后，首先要与业主签订《建筑合约》，领取建筑图则。《建筑合约》涉及业主和施工单位双方的权益。笔者在百合镇马降龙庆临村林庐里面收集到民国二十五年（1936）七月业主关定林与承建人吴波、吴坡签订的《建筑合约》一份。这份《建筑合约》主要对承建方的行为做出了很多规定。如确定造价为"双毛银七千五佰员正"（折合今天的人民币为60000元），承建形式是"连工包料"；完工日期"限壹佰壹拾天"，违约"每日罚银伍元"；要求楼屋的长短、宽阔、高低、装修款式"要依图则及说明书做到妥当"，同时，对地基的尺寸、墙体材料、门窗造型和所使用木料、钢板铁料类别及规格等，尽可能地做了详细的规定。有趣的是，《建筑合约》对业主的义务只字未提①。《建筑合约》附有章程、图则、说明书，可惜这些东西已经遗失。

（2）承建者或业主主要从香港、澳门进口开平碉楼建造中所需的水泥、钢板、钢筋、铁条、坤甸木等，水泥称作"红毛泥"，赤坎镇上埠的"洽利隆五金店"就"专门选办各国新旧铜铁"②。石灰、青砖、石仔、沙、杉木、葵篷、竹等则为本地所产。到了20世纪40年代，广州所产的"五羊泥"也打进了开平的建筑市场③。

（3）一座碉楼要建筑完成，所涉及的建筑工种有篷厂、泥水、木匠、漆工、散工等，《建筑合约》对他们的行为也有具体的要求。至于是由一个承建者包下所有工种，还是分包给不同的专业承建者，则没有定规。余卓焕回忆他的爷爷余彬生就是一个多面手，泥水、木工、铁器活都是爷爷自己动手做。林庐也是全部发包给吴波、吴坡。有的建筑工程则采取分包的方式，前述的月山书院就是这种情况。

（4）笔者在乡村调查时，经常听到老人介绍，碉楼动土，首先是用

---

① 参见1936年《林庐建筑合约》。
② 《家私建筑篷厂等业奇形发展起来》，载《光裕月刊》复刊1948年第2卷第4期。
③ 有关近代开平的建筑市场和建筑业笔者另有专文分析，此处不赘述。

松木打桩，灌水泥，做地基。这里讲的是平原丘陵地区，松木在地下吸收水分后，不易生虫腐烂。有的要在松木桩之间加塞石块灌水泥，有的是在松木桩上面浇灌一层水泥。开平市碉楼文化办公室张建文同志告诉笔者，20世纪80年代他为了修建一座厕所化粪池，曾经挖开住庐（赤坎镇堤西路47号）旁地面，发现一米以下是密集的松木桩，桩上面铺了一层水泥台基，约30厘米厚；再到上面是砖砌的墙基，约60厘米。松木桩、水泥台基、砖砌的墙基三部分组成了地基，庐的钢筋水泥墙体直接建在墙基上。张建文同志说的虽然是庐的地基，笔者相信这种地基处理办法应该是当时通常的做法，碉楼建造也当如此。至今，开平乡村仍然在使用这种地基处理办法。也有的碉楼地基是完全灌注钢筋水泥，百合镇马降龙天禄楼的地基就是一米厚的钢筋水泥[1]。

（5）搭建篷厂。碉楼的地基处理完后，承建者要在地面搭设脚手架，脚手架外面一般用葵篷围住，工匠们在里面施工。民国十二年（1923）《儒良月报》第11期"乡族新闻"记载：

　　儒良学校建筑炮楼，仍未竣工。十八晚，忽起飓风，将篷厂吹倒，幸压落空地，不致累及团防局及邻近铺户。现已着厂东赶速盖搭，以便从速兴工。

民国十七年（1928），《儒良月报》第□□[2]期"家乡消息"亦云：

　　龙溪里遵崇君，去年由红毛回家……，在该村后边，搭盖篷厂，建筑碉楼……

建碉楼要搭篷厂，建其他楼屋也要搭建。《教伦月报》第47期"族闻"记载："书楼村族侨俊颖君，由亚包回家，建造楼宇，所搭之篷厂，日前适遇风雨大作，篷厂之葵，纷纷飞去，竹木被风吹折，毁伤邻舍瓦

---

[1] 参见2001年8月28日上午在永安村笔者采访黄均森（80岁）、黄锡昂（75岁）时的记录。

[2] "□"表示原件此处字迹难以辨认，下文同，不再一一说明。

面。"因此，篷厂在开平建筑市场中非常兴盛①。有关开平碉楼建造中为什么要搭设封闭的篷厂，我曾询问过当地的老人，他们的回答是，一是为工匠挡风避雨，二是不想让别人抄袭，待完全建成后才拆除篷架，展示碉楼真面目。

（6）开平碉楼的夯土楼、石楼各层多用木梁木板分割，有的夯土楼各层用工字钢作梁。砖楼则或木梁木板，或钢筋水泥梁、工字钢梁。钢筋水泥楼的墙体和柱梁使用的材料比较统一，即用进口的水泥和钢筋。但是，在建筑技术的使用上，并不都是很专业。如有的碉楼的梁不是置放在柱上连成一个整体，有的碉楼各层的柱又不连贯，等出现问题时才临时处置。例如，百合镇马降龙的天禄楼一层至五层的柱是一个连贯的整体，原以为第七层只是一个瞭望塔，第六层就不需要再建中间的支柱了。待拆除第六层支撑的木桩及木板后，才发现了问题，没有支柱是不能够承受楼体重量的，所以才临时加了8根钢筋水泥支柱。这些支柱中，有的直接建在第六层的楼板上，靠第五层的墙体承重，下面楼层的支柱根本没有相连②。类似天禄楼这样缺乏专业建筑力学知识和技术而带来的问题，同样出现在百合镇齐塘河带里的公安楼。公安楼每层只用了两条工字钢做横梁，建成后还没有入伙进住就出现了凹陷，原因就在于"该楼建筑时，所用之工字钢太少，不能负此重大压力"。于是，承建者决定"于每层之十字巷中，加建英泥方柱"③。不仅柱、梁有临时的加建，碉楼的其他构件也有随意的处理。天禄楼第六层的山花原来没有安排，天禄楼基本建成后才考虑在六层加建。但为时已晚，山花的钢筋无法与第五层的楼体整体连接，只有直接竖立在第六层的楼板上。结果，过了十二三年（到20世纪30年代后期），一场台风将山花吹倒。这种情况应该主要出现在由乡村工匠设计、施工的碉楼之中。

（7）碉楼的装饰构件，如柱头、山花浮雕等，是工匠们在地面用模具灌注成型后拼装上去的。在瑞石楼、铭石楼等碉楼上，我们就可以看到

---

① 篷厂在开平的建筑中形成了一个专门的行业，百合镇有著名的同益篷厂店，"承接搭篷厂工作"（《儒良月报》复刊1948年第6期），赤坎镇有合利源、天盛、见盛等著名篷厂店（《光裕月刊》1948年第2卷第4期）。

② 参见2001年8月28日在永安村笔者对黄均森（80岁）、黄锡昂（75岁）老人的采访记录和天禄楼的简单建筑调查。

③ 《为河带里公安楼各股东进一言》，载《齐塘月刊》1930年第5卷第9期。

这种建造方式的痕迹。

（三）监理

对建筑工程实施监理，是近代开平建筑管理的重要一环。

前引百合镇马降龙庆林村的《林庐建筑合约》中，就明确规定："至竣工时，要承建人与业主及监督人一同到场，验明确系依照图则及说明书做妥。倘有工程不符，倾侧崩漏，并借端怠期，半途停工逃匿等情，不特将该银留候；如至建筑期内或有以外事发生，系为承建人支理，与业主无涉。以上之工程材料与同监督建筑监理伴随工程的全过程，监理人员有权对建筑工程做出停建的决定。"赤坎镇司徒氏素直祖祠堂工程的建造施工中，"监工（司徒）俊嶬君察觉承建人所做工程，与图则有许多不符，照约制止"①。司徒俊嶬的权利得到《建筑合约》的保证，由此可见，监理当然也是《建筑合约》的内容之一。

素直祖祠堂工程的监理聘请的是同族乡亲，有的工程图则师也承担监理的职责。据民国十九年（1930）《群济医院征信录》记载，在群济医院的开支成本中，"支邓爵督理工程订明薪金，每月一百元，由民国十六年十二月二十日开工，做至民国十七年七月二十日，连润月共做工八个月，共支薪金银八百元"。邓爵获取的监理费比他的设计费高多了。他多次到施工现场，有关他的伙食开支就有12笔、44元5毫的记载。

目前，虽然笔者还没有掌握有关监理碉楼施工的直接资料，不过从近代开平建筑管理的一般规律来看，对碉楼建造的监理是肯定存在的。可能开平碉楼建造过程中的监理也有不同的情况，一些建造投资成本大的碉楼所聘请的监理，多来自比较正规的公司和人员；而投资较少、主要由乡村工匠设计建造的碉楼所聘请的监理，不一定专业，或是有一些建筑知识的乡亲，或是业主本人。不管什么情况，业主对承建人的施工进行监督检查，应该是开平碉楼建造中的组成部分。

四、小结

上述笔者对开平碉楼的资金来源、造价和建造所做的分析，还是处于

---

① 《素直祖工程起风波》，载《教伦月报》1934年第128期。

初步阶段,仅仅是根据现有的资料和田野调查做了一些归纳,还有很多迷有待逐步解答,尤其需要建筑技术史学的专家参与研究。

有关开平碉楼营造的研究,笔者以为一方面期盼有新的资料被发掘出来,另一方面还需要与近代开平的建筑业、建筑市场、建筑管理的研究相结合,方可以获得更深入的认识。

(本文是广东省"十五"社科规划项目"广东华侨文化遗产研究"的成果之一,并得到开平市人民政府的资助,原文见《开平碉楼与村落研究》,中国华侨出版社2006年版)

开平近代村落的规划、建设与管理
——以塘口镇潭边院为例

开平碉楼与村落紧密结合,是村落的重要组成部分,因此,研究开平村落就成为碉楼研究的应有之题。本文通过从碉楼考察中获取的第一手资料,以塘口镇潭溪院谢氏家族的仓前、东明、赓华村为分析样本,讨论开平村落的兴建与管理。开平塘口潭溪院村委会下辖7个自然村,居民以谢姓为主。村委会所在的潭溪院(又名"潭溪墟")建于清朝光绪十二年(1886),开基祖谢荣山的祠堂就建在墟上今宝树小学内。

一、沿革

根据光绪二十六年(1900)《潭边院谢氏族谱》卷一《谢氏谱记》中明朝洪武十六年(1383)的记载,谢氏家族于北宋后期迁入广东,入粤第三世谢才甫由南雄迁居新会登名里豫富村,第八世、元朝仕郎谢公明由登名里迁居得行双门(当时为新会县,今属台山),其第六子、元朝永州巡宰谢荣山(第九世)由得行双门分家,迁居今开平塘口镇潭溪院仓前村。根据《潭边院谢氏族谱》卷一《续修潭边园族谱序》光绪二十六年(1900)的记载,谢荣山是先迁到塘口镇四九村委会的山下,再由山下迁到仓前。不管具体迁移有什么细节上的不同,谢荣山为潭溪院谢氏开基祖是可以确定的,仓前村为这一带谢氏家族的开基地,这个家族在潭溪院繁衍生息至今已有700多年的历史了。

随着人口的逐渐增多,仓前村由仓东又扩展出相邻的仓西村。仓西村的土地范围一直延伸到南面今立园所在的赓华村。同族人各房的人口增长促使谢氏家族另立新村,根据《潭边院谢氏族谱》卷七的清二十二世祖(荣山祖以来第十三世)和清二十五世祖(荣山祖以来第十七世)的坟图考察,从明朝到清朝光绪以前,在仓西村南面一带,先后出现了相邻的永安村、毓秀里、墩睦里、毓桂坊等四条规模不一的自然村。

光绪三十三年(1907),第二十四世祖赓字辈谢氏后人在永安村和毓秀里东、毓桂坊南青草横的地方创建东明里新村（村会家族组织名"贻福堂"）①。民国二十年（1931），赓华祖之子曰祐、曰英的后代（第二十六世、第二十七世）又在东明里西创建赓华村（村会家族组织名"乐天堂"或"乐天楼"），也就是今天立园的别墅区（谢氏族谱中有关赓华村创建的起始年代传统的说法与笔者的考察有较大出入，详后）。

下面我们就以东明里、赓华村作为重点分析对象，考察谢氏家族村落的规划、建设和管理情况。

二、规划

谢氏家族村落的规划由家族长者主持，集思广益，形成章程，共同遵守，以规建筑行为。光绪三十一年（1905）《东明里创立新村合约》就是由第二十五世（荣山祖以来第十七世）、赓华祖长子谢曰祐主持、执笔制定，参与订立合约的有第二十六世圣字辈和第二十七世维字辈的13人②。赓华村的章程则是由第二十六世祖的圣泮、圣洲通过从美国发回给维字辈的七封书信③提出制定。两村建设规划大致包括以下内容。

（一）规划的宗旨

村落是聚族而居的地理空间，是一个小的社区，家族长幼之间，兄弟妯娌之间存在着多种关系，通过居住形式得以体现和维系。村落除了大量的居住用地外，还有各类功能用地，这就会牵涉到各家的利益，必然产生一些矛盾。立村者着眼于家族发展，希望通过预先的策划，理顺各种关系，永保家族平安昌盛。赓华村的主要规划人谢圣泮的思想就是："我乐天楼人做乐天楼工夫，彼此相安，满堂吉庆，祖宗生荣，敬老慈幼，家庭大幸，赓华乡各流万世乐享长春。"东明里是希望通过村落规划达到"箕

---

① 参见民国二十五年（1936）九月十七日《贻福村村份契书》。
② 参见光绪三十一年（1905）一月十九日《贻福堂青草横建村合约》。
③ 主要有民国二十年（1931）二月二十五日谢圣泮致谢维稳信、三月十二日谢圣泮致谢维稳信、三月二十四日谢圣泮致谢维稳信、八月七日谢圣泮致谢维德等三人信、八月九日谢圣泮致谢维立三人信、八月十一日谢圣洲致谢圣泮信。

裘绍述，发福无穷"之目的①。

（二）购置村地

东明里是谢氏第二十三世祖谢正才一房创建，赓华村则是第二十四世祖谢赓华一房创建。当初两村用地是房内各家逐渐购置的，比较零散并不完整相连。当家族有了建村的愿望和经济实力后，就开始通过购买、交换土地等手段使同房兄弟的土地连接，以便形成一个完整的村落。民国二十五年（1936）九月十七日《贻福村村份契书》指出："在青草横买田、换田、推田取地，于光绪三十三年创立新村，名东明里。"这个时候的土地购买、交换不再是各个家庭的行为，成为本家共同的事情，要求齐心协力完成。光绪三十一年（1905）一月十九日《贻福堂青草横建村合约》就规定："各处田亩换入几成，仍有零碎未能入手，是以公同酌议。如附近地方有别处之田合心者，同换归众，不许私相自得。"其第六款就换地的资金来源提出了具体的要求：每股先收银六百元作为换田之用。赓华村内有一块仓西村神诞会的田，破坏了村落的完整性，谢圣泮原来提出由乐天堂这个家族组织购入此田作为公共产业，赓华村开始建设之初因仓西村开价太高而没有买回此田，② 此田直到民国二十二年（1933）才由乐天堂用圣泮、圣燦等人价值2250元的田地换回，成为公产，统一使用。③ 我们从中也可见购买建村土地行为的公共性。

（三）选择方向

开平传统村落的建设很注意选择朝向，"重南向，东次之，西又次之，北为最下"④。东明里和赓华村朝向的选择很一致。光绪三十一年（1905）一月十九日《贻福堂青草横建村合约》第一款规定："在青草横起屋取其向东，敬请地理先生择其善者而从之，不许阻碍于众。"赓华村

---

① 参见民国二十年（1931）三月十二日谢圣泮致谢维稳信，民国二十五年（1936）《贻福村分地契书》。
② 参见民国二十年（1931）二月二十五日谢圣泮致谢维稳信。
③ 参见民国二十二年（1933）八月谢维立《乐天堂置业数》。
④ 民国《开平县志》卷五《舆地略》，第114页。

也是"正巷向东方,横巷向南方"①,坐西朝东。但是没有像东明里那样请风水先生来堪舆定向,这在开平村落建设中是比较少见的,可能与谢圣泮的文化观念有直接的关系,因为他主张"世间有人讲风水,我云讲教育为根本求原"②。

不管讲不讲风水,东明里与赓华村的朝向之所以坐西朝东,显然是受到了周边环境的制约。东明里的北面是毓桂坊,只有一条小巷相隔;西面紧靠毓秀里和永安村;南面不远就有虎山和一条小河阻挡;唯有东面开阔。赓华村是紧接东明里立村,面临同样的发展局限。传统村落建设讲究村首前要开阔,不能有阻挡,最好一眼望不到边,同时村后有所依靠,这样家族才能繁荣昌盛、长久不衰。东明里、赓华村的北面、西面已经有村落,南面的虎山又为蔡姓所有,自然地物和外姓势力都不利于谢氏家族的发展,因此,坐西向东虽然不是最好的方向,但是是最理想的选择。东方是广袤的潭江冲积平原,西面的永安村、毓秀里,虽不同房,但是同姓同宗,可以借势为靠山。

(四) 确定布局

这里主要是指屋地大小的确定和纵巷、横巷宽窄的测定。正如赓华村乐天楼保存的一份写给香港谢维稳和旅居美国的谢圣泮、谢圣炯、谢圣炜、谢圣栋、谢圣洲六人的残缺文件中规定的那样:"将本范围内地段,悉心拟议。求于现在之建筑,及将来之扩大,统顾兼筹,地不虚耗。而屋地之纵横长阔,及直巷、横巷尺寸之分配,详细考虑。"

东明里村前留出了宽2丈③7尺④的塘基地,住宅区有7条纵巷(规划时的尺寸未见记载)和一条6尺3寸宽的横巷⑤。村北一条宽6尺的纵巷将其与毓桂坊隔开。光绪三十一年(1905)的村形图中,建村前是6

---

① 民国二十年(1931)三月十二日谢圣泮致谢维稳信,民国二十五年(1936)《贻福村分地契书》。
② 民国二十年(1931)二月二十五日谢圣泮致谢维稳信。
③ 1丈≈3.33米。
④ 1尺≈0.333米。
⑤ 光绪三十一年(1905),《贻福堂青草横建村合约》附的村形图中没有标明横巷尺寸,而民国二十年(1931)二月二十五日谢圣泮致谢维稳信中提到,赓华村"横巷之宽阔约以东明里之巷相等",在谢维立绘制的赓华村图形中横巷宽6尺2寸。

条纵巷,北面 3 条纵巷,每条有 9 间房,南面 3 条纵巷,每条 10 间房,共 57 户。横巷将村落分为东、西两部分,横巷东每排有 6 间房,共 36 户;横巷西共 21 户。而民国二十五年(1936)的《贻福村分地契书》村形图则有了变化,横巷西每排增加了一户,最南面增加了一条纵巷,有 7 户,全村共 70 户。每户屋地,横巷东的 39 户,深 2 丈 7 尺;巷西的 31 户,屋深 2 丈 5 尺 2 寸。

赓华村受地形的限制,规划时的布局不如东明里,它在村头的塘基地和公共用地的南边安排了两块屋地,其余的 16 块屋地和公共地整齐地排列在塘基地的西边,被 4 条直巷和 4 条横巷分开。直巷宽 8 尺 1 寸,横巷宽 6 尺 3 寸。塘基地与西面的屋地之间有一条宽 1 丈零 8 寸的总巷,总巷两端与赓华村闸门相连①。赓华村除去西北角的 2 块不规则小型公共屋地,其余屋地,不论个人住宅用地,还是乐天堂的公共屋地,统一按厅堂 17 桁、房 15 桁划分②,即深 3 丈 6 尺、宽 3 丈 3 尺③。

(五) 规定公共建筑

首先,村中的纵巷、横巷为公共用地、交通系统,村中排水明渠依巷建设。各家建房不得侵占巷道,而且要共同出力出资修建。光绪三十一年(1905)一月十九日《贻福堂青草横建村合约》第七款明确规定:"立村之后,所有塘基、巷路均归众人管业,大家通行,不得独占,免至蔽塞。"民国二十年(1931)三月十二日谢圣泮致谢维稳的信就要求在正巷、横巷开通明渠,费用由乐天楼分派各家承担。

其次,村前水塘也是公共产业,全村各户都可以在此汲水、洗涮、游泳,分得塘中捞获的鱼,同样不允许私吞独占;村中各家还要分摊塘税。光绪三十一年(1905)一月十九日《贻福堂青草横建村合约》第五款规定:"开塘□塘底,亦照各村份人等均沾,合力而为,取其同浴之义,免至后人生端。"

再次,灯寮、社井这样一些公共建筑同样是公有财产,其建设、维

---

① 参见民国二十年(1931)六月二十日《谢维立绘赓华村图形》。
② 参见民国二十年(1931)二月二十五日谢圣泮致谢维稳的信。
③ 民国二十年(1931)六月二十日谢维立绘制的赓华村图后附页写明:"屋地每间深 3 丈 6,阔 3 丈,总巷阔 1 丈零 8,直巷阔 8 尺 1,横巷阔 6 尺 3。"

护、使用事宜必须集思广益，共同举办，各家有支持的义务。光绪三十一年（1905）一月十九日《贻福堂青草横建村合约》第四款规定："村中灯寮、社井，必须集众商量，大众公议，取其美善，无得执拗。"

（六）规划住宅

村中大量的建筑是住宅建筑，在统一了宅基地面积后，有关各家房屋的层高、式样，两个村做出了不同的规划。

东明里要求统一样式。光绪三十一年（1905）一月十九日《贻福堂青草横建村合约》第二款、第三款明确规定："起屋、行门、放水，亦照画一，无许滋事生端。""起屋必从众议，定如何款式，大家参详，取其间间如是，不相阻碍，乃为尽善尽美。"东明里是由大家商量确定房屋式样，要求整齐划一。连厕所的兴建也有明确的要求，如第八款规定："厕所各人建立，须要合众商定在某处建造即从此处下手，不许恃顽有碍一乡。"民国二十五年（1936）九月十七日《贻福村村份契书》第三款进一步要求，厕所不得乱建，其门不得面向住宅，要"向围墙，天面之水亦要向围墙边流落，以重卫生"。

赓华村在规划时，作为主要规划者的谢圣泮对居住用屋的建筑式样一开始就不确定，也不强求。民国二十年（1931）二月二十五日，他给其二弟、三弟、五弟、六弟媳妇和侄儿谢维稳、谢维钦的信中提出："其款式形模仿效美国制。"① 最初是他希望完全采用外国的建筑式样。过了一个月，他在给谢维稳的信中又改变了想法："其屋职大约以踏半金字挂外廊为根标模样。"② 金字挂外廊是开平侨乡一种传统的民居式样，从仿效美国建筑到采用中式传统的金字挂外廊，是一个很大的转变。谢圣泮的这些想法似乎只是规划建议，并不要求各家强制遵照执行。从他在对待村落朝向的选择中表现出的开明作风可以看出，这样的做法符合他的行事风格。何况他在二月二十五日的信中也表明了他的态度："屋职制度高低、长短，任从各人自定。"同年三月十二日给维稳的信中他再次提出："起屋之大小、高低、平料等随时系一人之事，如有余资又新起改作，不干乐天楼全体公家之事。"赓华村表现出与东明里完全不同的规划思路，给予

---

① 民国二十年（1931）二月二十五日谢圣泮致谢维稳信。
② 民国二十年（1931）三月二十四日谢圣泮致谢维稳信。

各家建屋很大的选择空间和自由度。

三、建设

（一）分屋地

确定规划之后进入实施阶段的第一道程序，是通过公开、公平的方式分配屋地。两个村都是采取拈阄来明确屋地主人。光绪末年，东明里创建之初，分拈屋地39户，还有18块屋地暂时没有分配出去。随着人口的增长，到民国二十五年（1936），东明里分拈屋地达到61户，剩下9块屋地没有分配。赓华村的屋地，除西北角两块不规则小屋地之外，其余16块地采用《千字文》的"天地玄黄，宇宙洪荒。日月盈昃，辰宿列张"进行编号，每块一字（这是开平村落规划标号的一种比较常见的方法，在三埠长沙镇的宝源坊也是这样来标签分配），于民国二十年（1931）六月十九日分两次拈阄，执票公示。盈字号为乐天楼，昃字号、辰字号、宿字号归乐天堂，由于谢圣泮之大弟圣湘建乐天楼有功，拈阄时，特被允许自由择地，圣湘媳妇选择了村南边和村北边的宙字号、张字号两块地。另外，10块地由谢圣泮、圣燦两兄弟与叔父谢曰英以及叔父之子圣栋、圣炯六人各拈得两块①。屋地各定其主之后，便由村会家族组织，绘制村份图形，每户一份，明确产权，互相监督。

（二）开工时间

东明里在光绪三十一年（1905）分配屋地之后，真正大规模的建设是在光绪三十三年（1907），已见前述。

赓华村最初是由谢圣湘于民国六年（1917）在今赓华村地"担负责任，创建乐天楼"，谢圣泮认为此举对赓华村的建设意义重大，"方有今日之义举"②。乐天楼为后来赓华村的选址打下了基础，该村的总巷和直

---

① 参见民国二十年（1931）八月七日谢圣泮致谢维德、维立、维稳信，民国二十年（1931）六月二十日《谢维立绘赓华村图形》。

② 民国二十年（1931）八月七日谢圣泮致谢维德、维立、维稳信。

巷的位置也是以乐天楼为基准划定的。① 可以说，先有乐天楼，才有赓华村。那么，赓华村是什么时候开始创建的呢？传统的说法是到了民国十五年（1926），历时十年，赓华村才完成建设。最早提出这一说法的是开平县华侨博物馆（《开平县文物志》广东文艺出版社1989年版），谢维立的夫人谢余瑶琼也主张此说法。笔者近年来的调查发现，此说法可能有误。我们现在收集到的有关赓华村建设的书信、村形图、章程等文献有15件，其年代集中在民国二十年（1931）。这些材料包含了几个关键的信息：第一，赓华村屋地拈阄分配的时间是民国二十年（1931）六月十九日。第二，谢维立绘制赓华村形图是拈阄的第二天。第三，谢维立是民国二十年（1931）四月初离开美国，经香港回乡，目的是"协力谋筑"赓华村②。谢维立是操持赓华村建设的主要负责人，根据谢瑞宏回忆，维立是带着老婆、儿子一道回来建村的，1938年广州沦陷后返回美国，在家乡进行赓华村建设，历时近八年③。谢维立之所以回国，实际上是受其父谢圣泮的嘱托。第四，谢圣泮在三月十二日致谢维稳的信中明确告诉我们："本应早几年起屋，因地盘待择，亦无时可理，退延今日。"可见赓华村地址的确定是近年的事，自然起屋也只能是近年的想法。谢圣泮在三月二十四日给谢维稳的信表示了圣泮创建赓华村的急迫心情："吾屡屡警告，因新创造地盘务宜早早赶急，若春雨淋降，不堪设想。"这些信息都传递出赓华村的创建应当在民国二十年（1931），而不是民国十五年（1926）的事实。因此，赓华村的建设实际上历时五年，而不是十年。

（三）建筑顺序

村落的开工建设一般是由巷口破土。东明里对此有明文规定："至于阳宅，必从巷口下手。"④ 赓华村虽然没有这样规定，而是"起屋迟早，

---

① 参见民国二十年（1931）三月十二日谢圣泮致谢维稳信。

② 民国二十年（1931）三月十六日谢圣泮致谢维稳信中提道，谢维立定于三月二十八日动身回国；三月二十四日的谢圣泮致谢维稳信又告诉维稳，维立的返国要延后十余天，故维立回国当在四月初。

③ 笔者于2002年8月13日在谢伯棠图书馆采访了谢瑞宏。他居住在毓桂坊，为谢伯棠图书馆负责人之一。谢瑞宏在潭边小学毕业后，于16岁那年（1936）去广州的省立一中（今广雅中学）读书，他见历了立园的建设过程。

④ 参见光绪三十一年（1905）一月十九日《贻福堂青草横建村合约》。

尽可自由"①，不过从今天赓华村的布局看，村首四条巷的头一间房均建成，玄字号圣泮建立了泮立楼，洪字号圣炯建立了炯庐，盈字号为民国六年（1917）建立的乐天楼，列字号圣灿建立的明庐，村首巷口完成了建房任务。这种建筑顺序与一个家族昭示乡民创立新村的意图是相符的。

赓华村因靠近南边的河流，地势较低，谢圣泮规划动土建房的首要任务是"以增高地盘，筑基为先"②，其他房基和巷道以乐天楼楼基为准，要高出田地六七尺。他在给国内侄儿和国外兄弟的信中多次强调这样做的意义，"地盘高，常时洁净，无湿气迫人，得良好卫生安居"，"坚固高筑，一免水患，一免污气湿"③。他指出："若筑地盘不美善，世不能改移，此系病地，见之令人愁。此为新筑地盘之要点。"④可见加高夯实屋基既有很现实的防洪防潮的考虑，同时也事关家族的兴旺发达，只有地盘坚固，才能成为永久发祥之地。正因为房基、巷基的高低如此重要，谢圣泮认为家族应该给予各户支持，提出提升巷基和房基的土可以取自"祖家泥"，不过人工费用要由六家分摊，圣泮、曰英、圣湘和圣栋四人自己出钱，圣燦、圣炯由圣泮借支。东明里由于整体地势较高，也就没有提出这样的建造和分摊任务。

（四）资金、成本与工匠、材料

建屋的资金由各户自筹。赓华村的建设资金基本上来自海外华侨，在美国芝加哥的谢圣栋于民国二十年（1931）二月二十五日致信侄儿谢维稳，询问建房和村落公共建筑分摊的费用，"俾为筹备款项"⑤。谢曰英之子谢圣洲于民国二十年（1931）七月二十二日写信给谢圣泮，说自己已经准备了一万元支持其父建房⑥。谢圣泮也早在三月十二日给谢维稳的信中就提道，他力劝谢圣洲"务宜起屋，为人生最大纪念"，因为同样在美国经商的谢圣洲有财力承担，"圣洲近年来财路颇顺"⑦。至于东明里的建

---

① 民国二十年（1931）五月十一日谢圣栋、谢维稳致谢维立、谢维德、谢维钦信。
② 民国二十年（1931）二月二十五日谢圣栋致谢维稳信。
③ 民国二十年（1931）三月十二日谢圣泮致谢维稳信。
④ 民国二十年（1931）三月十六日谢圣泮致谢维稳信。
⑤ 民国二十年（1931）二月二十五日谢圣栋致谢维稳信。
⑥ 参见民国二十年（1931）七月二十二日谢圣洲致谢圣泮信。
⑦ 民国二十年（1931）三月十二日谢圣泮致谢维稳信。

设资金情况，笔者没有直接的证据可以证明。不过，从今天村落的一些房屋规模、风格式样来看，其中肯定有侨资的投入。

赓华村的民居都是别墅（庐），比东明里的民居气派豪华，造价自然也会高一些。究竟每一座庐的建筑成本是多少呢？谢圣洲民国二十年（1931）七月二十二日致谢圣泮信中提及，一座两层的楼房成本"约计万元一间"①。谢维稳为谢圣湘之子，在其母分得的张字号建立了两层的稳庐，他所说的万元应该就是这类建筑的成本。体量很大、造型丰富、做工精细的泮立和泮文两座别墅的建筑成本应当大大超过万元。赓华村家族组织乐天堂换田，建村围墙，提升夯实屋基和巷基等项建筑的开支为12806元5毫2分。②

工匠和建筑施工人员主要是本地人。赓华村的围墙是由同族人谢维珍（族谱中他的名字是维镇）承建，其砂、灰、石板、铁以及人工耗银555元3毫5分。担泥项目也主要由谢维珍承包，耗银429元4毫。泥水则由同族的谢贻栋负责，耗银1399元首毫。③ 其建筑材料基本上是从本地商行采购，石灰主要由同益堂进，铁来自公安祥，瓦来自安兴隆，青砖进自吴济锦和中兴堂。谢圣栋和谢维稳曾建议水泥（他们称为"英泥"）、铁等在香港购买，因为"较为便宜"④。

（五）建设对规划的改变

东明里和赓华村按照规划施工，结果有很大的不同。东明里最后的建成基本上与规划相同，只是光绪末年规划的灯寮变成了谢维发的屋地，横巷西的屋地也有所增加。建成的村落与规划出入最大的是赓华村，叔侄六人分得的12块屋地，最后建成的只有6块：圣泮的玄字号、日字号建成了泮立楼和泮文楼，圣湘的张字号和宙字号建成了稳庐和晃庐，圣炯的洪字号建成了炯庐，圣燦的列字号建成了明庐。谢曰英和圣栋的屋地一块都没有建房，留为家族组织乐天堂的昃字号、辰字号、宿字号三块地也没有建房。其原因，可能与各人的经济状况有关。谢圣栋虽然支持创立新村，

---

① 民国二十年（1931）七月二十二日谢圣洲致谢圣泮信。
② 参见民国二十二年（1933）八月谢维立的《乐天堂置业数》。
③ 参见民国二十二年（1933）八月谢维立的《乐天堂置业数》。
④ 民国二十年（1931）五月十一日谢圣栋、谢维稳致谢维立、谢维德、谢维钦信。

但是也表示出对造价的担忧，担心"费用太巨，有负债之累"①。民国六年（1917），谢圣湘建造乐天楼欠债一事也给他很深的负面印象，他不希望重蹈前车之鉴。谢赓华的后人在美国经商也有贫富之别，这一点在谢圣栋的信中也得到反映，他认为，大家之间"贫富不一，易者须知难者之苦"②。他本人的资金十分之九要作为营业资本，只有十分之一可以移为它用③。即使谢圣泮提到的经营较为顺利的谢曰英之子谢圣洲也有资金困难，他就向圣泮述说自己的经营状况，"现下入不够支，使用日大，要存款支持以应所需"④。这可能就是圣洲虽然准备了一万元，最后仍然没有投入建房的原因吧。后来建成的大、小花园更没有在谢圣泮原来的规划范围之内，完全是谢维立的产业，这是对原有规划最大的改变，也从一个侧面证明了各家经济状况对村落实际建设方向的主导，即良好的经济状况仍然是在族内发言有分量的最大王牌。

（四）管理

建村之初，村民共同签订的合约、章程、村份图是村落管理的重要村规和重要指导原则，即所谓的"照图管业、创造"⑤，村会家族组织是村落日常管理和重大事务照章议决的机构。村民必须遵守条规，行为符合要求。民国二十年（1931）十月十日《赓华村章程》第五款规定："赓华乡议定规条，共同遵守，倘有恃顽不遵，合众对付之。"

在传统社会，土地是人们的命根，所以从合约、章程中，我们发现，东明里和赓华村管理的头号事务是对村地、屋地所有权行使的规范。拈阄以后，屋地的所有权归屋主，成为私人财产。但是产权变化的行为并不自由，它受到严格的限制。光绪三十一年（1905）一月十九日《贻福堂青草横建村合约》第九款明确要求："各会友份拈之地，或有发卖，须要卖入贻福堂股内之人承受，永不得沽与别人。"《赓华村章程》中有两款涉及这个问题，而且规定比东明里更详细。第一款："赓华乡土地屋宇系赓华祖裔享受住居发振，不得典押、按揭、租赁、借居、出卖别房人。如有

---

① 民国二十年（1931）二月二十五日谢圣栋致谢维稳信。
② 民国二十年（1931）二月二十五日谢圣栋致谢维稳信。
③ 参见民国二十年（1931）二月二十五日谢圣栋致谢维稳信。
④ 民国二十年（1931）七月二十二日谢圣洲致谢圣泮信。
⑤ 民国二十五年（1936）九月十七日《贻福村村份契书》。

不能保全者，须与该乡赓华祖裔定价承买，如该乡人嫌价贵或无银买，亦不得转卖别房人。"第三款在描述了赓华村的范围后，指出："此后或因时势困乏，迫不得招人承买，不得卖与别人，必须卖与赓华祖裔。"这实际上是限制了房主对自己房地产权的处置权，房主的产权行为空间很小。家族对地产权近乎苛刻的规定是为了保全整个家族的长远利益，"此系专保守该乡治安，相连土地门户，万不可被外房人侵入，搅挠地界，恃强欺弱。更妨断绝土地，阻我进退。此中危险常有意外发生，赓华乡人各宜遵守"①。谢圣泮更将擅自卖地与别房人视作大逆不道，"清朝法律，一寸疆土不能让与别国，如有卖土地，不得入太庙，是为出祖"②，要开除族籍。

村内大事的决策实行众议制。我们在两个村的合约、章程中看到，事关买地、起屋、开塘、建公共设施、土地权转让、违规行为处置等重大事宜，必须由家族组织召集村民众议决定，个人行为必须服从多数人的意见，否则就会受到众人的谴责和惩罚，罚则最重的是被赶出家门。

与外部的关系，首先是约束本房人，"不许自去寻仇，以取拖累"③。如果受到外来侵扰，村民必须群起捍卫家族利益，开支也要由各户分摊。光绪三十一年（1905）一月十九日《贻福堂青草横建村合约》明文规定："倘有外侮频来，务要众志成城，齐心协力，取其成事，无得畏缩。费用多少，均向本堂村份友等支给，无得多言。"民国二十年（1931）十月十日《赓华村章程》第四款也要求："赓华乡自有地盘如有人侵害等情，即行集合，协力抗拒。"东明里的贻福堂、赓华村的乐天堂发挥着组织、协调、指挥的功能。

（原文见《开平碉楼与村落研究》，中国华侨出版社2006年版）

---

① 民国二十年（1931）十月十日《赓华村章程》第三款。
② 民国二十年（1931）八月七日谢圣泮致谢维德、维立、维稳信。
③ 光绪三十一年（1905）一月十九日《贻福堂青草横建村合约》。

开平碉楼与村落的文化景观价值

我是12年前开始走进开平乡村,接触到开平碉楼的。

12年的田野乡村间奔走,推开一座座碉楼尘封的重门,我走进了历史的隧道,在与开平侨乡先民们不断的对话中,与碉楼结下了深深的缘。

一

开平在珠江三角洲的西缘,是五邑侨乡的重要组成部分,地处侨乡的中心区域。

五邑侨乡为中国最著名的"华侨的家乡""华人的故乡",由开平、台山、新会、恩平、鹤山组成,它不是一个行政区的概念,而是一个文化区概念,被人们誉为"中国第一侨乡"。

从广州沿高速公路往西行,沿途的厂房和城镇在车窗外闪过。一跨过九江大桥,就进入了五邑侨乡,公路两旁的环境与大桥另一端的景象迥然天别。真是令人难以相信,在城镇扩张快速发展的珠江三角洲,居然还原生态地保留着一片田园牧歌。这里山绿水蓝,空气清新,稻田成片,农舍炊烟。更吸引人的是,在村落后面或山岗、田间,一座座高高耸立的乡土建筑——碉楼,扑面而来,它改变了中国传统村落的天际轮廓线,非常张扬的造型不断吸引人们的关注。

越往五邑侨乡的中心——开平行驶,这样的景色越浓厚,碉楼的数量越多,造型的西式风格也越精美、越多样,它与中国传统的民居、稻田、河塘、竹林、山丘融为一体,构成了独特的侨乡景观。

开平城乡面积为1600多平方公里。作为侨乡景观最典型标志的碉楼,散布在开平的山区、丘陵和平原。镇镇乡乡有碉楼,即便是在繁华的市区,也可随处看到沧桑的碉楼与现代化的建筑为伴。据说到民国时期,开平有3000多座这样的碉楼,民间一直流传着"无碉不成村"的俗语。现在,开平还保存着1833座碉楼,集中分布在中部潭江冲积平原的塘口、百合、赤坎、蚬冈、长沙五镇。

拥有如此众多碉楼的地方，在全国还找不到第二处，在世界上也是罕见的。因此，开平有"中国碉楼之乡"的美誉。

所谓"开平碉楼"，是指具有防匪、防洪、居住、办学等功能，建筑风格中西合璧，造型为多层塔楼式的一种乡土建筑。

在建筑用材上，它既保持了传统乡土建筑的用材，又大胆引进近代西方的建筑材料，出现了石楼、夯土楼、砖楼、钢筋混凝土楼四大类。

石楼主要分布在开平北部的低山丘陵地区，大沙镇最多。它是充分利用当地丰富的石材资源垒砌而成，有的墙体由加工规则的石材砌筑而成，有的则是用天然的石块自由垒放，石块之间填土粘接。石楼一般有2～3层，楼体造型十分简单，由下向上逐渐收窄，没有其他碉楼中常见的向外悬挑的防卫台（当地人称为燕子窝）构件，楼顶多为中国传统的硬山式。

夯土楼是以三合土为材料，运用中国夯土建筑技术。为了使墙体坚固耐用，筑楼的泥要沤1年左右，以增加其黏结性，有的还掺添黄糖。夯土楼一般为3层（与混凝土材料合建的可以到4～5层），通体黄色，当地民众把它称作"泥楼"。夯土楼目前主要分布在丘陵地带，多数在南部的赤水镇和北部的龙胜镇。

砖楼分红砖和青砖两种，明朝的碉楼多为红砖材料，清朝则以青砖为主。由于砖的抗冲击力比夯土小，因此，砖楼的墙体一般建得比较厚，多数都有40～50厘米。最厚的是迓龙楼，将近100厘米。砖楼造型比前两种稍复杂一些，出现了悬挑的防卫台和较复杂的窗楣构图等细部的处理。砖楼主要分布在开平东北部的月山镇、水口镇和水井镇。

开平碉楼最多的还是清末民国时期建造的钢筋混凝土楼，俗称"石米楼""石屎楼"，多在4层以上，一般是5～6层，最高的达到了9层。这类碉楼主要分布在平原丘陵地带的塘口镇、百合镇、蚬冈镇、赤坎镇，是目前保存最完整的一类碉楼。它采用的是进口的水泥、钢筋等建筑材料和西方近代的混凝土技术。材料和技术的进步，为碉楼造型的由简趋繁提供了物质上的保障，使"石米楼"成为开平碉楼中表现国外不同建筑文化特征的主要楼体。

开平民众将当年进口的水泥称为"红毛泥"，因为开平人到了美国、加拿大之后，所见到的西洋人跟我们中国人不一样，我们都是黄皮肤、黑眼睛、黑头发。而那些西洋人都是"红毛绿眼"。开平人就把长着棕红色头发、蓝眼睛、高鼻梁的白种人统称"红毛"。以此类推，西方国家生产的水泥,就被叫作"红毛泥"了,而用来装水泥的大木桶,则叫"红毛泥桶"。

开平碉楼的大量兴建加大了当地对水泥的需求,也致使江门海关的进口量大增。据管辖开平的江门海关统计,仅从1930年到1931年,正是开平碉楼兴建的高潮阶段。经江门海关进口的水泥一共有45万担,每一担当时的重量是50公斤左右,这45万担就相当于22000多吨水泥。至于做门和窗的钢板、做承重梁的工字钢以及钢条、钢筋等,也随着"红毛泥"一道进口,流入到乡村的建筑工地。开平的赤坎镇、三埠镇还因此形成了建筑材料批发的专业市场。

钢筋混凝土楼大量出现的意义不简单,如果放眼于19世纪末期20世纪初的中国乡村乃至在亚洲乡村,像这样大规模采用西方的水泥、钢筋和混凝土技术建造乡土建筑的事例极其罕见,开平是首开先河的。

人们从碉楼的产权拥有、集资方式和使用状况,又将开平碉楼分为众人楼、居楼和更楼三类。

众人楼,顾名思义,就是由村中多户或全村集资兴建的碉楼,产权属于集资户共同拥有。出资者在楼里有自己的房间,并拥有使用权。众人楼造型简单,装饰朴实,楼内的陈设非常简略,多数房间仅有一张床供躲土匪的人家过夜使用。一有匪袭警报,人们就从老屋中走出来,进入楼内躲避。土匪走后,第二天早晨人们就会走出碉楼,回到自己的家中。开平的众人楼基本上都建在村后。

到了民国初期,村中各户的贫富差距拉开,比较有钱的华侨人家更加讲究居住在宽敞的房间,使用先进的生活设施,同时也为躲避土匪的入村抢劫而经常频繁地搬运家中的财物不胜其烦。这样,就有了将防卫与居住功能结合起来兴建碉楼的想法,一座座居楼便应运而生。在各村中,最漂亮的碉楼往往是居楼。居楼以家庭为单位独资建造,楼体比众人楼高大,造型复杂讲究,房间宽敞明亮,功能用房齐全,有的居楼还安装有供水系统、消防系统。它既有碉楼的坚固安全,又有更舒适的生活设施。这类碉楼的大量出现,改变了碉楼过去功能的单一性,增加了居住的实际用途,碉楼由此成为防御与居住功能兼而有之的乡土建筑。居楼也主要建在村后或村外。

更楼,有的是建在村口,又叫"门楼""闸楼"。由全村成年男人昼夜轮班值勤,白天负责检查进出人员的身份,夜晚关上闸门,依时敲锣报更报警。门楼上定时响起的锣声,伴随村民进入梦乡;急促的锣声和呼喊、枪声,又为各家各户收拾细软躲进村后的碉楼争取了时间。有的更楼建在村外山冈上、交通要道旁和田野间,又叫"灯楼",是由附近几个村落因为共同防御的需要合伙出资建造的。参加联防的各村出人出钱,轮流值班。灯楼内一般都配备有探照灯、报警器、铜锣、响鼓和枪支。当匪情出现,灯楼就会发出警报器的呼鸣,探照灯指向土匪来的方向,为各村的防卫争取时间,警报器凄厉的警报声以及锣鼓声和枪声划破寂静的夜空,对土匪也可以形成很大的心理震慑,灯楼是开平碉楼中的"预警飞机"。

从建造时间划分,村口的门楼应该是开平碉楼中兴建最早的一类,其次是众人楼,居楼的建造时间多数都在众人楼之后,而村外的灯楼修建的时间最晚。开平各类碉楼兴建的先后过程,反映了开平碉楼所经历的由各村各户单独防御向数村成片联防的转变,以及由单纯的防卫向防卫兼居住功能的转变。

在具体的使用功能上,开平碉楼的用途又是多方面的,既有物质的实际作用,也有精神的慰藉。

在开平民间盛传着一个"古仔"(故事),说的是在明末清初,那亩龙田村一带土匪猖獗。一次,村民许龙的妻子被土匪绑架,许龙的儿子许益赶快准备了赎金去救母亲。没有想到的是,母亲自己托人带给儿子一封信后就投崖身亡。信中说:"你不要破财救我了,将这笔钱建一座碉楼,好好侍奉父亲。"于是,许益就用准备救母的钱建了一座碉楼,取名"奉父楼"。

民国的《广东通志稿》还记载了家族争斗的情况:清朝的咸丰、同治、光绪年间,开平"县内村落大抵聚族而居,姓氏之见颇深,其自卫能力颇偏重于一姓一族或一乡之范围,故各乡碉楼林立,类皆为一种狭义的自卫之设备"。

有什么样的社会需要,就会产生什么样的乡土建筑,防御自然成为碉楼的首要功用。为此,它必须坚实稳固,易守难攻,同时,还要有反击的功能和设施。所以,我们看到开平碉楼多高出一般的民居,楼体也比普通的民居厚实坚固。楼高,可以望远,便利于居高临下地防卫进攻;墙体厚实,不怕匪盗凿墙火攻。开平碉楼的窗户,都有铁栅,外设钢板窗门,一旦关上窗门,就形成一个封闭的空间,外面的枪弹无法穿透。碉楼的门一般都外设铁门栏,内有沉重的钢板大门。

在碉楼上部突出悬挑的防卫台是重要的防御设施，防卫台四壁和地面开设了向前、向后、向下的射击孔，即可居高临下射击，又能够形成交叉火力。不仅如此，在碉楼上部各层的墙上也开有各式各样的射击孔，增加了楼内居民的攻击点。

除了单个碉楼造型的特殊要求外，不同类型的碉楼又组成了比较完整的防御体系。村外的更楼主要发挥预警作用，为村民躲进碉楼争取了时间。村口的闸楼承担着阻击匪徒进村的任务。村后的众人楼和居楼四周的射击孔形成了向前、向后、向下的交叉火力网，楼与楼之间可以相互保护、相互支援，这就大大提高了村民的安全系数。开平各类碉楼的兴建过程，也是乡村防御体系的形成过程。

开平素有"六山一水三分田"之称，南、北部多低山丘陵，东部和中部是丘陵平原，潭江穿过开平中部，与主要支流苍江在三埠相汇，两岸是肥沃的冲积平原，构成了中部地区一马平川、江河交错、河网密布的自然地貌。潭江和苍江常年河面宽阔，水量充沛，每年夏秋，一遇台风暴雨，便洪水泛滥，江水漫堤，河湖一片，很多村落就会被浸淹。历史上的洪水灾害更是经常出现在开平中部平原的村落，积水久久难退。这些村落的民众在兴建碉楼时也就有了多一层实际的考虑——逃避洪水。

开平的18个镇中，有8个镇集中分布在中部平原河网地区的潭江、苍江两岸。这几个镇也是碉楼数量最多的，有1535座，占开平碉楼的83.7%。这一数字说明碉楼在这些村落承担着多么重要的防洪作用。最著名的迓龙楼在"光绪甲申〔笔者按：光绪十年（1884）〕，大潦，村人登楼，全活"（民国《开平县志》）。一直到20世纪的60年代，平原地区的碉楼仍然是村民们登楼避洪水的场所。因此，平原地区的民众对碉楼有一份更深的感情。

除了防御功能外，开平碉楼还有居住的作用。在现存的1833座碉楼中，居楼达1149座，占开平碉楼总数的62.7%。这一功能一直延续到20世纪的80年代，现在继续在碉楼里居住的村民已经很少了。

同时，有一小部分碉楼还是学校的教学建筑用房，或为教室，或为宿舍。近代开平侨乡教育发达，学校突破私塾教育模式，引进西式现代教育体系，中小学的课程设置比较完整，学生大多住校学习。有机会读书者多为华侨后代，有一定的经济条件，他们也是匪盗瞄准的目标。在社会治安环境不理想的状态下，学校不得不考虑加强自卫防御能力，以免学生、教员成为匪盗绑架的对象，开平乡村一些学校的校长、教员、学生被掠为人质的教训沉痛而深刻。碉楼也同样成为当地人们保护师生的有效手段。民国《儒良学校建筑碉楼最后议决之章程布告》明确提出：

> 我儒良之有学校也，创设于清季末年。自开办以来，成效卓著，久为邑人所推许。嗣以匪徒骚扰，学子戒心，遂至衰落。经族中热心学务者，提议建筑巩固炮楼，为学生寄宿舍。

因此，开平碉楼也保障和推动了近代乡村教育的发展。

随着人们对开平碉楼的了解，不难发现一个很矛盾的现象：一方面，碉楼兴建的初衷是防御，表明人们害怕匪盗的劫掠，既然是为了防御，就应该藏财而不是露富；可是，另一方面，相当多的碉楼的建筑形式又非常华美，碉楼主人不遗余力地展示自己的财富，这不是招匪上门吗？

这一看似矛盾的现象的背后，反映的是开平近代社会风尚、社会心理的变化。

到了清朝的光绪年间（1875—1908），随着侨汇的不断涌入，开平乡村民众的社会心理发生了由崇尚简朴到追求奢华的变化。争阔斗富，相互攀比，标榜炫耀，讲求排场成为风气。一部分海外乡亲衣锦还乡，光宗耀祖。这一行为对讲求排场的风气起到推波助澜的作用，同时又受到了西方张扬个性、求新求异文化传入的影响，于是，社会风气大变。

民国《开平县志》卷二《舆地略》云：

> 至光绪初年，侨外寖盛，财力渐张，工商杂作各有所营，而盗贼已熄，嗣以洋货大兴。买货者以土银易洋银，以洋银易洋货，而洋银日涨，土银日跌。故侨民工值所得愈丰，捆载以归者愈多，而衣食住行无一不资外洋。凡有旧俗，则门户争胜；凡有新装，则邯郸学步。至宣统间，中人之家虽年获千金，不能自支矣。……未知与道、咸间相去几何也。

塘口镇的谢钦明是留美的建筑学硕士，他在20世纪20年代撰写的《对于本族风俗改良之我见》一文中，这样评说家族的世风民俗：

勤俭之风本为族人之特色，自族人往美洲及南洋各处经商而后，收入颇丰，此风渐失。至于今日，无论男女老幼，都罹奢侈之病。昔日多穿麻布棉服者，今则绫罗绸缎矣；昔日多住茅庐陋巷者，今则高楼大厦矣。至于日用一切品物，无不竞用外洋高价之货。就中妇人衣服，尤极华丽，高裤革履，五色彩线，尤为光煌夺目。甚至村中农丁，且有衣白衣服鞋袜俱穿而牵牛耕种者。……其余宴会馈赆，更为数倍之奢侈。

地方奢华，日甚一日。这样一种社会心态和风尚，必然要在建筑上表现出来，留下文化的痕迹，碉楼高大的楼体就成为表达社风民意的最好载体。碉楼出露于普通民居的上部是村落的标志，很容易成为聚焦点，因此，碉楼上部的造型讲究新、奇、异，柱、廊和外墙面的装饰也极为用心，有的到了不惜烦琐堆砌的地步。只有这样，才能满足楼主之间争富斗奇、炫耀攀比的心态！

由此可见，开平碉楼还是近代侨乡民众社会心态和习尚变化的独特见证，它实现了侨乡民众铺张排场、攀比炫耀的普遍愿望。

二

在开平乡村，与低矮的民居不同，碉楼为点式建筑，注意向空间发展，中下部为长柱体，在四周的窗楣增加西式的造型或于各层设置腰线，使楼体简约而富于变化。碉楼的上部基本上都是悬挑凸出的，中下部与悬挑的上部之间建有多个卷草的托脚，这既有结构力学上的考虑，也增加了美学上的视觉效果，起到了过渡的作用。碉楼上部的造型最复杂、变化最多样、装饰性最强、表现力最丰富，而且也是最能够发挥其防御功能和彰显楼主人财力与审美情趣的地方。

侨乡民众对碉楼中下部与上部的不同处理，反映了他们非常务实的特性。开平碉楼多建在村后，从村外看，前面是一排排民居，很难看到碉楼中下部的造型和装饰，这就好像一个人穿了一件华丽的衣服在黑夜中行走，别人根本看不见一样，失去意义。因此，碉楼主人不愿意花费更多的金钱于此；而碉楼的上部则高于民居，远远就能够被看到，自然会使楼主人花费更多的心思和财力在它身上。这样，碉楼的上部就成为展示其建筑特点、建筑风格最集中最典型的地方。

现存的1833座碉楼的造型千姿百态，无一座完全相同。根据上部的造型，这些碉楼大致可以分为四类。

第一，柱廊式。这类碉楼比较多。等距离排列的西式立柱与拱券结合，呈开敞状，显得典雅富贵。碉楼的柱廊多为步廊，有一面柱廊、三面柱廊和四面柱廊之分。柱廊是一种源自希腊神庙的古典建筑样式，古罗马建筑中也经常出现。开平碉楼的柱廊既有美学方面的考虑，也有巡逻、休息等实际的功能。柱廊的拱券造型多数采用古罗马的拱券，带有明显的罗马建筑风格。此外，具有欧洲中世纪哥特式建筑风格的尖拱券和具有伊斯兰建筑风格的极富有装饰性的花瓣形拱券，在开平碉楼中也有所体现。

第二，平台式。它不像柱廊式上面覆顶，而是露天的，造型显得开放。平台的围栏多数是通体实心混凝土栏板，在外墙进行细部处理，增加其装饰性。也有部分围栏采用西方华丽的古典栏式，古罗马建筑中的多立克、爱奥尼克、塔司干风格的栏杆都有所运用。

第三，城堡式。它主要采用中世纪欧洲城堡封闭的圆柱体和教堂顶部塔尖装饰的建筑要素，楼体的开窗和射击孔的尺寸都注意与其上部的造型风格相协调，比前两种碉楼的外观更封闭。这类碉楼远看就像欧洲的城堡，给人威严、坚固、结实、神秘的感觉。百合镇的中坚楼最典型地体现了这种建筑风格。

第四，混合式。开平碉楼中更多的是前三种碉楼造型的混合体，或柱廊与平台混合，或柱廊与城堡混合，或平台与城堡混合，或柱廊、平台、城堡混合。混合的形式也分同层混合与分层混合多种。这种风格的碉楼造型复杂多变，华丽富贵。

四种不同造型风格的碉楼在分布上表现出一定的区域性，塘口镇以柱廊式为主，百合镇平台式、城堡式较多，蚬冈镇是混合式集中的地方，因此，开平有"蚬冈碉楼最精美"的说法。

开平碉楼的建筑特点还表现在局部的造型构件上。

柱饰最能够为碉楼增添西方古典建筑的神韵，开平碉楼汇集了西方多种古典柱饰而又有所变化。具有古希腊、古罗马风格的简单朴素的多立克柱式、轻巧雅致的爱奥尼克柱式、装饰华丽的科林斯柱式、粗壮稳重的塔司干柱式以及丰富的混合柱式在碉楼中应有尽有，渊源关系非常清楚。除了这些古典的柱式，开平碉楼中还有欧洲文艺复兴时期、17世纪巴洛克建筑的方柱和壁柱。

碉楼的四角更为建造者和业主着力，一般都建有凸出悬挑的防卫台。它最早出现在砖楼中，砖楼的防卫台多数为多边形，出挑的幅度没有钢筋混凝土楼大。清末民国时期，防卫台的造型多数选取了欧洲城堡的圆柱体塔楼，或全封闭，或半封闭，或呈开敞状。也有的碉楼防卫台建成一角嵌入墙体的长方形、正方形、三角形、多边形，多边形的塔楼在西方古典建筑中很少见，而像塘口镇寸心里静观楼采用多边形防卫台的碉楼，这在开平并不少见。还有一种正方形呈45°旋转的防卫台更富有创意，塘口镇新开里的月波楼因为四个角采用了这种造型而显得秀气、活泼、典雅。在开平碉楼中，还有的在四角建立角亭，三柱一组的巨柱式组合贯穿两层，上接穹隆顶，增加了碉楼上部造型的动感，空间发生不规则的变化，使碉楼显得富贵华丽。各种形式的防卫台不仅仅是为了丰富整体造型的变化，更有扩大防卫空间和视角的实用功能。

碉楼楼顶的西方建筑风格同样浓厚，其中以四周用承重墙接托的罗马穹隆顶和以支柱支承的拜占庭穹隆顶造型最多。同时也有不少中式建筑的风格，早期的碉楼屋顶多采用硬山顶或悬山顶，清末民国时期则较多地在西式平台上建筑中式传统的屋顶形式，即在西式平台上建琉璃瓦的中式四角攒尖、六角攒尖和圆攒尖凉亭，而这些中式凉亭的亭柱可能是西方古典柱式。

山花，是西方建筑（尤其是公共建筑和皇家建筑）常用的装饰构件，而开平碉楼楼顶都有山花。这些山花，有封闭的三角形、断开的三角形、曲线形等多种式样，这些山花带有浓厚的巴洛克风格，能够表现碉楼主人追求新奇、炫耀财富、享乐豪华的心理，同时赋予碉楼实体和空间以动感，立面造型雄健有力之中流溢出富贵浮华之气。

随着大量的外国建筑元素被广泛运用，开平碉楼表现出明显的外来建筑的特征。同时，在突出的西式建构中，又有浓厚的本土传统建筑的痕迹。比如，它的平面布局多脱胎于传统民居，外墙的装饰技法和装饰图案也传承于岭南乡土建筑。远看是西式建筑，近观则有中式传统乡土建筑的美感，真是亦中亦西、亦土亦洋。

如果我们跳出开平一域来看开平碉楼，它的建筑风格就更具独特的魅力。

碉楼在中国的历史非常悠久，最少可以追溯到秦汉以前。早在秦始皇一统江山之前，中国就出现了一种高层建筑，当时人们把它叫作"角楼"或"望楼"。作为防御性的多层塔楼式乡土建筑——碉楼的出现，至迟在汉代已经比较普遍地扎根在中国广大乡村了。

迄今为止，中国保存有碉楼实物的地方依然不少。比如四川、重庆、青海、西藏、云南、贵州、福建、江西、广东等省市区和香港、澳门特别行政区，都有碉楼散布在乡村或城间，它们或砖砌，或土夯，或石垒，造型简洁、朴素，两面坡的瓦顶勾画出浓郁的民族传统风格。

同时，碉楼这种单体塔楼式建筑也不是中国独有的。10—12世纪，西欧以教堂建筑为代表的"罗马风"建筑中，在教堂的西立面往往建有砖石结构的钟塔，它发挥着召唤信徒、授时的功能，在战争频繁的封建社会时期又用于瞭望。起初，钟塔独立建在教堂旁边。到12世纪，它走出了教堂，进入城镇，更增加了军事防御和火警监护的功能。这样的城镇现今保存较好的，有意大利的路加、西耶纳和莱米尼。西耶纳在12世纪建有70多座石结构的高层塔楼，高高耸立在城镇的各个角落，迄今还保存有十余座。另外，在东欧格鲁吉亚的外高加索山区曼克顿一带，至今也保存着为数不少的碉楼，分布在村中或山岗，当地人称其为"塔楼"（tower）。有的建于千年以前，有的是15世纪的遗物。

葡萄牙里斯本港湾的特茹河河畔边耸立的贝伦塔（Tower de Belem），更是一座典型的碉楼。它建于16世纪初期，其主体建筑是一座五层高的四边形碉楼。有意思的是，包括贝伦塔在内的一套葡萄牙著名古建筑的明信片早就被开平华侨带回家乡，历经几十年，现收藏于立园内的开平碉楼博物馆。它向我们传递着一些有意思的历史信息。

国外的碉楼与中国其他地方的碉楼一样，时代虽各有早晚，造型虽各不相同，但是建筑文化的源流比较单纯，建筑风格也比较单一，都是本民族的、传统的，异文化的渗入极少。

像开平这样融合了中外不同建筑文化，并且得到大面积、多数量保存的碉楼，在世界上极其罕见，展现了人类建筑文化交流的一个杰出类别，独具艺术魅力。我以为可以用"开平碉楼风格"加以概括，它因此在中国乃至世界近代建筑史和文化交流史上有不可替代的地位。

进一步来说，单就这类碉楼的分布来看，不难发现，它不局限于开平一地。这类乡土建筑，在珠江三角洲地区，以开平为核心区，向外呈辐射状分布，形成了两个圈层。第一个圈层是周边的台山、新会、恩平、鹤山，面积有9600多平方公里；第二个圈层远至香港、深圳、惠州、广州、中山、珠海、澳门、阳江，都有同类乡土建筑存在。碉楼的数量，是离开平越近越多，越远越少；其建筑风格，是离开平越近越浓，越远越淡。因此，"开平碉楼"不仅是开平当地这类乡土建筑约定俗成的词语，而且还突破了开平地域的界限，成为中国乃至世界上同类乡土建筑的专用术语。"KAIPING DIAOLOU"这一以汉语拼音演化的英文单词，从此将进入英语的词库，被更多的外国游客和专家学者所熟知。

作为带有浓厚外来建筑文化色彩的开平碉楼，落户在岭南的乡村，与周边的稻作农耕文明环境、自然环境和谐相处，成为乡土景观的组成部分，带给我们强烈的景观视觉冲击，这确实是一个文化奇迹。

三

开平碉楼不仅是一种具有视觉形象的乡土建筑、历史文物和观赏的美学对象，如果走进碉楼，走进碉楼所在的村落，走进侨乡先民们的内心世界，开平碉楼背后蕴含的大量非物质的文化就会一一呈现，增强了建筑艺术的持久力，丰富了碉楼文化的魅力。

灰雕和壁画，是开平碉楼艺术的两大亮点。

开平碉楼外墙和室内吊顶的装饰，采用了岭南乡土的灰雕传统技艺。这种技艺完全靠师傅带徒弟的方式，在工地的脚手架上，口手相授，一代一代传承下来。徒弟是先从配料、拌料学起，然后就是观看师傅的实际操作。只有经过相当一段时间后，师傅才会让徒弟从参与最基本的工序到慢慢独立上脚手架干活。

灰塑的材料很讲究，以石灰为主，配草灰、黄泥，有的还增加黄糖或糯米，往往需要沤制一段时间，以提高黏性，各种材料的比例根据不同的装饰题材而定。在碉楼外墙施工时，工匠不是先画好一个图案，而是成竹在胸，一把抹刀挑出灰泥就在墙上创作，一拍、一抹、一推、一压、一挑，一个活灵活现的富有浓厚乡土气息的图案就呈现出来，然后是涂抹矿物颜料，锦上添花，历经数十年上百年，依然鲜艳如初。大的灰雕作品里面还要填充砖块。

这样一种传统的技艺在开平碉楼建造兴盛时期得到发扬光大，形成了专门的队伍，很多工匠将自己的名字也融进了画作中。

碉楼的灰塑作品题材中外兼备，中式的"喜""福""寿""禄"字形，荷花叶、中国结、金钱、龙、凤等图案，是常见的题材，在它西式的建筑造型中到处洋溢着中国传统的乡土文化气息，传递了当地民众在接受外国文化的过程中挥之不去、深藏于心、牢牢坚守的中国传统文化情怀。同时，西方建筑装饰中常用的卷草、流苏、盾等，也被灰雕这种传统工艺表现出异域文化的神韵，而且像飞机、火车、轮船等近代西方的交通工具，也成为灰雕的创作源泉。

在开平碉楼和别墅中，随处可见的门楣画很吸引人。它的画法体现了乡村画师的国画技艺和风格，非常传统、民族，这种技艺的传承同样是以师傅带徒弟的方式进行的。门楣画分为两大类：一类是典型的中国山水画，花、鸟、鱼、竹、松、梅，高山流水，小桥人家；另一类就非常独特，总体来看是一副中国画，题材则是表现不同的自然、人文景观。画面结构常常是大海大河分隔出两个世界，一边是中国传统的乡村，农舍、农夫、山水尽入画中；另一边是高楼大厦、洋人、汽车组成的西方社会，有的是在中间的海洋上有行驶的大轮船，有的是天上有飞机，有的是火车将两个世界连接在一起，有的是直接描绘香港的维多利亚港湾，当年的开平华侨就是从这里走向了世界。

画表心声，画表追求。碉楼门楣画既是华侨出洋经历的真实记载，更是侨乡民众对西方文明的认知、向往，以及对远方亲人时时牵挂的特殊表达。

塔、楼取名挂匾，是中国传统建筑文化的惯例和装饰手段，楼必有匾，塔必有名。而能够挂匾的楼塔，多是名楼名塔，但是在开平乡村，民众则突破这样的规范，建楼便取名，楼成即挂匾。楼主要借这一画龙点睛的地方，寄予自己的希望，表现自己的情趣爱好，也给村民以精神上的振奋和慰藉。

碉楼的楼匾悬挂在上部最显眼的正面高处，与西式的山花融为一体，构成碉楼的标志。楼匾主要题写楼名和建造的年代，上千个楼名或雅或俗，或隐或浅，多彩多姿。楼名多为以下五种。

以人命名。蚬冈镇锦江里的瑞石楼就是以楼主人黄璧秀的字"瑞石"命名，瑞石即美玉，美玉为璧。蚬冈东和村的"焕然楼"、百合镇中洞村的"焕福楼"和"爱仁楼"，也是以楼主名字命名。

以数字命名。有的碉楼为数户集资兴建，楼名就直接告诉你有多少户。赤坎镇虾村的"四豪楼"就是旅居加拿大的四位乡亲修建。像这样巧用数字的楼名还有一枝楼、两宜楼、三星楼、五福楼、万兴楼等。

以方位命名。赤坎镇的司徒氏家族于民国初年在潭江两岸各建了一座更楼，即分别命名为"南楼""北楼"。

以村落命名。这种命名主要出现在众人楼上，蚬冈镇锦江里的众人楼就叫"锦江楼"。

以美愿命名。这是开平碉楼命名中一个运用非常普遍的原则。或是表现团结互助，如协益楼、群秀楼、志众楼、协群楼等；或寄望社会安宁，如卫安楼、居安楼、同安楼、靖安楼、联安楼、保安楼等；或祈求吉祥富裕，如吉祥楼、文昌楼、宝树楼、寿田楼、天禄楼、贵楼等；或弘扬传统美德，如崇礼楼、宣德楼、敦睦楼、亲义楼、明达楼、铭石楼、赞雅楼等。

在开平碉楼的楼名中，还有大量反映振兴中华、振兴民族、振兴国家的内容，近代的意识渗透进村民的脑海，如耀华楼、共和楼、中坚楼、振昌楼、华焕楼、国兴楼、中山楼等。

除了悬挂匾额，开平碉楼的楼主人还喜欢为碉楼配上楹联。这些楹联往往以传统的"鹤顶格"的形式进一步揭示、表达楼名的内涵和楼主的胸臆。塘口镇自力村的云幻楼楼主方文娴亲拟的门联则充分表现了他的传统文化的情怀和素养：

云龙风虎际会常怀怎奈壮志莫酬只赢得湖海生涯空山岁月；
幻影昙花身世如梦何妨豪情自放无负此阳春烟景大块文章。

有的门联则表现乡村民众对西方近现代意识的认识和开放的胸襟与视野。

在碉楼和民居的大门，人们也要书题门对，它展示出开平乡村民众对西方文明的追求和对中国传统人文关怀的执着。

成式仿欧工杰阁崇楼创业共推中外望，
宏规贻世泽培兰滋桂承家喜有子孙贤。

风同欧美，

盛姚唐虞。

中外同风，
世界文明。

共和构造，
世德流传。

我曾在百合镇石门村的一幢别墅，发现了这样一副门对："英雄盖世拿破仑，事业惊人华盛顿。"当我看到这幅门对时，多少有些感觉惊讶！因为，我不由得想起晚清时期流传的一个科举笑话。据说 1901 年 8 月 29 日，清廷颁布法令：从第二年开始，科举考试废除八股文，改为以中外政治史事命题的策论。第一次策论考试，考生们打开考卷后竟然一个个目瞪口呆。原来，里面的策论题是《项羽拿破仑论》。项羽大家当然知道，但是拿破仑是何许人也？没听说过。考生们一个一个傻眼了，没法写。就在大家一筹莫展时，一位考生想起了项羽在《垓下歌》里"力拔山兮气盖世"的词句，突然来了灵感，他写下了这样的答卷："项羽力可拔山，何愁拿一'破轮'乎？"这位考生把拿破仑当成了一架破马车的轮子。这虽然只是一个笑话，从它的反讽中，我们看到了社会上层和部分知识精英的封闭、保守，而在开平乡村，当年农民对西方历史文化的了解远远超出了人们的想象。

这种惊讶，在开平乡村行走，还会时常收获。我曾在蚬冈镇锦江里村的一户民居那黝黑的门神处看见这样一副对联：

永进中华宝，
常招外国财。

当我在同村以及后来其他乡村民居考查，不止一次看见类似的门神对联时，惊讶就变成了感佩，感佩他们开放的胸怀在那封闭时代的中国乡村显得多么的珍贵！

开平有一座华侨园林——立园，它是旅居美国芝加哥的谢氏华侨家族相约共同回乡建造的。在这座园林别墅区的泮立楼四层神龛上，有这样一副对联，也很有意思：

宗功伟大兴民族，
祖德丰隆护国家。

在这里，家族、民族、国家达成三位一体。神龛是村民精神世界最深处的圣坛，一般都是讲承续祖德、光耀先宗之类的话。可是，开平却出现了如此有政治觉悟、政治理想的对联，不得不令人对这些华侨心生敬意。

与此相连的是，开平民众独特地使用"国"字，一般不用"國"，而是使用"囻"。民国、民国，就是以民为主、以民为中心的国家。这样使用"囻"字，在开平，在五邑侨乡非常普遍。

在开平碉楼的楼顶，还有一个现象，就是都有一根旗杆，那是悬挂国旗的地方。每逢国庆日和重大节日，如碉楼落成典礼，碉楼的主人都会自觉地悬挂起国旗，这是当时侨乡的风气。西方近现代的国家意识、民族意识和民主意识，被当地民众所接受，深深地扎根在这些人的心底。

在百合镇马降龙庆临里的林庐，保存着一份《宣统元年吉立庆临堂起屋章程》。它是当年关氏民众兴建庆临里时制定的，从开村的缘起、集资的办法，到宅基地的分配、转让，以及房屋兴建顺序、村落公共用地管理、邻里关系调解等，都做了制度性的安排，甚至细致到各户厕所的兴建和垃圾的堆放、处理。有意思的是，《宣统元年吉立庆临堂起屋章程》各户一份，照章办事，村落事务是由各户代表组成的村落管理会处理，投票权的大小根据村民拥有的集资股份数决定。这种议事、管理方式与传统村落由族长控制，大小事务由族长决定，有了很大的区别。类似这样的村落自治管理章程，在其他村落也有，有的就直接叫《××村股份章程》，村民都有参与村落自治管理事务的权利，在制度章程面前，人人平等，以实现公开、公平、公正。

这些制度显然是华侨推崇并传回来的，将股份制的原则、方式运用到村落的建设和管理，则是开平乡村民众的一项创举。

一座开平碉楼不仅仅是承载着外来的建筑文化与建筑艺术，它更是近现代开平乡村民众广泛地自觉学习、吸收西方先进文明的独特见证，从外在的建筑、器物到内在的制度、观念，这一方土地上的人们都对西方文化进行了农民式的接纳和创新，推动了乡村社会的转型。如果说中国近代曾经发生过一场由上而下的"洋务运动",那么发生在开平的这样一次向外来文化学习的实践,不也是一场近代乡村的"洋务运动"吗?

四

碉楼在开平乡村是一种附属建筑,其景观价值通过与整体村落环境相融合得以体现,共同营造出人与自然和谐统一的生产、生活和居住方式。

开平村落的兴建,在历史上形成了一种环境景观意识,深入人心,俗称为"风水格局",它追求人与自然、人与人之间的和谐。

首先是注重村址的朝向,这方水土"重南向,东次之,西又次之,北为最下"(民国《开平县志》)。当地民众具体进行村址择向时,因地制宜,并不机械。

水,是一个村落构成不可缺少的元素,是村民生活的命脉,所以,村址要靠近河流或湖泊。如果无法取得水源,则必须在村前人工开挖池塘,塘泥用于垫高房基。村前河塘水蓝如茵,水静如镜,流水不腐,源远流长。它既可供蓄水、洗濯、排水汇流、放养家鱼水禽,村民称它为"众水归塘";同时,还被赋予了人文的意义,寓意"聚宝聚财"。同时,东南风掠过池塘水面,还可以将凉爽的风送进民居,池塘起着调节村落小气候的作用。

村侧和村后是密实的簕竹林形成的圆形屏障,竹林与村口的闸楼相连,既包围村落形成封闭的空间,又绿化了环境,同时具有"竹报平安"的寓意。

开平村落多"聚族而居",以单姓村落为多。民居是村落的主体建筑。宅基地面积相同的民居,集中、高密度布置于村中,使村落呈棋盘状。与其他地方的民居不同,开平村落里的民居一般不在正面开门而形成院落,房门统一开在两侧,面对村巷。这种布局方式适应了当地土地紧张的现实情况,提高了村地的利用率。每排民居前低后高,形成迎风的坡面,便于房屋通风采光,同时也寓意"步步高升"。民居的用材都是青砖素瓦,建筑式样统一。村巷纵横交错,排水系统统一铺设在巷道地下。集中规整的布局,整齐划一的式样,显示的是家族的团结互助、齐心协力的意愿。

晒场、社稷坛、灯寮、书室和宗族祠堂等公共场所统一布置在村前。

村口的榕树，树冠阔大，浓密的枝叶、下垂的榕须传递着家族根深叶茂的愿望和落叶归根的意识。

村外是大片的稻田和养殖鱼、鸭、鹅的水塘，春播秋收，嫩绿的禾苗、金灿的稻谷，季节颜色的转换，书写着开平村落的年轮，渲染着农耕文明的背景。

在开平村落中，中西合璧的碉楼不仅仅是守护家园的防御设施，也成为村民优化环境景观的"工具"。在平原地区的很多村落，它高高耸立的楼体被借用为"靠山"，以实现"背山面水"的理想格局。同时，向上发展的碉楼与低矮的民居结合，还使村落的天际轮廓线高低错落，起伏变化，节奏缓急交错，有张有弛，富有韵律感，碉楼是形成开平村落立面生动活泼的关键要素，是开平村落的聚焦点。

将开平村落这一景观意识体现得最充分的，是百合镇的马降龙古村落群。

马降龙古村落群由永安、南安、河东、庆临、龙江5个自然村组成，居民为黄、关两姓，民居176栋，用地面积181494平方米。最早有人来此定居是在明朝后期，黄氏家族第十七世祖黄法钦由潭江西岸的厚山村迁来，成为最早的开发者。直到清朝乾隆年间（1736—1795），黄氏家族才繁衍成村，即今天的永安村，法钦黄公祠就位于今该村南村口。

永安村成村之初，曾聘请"风水师"评估环境："堪舆家曰：'愚观此地，足峰巍峨兮枕后，赤汪洋兮湾前，左右肩膊撑开兮局面堂堂，三山狮象关下兮管钥森严。若立村庄，发福延绵。'"[①] 站在百合镇潭江桥向东眺望，气势磅礴的百足山重重叠叠，郁郁葱葱，像一道绿色的屏障衬托在蓝天白云的天幕下；到了秋季，百足山又似展开的锦缎，红的、黄的、绿的树叶组成色彩斑斓的水墨画，从初秋到深秋，色彩由淡而浓，又由浓而淡，画卷图案也转换变化，最后消失在一片墨绿的林海之中。百足山脚是宽阔清澈的潭江，碧绿的江水如镜如练，倒映着百足山。山水相映，如诗如画。

五个村落就坐落在百足山下的竹海之中，背靠百足山，面向潭江水，前平后靠。村落格局大同小异，四周竹林围护，民居居中，规整严谨，横直对齐；房屋的式样也一律为三间两廊的传统形式，统一的青砖素面墙，

---

① 参见1909年《黄联益堂村地股份部》，原件收藏于开平市文物局开平碉楼研究所。

歇山式两面坡，土瓦覆顶；房脊有早期的船脊和后期的草龙脊、凤头脊等样式。村落首排房屋的造型统一式样，两廊上面竖起女儿墙，博古脊的下面是乡村工匠创作的大幅灰塑浮雕，仙鹤、麒麟、孔雀、瑞狮、祥龙和松树、牡丹、荷花、修竹、宝葫芦及案八仙、额联书法尽入工匠的刀笔下，五颜六色，栩栩如生，展示出村民质朴、自然的情趣爱好和精神追求。后排房屋的外墙装饰集中在门楣上面，或灰塑，或壁画，在整体统一的房屋造型中，村民们借建筑的细部装饰来表现自己的个性，很好地处理了个体与群体的关系。

庆临里是马降龙古村落格局最典型的代表。

庆临里坐东朝西。村前的月塘水面开阔。池塘的两侧村口各有一个两层高的门闸，叫更楼。以前是白天开启，夜晚关闭，轮流当值的乡勇检查出入庆临里的行人。连接村闸、村后的是密实的、粗壮的簕竹林。簕竹林防台风，挡寒流，尖尖的竹刺形成一道难以通行的屏障，而村前的河塘也隔绝了外人的进入。门闸、竹林、河塘将村落包裹成一个相对封闭的空间，带给全村村民安全感。

40幢民居是庆临里的主体建筑，成排成行，平面整齐划一。按照庆临里建村章程，前后民居建筑之间空隙多为50厘米；纵向两列建筑之间为巷，称为里巷、火巷，是村内主要的交通道，道旁是排水沟。纵巷、横巷，垂直交错，或用砖砌，或铺条石。全村的住宅宅基面顺坡而下，前低后高，村里规定后面的房屋建筑可以比前一间高两三块砖，绝不能相反，这样就形成了全村屋顶的前低后高。全村住宅的建筑式样也很统一，尤其是村首一排，按照规划设计，建成统一式样。

每一住户都是门开两侧，面向村巷，封闭性较强，但因户内天井小院起着空间组织作用，故具有外封闭而内较开敞的明显特点。在门的处理方面，一般是在大门外，再加一道通透的木栅门，当地称为"趟栊"。天气炎热时，大门敞开，关闭木栅门，通风又防盗。有的不设趟栊，而是加一道矮栅门，同样是为了通风和安全。

走进住宅，就进入了一个"人神共居"的精神活动空间。房门有香炉，左右两廊各拱有一个门神和一个灶神；进入厅堂，南面天井墙上是"天官赐福"的天神神位，天神所对的北面墙角是"土能生金"的地神神位；地神的上面是金碧辉煌、雕梁画栋的人神神位"伯公"，这里供奉着家族的历代祖先，以及观音菩萨、孔雀公主、善才龙女、太后元君、福德正神等各种神灵。泛神的精神空间，带给村民平衡宁静的心灵慰藉。

由于住宅密排，无室外院落，鸡、鸭、猪、牛舍和各户厕所统一集中建设在村旁，节约用地，也有利于粪肥的集中管理，减少污染，保持民居和村落环境的清洁卫生。

在庆临村南侧，有一座占地70多亩的杨桃园，数十棵两人才能环抱的杨桃树已经有100多年的树龄，苍劲粗壮的树干像饱经风霜的老人一样慈祥宁静，一个个高大的树冠在空中枝叶交错、树冠交织，给果园搭起了一片凉篷，淡黄色的杨桃挂满了枝头，地面上到处都是熟透坠落的金黄色的果实。一条石块铺砌的小路蜿蜒在村后的竹林之中，黝黑发亮。漫步其间，翠竹森森，绿树成荫，鸟语花香，恰似置身人间仙境。高大的碉楼凸立在村后的竹海中。

开平这样一种住宅串联、整齐划一、前低后高、道路成网、超高密度的村落布局，通风良好，用地紧凑，很适应岭南的地理气候和土地条件，极富有生命力，至今仍为开平乡村规划遵守的原则。它也是中国古村落布局的一种独特的类型。

五

我最初接触开平碉楼的时候，总在想这样的问题：开平为什么要建碉楼？开平是什么时候开始建碉楼的？

开平碉楼的兴建，最迟可以追溯到16世纪的40年代，也就是明朝的嘉靖年间（1522—1566）。现存最古老的碉楼——迓龙楼，就是那一时期的遗物。

今天，生活在和平的明媚阳光下的人们，很难真切地体会到当年开平人建楼时的复杂心境和经历。

明朝以前，今天的开平是恩平、新会、台山、新兴几个县交界的一个三不管地带，土匪滋生，社会治安非常混乱。为了加强地方管理，明朝政府在此设"开平屯"。"屯"在明朝是一种军事单位。可想而知，这实际上是中央政府派驻军队，专门进行治安管理的意图。清朝顺治初年设县，取名"开平"也寄予了"开通敉平"的愿望。由此可见，匪患一直是开平的一个严重社会问题。一直到20世纪前期，开平乡村仍然是匪患不断。当时县内较大股的土匪就有张韶、朱炳、胡南、侯晚、谭洪、吴金发、张沾、黄保等数帮，他们长期四处劫掠，制造惨案，城乡不宁。县城多次被攻陷，甚至连县长也被抓走。至于乡村普通百姓被绑架，耕牛被抢劫，更是家常便饭。

清朝末年和民国时期，土匪将抢劫的重点转向了华侨和侨眷家庭。

开平地近南海，早就有"出洋谋出路"的传统，1840年以前主要是到东南亚谋生。1848年、1851年和1858年，美国、澳大利亚、加拿大先后发现金矿，在世界上掀起了"淘金潮"。来自欧洲的移民纷纷涌现美国和加拿大的西部，想实现自己的黄金梦。随后美、加两国为了维护国家的统一，促进边疆开发，开始修建连接东西部的铁路。一个金矿开采，一个铁路建设，都需要大量的廉价劳动力。受早年巴拿马运河建设中使用华工的经验启发，矿主和铁路公司将目光投注到中国，便委托在美、加的开平华侨回国招工。同时期，在开平乡村，人口快速增长，"地不足以容人"，粮食供不应求，极其紧张。为了家族、家庭的生存，开平乡村的青壮年男人纷纷离乡别井，从香港、澳门出洋，到美国、加拿大、澳大利亚"淘金"。

他们与同去的五邑侨乡其他乡亲一起，很快就成为美、加等国金矿开采、铁路建设和农业开发的主力，承担了最艰难的工程，付出了极大的牺牲。当年美国加利福尼亚州的黄金产量占全国的2/3，为美国工业基础的奠定提供了充足的资金来源。美国著名的历史学家这样评价华工："若没有中国人的帮助，我们的工业就不可能那么早就奠定基础。"而包括开平华侨在内的五邑华侨为美、加两国的铁路建设做出的牺牲更是可歌可泣，他们承担的是这两条铁路最艰难的西段工程。美国中央太平洋铁路的法律顾问E. B. 克罗克在通车集会上高度评价华工："这条铁路之所以能够早日完工，在很大程度上要归功于那些被称作华人的劳工阶级。"而加拿大首任总理唐纳则说："没有华工，就没有铁路。"这两条被称为19世纪工程史上最伟大成就的铁路的建成，使美、加真正成为横跨大洋的国家，国家的统一有了坚实的保障。

但是，开平华侨的这些成就并没有换来应有的地位和尊重。1882年，美国颁布了有史以来第一件排斥单一种族移民的歧视性法令——排华法案，连同随后通过的一系列排华法案，剥夺了华工在美国发展的很多权利。美国的移民政策还影响到加拿大、澳大利亚以及一些欧洲国家。开平华侨长期生活在极不公正的歧视性的社会境遇和法律环境中。

恶劣的生存环境迫使开平华侨只好将传宗接代的愿望寄托在家乡，中国人传统的"落叶归根"意识强化了这种观念，回家乡建房、买田、娶老婆就成为他们在海外拼搏的最高人生目标。于是，他们将自己的血汗钱不断地寄回家乡，从而为开平碉楼与村落的建设提供了充实的经济基础。

这些在外受尽屈辱的华侨们，在家乡人眼里却是能够挣钱的有本事的人，家乡人送给他们一个好听的名字——"金山客""金山伯"；他们每次带回的装载物品的大木箱，也叫"金山箱"；而他们在家乡的妻子则被叫作"金山婆"。

从清朝的同治、光绪年间开始，开平成为华侨之乡。一个个华侨新村不断兴建，一幢幢西式别墅相继落成，归乡华侨的锦衣秀帽、侨眷家庭的富裕张扬很快给他们自己带来危险。侨眷家庭成了土匪眼中的"肥肉"，土匪经常出没华侨新村。在这种情况下，"走贼"成为侨乡民众生活的一部分，每天夜晚稍有风吹草动，人们就收拾好金银细软到野外或到村后树丛中躲避。往往一夜多次躲避，彻夜无眠。尤其是一些侨眷家庭，被土匪害得倾家荡产，苦不堪言。官匪勾结，政治腐败，民众只好自己保卫自己。民国《开平县志》就记载："自时局纷更，匪风大炽，富家用铁枝、石子、士敏土建三、四层楼以自卫，其艰于资者，集合多家而成一楼。"开平碉楼就像雨后的春笋一般大量出现在开平的乡村，从而形成了"无碉楼不成村"的乡间景象。开平华侨不仅出钱建碉楼，他们还专门从国外买回枪支弹药、报警器、探照灯，并且设立基金，资助家乡的团防组织。

在开平的 1833 座碉楼中，建于美国、加拿大等国实施排华政策时期的有 1648 座，占现存碉楼总数的 89.9%，大部分村落也是建于 1900 年前后。所以，19 世纪末到 20 世纪 40 年代以前便成为"开平碉楼与村落"发展的兴盛时期。可见，开平碉楼其实也是美国、加拿大黑暗的排华时期的历史见证。碉楼作为这些国家发展过程中的一个重要阶段的历史见证，在遥远的中国乡村被奇迹般地完整保存下来，这在世界历史领域都是罕见而弥足珍贵的。

1941 年，太平洋战争爆发，日本侵略军占领香港，侨汇难以回国，开平失去了建碉楼的经济来源。所以，1941 年以后兴建的碉楼非常少。

1949 年，中国进入了一个新的发展时期，社会环境发生根本改变，开平侨乡的民众再也没有兴建碉楼的社会需要了。

今天还在继续使用的碉楼已经很少，不到碉楼总数的1/15。住在碉楼里的主要是老人，他们割舍不下那份积淀深厚的情缘。而对于海外的开平华侨华人，碉楼已经成为他们心目中故乡的标志，多少次梦回家乡，首先见到的就是碉楼。

碉楼是华侨历史文化的丰碑，它的永续保存，对维系海外华侨华人"根"的意识具有越来越重大的文化意义。

六

如果说华侨华人历史、侨乡文化是开平碉楼的灵魂，那么从近代中外文化交流的历史来考察，我们看到开平碉楼其实还具有更加深远、更高层次和更加特殊的一种文化学意义。

移民不单单是人口的位移，更重要的还是文化传递的载体；华侨华人不仅仅是国际移民，他们还是中外文化的传播者。开平碉楼之所以能够形成亦中亦西、亦土亦洋的建筑风格，就与他们传递的文化内涵和独特的传递方式有着直接的联系。

这些开平华侨华人的祖祖辈辈都是农民，在他们的文化底色上涂抹的是封建农业文明。当他们来到美国、加拿大这样一些快速发展的资本主义国家，强烈地感受到了西方资本主义工业文明的先进、发达和富裕，很自然地，他们内心的深处会经历异质文化的冲突。他们改变家乡落后面貌的意愿，也会随着他们对西方国家的了解而日益增强。所以，他们不仅给开平侨乡传回了外国的建筑文化，还积极地传回来西方的制度文化、观念文化和其他器物文化，促使着家乡的社会转型。

这些经过他们的脑和手传回来的西方文化，与社会上层人士、专业人员所理解的外国文化应该是不相同的，他们是以一个中国农民的眼光和几乎文盲的知识基础在观察，在吸收，是中国传统乡村底层民众主动向西方学习的产物。同时，在近代，开平侨乡欣赏外国建筑艺术、学习西方文化已成为风气。华侨在家乡的亲人和邻里，是外来文化的接受者。开平侨乡的民众参与到了这些经由华侨传递回来的西方文化在中国传统乡村落户的全过程。但是，他们的这种参与、接受，并不是华侨们传回什么就原封不动被动地接受什么，他们也带有自己的主动性。虽然同样是生长在农耕文明环境中的农民，但是他们对西方文化的认识又与华侨不同，感受不如华侨直接，传统文化的影响更大一些。正是他们的参与、他们的吸收，才克服了外来文化的"水土不服"，使其有机地与本土的文化融合在一起。如果说华侨对西方文化的传递，已经经过了他们的一次筛选，那么西方文化在开平乡村的最后生根，则是侨乡民众再次筛选和消化的结果。

让我们从一个细节（也就是开平的乡村工匠以及业主设计、建造碉楼的过程）来看一看外国建筑文化是如何与乡村传统的建筑文化结合的。

开平碉楼的设计来自三种人。第一种是国外的专业建筑设计师。有些华侨不仅从海外寄回建碉楼的钱，他们还寄回请外国人设计的碉楼图纸，要家里的人照着去搭建。第二种人是广州、开平的专业建筑设计师，他们由侨眷聘请。这两种人设计的碉楼图中，有关西方的建筑元素都很规范、标准。但是，在现存的开平碉楼中，由他们设计的碉楼数量很少。第三种设计来自乡村工匠，他们没有经过学院式建筑学的专业训练，学科理论的知识很少，甚至对西方近代混凝土技术的专业知识也比较欠缺。但是，他们建造乡土建筑的实践经验非常丰富。开平碉楼绝大部分设计就是由这些洗脚上田、手口相授成师的工匠（当地人称他们为"泥水佬"）提供的。

在经受过西方建筑史和近代建筑技术专业训练的设计师、建筑师看来，乡村工匠他们对西方建筑的理解和掌握，很不合乎规范，完全是对西方建筑的模仿，即使模仿也不到位。因为乡村工匠不一定了解外国建筑不同流派、风格的学院式界别和要求，比如罗马柱的柱础、柱身、柱头的相互尺寸比例，以及其与拱券的比例关系；乡村工匠甚至可能连明信片和建筑图片中那些建筑造型具体叫什么风格、什么名字都说不出来。但是，乡村工匠凭着自己的建筑专业知识，知道如何去模仿外国建筑的样式，从而满足业主"为我所用"的要求。于是，外国不同时期、不同民族、不同流派、不同宗教的建筑，就这样被他们"拆解"成"碎片"，加以模仿，随心所欲地重新组合，从而产生了亦中亦西、亦土亦洋、自成一家的建筑风格，赋予开平碉楼特殊的价值。

与此同时，乡村工匠对于碉楼的设计过程与业主之间更具有互动性，碉楼设计图是业主与工匠共同完成的。因为，乡村工匠往往与业主不是乡邻就是同村，联系非常方便。业主提出的设计要求往往非常具体，他们可能要求自己碉楼的门、窗和上部造型按照他们在外的亲人寄回来的外国建筑明信片、画报、画片的某个样子做。工匠按业主要求画出草图后，还要跟业主多次协商修改，才能定稿，进入施工。这个互动过程大大提高了设计图的可操作性。

由此可见，开平碉楼的设计，实质上是开平乡村民众（工匠和业主）群体性的文化交流创造活动，这是其他专业设计难以企及的，已是乡村传统建筑文化与外国建筑文化的交互融合，开平碉楼才表现出千姿百态、富有创意，洋溢着浓郁的生动活泼的乡土气息。

不论是什么人设计的碉楼图，最后都要由乡村工匠的手将它变为现实。很多专业设计的图纸尤其是从外国寄回来的设计图，在实施过程中，往往被乡村工匠修改，并且加进一些自己的风格。海外华侨华人也不反对这样的改动，他们在书信中也提道：要视乎实际环境而定，最好还是参照当地情况，承建商自己应有主意。确实，专业设计师只能根据他们了解的情况进行设计，而外国设计师更是对侨乡了解甚少。他们的设计图拿到开平乡村来，想原封不动地照搬，很不现实。最了解侨乡自然和社会环境、经济状况、文化习俗的是乡村工匠。因此，乡村工匠对碉楼的最后建成，有很大的决定作用。所以，开平民间有"三分主人，七分工匠"的说法。

以本地工匠为主体，国内外专业设计人员参与，这样的碉楼建造，实际上代表着两种建筑文化背景的人员在乡村的碰撞。这使外来的建筑文化在碉楼汇集，本土的建筑传统也得到延续。因此，在艺术形式上，希腊的柱廊，古罗马的柱式、拱券、穹隆，欧洲中世纪的哥特式尖券和伊斯兰式拱券，拜占庭的穹隆，欧洲古城堡的角楼，葡式建筑中的骑楼，意大利的巨柱组合，以及印度建筑中的廊亭，等等，都出现在开平碉楼中，并与本土的建筑形式巧妙地融合于一体。巴洛克风格的山花被广泛运用，与中式的楼匾结合，成为开平碉楼造型和风格的最重要部分；在欧洲宫廷中，才盛行起来的洛可可风格的装饰图案，也出现在寻常农民家的门楣，与岭南的躺龙共同组成门的造型和装饰。像这些混搭的建筑方式我们很难将其简单、具体地归类于外国建筑的某种流派和某种风格，因此，开平碉楼的建筑风格可以称之为"我就是我"。

开平碉楼设计、建造过程中，所体现的乡村工匠与业主对包括建筑在内的外国文化的学习、吸收和创新，是侨乡农民接纳外界，希望走进世界的群体实践。开平碉楼则成为这种独特实践的历史遗存。

中国乡村民众按照自己的眼光和意愿，主动向西方学习，这在近代中外文化交流的历史长河中，有别于我们已经熟知的城市类别、社会上层类别、专业人员类别。

1840年以后，西方文化大量进入中国，中外文化交流进入广度和深度上都远远超过以往的阶段，其影响一直延续至今。这一次的文化大碰撞，可以分为两种类型。

第一种类型是在沿海沿江的城市展开的，参与交流的主要有社会上层人士、殖民统治者、传教士、留学生和专业技术人员。同样引进了西方的制度文化、观念文化、器物文化。它既有从上到下的推动（比如洋务运动），也有民间自发的行为，还带有鲜明的殖民色彩，组织性和文化传递的主观意识很强。进入到中国沿海沿江城市的西方文化，比如在建筑方面，也因此带有更加规范、更加标准的痕迹，因为它的设计者和建造者都是专业的，他们了解西方建筑文化中不同流派、不同宗教建筑的界别和严格要求。所以，有的学者认为，这主要是对西方建筑文化的"移植"。

这一类型的文化交流，早已为国内外的专家学者所关注，研究成果丰硕，也为普通民众熟识。

第二种类型是在东南沿海的侨乡，尤其是在广东五邑侨乡进行的。参与者是普普通通的底层农民，没有人组织他们，也没有人强迫他们去传递外来文化，他们甚至也没有意识到自己做的正是被专家学者们称为"文化交流"的事情。他们的知识背景和生活阅历、社会环境都有别于城市，有别于专业人士，有别于社会上层人士。因此，他们传递交流的西方文化就带有自己独特的"理解"，自然就有别于在城市交流的西方文化。他们也没有经过专业训练，不了解西方建筑文化的不同区别和严格要求，在"唯我所用"的务实思想支配下，打破外来建筑文化原有的界限，各取所需，建造出来的开平碉楼，完全是外国建筑"碎片"的组合。这些"碎片"与中国乡村传统的建筑文化结合，造就了开平碉楼独特的建筑风格，带有浓浓的乡土气息和民间的创造活力，自成一体。

无疑，这一发生在包括开平在内的五邑侨乡的中外文化交流运动，是近代中外文化交流的另一种更具有群众性、扎根于社会底层而长期被忽视的类型，开平碉楼是这类交流的最典型的记载。

开平碉楼分布区域的广泛，代表着外来文化对中国传统乡村冲击的深广，以及西方文明与东方稻作文明的完美结合，使之在文化交流史上具有唯一的、特殊的、世界性的价值和地位。

（原文见《开平碉楼与村落》，中国建筑工业出版社2008年版）

试析开平碉楼与村落的真实性与完整性

"开平碉楼与村落"作为人类发展史上具有突出普遍价值的遗产项目,已经得到联合国世界遗产大会的确认。为全人类保护好这份遗产,使其价值得到永续保存,已经成为我们义不容辞的责任。为此,必须全面把握其真实性和完整性。目前有关的研究,还没有涉及这一方面。本文即想就此问题提出笔者的一些意见,使"开平碉楼与村落"的研究能够更好地为当前的保护提供更多的科学的支持。

真实性和完整性是世界遗产内在价值的体现和最基本的属性。所谓真实性,即表示这项遗产是原生的、本来的历史遗存和历史记录,而不是复制的、虚假的"赝品"。作为文化遗产的真实性,是需要通过历史遗留下来的一切相关部分来体现的,也就是说,真实性是指来自原生的整体真实、综合真实。由此,就自然引出了"完整性"的概念。真实性必须通过完整性来体现和保存;没有完整性,也就没有真实性,完整性是真实性的基础。如果说真实性揭示了遗产项目的"质",那么完整性则更多地表现了遗产项目的多样和丰富。真实性和完整性共同确定了遗产的价值,确定了遗产的不可替代性。所谓世界遗产的"消失",也就是其真实性和完整性的丧失。因此,真实性与完整性成为世界遗产的两个最基本的属性,既是鉴定、评估世界遗产性质的最重要的依据,同时也是保护对象和实施一切保护措施、手段的最基本的原则。

那么,"开平碉楼与村落"的真实性与完整性体现在哪些方面呢?笔者以为可从以下三个方面去认识。

一、建筑的真实性与完整性

"开平碉楼与村落"的主体是碉楼、传统民居、西式别墅、祠堂、灯寮等乡土建筑。民居建筑又是乡土建筑的主体,呈棋盘式集中布置,村巷纵横垂直交错,住宅排列得非常规整,横向发展,最大限度地提高了村地的利用率。民居多一层或两层,且前排不得高于后排。前后民居之间空隙

30～50厘米，为防火的"火巷"，大门一律开在两侧，门外是村内的主要交通巷道。碉楼和西式别墅——"庐"多坐落在村后，点式竖向发展，与低平的民宅高低错落，在背后无山的村落常常被借势为"靠山"。

经过几百年的发展，尤其是20世纪70年代末开始的改革开放后的乡村建设，在珠江三角洲快速的工业化和城镇化浪潮的冲击下，开平村落的乡土建筑比较完好地保存着原生的状态，实属难得。

首先，村落中没有经过后期改动、改变的建筑不仅数量多，而且它们占村落建筑的比例也很高。以百合镇马降龙的永安村为例，永安村是马降龙黄、关两族兴建的古村落群中最早成村的，开基者来自明末，成村于清初。有碉楼、祠堂、灯寮、别墅和厕所几种不同的建筑，原来规划的传统民居宅基地为71户，实际建成56户。在这些民居中，有44户为传统原样，占全村民居的78.5%；后期进行了局部改建（增加楼层和外墙装饰）的有7户，占总户数的12.4%；坍塌4户，占7.2%；完全重建1户，占1.9%。两座碉楼也为原状态，清朝的祠堂在近代经过了重修。

其次，不仅在永安村，就是在自力村、锦江里等村，绝大部分多数保持原状的民居，其建筑材料依然保持原样，还是砖墙、木梁、灰瓦；房屋的造型延续着建造初期的式样，连外墙的装饰和灰塑等也得以原样保存；传统民居的平面布局，还是当地延续了数百年的从两侧村巷进房的"三间两廊"格局，都没有受到后期的改动。

再次，碉楼的材料和造型以及其内部的结构也是原样保存。石楼、夯土楼、砖楼和钢筋混凝土楼，在后期都没受到过人为的改变，只有自然的衰败。有的石楼、夯土楼、砖楼里的木梁、木板，因为碉楼的功能消失，碉楼长期无人使用，有所破损；有的钢筋混凝土楼受冷热气温的变化，出现不影响结构和使用的裂缝；有的楼因钢筋的锈蚀而出现楼板和楼体的裂痕；有的楼因地基的下沉，出现楼体的倾斜。这些主要因自然的因素而出现变化的碉楼，在1833座碉楼中比例很小。碉楼的外观造型没有受到过任何人为的改变，只是非常少数的碉楼的山花或者楼顶的建筑饰件受台风、雷击而倒塌。

最后，碉楼与传统民居、祠堂等其他乡土建筑在建造初期就形成的历史关系得到了保存。碉楼中的门楼还是竖立在村的入口处，众人楼和居楼在村后或在村旁，像个守护者一样忠实地履行着自己的职责。

开展申报世界文化遗产工作以来，政府对四个提名地的各类建筑进行了整治，对绝大多数保存原样的建筑只做了防漏防雷的处理，对极少数后期改建的建筑根据情况，或减层，或改变外墙的装饰材料和色调，以求与周边建筑的协调和加强其原貌的风格。对与原来村落规划相违背、乱搭建的建筑进行了拆除，恢复了村落建筑的原有面貌和格局，使建筑的真实性和完整性得到更好的保护和体现。

二、环境的真实性与完整性

"开平碉楼与村落"不仅是一个乡土建筑的整体，更是结合周边环境的综合体。它是亚热带东方稻作文化区中的一种历史悠久、分布地域广阔、极其罕见的乡村文化景观。

在八年的申报世界文化遗产工作中，我们对这一遗产项目的定位经历了一个由"文化遗产"到"文化景观"的转变过程。这种转变就是对其真实性和完整性认识的深入。

文化景观是由自然、文化等多种要素经过历史的融炼而形成的，揭示了当地民众在特定的自然环境中、在漫长的历史岁月里所进行的创造和生存状态。"开平碉楼与村落"文化景观的构成，丰富多样。

开平处于北回归线以南，属于南亚热带季风气候区。受海洋风影响，气候温和，雨量充沛。当地的气候条件适合亚热带动植物生长，品种繁多。森林资源丰富，没有荒山。乔木和灌木共有 312 种，如苏铁、银杏、松、杉、柏、罗汉、竹、樟、木棉、棕榈、芭蕉、核桃、木兰、杨柳、榕桐、茶、漆树等。其他藤本、草本植物 500 多种。动物种群有禽类、鱼类及其他类 110 种，禽类有野生的山鸡、黄莺、猫头鹰、白头翁、黄鹤等以及家养的鹅、鸡、鸭、水鸭、白鸽等，鱼类有野生的海鲤、海鳊、马乔、水鱼、鲈鱼、鲶鱼等和人工饲养的鳙鱼、鲢鱼、鲩鱼、鲤鱼等，其他动物有山猪、金钱豹、穿山甲、大头龟、青蛙、蟾蜍、金环蛇、青竹蛇、眼镜蛇、南蛇等。

充沛的雨量、充足的日照，冬季短暂温和、少霜无雪的气候条件，对农业生产非常有利。开平从立县之初，就以种植业为主，水稻是主要的粮食作物，其他杂粮有玉米、番薯、马铃薯。经济作物以蔬菜、水果、花生、甘蔗、木薯、大豆为主，尤其蔬菜生产的历史悠久，一年四季不断。

从远古的先民到秦汉以后大量北方人的迁入，开平乡村民众适应当地的自然条件，聚族而居，择址立村，开发农业，繁衍生息，将自己创造的村落与田园景观融进自然环境之中。开平的村落多临河而建，枕山面水，由水塘、竹林、古榕、田畴、民居建筑、宗祠或灯寮、晒场以及各种神位，组成了情趣独特的空间结构和景观效果。

无论有河无河，村前都多开挖水塘，塘泥用于填高宅基，形成面向水塘的倾斜面。笔直的村巷面对水塘，生活废水通过村巷统一的地下排水系统，依靠倾斜的地势汇入水塘；水塘不仅承接雨水、生活废水，它形成的水面在夏秋酷暑季节还起着调节村落小气候的作用，东南风经过水面，进入笔直的村巷，受村巷的约束，风力加大，通过民居两侧面向村巷的门进入，村居通风凉爽。

村前的晒场既是翻晒稻谷的生产场地，又是村民的公共活动空间，旁边常设置石条为凳，供村民休息。

宗祠建造在村口，全村重大的祭祖、诉讼、喜庆等活动均在此进行，是村民共同拥有、经营、创造的社会活动空间和精神生活空间。村口的古老榕树根深叶茂、树冠硕大，象征生命旺盛，被村民称为"风水树"。

村口的社稷坛、村后的玄武大帝神位、村巷的泰山石敢当以及民居内的门神、灶神、天神、地神、人神等无处不有的各种民间神祇，使村民生活在一种多元的乡村宗教信仰崇拜的精神空间之中，"人神共居"的生存模式带给他们平和的心境和心理慰藉。

村落四周不建围墙，而是利用竹木组成密实的天然屏障，它与村口两侧的闸楼、村前的水塘构成了一个完整的防卫空间，高大茂密的竹木和蕉林环护民居建筑，又形成了绿色的景观林带。林带外面就是村民主要的生产场地，四季颜色变换的大片稻田烘托出村落的稻作文明背景。

这一文化景观的核心圈层是中西合璧的碉楼与传统的民居，民居与周边的农田、林木、河塘融为一体，形成景观的第二圈层，这些农田、林木、池塘、河流、山脉又是更大的自然风景的一部分，组成第三圈层。这种相互依存关系的另一面是碉楼与独特的自然景观遥遥相望，碉楼的建筑风格有意识地与景观紧密结合。总之，"开平碉楼与村落"的传统乡村田园景观，是当地村民世世代代以自然为本，辛勤劳作，与自然形成的一种亲密共存、具有持续发展能力的关系的体现。

"开平碉楼与村落"所蕴含的这种历史形成的人与自然的和谐平衡，持续与当今的村居生活相联系，既是历史演变发展的物证，又是现实村民生活的写照。

第一，气候条件没有明显的改变，村落内外的动植物种属群落依然保持着本土的种群，极少受到外来物种的干扰。

第二，自然环境与村民文化在历史时期形成的逻辑关系，同样没有受到后期的改变。簕竹、粉竹、蕉林等林木作为村落周边的景观林和经济林，为民居抗御着台风，为村民提供着经济来源，为村落描抹上了岭南特殊的自然色彩。水在村落、村民生活中的作用，还是传统的。流经村前的河流或池塘，继续带给村落活泼的生气，农田灌溉、生活洗漱、村落消防、小气候调节都离不开河塘。前低后高的民居排列形式，形成了最大的迎风面，南来的凉风掠过河塘，通过村巷和每户的天井吹进民居，促使屋内外的空气循环流通。这种传统的民居通风方式，是先民对自然认识、利用的最佳选择，并延续至今。

第三，开平乡村依然以稻作生产为主，村外大片的稻田还是村民日出而作，日落而息的生产场地，翻田、耙地、插秧、割谷，周而复始地在村民的生产中重复。用地结构决定了他们的生产方式和土地利用方式与其先辈没有什么两样，只是传统的稻田管理方式被现代的农肥、农药和收割机械所改变，少了些日晒雨淋、弯腰滴汗的劳苦。

第四，村落规划建设模式，继续受到村民的尊重，传统的排水系统照常发挥着功能。开平为河流纵横、池塘众多之乡，建村当初，先民就在生活废水的排放、雨水洪涝的排泄方面多有考虑。立村时统一建设的生活废水排放沟系与池塘相连，或暗或明，直到今天还在使用。连接村外河流的洪涝排泄沟渠，其位置、走向以及与河流的连接，基本与建村之初相同，只是传统的石板沟渠变成了混凝土泄洪渠。

为了使环境的真实性与完整性得到更好的保护和加强，八年间，政府陆续对四个提名地的村落环境进行了整治。首先是控制土地的利用，坚决保护基本农田，这是文化景观的基底。适当扩大绿化用地和水域的面积，改善生态和景观环境。其次，是水域的控制。提名地内的水域面积较大，分布很广，有河道流水、村前风水塘、生产用水塘。通过改善排洪条件，彻底解除了威胁遗产地的水灾隐患；控制水域缩小、水质持续恶化的状况，改善村落环境。最后是景观风貌控制，从整体上保护村落及周边环境的景观风貌，在点、线、面、体上维护风貌的整体性，对不协调的各种网线进行了埋地处理。经过整治后，村落景观的历史传统风貌得到了有效的还原。

三、记录的真实性与完整性

"开平碉楼与村落"的真实性和完整性,还包括其自身的发生、发展的历史能够有依有据从多方面真实、有效地呈现出来。这里我们主要从以下三个方面进行分析。

(一)建筑的历史记录

有关"开平碉楼与村落"建筑的历史演变,村落、民居、碉楼各自的发展脉络都清晰可寻。

开平的古村落多是从宋代聚族而居形成的,作为遗产项目四个提名地中的古村落,最早出现在明代,多数是清代的遗存。对比明清村落格局的变化,反映了当地民众认识自然、适应自然与利用自然的进步。赤坎镇的三门里村建于明朝正统年间(1436—1449),关氏家族各房的居屋集中摆布,迓龙楼所在为全村的最高点,村首整齐。但是,村巷与清代不同,弯曲蜿蜒。再来看蚬冈镇的锦江里和百合镇马降龙的永安里、南安里、龙江村等清朝村落,最大的变化是村巷变成了纵横垂直交错的棋盘式格局。这种变化,主要更加有利于对自然风的利用,室内外通风流畅。由于开平传统民居集中分布,前后紧密相连,多数是两侧开门,正面没有院落和大门。房屋通风除了天井就只有依靠面向村巷的房门,村巷的风速越快,风流越畅通,就越有利于向各户的分流。弯曲的村巷显然不如笔直的村巷能够加快风速,加大风力。村巷的调整,还有利于土地的高密度利用,方便规整的宅基地布置。所以,遗产项目四个提名地保护的古村落本身即已清晰展示了它们在结构和布局上的演变。

在宋朝,开平传统的民居多为夯土房或土坯砖砌的"银包金",平面为"三间两廊",房门低矮,开窗狭小,多为一块土坯砖。到了明代,砖木成为房屋的主要材料。清初形成了前廊后屋、青砖灰瓦、船形屋脊的普遍式样。到了近代,大量借用西方建筑材料、建筑元素的别墅——庐出现在乡村,富贵洋气。我们可以选择百合镇马降龙古村落群为例,考察由清初到近代开平民居建筑式样变化的历程。最初是低矮的一层民居,到清朝中后期原来民居的前廊两端加高,建成房屋,带动了后面住屋的加高,在床的上部出现阁楼。发展到20世纪初，前部廊的外形发生变化，将两端房屋与天井连为一体，整体感加强，天井上部外墙形成柱、拱券造型的敞廊。到了20世纪二三十年代，天井的上部已经建成了房屋，外立面增加了西式别墅的装饰（如山花等），传统的民居演变成近代的"洋楼"，虽然平面布局没有变，但是，建筑造型则发生了明显的改变。在这一变化的背后，无疑家庭人口的增加是主要的动力，它造成的住房需要直接引发村民对房屋空间利用的重视。再加上近代外来建筑文化和社会风气的影响，传统质朴的造型已经不能满足他们的精神需要，求"洋"也成为建筑的时髦。

开平碉楼在建筑源流上，首先是中国传统碉楼的演变，其次则是受到外来建筑文化的影响。其建筑材料就反映了本土建筑文化与外来建筑文化的共存。在1833座碉楼中，既有中国传统的石楼（10座，占0.5%）、夯土楼（100座，占5.5%）、砖楼（249座，占13.6%），也有采用近代西方建筑材料、建筑技术和建筑艺术建造的钢筋混凝土楼（1474座，占80.4%）。其建造时间从明朝中后期到20世纪40年代，序列完整。一座座碉楼就是一个个历史进程的见证。

建筑的历史记录还表现在多数碉楼和民居、别墅的建造年代有据可稽。不少碉楼在正立面山花下的楼匾里题写有建造年代，比如自力村的振安楼、竹林楼、逸农庐等就清楚地题写着建于民国多少年。在马降龙庆临里的竣庐、林庐门楣上，不仅有建造年代的记录，更有承建公司的名字。很多民居习惯在门楣处做壁画，这些壁画就是民居建筑兴建年代的物证，因为画作中不仅有画师的名字，更有壁画创作的时间：民国××年。有的碉楼或者别墅上没有留下具体年代的记录，但是其他相关文件则为我们提供了确切的证据。自力村的养闲别墅就是一个很好的例证，在做田野调查时，笔者曾经听村民讲述过它的历史，但是其确切的建造时间是在2006年6月下旬，笔者打开楼门，清理文献，发现了民国十四年（1925）三月一日广东省财政厅颁发的《上盖执照》①后才获知。上面写明楼主人为方广宽，交纳了上盖费后允许其建造养闲别墅。建筑的历史记录还保存于一些老人的口述中。也是在自力村，我们在确定村口湛庐的建造年代时，就得到了口述历史的支持。2006年6月6日上午，笔者采访到塘口镇西

---

① 原件现存开平碉楼申报世界文化遗产领导小组办公室。

头村的何德安老人（时年 80 岁），他是建造湛庐的排栅工头。从老人口中确知，湛庐建于 1948 年，他承担湛庐排栅工程时是 22 岁①。湛庐也是开平建造最晚的一座别墅。

（二）可移动文物的历史记录

"开平碉楼与村落"除了固定的不可移动的物证承载着这项遗产的价值，表现着它的真实与完整外，还有很多可以移动的文物存在，它们同样是这项遗产价值的载体，是其真实性与完整性的一部分。

从 2001 年以来，尤其是其后托管制度顺利推行以来，我们不断获得了打开封存几十年的碉楼和别墅大门的机会。当笔者一次次推开紧闭的厚重钢板门，走进一间间散发着潮湿气味的房间，拉开一个个"金山箱"和书桌的抽屉时，都会有意想不到的收获。至今，开平碉楼申报世界文化遗产领导小组办公室已经收藏了一万多件文物。其中，70% 多是纸质文物，此外则是器物及大量的历史照片。这些来自碉楼人家的文物，多以家庭或家族为单位，没有受到外来因素的扰动，非常完整而且连贯性强，时间跨度比较大。其对村落建设和发展、家庭与家族日常生活的记载，信息量大，鲜活生动，真实地保存着在"开平碉楼与村落"这一文化空间里人们生活的基本状态，因此，价值极高。

器物中主要为生活用品，多数是"舶来品"。例如，女人用的各种化妆品和衣物，孩童玩的进口童车，男人用的发油、烟酒及衣物鞋帽等，还有就是家居生活使用的钟、缝纫机、留声机、保险柜等。

纸质文物的类别比较丰富，以海外寄回来的书信为最多，信中对家里起碉楼建别墅的要求具体而细致，对美国、加拿大侨情和社会观念、文化意识的介绍生动而详细；汇单是海外亲人实现买地、建房、娶老婆三大心愿的见证，账本记载着家庭连续多年的日常开支和收入，口供纸承载着侨乡民众集体突破美国排华禁令的行为和移民愿望，族谱里家族传承的脉络清晰可寻，中小学生的日记和作业本反映出侨乡教育与社会发展的步伐，大量的外国画报和报纸更是传播西方文化的主要渠道。

在这些纸质文物中，有关村落建设、碉楼建造的资料比较丰富。在马降龙庆临里林庐收集到的清朝宣统年间（1909—1911）庆临里建村章程

---

① 参见张国雄、梅伟强《开平碉楼与村落田野调查》，中国华侨出版社 2006 年版，第 49 页。

以及该村宅基分配图①,真实地记载了庆临里如何缘起,如何分配宅基地,以及当时如何管理村落的各种信息。其中,林庐建筑的图纸和起楼时请的"吉课"②,更是了解这座别墅历史的钥匙。

(三) 无形文化的历史记录

"开平碉楼与村落"是一个"活"的遗产项目、持续性的文化景观。在这个文化空间里,村民日常的起居作业、信仰与行为习惯,依然是那样的鲜活、亲切,在这里我们感受到延续至今的传统生产和生活方式对文化景观得以保持、延续的恒久而深厚的影响力。

开平碉楼、别墅和传统民居是一个"人神共居"的生活与精神空间,村民照常对家里的门神、灶神、地神、天神、人神和村里的社稷坛、玄武大帝神位,按时焚香敬奉。像三门里村的石狗节那样的乡村民俗节庆,还在村民中代代流传,程序和程式基本延续了传统模式。

夹杂着外来语的开平话,已经成为人们语言的习惯。见面喊"哈啰",分手说"拜拜",这些过去的时髦,成为今天村民脱口而出的话语。球叫"波"(ball),好球叫"古波"(good ball),冰棍叫"雪批"(pie),饼干叫"克力架"(cracker),奶油叫"忌廉"(cream),奶糖叫"拖肥"(taffy),蛋糕叫"戟"(cake),沙发叫"梳化"(sofa),护照叫"趴士钵"(passport),夹克叫"机恤"(shirt),杂货店叫"士多"(store),球衣叫"波恤"(ball shirt),帽子叫"唥"(cap),商标叫"麦头"(mark),对不起叫"疏哩"(sorry),面子叫"飞士"(face),等等,用开平话注音的外来语被大量使用于人们的日常生活中。

这些无形的活态文化,通过一代又一代村民的口传心授、约定俗成,渗透进村民的心灵,变成他们非常自然的行为和心理。正是依靠这样的无形文化,使他们与先民建立起心灵的桥梁,延续着他们与先民的联系,丰富着"开平碉楼与村落"的历史文化内涵。

---

① 原件现存开平碉楼申报世界文化遗产领导小组办公室。
② 原件现存开平碉楼申报世界文化遗产领导小组办公室。

四、结语

通过上述有关"开平碉楼与村落"真实性与完整性的分析,我们似乎可以得出以下六种结论。

第一,虽然"开平碉楼与村落"的真实性与完整性是从不同的方面对这一世界遗产项目价值的具体承载与展示,但是它们自成一个有机的整体。

第二,"开平碉楼与村落"的真实性来自它原初的流传,在物质形态上是持续的,文化景观的本体基本忠实于原真,历史的见证性强。

第三,"开平碉楼与村落"的完整性是基于真实性的一切整体,从乡土建筑到乡村环境,从有形的固态文化到无形的活态文化,都比较完好地体现了真实的面貌。

第四,"开平碉楼与村落"的完整性是真实性全方位、多层次、多侧面的展示,是遗产内涵丰富性和多样性的保存与反映。

第五,"开平碉楼与村落"的真实性与完整性,既是全部内容的完整、真实,也是其形式的完整与真实。

第六,认识"开平碉楼与村落"的真实性与完整性,有助于提高对其遗产价值的全面认知,对保护重点的全面认知(从内容到形式),从而坚持正确的保护观念与实践措施,使这一世界遗产项目真实、完整地获得永续。

参考文献

[1] 黄继烨,张国雄. 开平碉楼与村落研究 [M]. 北京:中国华侨出版社,2006.

[2] 张国雄,梅伟强. 开平碉楼与村落田野调查 [M]. 北京:中国华侨出版社,2006.

[3] 刘红婴. 世界遗产精神 [M]. 北京:华夏出版社,2006.

[本文为广东省"十一五"社科规划基金项目——"广东华侨文化遗产研究"的成果之一,原载《五邑大学学报(社会科学版)》2008年第4期]

从开平碉楼看近代侨乡民众对西方文化的主动接受

开平位于中国华南地区珠江三角洲的西部,在这一带的数百个村落的前前后后,村里村外,坐落着1833座碉楼,有的村拥有十多座碉楼和各种洋楼,所以,开平素有"无碉楼不成村"的俗语。开平的碉楼表现出与中国其他地方传统乡村的乡土建筑截然不同的风格,具有鲜明的外来文化的色彩。对于数量如此之多、类型如此独特、特色如此鲜明的这些乡土建筑,学术界对它的关注都是很少的,尤其对于它所蕴含的历史文化内涵的研究更是阙如。

是谁在一个传统乡村传递外来文化?又是谁在接受、消化外来文化?他们是怎样吸收外来文化的呢?这些中西结合的乡土建筑向我们传递了一些什么样的历史文化信息?这些信息对今天又有什么启发呢?笔者想就此提出初步的意见,以求教于同行学者。

一、不中不西、亦土亦洋的侨乡生活风俗

早在16世纪早期的明朝嘉靖年间(1522—1566),开平还没有设县之前,当地民众就开始兴建碉楼,防匪防盗。迄今保存完好,用明朝的大红砖垒砌,楼高三层,墙厚一米,已有440多年历史的"迓龙楼",就是这一历史起点的见证[①]。

今天开平保存的1800多座碉楼,绝大部分是兴建于19世纪末期和20世纪的前30年,这是中国由传统社会向近代社会转变的重要时期,开平碉楼以其独特的内涵揭示了这一转变在中国传统乡村留下的痕迹。

走近开平的乡村,笔者最深刻的感受是,与以中国传统乡村水平展开、节奏平缓、外形单调的轮廓线不同,一座座单体的碉楼矗立村后,使

[①] 参见张国雄《开平碉楼的类型、特征、命名》,载《中国历史地理论丛》2004年第3期,第24–33页。

侨乡村落的天际轮廓线起伏变化，节奏缓急交错，有张有弛。带给人视觉冲击最强烈的是碉楼的上部造型。绝大多数开平碉楼上部一改中国碉楼传统的两面坡灰砖瓦顶的建筑式样，大胆采用西式的回廊、平台、护栏设计，呈现出舒展、敞朗、张扬的建筑特色。希腊的柱廊、古罗马的柱式、中世纪欧洲城堡的圆柱体岗塔、罗马或伊斯兰的拱券和穹隆、哥特式的尖拱、巴洛克风格的山花、洛可可特征的图案以及卷草、涡卷、璎珞等西式装饰小品，纷纷汇集于此，大至楼体、柱、梁、岗塔等构件，小至外墙、天花、窗楣、门楣的细部饰件，都洋溢着浓郁的外国建筑风格，使整座碉楼非常西化、洋气。进口的水泥、钢筋等建筑材料取代砖、石、三合土，成为主要的建材，钢筋混凝土的梁板结构技术、拱券结构技术和悬挑结构技术取代砖木结构、斗拱结构技术，成为主流建设技术，这就为开平碉楼复杂多变的建筑造型提供了多元的物质技术保障。

透过碉楼建筑造型浓烈的外国建筑风情，人们又能够明显地感受到中国传统建筑艺术的韵味。楼层的平面布局基本上是厅堂居中、厢房在两侧的传统格局，地神、天神、人神共居一楼的精神生活空间模式，脱胎于当地传统民居的人神、地神、天神、门神、灶神的民间信仰系统；每一座碉楼的西式山花的下面，莞有一个中式的匾额题写楼名，各种各样的楼名寄托了建造者的希望，表现主人的传统文化素养、品味和审美情趣爱好；有的碉楼在楼顶的平台上加建一个多角攒尖的琉璃瓦凉亭，远远看去就像一个穿西装的外国人戴了一顶瓜皮帽；外墙面通过灰雕大量采用了中国传统风格的"喜""福""寿""禄"字形和案八仙、荷花、中国结、金钱、龙、凤、麒麟等建筑题材，与西式的饰件和图案配合进行装饰。这些都反映了当地民众在接受外国文化的过程中，挥之不去、深藏于心、牢牢坚守的中国传统文化情怀。

开平一些碉楼的主人喜欢悬挂这样一些楹联，很鲜明地表现了侨乡民众对西方物质文明的追求和对中国传统人文关怀的执着：

> 成式仿欧工杰阁崇楼创业共推中外望，
> 宏规贻世泽培兰滋桂承家喜有子孙贤。

> 风同欧美，
> 盛姒唐虞。

建筑是人们社会关系、生活方式、内心世界的固化和记录，同时建筑环境又影响人们的心理和行为方式。

住在碉楼里的民众，"衣服喜番装，饮食重西餐"；"婚姻讲自由，拜跪改鞠躬"，① 成为侨乡的一道亮丽的风景。男人戴礼帽，穿西装，打领带，脚登进口牛皮鞋，抽雪茄，喝咖啡，饮洋酒，吃牛排，出门骑自行车或摩托车；女人喷法国香水，抹"旁氏"面霜，涂英国口红，非常摩登。薄薄的丝袜即使是在改革开放以后的20世纪80年代中后期，也是城市女性追求的高级奢侈品，内地的女性如果能够从广州带回几双丝袜，可以让她们高兴好多天还舍不得穿。可是，在19世纪末20世纪初的开平乡村，玻璃丝袜已经是乡村女性的日常用品了②。在生活用具方面，从暖水瓶、座钟、碗盘、留声机、收音机，到浴缸、抽水马桶、抽水机也处处可见"舶来品"的痕迹。

见面喊"哈啰"，分手说"拜拜"，成为当时的一种时髦。用开平方言音译的外来词汇慢慢进入人们的日常用语，男女老少随时随地脱口而出。例如，球叫"波"（ball），好球叫"古波"（good ball），冰棍叫"雪批"（pie），饼干叫"克力架"（cracker），奶油叫"忌廉"（cream），奶糖叫"拖肥"（taffy），蛋糕叫"戟"（cake），沙发叫"梳化"（sofa），护照叫"趴士钵"（passport），夹克叫"机恤"（shirt），杂货店叫"士多"（store），球衣叫"波恤"（ball shirt），帽子叫"噏"（cap），商标叫"麦头"（mark），对不起叫"疏哩"（sorry），面子叫"飞士"（face），等等。

随着日常生活逐渐富裕起来，侨乡民众开始讲究舒适，追求高消费。相互攀比，好面子，讲排场，成为时尚。塘口镇的谢钦明是留美的建筑学硕士，他在20世纪20年代撰写的《对于本族风俗改良之我见》一文中，这样评说当时的世风民俗：

---

① 民国《开平县志》卷五《舆地略》，第119页。
② 笔者2002年9月4日上午随开平市碉楼办公室的同志一同进入封闭了60多年的塘口镇自力村振安楼，在二楼左侧卧式的床顶板上，发现了一盒12双装的法国产丝袜，已经用了2双，其质量不亚于今天女士们穿的高档丝袜。

勤俭之风本为族人之特色，自族人往美洲及南洋各处经商而后，收入颇丰，此风渐失。至于今日，无论男女老幼，都罹奢侈之病。昔日多穿麻布棉服者，今则绫罗绸缎矣；昔日多住茅庐陋巷者，今则高楼大厦矣。至于日用一切品物，无不竞用外洋高价之货。就中妇人衣服，尤极华丽，高裤革履，五色彩线，尤为光煌夺目。甚至村中农丁，且有衣白衣服鞋袜俱穿而牵牛耕种者。至每晨早，潭溪市之大鱼大肉，必争先夺买，买得者视为幸事……其余宴会馈赆，更为数倍之奢侈。①

地方志也记载：

光绪以前，邑人留心衣食住者，多以土物为臧，其后皆以洋产为重。

充斥于市者，境外洋货尤占大宗。②

一些海外华侨在家信中也提道："地方奢华，日甚一日。举凡婚姻诸事，动辄费金数千员。要历十年八载尝受血汗艰苦，然后积蓄而成，仅三数日费消尽净。所依赖者，'金山'两字耳。"③ 他们对此，很不以为然。

在物质生活方式渐变的同时，侨乡民众的内心世界也多姿多彩起来。西方近现代的国家意识、民族意识和民主意识对侨乡产生了直接的影响，被当地民众所接受。开平碉楼和村里的一些洋楼（庐）多数都竖立有旗杆，在中华民国国庆日"双十节"、孙中山先生逝世纪念日或碉楼落成庆典日，旗杆上都要悬挂国旗，而且中华民国国旗上的青天白日图案还常常被用作碉楼外墙和内部天花顶装饰的素材，由此可见，国家意识、民族意识深入人心。一些碉楼里神龛（当地人称"伯公"）两侧的对联，也写有关于"国家""民族"的内容。例如，塘口镇立园泮立楼四楼神龛的对联就是：

---

① 《对于本族风俗改良之我见》，原件收藏于开平市立园。
② 民国《开平县志》卷六《舆地略》，第128页；卷十二《建置略》，第153页。
③ 民国十六年（1927）元月二十五日加拿大华侨关国镜致关国暖的信，原件收藏于开平市碉楼办公室。

> 宗功伟大兴民族，
> 祖德丰隆护囻家。

国家、民族、宗祖三者紧密地结合在一起。更有意思的是，这副对联中的"国"字很特别，它改"囗"内的"玉"为"民"，形成一个新的"囻"字，表示"民"为国家一切事务的中心，清楚地表明了楼主人以民为主、以民为中心的思想。这样改造和使用"国"字，不是一户两户人家的个别现象，而是开平乡村民众的一个意义深远的普遍创举。

民主意识还体现在当地乡村及民众对村务和家族事务的自治管理中。清朝末年和民国时期，开平乡村成立了多种自治性的民间组织，多数是由华侨出资，实行股份制管理。直到20世纪90年代中期，中国还在讨论股份制姓"资"还是姓"社"的问题，殊不知开平乡村早在19世纪末20世纪初就广泛实行股份制了。侨村的改建，立有章程，宅基地以拈阄方式当场分配，宅基地的转买、房屋建筑的高低、村内排水系统的铺设、厕所位置的选择乃至垃圾的处理等，村务管理的各个环节都追求、贯穿着平等、公开、公平、公正的民主自治原则，透明度比较高。

经济至上的原则对乡村的人伦理念形成了冲击，并逐渐被大家接受。蚬冈镇锦江里的黄壁秀在修建瑞石楼的过程中，不听老父亲黄贻桂的意见，执意将碉楼建到了第九层，老父亲气愤不已，指着楼骂他：这是要触犯天庭，要遭天惩。楼建好后，为取楼名，黄壁秀又与老父亲发生了冲突。黄贻桂以自己健在，而且在当地小有名望为由要取他的名字，而黄壁秀却坚持以自己的号命名碉楼为"瑞石楼"，使其父亲感到在乡亲们面前很没有面子。黄壁秀一意孤行的理由很简单，这楼是他和两个儿子在外挣的钱建的，当然要他自己说了算。① 还有的碉楼是媳妇与公公为命名发生矛盾，妇道的晚辈敢于顶撞男性长者，而且最后还能获胜，原因与黄壁秀如出一辙，其夫是出资者。

看到一座座造型各异的碉楼，令人感到有些矛盾：建碉楼主要是为了防御匪盗的抢劫，按照常理就应该不事张扬，以免引起匪盗的关注。可是，每座碉楼都不遗余力地将财气外露，这不是有意招引匪盗吗？其实，这种看似矛盾的现象正好表现了开平乡村百姓心理和行为的另一面，即一

---

① 参见2001年8月26日下午黄耀铿（53岁，黄壁秀重孙，现为瑞石楼管理者）的口述。

反传统的讲究内敛、提倡整体、排斥个性的观念,大胆地追求金钱,炫耀财富,张扬个性,求新求异。人们愿意在突出村落民居水平线的碉楼上部下功夫,从造型到细部装饰尽施其力,不惜钱财,图的就是展现自己的经济实力、独有的审美情趣和爱好,以新、奇、异吸引人们的眼球,获得乡亲们的肯定和自身心理的满足。所以,开平碉楼在造型上无一座重复,即使是所谓的姊妹楼,细微之处也有区别。进口的枪支弹药、报警器、探照灯,以及楼与楼之间、村与村之间的联防,降低了张扬财富所带来的不安全感,为人们宣扬个性的观念转变提供了保障。

开平碉楼和民居中供奉祖先牌位的神龛,很多是金碧辉煌的龙、凤、麒麟、喜鹊、鹿、梅花、竹的木雕与罗马柱、拱券或伊斯兰尖拱结合的混合造型。神龛里供奉的主要是人神(祖先),也有自然神(孔雀公主)、宗教神(观音菩萨)等,是人们最深层的信仰世界所在。开平民众最固守、最传统的精神领域都受到外来文化的影响,可见其开放领域之广泛。在一些民居的大门内供奉门神的地方,常常发现一个很有意思的现象。透过几十年的烟熏尘埃,门神两侧依稀可辨的对联清晰地传递出深刻的历史信息:

永进中华宝,
常招外国财。

门,对房屋具有重要的实际作用,对家也具有重要的象征意义。这副对联,就是祈求神灵保佑侨乡民众在敞开心灵的大门去吸收一切外来优秀文化的过程中,能够平平安安、顺顺利利;同时也表达了这种开放意识和心态背后的自信。

二、侨乡文化交流的机制

像开平这样从物质生活到精神生活的各个层面都充满着中外文化大交流、大碰撞,最后融合创新气氛的地方,即使在近代中国的城市也不多见,何况这里只是一个传统的乡村,其民众在当时尚处于社会的底层。

笔者通过田野调查和查阅大量文献后发现,导致这一社会生活发生转变的是当地在近代大量出现的华侨。开平籍华侨华人就是外来文化的传播者。

早在鸦片战争（1840）之前，开平人就大胆地走出了国门，来到东南亚的印度尼西亚、马来西亚湿热的丛林之中，劈建橡胶园，开采锡矿，兴起了一个个居民点和集镇。19世纪50年代，美国、加拿大先后发现金矿而急需劳动力的消息经回国招工的同乡在开平广泛传播，随后美、加两国横贯东西部的铁路工地又成为吸收华工就业的大市场，巨大的就业吸引力引导开平人不惜冒远渡重洋的风险，奔向北美新兴的资本主义国家，于是，北美洲成为他们最主要的迁入地。当时开平人把到美国、加拿大谋生称为"去出路"，因为他们视美、加为金山，意思是走出一条生路来。家乡日益增大的人多地少压力，十多年的土客械斗和匪盗横行，为开平的出国潮提供了源源不断的人流。所以，一时间"父携其子，兄挈其弟，几于无家无之，甚或一家而十数人者有矣"，背井离乡加入海外移民的洪流之中[1]，从而形成了"村村有华侨，绝大部分农户为侨眷"的状况。今天，开平总人口为67万，开平籍华侨华人（49万）和港澳同胞（25万）的总和超过了家乡人口，开平因此成为中国当之无愧的著名华侨之乡。

开平海外移民由东南亚转向北美，实际上是由一个基本上同质的文化区向异质文化区的转变。东南亚的社会、经济发展进程落后于当时的中国，受到高度发达的中国古代文明的影响很大。因此，对待中国文明和中国人一直怀有崇敬之心。而北美洲则是新兴资本主义蓬勃发展的另一番天地，其社会制度、经济水平远在中国之上，不同民族的文化差异也很大。来自开平的华工是一群封建弱势的文化人群进入到资本主义的强势文化氛围中，由一个没落的封建文明进入到当时世界先进的主流文明，眼花缭乱的文化差异使他们处处感到陌生和新鲜，观念上受到的冲击之强烈是可想而知的[2]。再加上美国是一个移民的"大熔炉"，欧洲、美洲、非洲的移民汇集一处，不同民族和国家的文化共存一域，开平华侨在这里接触到了文化多元性的现实，为他们自觉或不自觉地了解欧洲文化、非洲文化及美洲文化提供了有利的条件。这是早年去东南亚的开平华侨所不具备的文化环境。

---

[1] 参见《实业》，宣统《开平乡土志》（抄本）。
[2] 参见张国雄《从粤闽侨乡考察二战前海外华侨华人的群体特征——以五邑侨乡为主》，载《华侨华人史研究》2003年第2期，第26–34页。

长期的耳闻目染，势必使开平的华侨慢慢接受西方的一些价值观念、思维方式和生活习惯，西方的文化逐渐在他们身上产生反应，其心理活动模式和行为方式开始有别于一个传统的中国农民。

在故乡买地、建房、娶老婆是开平华侨的三大心愿。于是，这些早年洗脚上田、漂洋过海的农民，在外历经欧风美雨洗礼后，便通过他们张扬的返乡旅程或频繁往来的书信给当时传统的开平吹进了一股股革新的清风。

海外华侨成为近代开平侨乡生活演变的积极推动者和参与者，其方式是多种多样的。最直接的方式便是华侨出钱改造旧村宅，规划建设新村落，并且纷纷兴建碉楼来保护家人的生命和家庭财产安全。对于家乡的建设，他们不单单是出钱，而且还提供外国建筑（尤其是西方古代建筑）的"普市卡"（即postcard、明信片），并且对具体的造型样式提出要求。立园的主要规划者谢圣泮就从美国写信回来叮嘱家人，"其款式、形制模仿效美国制"①。今开平立园内的碉楼博物馆陈列着两套华侨早年从国外带回来的西方古建筑明信片，一套是葡萄牙的古建筑明信片，其中有一张就是世界著名的碉楼——贝伦塔。另一套为德国的古建筑明信片。这些明信片流传至今，向我们传递了一些很有意思的历史信息。也有个别华侨自己从国外或香港直接带回来设计图纸，交给工匠，作为施工的参考。蚬岗镇的瑞石楼、升峰楼这样一些比例匀称、结构复杂、做工精细、非常符合西方建筑范式的碉楼的设计，就很难说是出自乡土工匠之手。不仅如此，他们的言谈举止、饮食衣着都成为家人邻里模仿的对象。开平乡村自治的平等、公开、公平原则，村落股份制管理模式，追求个性的价值观念等精神和制度层面上的变化，这些改变无疑也有海外华侨的功劳。

同时，我们也清楚地观察到这样一个现象，外来文化进入开平乡村后，村民对其并非照搬照抄，原封不动地引入。首先，华侨传回来的西方文化已经是经过他们选择后的"二道汤"，不再是原汁原味的西方文化；其次，这些外来文化能够在一个传统的乡村社会落地生根，更需要被当地民众所接受，否则只能是一阵子的新鲜劲儿，不可能持久地在民众的日常生活中发挥作用，成为村民精神生活中不可缺少的一部分，因此，乡村民众对外来文化的接受不是被动的安排，他们具有很大的主动权、选择权，

---

① 民国二十年（1931）二月二十五日谢圣泮致谢维稳信，原件收藏于开平市碉楼办公室。

他们也是外来文化传播的主要参与者。这样一来,外来文化在这里又经历了第二次的筛选。

开平华侨出钱出物,当然对家乡的建设有重要的决定权,但是他们毕竟身在海外(有的人除了寄钱寄信外,一辈子再没有回过家乡),不可能身临其境地时时、处处、事事都拿出意见,具体的操办还是要依靠家乡的亲人。这样,家乡的亲人就很自然地要从自身的实际出发,对外来文化做出取舍。

首先,在建筑上家乡的亲人们不是建筑工匠,缺乏专业知识和技能,只能委托专业人员来做。开平自清朝后期以来就是"建筑之乡",各乡镇形成了专业建材市场,民间的建筑工匠众多,私营的建筑公司不少,而且分工比较细,或专搞土木建筑,或负责后期的油漆和室内装修,或承担监理任务。开平碉楼和其他西式建筑绝大部分就是出自这些乡土设计师和建筑工匠之手。物业主人负责提供建筑资金,并提供外国建筑的明信片、照片,作为建楼取样的参考,提出建筑样式、功能设施等方面的要求。承建者据此设计出施工图纸,画出碉楼外观图。楼主对碉楼的外观图更感兴趣,他们的修改意见可以具体到燕子窝(四个角的岗塔)、楼顶、门窗的造型,女儿墙外墙灰塑的图案等细节和地方。乡土设计师和建筑工匠对楼主人的意见也不是照单全收,他们也在参与创造,会将他们自己的审美观融入碉楼的建造中。他们一般多从技术角度提出建议,对最后的决策有很大影响,毕竟懂建筑的不是出资者而是承建商。开平民间流传的"三分主人,七分工匠"的俗语就是这种关系的真实写照,碉楼实际上就成为使用者和承建者合理共识的产物。这样,最后建成的碉楼和洋楼与海外华侨最初的设想往往存在很大的差距,建成后的开平立园根本不是谢圣泮想象中的美国款式和模型,而是明显的中西合璧风格,这就是最好的证明。

其次,华侨的观念意识、行为举止的变化是直接身处西方文化环境的结果,开平侨乡的民众则没有这种切身的感受。他们生活在民族文化环境之中,每天接触到的是低头不见抬头见的乡里乡亲,华侨们认为应该怎样做的事情在他们看来就有可能变通,在仿效华侨的行为举止之中也加进了自己的理解。也就是说,本民族传统的文化因素对侨乡民众接受外来文化的影响力比已经脱离故乡身在异国的华侨要大得多,他们会下意识地对华侨带回来的"二道汤"进行品尝和学习。

由此可见，开平侨乡的乡亲对于通过华侨传递回来的外来文化的接受，带有极强的主观色彩，多以自己的好恶进行剪裁取舍以为己用。在碉楼的建造过程中，楼主人以外国的明信片和照片为依据，要求建筑工匠按自己的意愿，廊柱或取古罗马式，燕子窝或取英国城堡式，拱券或取伊斯兰式，楼顶或按拜占庭的穹隆顶设计，自己喜欢什么样式就采用什么样式，根本不考虑它们是什么建筑流派、什么建筑风格。将各种建筑样式糅合在一起，相互之间是否协调，如何协调，对此，他们的头脑没有什么框框限制，他们的设计完全突破了常规。所以，从国外建筑的角度考察开平碉楼，发现它很不规范，很不标准，不是严格的仿造，完全是各种外国建筑风格"碎片"的组合，像一件百衲衣。古罗马的柱式在碉楼上只是有其风韵，并没有严格遵守其尺寸比例。这就造成我们很难具体地将开平碉楼的外国建筑风格归入哪个国家、地区或时代的"困境"，多种风格都有，但又不全是。清华大学著名的西方建筑史专家陈志华教授评价开平碉楼是"不三不四"①，总体上是折中的巴洛克风格。这就好比一个中国农民穿着一套西装，行走在乡间的小道上。

在中国近代，西方文化对中国的影响主要在城市，尤其是西方建筑在沿海沿江的城市落了户，形成一片片特色鲜明的街区。这些城市接受西方文化有如下三个特点。

首先，最初是在外国殖民主义者的明火执仗的枪杆子威逼下被迫对外开放，被强制拉入世界，随之而来的西方文化也是殖民主义者强迫当地民众接受的，控制权在殖民者。这些由外国建筑组成的街区往往是租界或外国人集中活动、居住的场地，其规划、设计者最初也是外国人，西方的建筑就这样被生搬硬套地移植到了中国城市。

其次，外国建筑的风格比较统一。例如，哈尔滨的俄式建筑、大连的日式建筑、青岛的德式建筑、上海和广州等城市的欧美式建筑，几乎难以见到不同风格、不同流派、不同宗教的建筑元素汇集在一幢建筑或一片建筑的情况。它反映的是近代中国被人宰割的屈辱历史。

最后，建筑式样比较标准，注重与同类建筑的协调，遵循建筑构件的比例尺寸关系。即使近代由中国留洋的建筑师建造的一些折中式的西式建筑，它的西方建筑元素也比较符合规范。而开平侨乡接受外来文化，则走

---

① 参见2001年7月9日陈志华、楼庆西、李秋香考察开平碉楼后在考察汇报会上的发言。

了一条与中国近代城市完全不同的道路。当地民众在穿着唐装的同时，并不排斥西装，而是自觉自愿地接受它。但是，开平碉楼的建造犹如裁缝之于西装的剪裁缝制，其是由当地农民按照自己的爱好主动设计加工的，剪裁权在"我"。"衣领"可能是英国式的，"排扣"可能是法国式的，"分叉"可能是美国式的，一切"为我所用"。缝制不是使用机器，而是一针一线的作品，线脚走得可能不如进口机器那样匀称密实，但是揉进了亲情的关怀，泥土味很重，穿在身上既摩登又温暖。如果说近代城市的外国建筑基本上是一种照搬照抄，那么开平碉楼则是中国传统乡村民众的创造，充满了乡土的气息，活泼生动，少了一些匠气。

三、结语

通过上述分析，我们似乎可以得到这样一些认识。

第一，以开平碉楼为象征的中西文化在中国传统乡村的碰撞、交流，不限于开平一地，其周边的台山、新会、恩平、鹤山，乃至中山、珠海、顺德、南海、番禺等珠江三角形地区，以及粤东潮汕侨乡、粤北梅州侨乡都有清晰的痕迹可寻，只是开平侨乡表现得更为典型、更加直观的，因而最具有代表性。开平侨乡在近代所发生的从物质到精神层面的中西文化融合的历史进程，表现了近代中国接受外来文化的另一种类型和另一种模式，其丰富的历史文化内涵，无疑使之具有重要的学术价值和现实意义，在世界文化交流的舞台上应该有它特殊的地位。

第二，开平侨乡外来文化的传播主体和传播方式，都有别于城市。西方文化传入中国近代城市，传播者主要是以外国殖民主义者、传教士和留洋人员为主，而在开平侨乡，华侨成为西方文化进入中国传统乡村的主要传播者。这些农民把在西方接触、感受、认识、理解的不同的文化和平地传回国内，并被侨乡民众接受。在这里，来自社会底层、受教育程度极低的普通农民成为外来文化的传播者和受众，他们采取了积极主动、务实理性的态度和措施，接纳它、包容它，在学习、吸收的过程中，表现出强烈的自信。这是一种向先进文化的开放与学习，主动地融入世界的主流文明，自愿接受平等、公平、公开、保护个人财产、尊重个人利益和个人情趣的西方价值观。

第三，开平侨乡民众对于西方文化在中国传统乡村的传播，依照

"以我为主，为我所用"的原则，是有选择的，选择权在自己手中。第一次选择是华侨，华侨们传回来的是经过他们理解、吸收了的西方文化。外来文化被传入侨乡，当地农民对它进行了第二次选择，从某种意义上讲，侨乡民众对于外来文化的接纳更具有决定权。

第四，开平侨乡民众对于西方文化不是照单全盘接受，也不是简单的模仿，他们自觉或不自觉地将外来文化与本土传统文化相结合，产生出一种新的亦土亦洋的侨乡文化形态。用西方的眼光、用城市的眼光看待开平碉楼，也许感觉它不伦不类，非常粗糙，随意性强，不合规范，缺乏精致，满身的泥土味，带有传统乡村初步跨入近代社会门槛时的一些不协调感。其实，这些正是它的文化价值所在。开平碉楼洋溢出的浓郁的乡土气息和生机勃勃的张力，恰恰表现出中国传统社会底层所蕴藏着的巨大的创新能力和丰富的想象力，这是侨乡民众自信的基础所在。同时，开平碉楼见证了中国传统乡村社会在外来文化的影响下，向近代转型的一段特殊的历程。也正是开平碉楼独特的建筑形象、风格和内涵，为其在近代世界建筑发展史上奠定了一定的历史地位。

第五，透过开平碉楼考察侨乡社会中外文化交流的历史，反映出这样一个规律：不同国家、不同民族之间的文化交流，不是一种文化取代另一种文化，即使是一种强势文化、一种主流文明进入到一个政治制度不同，社会、经济发展程度都相对落后的国家，也不可能替代当地原有的文化和文明，不同文化之间，只有相互吸收、融合，才有可能获得共同发展。一个落后的民族面对外来文化，越积极越开放，就越能够争取主动，越能够保存本民族优秀的文化遗产，在创新中获得进步。这就是开平碉楼给我们的宝贵启示，对于身处全球化浪潮中的中国现代化建设而言，无疑这本身就是一笔难得的精神和文化财富。

[原载《湖北大学学报（哲学社会科学版）》2004年第5期]

"开平碉楼与村落"的遗产属性与保护措施

"开平碉楼与村落"被成功列入《世界遗产名录》后,如何受到更好的保护,已经成为人们关注的重要问题之一。科学保护管理的前提是对这一遗产的属性有更加深入的符合实际的认识,对它的内涵有充分的把握,它被列入《世界遗产名录》不等于对其文化性质的研究就可以终止了。因此,本文将进一步分析它的遗产属性,并在此基础上提出分类保护的一些初步意见。

一、"开平碉楼与村落"的遗产属性分析

开平碉楼申报世界文化遗产,在名称上我们经历了三次变化,最初确定为"开平碉楼与民居",考虑到碉楼的价值一定要与村里的民居相结合才能够得到真实的体现。到申报《世界遗产名录》的文本定稿时,改为"开平碉楼",主要是为了名称的简洁和响亮,碉楼本身有居楼,这种碉楼也是民居的一类,因此,简洁地使用"开平碉楼"可以涵盖民居内容,不影响其价值的展现。从2002年以来,在国内外不同专家深入研究的基础上,当我们撰写申报世界文化遗产的文本时,项目的名称就换成了"开平碉楼与村落"。

项目申报名称的变换,反映了我们对它的丰富内涵及其属性的逐渐深入认识和把握。

(一)文化景观属性

"开平碉楼与村落"位于珠江三角洲西南部,它不仅仅是一种建筑遗产,其要素组合更表现为一种因特殊的自然和社会背景、动因、过程而形成的乡村文化景观。碉楼是这个景观中最突出、最吸引人们眼球的部分。

开平处于北回归线以南,属于南亚热带季风气候区。受海洋风影响,气候温和,雨量充沛,夏秋多台风。当地的气候条件适合亚热带动植物生

长，品种繁多，动植物的种属群落依然保持着本土的性质。立县之初，开平的大部分地区被天然林覆盖，经过数百年的农业开发和植树造林，天然林区减少，人工林区扩大，森林资源丰富。乔木和灌木共有312种，其他藤本、草本植物500多种，动物种群有禽类、鱼类及其他类110种。

充沛的雨量、充足的日照，冬季短暂温和、少霜无雪，这些气候条件对农业生产非常有利。开平从立县之初，就以种植业为主，水稻是主要的粮食作物，其他杂粮有玉米、番薯、马铃薯。经济作物以蔬菜、水果、花生、甘蔗、木薯、大豆为主，尤其蔬菜生产的历史悠久，一年四季不断。

从远古的先民到秦汉以后大量北方人的迁入，开平乡村民众适应当地的自然条件，聚族而居，择址立村，开发农业，繁衍生息，将自己创造的村落与田园景观融进自然环境之中。

开平的村落多临河而建，枕山面水，由水塘、竹林、古榕、田畴、民居建筑、宗祠或灯寮、晒场以及各种神位，组成了情趣独特的空间结构和景观效果。

民居建筑是村落的主体，呈棋盘式集中布置，村巷纵横垂直交错，住宅排列非常规整，横向发展，最大限度地提高了村地的利用率。民居多一层或两层，前排不得高于后排。前后民居之间空隙30～50厘米，为防火的"火巷"，大门一律开在两侧，门外是村内的主要交通巷道。碉楼和西式别墅——庐多坐落在村后，点式竖向发展，与低平的民宅高低错落，在背后无山的村落常常被借势为"靠山"。

无论有河无河，村前都多开挖水塘，塘泥用于填高宅基，形成面向水塘的倾斜。笔直的村巷面对水塘，生活废水通过村巷统一的地下排水系统，依靠倾斜的地势汇入水塘；水塘不仅承接雨水、生活废水，它形成的水面在夏秋酷暑季节还起着调节村落小气候的作用，东南风经过水面，进入笔直的村巷，受村巷的约束，风力加大，通过民居两侧面向村巷的门进入，村居通风凉爽。

村前的晒场既是翻晒稻谷的生产场地，又是村民的公共活动空间，旁边常设置石条为凳，供村民休息。

宗祠建造在村口，全村重大的祭祖、诉讼、喜庆等活动均在此进行，是村民共同拥有、经营、创造的社会活动空间和精神生活空间。村口的古老榕树根深叶茂、树冠硕大，象征生命旺盛，被村民称为"风水树"。

村口的社稷坛、村后的玄武大帝神位、村巷的泰山石敢当以及民居内的门神、灶神、天神、地神、人神等等无处不有的各种民间神祇，使村民生活在一种多元的乡村宗教信仰崇拜的精神空间之中，"人神共居"的生存模式带给他们平和的心境和心理慰藉。

村落四周不建围墙，而是利用竹木组成密实的天然屏障，它与村口两侧的闸楼、村前的水塘构成了一个完整的防卫空间，高大茂密的竹木和蕉林环护民居建筑，又形成了绿色的景观林带。林带外面就是村民主要的生产场地，四季颜色变换的大片稻田烘托出村落的稻作文明背景。

中西合璧的碉楼与民居融为一体，形成景观的第一圈层；民居与周边的农田、林木、河塘融为一体，形成景观的第二圈层；这些农田、林木、池塘、河流、山脉又是更大的自然风景的一部分，组成景观的第三圈层。这种相互依存关系的另一面是碉楼与独特的自然景观遥遥相望，碉楼的建筑风格有意识地与景观紧密结合。

总之，"开平碉楼与村落"的传统乡村田园景观，是当地村民世代以自然为本，辛勤劳作，与自然形成的一种亲密共存关系的体现。村落周边的自然已经不是真正的纯天然的自然，而是经过了当地农民上百年的"改造"而形成的自然，农民的生产和生活方式已经融入了具有岭南风光的自然之中，在历史的长河中双方建立起了一种彼此亲密、相互依存的关系，这里既有生生不息的动感的生命力，又构成了视觉上和谐壮观的景象。

（二）非物质文化遗产属性

以往人们关注比较多的是"开平碉楼与村落"的景观属性，实际上，我们还应该充分认识它的非物质文化方面。

这是一个"活"的遗产项目，在这个文化空间里，碉楼虽然已经失去了实际的功能，但是多数民居建筑依然在使用，村里居住的仍然是世代相传的村民，他们照常日出而作，日落而息。传统的生产和生活方式是促使文化景观保持、延续的恒久而深厚的力量；而这一文化空间又承载和凝聚着与之休戚与共的文化元素，还有让我们感觉到亲切、鲜活的村民日常的信仰与行为习惯。

因此，"开平碉楼与村落"文化空间还具有丰富的非物质文化因素，这些非物质的文化元素表现在如下方面：

第一，建筑命名。在1833座碉楼以及众多的西式别墅中，有一个突出的文化现象,即绝大多数楼宇都在上部的正中嵌入匾额。匾额是中国传统塔楼建筑的一种装饰手段,楼必有匾,而这些楼、塔多是名楼名塔,像开平乡村这样普通的碉楼和别墅也悬嵌匾额,在中国的乡土建筑中比较少见。

匾额里书写的楼名,表明碉楼的名称、建造的年代,寄予建造者的希望,也给村民以精神上的振奋和慰藉,同时还表现出建造者的文化素养和审美情趣爱好。上千个楼名或雅或俗,或隐或浅,多彩多姿,折射出当地民众的社会和文化心理。楼名或以楼主命名,如蚬冈镇锦江里的瑞石楼就是以楼主人黄璧秀的字"瑞石"命名,瑞石即美玉,美玉为璧;或以数字命名,如赤坎镇虾村的"四豪楼"就是由旅居加拿大的四位乡亲修建的;或以方位命名,如赤坎镇司徒氏家族于民国初年在潭江两岸各建了一座更楼,即分别命名为"南楼""北楼";或以村落命名,这种命名主要出现在众人楼上,蚬冈镇锦江里的众人楼就叫"锦江楼";或以美愿命名,这是开平碉楼命名中一个非常普遍的现象,有的表现团结互助,有的寄望社会安宁,有的祈求吉祥富裕,有的弘扬传统美德。在开平碉楼的楼名中,还有的包含振兴中华、振兴民族、振兴国家的寓意。

第二,传统的门联。除了悬挂匾额,开平碉楼的楼主人还为碉楼配上了楹联。这些楹联往往以传统的"鹤顶格"的形式进一步揭示、表达楼名的内涵和楼主的胸臆。塘口镇自力村的云幻楼楼主方文娴亲拟的门联则充分表现了他的传统文化的情怀和素养:

云龙风虎际会常怀怎奈壮志莫酬只赢得湖海生涯空山岁月;
幻影昙花身世如梦何妨豪情自放无负此阳春烟景大块文章。

有的门联则表现乡村民众对西方近现代意识的认识和视野。例如:"共和构造,世德流传";"中外同风,世界文明";"风同欧美,盛妣唐虞"。中外二元的精神世界展示无遗。

第三,乡土的壁画。它的画法表现了乡村画师的国画技艺和风格,非常传统化、民族化,但是图案内容有一个共同点,就是往往表现中外不同的自然和人文景观。一幅门楣画的结构常常是大海大河分隔出两个世界,一边是中国传统的乡村,农舍、农夫、山水尽入画中;另一边是高楼大厦、洋人、汽车组成的西方社会,在中间的海洋上有行驶的大轮船,天上有飞机，地上的火车将两个世界连接在一起。画表心声，画表追求。门楣画既是华侨出洋经历的真实记载，更是侨乡民众对外界认知、对西方文明向往以及对远方亲人牵挂的特殊表达。

第四，濒危的灰塑技艺。开平碉楼与别墅的装饰大量运用了岭南乡土的灰塑传统技艺。这种技艺完全靠师傅带徒弟的方式，在工地的脚手架上，口手相授，一代一代传承。徒弟是先从配料、拌料学起，然后就是观看师傅的操作。经过相当一段时间后，师傅才会让徒弟慢慢参与其中，最后让其独立上脚手架干活。灰塑的材料很讲究，以石灰为主，配草灰、黄泥，有的还增加黄糖或糯米，往往需要沤制一段时间，以提高黏性，各种材料的比例根据不同的装饰题材而定。在碉楼外墙施工时，工匠不是先画好一个图案，而是成竹在胸，一把抹刀挑出灰泥就在墙上创作，一拍一抹一推一压一挑，一个栩栩如生的图案就完成了，然后是涂抹矿物颜料。这样一种传统的技艺在开平碉楼建造兴盛时期也得到发扬光大，形成了专门的队伍，很多工匠将自己的名字也融进了画作中。碉楼的灰塑作品题材中外兼备，中式的"喜""福""寿""禄"字形和荷花叶、中国结、金钱、龙、凤等图案是常见的题材，在碉楼的西式造型中到处洋溢着中国传统的乡土文化气息，传递了当地民众在接受外国文化的过程中挥之不去、深藏于心、牢牢坚守的中国传统文化情怀。同时，西方建筑装饰中常用的卷草、流苏、盾等也被灰塑这种传统工艺表现出异域文化的神韵，而且像飞机、火车、轮船等近代西方工具，也成为灰塑的创作源泉。目前因专门的工匠和艺人存世的已经很少了，传统壁画和灰塑技艺在开平乡村面临濒危，亟待抢救。

第五，延续的敬祖祭神。开平的民居、别墅和碉楼是一个多神的"精神空间"，当地民众还保留着传统的祭神拜祖的习俗，房屋内外、村前村后各个神位的香火依然袅袅。更重要的是，作为侨乡，其对祖宗对神灵的敬拜还增添了对民族国家兴旺发达的祈求。立园泮立楼别墅四楼神龛上，有这样一副对联："宗功伟大兴民族，祖德丰隆护国家。"在这里，宗族、民族和国家形成了三位一体的关系，高度统一使我们不能不对这些腿上的泥土都还没有洗尽的侨乡农民心生敬意。

第六，方言中的外来语。在开平话中夹杂着英语，这是近代形成的习惯。见面喊"哈啰"，分手说"拜拜"，是当时的一种时髦。这种语言现象延续至今，开平方言中的音译外来词汇，依然在人们日常生活中使用，上了年龄的人可以脱口而出。例如，球叫"波"（ball），好球叫"古波"（good ball），冰棍叫"雪批"（pie），饼干叫"克力架"（cracker），奶油叫"忌廉"（cream），奶糖叫"拖肥"（taffy），蛋糕叫"戟"（cake），沙发叫"梳化"（sofa），护照叫"趴士钵"（passport），夹克叫"机恤"（shirt），杂货店叫"士多"（store），球衣叫"波恤"（ball shirt），帽子叫"噏"（cap），商标叫"麦头"（mark），对不起叫"疏哩"（sorry），面子叫"飞士"（face），等等。

第七，村落规划和管理制度。开平村落规整的布局，对自然环境的充分利用与适应，历史时期形成的管理模式，都是这一文化空间承载的元素。在近代，开平村民探索运用西方民主的原则和公司股份制的管理方式进行村落管理，很多村至今保留着建村时制定的《立村股份章程》。这种探索是西方管理原则和管理制度对中国传统乡村自治管理的冲击。

二、"开平碉楼与村落"的分类保护措施

基于以上的分析，"开平碉楼与村落"所具有的物质与非物质多样属性，要求我们对它的保护管理分类、分层次、分阶段，采取不同的措施。根据八年"申遗"工作的实践，我们以为应该采取如下的保护措施。

（一）碉楼本体的保护

碉楼是"开平碉楼与村落"文化景观的主体部分，其本体的保护管理好坏，直接影响到这一遗产的完整性和真实性能否得到保存与延续。

现存的开平碉楼集中分布在遗产申报项目提名地所在的塘口、百合、赤坎、蚬冈四个镇，四个提名地共有 231 座碉楼，占开平碉楼总数的 12.6%。最早的碉楼建于 400 年以前的明朝中后期，最晚的也建于 20 世纪初期。这些碉楼经历了百年或数百年的风雨，绝大多数的结构保存完好。只是一些碉楼的墙、柱和围墙出现程度不同的裂缝。这些裂缝的成因，主要是由于季节性温差、室内外温差和建筑材料干缩等影响，使碉楼出现结构体积变形，受约束而产生拉应力，它属温差裂缝和干缩裂缝，只影响使用、美观，不影响结构安全。

碉楼本体的保护要遵循有利于保护、展示"开平碉楼与村落"文化景观的真实性、完整性的原则。维护与修复要坚持可逆性；实行以现状为

主，加固维修为辅，尽可能少干预的原则。对不得不进行的少量加固维修工作，严格掌握修复的尺度，保存原有的建筑形制、建筑结构、建筑风格，修旧如旧。依靠专家指导，确定最佳的路径和技术。采用多种手段记录保护和维修的全过程，积累资料，建立档案，保证"开平碉楼与村落"项目真实性和完整性的永续发展。

碉楼本体保护在具体实施中，分级分期地展开。目前，我们对1833座碉楼进行了等级评估，共分为五个级别进行保护。其中，一级和二级属于重点保护碉楼。近期（2006—2010），对核心区内的碉楼以保存现状和加强监测工作为主，加固维修为辅；加固维修由结构专家提出方案，然后会同建筑、文物等方面的专家共同确定执行方案，聘请省级建筑补强公司施工；同时，启动对缓冲区内碉楼的保护管理工程。中期（2011—2015），完成缓冲区碉楼的现状保存、维护修复，建立制度化的监测管理；同时启动非提名地一级保护碉楼的维护修复工程。远期（2016—2025），坚持对提名地核心区和缓冲区碉楼现状的保护和监测，完成非提名地一级保护碉楼的维护修复，并展开二级、三级保护碉楼的维护检测。

碉楼本体的保护、监测和修复是一项需要多学科专家参与的工程，即需要建筑、土木方面的技术支持，也需要文物、历史、世界遗产等方面的学科配合；不仅需要高等院校的专家参与，还需要乡村拥有特殊技艺的工匠出力。组建一支相对稳定的专家技术队伍，是实施碉楼本体保护的重要的保障。

（二）村落民居的保护

村落民居是当地村民主要的生产、生活空间和非物质文化展示与传承的空间，它还是"开平碉楼与村落"文化景观的真实性与完整性的重要组成部分和表达体现的载体。村落民居的加强保护管理，同样关系到这一遗产项目的真实性与完整性能否获得永续的保存。

开平的古村落多建于宋代，而遗产项目提名地保存的村落，最早的建于明朝，最晚的建于民国，多数是建于清朝，有近百年的建村历史，村落民居依然保持着传统的稻作农耕文明的特色。由民居、祠堂、碉楼、书室以及河塘、竹林、蕉林、榕树等构成的传统村落格局几百年来没有大的变化，完整地保存着历史的风貌。民居建筑从统一规划建造伊始直至现在都没有受到大的扰动，单层或两层的传统民居仍然是村落建筑的主体。这些传统民居以及近代出现的西式别墅——庐的平面布置图，还是在当地流行了数百年的"三间两廊"形式。房间的使用功能安排，甚至神位的布置，也还延续着传统的式样。提名地村落的村巷、排水、通风、采光系统保持完整，古村的肌理依然存在。

20世纪80年代以后，由于农村生活水平提高，村中也出现了个别改造传统民居的情况，或在传统民居上添加新构件或以新的建筑手法进行装饰，其体量、用材、风格和色调等方面，出现了与传统民居环境不和谐的现象。青壮年农民离开农村，出国或进城的情况日益增多，致使一些民居或别墅闲置，而且自来水管、各种电线的牵搭和电线杆的铺设比较凌乱，影响景观。鸡、鹅、犬等家禽的放养，影响了村落的卫生环境；传统的厕所已不符合现代生活的要求；生活垃圾堆放、填埋场地的建设尚待完善。

村落民居的保护除了同样要坚持有利于景观的真实性和完整性之外，关键是要严格控制核心区内建设新的楼房，严格控制对传统民居的拆改，严格控制以现代建筑手法对传统民居进行外观的装饰。在尽量少加干预的前提下，对个别不得不进行加固维修的民居，必须保存原有的建筑形制、建筑结构、建筑风格，修旧如旧。对村落民居中所做的修复以及增加的必要设施，也必须具有可逆性，能够恢复原状。

具体而言，村落民居的保护目前应该集中在以下几个方面。

第一，保持村落的自然和人文景观现状，维护村落的生态环境。进一步提高村落的绿化水平，主要绿化植物采用本地乡村常种植的竹、榕、樟树、凤凰树、杨桃、芒果、黄皮、荔枝、龙眼、芭蕉、木薯、柚子、白鹤芋、紫薇、炮仗花等。绿化种植要适地适树，以乡土树种为主，以自然种植为主，强调乡村特点，避免绿化过程中的城市景观趋向，永续保存自然、恬静、舒适的村落环境。

第二，维护村落池塘原状，保持原有的河流池塘系统。保持水体环境，提高自净能力；注意防洪堤的加固维护。

第三，保持民居建筑在体量、材料、结构、形式、色调等方面的历史风貌，拆除近20多年来少量添加或新建的不协调建筑。

第四，规划管网，供水、供电、通讯网线进行下地改造，并与生活排污系统的改造相结合，维护村落传统的景观环境。

第五，改建厕所或在村尾隐蔽的地方增建厕所，注意与村落民居环境的协调。增设回收生活垃圾的垃圾箱，提高卫生标准，培养村民维护村容卫生环境的观念和行为习惯。

(三) 非物质文化遗产的保护

在"开平碉楼与村落"文化空间中遗存的生活方式、宗教信仰、传统技艺、语言习俗等同样是该遗产项目的组成部分,是项目活的精神灵魂所在,是项目生生不息的传承繁衍的动力,是文化景观背后活的华侨、侨乡历史文化。

今天开平乡村民众的主体是宋代以来多次经过南雄珠玑巷迁移而来的内地移民,内地的传统文化与土著文化融合,发展为传统广府文化的一部分。到了近代,由于外来文化的影响,开平所在的五邑地区演变为侨乡,一种新的有别于非侨乡地区的文化形态——侨乡文化,出现在珠江三角洲的西缘,这里的侨乡文化实际上是传统广府文化与外来文化融合的产物。

今天在开平乡村所保留的活的文化遗产就是侨乡文化在各个方面的展示。有的作为碉楼与民居装饰的一部分得到遗存(如门联、壁画、灰塑),表现着这个文化空间中的民众特有的文化视角;有的依然在村民的日常生活中得到使用(饮食起居、祭祖拜神、方言),源源不断地流露着主人的价值观念和文化情结,基本处于原生态的保存状况。从延续角度考察,这些非物质的文化内涵,有的被多数村民在不自觉中一代又一代地传承,但是我们也看到像壁画、灰塑等专门的乡土技艺已经濒临失传。"开平碉楼与村落"这一文化"场所",只有与村民的文化行为合为一体才具有真正的遗产意义。因此,其中的非物质文化遗产的保护管理在某种意义上比碉楼本体、民居、村落环境的任务更加繁重,尤其是联系到目前当地民众对文化遗产的认识较深,而对其中的非物质文化的价值了解较少的情况,其保护管理显得更为急迫。只有对"开平碉楼与村落"文化遗产和非物质文化遗产都进行有效的保护,加强管理,这一项目的真实性和完整性才可能真正得到永续的传衍。

对"开平碉楼与村落"非物质文化遗产的保护管理,一是要遵循"抢救第一"的原则,对目前还健在的传统技艺工匠进行摸底调查,将他们作为专门的人才由政府进行保护。组织他们带徒弟,传授传统的技艺。二是要对碉楼和民居建筑上的壁画和灰塑作品进行专项普查登记,同样要予以分级保护。开平碉楼和村落的普查,目前并没有将这些文化内容纳入普查范围,基本情况还没有掌握,研究就更谈不上深入。三是组织材料分析专家对灰塑、壁画的颜色成分、材料成分进行高分子分析,为修复提供科学的依据。目前很多壁画已经发霉、褪色甚至剥落,一些灰塑装饰也破损残缺。只有利用现代科学技术、方法掌握其材料成分,才能够进行符合其真实性的修复。四是对民间的祭祖敬神仪式进行记录,寻找这些民俗活动的传承人,开展口述历史的抢救,挖掘整理存档,为发展乡村民俗活动提供科学的依据。五是组织方言学专家进行开平方言的专项调查,尤其是对开平话中的外来语类别、特征进行整理研究。六是对碉楼和民居建筑的楼名开展专项研究,通过楼名去认识近代开平人的文化心理。七是向村民展开非物质文化遗产内容的介绍,帮助他们认识到自己原有生活方式的文化价值和开发意义,鼓励村民尽量保留、使用传统的生活方式居家过日。目前,四个提名地中的自力村和马降龙村的村民在旅游开发中,已经认识到了自己普通平常的饮食结构、器具用品对于开展特色旅游的意义,较好的经济回报使他们比较自觉地进行传统生活方式的流传和展示。这是现实对农民的生动教育,在此基础上开展广泛的非物质文化遗产内容的宣传教育是能够获得他们的认可和接受的。只有广大村民参与进来,"开平碉楼与村落"的非物质文化遗产的保护才有真正的保障。

参考文献

刘红婴. 世界遗产精神［M］. 北京:华夏出版社,2006.

(本文系笔者与五邑大学广东侨乡文化研究院谭金花博士联合发表,原载《文化遗产》2007年第1期)

开平碉楼与村落研究二十年

2001年，"开平碉楼与村落"申报世界文化遗产的工作开始推进，为了配合广东省开平市政府做好申报文本的撰写和推动开平碉楼研究的需要，笔者一开始就注意收集中华人民共和国成立以来国内学术界关于"开平碉楼与村落"的研究文献。这次，开平碉楼与村落保护管理办公室决定将"开平碉楼与村落"的主要研究成果结集出版，既通过集中展示以往的研究状况，为申报世界文化遗产工作助力，又希望借此推动"开平碉楼与村落"研究更加深入开展。笔者也得此机遇，对自己和开平碉楼与村落保护管理办公室收集到的研究成果进行学习并予以总结回顾，以便对这一新的课题研究感兴趣的专家学者了解研究现状，从而在一个新的基础上拓展自己的研究空间，大家共同努力，使"开平碉楼与村落"的研究更加成熟丰满，使"开平碉楼与村落"的保护管理工作获得更多的科学支持。

一、研究的基本历程

"开平碉楼与村落"的研究，从申遗工作启动到今天，大致以2001年开平市人民政府成立"开平碉楼与村落申报世界遗产领导小组"为界进行分期。《开平碉楼与村落研究》收录的47篇论文中，2001年以前的有9篇，2001年以后的有38篇。论文数量虽然不能作为非常科学的划分依据，但它还是比较清晰地反映了学术界对"开平碉楼与村落"的研究的重视程度和研究兴趣的显著变化。同时，正如笔者将在下面的分析中提到的，在研究队伍的扩大、学科参与的增多和研究内容的拓展等方面所表现出来的差别，远比论文数量的多少要深刻得多，这无疑使笔者对这种划分有了坚定的信心。

因此，笔者将"开平碉楼与村落"的研究分为萌芽期和初步发展期两个阶段。

1. 萌芽期（1985—2000）

萌芽期的启端之所以定在 1985 年，这与一个叫阚延鑫的文物工作者直接相关。阚延鑫当年是开平市华侨博物馆的馆长，20 世纪 90 年代初期，与多数开平人一样，他也移民去了加拿大。在他任博物馆馆长期间，为配合国家和广东省开展文物普查工作，他与馆内其他同志一道经常下乡调查，成绩显著，《开平县文物志》就是在他手中完成的。非常难能可贵的是，阚馆长自己还常常骑自行车下乡，走村穿巷，对开平碉楼进行比较全面的调查。这在交通还很不方便的 20 世纪 80 年代初期，阚馆长的艰难是我们今天无法想象的，如果没有坚韧的毅力和对文物保护工作发自内心的热爱，他根本不可能完成对 1466 座碉楼的调查。经过多年在田野乡村间的奔波，1985 年，阚馆长写出了《开平碉楼建筑与华侨》一篇长文，并做了一个关于民国时期开平县匪情的附表。阚馆长所调查的开平碉楼的情况和他对开平碉楼的认识，在这篇论文中得到了集中的反映。

阚延鑫的《开平碉楼建筑与华侨》是笔者所见的最早研究开平碉楼的文献。在论文中，我们发现，其实早在阚馆长之前，也有外地的学者表示出对开平碉楼研究的兴趣，但是至今我没有收集到这些学者的实际研究成果。虽然，当时阚延鑫馆长的这篇文章还只是一个打印稿，迟至 1990 年才正式发表，但是基于以下两点理由，笔者仍然将它视为"开平碉楼与村落"研究的发端。由此算起，"开平碉楼与村落"的研究已经 20 年了。

阚延鑫的《开平碉楼建筑与华侨》不仅仅是具有记载开平碉楼研究历程的文献价值，更重要的价值还在于两个方面：一是阚馆长以职务身份所做的经年累月的碉楼调查，应该是开平碉楼最初的"普查"。之所以打了引号，是因为他没有建筑学等方面的知识积累，所做的调查并不规范，没有进行完整详细的基本数据的收集。从论文的内容看，还只是很初步的访查。尽管如此，他所做的工作仍然是 2001 年启动申报世界文化遗产工作的基础资料，有重要的意义。二是《开平碉楼建筑与华侨》一文论述的面比较广，从开平碉楼的兴起、历史作用到碉楼建筑艺术和保护等方面，都提出了自己的看法。它对于研究内容方面的重要意义，不在于提出了多深入的见解，而在于阚馆长从中敏感地意识到了开平碉楼研究的一些最基本的方面。2001 年以后的很多研究其实就是在这些方面的深入。不足的是，这篇论文的内容与题目不太相称，文中实际上很少讨论华侨的问题，故收入此论文集时，笔者将题目改为《开平碉楼概述》。

回顾"开平碉楼与村落"研究的历史，笔者对这位老馆长充满着敬意，我们应该记住这位前辈的贡献！

在萌芽期，开平碉楼的研究成果还有邓立新的《开平碉楼的发展渊源和历史价值》、彭少波的《开平碉楼的发展渊源》、李学明的《浅论开平近代建筑特色及其保护发展》、汤腊芝和汤小楃的《析五邑侨乡传统建筑风貌与特色》、陆元鼎等的《广东侨乡民居的类型》、魏彦钧的《广东侨乡民居的特点》等论文或著述。这一阶段的研究重点，集中在开平碉楼的兴起、分类、建筑特色方面，同时多数是在论述侨乡近代建筑和民居时，对开平碉楼有所涉及，这类论述有的是专著中的一个章节。对这些并非主要讨论开平碉楼的研究成果我们也收集进来，是为了更好地展示这20年来"开平碉楼与村落"研究的发展变化。

在这一时期，与开平碉楼研究相关的重要学术活动有，中国建筑学会与广东省江门市人民政府于1998年联合在江门市召开的"五邑近代侨乡建筑"学术讨论会。此会是1949年以来第一次专题讨论五邑侨乡的近代建筑价值、特征和保护、利用，开平碉楼作为侨乡近代建筑的一部分，被多数与会学者关注。前面提到的邓立新、彭少波、李学明、汤腊芝等人的论文就是这次研讨会的成果。

综观萌芽期的研究成果，除了阚馆长的论文有田野调查的一手资料支撑外，多数研究主要还是对碉楼表面现象的归纳。同时，我们也注意到高校从事建筑研究的专家学者依靠他们的学术眼识和专业素养，在当时很困难的条件下，对开平碉楼的研究提出了自己比较深入的见解。这一时期开平碉楼研究总体上难以深入的根本原因，在于严重缺乏第一手的资料，致使很多有兴趣的专家难以开展相关研究，已经开展工作的专家学者也时有无奈之感。

2. 初步发展期（2001—2006）

2001年，开平市人民政府决定将"开平碉楼与村落"申报世界文化遗产，成立了领导小组和保护管理办公室。不必讳言，开平碉楼的研究起步晚，与国内其他一些拟申报世界文化遗产的项目相比，研究的成果不多，学术的基础很薄弱。因此，从申报世界文化遗产工作起步之初，开平市人民政府就极其重视研究工作的开展，重视专家的意见，直接推动、积极支持"开平碉楼与村落"的研究。现实的申报世界文化遗产工作的需要极大地促进了"开平碉楼与村落"研究的开展,短短5年时间,"开平碉楼与村落"的研究上了一个新的台阶,取得了明显的成效。

这一阶段的研究,表现出以下六个特点。

第一,研究成果增多。仅《开平碉楼与村落研究》收录的于2001年以后的论文就有38篇(有13篇论文是新作,首次在《开平碉楼与村落研究》上发表),远远超过了萌芽期15年的论文数量。

第二,成果形式多样。2001年以来,除了论文的刊发之外,初步性的研究著作和资料集也陆续得以出版。比如,张国雄、李玉祥等的《老房子:开平碉楼与民居》(江苏美术出版社2002年版),张国雄的《开平碉楼》(广东人民出版社2005年版),张国雄、梅伟强的《开平碉楼与村落田野调查》(中国华侨出版社2006年版),等等。一些建筑专业的研究生选择开平碉楼为自己学位论文的题目,华南理工大学建筑学院的刘定涛、清华大学建筑学院的杜凡丁都先后完成了他们的硕士学位论文《开平碉楼建筑分析》《广东开平碉楼历史研究》。

第三,研究队伍扩大。萌芽期的研究队伍人数很少,主要来自建筑、规划、文物领域。2001年以后,进入开平碉楼这一学术领域开展研究工作的专家学者日益增多,其多学科的特色非常明显。不仅建筑、规划、文物领域的专家在持续地加入,而且历史、文化、文学、地理、环境、世界遗产等领域的专家学者也成为重要的研究力量。另外,萌芽期的研究力量主要来自广东省,而今更扩大到北京、天津、江苏、湖南、陕西等省市以及香港、澳门特别行政区,尤其是开平本地研究力量的增长令人鼓舞。

第四,研究领域拓展。随着申报世界文化遗产工作的深入,研究条件得到改善,多学科研究力量的进入,使得对"开平碉楼与村落"的研究视角比萌芽期大为丰富和多元,对这一研究对象关注的侧面也大大增多。在萌芽期学者提出的开平碉楼兴起、分类、建筑特色等方面,2001年以后取得了更加深入、精细的研究成果,同时更有一些新的问题被提出来加以讨论。例如,开平碉楼的设计建造、华侨历史文化与开平碉楼、近代中外文化交流与开平碉楼、美加移民政策与开平碉楼、开平碉楼的思想文化背景、开平碉楼的楼名楹联、开平碉楼的文化内涵、开平碉楼非物质文化遗产的抢救、开平碉楼的保护管理、开平碉楼的旅游开发、近代开平村落及中国碉楼式民居的发展与分类等课题的提出,大大加深了人们对开平碉楼的综合性的全面认识,这为"申遗"工作提供了直接的科学支持。值得一提的还有，在萌芽期，一些建筑、规划的专家学者是将开平碉楼放入广东的侨乡民居、近代侨乡建筑研究中加以讨论，而在初步发展期，开平碉楼更多地被视为一个独立的研究对象。

第五，资料方法更新。2000年以后的研究，开始比较多地使用了碉楼普查资料、田野调查资料、家庭或家族的历史文献和华侨历史文献。谭金花女士更直接到美国去调查收集开平籍华侨华人的历史文献、口述资料，用于自己的研究之中，其成果别有一番味道。同时，在开平碉楼与中国碉楼式民居、开平乡村民众对外来文化的接受与近代中外文化交流等方面，比较研究法被较多地使用，为开平碉楼及其文化做定位分析。这两方面的变化，使2000年以后的一些研究在题材和资料上非常鲜活，内容上更加充实，结论上带有更多的原创色彩，也因此成为超越萌芽期研究的重要基础。

第六，学术活动频繁。初步发展期的5年，几乎每年都举行学术研讨活动。2002年，江门市人民政府举办了"五邑华侨历史文化国际艺术研讨会"，郑德华在会上提交了对五邑侨乡华侨建筑的研究论文。2003年，广东省委宣传部、广东社会科学界联合会、开平市人民政府、五邑大学联合在江门举办了"开平碉楼——广东华侨文化遗产研讨会"，来自清华大学、华南理工大学、暨南大学、五邑大学等多所高等院校的建筑学、历史学、文化地理学的专家学者以开平碉楼为主题展开了讨论。2004年，中国近代建筑史学会与开平市人民政府联合在开平举办了以"开平碉楼与中国近代建筑历史中乡土建筑的研究与保护"为主题的学术研讨会，这次研讨会对于开平碉楼的研究来说，不仅正式出版发表的研究成果最多，而且很多开平本地的研究工作者拿出了自己的研究成果，他们涉及的研究方面也比较广，与现实的申报、保护、整治工作紧密联系。本论文集收录的不少论文就来自这次研讨会。2005年，由在园文化基金主办、开平市人民政府和五邑大学承办的以"开平碉楼与侨乡文化"为主题的研讨会在开平举办，它从侨乡文化的视角讨论了开平碉楼的历史、文化背景。在这几年的学术研讨活动中，开平碉楼日益成为关注的焦点。

二、研究的重点

回顾20年的发展，笔者认为，"开平碉楼与村落"正在逐渐成为一个比较独立的研究领域。在这一领域，碉楼本体一直是研究的重点。有关"开平碉楼与村落"研究的历史、价值、建筑特征、文化内涵、保护利用等方面，专家学者们已经获得了以下一些认识。

（一）开平碉楼的起源

研讨会主要讨论了两个方面，一是开平碉楼产生的历史背景，二是碉楼建筑形式的起源。关于历史背景，大凡分析开平碉楼的论文多有涉及，集中论述的有邓立新的《开平碉楼的发展渊源和历史价值》、彭少波的《开平碉楼的发展渊源》、张复合等的《中国广东开平碉楼初考：中国近代建筑史中的乡土建筑研究》和杜凡丁的《广东开平碉楼历史研究》等文章。最早论述这一问题的是阚延鑫的《开平碉楼建筑与华侨》，他提出开平碉楼的产生与近代开平社会治安状况混乱、华侨家庭安全得不到保障以及洪水灾害频繁发生有直接的关系。张复合、杜凡丁的论文对这一问题的论述在资料的翔实、分析的深入方面有进一步的推进。初步发展期，对开平碉楼起源的分析，已经不仅仅局限在社会和自然背景方面，学者扩大了考察面，深入到这种建筑形式的源流，希望多角度认识和探索开平碉楼的起源。张国雄的《中国碉楼的起源、分布与类型》、刘亦师的《中国碉楼民居的分布及其特征》从文字学、考古学的角度提出了看法。张复合等的《中国广东开平碉楼初考：中国近代建筑史中的乡土建筑研究》和《开平碉楼：从迎龙楼到瑞石楼——中国广东开平碉楼再考》从建筑史学的角度，梳理了开平碉楼与中国古代建筑、与当地传统民居建筑、与外来建筑文化在建筑形式和建筑技术方面的渊源关系。

（二）开平碉楼与华侨

开平是中国著名的华侨之乡，作为侨乡重要的标志性建筑，开平碉楼无疑与华侨的历史、华侨的文化有着极其紧密的联系。很多论文敏锐认识到了这一点，多有涉及。论述最为全面的是梅伟强的《论开平华侨在碉楼建筑中的角色与作用》一文。梅伟强结合历史文献、口碑资料和田野调查，分析了侨汇对碉楼建设的经济支持，以及华侨传输回来的西方近代建筑技术和文化对碉楼建造的影响，他提出，华侨是开平碉楼建筑的倡议者、实践者、设计师和西方武器供应者。邝积康的《从美、加对华移民政策的演变看开平碉楼的发展史》一文，抓住美国和加拿大这两个国家近代对华移民政策的变化过程与开平碉楼发展轨迹的相关性,深入和系统地分析了美、加对华移民政策变化如何影响开平华侨的心理、行为,从而促使他们大量回乡建设的内在机制。美、加对华移民政策对开平碉楼的兴盛有着至关重要的作用,邝积康的这篇论文对我们理解这一问题无疑是很有益的。郑德华的《五邑侨乡中西合璧建筑研究》分析了在广东侨乡形成过程中,华侨对侨乡建筑在经济、文化、建造等方面发挥的影响。

(三) 开平碉楼与中外文化交流

华侨是一种国际的人口移动现象,任何移民现象都必然带来不同文化的交流。华侨大力推动兴建的开平碉楼就不单纯是一种乡土建筑,而且是中外文化交流的历史见证。开平乡村中外文化的结合既是碉楼发展的背景,又是中国近代中外文化交流的重要组成部分。当时的讨论集中在外来文化引入的内容、引入的态度、引入的类型三个方面。张复合等的《中国广东开平碉楼初考:中国近代建筑史中的乡土建筑研究》和梅伟强的《论开平华侨在碉楼建筑中的角色与作用》,都分析了西方近代建筑材料和建筑技术、建筑艺术输入的情况。张国雄的《从开平碉楼看近代侨乡民众对西方文化的主动接受》,注意到西方的观念、制度、语言、饮食、服饰等方面因素的传入。郑濡蕙的《开平碉楼背后及反映的思想文化》、郑东军的《开平碉楼:海外建筑文化的民间阐释》和张国雄的论文,都不约而同地认识到开平碉楼反映的中外文化交流具有的民间性质和乡村性质。郑濡蕙从中国对外来文化的传统态度角度认为,这些文化交流还是为了附和、巩固中国传统社会与文化。张国雄分析了当地农民对待西方文化的态度,以及这种文化如何在乡村被理解、被接受,认为它推动和反映了近代乡村社会的转型。

(四) 开平碉楼与侨乡思想文化

外来文化的传入与本土传统文化的碰撞,必然产生出新的侨乡文化背景,开平碉楼正是在这种历史文化和土壤中成长起来的。因此,讨论开平碉楼的发展必然涉及侨乡文化状态的问题。比较集中分析这一问题的有梅伟强的《开平碉楼文化内涵探研》、谭金花的《开平碉楼与民居鼎盛期间华侨思想的形成及其对本土文化的影响》、李日明《开平碉楼楼名及对联文化初探》和黄艳开的《合理的异态——碉楼文化解构》。梅伟强、李日明主要从微观角度详细梳理和分析了碉楼的楼名、楹联、书法、绘画、民间宗教信仰，以及传统道德文化的内涵和主要的属性。谭金花大量利用在美国访谈调查开平华侨的资料，分析了20世纪初在传统文化和西方文化双重影响下开平华侨思想的形成过程，以及他们对家乡本土文化产生影响的具体途径和最后结果，论文的资料性强，感性生动。

（五）开平碉楼的设计建造

开平碉楼具体是如何设计和建造的？这一问题一直为专家学者们所关心，因为它是开平碉楼研究的一个非常基础的问题。近年来，一些庐的建筑图和碉楼图的出现，为解决这一问题提供了极其初步的条件。最早触及这一问题的是阚延鑫的《开平碉楼建筑与华侨》，他在论文中记述，华侨们回来建碉楼时，往往将自己旅居国的建筑风格及自己见过的其他国家的建筑风格，糅合于碉楼设计图纸中。张复合等的《开平碉楼：从迎龙楼到瑞石楼——中国广东开平碉楼再考》提到，碉楼设计有从外国带回图纸的、广州等地设计师设计的、本地工匠设计和楼主模仿其他碉楼设计的几种设计可能。张国雄的《开平碉楼的设计》和《试析开平碉楼的建造》大量利用历史文献、田野调查、文物资料，对外国建筑师、内地专业建筑师和本地工匠三种设计的具体情况进行了论述和比较，并对建造的详细过程进行了梳理分析。

（六）开平碉楼的分类

从萌芽期开始，碉楼的分类就是一个讨论得比较多的问题。阚延鑫的《开平碉楼建筑与华侨》最早从建筑材料上提出了泥楼、青砖楼、钢筋水泥楼三种类型，他还从建筑风格上提出了中国传统硬山顶式、凉亭式、庭院式、中西结合式、古罗马式、古城堡式、别墅式、印度式、新加坡式、教堂式的分类。彭少波的《开平碉楼的发展渊源》也从建筑风格上将碉楼分为中国古代硬山顶式、中西结合式、古罗马式、欧洲式和英国式。李学明的《浅论开平近代建筑特色及其保护发展》一文认为，在外观造型上，开平碉楼表现出法兰西式、英格兰式、德国城堡式、意大利式和中西合璧式、庭院式等的建筑风格。陆元鼎、魏彦钧的《广东侨乡民居的类型》一文是其《广东民居》的一个章节，从屋顶形式上，将开平碉楼分为中国传统屋顶式、仿意大利穹隆顶式、仿欧洲中世纪教堂式、仿中亚伊斯兰寺院穹顶式、仿英国寨堡式、仿罗马敞廊式、折中式、中国近代式，共八种类型。申秀英、刘沛林等的《开平碉楼景观的类型、价值及其遗产管理模式》按建筑材料将碉楼分为泥楼、青砖楼和钢筋混凝土楼三种；按屋顶及上部形式，将碉楼分为中国硬山顶式、中国歇山顶式、中国凉亭式、古罗马式、巴洛克式、意大利穹隆顶式、欧洲古堡式、混合式，共八类。张国雄在《老房子：开平碉楼与民居》一书和《开平碉楼的类型、特征、命名》一文从建筑材料上，将开平碉楼分为石楼、夯土楼、砖楼和钢筋混凝土楼四类；从建筑形式上，分为柱廊式、平台式、城堡式和混合式四类；从使用功能上，分为门楼、灯楼、众人楼、居楼四类。张复合等的《中国广东开平碉楼初考：中国近代建筑史中的乡土建筑研究》也从多角度进行分类，从使用功能上，将碉楼分为单纯防御的碉楼（灯楼、门楼）、多家共建共用的众人楼、独家兴建使用的居楼三类；从建造材料上，将碉楼分为砖楼、石楼、土楼、水泥楼四类；按造型特点，将碉楼分为堡垒式、露台式、外廊式、殿堂式四类。刘定涛的《开平碉楼的建筑风格》一文，按使用功能，将碉楼分为更楼、众楼和居楼；按建筑材料与结构，将碉楼分为石楼、三合土楼、砖楼和钢筋混凝土楼四种。张复合、刘定涛等的划分，更多地从建筑学的角度提出了描述和解释。关于开平碉楼的分类，比较一致的是在建筑材料和使用功能方面，最不同的分类在建筑造型方面。

（七）开平碉楼的功能

开平碉楼的作用也是相关研究讨论得比较多而结论比较一致的问题。阚延鑫将开平碉楼的功能归纳为避匪防涝、抗日据点、共产党地下活动场所三个方面。张复合的《开平碉楼：从迎龙楼到瑞石楼——中国广东开平碉楼再考》既分析了实际的防洪防匪、居住功能，又从社会心理角度分析了它炫耀财富的精神承载，因此，开平碉楼在满足防御功能的同时，追求着一种建筑的形式美。张国雄的《试析开平碉楼的功能——侨乡文书研究之三》从社会背景、地理环境、与村落的关系、社会心理、自身使用五个方面，提出开平碉楼具有防匪、防洪、居住、办学、村落环境构件和反映转型时期的乡村社会心理的六大功能。

（八）开平碉楼的建筑风格

开平碉楼在建筑风格上有什么特征？从萌芽期开始，这方面就受到很多关注，面对1833座造型不同、亦中亦西、亦土亦洋的碉楼，专家学者们努力想从它的建筑特征中归纳出建筑风格来，很多建筑学专业的学者在论文中多有分析。笔者以为，阚延鑫的《开平碉楼建筑与华侨》最早提出了对碉楼建筑风格的看法，他认为要具体、准确地说明哪个碉楼属于某某国家的建筑风格，很难分辨，同一座碉楼其实是糅合了多个国家的建筑风格。不过，阚馆长在建筑风格上还是对开平碉楼做了10种划分。邓立新的《开平碉楼的发展渊源和历史价值》一方面说开平碉楼的建筑风格有"万国性"和"博览性"，另一方面又分出具体的风格。李冰的《广东开平碉楼——中国近代建筑史上的奇葩》认为，开平碉楼的立面造型是以西方建筑艺术为特征的中西文化融合的产物，有希腊式、拜占庭式、哥特式、罗马式、巴洛克式的建筑艺术造型。郑德华的《五邑侨乡中西合璧建筑研究》一文提出，包括碉楼在内的五邑侨乡建筑受到同时期世界折中主义建筑潮流的影响，绝大多数是折中主义类型的作品。笔者以为，对开平碉楼建筑风格进行比较深入研究的，是楼庆西的《开平碉楼建筑的风格特征》一文。该文从平面形式、外貌、装修装饰、陈设布置、材料、结构形式多个方面对碉楼的建筑风格进行了综合分析，提出开平碉楼体现了古代和近代建筑技术的交接与进化，表现了中国和西方建筑文化与传统的交融，这就是开平碉楼建筑最突出和最主要的特征。

（九）开平碉楼与中国近代建筑

2004年，中国近代建筑史学会与开平市人民政府联合在开平召开了以"开平碉楼与中国近代建筑历史中乡土建筑的研究与保护"为主题的第九次中国近代建筑史学术研讨会。这次会议实际上是向全国近代建筑史研究的专家学者提出了"开平碉楼与中国近代建筑"这一新的课题。而早在此前一年，张复合等人就在《建筑史》上发表的《中国广东开平碉楼初考：中国近代建筑史中的乡土建筑研究》一文中，最早提出了自己对两者关系的看法：第一，开平碉楼在中国近代建筑史上并不具有代表性，其更大的价值在中西文化交流。第二，开平碉楼是在中国传统建筑基础上发展和延续而来，并主动吸纳了外来建筑文化以及近代建筑材料和技术，是"文化承续"的产物，因此，对于探讨中国近代建筑历史中中国建筑文化承续方面的研究有重要意义。楼庆西的《开平碉楼建筑的风格特征》从乡土建筑在中国建筑历史中的独特价值，以及开平碉楼与近代城市西式建筑中对西方建筑技术、艺术掌握的比较中提出，开平碉楼体现了20世纪初在乡土建筑上中西文化融合的真实状况，记载了中国传统的农村由封闭到开放的历史进程，这就是开平碉楼具有的特殊价值，它应该与同一时期在城市里的银行、办公楼、工厂、商场等建筑一样，在中国近代建筑发展史中占有重要的地位。赵辰的《从开平碉楼反思中国建筑研究》是一篇思辨性较强的论文，从中国近代建筑的定义、民间与"非主流"在中国建筑文化中的意义等方面，阐发了自己由开平碉楼所引发的对中国近代建筑研究的反思，认为开平碉楼作为中西建筑文化交流的典型性也必然具有"中国近代建筑"的代表性，因而在中国近代建筑文化遗产中应该具有特殊的地位。

（十）碉楼的分布与比较分析

我们不仅应该从中国近代建筑的历史发展考察开平碉楼，也应该从碉楼这种乡土建筑自身的演变和不同类型碉楼的比较中去把握它的特征，认识它的价值。张国雄的《中国碉楼的起源、分布与类型》通过对国内青海、西藏、云南、四川、重庆、广东其他类型碉楼与开平碉楼各自特点的描述，以及对意大利、格鲁吉亚和葡萄牙等国碉楼的介绍，从材料、技术、功能、建筑文化源流、风格等方面对其进行了初步的比较。刘亦师的《中国碉楼民居的分布及其特征》将中国碉楼民居分为川西北羌藏地区、川中汉族地区、闽粤赣客家地区和五邑开平地区四个类型区，分别从文化背景和建造目的、建筑形制与材料工艺等方面进行了比较深入的分析。刘定涛的硕士学位论文《开平碉楼的建筑风格》，从侨乡民居的角度将开平碉楼与福建、广东潮汕等地侨乡建筑进行比较，从防御功能角度将开平碉楼与客家土楼、围龙屋进行比较，他的比较和分析更加集中和微观。武弘麟的《"形"——与开平碉楼之村落对比》主要将开平碉楼与广东英德九龙、沙口一带客家民居和山西阳城"皇城相府"的炮楼进行比较，认为碉楼是应付当地社会治安环境差的有效措施。

（十一）开平村落与景观

开平碉楼作为一种乡土建筑，与村落有着极其紧密的联系，它是村落的重要组成部分和标志性建筑。有关村落以及聚落景观的研究，从萌芽期就已经开始。陆元鼎等的《粤中侨乡传统民居的特色及展望》最早分析了包括开平在内的侨乡村落景观，表现在三个方面：一是倚山、面水，前祠后楼的村落布局；二是住宅串联，道路成网，密集的建筑群体组合；三是一明两暗，天井居中，三间两廊的民居类型。近年来，相关研究有所推进。张国雄的《开平近代村落的规划、建设与管理——以塘口镇潭边院为例》以塘口镇潭边院的东明里、赓华村为例，微观地分析了开平传统村落的发展历史、规划设计、建设管理中带有共性的方面。武弘麟的《"形"——与开平碉楼之村落对比》一文，对开平传统村落中大小统一的房基地建设形制表现出极大的兴趣，提出类似情况在广东英德西部溪村、北京延庆和平谷以"堡"命名的村落、山东淄川"文革"时期的"新农村"及集安附近的朝鲜村落也都有所见，这种整齐的村落是经过"规划"还是地域文化传统使然？他提出了一个有待进一步探索的新课题。刘沛林的《广东侨乡聚落的景观特点及其遗产价值》一文，对 20 世纪初期包括开平在内的五邑侨乡的景观特征做了初步的归纳分析，他认为，以碉楼民居为主要特征的聚落景观是西方文化传入、扩散而形成的一种特殊类型的文化景观，具有明显的异域文化色彩。

（十二）开平碉楼的保护管理模式

开平碉楼自身历史、文化、艺术、科学价值的真实性与完整性决定了它的唯一性，因而获得 2007 年申报世界文化遗产的资格。如何通过保护管理永续它的真实性与完整性，是目前"开平碉楼与村落"面临的一个重要任务和新的挑战。经过学者们的不懈努力，碉楼研究在这方面取得了可喜的进展。在萌芽期的研究中，专家学者们就开始关注对开平碉楼保护管理的探索。李学明的《浅论开平近代建筑特色及其保护发展》一文，将碉楼的保护管理现状归纳为历史建筑的保护不成系统、新建筑与历史缺乏协调、碉楼保护的立法滞后等方面。同时他提出来开平碉楼的保护管理要注意文化的延续，按建筑质量、使用性质划分保护等级等措施。初步发展期，现实的保护管理工作的开展，为专家学者们的研究提供了更好的条件和思考空间。李日明的《构筑科学的管理体系，强化科学的管理手段，是实现开平碉楼整体文化价值的关键》一文，在总结2001年以来"开平碉楼与村落"保护管理前期工作的基础上，分析了目前存在的几大难题：基础资料普查整理难，产权复杂与业主沟通难，楼内文物繁多清点管理难，社会治安严峻保管难，周边环境复杂划分管理区域难。最后，李日明提出了破解这些难题的思路，主要有成立权威的管理机构、健全从市到镇村的三级管理机构、创造法治环境提高全民的保护意识、加强执法队伍建设、采用科学管理手段完善监管、加强文物市场管理等综合措施。唐亦工的《开平碉楼的保护管理方式研究》一文，认为目前在保护管理方面，存在地方政府财政负担过重、保护管理力量不足、现有规划对保护管理方式的设计不多见等问题，因此，他建议采取分级制订保护措施，通过地方法规将碉楼保护置于法治环境之中，并采取建立专业的保护维修队伍，以保护历史风貌，维持传统职能活动。申秀英等的《开平碉楼景观的类型、价值及其遗产管理模式》一文，对开平碉楼保护管理过程中采取的诸如"省长令"法规形式依法管理，"政府托管制"解决私有产权与政府保护管理之间矛盾，注重调动相关利益者参与保护管理等具体措施给予了高度评价。李雨婷的《关于碉楼文化实践模式的思考》一文，借鉴国外保护文化遗产的典型经验，从文化投资和文化资助模式、文化活动模式两个方面，提出了自己的见解。

（十三）开平碉楼的修复

对于"开平碉楼与村落"的环境整治和修复，开平碉楼与村落保护管理办公室非常慎重，由专家直接制定方案，六年来已有步骤地开展工作。张健文的《开平碉楼的修复概念与环境整治》一文，是对这方面工作的理性思考与总结，它偏重于碉楼本体的修复。该论文提出，目前碉楼本体的损坏表现在建筑和文化两个方面，诸如渗漏、风化、门窗缺失、白蚁蛀蚀、雷击以及碉楼内的文物流失等问题。针对现状，张健文提出了原状修复、适度修复、保护第一抢修为主、分期实施、文化恢复、环境整治等原则，并在各项原则下对采取的具体修复措施也进行了分析。初腾飞、祝璟的《开平碉楼的"再生"之道》一文，从艺术上对建筑修缮的整旧如旧也提出了一些具体的意见。

（十四）开平碉楼的开发利用

开平1800多座碉楼中绝大部分处于闲置状态，这对它的保护非常不利，如何进行开发利用是目前"开平碉楼与村落"保护管理中面临的一个很大的难题。同时，遗产展示又是世界遗产保护的内在要求。不论从哪方面讲，对碉楼与村落的开发利用都非常必要。目前，对"开平碉楼与村落"开发利用主要的途径是旅游开发。吴就良的《开平碉楼旅游资源调查分析》一文，从开平碉楼的资源特点、旅游现状入手，分析了开平碉楼发展旅游的三大优势和三大不利因素，他提出要加快制订旅游发展的规划，就此规划提出了自己对近、中、远三期目标的选择。他认为，近期的重点是：开平碉楼的旅游发展应该定位在景点休闲游方面，加强政府的主导作用，注意相关利益群体的参与，调动民间资本进入。旅游是遗产展示的重要途径和手段，其他的专家学者同时还提出了另外的思路。李学明的《浅论开平近代建筑特色及其保护发展》一文，建议按碉楼的不同特征建设不同类型的博物馆。唐亦工的《开平碉楼保护管理方式研究》一文，建议对闲置的碉楼，或开辟"碉楼旅馆"，或借鉴国外的经验吸引民众居住使用，入住者有责任保护碉楼不受到损坏。初腾飞、祝璟的《开平碉楼的"再生"之道》一文就碉楼的"再生"提出了改造再利用的策略和手段，建议将碉楼的用途改变为古典住宅楼、旅馆、博物馆、展览馆、休闲观景楼等，为此应在聚落的外部空间形态、碉楼的建筑空间形态等方面进行一定的改造。

（十五）侨乡民居建筑

开平碉楼是一种侨乡建筑，在萌芽期，学者分析研究更大范围的侨乡建筑比较突出。魏彦钧的《广东侨乡民居的特点》一文通过对楼式侨居、庐、碉楼、裙式碉楼的分析，认为广东侨乡民居在中国传统民居中，首开吸收外来文化并与之相交融的先例。郑德华的《五邑侨乡中西合璧建筑研究》是详细分析侨乡建筑特色和文化背景的长文，他分中西合璧建筑群、园林式中西合璧建筑、中西合璧民居、共用性的中西合璧建筑、碉楼五类论述了侨乡建筑的特点，进而讨论了中西合璧的侨乡建筑的价值。论文的很多部分涉及开平侨乡。许桂灵、司徒尚纪的《广东华侨文化景观及其地域分异》一文从文化地理学的学科视角进入，运用文化地理学的分析方法，对广东侨乡文化的地理景观、区域分异做了翔实的论述。不仅其中的建筑景观分析给人以启发，而且其更广阔的侨乡文化背景的分类考察和对各侨乡建筑影响的分析，无疑也十分有助于我们对"开平碉楼与村落"的认识。

三、研究的发展

"开平碉楼与村落"研究20年的总体状况，似乎可以概括为以下五个方面。

（1）课题开拓的速度比较快。尤其是初步发展期的五年，学术界对"开平碉楼与村落"研究感兴趣的方面明显增加，初步形成了一个比较系统的研究领域，基础研究与应用研究两个方面都有展开，比较侧重基础研究。

历史文献、田野调查和碉楼普查资料的运用日益受到专家学者们的重视。注重对第一手资料的鉴别使用，以及个案研究的出现，这都有利于整体研究的深入。

（2）在研究方法上，注意跳出"开平碉楼与村落"的视角，在一个更为宏观的背景下进行考察。例如，对开平碉楼的起源，既注意它自身的发展，又从中国碉楼的发端进行分析；对开平碉楼的价值、地位，既注意本体的外部特征和文化内涵的讨论，又从中国乃至世界其他类型碉楼的比较中去获得新的认识；对开平的村落景观、民居形式，既注意其个性特征，又从广东乃至全国其他地方的村落民居状况分析它的共性；对开平碉楼的侨乡文化背景，既注意开平本地华侨历史的发展变化，又从广东侨乡文化的整体状况予以观察。

（3）课题拓展的速度与研究深入的程度不协调。一些新开展的课题参与讨论的力量比较薄弱，所获成果有的还属"破题"性质。例如，开平碉楼的设计建造是"开平碉楼与村落"研究的基础性课题，目前，还没有建筑、规划专业的专家学者深入研究的成果出现。

（4）各课题之间的发展不均衡。有的课题讨论比较集中、充分，成果较多，并取得了一些共识。例如，开平碉楼的分类、功能、建筑风格，以及华侨历史文化背景、保护管理模式等方面的看法比较多样。从建筑材料和使用功能方面对开平碉楼所作的分类，意见基本一致，或者说没有大的分歧。对建筑风格方面的讨论也很多，但是意见很不统一。同时，不论从基础研究还是从应用研究角度来看，有的课题发展的空间还很大。例如，对村落的研究就亟待加强，目前的研究状况与"开平碉楼与村落"申报项目的内涵是不相称的。又如，对于碉楼开发应用方面的研究也亟待拿出操作性强的成果。建筑的闲置无人居住使用，对建筑生命的延续十分不利。如何使大量空置的开平碉楼"再生"利用，是目前开平碉楼保护管理面临的重大挑战，这也是一个理论性和实践性很强的课题。再如，开平碉楼与中国近代建筑的关系，它在中国近代建筑史中的地位，不仅是开平碉楼的问题，同时也是涉及近代乡土建筑地位的问题。可喜的是已有的讨论初步形成了不同观点的碰撞，不过，还有很大的发展空间。

（5）目前，实践性研究的课题多、成果多，理论性研究的成果极其少见。只是在"开平碉楼与中国近代建筑"研究领域出现了可喜的收获，也许其他专家学者对赵辰的学术观点有不同看法，但是这种理论探索的实践是"开平碉楼与村落"研究非常需要的。例如，建筑风格的分歧就涉及理论问题。又如，开平碉楼所反映的农民式的中外文化交流在近代中外文化交流中的地位和价值如何评价，既是一个实践性的学术问题，也是一个理论问题。再如，"开平碉楼与村落"有大量建筑被闲置的历史文化遗产的展示，遗产的开发利用是遗产研究的一个新课题，具体措施提出的背后则是理论的提升。

基于以上的分析，我们认为，"开平碉楼与村落"的研究虽然已经走过了20年的历程，但是可以拓展的空间还很大，应该深入讨论的课题还很多，理论基础的建立还任重道远，有分量的研究成果的形成还待进一步努力。因此，"开平碉楼与村落"的研究还处于初步发展阶段。

（原文见《开平碉楼与村落研究》，中国华侨出版社2006年版）

潮州厝的世界文化遗产价值

各位朋友，很高兴能够受邀来参加首届潮州论坛会议，我也是来学习潮州文化的。我对潮州文化非常感兴趣，因为我从事的是侨乡文化研究，对潮汕侨乡文化也比较关注，但都是属于在学习阶段。接到这个任务时，论坛会务组让我们结合开平碉楼的申遗经验，谈一谈对潮州申遗的一些想法和建议。这让我想起 2010 年左右我们来潮汕侨乡考察，跟着黄挺老师学习，海忠教授还接待了我们。在那次考察过程当中，我们建议韩山师范学院（简称"韩山师院"）尝试在潮汕地区推动政府将厝建筑申报世界文化遗产。

关于世界文化遗产，到目前为止我们广东只有一项，那就是"开平碉楼与村落"，这跟广东丰富的文化资源相比，跟广东文化强省建设相比，是不相称的。应该说，这个方面还有很大的工作空间。

目前，国内世界文化遗产申报工作涉及广东的有两项。一是"海上丝绸之路·中国史迹"项目，其中包含广东的 7 个遗产点——广州 6 个、江门 1 个。可能这个项目要重新组合，对广东其他地方而言也是一个机会。二是明清城墙项目，由南京牵头，由全国 8 个古城墙保存比较完好的遗产点组成，其中，我们广东的肇庆在列。

除此之外，我以为潮汕地区是有符合世界文化遗产标准的资源的，可以作申遗的努力。例如，用潮州古城去申报，但用潮州古城本身来申报的话，有两个问题。第一个问题是，虽然潮州古城建筑的年代很早，但是保留的城墙是明清时期的建筑，现在保留的城墙只有两公里。而城门仅保留了 4 个，保留下来的古城形制不太好，古城遗产的完整性方面有些问题。第二个问题是，如果用古城墙去申报的话，要怎样去定位它，怎么谈它的世界遗产价值。以古城去申报世界文化遗产的也有，像平遥古城、阆中古城。虽然它们也都做了城墙的修缮，但是最关键的是，它们的基本形制是完整的。泉州申遗不是以古城为内涵，而是从海上丝绸之路这个角度去申报的。

那么潮汕地区还有没有更具备条件的资源呢？以前我跟黄廷老师和海

忠教授交流过这个问题。我个人的看法是，潮州比较有特点有代表性的世界意义的遗产，就是大家看到的厝，所以我建议用厝建筑去申报世界文化遗产。

一、站在文化自信高度看待厝建筑的申遗工作

为什么我推荐这个厝建筑呢？我们还是要说到潮汕地区本身的文化。潮汕被誉为海滨邹鲁，是近代以来形成的中国四大著名传统侨乡之一。四大著名传统侨乡中，广东梅州侨乡和福建泉漳厦侨乡在地理上与潮汕侨乡紧密相连，另外一个就是广府地区的五邑侨乡。潮汕文化是岭南文化的重要组成部分，其文化资源很丰富，比如潮州有"中国瓷都"之称。我想潮州获得"中国瓷都"称号的实践和价值对潮州以"厝"申报世界文化遗产是有启发意义的。另外，当今的文化建设工作一定要有竞争意识。

今天来谈潮州申报世界文化遗产，触发这一议题的最主要的动机是习近平总书记2020年在潮州的重要讲话，以及党的十八大尤其是党的十九大以来对中国传统文化的重视、挖掘和保护。2017年，中共中央办公厅和国务院办公厅印发《关于实施中华优秀传统文化传承发展的意见》，我觉得这是习近平新时代中国特色社会主义思想中一个很重要的组成部分，是文化自信的基础。习近平总书记考察潮州古城发表重要讲话，对传统文化保护、遗产保护是有时代意义的。"开平碉楼与村落"申报世界文化遗产给我们一个经验：做区域性传统文化、遗产保护，一定要站在时代的高度。21世纪初，广东建设文化大省、文化强省，"开平碉楼与村落"成为广东至今唯一的世界文化遗产就是重要的成就之一。潮州历来重视传统文化研究，尤其在非物质文化遗产的保护等方面做得很有成绩。今天，努力挖掘、利用潮汕历史文化资源去申报世界文化遗产，让它的文化魅力、文化价值和世界意义展示给全人类，争取取得具有国际法律地位的标志性成果，我想这就是对习近平总书记视察潮州时发表的有关华侨文化、古城保护系列重要讲话的最好的落实举措之一。

二、潮汕古厝适应的世界文化遗产标准

文化遗产保护工作不仅要有时代感，同时需要形象感和法律地位。开

平碉楼在申报世界文化遗产之前，内地人对江门五邑的了解不多，知道新会不知道江门，更不知道开平，因为新会出了梁启超，所以著名。碉楼申报世界文化遗产让社会公众认识了开平，2007年申报世界文化遗产成功以后，广东旅游界有一句口号叫作："广东旅游看碉楼。"通过碉楼，开平的城市形象和知名度得以提升。这就是我说的形象感。

那么潮汕的古厝我们该怎样看待呢？近代以来，中国形成了四大著名传统侨乡，这就是广东潮汕侨乡、五邑侨乡、梅州侨乡和福建的泉漳厦侨乡。从传统文化角度考察四大著名传统侨乡，它们又分为三类，即福佬文化区侨乡、广府文化区侨乡和客家文化区侨乡。我们潮汕和福建的泉州、漳州、厦门就是福佬文化区的著名侨乡。三大文化区侨乡各有自己典型的民居建筑，客家文化区侨乡是围龙屋、土楼，广府文化区侨乡是碉楼，那么在福佬文化区侨乡，最经典的民居应该就是厝建筑。目前，在三大文化区侨乡建筑中，已经有三个世界文化遗产项目受到全人类的保护，第一个是开平碉楼与村落，第二个是福建土楼，第三个是厦门鼓浪屿。"开平碉楼与村落"代表的是广府文化区的乡土建筑和乡村景观，福建土楼就是福建客家分布区的乡土建筑，其文化内涵主要还是客家文化；厦门鼓浪屿以中外融合的近代建筑群为主体，岛内生态文化环境反映了厦门开埠后的文化交流。由此可见，目前，在三大文化区的四大著名传统侨乡中，唯有福佬文化区侨乡还缺乏乡土建筑类的世界文化遗产项目，这是一个需要填补的空白。

我以为潮汕古厝是填补这个空白的最好资源。

我们看一下古厝建筑，它的分布区域横跨广东、福建两省和我国台湾的台南地区，是福佬文化区的典型文化符号之一，也是福佬文化和侨乡文化的标志性民居建筑。虽然广东、福建的古厝在建筑材料、建筑形制和建筑造型方面有些区别，表现出一定的类型特征，但是，在中国民居建筑中，它们总体上都叫作"厝"，都是古厝类型。在中国的古厝建筑分布区，潮汕地区是非常重要的组成部分和类型的代表。

世界文化遗产共有六条标准。第一条标准，该文化遗产代表一种独特的艺术成就。这里没有规定是什么艺术，你可以理解为建筑艺术，关键在于要是一种创造性的天才杰作。第二条标准，该文化遗产能够在一定时期或者在世界某一个文化区域内对建筑艺术、纪念艺术、纪念物艺术、城镇规划、景观设计等方面产生重大影响。这条强调的是一种有生命力的文化代表，可以是在某一种建筑中或一种地域文化中，这种文化至今依然有着深厚的影响力和顽强的生命力，是一种活态的。第三条标准，该文化遗产可以记录、见证一种消失的文明。第四条标准，该文化遗产可以作为一种建筑或者建筑群，或者景观的杰出典范，展示了人类历史上的某一个重要阶段，即从建筑去看文化。第五条标准，该文化遗产可以作为传统的人类居住地或者使用地的范例，代表一种或几种文化。例如，现在很容易受到破坏的，或者是一种濒临消失的文化，因为生成面临着威胁、破坏，所以要申报保护。第六条标准，该文化遗产在文化区域中代表的是某一种思想信仰，或者与艺术作品有实质性的联系，这样一种有特殊情况的遗产也可以申遗。但是，这条往往跟某一个重要的文学作品或重要的文学人物或历史人物或某一种信仰相连。这六条标准中，符合其中一条都可以成为世界文化遗产。

从世界文化遗产申报工作的实践来看，很多项目适用的标准是复合型的，往往同时适用于几条标准。"开平碉楼与村落"在申报世界文化遗产时提到自身符合四条标准，在世界遗产大会通过的决议中提到的是三条标准。不管是四条还是三条，都是复合型的。那么，潮汕古厝作为中国典型的民居建筑对照世界文化遗产标准，它的标准适应性在哪里呢？

我的初步看法，潮汕古厝是否可以从第一条、第二条和第四条标准去考虑。当然这只是初步的看法，大家还可以深入研究，找到更准确的方向。

第一，潮汕古厝是中国杰出的乡土建筑。它记录了唐朝以来中华文明由中心向岭南边缘辐射，融合土著文化，共生发展的一个历程，它反映的是中华民族的文化从中心向边缘的扩散。任何一种文明的发展都有中心，是一个从中心向边缘逐渐扩散的历史。中心很重要，扩散的过程对认识这个文明同样重要。潮汕民众提到古厝的时候，常提"京华帝王府，潮汕百姓家""潮汕大厝皇宫起"等，说古厝的建筑形制是仿学皇宫，有说是北方院落的南方建造实践，这是一种古代形成的民间认识，当地民众从通过对乡土建筑的热爱表达了对中华文明和文化价值的认同。它鲜明的地域性和相同的中华文化脉流，恰恰是潮汕古厝在边缘岭南地区创造性产生、创新性发展所反映的自唐以来中原文化、中华文化向边缘扩散的过程，它揭示的是中华文明多元一体的发展范式和内在的历史逻辑。我们今天讲的中华文明是一个集合概念，这个集合概念实际上是由很多地域文化组合的。中原文化是在中华文明的中心,岭南文化是在中华文明的边缘。但是岭南文化这个版块凸显出来,成为中华文明不可分割的一个版块,实际上是历史上中原文化不断地南下,中原文化向周边扩散,向岭南扩散以后跟土著文化融合而形成了血肉相连的中华文化,就是我们常说的"多元一体"、发展范式和历史逻辑。它符合第一条标准。

第二,潮汕古厝是中国特殊的合院式乡土建筑。合院式乡土建筑是中国乡土建筑的一种重要形式,客家土楼、广府的三间两廊也是合院式乡土建筑。但是厝的合院式讲的是单体,同时也讲的是围寨,即由无数座甚至几百座厝围着祠堂组合成一个村落。在这个村落里包含了有三大体系——家居体系系统、教育系统、宗庙祠堂系统,三大体系三位一体。以祠堂为中心,以宗庙为中心的三位一体,这是一种文化传承模式和生活发展模式,体现的是岭南地区民众的一种生活方式,这个方式跟广府地区有点不太一样,它同样揭示了中华民族生生不息、和谐共存的民族发展密码和历史观。中华民族是多民族不断融合的产物,包括汉族本身就是由华夏民族逐渐与边缘地区土著民族的融合,最后形成了中华民族。"中华民族"是梁启超提出来的,虽然提得比较晚,但民族共同体早就在慢慢地逐渐形成了,这是我们民族共同体的特点。而潮汕这个地区,民族共同体聚族而居,"生相近,死相迫"。死了以后都有家族坟地,这是我们的民族凝聚力所在,这是几千年发展的结果。而这个发展在家族里边就是一个缩小的民族发展过程,以宗庙、宗祠对祖先、对信仰和各种神灵的一种崇敬。"聚族而居,族皆有祠,此古风也",这是潮汕地区文献中对厝建筑所体现的文化,尤其是宗祠文化和民族居住文化的一种体现。为什么我们中华民族韧性这么强大,其他少数民族进入中原地区后被同化?原因就是我们民族的融合性、韧性极强。数百家到千余家古厝聚落成村的建筑形态演变,记录的正是家族聚居不断繁衍的中华民族聚族而居的典型文化范式。广府地区的村落就没有这么大,江门五邑侨乡一个村有20多户人家,也可以是几十户人家,上几百户人家的村比较少。但是在潮汕地区,我们更看到的是更大的聚集现象,这种现象反映了中华民族的生存凝聚能力,从家族的生存发展中体现的民族特点,这种气势、这种规模之大,客家文化、广府文化都不能与之相比较。它恰恰很典型地把中华民族"聚族而居"的特点,即以几代人聚在一起的特点表达出来了。符合第二条标准。

第三,我认为,厝是中国民居建筑创造性的杰作。为什么呢?因为厝融合了潮汕人民的自然观和环境观。中华民族很讲究"天人合一",全国各地的村落都讲风水,其实就是"天人合一"思想的一种体现。我们看到的潮汕古厝,由厝组成的村跟周围的河流、山川、农田、植被融为一体,它组成的是一个很和谐的生态体系。而且村落里面的房屋整齐划一,虽然里面有驷马拖车、下山虎、四点金等,但是它布局错落有第整齐划一,体现的是整个家族的团结、和谐、平等。同时,潮汕古厝特别注意建筑装饰,它把潮汕非物质文化遗产融进去了。木雕在潮汕古厝建筑中运用得很有特色,潮汕还是中国瓷都,在潮汕地区的陶瓷生产中,建筑陶瓷是一大类别,它跟景德镇不太一样,跟德化也不太一样,它把建筑陶瓷艺术融进了民居建筑当中去了。所以说,潮汕古厝不仅仅是民居建筑的一种典范,它把与生活相关的各种艺术形式融汇在一起,这一点在中国民居建筑中是很典型很突出的。尤其是用建筑陶瓷瓷片来装饰线脚,丰富房脊造型,用陶瓷做的各种建筑装饰造型,有动物的,也有植物的。还有一个就是潮汕古厝有一个特别显著的特点,就是它的厝头把中国的传统哲学思想——五行学说融进去了,这一点在中国传统民居建筑里边非常独特。潮汕古厝房头根据业主个人的缺金、缺木、缺水、缺火或缺土来选择厝头形式。不仅村落布局、环境讲究风水,单体民居环境也讲究五行生克,缺什么补什么。中国传统哲学思想当中的五行文化在潮汕的民居里边跟生活紧密结合,这一切追求的是村民平等、与自然和谐、与文化环境的和谐,体现了潮汕地区独特的人与人、人与社会、人与环境的哲学思考的统一性和多样性,反映了古厝的文化精神和丰富内涵。

  第四,潮汕古厝既是岭南地域文化的结晶,同时也是海洋文化的产物。它与开平碉楼与村落、福建土楼、厦门鼓浪屿等世界文化遗产一样,深受东南亚文化和欧洲文化的影响。例如,潮汕古厝的建筑材料、建筑造型及建筑装饰大大地丰富了传统厝建筑的文化内涵,展现了福佬文化地区海外移民与侨乡民众的世界视野和开放包容心态。中外文化融合的发展模式迄今对当地的城乡规划和乡土建筑产生着深刻的影响,比如陈慈黉故居,其整体村落的建筑形象、建筑外观保留了传统厝建筑的风格,古厝布局、墙体屋脊、入口形制等浸透着深厚的历史,走入故居院内,柱式、门、窗造型和装饰风格以及线脚、线条等建筑细部,带有非常明显的东南亚文化的特征。原因很简单,潮汕地区的华侨主要是去到东南亚,受东南亚文化的影响至深。侨乡文化的本质就是中国传统文化与外来文化的融合，这是最显著的特征。按四大著名传统侨乡所接受的外来文化，可以将侨乡分为两个类别：潮汕侨乡、梅州侨乡和泉漳厦侨乡所接受的外来文化主要是东南亚文化，五邑侨乡接受的外来文化主要是欧美文化。潮汕等侨乡有没有接受欧美文化呢？当然有。例如，柱式、柱头等建筑构件就带有西方文化的特点，与五邑侨乡稍有不同的是，潮汕等侨乡所接受到的西方文化主要是明代以来，殖民统治者进入东南亚之后，本地文化吸收、融合了东南亚文化而形成的带有西方欧洲文化特点，同时又带有东南亚文化特点的特殊类型。潮汕等侨乡的华侨将这种西方文化传回家乡，被侨乡民众接受并运用到生活之中。五邑侨乡的华侨主要移民到美洲（尤其北美洲）、大洋洲地区，这些地区以西方文化为主流，当地的土著文化被压制，并不像东南亚土著文化那样被吸收融合，因此，五邑侨乡接受的是比较"原汁原味"的西方文化，从建筑的造型、窗门设计、装饰风格等方面看，都带有鲜明的更加"标准"的西方文化特点。四大著名传统侨乡的外来文化风格因而形成了不同的类型，不管怎么样，它们都属于外来文化，其侨乡文化都是外来文化与本土传统文化融合的产物。我觉得我们考察它的文化价值的时候，它实际上是中外文化交融的产物。五邑侨乡的中外文化融合张扬在外边，在台山、乡村随处可见中西融合的碉楼、洋楼、学校、祠堂、宗教建筑。而在潮汕侨乡，也有洋楼建筑（番仔楼），总体上与五邑侨乡相比，中外文化融合在潮汕侨乡表现得很内敛、含蓄，不那么张扬。从村外、古厝外看乡村景观，欣赏古厝建筑，感受到的是浓浓的传统风情，走进建筑才会从细部观察到外来文化的痕迹、影响。外来文化在潮汕侨乡的表现代表了另外一种融合模式，我们不能不看到传统文化在潮汕侨乡的基础更为深厚，其农业文明发展程度显然高于东南亚地区；而东南亚地区虽然从明代以来逐渐成了荷兰、法国、英国、西班牙、美国的殖民地，但是西方文化没有取代土著文化，潮汕等侨乡华侨看到的依然是一个传统文化得以延续的农业社会，这些因素一结合，就形成了古厝所代表的潮汕侨乡中外文化融合的类型。潮汕侨乡民众对本土文化的坚守和对外来文化的融合，表现出与五邑侨乡不同的地域特点。因此，潮汕古厝代表了岭南福佬地区民众的生活方式、文化情怀、历史传统及世界视野。

结合第三条、第四条标准，我认为潮汕古厝还符合世界文化遗产的第四条标准。

三、项目名称:"潮汕古厝与村落"

如果我们要开展申遗这个工作,往这个方向去努力,就需要确定项目名称。确定名称,对古厝资源的挖掘、保护和遗产价值的阐释等都有关键性意义。

我对此有三个建议:一个是"潮州老厝",一个是"潮汕古厝",一个是"潮汕古厝与村落"。

前两个建议是以古厝建筑为主体,将环境融入其中,简洁易记。区别在于项目的地域范围,前者是以潮州行政辖区为界,后者是以潮汕地区为界,这个没有定义。

第三个名称是将古厝建筑本体与生存环境两个方面加以突出。今天世界遗产的保护非常重视生态的观念,不仅文化遗产是如此,人类非物质文化遗产保护、世界记忆遗产保护都有这个时代的特点。潮汕古厝本身就有两层含义,一个是单体的民居建筑,另一个是由古厝组成的村落。这个村落就包括村落的自然环境系统和文化环境系统,文化环境系统主要包含潮汕民众的生产生活方式等。潮汕古厝是一种地域性特征鲜明的文化载体,以这个名称去组织项目,就可以更好地论述潮汕文化的地域特点及其与外来文化的紧密联系,其遗产价值的世界意义得以彰显。当然在解释这个项目的时候,一定要讲清楚潮汕古厝与闽南红厝的相同点和特殊性,即联系和区别。

对待潮汕古厝申遗工作,我们要看到厝不是潮汕独有的建筑遗产,因此,开展这项工作必须要有竞争意识。中国瓷都不是景德镇而是潮州,就是竞争意识支持文化保护的成功案例。挖掘这一遗产资源,通过申报世界文化遗产使之得到更好的保护和展示,更好地开展潮州的文化视野和文化产业建设,我们要有紧迫感。

(原文见《潮州文化论丛》,广东人民出版社2022年版)

侨批文书的遗产价值

　　侨批，是清代以来在广东、福建、海南、广西沿海侨乡出现的一种乡村文书，是由海外华侨华人通过民间渠道及后来的金融、邮政机构寄给家乡亲人的侨汇凭证和书信的结合体，所以乡村民众又称其为"银信"。根据现有的档案遗存，侨批最迟产生于18世纪的80年代（清朝乾隆后期），直到1979年侨批业务归口中国银行管理，历时200多年。其中，以清末、民国至中华人民共和国成立初期的侨批为多。侨批不是简单的华侨家庭书信，它更是侨乡百多年来与东南亚、美洲、大洋洲等国家和地区发生广泛联系的文书见证，是人类的一种集体记忆遗产。

　　学术界对侨批文书的研究开展较早，成果比较丰富，有关侨汇、侨批业、侨政，以及侨汇与侨乡经济、侨汇与侨乡社会发展的关系所做的讨论最为突出。

　　从2008年广东省潮汕侨乡最早提出要将侨批申报"中国档案文书遗产"，进而争取申报"世界记忆工程"（世界遗产组成部分）以来，侨批文书的研究就有了更现实的意义。但是，从世界遗产的角度去揭示侨批文书的价值，对其进行遗产学的研究，目前尚未受到侨批研究和遗产研究领域专家的关注。为此，本文拟以广东侨批文书为对象，初步分析这种记忆文书的遗产价值，以望引起学界对这些带有国际性的乡村文书的更多关注，期望有助于侨批研究的多样化，也使我国的遗产研究领域多一个新的研究对象。

一、"侨批档案"是一个文书系统

　　侨批文书数量很大，广泛散藏在侨乡，尤其以广东、福建侨乡为多。根据2012年3月提交给联合国教科文组织的《侨批档案——海外华侨银信》申报《世界记忆遗产名录》的记录，可知仅广东、福建侨乡的政府部门所收藏的侨批书就有16万件之多。据笔者的经验，广东、福建侨乡民间还收藏有相当数量的侨批文书，即使以申报《世界记忆遗产名录》

的文本的 16 万件为计,"侨批档案"仅从数量上作比较,数量之多在近现代国际移民书信中也是很罕见的。

侨批究竟产生于何时?

从情理上推论,这种海外书信加汇款的文书应该是伴随广东、福建海外移民而诞生的。从现有文书的记录来看,最迟在 18 世纪 80 年代就有了侨批的相关记载。目前所知的有关侨批的最早的记载,是成立于 1742 年的印度尼西亚吧城(即巴达维亚,今雅加达)华人公馆处理华人社会事务的记录《公案簿》。在吧城华人档案《公案簿》中记录了这样两件早期的纠纷:

> 1786 年,李摇振交刘高辉花边银 22 圆,托其带回家,结果家中告知只收到 21 圆双烛银案。
> 1788 年 11 月 12 日,李摇振叫刘高辉案。①

这两段记载说明在 1786 年以前东南亚与广东侨乡之间已经存在侨批的往来。

目前所见,最早的侨批实物是咸丰八年(1858)的,由泰国许茂春收藏。这件侨批记录了 1858 年五月廿六日印尼吧城埠温辛德寄广东嘉应州松口市温天华的书信和汇款 2 元的历史事实。②

中国大陆现藏的最早侨批实物是清朝光绪九年(1883)的遗物,现藏于江门市博物馆。在潮汕历史文化研究中心和福建省档案馆,都还收藏有清朝光绪年间(1875—1908)的侨批文书。目前,中国大陆收藏的侨批文书中,最多的还是民国时期的遗存。

在广东、福建侨乡征集侨批文书的过程中,从保护记忆遗产完整性和真实性、文物真实性的角度出发,不仅注意对侨批文书本身的征集,同时重视对证实侨批业主个人身份、家庭或者家族关系、经济文化活动等相关

---

① 施雪琴、聂德宁、吴凤斌在《吧城华人档案〈公案簿〉中的唐人银信案》("中国侨批·世界记忆"国际学术研讨会 2012 年福州会议论文)一文中对这些案件的梳理分析,揭示了这一历史事实。

② 许茂春《侨批的人文与经济文书价值——以侨批实物论证》("中国侨批·世界记忆"国际学术研讨会 2012 年福州会议论文)一文提供了这件侨批的影印件,是笔者所见最早的侨批实物。

信息的文书的征集。记忆遗产的属性要求我们将侨批当作一个以书信为主体的文书系统来看待。做这方面的工作，五邑侨乡工作尤其突出。

例如，广东开平市获海镇美国华侨余秋章寄给儿子余雁中的银信有232封，最早是1917年4月的书信，最晚的是1934年11月的书信，其间长达17年。父子俩通信平均每月一封。此外，笔者还收藏有在此期间余雁中叔叔余稳章从美国给他的银信43封，叔叔余景章寄回给他的银信28封。与这批银信一起被征集的还有口供纸4件、金山庄公告4件、田地交易契约5件、铺面交易契约7件、账册19件、田产物业司法文书12件和货单1批。①

另外，开平市塘口镇龙安里美国华侨周氏家族银信64封，有早期在美国的周运中给妻儿的银信，也有后期在美国的儿女给母亲的银信。最早的银信写于清朝光绪二十六年（1900），最晚的是1952年美国华侨周秋芳写给姑妈的银信。围绕周氏家族这批银信的相关文书非常丰富，不仅有记载家族发展、人物关系的族谱1部，还有侨汇支票副本（吴纸）20件、侨汇通知单30件、护照5件、入境签证材料2件、口供纸6件、田产等财产司法文书53件、股票3件、股息册1件、碉楼建造管理图1件、美国和开平各种捐款凭证6件、村落阳宅全图1件。②

从上述事例不难发现，侨批不是一种孤立的文书，它是由多种文书组成的一个文书系统，其主体是银信。作为主体的文书，又由银和信两部分组成，合封寄回。其"银"多是现金交付给批信局、金山庄，侨眷从这些民间专营或兼营的金融机构直接获取。华侨在汇款时，往往在书信的信封上注明钱的数量和币种，信内更是要记录数额，并交代此次汇款的分配和用途。并不是每封银信都与汇款合体，但即使没有汇钱的书信其内容也往往会涉及对侨汇的接受和使用情况的问询，可以帮助我们了解家庭侨汇的运行情况。大致到了20世纪20年代后，美国、加拿大、澳大利亚等国的华侨开始通过中外银行汇款，侨眷接收到的信中时常夹带了支票（吴纸）副本，再通过金庄银号兑换。1949年以后，国家加强对侨汇进行管理，广东、福建侨乡各地的金庄银号或批局统一更名为侨批局。侨眷家庭在接收华侨的银信时，相关的侨批局会向侨眷家庭发出侨汇通知单，告知

---

① 参见余雁中银信，原件收藏于五邑大学广东侨乡文化研究中心。
② 参见周氏家族文书，原件收藏于江门市博物馆。

汇款人的姓名、地址、币种、牌价、折合人民币金额及汇款附言。这种侨汇通知单有时代替了书信。

除主体文书外，其他相关文书的价值也同等重要。例如，银信家庭或家族的族谱反映了银信寄发者与收件人的关系，护照、入境签证、口供纸等文书揭示了寄发人的履历和在海外的生活状况，金庄银号的账册记录了其业务辐射范围、业务规模和某个华侨在账册记录时间内的详细汇款情况，[①] 家庭日常生活收支流水账册是一个华侨家庭生活史的真实记载并充分体现了侨汇对侨眷家庭生存和发展的影响，田地铺面等财产交易契约、股票、股息折、货单等文书表达了侨汇在侨乡的投资去向，财产司法文书不仅涉及侨产产权纠纷，更展示了侨汇对侨乡家庭关系、家族关系所带来的冲击。此外，不同的时期政府对侨汇流转出台的相关管理政策所形成的系列文书，是我们认识侨汇在国家外汇管理中的地位和银信生存的国内环境的重要视角。江门市博物馆收藏了一本民国时期台山县台城镇金庄银号登记簿，其中有业主、地址、印鉴等记录，保留了侨批管理的历史信息。此外，侨乡的报刊也有很多金庄银号的广告，是侨批文书的重要组成内容。

综上所述，我们不仅要注意16万件侨批，还要注意结合相关文献的收集、整理和研究，才可能准确地把握侨批的内涵和价值。

目前，从记忆遗产属性和文物保护完整性的角度来看，广东五邑侨乡保存的侨批文书的类别最丰富、最完整。

在广东和福建侨乡，我们还应该注意到与侨批档案直接相关的物质文化遗产，这就是金庄银号批局建筑遗产和传递银信的遗物。广东台山市的台城镇至今还保留着当年金庄银号汇集的三条街。这三条街号称金融街，很多骑楼上的铺号还清晰可见。广东潮汕侨乡和福建的泉漳厦侨乡同样有这样的物质文化遗产。

二、侨批文书的结构特征

侨批，因海外移民而产生。广东、福建沿海地区在清朝以前就有了向海外移民的传统，到南洋去开展贸易和谋生是其主要的出洋方向，有的留

---

① 这种账册以江门市博物馆的清朝光绪年间（1875—1908）的藏品最为珍贵。

"番"不归成为海外移民。1840年鸦片战争爆发后，广东的口岸被迫开放。随后美国、加拿大、澳大利亚金矿的陆续发现，广东沿海民众形成了出洋潮，父子同行、兄弟携手、邻里相助，青壮年男人纷纷走出乡村闯世界，美洲、大洋洲也吸引了这些闯世界者的目光，很多人长期留居在当地。

这些出洋谋生的民众，都抱着到海外挣钱养家糊口的美好心愿。"爸爸去金山，平安多寄银。有钱快快寄，全家靠着你。"（台山侨乡民谣）这样的侨乡民谣表达了家乡亲人对他们的期盼和祝福。有侨就自然会出现家书。在19世纪鸦片战争以前，一些滞留在南洋的移民就委托回国的同宗、同籍的乡亲给家乡的亲人带回书信和银两，有的可能只是口信和银两，有的可能有信而无银两，因为那时还没有形成大规模的海外移民潮。随着19世纪中期海外移民的增多，尤其是1860年《中英北京条约》签订后海外移民与家乡联系的合法化，回乡的书信和接济家乡亲人生活的银两开始大量流回沿海乡村，逐渐形成了"银信合封"的独特家书。

民国《潮州志·实业志六·商业》记载：

> 潮州地狭民稠，出洋谋生者至众，居留遍及暹罗、越南、马来亚群岛、爪哇苏门答腊等处，其家书汇款向赖业侨批者为之传递，手续简单而快捷稳固。……潮州对外交通远肇唐宋，昔年帆船一往复，辄须经岁。华侨信款率托寄于常川来往水客，其信函俗名曰批，今虽改称曰信，但侨民信款常相联寄，合信款而言，仍称为批。

因随信的银是"侨民"寄回的钱（侨汇），信被称为"批"①，于是，就有了"侨批"的概念。在广东的五邑侨乡，这种文书叫"银信"，笔者以为"银信"的称呼更生动直接地揭示了这种文书的内容和性质。经过200多年的发展，侨批成为一种数量庞大、涉及数千万侨乡家庭和数千万海外移民、侨眷生活的非常珍贵的民间文书遗产。

对这种民间文书，我们似可从空间、传送方式、侨批要件多个角度来考察其结构特征。

---

① "批"是闽南话对信的称呼。民国《潮州志·实业志六·商业》的"侨批"条："潮闽语言同源，闽南至今仍以批称书函。"

(一) 侨批寄出地

现存的 15 万件广东侨批是从世界各地寄回的，最主要的是两大地区，一是东南亚，二是北美洲。

东南亚是广东、福建海外移民最早、数量最多的地区，因而侨批的数量也最多。这些侨批主要从今泰国、新加坡、马来西亚、印度尼西亚、越南、柬埔寨、老挝、缅甸、菲律宾等国家寄出，新加坡是最早成规模的寄出地。大致在 19 世纪 30 年代，东南亚寄出的侨批已经形成了稳定的规模，作为东南亚专营潮帮侨批的机构的先后出现，就证明了这一点。例如，1835 年，最早的潮帮批信局——致成批局在新加坡成立；1852 年，泰国最早的潮帮批信局——万成顺银信局成立；1885 年，马来亚最早的潮帮批信局——蔡福成信局成立。① 东南亚寄回的侨批数量最多，但是单件侨批的"银"则数额小，多为十元至几十元。

北美洲是广东华侨的第二大分布地，广东华侨大规模进入美国、加拿大是在 19 世纪 50 年代中期，而侨批形成规模大致是在 19 世纪 60 年代的清朝同治年间。据清朝光绪年间的《宁阳存牍》记载："宁阳（即台山）地本瘠苦，风俗素崇俭朴。自同治初年以来，出洋日多，获资回华，营建屋宇，焕然一新；服御饮食，专向华美；婚嫁之事，尤斗靡夸奢，风气大变。"光绪时期人所写，距同治不远，应当可信。台山华侨集中在美国、加拿大，"同治初年以来，出洋日多，获资而回"，正是北美大量银信产生的真实记录。在北美洲的侨批寄出地，最早是在美国加利福尼亚州的三藩市形成规模，这从江门市博物馆收藏的 3 万多件银信的寄出地可以清楚地看到这个现象。北美洲寄回的侨批总量在广东侨批中虽然居第二位，但是单件侨批"银"的数额一般都在百元以上，所以北美洲寄回的侨批的"银"数额是最大的。

第三大侨批寄出地，是澳大利亚。19 世纪 50 年澳大利亚发现金矿后，以五邑侨乡为主的广东沿海民众陆续迁移而去，参加到淘金的潮流中，广东移民称澳大利亚为"新金山"。19 世纪后期，侨批开始从那里寄出。

---

① 参见王炜中、杨群熙、陈骅《潮汕侨批简史》，香港公元出版有限公司 2007 年版，第 30、102、135 页。

第四大侨批寄出地是南美洲，以古巴、秘鲁为多。南美洲寄回的侨批不仅数量最少，而且单件侨批的"银"也不多。

（二）侨批寄入地

从寄入地的角度考察，侨批集中在潮汕、五邑、梅州和福建的泉漳厦四大侨乡，而又各有特点。

寄入侨批数量最多的是潮汕侨乡，最少的是梅州侨乡。这两大侨乡和福建侨乡的共同点是，它们的侨批绝大部分来自东南亚，东南亚以外寄入的侨批较少。由东南亚寄回的侨批最早集中在汕头进入，由汕头分传到两大侨乡的千村万户。1882 年，汕头就有 12 家批信局经营着潮汕侨乡、梅州侨乡来自东南亚的银信业务。潮州大致在 20 世纪初期出现了经营东南亚侨批的批信局，一些梅州侨乡的侨批也通过这里传送而入。目前，汕头保存的 10 万件侨批中，① 就有部分是梅州的侨批。

五邑侨乡是广东第二大侨批寄入地，它的侨批来源地比潮汕侨乡、梅州侨乡更多元，主要来自美国、加拿大，其次是澳大利亚，最后是东南亚的菲律宾、新加坡、印度尼西亚、马来西亚和中、南美洲的古巴、秘鲁。目前，五邑侨乡发现的近 5 万件② 侨批中，大部分是来自美国和加拿大。

（三）侨批传送方式

广东、福建侨乡不仅各自接收着来自世界不同地方的侨批，而且经营侨批流转的主体和方式也小有不同。

最初，不论是东南亚的侨批，还是北美洲、大洋洲的侨批，一般都是委托回乡的老实可靠的乡亲带回的。随着寄回家乡的银信数量大增，这种随机性的传送显然不能满足需要，于是，出现了专门为华侨传带银信的职业经营者——"水客"。

这种职业性经营者的出现，在东南亚，推动了侨批业的产生，一些水客和商人开始在固定的地点成立专门经营批信的机构——批信局。批信局

---

① 潮汕侨乡和梅州侨乡的 10 万件侨批目前保存在汕头，4 万件在潮汕历史文化研究中心，6 万件在私人收藏者手中。

② 五邑侨乡的近 5 万件侨批已经被政府收藏，主要保存在江门市博物馆筹备办公室和开平市开平碉楼研究所中。

主要接受、分发侨批,他们在海外从华侨手中接受侨汇和书信,批局通过银庄(或银行)与他们在汕头、潮州、梅州、福建泉漳厦侨乡的联号建立起业务联系,书信则通过水客或邮政传送回汕头、潮州、梅州的联号。联号再派出批脚将银和信分送到侨眷手中。

美洲、大洋洲侨批的流转也发生了由水客向专营机构的转变,在形式上比潮汕、梅州侨乡稍复杂些。首先,19世纪末期,在美洲、大洋洲的唐人街出现了一些"金山庄",有的专营,多是兼营,接收银信是其重要的业务之一。这些金山庄后来在香港、广州和五邑侨乡的县城和集镇陆续设立了自己的联号(金庄、银号)。它们在侨居地接收到华侨的银信后,侨汇通过银行转到香港或广州,再转汇入五邑侨乡的县、镇(台山、开平等县的县城和集镇当时都有中国银行的办事机构);书信则多通过邮政寄到香港,由香港的联号再寄回到县、镇联号。联号通过自己的"水客"将来自海外的银信传送到侨眷手中。有的香港金庄银号是依靠自己的水客将银信带回台山、开平等地,往返于香港和五邑侨乡的水客常见于每天行驶在西江的轮船上。到了20世纪30年代,一些美国、加拿大、澳大利亚的华侨自己直接到银行去办理汇款,将支票(戋纸)和书信同封通过邮局直接寄回到五邑侨乡侨眷手中,也有的华侨是在银行办理汇票后,与书信一起装入信封交付给金山庄寄回。收到后两种侨汇的侨眷可以拿着支票到自己熟悉信任的金庄、银号办理委托兑换手续,获得现金。

(四)侨批要件

侨批的本体是由银和信两部分组成,合封寄回。其"银"初期是现金交付给批信局、金山庄,侨眷也是直接获取到现金。很多华侨将"银"的数额直接写在信封正面,里面的信也会记录下数额、分配和用途。后来,来自美国、加拿大、澳大利亚的一些华侨所寄的"银"则是支票(戋纸),而不是现金了。

除了银、信本体之外,侨批从档案文书遗产角度考察,应当还包括一些相关的附件。即批信局、金庄、银号的往来账册和发出的侨汇通知单和货单,以及与这些金庄、银号有关的政府管理文书。江门市博物馆筹备办公室就收藏有清朝光绪年间(1875—1908)一些经营银信的金庄银号的账册,非常珍贵,还收藏了一本民国时期台山县台城镇所有金庄、银号的印鉴登记簿,里面不仅有印鉴登记,还有这些金庄、银号的详细地址记录，对研究广东侨批的管理保留了丰富的历史遗产。目前，侨批的这类附件在五邑侨乡保存最多，类别丰富，是研究银信的珍贵文书资料。五邑侨乡台山县西宁市是近代形成的"金融街"，至今金庄银号集中的三条街道依然完整地原貌保存着，很多铺号还清晰可见，这些街区也是研究侨批文书的重要物证。

三、侨批文书的遗产属性

根据对侨批文书结构特征的考察，它的记忆遗产属性似乎可以做如下的归纳。

（一）民间性

侨批文书首先是一种纯民间的文书遗产，具有民间属性，这表现在五个方面。第一，书信的书写者和接收阅读者绝大多数是草根阶层的普通民众，它不是名人书信文书。海外的华侨在出国前多数是中国社会底层的农民，在侨居地也多数是以打工谋生的普通劳动者；而接受银信的侨眷则是依然生活在乡村的群众。第二，侨批的传送不论东南亚还是美洲、大洋洲，虽然在一些环节上都利用了国家层面的现代金融和邮政渠道，但是在海外的接收和侨乡的分送主要还是由民间的专营或兼营的组织完成的。批信局、金山庄发挥着民间的金融和邮政功能。第三，侨批收藏在乡村里的千家万户，是私人财产的一部分。第四，侨批书信里有大量对侨居国（地）政治、经济、社会、文化等历史、现状的记载，这都是华侨们以民间眼光观察的结果，带有社会底层认识的痕迹。第五，侨批的主要内容还是以家庭琐事为主，油盐酱醋、饮食起居。

（二）国际性

侨批文书来自海外，寄出地涉及亚洲、美洲、大洋洲，是中国广东与侨民所在国家（地区）联系的纽带和见证。侨批的"银"因而包含了多国多地区的货币，在银信封面和书信中提到最多的不仅有中国的银圆（大洋）、国币，还有美金、英镑、港币。有的寄回荷兰盾、澳币、加拿大元等，侨批记录了世界主要货币流向中国广东、福建乡村的情形。更重要的是，侨批的"信"中有大量的关于侨居国（地）情况的描述，比如该国的移民政策、历史、文化、社会等内容,当然更少不了海外华侨生活境况的汇报和对家乡亲人思念、叮嘱、期盼的表达。银信封的邮戳也包含了极其难得的国际间邮政往来的丰富信息。可见广东侨批不仅仅反映了海外华侨的集体意愿,更是保留了百多年来华侨主要分布的国家(地区)的历史变迁的一些侧面,它既是华侨历史的记录,也是世界历史的珍贵文书。

(三)系统性

侨批文书多以核心家庭为单位保存,这些家庭接收的海外书信往往连续了十多年,有的达40年之久;这些书信有的以核心人物为主并涉及家族其他人员的情况。例如,前述五邑侨乡开平获海镇美国华侨余秋章给儿子余雁中寄回的银信就是例证。潮汕侨乡潮安东凤镇的陈宏烈和4个儿子,先后出洋到新加坡谋生,一直寄批回家,在已征集的560多封侨批中,最早为1912年,最晚到1958年,46年间基本上每月一封。[①] 可见,广东侨批不是有关某个华侨家庭的几封某年某月的单独书信,而是在一个较长的时间跨度上连贯的书信长卷,在时间上具有历史性、系统性。不仅如此,在余秋章父子的侨批文书里,除了大量的批信外,还有家庭进支簿,详细记录了侨汇和日常开支的情况,以及香港和开平获海、新昌一些与余家有稳定关系的金庄、商号发给余家的侨汇通知单、货单等。这些文书是侨批传送转接、使用情况的记录,与余家的批信形成一个整体。

四、侨批文书的遗产价值

侨批文书作为一种纸质文书,它是中国民间传统书信的延续,保留了传统书信的撰写格式,符合传统书信的基本内容要求。同时,由于它是百多年来因为海外移民而产生的一种书信文书,又决定了它在形式和内容方面出现的有别于中国民间传统书信的变化。如果说民间传统书信是中国本土文化的载体,那么侨批文书就是具有世界文化背景的人类记忆。

---

① 参见王炜中、杨群熙、陈骅《潮汕侨批简史》,香港公元出版有限公司2007年版,第189页。

（一）侨批文书是国际移民文化的独特见证

自唐宋以来，广东、福建就是中国东南沿海一带重要的海外移民输出地，1840年，鸦片战争使封闭的国门被迫打开后，广东、福建的海外移民汇入了国际移民大潮，不论是向东南亚的移民还是向美洲、大洋洲的移民，与伴随殖民主义的扩张而来的欧洲移民和美国、加拿大新边疆开发而引发的向这些地区的移民一道，组成了19世纪国际移民的洪流。就像所有的国际移民一样，广东、福建的海外华侨是带着为改善家乡亲人生活的美好愿望而踏上征途的，他们与家乡亲人的紧密联系使自己明确在海外奋斗的目标，也给海外游子带来心灵的慰藉。中国传统文化的烙印使华侨对故土有更深的眷恋，回乡买地、建房、娶老婆，直观地彰显了他们有别于其他国际移民的特殊性。侨批伴随广东、福建海外移民的出现而产生，又伴随海外移民规模的扩大而发展，重点记录了19世纪中期以来中国所参与的国际移民运动的发展历程。

作为华侨的私人书信，它承载着向家乡亲人汇报近况的任务，多随所见、所闻、所想而写，除了可能不想让亲人担心的考虑而对个人生活状况有报喜不报忧之处，一般是比较真实地反映了他们看见的情况。与官方文书的概括性、抽象性不同，侨批的内容比较微观、详细、具体，心情的流露比较真切。在一些新出洋的华侨的书信中，有他们对出洋路途中的旅程站点、异国风情、入境经历、初到华侨社区的感受等方面的详细描述。而在老华侨的书信中，更多的是他们对侨居国（地）就业情况、移民政策、经济形势、政治事件、侨社近况的叙述，以及自己在华侨社区内外的真实生活感受，更少不了每信必提的家庭和睦、恭顺孝敬的叮嘱。15万件广东侨批系统、真实、多侧面地展现出千百万海外移民的生活画卷，记载了亚洲、美洲、大洋洲不同国家（地区）政治、经济、社会、法律以及移民政策的变迁。其文书记录意义与中外官方文书形成互补，对国际移民文化发展史有着不可替代的作用。而且难得的是，大量的类似侨批这样的华侨文书得到如此系统的保存，在中外移民史中是极其罕见的。

（二）侨批文书是中外文化交流的重要载体

国际移民不仅是跨国的人口流动现象，而且国际移民作为文化的传承者和传播者，也势必引发不同国家、不同民族之间的文化交流，数千万广东、福建华侨就是外来文化的传播者，批信则是实现传播的重要渠道。

很多广东、福建华侨在寄给家乡的书信中，会描述他们在侨居地的见闻，外国人的生活习惯、行为观念、社会组织方式及建筑式样，这些都往往带给家乡亲人新奇、惊讶的感受。有的华侨要求妻子一定要督促孩子上学，女孩子也不例外，因为外国的孩子不论男女都是要读书上学的；有的华侨提醒妻子不要早早就给女儿找婆家，可以让她先多读书，自己找喜欢的人，外国的年轻人是自由恋爱的；有的华侨对寄钱回来修建的房屋提出要参照外国某某式样的建筑，或者将设计的图纸一同寄回来给家人参考；有的华侨对新村建设和成村后的管理提出意见，强调各户的权利和义务，村务应该公开、公平；等等。国外的物质文化、观念文化、制度文化就这样传回了华侨的故乡，影响着家乡亲人的生活。

通过批信传回来的外国文化，是华侨接触、感受、认识、理解了侨居地文化之后，自发、主动地传回国内的，他们的社会地位和文化教育程度决定其对侨居地文化的关注点肯定与留学生、技术人员、行政官员不同，带有草根阶层的视角，更贴近平民生活的需要，因而很容易被侨乡民众所接受。19世纪以来，广东、福建侨乡民众就是这样生活在中外文化、新旧文化相互碰撞与共生、融合的状态之中，价值取向既因循传统，又对外开放。华侨通过批信方式成为推动侨乡社会转变的主要力量，他们积极传播西方文化作为乡村发展的动力，努力去突破明清以来传统文化形成的保守、封闭状态，促使侨乡民众将目光投向世界，为乡村发展注入了新的因素。

19世纪以来的中外文化交流是对中国近现代社会发展影响最为深远、最为深刻的一次文化浪潮，是一次以西方文化大幅度进入中国为特征的世界性文化交流。海外华侨对这一文化大交流的实现功不可没，是他们将外来文化传播到中国东南沿海广大的侨乡，促使乡村民众参与到这场中外文化交流的实践中来，因而在近代的中外文化交流史中，带有更广泛的群众性和社会性。侨批文书作为外来文化在侨乡传播的主渠道，真实地记录了中外官方文书中非常缺乏的有关外来文化的内容、方式、传播主体的态度与选择等重要的历史信息，因而具有独特的文书遗产价值。

（三）侨批文书是世界记忆遗产的历史珍品

侨批是纸介质的历史文书，具有维度丰富的真实性。这表现为侨批使用的材料（纸、笔、墨）及其书写格式、书法艺术，都原生态地保留了中国传统书信的风貌，具有原真的特征。侨批文书的真实性还表现为其书信内容的真实，华侨对侨居地政治、社会、文化、法律及华侨社区环境的记述，都是以他们个人眼光的观察，带有作为一个来自不同文化的底层移民的认识，因为受众是自己最可信的亲朋，因此多是直抒胸臆，少有官方文书刻意的隐晦曲笔，大量的书信就组成了侨居地的历史画卷。侨批文书因其生态的真实和记录的真实，在世界历史记忆文书中就具有了不可替代的唯一性。

侨批文书的真实性是以完整性为前提的，正是它数量庞大、国际地域广阔、类别丰富、时间跨度长、人物关系明晰等实体证据和历史证据充分的完整性，才真实地保留了大量的历史记忆信息，使广东侨批体现出19世纪以来海外华侨群体记忆和中外文化交流原真的整体风貌。

作为人类私人书信发展史中的一个重要代表，侨批文书是世界文化多样性的体现。国际移民是一种普遍的世界现象，他们来自不同的地方，迁移到最适宜自己生存的侨居地，各个国际移民群体带着不同的文化背景组成了各有特点的社区，他们与侨居地不同种族、不同文化群体和家乡亲友的联系、交流方式也深受自身传统文化的影响，形成了独特的心理和行为，不同文化特点的国际移民的私人书信就真实地记录和展现了国际移民文化的多样性。在现有的国际移民书信中，广东侨批最典型地保存了这一文化的多样性，理当成为全人类共同的记忆遗产。

当人类文化进入数字化记忆的时代，各种信息的产生、传播、使用、保存都越来越多地不受时间、地点、文化或样式的限制而采用数字化形式，面对猛烈的数字化记忆方式的冲击，传统书信所展现的记忆方式的多样性和文化多样性就显得更加珍贵了，具有了更加长久的价值和意义。如何在数字化的时代保存好侨批这样的人类历史记忆文书，而不让其损毁、消失，演变为失去的记忆，这是全人类共同的重要责任。

因此，侨批文书作为人类记忆完整体系中重要的组成部分，其独特的文化和社会长久价值决定它具有世界意义，理当受到全人类的尊重而获得永续的保护。

［国家社科基金特别委托项目"侨批档案整理与研究"（12@zh020）成果，本文为笔者与时任中国华侨华人研究所所长赵红英联合发表，原文见《中国侨批与世界记忆遗产》，鹭江出版社2014年版］

从"银信"到"侨批"演变的历史文化因由

2013年《侨批档案——海外华侨银信》进入《世界记忆名录》，标志着这一重要的华侨遗产受到全人类的保护，获得政界、学界大量的资源投入，始于20世纪三四十年代的侨汇、侨批学术研究①进入一个全新的阶段，成为侨批领域和世界遗产领域多学科研究的一个热点课题，资料挖掘整理、学术研究的成果丰硕。同时，我们也清楚地看到有关"侨批"名实由来的讨论展开得很不充分，尤其是"侨批"这一概念产生于何时？此前普遍使用的"银信"概念因何被"侨批"取代？这种基本概念的更替反映了怎样的历史进程？这些侨批研究最基础的学术问题，迄今学界关注得很不够，还没有形成共识定论。厘正概念名的实际演变过程，对认识这一世界记忆遗产的基本内涵及其历史、文化、学术价值至关重要而迫切。为此，本文拟集中对侨批文献基本概念进行梳理考证，就教于方家，希望深入推进这一基础性学术问题的探讨。

一、"银信"：最常用的称谓

从古代以来，中国东南沿海地区民众离别家乡，沿海上丝绸之路，下南洋，闯金山，"搏"世界，根本目的就是挣钱养家糊口，缓解家乡人多地少、家人食不果腹的困境。他们在海外顽强拼搏，省吃俭用，尽力积蓄，寄钱回家，银钱书信表达着他们对家乡亲人的思念牵挂，因而成为海内外亲人联系的重要纽带。

那么，古代东南沿海地区的民众和海外移民是怎样称呼这种钱信呢？

---

① 20世纪三四十年代，业界和学界对华侨汇款已经开展研究，代表性的著述有吴承禧《厦门的华侨汇款与金融组织》（《社会科学杂志》1937年第8卷第2期）、陈达《南洋华侨与闽粤社会》（商务印书馆1938年初版）、郑林宽《福建华侨汇款》（福建省政府秘书处统计室，1940年）、区琮华《每周华侨与侨汇》（《广东省银行季刊》1941年第1卷第1期）、姚曾荫《广东省的华侨汇款》（商务印书馆1943年版）、刘佐人《当前的侨汇问题》（《广东省银行月刊》1947年第1期）等。

笔者所见的最直接而可靠的资料，是明清时期的族谱文献和海外法律文书。

福建晋江大仑保存的嘉靖始修、雍正重修《蔡氏族谱》是目前所见最早记载古代海外移民钱款返乡及其用途的文献，它由林金枝在田野调研中发现，其《福建侨乡族谱中有关南洋华侨史的若干问题》一文中是这样引用的：

> 景思、景秩为弟，周夫为兄，均有骨肉厚爱。思叔弟也……娶妇后，遂往吕宋求赀，叠寄润于兄弟，二兄景超全家赖之，修理旧宇，俾有宁居。末后归来，仍分惠银两，各拨十五石与兄及侄，管掌为业。秩季弟……乙丑年（1565）自吕宋归，将所资买地盖屋，与兄侄公分。周夫伯兄也……弱冠，遂求资吕宋，初归娶妇，再归为二弟择姻娶妇，赎祖地基及宅盖屋，皆自己资，与弟公分。仍同二弟往吕宋，出本银令之经纪，日后各有四十余金，归又拨租十石，付其营业。①

大仑《蔡氏族谱》详细记载了蔡氏兄弟出洋"求资"而援助家人生活发展的经历，虽然反映的是明朝嘉靖年间（1522—1566）福建泉州晋江的情况，但是，对我们认识同时期东南沿海海外移民的同类行为很有助益，非常珍贵。

首先，《蔡氏族谱》所记载的，涉及蔡氏家族两个家庭的海外钱款的产生、流转及用途影响。蔡景超、蔡景思、蔡景秩三人为亲兄弟，蔡周夫是蔡景超等人的叔伯兄弟，他也有一个弟弟。这五人中，只有蔡景超留在了家乡，其他四人为"求资"都先后去到吕宋（菲律宾）打拼谋生。最先出去的应该是蔡景思，第二是蔡景秩，第三是蔡周夫，最后是其弟。这是两个典型的侨眷家庭，从蔡景思、蔡周夫及其弟的婚姻状况看，他们在家乡都建立了家庭。

第二，蔡氏兄弟在吕宋营商，经济状况不错，不仅时常寄钱资助家人（"叠寄润于兄弟"），返乡时还多带资回来做建设，或修整旧房，或赎回

---

① 转引自林金枝《福建侨乡族谱中有关南洋华侨史的若干问题》，载《南洋问题研究》1982年第4期，第132页。

祖上屋地建新房，或娶妻成家，或买地置产（"各拨十五石与兄及侄，管掌为业""归又拨租十石，付其营业"）。而蔡周夫和其弟去到吕宋后，蔡周夫还可以拿出"本银"让其弟开店经商，后来都获得"四十余金"的可观收益。

第三，蔡氏兄弟提供的钱款被称为"润"或"银两"，这是我们看到的最早称谓。此虽为孤证，不能排除当时还有其他的称呼，但是明朝嘉靖时期海外移民钱款称为"润""银两"是可以确定的。"润"后世基本不见，而"银两"的称呼延续到晚清和民国时期。

《吧城华人公馆（吧国公堂）档案丛书·公案簿》（以下简称《公案簿》）记录了23件银信案件，时间跨度为乾隆、嘉庆、道光三朝（见表1），为我们保留了清朝前中期有关海外移民钱款称呼的历史信息。

表1 吧城华人公馆银信案统计

序 号	年 份	案 由	用 语
1	1788	汤八观叫汤巩观	家信、双烛银
2	1788	杨成文叫杨开治	家信、花边银
3	1788	陈美观叫陈金观	花边银
4	1788	吴宋观叫吴得观	番头银
5	1788	李摇振叫刘高辉	批银
6	1788	吴膺扬叫汤润章、汤新声	唐山银信
7	1789	吴发长叫汤润章	花边银
8	1790	杨节观、林卑观叫韩评观	家信钱
9	1790	林虎观叫江探观	番头银、家信
10	1790	钟应浩叫钟春长银信吞没案	银信
11	1824	陈礼生叫郭景顺	唐信、银
12	1824	周亚杞叫黄石宝	唐信、银
13	1824	郭景顺叫陈礼生、陈芳仪	家信、银
14	1825	李永庆叫李色	家信、双烛银
15	1825	林阿五、戴阿喜叫石阿二	家信、银

续表

序 号	年 份	案 由	用 语
16	1825	蔡玉成、李田、吴佐叫黄庆强	银信
17	1825	黄习和叫黄阿什	信、银
18	1825	王倍叫蒋俨然	唐信、银
19	1825	陈朝碧叫陈詹	宋银、信
20	1825	邱恒发叫邱阿长	银信
21	1826	黄天赐叫黄江	家信、银
22	1827	涂厅叫杨树发银信遗失案	银信
23	1834	刘耀诗礁詹嘟回唐无交银信案	银信

资料来源：参见厦门大学出版社 2002 年出版的 ［荷］包乐史、吴凤斌校注《吧城华人公馆（吧国公堂）档案丛书·公案簿（第一辑）》，厦门大学出版社 2002 年版，第 28、30、53、56、92、158、172、278、281 页；参见袁冰凌、［法］苏尔梦校注《吧城华人公馆（吧国公堂）档案丛书·公案簿（第二辑）》，厦门大学出版社 2004 年版，第 42、64、191、192、196、202、203、208、211、217、242、315、404 页；参见聂德宁、侯真平、［荷］包乐史、吴凤斌校注《吧城华人公馆（吧国公堂）档案丛书·公案簿（第三辑）》，厦门大学出版社 2004 年版，第 191 页。

第一，海外移民代寄钱款多有家书，只有钱款没有书信的极少。家书不仅有海外移民给家乡亲人的来信，还包括家乡亲人的回信，形成一个监督钱款流转和互报平安的信息闭环，使分隔天涯的亲人见字如面，慰藉思念，保障钱款安全送达。银和信是一个"联合体"，明确这一点对下文考证"批"的含义很重要。

第二，钱款是核心，是主体。这些纠纷都是围绕"银"展开的，书信成了指控钱款流转不实的信息来源和证据。银的币种有"花边银""花边宋银""双烛银""剑钱"等。代寄钱款的载体由"银"和受托人给予的收取凭据（"领银单为凭"）组成，是必不可少的要件。

第三，有关海外移民钱款的称呼有"银信""批银""番头银""银"多种，其中"家信""银信"使用次数居前两位，同时说明至迟在 1788 年就已经出现了"银信"的概念。"批银"只出现了 1 次，1788 年"李摇振叫刘高辉"银信减少案中提道:"作批银托代回家。"①

第四,结合《蔡氏族谱》和《公案簿》的记载,可以断定直到清朝道光年间(1821—1850),虽然有了"批银"的说法,但是还没有"侨批"的概念,最常用的是"银信"。

晚清至民国时期,随着中国海外移民规模的迅速扩大,往来钱款书信业务的急剧增长,相关称谓也随之多样而繁杂。在广东、福建侨乡,除"银信"之外,还有"信银"②之说。"银信",粤东潮州,又称"番批""番银"③和"信款"④;在1945年以后,广府地区有"通天仄纸""通天金仄"之称;五邑侨乡兼有"外洋银书""外洋书信银两"⑤"音信银两"⑥多种说法;中山则有"金信"⑦之谓。同时期,境内外经营机构的广告用语也很多样,以1947年《南洋中华汇业总会年刊》登载的78家经营华侨钱款书信的广告为例,就有"银信""银信汇兑""汇兑银信""银信汇款""侨批银信""保家银信""银两""批信""民信""侨汇民信""侨信""侨眷家信""侨批""侨汇""汇款"15种称谓。⑧除此之

---

① [荷]包乐史、吴凤斌校注:《吧城华人公馆(吧国公堂)档案丛书·公案簿(第一辑)》,厦门大学出版社2002年版,第92页。
② 《汕报(汕头版)》1930年10月28日第7版《汕头南洋水客整委会之宣言》中有"至于迩年来我同业汇驳信银者,为数不鲜"。同时期,其他侨乡也有"信银"之说。1931年5月7日,《江声日报》第2版登载的《厦门振安公司汇兑信局启事》提道:"分信迅速,汇兑利便,信银敏捷,汇价公平。"1945年,《四邑华侨导报》创刊号登载香港利华洋金山庄广告云:"汇驳各埠来往信银。"
③ 黄晓坚:《中泰民间关系的演进:以隆都镇为视域的研究》,见袁丁《北美华工与近代广东侨乡社会》,广东人民出版社2016年版,第94页;《谈本省东区移民垦殖》,载《汕报(梅箓版)》1943年8月27日,第1版。
④ 民国《潮州志·实业志六·商业》之"侨批业"言:"华侨信款率托寄于常川来往水客。"
⑤ 《侨汇逃避恶化》,载《中山民国日报》1946年12月16日,第2版。
⑥ 《新宁杂志》1916年第9期《谭霞村启事》记载:"鄙人在港接理各处亲朋来往音信银两十年。"
⑦ 《中山月刊》1946年创刊号登载的《省行石岐办事处改善侨属领款手续》云:"中山人称之为'金信'。"
⑧ 《南洋中华汇业总会年刊(1947)》,见国家图书馆编《民国华侨史料三编(第七卷)》,国家图书馆出版社2018年版。

外，还有"金银书信"①"家批银两"②"书信银两"③等称呼。这些称谓都是对海外钱款书信的指称。

在清朝到民国时期的海外移民钱款书信的繁多称谓中，无疑"银信"的使用最常见。《南洋中华汇业总会年刊》登载的商业广告中，15 种称谓有 54 次表达，出现最多的是"银信"，单独出现了 20 次；"汇兑银信" 8 次、"银信汇兑" 7 次，"银信汇款""侨批银信""保家银信"各 1 次；此外，"民信" 7 次、"侨眷家信" 2 次，"批信""侨信""侨批""侨汇""银两""汇款"各 1 次。与"银信"相关的竟有 39 次，占比高达 72%。

与此相关的另一个问题是，海外移民分别来自广东、福建的不同地区，"银信"的使用习惯是否具有普遍性呢？从《公案簿》1825 年"李永庆叫李色"银信亏本案和 1834 年银信遗失案分别提及的樟林源昌船和泙湖翻船事件来看，16 例银信案涉及荷属印尼与广东潮州和福建漳州两地的联系，而潮州又是梅州海外移民钱信进入的通道，据此我们推断，在清朝前中期，"银信"的称呼在上述三个地区也是广泛使用的。前引 1947 年《南洋中华汇业总会年刊》刊载的 78 家机构的广告用语中，"经营全国各省银信""专收福建银信""专收潮州各属、诏安客属等处银信""汇兑两粤南洋各地银信"等词频频出现，说明直到民国后期，"银信"的使用也很广泛，不受地域限制。而广东广府侨乡的华侨不仅分布在东南亚，还分布在美洲和大洋洲，"银信"也是最习惯常用的称呼。④

上述文献告诉我们，首先，在海外和广东、福建各侨乡地区，"银信"是使用得最常见且最普遍的用语，其出现和使用的时间远比"侨批"早得多，这是一个长期被学界忽视的基本史实。其次，"银"在前"信"在后的词序，以钱款（银）为中心，直观形象地揭示了这一特殊的物质

---

① 《香港中山侨商会特刊》1946 年香港金和栈公司的广告言："专办出入口货，接汇金银书信。"
② 《香港邮工》1948 年第 5 期《谢福兴潮梅批局》言："专营潮梅各属家批银两。"
③ 在《中西日报》1900 年 4 月 2 日第 2 版中，美国旧金山同益栈、联昌号"告白"均"接理书信银两"；《大同日报》1940 年 1 月 27 日第 1 版登载中国信托有限公司的广告言："代理外洋书信银两。"
④ 五邑大学广东侨乡文化研究院梅伟强（1939—2018）出生在开平，成长在台山，是侨眷。他回忆小时在乡下居住，时常有巡城马进村递送钱信，村民们会喊："银信来了。"这个情景给他留下深刻印象。

载体的核心特质，非常符合海外移民前赴后继的根本目的。

二、"批"的含义

《公案簿》中出现的"批银"之"批"字，是笔者目前所见往来钱信使用"批"的最早的文献，即"批"字在海外移民与家乡亲人之间往来钱信中的运用，不迟于18世纪80年代。虽然在《公案簿》中，"批"只出现了一次，远不如同时期的"银信"常见，但是，"批"是一个非常重要的概念，对我们理解"侨批"概念的出现以及后来居上取代"银信"的缘由十分关键。学界对"批"字的讨论最多，意见也最为分歧。

对"批"字的释义始于20世纪40年代后期，笔者所见最早的释名文献是饶宗颐纂修的民国《潮州志》。《潮州志·实业志六·商业》之"侨批业"言：

> 潮州对外交通，远肇唐宋，昔年帆船渡洋，一往复辄须经岁。华侨信款率托寄于常川来往水客，其信函俗名曰批，今虽改称曰信，但侨民信款常相联寄，合信款而言，仍称为批。

饶宗颐明确指出，"批"原意是指装载海外移民"信款"的"信函"，到20世纪40年代则直指联寄的"信款"。"批"从"信函"向"信款"的引申演化，虽然在物质载体的内涵上有所差别，但是，以钱款为中心的核心特质得以延续。

20世纪80年代以来，一批热爱历史文化的老同志最早发起了对潮汕侨批的保护和研究。随后，高校学者陆续参与其间，侨批研究渐热，从潮汕扩大到五邑、梅州和福建侨乡。其中，对"批"的解读也越来越丰富，一个看似有定论的问题不断被人提出新解。

1982年，朱育友、朱梦星在《潮汕侨批史话》一文中提出："'侨批'的'批'字来源于闽语，但福建人凡是书信都可以称为'批'。潮语的'批'则专指附寄款项的信（收批人的回信也称'回批'），非附寄款项的信皆不能称为'批'。"① 关于"批"是来自福建话（主要指闽南语），语意为"信"这一点，民国《潮州志·实业志六·商业》之"侨批业"中早有解释："潮闽语言同源，闽南至今仍以'批'称书函。"不同的是，朱育友认为，潮州话的借用是有条件的，不像福建话那样泛指所有的信，而是专指附带寄款的信，无寄款的信在潮州话里不能称为"批"。此观点被不少后来的侨批研究者引用。②

进入 21 世纪，关于"批"的释义丰富起来。2001 年，邹金盛的《潮帮批信局》在论述批信业的产生时指出："明、清时期，沿海人民出洋谋生多，他们与家乡亲人的联系及安家费，多靠随轮船往返的水客代带，随船的水客，数以百计，代带的信款，何止千万，他们成批到达家乡，使'批'成为华侨寄予信款回乡的代名词。"③ 这里的"批"有"成批"之义，其实这一观点早在 1947 年就有人提出。④

2002 年，陈训先的《论侨批的起源》一文另辟蹊径。陈训先举例沈括的《梦溪笔谈》和唐诗名句为据，指出"批"的语源并非来自闽语，而是唐宋"信"的称谓。⑤ 这对自民国《潮州志》以来的流行看法是一个大胆的挑战。陈训先从语源学角度的新解虽然没有得到更多的讨论，但这是一个新的考察视角，开拓了解读"批"的视野。随后，郭马风、林庆熙、曾旭波等三位潮汕历史文化研究中心的学者也从语源学的角度，对"批"提出新解。2004 年，郭马风的《何谓批？》将以往学术讨论归纳为成批说、批期说、方言说和考义四种观点，他赞同陈训先语源学解读的思路，但是不同意其为唐宋"信"的解读，以《醒世恒言》和《辞源》为

---

① 朱育友、朱梦星：《潮汕侨批史话》，载《广东华侨历史学会通讯》1982 年第 1 期，第 24－25 页。

② 常增书的《广东潮汕地区侨批信局的形成和作用》（《集邮研究》1985 年第 1 期）和其为黄清海主编的《闽南侨批史纪述》（厦门大学出版社 1996 年版）所题写的《序》接受朱育友的观点，形成了在侨批研究业界很有代表性的表述："'批'字来源于闽语。福建人称书信为'批'；潮语的'批'字则专指附寄款项的信件，回信称'回批'。"

③ 邹金盛：《潮帮批信局》，香港艺苑出版社 2001 年版，第 1 页。

④ 早在《广东省银行月刊》1947 年第 3 卷第 7、8 期中，何启拔《批信局的组织及其业务》一文中就提出了"分批"的解读："批是一批一批的意思，指受托寄的汇款，不是按日付发，而是草头鬼集在一起，使有船只由南洋至中国华侨社区时，即分批寄汇。"

⑤ 参见陈训先《论侨批的起源》，见王炜中主编、潮汕历史文化研究中心编《侨批文化》创刊号，潮汕历史文化研究中心，2002 年，第 28 页。

证据，认为"批"的本意与钱款有关，是"支取银钱的字条"① 的意思。这一释义带给"批"字新解。2010 年，林庆熙的《潮汕侨批再认识》也鲜明地提出："潮语的'批'，专指'银信家书合封'，是'银单'。"他更具体地从流转角度对这种银单的内涵做了细分："潮人的'批'，实质上就是收、寄、付、取银钱的单据。侨批是华侨汇寄银钱、水客揽收银钱、批脚送付银钱、侨眷领取银钱的'字条'。"他明确指出："潮汕侨批的'批'不能简单地解释为闽南方言的'批'"，"'批'是潮汕方言的特有词"。② 林庆熙的解读是朱育文观点的延伸，更加明确地与闽南语说划分了"界限"。2016 年，曾旭波的《侨批定义刍议》与郭马风的观点相近，认为"批"的本意是"银"而不是"信"，同时，他以三件无信侨批作为证据，进一步地提出了对民国《潮州志》以来有关"银信合一"的流行说法的不同意见："寄家批未必就'有银便有信'"，很多"批"并无批信，甚至连附言都没有，因为这些侨批单子无信件内容而常常未被侨眷家庭保存下来，所以被忽视。③

上述有关"批"字含义的讨论，笔者认为最基本的问题有三个。其一，"批"字古意的书信和支取钱款的字条凭据是否有本质区别？"批"只能是书信抑或只能是支取钱款的字条凭据？其二，作为信款合称的"批"字是闽粤（东）同源还是潮汕特有？其三，如果为潮汕特有，那么潮汕现存侨批中是否都是附带款项的书信？广东、福建侨乡不附带钱款的书信是不是侨批？

"批"作为一个古字，其本意与手的书写动作相关，由此引申出多义，《辞源》对其本义和引申义项的概括有七项之多。与本文所论之书信、钱款凭据的"批"字的使用，在古文献中都有存在，在陈训先、郭马风的讨论中各有引述。例如，宋人沈括《梦溪补笔谈》卷三《什志》是这样记载的："前世风俗，卑者致书于所尊，尊者但批纸尾答之曰

---

① 郭马风：《何谓批?》，见王炜中主编、陈义平副主编《首届侨批文化研讨会论文集》，潮汕历史文化研究中心、汕头市政协学习和文史委员会、中国银行汕头市分行、澄海区归国华侨联合会，2004 年，第 217 页。

② 林庆熙：《潮汕侨批再认识》，见潮汕历史文化研究中心、揭阳市政协教科文卫体委员会编《第三届侨批文化研讨会论文选》，香港天马出版有限公司 2010 年版，第 209 页。

③ 参见曾旭波《侨批定义刍议》，陈荆淮主编，中国历史文献研究会、潮汕历史文化研究中心编《海邦剩馥：侨批档案研究》，暨南大学出版社 2016 年版，第 144 页。

'反',故人称之为'批反'。如官司批状、诏书批答之类,故纸尾多作'敬空'字,自谓不敢抗敌,但空纸尾以待批反耳。"① 这里的"批"字,做动词,指在书信、文件或文章上做注解或是题写意见。《康熙字典》云,"批,又示也",即用此义。其含义还涉及书信格式,卑者致信尊长需要在信尾处署名(包括年月日),并且在信尾处留出空白,供尊长批复意见之用(即批反)。因此,不管是批示文件、文章还是书信署名与批复的表达,都可称为"但批纸尾"。②

明人冯梦龙的《醒世恒言》中又有新的运用,第三十一卷《郑节使立功神臂弓》中讲述了破落户夏德讹诈张员外的钱财,张员外差人去家中取银钱的故事。张员外道:"没在此间,把批子去我宅中质库内讨。"③ 这里的"批子",是指张员外书写的支取银钱的字条,在文中作为情节道具,与银钱产生了联系。

从上述宋至明清的文献中可以看出,不论是署名书信还是支取银钱字条,其"批"的含义并无本质区别,都是一种书写行为和书写载体的表达,即可指书信,又可指银钱字条,还可引申为银钱。因此,广东、福建及其海外移民将写给家乡的书信、银钱凭据及银钱合称为"批",是有历史基础和文化传统的。"批"在《公案簿》1788 年"李摇振叫刘高辉"银钱减少案中最早出现时,就与"银"相关,即"批银";到民国时期,经营海内外家书银钱的民间机构众多,逐渐形成一个专门行业,被称为"批业",而"批业"经营的重要业务中出现了一个专有概念"侨汇"(华侨汇款),这应该就是"批"字的引申义在广东、福建侨乡符合逻辑的演化表达。因此,笔者非常赞同饶宗颐关于"合信款而言,仍称为批"的学术观点。

第二个问题涉及土音方言内涵是否有地域的区别。"批"为闽南语,其原意为"信函",这没有疑义。不同的意见在于,潮汕多数侨批研究者认为,潮汕话中的"批"不同于闽南话的"批",是专指附寄钱款的信,

---

① 沈括:《梦溪笔谈·补笔谈》卷三《什志》,见朱易安、傅璇琮等主编《全宋笔记:第二编(第三册)》,大象出版社 2006 年版,第 245 页。
② 明末清初西周生的《醒世姻缘传》第 12 回、第 14 回中"批""批详""批回"的表述也频繁出现,这里的"批"同样是批状、批答、批文的动词之义。类似的表述在吴敬梓的《儒林外史》、梁绍壬的《两般秋雨庵随笔》明清话本小说、笔记中多有体现。
③ 冯梦龙编刊、魏同贤校点:《醒世恒言》,江苏古籍出版社 1991 年版,第 694 页。

而且认为这是潮汕特有的一个词语。在潮汕，信就是信，批就是批；潮汕华侨在海外寄信就是寄信，寄批就是寄批。① 这种观点隐含着一个前提：闽南话的"批"只有"信"而无"钱"的词义，具有明显的排他性，其论据没有详细展开。这个前提是否成立呢？笔者有不同的看法。

首先，闽南侨批研究者不接受这个前提，认为闽南话中的"批"同样含信、银之意，是惯用语。王朱唇、张美寅在其《闽南侨批史话》中考证"批信"词源，就明确指出："'批'作又寄信又寄银解释，是闽南方言的惯用语。"②

其次，闽南侨批实物证实了这一论断。例如，1907年10月4日菲律宾马尼拉华侨黄开物寄东山社林清陕的书信、马尼拉华侨林书晏寄锦宅社眉头角黄开物的书信（年份不详）、1912年菲律宾马尼拉华侨黄宗衡寄锦宅社尾头角黄开物的书信，三封信都是由"郭有品批馆"所寄，每封信都附寄有钱款。③ 在不明年份和1912年书信的封底有郭有品批馆业务的介绍，其中有这样的记录："郭有品批馆设在乡社，兼理番关□□□信逐帮接续，设法异常分批。无酒资交□□□送到贵家免费……"郭有品批馆，又名郭有品天一银信局、郭有品信局。结合三封信的封面附寄钱款的文字信息和封底批馆业务的介绍，说明菲律宾马尼拉的郭有品批馆经营的"批"包含附寄钱款书信的含义，其"批馆"之名更是明确表达了对"批"字内涵的确认。又如，1902年7月，新加坡华侨柯清源寄鼎美后柯社柯清池的附寄银十二元的书信由南金批局收寄，批馆又有批局的称呼，其"批"之含义相同。再如，1936年11月27日，新加坡华侨郭勋守寄澳头顶后村郭懋听父亲的书信附寄银十元，许联成信局在封底注明收信人回批的要求："受信人何日接到银项，请写在覆信封面，因本局欲知分批人迟速送交。"④ 这里的"批"同样也是指带钱款的书信。

---

① 参见曾旭波《潮汕侨批业研究》，暨南大学出版社2020年版，第12页。

② 在《闽南侨批史话》第二章的"'批信'词源考"中，王朱唇、张美寅记录了一段闽南人见面时常用的问候语，其中的批信就包含有汇款的内容。参见王朱唇、张美寅《闽南侨批史话》，中国广播出版社2006年版，第22页。

③ 参见《闽南侨批大全》编委会编《闽南侨批大全（第二辑）》，福建人民出版社2018年版，第2、3、34页。

④ 《闽南侨批大全》编委会编：《闽南侨批大全（第二辑 第一册）》，福建人民出版社2018年版，第174页。

最后，也有广东侨批研究者表示：将附寄款项的家信叫"批""批信"的用法也出现在闽南、琼州和潮汕地区的方言中，① 呼应了闽南侨批研究者的观点。

第三个问题涉及对侨批本体整体性的认识。② 将"批"狭义地限定为专指附寄钱款的信，会带来对侨批本体认知的困惑。海外移民与家乡信款往来的载体形式有三种，即信款合一、有款无信、有信无款。第一种情况很普遍，保存的数量最多（尤其在广东潮汕、梅州和福建的泉漳厦侨乡），回批也主要出现在这种情况中（形成对钱银平安的反馈监督）。第二种情况主要出现在晚清之前，保存的数量极少（由曾旭波的例证可见）。第三种情况也比较普遍，这类书信在包括潮汕的广东、福建四大著名传统侨乡保存的数量也较多，一般不需要回批。如果"批"是专指附寄钱款的信，那么这些不带钱款的华侨书信就会被排除在侨批之外。从文献的性质考察，这部分书信是不是侨批呢？答案是明确的。事实上很多不带钱款的华侨书信常常与钱款有着直接或间接的联系，或询问钱款是否收到，或询问钱款使用的情况，即便在没有直接谈钱款的书信中，华侨对家人、家庭、家族、乡村生活的絮絮叨叨也是寄钱周期中牵挂关心的重要内容，同样包含了大量华侨历史、中外文化交流的信息，它们与附带钱款的书信和有款无信的凭据是一个整体，形成了侨批本体的文献链，共同记录了海内外乡亲联系交流的信息。如果将其排除在外，就割裂了侨批文献的整体性。申报《世界记忆遗产名录》的文本《侨批档案——海外华侨银信》是这样揭示"侨批"概念内涵的："侨批是华侨华人与家乡亲人间往来的银、信合一的国际移民文献"③，而它的外延实际上包含了侨批文献的这三种情况，按照广义的原则，我们确定了 16 万件书信和凭据构成这个项目的本体。

由此，我们是否可以得出这样的结论：第一，"批"的书信和钱款凭据之古义，在广东、福建侨乡的海内外书信钱款流转中，都是"批"字合理的引申应用，是闽粤深受中原传统文化影响的表征之一，如果我们考

---

① 参见杨起亮、周林《潮汕"侨批邮戳"之沿革》，见广东省集邮协会、汕头市集邮协会编《潮汕侨批论文集》，人民邮电出版社 1993 年版，第 22 页。

② 根据《侨批档案——海外华侨银信》申报《世界记忆遗产名录》文本中的定义，侨批的本体是 16 万件书信、账册、印章、契约等为相关文献。

③ 《侨批档案——海外华侨银信》，未刊本，2012 年，第 2 页。

虑到闽南先民多是河洛人经浙江移入，再迁移粤东潮汕侨乡，对此就会有更深一层的理解。第二，"批"的闽南方言土音为这一古字在东南沿海地区的应用增添了地域色彩、乡土气息，是中原文化与地域文化奇妙的耦合。第三，"批"字含信、钱之义，在广东、福建没有地域之分，是闽南粤东同源共有的惯用语，它是"银信"的缩写简约表达。第四，"批"的载体是多样的，来自海内外的三类书信和钱款凭据都是侨批。

综上对"批"字的梳理解读，展现了一个不断从语源学的释义层面，进入到对海外移民钱款书信的历史文化、方言土音释义层面的探讨发展过程，展现了"批"字的中华文化统一性与民间性、地域性并存的文化特征。对本文更重要的是，"批"兼具信、银的含义，是"银信"的缩写，这为从"银信"到"侨批"的词语演变，即从"银信"直观指称钱信到"侨批"突出中外的属性，创造了关键性条件，打下了基础。

三、"侨批"的出现

"侨批"的概念出现最晚，今天成为一个泛指明清以来到20世纪70年代的华侨书信和华侨汇款凭据的专有名词，取代了此前使用最广泛普遍的惯用语"银信"。缘为何故？

关于"侨批"的产生，笔者目前所见最早的文献依然是民国《潮州志·实业志六·商业》的记载：

> 二十年全国工商业组织同业公会，以批局旧有组织系以华侨批业为名，易混于国内之华侨团体，删去华侨字样则批字嫌于不典或难明其业务实际，乃当局定名曰侨批业，各业批商号曰侨批局，沿用至今。

由此可知，"侨批"概念的讨论，是1931年在半官方性质的全国工商业同业公会组织中首先展开的，其中有经营华侨侨眷书信钱款的组织以"华侨批业"为名。

"华侨批业"作为行业组织的名称最早产生于汕头。"光绪中，汕头已有南侨批业公所成立，至民国十五年（1926）间改为汕头华侨批业公会，民国二十年（1931）又改为汕头市侨批业同业公会。"① 可见，"侨批"是"华侨批业"的简称，清朝中期以来，汕头同业公会的取名对这一概念的演进做出了不可否认的贡献。"批业"也曾是备选方案之一，因为不能揭示其侨的身份而被否定（"删去华侨字样则批字嫌于不典或难明其业务实际"）；同时，为了与国内其他华侨团体相区别，突出该行业组织专营华侨银信的业务特征，"当局定名"行业称"侨批业"，经营组织称"侨批局"，"侨批"作为一个新的概念得以诞生。

1931年，"侨批"概念诞生后，业界和民间的接受很迟缓，如前所见依然是繁多的习惯用法在延续，笔者所见为直到20世纪40年代中期，其运用才逐渐显见，而且集中在潮汕侨乡和梅州侨乡。1945年11月10日，在《中山日报（梅县版）》第三版刊载的《战后暹罗侨汇首批抵汕》新闻报道中，出现了"批局""批信""批款""侨批""侨汇"等术语。民国《新修丰顺县志》卷七《政治金融》记载："广东省银行陶隍办事处民国三十年（1941）二月十五日成立（笔者按：邑属国外汇兑以南洋侨批为大宗）。向由汕头批馆转驳各墟商店交收，尤以汤坑、陶隍两处最多。"前引1947年《南洋中华汇业总会年刊》出现了1次"侨批"指称的商业广告。1948年，《旅暹大埔公会成立二周年纪念特刊》所载"廖演群水客""田慰朋水客"广告中也出现了"收交侨批""专收侨批"的用语。② 同年，《香港九信亨批局》也刊登出"专营潮汕省港澳湛等埠汇兑侨批银信"的广告。③ 必须指出，"侨批"用语虽然陆续有见，其使用率不高不普遍也是一个基本的事实。

同样，"侨批局"专名即便已在全国工商业同业公会领域产生，也并没在业界产生令行则治的作用。除1931年汕头市同业公会组织名称立即发生改变之外，④ 其他侨乡经营机构依然各行其是延续旧名。以福建侨乡为例，1937—1938年间102家经营侨批的组织中，就有"银信局""信局""批信局""汇局""汇庄""汇兑局""汇兑庄""信银局""信托局""代理汇兑""钱庄"11种称谓。其中，"银信局"27个、"代理汇

---

① 民国《潮州志·实业志六·商业》。
② 参见《旅暹大埔公会成立二周年纪念特刊》，1948年。
③ 参见《香港九信亨批局》，载《香港邮工》1948年第5期。
④ 据《广东商报》1949年1月7日第5版《汕头地下侨批局十余家将被取缔》的报道，20世纪40年代末"侨批局"的称呼在汕头比较普遍地得到使用，与其他侨乡形成鲜明对比。

兑"17个、"汇兑局"14个、"信局"14个、"汇兑庄"13个、"批信局"11个、"汇庄""汇局""钱庄""信银局""信托局""公司"各1个，却无1个以"侨批局"冠名。① 1938年，泉州市的41家民营侨汇商号除了惠安的7家和永春的6家称"信局"外，晋江的28家均为"银信局"。② 1949年以后，晋江的行业组织才改称"泉州侨批业同业公会"。③在海外，前举1947年《南洋中华汇业总会年刊》78家经营机构的广告中，组织名称有7种，也无"侨批局"之名。可见，同业公会组织的称呼很不统一。

晚起的"侨批"由"小众"概念最后一统各种称谓，则是在中华人民共和国成立之后。

1949年12月和1950年1月，广东、福建先后发布实施《华南地区侨批业管理暂行办法》《福建省管理侨汇业暂行办法》；1951年3月，政务院财经委员会实施《侨汇业管理暂行办法》，从中央到侨务大省，中华人民共和国最早的侨批业法规陆续出台。在《侨汇业管理暂行办法》中，第一次从国家层面统一定义了行业名称和内涵，"凡专营或兼营侨汇之行业（包括水客），除指定银行外，均称侨汇业"，"凡侨汇业经营侨汇、侨批，……均应依照规定表格填具申请书，觅具殷实保证，向当地工商主管机关办理登记，经审查合格后发给执照"。④ 在上述文件中，"侨汇"和"侨批"的概念都得以突出，规范了行业的构成，其职责各有侧重和管理要求，"侨批"集中到"附有汇款之侨信及其回批"的运行管理，按照邮局的相关规定办理。⑤ 在这一时期的中央和地方文件中，"侨汇"似乎超

---

① 参见郑林宽《福建华侨汇款》，福建省政府秘书处统计室，1940年，表12、表13，第101－103页。

② 参见李良溪主编、中国银行泉州分行行史编委会编《泉州侨批业史料（1871—1976）》，厦门大学出版社1994年版，第41－42页。

③ 参见黄清海主编、中国银行泉州分行行史编委会编《闽南侨批史纪述》，厦门大学出版社1996年版，泉州侨批业公会概况，第67页。

④ 李良溪主编、中国银行泉州分行行史编委会编：《泉州侨批业史料（1871—1976）》，厦门大学出版社1994年版，第156页。

⑤ 参见李良溪主编、中国银行泉州分行行史编委会编《泉州侨批业史料（1871—1976）》，厦门大学出版社1994年版，第157页。

过了"侨批",成为总览性概念,笔者以为这是一个过渡期的表述。①

1956年,经过社会主义改造运动,行业名称走向统一的趋势明显加强,"侨批"一词使用频率超过了"侨汇"。1956年11月,财政部、中侨委、人民银行总行、全国总工会联合发布的《对侨批业进入社会主义的政策指示(草案)》指出:"自各地宣布侨批业进入社会主义之日起,所有国内侨批局已是国家银行直接领导的具有社会主义性质的一种吸收外汇机构。"② 财政部是第一牵头、责任单位,与1951年政务院财经委员会文件的表述相比,"侨批"成为该行业的统称。同年,泉州市中国银行在《泉州私营侨批业社会主义改造的基本做法》中对侨批业及其经营机构做出了一个官方的解释:"侨批业,又称侨汇业,是经营华侨附有信件汇款的汇兑业,是对银信局、民信局、信局、批馆、批局、侨批局、汇兑庄、汇兑信局等的统称。"③ 这里有两个信息值得重视:第一,"侨批"与"侨汇"两个概念的轻重关系,与1951年3月政务院财经委员会实施的《侨汇业管理暂行办法》相比发生了变化,"侨批"成为第一称谓;第二,在官方话语中,"侨批"逐渐成为统概以往各种称谓的通称,实现了对"银信"等概念的取代。

直到1979年,侨批局完成历史使命而被撤销,相关业务全部转入中国银行,"侨批"也从此成为华侨华人遗产、世界记忆遗产的专有名词而进入人类文化史册。

四、从自称到他称的演变

"侨批"取代"银信"等概念是一个从"自称"到"他称"的发展过程。

---

① 三个文件反映了"侨批""侨汇"的同时使用状况,而在《华南地区侨批业管理暂行办法》中也不统一,有"侨汇批信局""侨批业"和"侨批信局"三种称谓。1949年12月8日《国华报》第2版《外汇交易所规程》报道"华南外汇交易所"在广州成立,规定"凡经中国人民银行核准之指定银行及侨批局均为本所之交易员"。可见,"侨批"在华南地区还是比较统一的。

② 李良溪主编、中国银行泉州分行行史编委会编:《泉州侨批业史料(1871—1976)》,厦门大学出版社1994年版,第195页。

③ 李良溪主编、中国银行泉州分行行史编委会编:《泉州侨批业史料(1871—1976)》,厦门大学出版社1994年版,第187页。

华侨和侨乡民众是钱款家书的直接利益主体、行为主体，其"银信""番银""番批""信款""信银""金信""外洋银书""音信银两"等称谓，记录着他们对这一特殊物质载体内涵与价值的认知，其地域文化和海外华侨分布的差异性在称谓上留下痕迹，表现出多样的特征。专营机构、专业人群（水客、巡城马）也是钱款家书的直接利益主体、流转主体，"银信汇兑""银信汇款""保家银信""银两""批信""民信""侨信""侨眷家信""金银书信""家批银两""书信银两"等广告用语以及机构名称，反映了民间金融、民间邮政的业界认知和业务特性，同样地，侨乡地域文化和海外华侨分布的差异也在用语和机构名称上表达出来。从明清到民国时期，华侨和侨乡民众这两大主体相沿成俗的习惯称谓都是"自称"，口语与书面语、全称与简称共存，古称与俗称并用，这些习惯称谓都是对华侨与侨乡钱款家书的指代，其繁多则展现了银信认知的民间性、原生性、族群性和流转经营的原生状态，更体现了群体的自我文化认同。此其特征之一。

当我们注意到侨乡地域文化和华侨分布的差异性给这些"自称"留下的深刻痕迹的同时，更要注意到它们深受传统文化影响的一般性。比如，《蔡氏族谱》和民国广告用语中的"银两"就是中国传统社会的一种常用语，而"银信"在非侨乡地区和非华侨钱款书信语境下也有很多的运用。《皇朝文献通考》记录，雍正五年（1727），"谕乾清门侍卫著照品级加给俸银信米石"①。清《刑案汇览》乾隆五十六年（1791）说帖就记载："祁二贩卖粮食为生，与王朝素识交好，时为王朝寄带银信什物从无错误。王朝复将揽带银信一千五百余两托伊转寄。"② 晚清广东广宁县令在其同治十年（1871）一月三十日日记中也有贼艇劫掠"银信"的记

---

① 《皇朝文献通考》卷九十《职官考》。另，中国台湾世界书局1985年版《钦定四库全书荟要》卷一百二十二《史部·朱批谕旨》也记载：雍正五年（1727）正月十九日，福建水师提督蓝廷珍关于将军澳一带常有贼匪劫掠的奏折中就提到晋江县、同安县、漳县屡屡发生船户"被贼过船劫去衣服银信"。

② 祝庆祺：《刑案汇览》，道光棠樾慎思堂刻本。潘文舫《新增刑案汇览》[光绪十六年（1890）紫英山房刻本]卷三记载："盐法江督奏浙江查盐哨官罗登榜等至海门厅地方抢船客洋银一案。……罗登榜充当浙巡。于浙，引地面缉私，是其专责，乃于江北遇见并未装货带递银信之商船，一望可知虚实。"

录。① 收录明清昆曲剧本的《缀白裘四集》中《官诰·荣归》同样有这样的唱词："小老爷，当初老爷受了于老爷之聘，赴阙勤王，将家书银信托房主人寄回，不想房主人欺心，赖了银子。"② 从这些官方和民间文献对"银信"的记录中不难发现，它并不是华侨和侨乡流转钱款、往返家书的专称，而是中国古代社会应用比较普遍的惯用语，其来有自。考虑到"银信"在自称中的特殊地位，这一现象说明各种自称中虽然已有"番""外洋"的认知，但是在使用者的心目中这些指代并没有超出他们的传统意识，与近现代的"国外"还不能画等号。这是自称的又一特征。

自称的第三个特征，不仅称谓繁杂，而且使用也很随性。例如，前引给乾清门侍卫增加的"俸银信米石"，唱词中的"将家书银信托房主人寄回"等，就是指钱款，没有书信之意，与字面意思是不一样的。同样，在1917年出版的《菲律宾华侨教育丛刊》中登载的廖吉兴商号广告这样描述信局业务："兼设信局，专理漳泉信件，贴水公道，回批连（原文如此）捷。"③ 只用"信件"就概括了信局业务，我们不能望文生义，以为就只是收带华侨的家书，其实也包含了钱款，"贴水""回批"就是证明。自称中，语义使用的不规范，并不影响意思的表达和受众的理解。

"侨批"则是"他称"。虽然"侨批"源于汕头最早出现的"华侨批业公会"，但正是1931年全国工商业同业公会在审视这一行业的特殊性时，当局才做出了既不混淆于其他华侨团体（"以华侨批业为名，易混于国内之华侨团体"），又与全国其他工商行业组织区别开来的选择（"删去华侨字样则批字嫌于不典或难明其业务实际"）："定名曰侨批业，各业批商号曰侨批局。"④ 全国工商业同业公会是"侨批"作为"华侨批业"缩写简称的首创者，反映了其他人群和行业组织对华侨和侨乡之间流转钱款、往返家书性质、行业特征的认知。"侨批"产生后，从长期难以统一全国行业称谓到最后"侨批"成为专称、通称，这也揭示了侨批业的管

---

① 参见邱捷《晚清官场镜像：杜凤治日记研究》，社会科学文献出版社2021年版，第59页。
② 汪协如：《缀白裘四集》卷四，中华书局1930年，第281页。
③ 小吕宋华侨中西学校：《菲律宾华侨教育丛刊》，1917年第1期。
④ 民国《潮州志·实业志六·商业》。

理主体、管理层级、运营生态从民间向半官方、官方的逐渐过渡,从多头分散到集中统一的规范过程,也即"实"的发展促进了"名"的演变。

从自称到他称的变化,反映的正是近现代国家意识语境下对海内外交往事物的"认知"和"国家治理"探索的变化。

"银信"和"侨批"两个概念的最大区别,是"侨"内涵的突出,即对华侨与侨乡之间流转往来的钱款家书原本就具有的"海外"特性的揭示凸显。明清时期,广东、福建民众对出洋并没有"出国""出境"这样的近现代国家、国境、国族的意识,只不过是"过埠""过番",南洋等地被称之为"外庭""州府",出洋是为了"以海外之有余补内地之不足"①。因此,古代中国海外移民的自称和他称同样是五花八门的,有"唐人""北人""华人""华工""汉人""内地民人""中国人民"等一般性称谓,也有以地域名之者,如"闽粤人""粤人""潮州人""广府人"等。② 作为国族意识标志的"华侨"概念则出现得比较晚,根据庄国土的考证,"华侨"一词最早出现在1883年的官方合同之中,③ 王赓武认为,"华侨"成为中国海外移民的专称,是20世纪初始的进步。④ 在这样的语境下,产生于民间、运作于民间的海内外钱款书信的命名自然首先带有浓厚的乡土气息、世俗色彩,"银信"概念直观形象、通俗易懂的表达,理所当然受到民众认可而形成持久的习惯。业界和侨界对其"海外"特性了然于心,约定俗成,不言自明,这是"银信"的优势,同时也有其局限。对非侨界和其他业界而言,"银信"二字没有标识"侨"的内涵,容易将海外华侨的汇款家书与国内民间的家书汇款相混淆,分不清海内海外。随着晚清以来民间事项逐渐

---

① 蓝鼎元:《鹿洲初集》卷三《论南洋事宜书》,见戴逸主编《文津阁四库全书·清史资料汇刊(第1册)》,商务印书馆2006年版,第100页。

② 参见庄国土《中国封建政府的华侨政策》,厦门大学出版社1989年版,第343—352页。

③ 参见庄国土《中国封建政府的华侨政策》,厦门大学出版社1989年版,附录一考证,郑观应的《盛世危言后编》卷十《船务》记载1883年"禀北洋通商大臣李傅相为招商局与怡和、太古订合同",卷五《军务》记载1884年"为拟收复南洋藩属各岛华侨以固边围事",都出现了"华侨"称谓。

④ 参见《"华侨"一词起源诠释》,见王赓武《天下华人》,广东人民出版社2016年版,第1—13页。

纳入国家管理体系，规范的官方术语必须揭示这一事物所具有的"海外"本质特征，显然"银信"难以满足这一要求而必然被取代；"侨批"对其"侨"的特性的表达，则呼应了时代要求而后来居上。这一消长正反映出民众和国家对其特性认知的进步。

这一"认知"变化，在经营机构名称的演变中也得到体现。银信流转于明清时期，尤其在晚清民国，形成一种产业。批馆、批局、信局、批信局等民间经营机构随之诞生，虽然各经营机构名称不相同，但官方一律视之为民信局，即起源于明代的专营私人信件往来的民间邮递机构。这一定位还隐含着另外一层含义，即境外与境内民间信款邮递没有区别，一概以民信视之，对经营境外信款的批馆特性还没有清楚的认知。1896 年，大清邮政成立，标志着近代国家邮政主权意识的形成，开启了国家邮政统一的进程。虽然最初晚清政府对民信局采取的是利用、限制、控制、统一的政策，① 但是，近代国家邮政与传统民信局的竞争由此展开也是不争的事实。光绪晚期，官方努力打压民信局，直到宣统也成效不彰。1914 年，北洋政府开始对民信局办理营业执照，以图确立国家邮政权威。但是直到 20 年代后期，虽然业界以"批馆""批局"区别于普通民信局，② 但是，国民政府依然对两者的性质认识模糊，政策摇摆不定，很多民信局继续游离于国家邮政体制之外，自行其业。③ 这主要表现在海内外力量合力为民信局的生存的顽强抗争，汕头和南洋业界侨界的表现尤其突出。1928 年召开的全国交通会议可视为一个转折点，该会议决定：1930 年停办民信局，所有业务由官办邮政取代；民信局予以保留，限定只准经营海外业务，一律挂号登记，每年换发新照，违规者勒令停业。此举让国家邮政在侨批业中的主导地位得到加强，逐渐形成官督民办的新管理模式，同时，

---

① 参见袁丁、陈丽圆、钟运荣《民国政府对侨汇的管制》，广东人民出版社 2014 年版，第 37 页。

② 民国《潮州志·实业志六·商业》记载："我国加入联邮公约，政府设立邮政局，其民营带信者曰民信局，批馆属民营而专带侨批，故又称批局，以别乎民邮二者。"

③ 参见袁丁、陈丽圆、钟运荣《民国政府对侨汇的管制》，广东人民出版社 2014 年版，第三章对晚清至民国时期近代国家邮政与传统民信局博弈有全面的分析。

标志着国家对民信局的特殊性有了进一步的认知。对民信局统一名称的讨论就可看出这一认知的变化过程。最初民信局拟以"特种邮寄代办所"命名,遭到海内外业界和侨界的一致反对。因为相对业已存在的"批馆""批局"等名称,"特种邮寄代办所"抹杀了"侨"的特征,模糊了"批"的内涵,"特种"二字指向不明,包涵太宽,容易引起歧义,同时也伤害了业界侨界的情感,于是,改名为"批信局"。①"批信"早就是业界熟知的术语,纷争得以平息。但是,这一行业"侨"的特殊标识问题最后并没有得到真正解决,仅仅过了3年,在全国工商业同业公会会议上又引发讨论,当局才最后将行业和经营机构定名为"侨批业""侨批局",已见前述。虽然当局的定名在相当长一段时间内没有得到业界侨界的积极响应,官方表述也不稳定,②但是,"侨批"对华侨和侨乡之间流转钱款和往返家书的根本特性的准确表达,恰恰适应了近现代国家邮政治理体系的建设,表现出韧性和生命力。

五、名实演替的文化意蕴

从自称"银信"到他称"侨批"的演替,涉及中心与边缘融合、传统社会向近现代社会转型两大国家发展主题。

"批"包含丰富的传统文化内涵,闽粤为中原移民南迁地之一,"批"字古意在东南沿海地区的引申运用反映了中原传统文化为闽粤地域文化的发展提供的强大文化动能、资源和引导。这种文化浸润是双向奔赴的,闽南的乡音土语为"批"字的"在地化"增添了文化助力,衔接上乡土,丰富了表达;"汕头华侨批业公会""汕头市华侨批业同业公会"等地方行业组织名称为"侨批"简称的出现所做的贡献,超出了一域,成为国

---

① 民国《潮州志·实业志六·商业》记载:"民国十七年,全国交通会议决定取消国内民信局,唯以批局系服务华侨仍许存在。初拟将名称改特种邮寄代办所,因批业之反对,乃改为批信局。"

② 1933年,中华民国交通部邮政总局"通饬"(1205号)又有"专营国外侨民银信及收寄侨民家属回批者,定名批信局"的表述(转引自袁丁、陈丽圆、钟运荣《民国政府对侨汇的管制》,广东人民出版社2014年版,第55页),说明1931年的全国交通会议确定的"侨批"之名在政府内部也还没有完全统一。

家专用术语,这是中原文化与边缘地域文化奇妙耦合的例证,揭示了中华文化统一性与多样性的发展特点和规律。

源于传统农耕社会的"银信"被"侨批"取代,逐渐成为专称、通称,其间所经历的漫长曲折发展过程,从一个侧面折射出近现代国家治理及其能力建设的进步。

两个概念交替的焦点,是要突出这种特殊物质载体的"侨"的特征,即将"银信"一词隐性的"海外"特性用"侨批"一词显性地表达出来,它切合了近现代国家、国境、国族意识的逐渐接受、缓慢形成以及国家治理转型发展的时代脉搏。两个概念此消彼长的过程,中国正发生着更宏大的时代变化,同样通过概念的形成表现出来。"华侨"这一概念在 19 世纪 80 年代诞生,在辛亥革命后成为中国海外移民的专称和通称;"中华民族"这一概念在 1902 年诞生,① 在辛亥革命后逐渐成为民族专称,抗战全面爆发更是使其家喻户晓,成为唤醒全民族的精神标识。这些概念不约而同地发生,都是国族意识觉醒的标志,随之国家主权、国境、国民等意识走进国家政治事务和民众视野,保护海外侨民、维护国家主权成为国家意识、国家治理的重要组成部分。于是,这些概念更准确地界定海外移民身份,界定侨民与侨眷交通流转物质的性质,这就上升到国家治理的范畴,概念从民间的纷繁随性到官方的统一规范,符合国家治理的规律。"侨批"之"侨",已经超越了传统农耕社会"番"的意识,是两个根本不同的国家观、世界观话语体系,标志着传统侨批行业进入到近现代国际邮政、国际金融、国际贸易、中外文化等一系列国际交往、国家治理的新领域。新领域、新治理必然有新术语、新规则,不同的词语承载的是不同的时代发展内涵。因此,"银信"与"侨批"的演替,首先是农耕文明的观念向近现代跨国跨境文明意识的转化、进步,同时其漫长的演替过程证明新意识被接受并非一帆风顺。

国家意识的形成与国家治理是紧密相连的,推动"银信"向"侨批"

---

① 1901 年,梁启超在《中国史叙论》中首提"中国民族"(张品兴主编《梁启超全集(第一册)》,北京出版社 1999 年版,第 452 页),1902 年,他在《论中国学术思想变迁之大势》一文中改提"中华民族"[张品兴主编《梁启超全集(第二册)》,北京出版社 1999 年版,第 573 页]。

概念转化的就是近现代国家邮政、国家金融治理的实施。在传统社会,侨批业主要借助民间力量,通过自我的管理模式、规则和渠道进行运作。1840年以后,外国银行、外国邮政陆续参与到海外华侨的钱款书信运转之中,此以美洲最为突出;香港作为侨批、侨汇运转中心城市,民间的金庄银号与外国银行的联系增加,一些外国银行在香港设立分行,直接参与侨汇流转;国家银行、地方银行也逐渐在侨乡和海外设立分支机构,参与侨批、侨汇运作。这些变化与国家邮政主权、金融主权的维护日益产生交集,加强国家主权机构建设和事务治理成为重要任务。1896年大清邮政的成立,是中国近现代邮政的开端,而这个进程非常艰难,国家治理转型就如同新意识、新观念的形成一样,面临着诸多的纷扰和纠葛。国家统一邮政、掌控外汇就需要建立新的管理机构和制度,按照国际规则进行国际邮政、国际金融、国际贸易交往,这些努力必然触碰到原有的利益格局,产生多种利益主体之间的博弈。根据侨批业的实际特点,建立切实可行的机制,实施有效的治理,不论是国家主政者还是业界侨界,都要经历一个学习和探索的过程。从晚清到北洋政府、国民政府,一路走来磕磕绊绊,侨批、侨批业概念及侨批机构名称的反复讨论调整,既是这一过程的组成部分,也揭示了它的艰难过程。

要实现侨批业从传统运作模式转向近现代国家主导的运作模式,必须有国家治理能力的保障。1918年,北洋政府明令取缔民信局;1921年,又颁布取缔民信局的条例;1928年,国民政府开展邮政"改造运动",力图将私营邮递业务全部归属官办邮政局;直到1935年,国内民信局才一律停办,然而经营海外钱款书信的侨批局因其地位特殊而得以保留,政府以发放登记执照为手段加强管制,形成官督民办格局,国家权威有所确立。① 同时期,侨批和侨批局名称依然呈现出五花八门的状态,官方已经确定的名称在业界和侨界没有获得统一的采用,反映了国家治理的法律效能低弱,民间力量还有相当大的主导权。中华人民共和国成立后,这一格局发生根本性改变,经过公私合营社会主义改造运动,在国家强大意志

---

① 参见袁丁、陈丽园、钟运荣《民国政府对侨汇的管制》,广东人民出版社2014年版,第57页。

下，1956年，"侨批"概念得以成为业界和侨界统一规范的用语，侨批局成为国家邮政金融体系的有机组成部分，彻底完成了明清以来民间私营向国家官办的演进，见证了中华人民共和国国家现代治理能力的划时代前进和乡村金融、乡村邮政现代化建设的显著成效。

（本文为笔者与五邑大学广东侨乡文化研究院刘进博士、中国建设银行广东分行蒙启宙高级经济师合著，在2023年第二届"侨批文化与华侨精神研讨会"上首发，正式发表于《学术研究》2024年第12期。本文撰写得到五邑大学广东侨乡文化研究院石坚平教授、韩山师范学院潮学研究院陈海忠教授、欧俊勇副教授、安徽师范大学王桢博士的帮助，特此致谢！）

近代五邑侨乡"口供纸"产生的背景与种类

近几年,在收集整理碉楼文献的过程中,笔者接触到不少近现代开平、台山华侨出国的口供纸,并采访了个别当年经历过这种出国方式的老人。笔者欣喜地感到这是华侨史中内涵丰富,封存时间并不太长,但是很不为国内专家学者注意的特殊历史现象。这些民国时期的文献是研究华侨华人历史和侨乡文化重要的资料。本文依据这些第一手的资料,对"口供纸移民"的情况进行初步的分析,希望能引起更多的同行对这些鲜活的历史资料的关注。

一、口供纸产生的背景

所谓口供纸,就是一种专门为出国的移民准备的,应付移入国移民官员(税员)询问的培训资料。笔者认为,可以将以这种方式出国的移民称为"口供纸移民"。在笔者目前接触到的口供纸中,几乎都是针对向美国的移民而制作的,只有1份是准备移民新加坡的资料(1956)。因此,我们可以说,这种移民形式主要发生在中国与美国之间。

目前,笔者见到的口供纸移民的迁出地,涉及台山、开平、新会、鹤山、广州、香港等地。其中,以台山、开平最为集中,数量最多;新会、鹤山很少;广州、香港就更少了。这也可能是与近年来笔者收集华侨历史文献的区域集中在五邑侨乡这一情况有关,不排除广州、香港乃至其他地方会有更多的口供纸存在。不管怎样讲,口供纸以台山、开平为中心的五邑侨乡最多,应该没有什么问题。五邑侨乡为美国、加拿大华侨之乡,美国、加拿大是这一侨乡传统的移入国。因此,当地以口供纸方式移民美国的华侨华人最多,也就在情理之中了。

口供纸移民的方式是美国排华政策的产物。1882年,美国第47届国会通过了第一个排华法案,十年内禁止华工入境,规定外籍华工不允许取得美国国籍。1892年,美国国会又通过了一项法令,将排华法案延续十年。美国的排华政策对五邑侨乡的国际移民运动产生了灾难性的影响，移民人数急剧下降。此后，五邑华侨移民美国，主要依靠两种方式进行：一是冒死偷渡，从加拿大、墨西哥进入美国；二就是口供纸移民，即利用美国法律，移民美国。根据美国的法律规定，凡是在美国出生的人，则自动成为美国公民，其子女也就有权进入美国。事实上，在排华法案实施之前，真正在美国出生的华侨很少，能够利用这一政策的华侨不多。

天无绝人之路。1906 年，美国旧金山发生大地震，很多建筑被夷为平地，大火烧毁了移民局的档案。于是，华侨便利用美国官员无法核查档案之机，开始进行"善良的欺骗"。很多华侨回国探亲，返回美国后，就以土生华侨的身份，依据美国法律申领了美国政府颁发的出生证明，华侨们称这种文件为"出世仔纸"。一些并没有孩子的华侨也想法子获得了这种证明，而且多申报的是男孩，于是在华侨社区就出现了一个又一个的"移民空额"。美籍年轻华侨华人研究学者周敏就曾经采访了一位 92 岁的台山籍华商，这位华商说："那时候，很难进入美国，因为法律不准中国移民来。我是作为商人而来的，……我的妻子和孩子们当时留在家乡台山县。每次我回中国，我就申报又生了一个儿子，以领取出生证。这样，我把小儿子和两个侄儿带到纽约来，把大儿子留在家乡照顾我的妻子，……许多商人都是这么办的，否则谁能来美国呢。"① 这位商人的行为就是一个非常典型的案例。

一些华侨回乡结婚后出生的子女，后来就以这种方式顺利合法地移民到了美国。而那些回乡后并没有结婚生子或结婚而没有生子但又获得了出生证明文件的华侨，便将这一"空额"转让给自己的亲戚，有的甚至卖给希望移民美国的乡亲，从中获得利益。于是，就出现了假父子（女）关系的现象，这些假儿子（女）被称为"纸面儿子"。

依靠出生证明移民美国现象的出现，也就产生了"口供纸"这一特殊的移民材料。美国政府在实施排华法案之后，分别在纽约的埃利斯岛和旧金山码头设立了移民候审所，对所有入境的新移民进行审查。作为这些移民的父亲，为了让儿子（女儿）顺利入境，需要向移民当局提供移民资料，以方便移民官员询问。1906 年以后，不断增多的土生华人子女申

---

① ［美］周敏：《唐人街——深具社会经济潜质的华人社区》，鲍霭斌译，商务印书馆 1995 年版，第 51 页。

请来美，引起了美国移民当局的警觉，美国对新的移民审查日渐严格。1910年，美国移民当局在旧金山湾的埃仑岛（即天使岛）建立了新的移民候审所，逐一审核新移民的身份。审核的主要内容就是这些新移民在美国的父亲向移民局提供的资料。回答相符者，便可以登岸；否则，永不准予入境。

确实也有不少假关系的移民，被挡在了美国的国门外。今住台山市水步镇甘边村的黄孔传（86岁），当时以黄炳平的假身份于1936年去到旧金山，在天使岛审查时，因一个小小的问题不符，便被拒绝入境①。一些存在真实关系的移民也有的因口供不符而无法进入美国。

为了使凭出生证明前来的移民顺利入境，不论是真实或虚假父子（女）关系，在美国的华侨申请人基本上都会将提交给移民当局的资料翻译后寄回国内（有的是将英文资料寄回来，再请人翻译），让准备出国的人对资料内容熟记于心，以便到美国候审所接受询问审查时，口供相符。这些资料在五邑侨乡就被称为"口供纸"。

由于华侨中出现了这样的移民问题，1943年，美国在废除排华法案以后，对于凭出生证明前来的中国移民，仍然实行着这样的审查甄别。于是，口供纸仍然在台山、开平等地的移民中流行着。依据笔者目前所见，迟至20世纪50年代初期，开平市塘口镇龙安村的周氏家族的旅美华侨，还有为了移民事宜写信回来提及寄回口供纸的事情②。

大致在1952年，美国政府对移民的审查条件有新的调整，对口供的方式可能也因此而发生了变化。1952年8月3日，美国芝加哥的华侨方兴给住在开平塘口镇龙安村的母亲周秋芳的信中就提道："现美国移民之法律要兄妹两人验血相同，才能证明雪芳来美是我的胞妹之关系，才能合美国政府移民之重要条件。"验血这一科学的手段比单纯的口供纸更能够客观地证明身份，笔者很少见到20世纪50年代以后的口供纸，可能与此有关。

由此可见，口供纸起源于19世纪末的美国排华时期，最少延续到了20世纪中期。

---

① 参见2005年4月6日上午在台山市水步镇甘边村笔者的采访笔记。
② 参见1951年7月31日周柏业致周秋芳母亲信。

二、口供纸的种类

口供纸是美国华侨和侨乡民众共同创作完成的,其中,华侨是主要的制作者。

根据笔者接触到的中文口供纸情况来看,20世纪初期的口供纸都比较简单,只有一些基本的项目,例如,姓名、性别、出生年月、出生地、家庭主要关系等。到了20世纪的20年代以后,一份口供纸的项目越来越多,涉及的内容越来越详细。例如,1916年,台山市公益镇潮简村胡兴的口供纸,只有69个问题。而很多20世纪40年代的口供纸,动辄上百个问题。1941年,台山县安宁村陈汝玉的口供纸竟达850多个问题,所问之详,令人瞠目,不仅要询问本家族的几代情况,还要查问邻居或同村其他人家的情况,细到别人家房屋的布置和摆设这种差别(有关口供纸的内容等问题,另有专文,此不详述),这反映了美国移民官员审查严格程度的变化,以及华侨因形势而调整的对策。

绝大多数口供纸是手抄本,到20世纪40年代也出现了油印本。这种油印本实际上是格式文本,它是将长期以来华侨提交给美国移民官员的材料所涉及的问题汇总,供需要制作口供纸的家庭填空使用。例如,1940年,台山县龙扬村周福寿的口供纸,就长达69页,包含800多个问答。它是红油印本,所有的问和答,都形成了格式,周福寿的口供纸实际上是在买来的格式本上填空而成的。这个油印本,肯定不是单独为周福寿一个人准备的,它可以适应各种需要的家庭,大家按照不同情况填空就行。而且,这个口供纸前面的序言更反映了这种文本的广泛适应性。

> 凡读口供,需要细心自思,不可自持自己聪明过人。其中有自持者,而自误于本身。而口供又不熟识,须识又不明,一遇税员审问,心忘意乱,所问非所答(注:原文如此),糊里糊涂。其时,悔不及也。而口供读者,□浅白实则意理极深。……细微之处极多,总至将口供细心读识之后,再执笔将口供留心抄录,再而默念在心。如此略入感胜于过目者倍也。……

这段文字明确显示,口供纸格式文本的印刷,至迟在20世纪40年代就成为五邑侨乡的一种文化商品。有需求就有供给,口供纸的出现,反映了五邑侨乡在美国排华时期以出生证明方式移民的普遍性。

还有一种情况,是没有文字的口供纸。有的人没有文化,不识字,只能靠口传;有的人虽然有文化,但没有口供纸,只能去到提供出世仔纸的侨眷人家,与其共同生活,熟悉其家庭和邻里、村落的人际、地理、经济、文化情况,以便更好地应对将来抵达美国后移民局官员的审问。北京师范大学离休干部梁仲华(76岁)这样回忆:

> 我父亲在秘鲁,我当时无法去,想通过美国到秘鲁。于是母亲就向她娘家的一个亲戚(姓余)为我买了一张出世仔纸,价钱是2000美金。他们没有给我口供纸,但是认真负责。1948年5月,我当时是19岁,去到卖出世仔纸的这户人家;同去的还有另一位,年龄大约是21岁。这户人家是做三个人出去,除了我们两人外,还有他自己的儿子,大约十六七岁。我们组成了三兄弟,在一起生活,同吃同住同玩同上学。他家的母亲和奶奶对我们两人,像亲生儿子对待。在他家生活的一个月的时间里,玩得非常痛快,我们对他的家庭、村和邻居的情况,都有了很具体直接的了解,各自的身份也都熟记在心中。……我们的照片也寄去了美国,在美国办我们出去的余姓人家的父亲写信回来,告诉我们要注意什么问题,也寄来了他的照片,便于我们接受审查时辨认。①

梁仲华老人当时接受的是一种无形的口供培训,正如他所讲,这种方式培训出来,对要回答的问题有切身的感受,回答起来更自然可信,相互之间也更有默契。但是,这种情况应该是少数,绝大多数人可能还是依靠文字版的口供纸来熟记要回答的问题。

三、口供纸的制作

口供纸是海外华侨与侨乡的家属共同创作的产物,以海外华侨为主体。

---

① 2005年4月2日晚上笔者的采访笔记,地点:开平市半岛酒店。

如前所述，在排华时期，口供纸是依靠出生证明（出世仔纸）移民的必备要件。出生证明掌握在华侨手中，不论是办理亲生子女出国手续还是办理假身份关系的"儿子"出国手续，首先要由华侨向美国移民当局提交相关的移民资料，其中就有一问一答形式的口供材料。因此，很多口供纸是由在美国的华侨编制的，而且规定这些移民资料不准寄回中国，提供给准备移民者参考。所以，很多口供纸中都有以下这样的内容。

问：有乜人教你口供否？
答：冇，我是如实讲。

这说明口供材料是不能给当事人知道的，是专门为美国移民局准备的。这当然就需要华侨事先根据出生证明来编制，完成基本内容的制作。也只有他们比较了解美国移民官员关心的问题，制作的材料才更有针对性和实用性。首先由华侨制作，并不等于一定都是在美国制作，大部分是这样，也有的口供纸是华侨在家乡制作的。1939年，台山县安宁村陈锦藩的口供纸有一个后记，是制作人美国华侨陈金垣写的：

吾前日在家之时，所做汝锦之口供，系做姓李人住，系我一家姓陈……

这里明确讲，这份口供是在台山家乡制作的。类似的情况应该不止此一份。

华侨在美国制作完口供后，不会马上提交给移民当局，他们会将其寄回家乡，让准备去美国的移民者看，是否有问题和补充。在上例陈锦藩的口供纸后记中，即载有已经回到美国的华侨陈金垣的相关交代：

回口供内之情形也，汝勤慎用心读熟，俟吾做妥张护照纸寄回，可能启程前来。如汝有何不合之话，诚恐冲突，亦付□来报及备要（注：原文如此），务取双方口供相合可也。

显然，陈金垣在美国最后向移民当局提交移民资料时，还需要对口供纸内容进行补充。主要补充的内容是移民者的身体特征、相关人员的基本情况（年龄、学龄及其他）、村落的现状等。如果是为假父子关系制作口供纸，就更要往返联系，务求相符无误。在家乡的移民者，除了对华侨制作的口供纸提出修改意见外，还要向美国的华侨提交照片，让其认识自己。这些照片也是华侨向移民当局提交的资料之一。

一个口供纸需要这样进行多次往返的补充，才能够完成。

口供纸制作过程的有针对性可以从一个侧面让我们认识到，在美国排华时期，五邑侨乡仍然有不少移民能够成功地迁入美国这一实际的移民情况。

（原文见《侨乡文化纵论》，中国华侨出版社 2005 年版）

五邑侨乡"口供纸"的内容与价值

我们曾经对"口供纸"这一产物产生的历史背景、种类和制作方式,进行了初步的分析和介绍,这些主要产生在五邑侨乡的口供纸,多数是为"冒名顶替"的新移民而特定编写的。那么,这些"编写"的内容,是否为真实的情形呢?或者说哪些是真的,哪些是假的呢?它有没有历史文献的价值呢?目前,学术界还没有对这些问题进行过讨论。本文将依据保存在江门市博物馆的部分台山口供纸,进一步就这些问题做具体的分析,希望能够引起更多的专家学者对这一重要历史文献的研究兴趣。

一、口供纸的内容结构

口供纸内容庞杂,大致由两部分组成。其主体是简洁的一问一答式的问题设计,可以称为"主件"。其次,是与主件相关的、印证主件真实性的"附件"。

(一)主件的结构

作为口供纸主件的一问一答格式化文字资料,基本上有"家庭、家族关系""相关事件""家居状况""村落结构""村落环境""证人关系"等几个方面。下面以清朝光绪三十四年(1908)台山龙塘村谭焯光的口供纸为例,做一具体的分析。

谭焯光于1908年在旧金山"唐山码头"最早的待审所接受了美国海关移民官员的询问,根据他保留在家乡的口供纸,为了应对海关移民官员的审查和顺利移民美国,出国前,谭焯光集中对68个问题进行了准备。这些问题设计具体如下。

1. 家庭、家族关系

汝果乜名?
今年几多岁?

汝乜年乜月乜日出世？
汝父、母乜名？
汝父亲有兄弟姊妹否？
二叔谭洪均娶妻否？
二叔今年有几多岁？
三叔谭洪英娶否？
母亲乃村人氏？
母亲有兄弟姊妹否？
祖父母乜名？
汝自己有兄弟姊妹否？
三个细佬乜名？
谭林光今年几多岁？
松光今年几多岁？
谭柏光今年几多岁？
汝娶妻否？

这方面的问题有 17 个，是口供纸中分量最多的问题，涉及祖、父、子三代以及家族成员的基本情况。也可能是因为这份口供纸正是处于口供询问的早期，内容比较简单，对祖父、祖母、叔叔等家庭成员只是了解姓名，没有深入追问。在后期的口供询问中，已经大大增加了难度，不仅祖父、祖母的姓名，生卒年月都会被问道，而且对父亲的每个兄弟及其妻儿老小的姓名、生卒年月，乃至一些身体特征等情况也必须给予准确的回答。

2. 相关事件

祖父来过金山否？祖母来过金山否？
祖父何时由金山返唐山否？
祖母何时由金山返唐山否？
得知汝父亲在乃出世否？
汝何以得知汝父亲系在金山出世？
汝父亲在埠做乜？
联昌（注：谭焯光父亲在旧金山做生意的商号）在乜街乜门牌？

汝父返来归几回唐山？
　　乜年乜月汝父亲返来归唐山？
　　汝父亲汝出世后返两〔回〕唐山，汝此时年幼何以晓得？
　　大二回汝父亲返唐山系乜年乜月乜日？
　　谁人俾水脚汝来金山？
　　汝有凭据纸付返汝否？
　　汝来金山做乜？
　　有人包汝来否？

所谓相关事件，是指与家庭、家族基本情况有关系的方面。美国海关移民官员问了15个问题，主要涉及谭焯光祖父和父亲在旧金山的基本情况，以及谭焯光移民美国的目的和方式。到了后来，这方面的询问又增加了"有没有人教你口供？""带没有带口供纸？""如果中美开战，你站在哪一边？"等目的性很强且带有引导立场倾向的询问。

3. 家居状况

　　汝住大几行地大几间屋？
　　汝同谁人对门口居住？
　　汝屋至上踏谁人居住？

这3个问题非常简单，也容易回答，正说明了谭焯光的口供纸的早期性质；而在后来的口供盘查中，家居状况、邻里关系是后来的口供纸中大幅增加的部分，不仅对被询问人自家的房屋结构和布置、家庭成员居住情况、被询问人的具体床位等进行询问，而且将其左邻右舍的房屋结构，其家庭成员如何居住、使用住房，内部布置，以及他们的姓名、年龄、婚姻状况等也都列入了盘查的内容。

4. 村落结构

　　自己条村乜县乜村居住？（注：原文如此）
　　汝条村有多少间屋，有几行地，几条巷？
　　汝村坐乜向乜？
　　汝村有几个路口出入？

汝村有井，有池塘，有社，有书馆，有祠堂否？
汝有祠堂、池塘否？

有关村落结构的6个问题比较浅显，但是在后期的盘问中，添加了不少新的内容。例如，村口有无榕树？多少棵？在哪个村口？村里有无炮楼？几座？在何位置？邻居住第几巷哪间屋？从你的家到平时玩耍的果园要走多少步？对于这样的细小问题的询问，真是让人防不胜防。

5. 村落环境

汝村附近有村否？
汝村离温边村（注：邻近村落）有几远？
汝去过温边村否？
汝村附近有山否？
汝村近墟否？
汝去墟有渡过否有桥过否？

在口供纸中，村落环境不是很重要的部分，前后期询问内容的变化不大，后期也只是增加了诸如"从汝村到某村或墟要走多久？""乘船要多长时间？""多久去一次墟？"等问题。

6. 证人关系

有人由金山返唐山见过汝否？
李敬乜年乜月乜日见过汝？
谁交银李敬带返汝？
李敬带有几多银交汝？
李敬乃村人氏？
汝村离长发村（注：李敬的家乡）有几远？
汝去过长发村否？
李敬见汝几多次回？
为何事去见汝三回？
李敬见汝父亲在乃见？
李敬去见回回坐几久？

李敬在汝屋食过饭否？

　　李敬汝知佢在金山做乜？

　　永泰隆（注：李敬做生意的商号）在乜街乜门牌？

　　在这份口供纸中，有关谭焯光相识的证人李敬的情况有 14 个方面的问题，居所有问题的第三位。一直到后期，口供纸中对证人的询问准备依然是重点。所有新移民在天使岛候审时，必须有证明人提供证词，这些证词也是比对鉴别的资料之一。相关证明人成为整个甄别审查程序中的组成部分。由于这些证明人就在美国，便于传询，他们的身份和社会情况有记录在案，这对于美国移民当局来讲，比较值得信任，也比较容易操作。

　　在这六个方面中，我们不难看到，早期的口供纸比较多地在人物关系上做相应准备，这包括被询问人的基本社会关系、这些关系人的基本身份状况，还有证明人与被询问人之间互动的基本情况。在美国海关移民官员看来，只要将与被询问人有关的社会关系弄清楚，并在此基础上与在美国的证明人的证词相比对，那么这个新移民的真实身份就比较可信了。随着美国移民官员对中国移民的社会关系、社会背景、风俗人情、地理环境的了解日益增多，以及利用出世仔纸冒名顶替进入美国的新移民不断增加的现象，他们认识到人物关系的询问可能难以鉴别出身份的真实性。于是，他们就不断扩展询问的内容，增加询问难度，以期找出破绽。后期的口供纸在询问人物关系更加细致的同时，将家居环境和村落结构也列入了询问的重点，尤其是增加了对细节的追问。"邻居家的米缸放置在什么地方？""床如何摆放？"这些都可能成为被询问的内容，并且角度越来越刁钻。

　　后期的口供纸，一般还增加了对新移民在家乡读书情况的盘查。这里面就包括这些问题："几岁开始读书？""先生是谁？""何村人？""多大年龄？""同学有谁？""同桌是谁？""前后桌坐的有谁？""他们都叫什么名字？""是谁家的孩子？""读书的钱从何来？"等等。

　　在这些询问中，一些很不合常理的问题也出现在询问中。例如，谭焯光的口供纸中就出现了"证人李敬做生意的永泰隆商号和谭焯光父亲做生意的联昌商号具体坐落在哪条街、门牌号是多少？"等问题，谭焯光没有去过美国，怎么会知道这些细节，所以，他通通回答："我不知乜门牌乜街。"由此可见，移民官员就是想通过对这些刁难性的问题的设计，从回答中辨别被询问人是否"诚实"。

（二）附件的结构

1. 人物照片

这些照片有新移民父亲的、证人的，或者在美国其他亲人的。往往是混在其他人物照片中，让新移民辨认。同时，还要将新移民的照片交给在美国的证人辨认。对于照片的辨认，只是准备口供过程中的一个很简单、容易的环节。例如，1923年，台山小岭村邝耀臻的口供纸专门对照片环节有一个交代："若税员将汝之护照纸之相头俾汝看，问此相头是谁？答：一个我父亲相，一个我二弟耀庚相，一个我自己之相。汝此相何时付寄美国交汝父？答：我之相头，系我父亲在家时，近返金山时，同我二弟两人往新昌埠影相，交我父带来金山。"但是在询问过程中，移民官员往往要被询问人说出对方的某些生理特征。这看似一个小问题，实际可能会让你被否决。当时人们称这种情况为"爆纸"。

2. 村图和屋图

村图主要是交代清楚本村周围的河流、池塘、山丘等地理环境，还有就是与之相邻近的村、墟集、桥的位置。屋图就要详细到每间房的家具摆设和式样、房屋门有几个、门朝何处开、家庭成员的居处，以及厅与房、厨房的关系等，基本上是一个民居平面图。如果询问到读书的书馆，有的还要求画出书馆中先生与学生的座席，标出自己读书的座位等。

3. 注意事项

这是口供纸中最常见的附件。注意事项有两种情况，一种是在问答中，随处注明。例如，在1921年台山邝耀赓的口供纸中就多处出现这样的提醒，当被问到"汝弟等在何处读书及汝馆书友某名"时，被问者答"我弟耀豪亦系七吧〔八〕岁起馆，亦在敬惺先生处读书。我兄约六、七岁起馆，亦系在敬惺先生清江祖祠读，未曾往过别处"之后，就出现了"书友等其照现时同馆名讲。其人住在某村，照实答。至祈要添入汝弟二名在处读书为要"的提醒。又如，问到"汝在龙冈洞在大几条巷大几间"时，答："由龙冈洞武馆起即村头数来大九条地，巷口数上屋居住，大三间屋居住，大门口同蕃衍同对门口他家人均在家，小门口同缉敬对门口"之后，提醒要注意"上下同巷，左右姓名，妻子女放脚或大脚，名乜，年岁几大，祈看村形答"。而且嘱咐"至为要！"

再如，1939 年，台山安宁村陈锦藩的口供纸在有关安宁村的结构部分提醒背口供纸的人："凡属问到安宁村图形，请照汝锦部口供读熟，问到照讲，安宁村俱系姓陈人，幸勿讲及姓李。"还有一种注意事项，则在口供纸后面有专门交代。同样是 1921 年台山邝耀赓的口供纸，在最后有这样的文字：

> 至到税员问时，问句讲句，不可乱讲为要。近到大埠，早日付之丙丁。免关员见之，祈为慎之！问此护照纸之相片是谁，答一个我自己，一个我父亲，一个邝广华，字光泽。至好者要在家访兆洪及兆贵之相片过目认识，以俾到步〔埠〕认相为要。

1941 年，台山安宁村陈汝玉的口供纸有一个更详细的交代：

> 不问不可讲，至紧为要！恐防言多语错，请为慎之！……汝将得口供，抄开两管（注：原文如此），汝存一簿家中，以备将来取用。携带一部出港，随行习读，到来将近抵埠，即付于丙丁。……对于行李中字迹，要写陈汝玉名字，不可夹带口供，免致搜着大碍也。……所做口供虽属太多，或者是份唔问到一，未可料。但不知伲问到何件事，故此要逐一详细说到明白。汝须要用心逐一读到熟，心里明悉，清白底蕴情尤。到来审问对答，问一句方可讲一句，不问不可讲，不可继续串句而下。……伺问到句话，要想到彻底，明白件事，方可对答，不可乱讲。如果口供无此话载落，倘若事属过久，以久来忘记而对，抑或以虚浮之话解化，免致双方口供抵触。忘记之话，系久耐事，可以清楚化解。一旦讲实，双方冲突，或无化解之流弊也。到头对审，切不可惧讷，对于税员审案，拙表其静。一位正审员，一位旁听官，一位记录员，一位华人传话员。如问到句话，汝不甚清晰明白，要问准传话员，句话何讲法，然后方可对答，不可乱讲。如果系说差有话，当时驶传话人更正亦合。千祈慎重想透，然后答出为要！望无缄口不言，亦不可摇头对付。堂堂对审之时期（注：原文如此），说言要心定，以自德之礼待人，切勿怒气冲冲，存乎姑息之气，面色勃勃，令人可厌。至紧为要！税员问话，无一定之向，问何一段，或头段问节，尾段问节。一旦问到件事，重重翻覆，追问段

事。汝要细心想透，如何错误，化解件事。料必双方抵触件事，重重翻覆问也。对于西人审案，以法律处分双方对答，口供相符，规合法律，可以批准放行也。千祈用心读熟，到来对答玲珑，明白清楚。录立□部，作实事工夫来做，方可为要！对于放行与否，存乎口供而行。……

在陈汝玉的口供纸的注意事项中，反复强调了两点：一是要将口供背得滚瓜烂熟，做真功夫。二是回答的技巧。审问时，问一句就答一句，没有问到的话，不要说！以免言多自己露出马脚。审问官问的话，一定要回答，不能不说话，或者摇头。因为一摇头，海关官员就知道你对这个问题的否定态度。这样就没有回旋的余地了。回答问话时，要听清楚，如果不清楚，可以向华人翻译员询问移民官问的是什么意思。对问题不要急于回答，先要想透彻明白没有破绽了再说。有把握的就照口供纸上的说，如果遇到口供纸上没有或者自己记不清楚的问题，要模棱两可地回答，以免与证人的证词发生冲突。如果感觉回答得不对，可以马上要求翻译员帮助更正。注意事项中，还对接受审问时本人的心态和行为举止给予了清楚的提醒：不要战战兢兢，受到刁难时，内心有再大的怨恨，也不要表现在脸上。要以沉着冷静的神情去应对移民官员细致、苛刻乃至刁钻的问话。

这段注意事项还对口供纸如何处理做了交代。一是在家里要保存一份口供纸，以备后来的人使用，要与前期先来的人的口供对得上。二是带一份口供纸在身边，途中继续温习背诵，快到旧金山港时要将之烧掉，不能让西人发现。

至于审问室的场景和问话方式的介绍，也是为了让新移民有一个心理的准备，不会因为突然到一个陌生的环境而紧张，或者因为移民官没有按照原来口供纸设计的问题顺序审问而心理慌张，发挥失常。面对单独的审问，要做到沉着镇静，精力集中，应答如流。

从注意事项中，我们还看到了，在这一种移民的审查过程中口供纸的重要性——"放行与否，存乎口供而行"。

综观口供纸的内容结构，在口供纸移民时期，华人对美国海关移民审查询问的内容、程序、法律的了解是非常清楚的，乃至细节都给予了注意。可见，华侨华人利用美国移民法律的空间突破美国限制华人移民的种种不公正的阻碍，以为自己争取权宜的良苦用心和精明机巧。

二、口供纸内容的真假

口供纸移民的历史已经过去了40多年了，在五邑侨乡，这样的口供纸在一些侨眷家庭依然保存着，成为家庭、家族历史以及与海外亲人联系演变的见证。

在我们评介它的价值之前，首先遇到一个有关口供纸内容的真假问题，只有弄明白了这个问题，我们才能够更好地认识它的价值。

很容易让人感觉口供纸内容虚假的原因，首先来自父子关系的虚假。很多口供纸移民是以"儿子"的身份冒名顶替的，与证人并无血缘的联系。在这种完全冒名顶替的关系中，有的依然有血缘关系，例如，有的是证人自己的亲侄儿等以儿子的身份移民美国，父子关系虚假，但是血缘关系存在。从父子关系考察，这依然可以叫"名虚实也虚"。我们注意到还有另外的情况，像美国小说《第二代》中的真实父子关系。不过，两人都一直使用着假名字。父亲原来姓李，因为17岁时买一康姓华侨的出世仔纸而移民美国，从此在美国移民局和各种正式登记中，就姓康了。他回到中国家乡探亲再返回美国，申报的出世仔纸上，儿子的名字只有叫"康奕凯"，而儿子的真实名字叫"李全"。在20世纪30年代，这样的真实父子都使用假名字的情况应该不少。因为早期的口供纸移民在这时候已经进入了婚配年龄，其回中国家乡探亲、结婚生子，在家乡使用原本的真实姓名，而在美国移民当局领取的出世仔纸上则使用他姓的名字，是很正常的现象了。这叫"名虚实真"。

第二个容易使人感觉虚假的原因，是口供纸多由在美国的华侨编造制作的，其内容虚假成分比较大，如家庭、家族人物关系，村落结构环境，邻里关系，等等，很可能属凭空捏造。对此，我们也要做具体的分析，不能一概而论。从前面的介绍中，那些由卖主亲自编写的口供纸，很多内容是来自他自己家乡。唐人街上专门制作口供纸的"老手"所设计撰写的口供纸，可能编造的成分多一些。即使这样，他们也应该是以自己家乡的一些情况为基础，进行着大胆的假设编造。

通过对口供纸的内容结构和制作过程的具体考察，笔者认为，一概说口供纸是捏造的，不可信，也可能不符合实际情况。口供纸在制作过程中，新移民的参与已经证明，口供纸的内容有的就来自实际的乡情。我们尝试可以这样评价口供纸内容：虚虚实实，真真假假，虚中有实，真中带假。

口供纸中的人物关系，特别在父子关系上，冒名顶替的人很多。父亲以上的血缘家族系统应该是比较真实的，它是根据父亲自己的家族系统编写，这样编写对父亲来讲是现成的，比较容易。而兄弟姐妹的关系，很多是虚假的编造，这里面主要表现在兄弟关系上。姐妹关系很可能是真实的，这位华侨父亲在家乡真的可能有几个女儿，但是她们多数不会移民美国。兄弟关系的虚假可能性很大，这位父亲多次回中国家乡探亲后，手中已经掌握了几张出世仔纸，在返回美国向移民局申报时，已经有了固定的名字，有了纸面上的兄弟关系。到实际移民时，这几位"兄弟"相互之间很多可能并非亲兄弟，个别是父亲自己的亲生儿子外，多数应该是冒名顶替者。台山安宁村陈金垣办理口供纸中的三个儿子陈汝锦、陈锦藩、陈汝玉，就不是真正的亲兄弟。

在相关事件部分，父亲返回中国家乡探亲行程，应该是真实的，因为到20世纪10年代以后，这些华侨出境回祖籍地到入境返回美国，在海关移民局已经有了登记记录，有的还有广州领事馆的证明。但是，父亲在家乡的具体行程，比如带自己到商埠照相等，则多为虚构的行程。

有关家居状况、村落结构和村落环境，真实的成分应该比较高。它们主要是卖主自己村落、自己祖屋的写照，这一点在口供纸制作过程中多次交代新移民要前往卖主村落亲自考察，熟记祖屋、村落及周边环境，就有了充分的证明。

与证人的关系，多为不可信。证人回中国家乡的探亲，应该是真实的，这不能与移民局的记录相抵触。证人在美国的住址、职业等，也不应该怀疑，因为这很容易在美国的身份登记记录中查到。但是，诸如证人来家中探访的情形，多数就是无中生有了。

至于口供纸附件——照片中人物的身份及社会关系，多数是不符合实情的，而村形图等则应该是与卖主中国家乡的村落情况、祖屋布置相吻合的。

三、口供纸的价值

在这样一个具体分析的基础上,我们再来认识口供纸的价值,就应该可以得出比较符合实际的结论。

首先,口供纸具有重要的华侨华人历史文物价值。口供纸反映了在美国排华时期及废除排华法案后一个时期内,中国移民艰难地冲破美国的移民阻碍,合法入境美国这一历程的真实性和完整性。其内容是为了突破美国政府的不公正的种族歧视障碍而专门设计的,一份口供纸不仅有正文,而且还有其他附件相配合。同时,它凝聚了美国华侨华人和家乡家族成员、家庭亲人及其他乡亲的集体努力,机巧精明地与美国排华时期的甄别审查制度进行周旋,突破限制的良苦用心和智慧。在美国近现代的移民历史上,以口供纸的方式进入美国的中国移民,逐渐发展成为一个庞大的人口群体,形成一个重要的历史现象。口供纸就是这一现象的真实载体。

其次,口供纸是美国移民政策和社会演变的见证,具有重要的历史价值。1882年美国排华法案的颁布,标志着美国的移民政策由开放转向了保守。口供纸不仅是美国移民政策转变的产物,更是这一保守的移民政策实施后逐渐失败的见证。口供纸的类型和内容由简而多样而繁杂,就是美国移民当局与华侨华人、中国新移民群体之间,相互设障突破,再设障再突破,拉锯博弈的真实记录。大量口供纸移民进入美国社会后,在华人家庭、华人社区产生一系列社会问题。研究美国移民历史,研究美国华人社会发展历史,很多问题都要追溯到口供纸移民的源头。因此,研究口供纸有助于我们更好地认识美国移民政策的变化和华人社会的发展。

最后,口供纸的历史价值,又表现在它是华侨华人的历史文献,是大量华侨华人历史个性化的记录。在对口供纸的考察与整理中,我们以家庭为单位考察华侨返乡的过程和情形,回乡后的生活情形,以及他们的探亲访友过程,这有助于我们更深入地认识到华侨的心理和行为,以及侨眷家庭的生活,对华侨历史和侨乡历史的认识能够更加形象,更加有血有肉,而不是停留在一些总体的影响和概念上。

口供纸的历史价值,还表现在它对台山侨乡的家居状况、邻里关系、村落结构、村落环境的真实记载,展示了一幅近现代侨乡的风俗画卷,为侨乡社会史、侨乡家族史、侨乡商业史、侨乡村落史及侨乡乡土地理、乡土建筑的研究，提供了宝贵的第一手资料和丰富的研究题材。综上所述，对口供纸的研究，可以大大拓展侨乡文化研究的空间。

[原载《五邑大学学报（社会科学版）》2007年第4期]

初中学生视野里的侨乡校园生活
——以开平开侨中学方其赏日记为例

侨乡民众的日常生活是侨乡社会演进过程中最基础的部分，其中青少年的日常生活也是我们考察侨乡社会转型、主流意识文化的窗口之一，这是一个值得深入探究的领域。现有的侨乡文化研究对侨乡民众日常生活的关注很少，本文拟以开平开侨中学初中学生方其赏的日记为分析样本，大量引述日记原文，重在描述侨乡青少年的初中学习生活，希望通过他们周而复始的校园生活反映五邑侨乡中学教育的日常状态，期盼方家赐正。

一、方其赏的家庭及其《开侨学生日记》

方其赏，1919年6月9日出生于开平县塘口圩合安里，有兄弟姊妹5人，他是家庭中的长子，上有一个姐姐方玉英（1918年3月14日出生），下有一个妹妹方杏华（1922年8月22日出生），以及两个弟弟方其祥（1924年11月8日出生）、方其宏（1927年7月17日出生）。

他的父亲叫方广寅［生于清光绪二十二年（1896）］，是一位在美国芝加哥经商的华侨，母亲谭氏［生于清光绪二十五年（1899）］在家哺育三男两女和照顾方广寅的母亲。① 家庭比较殷实，请有女仆帮助打理家务。② 方其赏曾在日记中提到，父亲从美国回来了，在家主持建新屋的工程。1936年4月2日，父亲离家，返回美国继续打拼。③ 作为华侨家庭的

---

① 关于方其赏家庭成员的构成和出生年月是根据民国《家谱》（残本，手抄本）抄写。《家谱》原件收藏于开平市文物局开平碉楼研究所。本文未特殊注明者，所引文献均收藏于该单位。
② 在方其赏1935年10月14日、1936年1月6日、3月28日的日记中都提到家里的女佣人，分别用"那女工人""我的女仆""婢女"称之。
③ 1936年4月8日，"父亲于本月二日出省回美"，见方其赏《开侨学生日记》。

孩子,方其赏的生活条件是比较好的,初中生的他就已有怀表掌握时间。①

方其赏的小学是在家族学校塘口圩的强亚学校度过的,强亚学校的科目共有19门,分别是三民、国语、历史、工艺、算术、公民、地理、自然、卫生、尺牍、珠算、美术、音乐、体育、英语、国艺、古文、字课、默书。②

1935年9月,他进入开平市的开侨中学读初中,这时的方其赏已经是一个16岁的年轻人了。年龄偏大,这是个案,还是比较普遍的现象?待考。③ 开侨中学是开平的海外乡亲筹备6年,共捐60万港元,于1933年创办,建校耗资30多万港元。方其赏入学时,该校刚开办2年。但是,该校在当时开平侨乡的中学教育中,是比较有实力和一定地位的,主持创办的是广东省知名的教育家吴在民,校名由何香凝女士题写,校园美丽。在方其赏1936年4月12日星期一的日记里就有记载:"根据外人与昨天到来的教育人员所说的话,谓开侨学校算好的校舍了,可称为模范学校,而受许多人的称赞,此种堂皇之学校,确实难得的。"

2006年6月,笔者在方其赏家的澜生居庐清理出一批家族文献,里面就有他和弟弟方其祥的作信部、日记、强亚学校的课程表及强亚学校、开侨中学的学费收据等。

其中,方其赏的文献遗存最多,有在强亚学校读书期间的《作信部》4册,分别是三、四、五、六年级的;开侨中学的《开侨学生日记》六册,是1935年9月到1937年6月间初中一年级、二年级的校园生活记录,中间有间断,比较连贯的是1935年9月到1936年6月、1936年9月至11月、1937年5月至6月三个时间段,累计记录了373天的校园生活和所见所闻。

---

① 1936年5月10日,方其赏的日记里有这样的记录:"至晚餐完后,我与来杰同学在此作手工,忽然掉了藤于地上,我一时不小心,低头去拾,竟连袋里的金表子都掉到地上,一声响出,已是破坏了镜子了,变为粉碎的一般;当时,很是灰心的失望了。"

② 强亚学校科目表。

③ 初一上学期,方其赏班上就有同学结婚,可能如他这样年龄稍大的同学入读初中不是个别现象。1935年12月5日星期四,方其赏的日记有这样的记录:"当晚饭后,各位同学都说李来杰君是为今日结婚,但他家隔离本校不远,就我与同学许多人,以散步而去,一则为散步,借以锻炼身体,二则以求关于李君的传说,但未达目的地,已经将夜了,就回来!闻同学说:真是李君结婚啊!我闻后觉得有些疑惑,要回校询问一下。"

二、日常的学习、生活管理

开侨学生都有做日记的要求,学校给每个学生发放了"开侨学生日记簿",方其赏的日记就是从入学的第一天——1935年9月2日开始写的。做好日记是每个开侨中学学生的基本功夫,在入学之初的朝会上,老师就对如何记好日记给出了建议:

> 1935年9月14日星期六:
> 今天晨起,晨会之时,级主任因事不能亲自训话,就以督其奥先生替之。此师所教之话,是关于作日记之事。不可要照每天所上课之事,一切记载,是不优之作品。若有此行为,自后不该如此做法,才为做日记之良法。①

方其赏373天的日记也是这样实践的,多数很简短,每天就写一页纸,占两页纸的很少,占三页纸的就更是极少,他不是记流水账,而是记录在周而复始、习以为常的学生生活中,这一天自己感觉有意义的大事情或重要的感想。即使是这样,在他的有些日记中,在笔者看来,这一天也很平淡,方其赏的笔端中流露出的情感也比较淡泊,是习惯使然。

老师的这个建议对我们通过日记了解开侨中学学生的学习和生活还是有帮助的,至少能够了解哪些是学生眼中的大事情和重要感想;同时,日记也有一定的局限性,它只是方其赏眼中的学校生活。不过,在这个经过方其赏选择的生活记录中,我们大致还是可以对开侨中学学生每天的学习及课余生活有基本的了解。

(一)住宿制与课时安排

开侨中学的学生实行住宿制,每周要上六天课,只有周日休息。平时遇事要回家,必须请假,提交请假报告,如要回家必须有家长的便条说明事由,需年级主任批准方可放行。

---

① 本文所引日记一律保持原貌,除明显错字外,不对文字和标点符号进行改正,尽量保持那个时期中学生的语言表达习惯,希望读者从中了解他们运用语言的能力和思维方式。

学生每天早起洗漱后，首先是开"朝会"（又称晨会），多由年级主任训话。每个星期一是"纪念周"，全校师生面向孙中山遗像三鞠躬，校长带领大家背诵《总理遗嘱》，然后由校长训话。

朝会后是早操。

1935年9月11日星期三：

今天早操是做什么呢？就是作纠正体操。我就尽心去学习，无有弃诈之心，望能使身体发育，而且又能纠正身体不当之事，故就很诚切去研究，望后来能收厚富的结果，才为我的爽快也。

早操后，入课堂早读。其后，是食早餐。

每天上午安排有四堂课；下午三堂课，有时安排四堂；晚餐前，有一些时间供学生活动。

午餐后，虽然没有安排午休，但还是有点闲暇时间供学生们自由活动。

1935年9月5日星期四：

午餐毕，余作了些少功夫，就散至海边，在椅上坐定后，观望稍间，见得有些船小，停于海边（笔者注：开平人将河边称为"海边"，至今还是这个习惯），我也不知在此做甚么了！光阴迅速，转瞬的短期间，忽有工友来抛饭尾。那时，有了疍民看见，就以用具来争取，有的争得许多，有的争得很少，有的饭儿向海下沉去。那些疍民，因少而向水下取，似乎看见重于黄金一样，真是惜物呀！但虽惜物，或物不洁，食后必发疾病，不要胜于要了！我只可学她爱惜，千万不要学她食不洁的物啊！（老师批语：但是，当我们没有饭吃时，这些是大餐了！）

每天晚餐后，多是自修。方其赏一般晚自修是在图书馆温习或阅读书报。

1936年3月13日星期五：

今天第一时及第二两时，为国文堂，但本课之教员因事往省，故停课了，不过我利用这些期间，而到图书馆做些习作与温习等事。至两堂完后。第三时为植物，但杨先生改为第六时之英文，而植物与英文调换，以后都如此的。……至于历史堂，为习作，所作之题，"试举隋唐两代之重大事项及说明之"。……第七时童军堂，因雨就在礼堂聚集。

1935年，开侨中学还是处于初创阶段，教师多来自县外，广州聘来的教员不少，教师的公务或私事都会时不时对课程教学产生影响，因此在方其赏的日记中，多有停课的记录。

> 1935年10月8日星期二：
> 上午上堂的时候，在上国文的一堂，梁天任先生说起一些话儿来："现在上了这堂，下的几堂，我因事往省，暂作停止啊！"……食午餐后，有三堂停课的，就做了一些工作呢！但体育堂，教师有些疾病，不能上课，我就与一甲同学赛球，先玩排球，后赛篮球，一概都是本级胜的。
>
> 1935年10月9日星期三：
> 今朝上完了英文堂，下两堂无堂上了！就做算术和国文习问啊！真是快乐得很，但是正午的时候，又上植物了！完后，又是停课了！
>
> 1935年10月11日星期五：
> 今晨暂停朝会、早操，我见了以后，就回寝休息一下，然后早读。……至上课的时候，可幸有数堂停课……

1936年，在方其赏读初中二年级时，这样的记录在其日记中还时有出现。不仅如此，教员与学生的磨合，如何采用适合开侨学生实际情况的教学方法，以及学风、校风的养成，等等，都还处于探索阶段，所以教学和其他活动中，也就难免有一些状况出现。

> 1935年11月27日星期三：
> 在上国文的一堂，一些同学与梁先生冲突起来！激愤梁先生，在这堂已骂了许久了！即是教训了许久哩！但那些同学仍都不听哩！都

还未舒服,但是梁先生每堂都有些教训,不过他们不从亦无所补救了!

初中二年级的方其赏有了更多的自己的主见,对教师的教学方式和方法心中有所评介,例如,他的日记中表达,从初一年级就给他们上国文课的梁先生慢条斯理的教学语言表达方式还没有完全获得学生的肯定,难以激发学生的学习兴趣。同时,我们也看到一些学生对早操活动的敷衍,以致学校要以扣考试成绩相迫,要求学生改变懒散的习惯。

  1937年5月8日星期六:
    国语演讲又到了,此次为梁先生担任,不过他的说话,还是漫〔慢〕一些,故使听者断绝了一时的高兴和兴趣。

  1937年6月16日星期三:
    早操完了,陈先生:"以后望大家有精神早操,反之,扣考试成绩二十分。"在这些话看来,不过是谨戒那些懒散的同学,其余的亦应自重才是。

每周六晚是大扫除,就像朝会和周一的纪念周一样,雷打不动。

周日学生们可以出校门,到开平的长沙和新昌去购物、游玩,或回家。在方其赏373天的日记中,除了新年假、寒假、春假、暑假,日常他很少回家;难得回家的几次,或是清明节拜山,或是生病,或是父亲要返回美国,等等,屈指可数。多数的周日,他或是去长沙、新昌买文具、书和鞋等其他物件,或是理发、逛街,更多的时候是在学校运动场上打球,运动,去课室、图书馆温习阅读书报。

  1935年10月20日星期日:
    今天光明地起来,洗了面儿,就穿了运动衣服,向校外走了一遭,就找了几个好运动的人,一齐借了足球,向足球场去玩弄一下;使肌肉发达,血液流通,精神舒畅,疲倦减少一些,觉得非常爽快,于是休息了!未几,食早餐啊!完后,洗衣服和鞋袜,又向修发店进入,不料同学在此修发,我待了一会儿,就我修发了!完后,洗了干净，回课室作工了。

1935年12月22日星期日：

今天早起来，未久，我与子情君等等同学，到体育办事处借矛，是用我的学生证呀！就拿了出去西模范村来掷，当为练习的，但我掷的都是生矛，子情与我算为最远及最好的了！我们很喜欢去学习呢！至食早餐时才停止呀！

1936年3月1日星期日：

至上午十一时许，余与祝屏、星桥两君，往长沙去，后经过新昌买鞋。但此种白鞋，是现在新出的，我也很喜欢哩，但价钱不过是八毛半的，这样也很值得的，但后来还买一些物件，然后大家一同回校食晚餐了。

（二）学生社团

开侨中学除了保障课程学习的行政班和进行社会军事教育的童军组织外，学校鼓励大家成立各种社团，以锻炼学生的组织管理能力和素质，并通过社团参与学校管理。方其赏对社团活动表现出较高的热情。

在方其赏的日记中，记录的社团就有兴中社、三六社、展社、红黑社、今社，他还对学校组织的合作社及各种委员会多有关心，是合作社的股东之一。[①] 在这些社团中，"展社"是他们的班社，于初中一年级下学期筹备，社团取名"展社"，寓意展开，开阔学习视野，了解社会，增进知识，锻炼能力，其社歌是班主任作。[②] 1936年5月16日，班级社团——展社成立，方其赏担任了交际股长，是活跃分子之一。此外，该社设立了主席、副主席和文书股、财务股、卫生股、学术股、游艺股、交际股。

---

① 1937年8月25日星期三："晚餐后，到礼堂领合作社利息，只是现在的股东有的权利，故各分得三元六毛三仙，各位很喜欢了。"这里也反映了他作为华侨家庭学生在经济上比较充裕的情况，具有理财的意识。

② 1936年4月13日星期一："本班组织班社，对于'展社'的社歌，要唱热的，故即要赶紧唱呀！但这条社歌是班主任所作的，不过好像以前做戏所唱的相同，未知为何？但又与开大细合声而唱的，真是好呀！"

1936年5月16日星期六：

今天是什么日子呢？就是本社成立的日子。……当将开会时，本班各同学一律穿了校服，大都头发光滑，我也是如此的。不过，我当交际股长，尤为注意美观上与整齐等事，我甚为尊重的。……高呼口号，为"展开！""展开！""展开！"，再而礼成，散会去了。

展社成立一周年时，全班举办了纪念晚会，其他班级的社团和学校的社团也来一起庆祝。晚会上，节目多，表演的形式也多，热闹有趣，重头戏是他们班编排的独幕剧。对当晚晚会的盛况，方其赏记入了日记：

1937年5月15日星期六：

六时几为国语演讲——陈先生。

至七时，才开始晚会；当时首有教师及同学，表演音乐及幻术、谐谈等，于助庆方面，极是得意的。后来本社独幕剧出演了，有许多地方，命到他等的笑气发现（注：原文如此），如化装〔妆〕、言行等等，亦颇有趣，但亦有很多的错处，……在戏剧完后，附以少量餐点，同时敬请各位教师和班代表及助庆者，故聚于会客厅者，亦有三十余位，大底可以尽量高兴一下了！完后，仍余少许，供以工友享乐。

（三）学校伙食

开侨中学最初是实行围餐制，从方其赏初一的下学期开始改为分餐，学生对饭菜的数量和质量是比较关注的。方其赏在1936年4月连续三天的日记中，记录了食堂的饭菜情况。

1936年4月22日星期三：

午餐时候，我选了猪肉莲藕汤，比较细豆芽菜少一些哩！真是第一式两碗饭后，所食的菜很少，在第三碗，几乎不足食了。……晚餐时，我选为花生豆与猪肉，比较多些历练，可能够食的。

1936年4月23日星期四：

今日的食饭，还比较昨天好得多了，菜方面也多了一些，真是爽的。如果天天如此，那〔哪〕有不欢喜之理吗？但午餐所食的菜，为大豆芽菜与牛肉的，晚餐为乌豆和鱼肉，很是适合口味的，而且足食有余呀！

1936年4月24日星期五：

午餐食咸鱼，很是好的，其是值过头了！但晚餐食有菜与牛肉，都是好的，不过有时确实还余剩的，但有些同学说是好的哩！

学生们不仅关心是否能够吃饱，还很注意观察学生、老师、工人之间的伙食安排得是否合适公平，对自己的利益比较看重和争取。

1936年9月28日星期一：

菜的问题。现在是九元一月计的，何以现在所食的菜，比以前七元一月一样的，所以见到不合的。再其次至到工人的菜又比学生一样呢?！况且银比较少的。再至教员的菜饭为多的，又可一些，所以各同学极力反对这个问题，就最为不平的，因此发生许多反应了。

这条记录不仅让我们看到了学生们对校内不同人群伙食安排的一些意见，而且提供了开侨中学学生每月的伙食开支及其变化情况。伙食问题对学校管理来说也是一件大事，开侨中学有一个校长与学生共餐的制度，① 随时了解学生的意见，加强与学生的直接接触，加强沟通。在学校的膳食委员会成员构成中，也设计了学生参与的机制，方其赏在初中一年级的下学期担任了这个委员会的总务股长，膳食委员会会议校长也要出席，学校上月的伙食经费决算和下月的伙食经费预算都要在这个委员会通过，接受

---

① 在方其赏1935年9月10日星期二的日记里记录了校长共餐的事和老师的批语："食餐之时，校长先生，忽然与学生共席，亦未知什么缘故，我都不能了解这件事，时时刻刻放在脑海里，特现在记之，以免忘记了！（老师批语：陈校长照例是和学生共席的。）"这里说的陈校长就是开侨中学从广州聘请来的第一任校长陈家骥。

监督和检查。①

（四）疾病防治

从开侨中学的一些安排来看，这个时期的侨乡学校已经注意了一些疾病的预防，例如，对所有学生普遍进行了对天花的防治。

> 1936年2月29日星期六：
> 下午三时许时分，是本班种牛痘。但对于此事，我看作很重要，当然就参加去了，但未种之时，我很怕的，而于种之时，略有些痛的现象，经完后，无痛了，但少血哩！都不明其理。

对青少年开展疾病预防的还有在侨乡的一些教会人员，他们也有进入校园宣传医疗卫生的知识。方其赏在1936年9月30日的日记中就记录了美国传教士来学校宣传防治肺痨病的事情：

> 1936年9月30日星期三：
> 朝会华先生说出来，那两位是美国的教徒，他们奉命而来，宣传肺痨病的流行，及其预防的医治，所以随处宣传而至本校。

从他的记录中我们也看到，这两个传教士是受教会的安排而来，开侨中学不是他们唯一去的地方，"随处宣传"给我们留下了更多想象的空间。

（五）校外活动与校际交流

民国时期的中小学都成立了童子军组织，对学生进行社会军事教育，是开展青少年运动的一个重要抓手。开侨中学也不例外，方其赏入学后就自然成为童子军的一员，按照国家制定的计划，接受课堂教育、会操、野

---

① 方其赏1936年6月2日星期二的日记："至晚时开膳食委员会，本人也参加了一份，而我为总务股长，而校长又使我带了墨与笔及登记簿到场，……黄庶务又报告五月各项之决算，与六月之预算，后来校长又报告，至卫生股的讲话，也说出来了，都是很合的。再至调查股的报告，有时所查的市价，与买菜所列的菜单不符，这是买菜的人所不忠直的，可知一个人，无论到什么地方，做什么事，必要持着忠字，是人之不可缺乏的作事，也为青年们尤为注重的。"

外生存教育等。到初中二年级的上学期1936年10月，方其赏已经是童军的中队长了。逢重大节庆活动，学生们都要穿着童军制服参加，队伍走出校门就是侨乡的一道风景，很是吸引人关注的。

  1935年10月10日星期四：
  今天双十节的一天，本校全体往长沙开会庆祝，觉得欢喜不过，但天气很热，晒得真是汗儿如雨一般！那些演说者，大概说双十节的来历，和怎样去庆祝她。但现在都未完全是国庆的，而然带着困难，都要打倒那些帝国主义，使国家强盛，才为国庆呢？但会毕后，又巡行了！巡行的道路，由街至乡村，一直巡行了几里路，汗儿飞飞，脚子疲倦到极，口里觉得很口渴，至回校中，才以茶啦解渴，休息几十分钟，又去做宿营！那营是队长的三年级的人所盖的，又在营外煮饭来食，那时是将夜的期间，已经上了灯火而食之。至未久开游艺会，非常高兴，快乐得很。但项间那二三年级到来劫营了！我营被抢了物件去，并抛了我的童军帽在河，可幸取回，他们真是野蛮极了！至十时许才食粥作为消夜，食后不能睡觉，至许久才睡了四五时，天才光明了！

野营是童军生活的重要组成部分，借此锻炼初中学生的野外寻路、生火、露营、缝补、救护、侦察等本领。在方其赏的日记中，关于野营的活动，既有学校组织和年级组织的，也有班级组织的，他对此表现出不同的兴趣和参与意愿。

开侨中学创办之初，校际的交流是学校生活的一部分，在方其赏的眼中，来校访问的团体渐多，本校出去参观的机会少，学生们对此多有评论，大家还是希望多有外出参观考察的机会，扩大视野，以增见识。

  1936年5月23日星期一：
  下午二时左右，忽闻有广州之"四邑中学"到来的大约有九个人，皆都穿了西装子，只有一个先生率队到来的，但又握着一个篮球来。

  1936年10月29日星期四：
  午餐后，台山端山附小参观于本校，极为热烈舒快，真不肯舍去的。……不过近个学期来,外处到本校参观者为少,日益增多,可以显扬本校的校风如何了。再至本校的旅行生活,实是少到极,而现在已经组织数个社团,略有一些进行,但全校与及每班来说,确实缺乏了,所以本校对外的见识等等,总比别处少得多了。

1937年5月12日星期三:

今天省师初二年级到校参观,后再来了一间小学,不过省师兼赛篮球……

外来的中学多会与开侨中学进行篮球、排球或足球比赛,这是校际交流的常规的内容之一。

三、学习科目与实施情况

根据方其赏的日记,开侨中学初中开设的科目有国文、英文、算术、历史、地理、物理、植物、体育、图画、音乐、卫生、公民、童军、经训、劳作共15门,这些科目在方其赏日记中出现的频次是不同的,初步统计如下:国文28次、体育20次、地理14次、算术7次、音乐7次、图画7次、公民7次、童军7次、英文6次、物理4次、植物3次、劳作3次、历史2次、卫生1次、经训1次。15个科目出现的频次肯定不是学校安排课时多少的真实全面的反映。按对初中生的教育和培养要求来讲,这些科目设置和课时安排是各有轻重的;这些频次主要反映的是方其赏的个人爱好和所长,比如体育课与算术课、英文课出现频次相差之远,物理课、历史课被他关注的次数之低,就不是正常的课时安排的反映,在初中生的教育中无疑算术和英文一定会比体育课安排的课时要多,笔者认为方其赏个人对体育的喜好以及成绩较好[①],是体育出现频次高过算术、英文

---

① 方其赏喜欢运动,是班里参加校运动会的积极分子,而且能够取得好名次。1935年12月6日星期五,方其赏的日记记载:"这是第三次运动大会举行的第一天哩!(开侨中学创办于1933年,当年就举办了校运动会,所以1935年的校运动会被称为第三次。)我参加二百米,跑到第一名,但又四百米,也是如此啊!"第二天的日记:"今天连续运动下去,早餐后,四百米决赛,第二名,但被石头受伤了左足,比较相差一些。至二百米决赛,我以药纸贴着伤口,在用白条布扎着,然后跑呀!但是跑了百数米时候,我的脚子已不能跑了,而受痛呢!况因足而又致第尾了!"

的重要因素吧。

在对各个科目的具体记录中，虽然可以观察到它们各自的教学实施情况，但是更反映了方其赏对这些课程的兴趣程度有别。比如，劳作课、经训课、植物课、历史课多是因为停课改作别的学习而被记录进入了他的日记，卫生课的唯一一次记录是因为这堂课是讲解男性的生殖器，大家感觉新鲜被喜欢，印象深刻，才被记录。

1935年12月14日星期六：
今天上到了卫生一堂，就是讲男子的生殖器，各位同学非常留心去听阳先生说，但有时先生说到有些可笑的，各人就十分可笑的笑着，但是先生都笑起来了！不过我们应笑就笑应静就静了去听了！这样本堂就很喜欢了！而且得到不少的利益了！

讲解人的性器官，对初中生来说还是有一定的挑战性的，身体发育阶段、朦胧的性意识觉醒让这些青少年在羞涩中想去了解，这可能是他们"很喜欢"的原因。有意思的是，这堂课没有男女生分开上课的记录，好像是一起在上，笔者想这些笑声中应该有女生表现出不好意思的反映。

物理课有2次记录也是停课，另外2次是记录老师讲解照相机、望远镜、显微镜的结构和实验，给方其赏留下了深刻的影响，引发了他和同学们的探求欲望。

1937年5月21日星期五：
物理堂，甘先生讲照相机构造，是很简单；不过照相的手术，应注意几点：（1）光，要使光配合均匀。（2）距离，在距离远近的标准，应注意的。（3）艺术，要在经验方面着想。故三方面需要具备，才可以照得美吧。

1937年5月25日星期三：
物理堂，甘先生说显微镜及望远镜等等，同时又给显微镜等轮着实验，在我们实验一只蚁时，用显微镜实验得很大，能放大几百倍以上，所以我们感觉很奇怪，要去研究她〔它〕底理由。

其他的科目的上课情况，或以教学内容、教学方法引起兴趣，或是考试内容、方法引起关注。例如，英文课是很重要的一个科目，尤其是侨乡学生，在小学时就已经开设了，开侨中学建设了专门的英文课教室，按照常理，有关这个科目的记录应该更多些。在方其赏的记录中，反映了英文比赛、课堂作业、朗读、正音等教学情况，还有学生们面对抄生词的无奈，以及对教师教学水平的评介，等等。

1935年10月29日星期二：
留有许多工作，要我们去做啊！就是抄所讲过的书的生字，每个要抄十次哩！总共都有一百多个，况且将一百余个，又抄十次，这样看来，要千几个了！又要非〔费〕许多纸呢！也要非〔费〕了许多时候吧！还要用尽了自己的心血啊！

1936年2月19日星期三：
英文堂的时候，叫起了同学读书，有的读很好哩，但有的读到非常不好的，我从这样看来，知道必定有的很努力的，但也有的不理甚么的勤奋哩！这种人可用以做模范的，那种人真是有心读书的吗？又可得着一个教训了。

1936年3月3日星期二：
第三时英文堂的时候，杨先生母病暂时停课，于是校长到来代上了！那时，他叫些同学读书，但有些音不准时，他又指正，况且又在黑板上调音，读得很清楚，那么比较杨先生所教的还明白得多哩！后来又默书，也得益不少的，值得佩服哩！

童军课的记录基本符合其科目性质，主要是全校会操、班级练习编队操、宿营等内容。

音乐课的教学有乐理、新歌教唱，记录最多的还是关于考试的方式和内容。

1936年6月4日星期四：
开始考音乐了，于是，指点所考的歌来，一条为英文，一条为行船乐，由人选择任何一条，练熟背出来，以为考试了。那么，各人也很着急的，因为此条英文歌，不过唱了不到三堂的时候，都各同学未能清楚识的，而行船乐的歌也不十分熟识，故考起来大家有很大的危害了。

开侨中学的图画课有专门的教室，布置也比较专业，对刚入初中学习的学生来讲，走进教室还是令他们眼前一亮，感觉新奇和兴奋。① 图画课的考试也给方其赏留下了较深的印象，随堂静物绘画考试或室外写生考试让同学们比较开心，感觉有兴趣。

1935年10月19日星期六：
早餐后，便是图画堂哩！这一堂图画就是第一次的试验了。就在河边外面写生哩！写完后，我交了，就下堂了。

1936年5月2日星期六：
今天的图画堂，就是考试的，但所考的为写帽子！于是我写童军帽了，写得亦很得意的，可惜慢一些！

1937年6月18日星期五：
第二时，试验图画，亦都是自由绘风景的，而以颜色、铅笔为限。

算术课的记录虽然少得不合初中教学的常理，不过通过具体的内容，可以帮助我们更多地了解其教学内容和方法。在开侨中学的初中教育中，代数、几何是主要的内容②。课堂作业和课下作业是学生的主要任务，学校的学艺竞赛中，算术是主要的项目，是必修课，大家都要参加的，考试的内容时常超过了书本，让学生们感觉有一定的难度。

---

① 1935年10月5日星期六，方其赏入开侨中学第一次上图画课，那天的印象很深刻，在日记中，他是这样记录的："上午图画的一堂，我们进了图画室，眼所见的，说也言不尽了。……都有瓷器、陶器和假生果等种种，真实无可计算的，再仰头一看，那墙壁上，挂着有数幅的油画，亦非可观吗，真是平生未有见过的，真是可看到极了！"
② 1936年11月5日星期四，方其赏的日记记载："算术堂，李先生带了一个箱子，装着几个面、立体及圆柱等等，用来讲几何的。"

1936年2月21日星期五：

下午至算术堂，就为堂上的练习，那时出了两条题目，但第一条无能计算出来了，只是做下一题哩！但后来经过几次想过，才计出来第一条来，由此就可知道了，无论作什么事情，如果未经过一二次或三四〈次〉的想呢，就必无成功的事。

1936年6月7日星期日：

至算术比赛时，所出的题目，书本所无的，更加无计过的，故所以大家错很多，此次算术，大家相差得极远了。

1936年6月10日星期三：

今天的第三堂，为算术的。那时，我们使李先生计那些题目，我觉得大有错处！但是她说本班三百数十分，而平均起来，只是每人得到十数分的，故所以大家有了悔恨，不过此次学艺比赛的算术，比平常考试总是深得多的，况且书本又无的，故所以大家有很大的错了。然而至国文、英文，略有相当的效果。

初中一年级的地理课主要教授中国地理，是由陈家骥校长亲自担任的，这是方其赏比较喜欢的课程，有关考试的记录不多，所记录的地理教学内容比较丰富和贴近现实，有中国地图和各省地图（1936年2月13日）、绘制地图（1936年3月3日）、中国的周边形势和中日关系（1936年5月5日）、中国自然资源分布（1937年5月8日）、户外地形考察（1937年5月22日）、中国的民族分布（1937年5月26日）等，这大大拓展了侨乡学生的视野，增加了学生很多的见识。

1937年6月12日星期六：

今天已试验两科，地理和体育。而不过地理又进一步考法，只是自己绘图而已。……绘铁路图。

体育课是方其赏校园生活中让他产生欢喜精神的重要科目和课外活动项目之一。例如，开侨中学第一次的体育课就让他大呼过瘾，而对很快下课感觉遗憾，这种情绪在后来的体育课中一直饱满地保持着。

1935年9月17日星期二：

今天所上的堂，最快乐的，莫非体育的一堂吗？在这堂的时候，我们同学，大玩球一场，得意到极了！都可惜没有继续的做去呢！

1936年2月13日星期四：

下楼去早餐的时候，见潘先生已回来了校了，我就可知道了，今日的体育堂哩，立刻喜欢来了，各位同学也很快乐哩！但午餐后，我就换了衣服了，以便玩球呢。至体育堂时，我就非常热烈的玩足球哩！真是兴高处无能比较了，但练习一些球术，况且又能锻炼我的身体之康健，增加身体之力量，非常多益处的，故所以更加努力啊！

他们的体育课有球类，有田径，奇怪的是，没有看见游泳教学的记录。在球类运动中，有篮球、排球、足球、乒乓球各项运动，田径教学有跳高、跳远、掷铁饼、掷标枪、一百米、二百米、四百米跑，等等。方其赏的体育能力在田径上表现出来，是他们班参加全校运动会的得分手之一。

1936年3月19日星期四：

考体育一科，有了标准的，随个人所选哩，我就选第一段走跳远，第二段二百米跑，第三段一百米跑。但走跳远，甲组为三米二十及格的，不过我考得三米八十五，可以及格了！

1936年5月2日星期六：

到第七时为体育试验，一百公尺①与二百公尺的，而我所报的为二百公尺，就走二百公尺……所走的为三十一秒五，可以及格了。

国文课是初中教育的主干课之一，在方其赏的日记中也记录最多，有28次。这里面涉及国文课的教学内容有文言文、课文阅读、名著阅读、朗诵、文法、作文、书信。阅读的名著有《茵梦湖》《十五少年》《我的童年》等，作文分命题作文和自选作文，命题作文题目有"我的暑假生

---

① 注：1公尺=1米。

活""给我印象最深的一个人""我对于本校的希望""篮球比赛"等。教学方法上,有略读、背诵、精讲,演讲是让方其赏等同学认为对其国文水平和能力锻炼很有帮助的方法。

外国名著的阅读在初中学生中是比较难的,这是国文课的内容之一,有的同学因为畏难还提过意见。

1936年2月7日星期五:

在第一时上国文的时候,梁先生提出略读来,是一本《茵梦湖》的书本,又是翻译的书,所以各位同学就有些不舒快的样子!又要求他,他答:"是学校所选定的。"但他的主张是读名人传与科学常识等类之书,亦很合的,比较优得多哩!我也好这一类书。

《茵梦湖》是德国19世纪著名小说家施托姆最受读者欢迎的一部描写感伤爱情的经典名篇,他本人也是"五四"以来最受中国读者喜爱的外国作家之一。从梁先生的答复中,我们知道开侨中学的国文课阅读外国经典名著是规定的教学内容之一。苏联伟大作家高尔基的《我的童年》也进入了初中国文课堂。①

1936年2月28日星期五:

今天第二时,是我班第二次的演讲,我也很喜欢的。那时,我亦很有准备的,但是都不能演到我,只是演了三十余人的,这样我就要待下次继续的演了!不过今天有些同学说得很好的,有的不良的,但有的忽在终〔中〕途而忘记的,这样看来,那些良的,必定多练了!不良的,很少练的,终〔中〕途而忘必是因慌而不记得了。那么,一定要练得很熟的,才能有一些的把握哩!

1936年3月6日星期五:

早晨第一堂,也是我们演说的,而轮到我的时候,我也有些怕的样子,因为初初学习就是了!但经大家说完后,教师又批评各个同学

---

① 1936年10月3日星期三,方其赏的日记记载:"国文堂的时候,华先生把略读的书,高尔基《我的童年》,讲清楚后,再说些对于他的一生历史大概,就是奋斗,努力而得到的,所以凡人类能努力求学,一生可以成为一个很大的伟人吧。"

的缺点，到我的时候，他说是比较前次好一些了。那么有了进步，我再求上进的哩！

很有意思的是，开侨中学初中的国文课堂上，还有与初中学生身心结合很紧密的立志修身的教学内容，在这些课堂上，学生往往比较活跃，有不同想法的还提出来向老师请益。比如有关"恋爱"问题的讨论就是一例，方其赏就不完全同意年级主任华老师的意见。

1936年9月17日星期四：

国文堂的上课，华先生说过"恋爱"的一个名词，所以各同学都是笑起来了。不过有些还未明白"恋爱"是什么呢？故我也要与华主任讨论一下，这个恋爱的问题，中学生是否应为的吗？折或还是适合呢？所以分为上面两点来说。

我们现身处为青年的中学生，对于恋爱方面，是绝对不应的。因为还是求学的时候，而学识既浅，金钱又缺乏，而年岁尚幼，所以不能抛弃学业而去干得。更为本身计，也不能行通呢！若说应该的，绝对无理由，望华先生解释为盼！

一年级时，方其赏很少出现这样和老师讨论的记录，这段日记也让我们看到了进入初中二年级的方其赏其心智、知识、思想等方面的进步。

四、思想政治、社会常识教育的形式和内容

开侨中学非常重视对学生的政治教育和思想道德教育，还注意增长学生们的社会常识，在制度设计上，不仅有童军课、公民课设置①，更有每个星期一的纪念周和每天一次的朝会训话安排，以保证将核心价值观念、主流思想道德和行为规范通过每天的仪式强制性向初中学生灌输，实现教

---

① 公民课上，多讲授国事国情（1936年3月24日）、民族振兴（1936年4月9日），还讲授法律问题，比如1937年6月15日星期二，方其赏的日记就记录了诉讼方面的知识："下午公民堂，梁先生说，在诉讼的时候，证人不能由亲属及未婚配偶和医师等负责，在法律上规定，故我等将来有诉讼时，又可认识一点。"所以，笔者认为公民课具有更多的思想政治、社会常识教育的功能。

书育人的目标。所以，朝会和纪念周活动就成为开侨中学初中学生重要的政治生活的组成部分，在方其赏的日记中，有关这两项活动的记录也最多，朝会记录是85次，纪念周记录是34次，由此可见，政府、学校对思想政治教育之重视和对学生影响之深。

在层级上，星期一的纪念周比朝会更高，更重要，形式上也更加隆重，其形式全校集合，由校长训话。1936年9月21日，军队教官第一次走进校园，在纪念周会上向全校师生宣传抗日。朝会多是年级会，由年级主任训话，也可以是以班为单位，由班主任代替训话。

从方其赏的日记记录来看，其实纪念周和朝会的训话教导内容有很多是相同重复的，所以我们一起进行引述分析。

了解国父孙中山先生生平历史和贡献，了解民国由来，是纪念周稳定而基本的内容，向孙中山像鞠躬，背诵《总理遗嘱》等仪式，就是在持续不断地向学生宣传国家意识，培养国家认同。不过，有趣的是，关于当时的执政党——中国国民党的历史、理念和领袖的灌输，在日记中没有见到。

此外，纪念周和朝会的教导还有如下内容。

首先，是形势教育。开侨中学的形势教育内容很广泛，既关注国内的形势，更关心世界政局的变动，例如，介绍意大利吞并埃塞俄比亚（1936年5月11日）、欧洲内乱（1936年10月13日）和英国女王登基加冕（1937年5月12日）这些重大的国际事件都成为纪念周或朝会的训导话题。1935—1937年正是日本帝国主义侵占东北三省之后，不断挑衅、筹备全面侵华的关键时期，因此有关中日关系的变化、中日国情之比较、国民政府之态度和政策等，更是时常在这两个活动中被不断持续提到，这些教育极大地激发了初中学生的爱国热情、报国情怀和对日本帝国主义的愤恨。

  1935年9月18日星期三：

  朝会的时候，教师所训的话，就是说起二十年（民国二十年，1931）九〈月〉十八日之东三省被日人占据的事，回想当时的情景，悲哀到极了！可是要免去那种悲哀的耻辱，在乎我们一班青年的学生，这些学生，是负着很大的责任了！所以我等当学生的时候，应该努力勤学，将来为国家出力，雪去国耻，复兴中华民国，于世界上为一个强盛的国家，使各国不敢辱侮，中国为天下之大王，这是我的大望呢！

1935年11月11日星期一：

今天的纪念周，就为本学期的第一次哩！也是我们一年级的第一次啊！纪念周所闻得到是什么呢？咳！哎哟！就是吾国的重要情形哩！那的无理而强蛮的日本仔，他们真是侮辱我国了！对于强占东北三省的事，我国都非常愁了！也非常羞耻了！他们现在打算还来侵夺上海等繁盛的地方，并且还欲打亡吾国；这样我国见如此——可恶，就结意与他们迚一死生。那我们当学生青年的时候，须要具有爱国的心肠，中国然后永存于世上了！

这几年开侨中学组织了不少有关抗日的活动，限于篇幅，本文不做展开分析，笔者将另文专门论述。

其次，是立志教育。学生是社会的一分子，肩负着建设国家的重任，要珍惜学校的好光阴，勤奋努力，立志成才，这样的话题时常成为校长、年级主任训导的内容，激励学生发奋自强。这从1935年9月30日校长在纪念周上鼓励初中一年级新同学积极在学校成才，到1937年5月19日朝会上年级主任华先生关于自我要求、自我成功的办法的讲解中，可以观察到学校和教员们对学生立志成才的殷切期望。在朝会的训话中，年级主任又一次宣导了他对发奋努力的认识。

1937年5月24日星期二：

华先生说起发奋来，可分下列数种：（1）为表示而发奋，（2）为环境而发奋，（3）为争气而发奋。在上三种，不过是普通人所发奋的，如果有修养的人，可以说是为自己和大众生存而发奋的，这种发奋，才算是正当的发奋，故要认清楚。

如何才能是对社会有益的人才呢？学校将从哪些方面进行规范引导，学生应该从哪些方面去确定目标锻炼自己？开侨中学对学生有全面发展的培养目标引导，那就是体力、智力、德力和群力的培养。很有意思的是，开侨中学将体力和智力放在前面，德力在后，至少说明学校认为一个合格的中学生体智健康是最基本的要求,只有体智健康,才有服务社会最基本的能力和条件,再加上德力的修养和群力的培养,就能够符合社会的需要,立足于世。

1936年2月25日星期二:

今天早晨,不能在外朝会了,因地方太湿,况且又将下雨来了。就在课室内上朝会。当时,先生所教训的是甚么呢?就是体力、智力、德力与群力的四个重大问题,但仍然未说完,下次再讲。

1936年2月26日星期三:

今天朝会,继续说了!但是体力方面,如果缺少者,必定对于身体很衰弱的,必定不能办事罢;虽则能够办得事,一定是事倍功半的,这样命还可保得吗?但智力方面,也不应少的,人生在社会来服务,就能一字不识而能乎?但是未只不工谋生,况且而还能饥死亦未可知也。再至于德行方面,必定要有良好道德,才能立于世上。后至于群力方面,也要与群众有很密切的关系,才可造就呢!这数种条件,是人类之不少的。

学生以学习为主,那么如何在校完成好本业,读好书呢?纪念周和朝会的训导话题里面有大量的关于如何读书的教导。从要有个认真的读书态度,到读什么书,再到怎样读书,校长、年级主任不厌其烦地引导和鼓励大家,尤其在怎样读书方面教导尤多,所以,在方其赏的日记中也多有此类记录。

1935年9月27日星期五:

今天晨会时,得着级主任教我们训练的脑子,我很喜欢的,但训练脑子有两种方法:(一)是自动究研,(二)是读书方面。……自动究研方面,这方法有五:(1)要时常注意。(2)要思想。(3)发生疑问。(4)假设答案。(5)最后的实验。若能存着这几点,一真做去,才能使脑发达无穷了!

1935年10月23日星期三:

朝会之时,先生提起读书方面来!为什么读书,读什么书,怎样读书，这几方面，先解决怎样读书。就是大体来说，在读书之前，要有计划，读书时要十分注意，读书后，要作札记，然后读书才有益处哩！致此，我就记着了。

1936年2月7日星期五：

朝会之时，是说关于学习方面的，应该自己规定一个时间工作表，但在此表所应读的课外书，尤多些，以增我们的益处哩！不过在课外的读书，又要选择的适宜我们的程度和需要，这样才能有大大的进步哩！

读书增知识，长学问，提智力，还需要勤思考，所以我们在方其赏的日记中还看到在纪念周和朝会上校长、年级主任或者班主任讲到的一些专门话题的阐发，比如"物质与精神"（1935年11月22日）、"思想"（1936年3月23日）、"生命与毅力"（1937年5月15日）、"自力更生"（1937年6月12日）、"道德"（1937年6月17日）、"群"（1937年6月18日）、"检讨"（1937年6月19日）等，引导同学们对一些重大问题开展讨论，以达思想的高度，成为有自我主张的人。

1936年2月5日星期三：

早晨朝会时，所闻受得的话儿，就是要认识大众，与大众很有大的关系和联络，这样才可作事出来；反之，则作何事都不会成功的。我们要知道，社会上不只是自己一个人的，还有很多的很多，需要认清楚一点，还要结合各个份子，才可成为一个很好的世界了！

1937年6月18日星期五：

朝会华先生又说"群"的训练。在这个训练的里头，可以找出三点较为重要些：（1）要热心地求群的发展。（2）要好好表示自己的意思，及诚恳地接受他人意思。（3）勿忘他人和自己。

校长、主任的阐发在学生心里留下了印记，获得反映，引起了他们的独立思考、认识的提高。

再次，是操行教育。开侨中学非常注重对学生日常行为规范的养成，认为好的习惯和行为培养应该从日常点滴的小事做起。所以，关于爱惜公物（1935年9月30日）、注意清洁讲究卫生（1935年10月22日）、行直坐正（1935年9月20日）、不乱给同学取"花名"（1935年10月2日）、遵秩序守纪律（1936年3月9日）、尊重他人人格（1936年9月28日）、维护校誉（1936年10月14日）、形成勤学的校风（1937年5月21日）等，校长和教员们都循循善诱，提出具体要求和建议，希望同学们有个好的生活习惯，慢慢培养良好的行为举止，成为有修养的学生。

1935年9月20日星期五：
今天晨会，级主任所教训的话，于我们的益处，帮助很大的，为什么呢？就是纠正我们的身体，使我们坐或立的时候，要身体正直，才免这种极害，否则，必染起疾病来了。

1935年11月1日星期五：
今天朝会时，一甲级主任先生教训有些很重要的话，是关于睡眠方面的，……到睡眠之前，不可做剧烈运动，至眠在床时，不可思想别事，倘想别事，就要施行这种算数目的办法哩！就一直地入睡了！

1937年5月19日星期三：
朝会华先生的最大教训，有几点意思：（1）自觉需要，（2）自设环境，（3）自定方法。如果这样能够进行，做事必定收很大的效果，故我等有机会应利用。

对日常个人卫生，要求学生们勤换衣服，多沐浴，饭前便后要洗手，保持教室和寝室通风，连初中学生好奇又不好意思的生理问题也进入了纪念周和朝会的宣讲之中。

1937年6月14日星期一：
朝会华先生说："要训练身体结实。"无论身体何部，应有好好的方法调节，使成康健，在性欲方面，亦应随时留意，好好的用人工爱护，方得到健全。

最后，是见闻分享。开侨中学的校长和部分教员是从县外聘请来的，他们时常往返于开平与广州等地之间，其在省城和校外的所见所闻，也是纪念周和朝会的宣导内容之一，校长和年级主任多是由事而引发出一些有启发性和思考性的问题和师生们分享，扩大大家的视野，以达见多而识广之目的。

> 1936年5月27日星期三：
> 朝会那时华先生所教训的，他在广州观了《摩登时代》，于是他就来说了，作为比例式之教训，也很有道理的，但需注重四大条件：（一）为集体化……（二）机械化……（三）高速率……（四）大众化……

> 1936年11月2日星期一：
> 纪念周校长所训的话，……国民政府命令各处学校，要施行免费及公费制，占到百分之八至百分之十五，……那些贫民而失学的民众，得到许多良机会了，可以求到一点相当的学识，使到社会里头，得以独立，维持生活，于社会上很是有益的。

> 1937年5月23日星期一：
> 纪念周校长所训的话，有下列几点：……（2）他往省所感想：（A）生存于社会上，一天难于一天，因在验定考试可以知道的。（B）社会争斗日甚，渐进的，不是退的，适者生存，不适者淘汰，所以要充满自己的智识。（C）凡属机关人员，必需考试检验，才得服务。（D）凡长官都要受严格训练，和以前不同，完全改变为振兴的精神，故办事有效，社会才可发达。

五、结语

以上笔者比较多地引述了方其赏日记的内容，是希望尽可能通过阅读去比较全面地了解侨乡初中学生日常的所思、所行，包括那个时期中学生的语言使用习惯、思维特点、文字表达方式和能力，了解他们的校园生活、校园管理，进而了解侨乡中等教育的一些基本状况。因为上述归纳引述，带有笔者的"前意识"和"立场"，是笔者个人的解读，可能带有一定的局限性，因此希望通过更多的引述以保持方其赏个人思想、行为和日常生活的原真。笔者这样大量地引述方其赏的日记，还有一层考虑，那就是我们现有的侨乡文化研究对生活的细节、对习以为常的饮食起居关注度不够，大的制度性、结构性的问题观察较多，笔者也是第一次触及日常生活话题，故笔者以为"描述"性的探讨，是基本的、应该的。

开侨中学的课程是根据国民政府对初级中学学生应该具备的知识、能力和品行来设置的，虽然由于方其赏个人的爱好对这些课程记录的次数多少差距很大，但是通过这个日记，我们还是可以全面掌握开侨中学的课程结构及其由此观察到学校对培养目标的确定。

思想教育、行为引导、视野拓展是开侨中学教育的重要内容，认真读书、了解国情社情、关心国家大事和世界形势、为将来贡献社会而读书是学校对学生体、智、德、群能力和素质培养的宗旨。

20世纪30年代抗日战争爆发之前，开侨中学学生的生活是比较平静的，出生华侨家庭的方其赏在学校过着衣食无忧的安定生活，他虽然感受到与校外疍民、贫民、校内工友生活条件的差距，也不乏同情之心，虽然学校也鼓励学生多了解社会，了解大众，但是社情的观察不是方其赏的兴趣所在，学校的课堂教育、课外活动占据了他绝大多数的时间和精力，是他关注的重点，他的日记让我们看到一个潜心学习、时常自省、自我约束较强、性格稍微内向的中学生形象。

方其赏在接受教育、认识社会、认识国家的初中生活中，教师是对他产生影响最多的人，其次是同学，再次是家庭、父母、兄弟姊妹。教师与他相处的时间最多，在他心里也是最为佩服的，他学习或生活中的需求、不解、渴望等，首先都是找教师帮助，与同学间发生的纠纷，也是依靠教师去化解。方其赏的日记让我们看见了成长中的青少年在从家庭逐步走向学校、走向社会的过程中，如何接受中华传统文化、社会价值观念，养成基本行为习惯的内在机制的个案，这也是社会不断进步的内在动力形成的过程的具体展示。

[原文见《国际移民与侨乡研究（2014·日常生活）》，中国华侨出版社2021年版]

五邑华侨华人文化的特质
——兼谈不同区域华侨华人的特征

五邑华侨华人历史发展的进程、对居住国和家乡多方面的影响,我们已经做了详细的分析研究,相信读者已对它有了一个总体的印象。作为全球华侨华人的一个组成部分,五邑华侨华人的历史命运当然带有来自其他侨乡的华侨华人所同样具有的很多共性,从它的身上完全可以看到世界华侨华人历史发展的波澜曲折和所建立的丰功伟绩。同时,五邑华侨华人又是来自一个特定的侨乡,中国地域文化有着明显的多样性,不同侨乡与主要居住国的空间距离、海外移民所面对的这些国家不同的社会经济发展进程以及由此决定的对待华侨华人的不同态度等,又对这个特定侨乡的海外移民群体产生深刻的影响,因而五邑华侨华人形成了不同于其他侨乡华侨华人的一些特质。这是我们更为关注的方面。因为,如果缺少了这方面的考察,不仅对五邑华侨华人历史的认识是残缺的,而且也会直接影响对全球华侨华人历史的研究,一个统一而又类型不同的华侨华人史才是真实全面的华侨华人史。

一、五邑华侨华人的类型特征

基于前面大量的分析,结合其他侨乡的历史加以对比,五邑华侨华人表现出如下明显的特征。

(一) 五邑华侨华人数量众多

五邑华侨华人数量众多,海外人口与侨乡人口之比,居广东全省之冠。五邑侨乡面积为9288平方公里,现有人口378万(1998年数据),海外华侨华人为215万多人(1998年数据),相当于侨乡人口的60%;如果再加上 149 万港澳同胞，这个比例则高达 97%①。其中，有的侨乡在外面的人口比侨乡人口还多，台山总人口为 100 万人，旅外华侨华人 86 万，港澳同胞 42 万②，超过侨乡人口。开平总人口为 67 万，华侨华人是 49 万，港澳同胞 25 万③，也超过了侨乡人口。潮汕地区是广东省的又一大侨乡，面积为 10384 平方公里，现有人口 1104 万多人（1996 年数据），海外华侨华人是 560 多万（1996 年数据），相当于侨乡人口的 51%。加上 170 多万港澳同胞，相当于侨乡人口的 66%④。这种情况只有福建第一大侨乡泉州可以相比。泉州侨乡有 11053 平方公里，总人口是 573 万多人（1990 年数据），海外华侨华人和港澳同胞达 565 万多（1990 年数据），相当于侨乡人口的 99%。其晋江、石狮、永春等县市海外侨胞与港澳同胞的人数也同样超过了侨乡人口数⑤。在这三个全国最大的侨乡之中，五邑侨乡面积最小，人口总量、华侨华人及港澳同胞的绝对数量最少，但是相对数量很大，超过了潮汕侨乡，与泉州侨乡齐名。

（二）五邑华侨华人分布集中

五邑华侨华人分布集中，是美洲华侨华人的代表。215 万五邑华侨华人有 155 万集中在美洲，占该侨乡海外移民总数的 72%，尤其集中在美国、加拿大（共 132 万），在当地华侨华人社区中，不论从人口数量还是政治、经济实力，五邑华侨华人都居前列，所以有"美国华侨之乡""加拿大华侨之乡"的称誉。这一点也与其他侨乡形成了鲜明的对比。560 多万潮汕海外移民，有 80% 分布在东南亚，以泰国最多，其次是新加坡、马来西亚、印度尼西亚、菲律宾。565 万多泉州海外移民，有 90% 居住在东南亚，以马来西亚最多，其次是印度尼西亚、菲律宾、新加坡、泰国。以梅县和惠阳为中心的广东客家语系侨乡的 300 余万海外移民，也是以东

---

① 参见江门市地方志编纂委员会编《江门年鉴（1998—1999）》，中国县镇年鉴社 1999 年版；江门市侨办《江门市侨情资料》（1999 年内部资料）。
② 参见江门市地方志编纂委员会编《江门年鉴（1998—1999）》，中国县镇年鉴社 1999 年版；江门市侨办《江门市侨情资料》（1999 年内部资料）。
③ 参见江门市地方志编纂委员会编《江门年鉴（1998—1999）》，中国县镇年鉴社 1999 年版；江门市侨办《江门市侨情资料》（1999 年内部资料）。
④ 参见王本尊《海外华侨人与潮汕侨乡的发展》，中国华侨出版社 2000 年版，第 1-2 页。
⑤ 参见泉州市华侨志编纂委员会编《泉州市华侨志》，中国社会出版社 1996 年版，第 289-315 页。

南亚为主要的聚居地①。

(三) 五邑华侨华人都有一定的经济实力

五邑华侨华人生活普遍比较安稳,都有一定的经济实力,他们中也产生了一些资本家,形成了一些华商家族经济,但大多是中小业主。五邑华侨华人经过几十年的艰苦奋斗,基本上都在居住国立稳了脚跟,在北美的华侨华人普遍都过上了衣食不愁的富足生活,小有积蓄;一些拥有产业的移民,生活更为殷实。从经济实力对比上考察,五邑海外移民富裕者多,富豪者少,虽不乏像陆佑这样的巨商,但是大多数为劳工阶层或中小业主,大企业家、大金融家、巨商富贾不如广东潮汕、客家和福建泉州、福州侨乡多。中国华侨华人的大企业集团集中在东南亚和港澳地区,这些家族色彩极浓的企业集团又主要出自广东潮汕、客家和福建泉州、福州侨乡。例如,印尼主要的华人企业集团中,三林集团的林绍良、盐仓集团的蔡道行、力宝集团的李文正祖籍福建福州侨乡,巴里多太平洋集团的彭云鹏祖籍广东潮汕侨乡;马来西亚主要华人企业集团中,郭兄弟集团的郭鹤年祖籍福州侨乡,云顶集团的林梧桐和丰隆(马)集团的郭令灿祖籍都是泉州侨乡;菲律宾主要华人企业集团中,亚洲世界集团的郑周敏、陈永栽集团的陈永栽、Summit 控股集团的吴奕辉、杨应琳集团的杨应琳、首都银行集团的郑少坚祖籍都是泉州侨乡;泰国 4 大金融华人企业集团的首脑 3 个祖籍潮汕侨乡、1 个祖籍客家侨乡,7 大工业企业集团的首脑有 5 个祖籍潮汕侨乡、1 个祖籍福建、1 个祖籍海南;8 大农基工业企业集团的首脑中,有 5 个祖籍是潮汕侨乡②。在这些国家,祖籍五邑侨乡的大华人企业集团很少。祖籍五邑的大集团、大财团在香港、澳门较多,也有像利氏家族这样的商界巨擘,不过从总体实力上看,祖籍潮汕、客家侨乡的大集团大财团似超过五邑。五邑和潮汕侨乡各有一所大学,即五邑大学与汕头大学,它们都是由海外乡亲、港澳同胞提议兴建的,各自得到乡亲支持的方式很有意思。汕头大学为香港商界巨擘李嘉诚一人资助,投入资金

---

① 参见广东省地方史志编纂委员会编《广东省志·华侨志》,广东人民出版社 1996 年版,第 178 页。

② 参见汪慕恒主编《东南亚华人企业集团研究》,厦门大学出版社 1995 年版,第 37、100、163、250 页。

已达 14 个亿港币。五邑大学由港澳同胞和海外侨胞共同支持,尤以香港同胞出力最大,总投入已达 2 亿多港币。虽然我们不能够简单地将资助金额的多少与两大侨乡在外乡亲的经济实力完全画等号,不过也能够说明一定的问题。

(四) 五邑华侨华人与家乡的联系更为紧密

五邑华侨华人与家乡的联系更为紧密,"根"的意识更为浓厚。海外移民与家乡的联系有内在的机制,并通过一定的形式来体现。广东、福建侨乡海外移民的动机最初都是为了挣更多的钱回来改变家乡的环境,改变亲人的生活境遇;挣钱以后,回乡娶媳妇、建房、买地,是所有海外乡亲的共同心愿。中国传统文化中的"落叶归根"意识,更强化了他们的这种观念和行为。家乡年迈父母、少妻幼子渴望改变生活的殷殷期盼,未来拥有自己的一亩二分地和老婆孩子热被窝的热切憧憬,是身在异域他乡的华侨们能够面对任何艰难屈辱痛苦的动力所在,这是他们心中的希望、目标。多积攒下一笔钱也就多了一份实现愿望的能力,哪怕自己过的是非人的生活,也都有了生存的意义。绝大多数华侨不断地从自己少得可怜的劳动报酬中抠出来血汗钱,汇回家乡,以此拉近他们与家乡的联系;家乡亲人的生活同时逐渐增加了对海外游子的依赖,家庭、村落、圩镇点点滴滴的变化都打上了华侨们的烙印。五邑海外移民与侨乡的这种联系比其他侨乡表现得更为突出。

首先,从侨汇来看。全国乃至广东在 20 世纪 30 年代接受来自美洲的侨汇比来自东南亚的侨汇要多,美洲的侨汇更占全国侨汇总数的 1/3 或 1/2[①]。在美洲侨汇中,来自美国的侨汇又占 67%～76%。[②] 如前所述,五邑侨乡的华侨主要在美洲,潮汕、客家侨乡的华侨主要在东南亚,因此太平洋战争爆发以前,五邑侨乡的侨汇就多于潮汕和客家侨乡的侨汇,这是可以肯定的[③]。而且五邑侨乡来自美洲的侨汇在全国侨汇中的地位也非

---

① 参见林家劲、罗汝材、陈树森等《近代广东侨汇研究》,中山大学出版社 1999 年版,第 108 页。
② 参见林家劲、罗汝材、陈树森等《近代广东侨汇研究》,中山大学出版社 1999 年版,表 5-6 "美洲侨汇统计"。
③ 参见林家劲、罗汝材、陈树森等《近代广东侨汇研究》,中山大学出版社 1999 年版,第 110 页。

常突出。1929年以前，仅台山一县来自美国的侨汇就有1000万美元，占当时全国侨汇（8100万美元）的1/8。1930年，台山的侨汇猛增至3000万美元，几乎占全国侨汇（9500万美元）的1/3。① 而当年全国来自美国华侨的侨汇估计不少于3300万美元，1931年为4240万美元，② 台山一个县侨汇的重要地位于此也是一个参考。太平洋战争结束以后，五邑侨乡因战争而中断的侨汇迅速恢复，数额巨大；而潮汕、客家侨乡的侨汇反比太平洋战争爆发前减少，与美洲侨汇形成鲜明的对比。1946年，广东全省侨汇为245亿国币，其中来自东南亚的只有83亿，另外，161亿则来自美洲。当年五邑侨乡每月侨汇收入是500万美元，台山县1946年报月的侨汇收入就达到425万美元。而潮汕、客家侨乡每月只有400万港币，约合80万美元。③

我们再来跟福建泉州侨乡做一个对比。泉州侨乡的侨汇收入在福建占有绝对重要的地位，据估计，20世纪初占全省的95%，20年代后半期占94%，30年代前半期约为90%，1938年为70%（另一种估计该年占56%）。1931年侨汇收入为7200万国币，1939年达到1.2亿国币。④ 五邑侨乡的侨汇收入大大超过泉州侨乡，仅一个台山县1929年1000万美元的侨汇收入，折算成国币就有4000万元～5000万元，1930年，3000万美元侨汇则高达1.2亿元～1.5亿元国币。

在全国重要侨乡中，五邑侨乡的侨汇收入不仅数量大，而且与家乡经济发展、社会稳定的相互依存关系更为紧密。据研究，广东侨汇的绝大部分是用于赡家养眷，1862—1949年用于投资的侨汇为2.1%，最高时期都不到4%（1919—1927）⑤。捐献性侨汇也十分少。因此，可以说，不少于

---

① 参见广东省地方史志编纂委员会编《广东省志·华侨志》，广东人民出版社1996年版，第148页。
② 参见林家劲、罗汝材、陈树森等：《近代广东侨汇研究》，中山大学出版社1999年版，表5-6，第108页。1930年全国接受美国华侨的侨汇数目是根据该表1930—1936年国币与美元的汇率推算出来的，仅为参考。
③ 参见林家劲、罗汝材、陈树森等《近代广东侨汇研究》，中山大学出版社1999年版，第112页。
④ 参见泉州市华侨志编纂委员会编《泉州市华侨志》，中国社会出版社1996年版，第173-174页。
⑤ 参见林家劲、罗汝材、陈树森等《近代广东侨汇研究》，中山大学出版社1999年版，第35页。

90%的侨汇是用在养家糊口上了，侨汇完全是侨乡的命根子。这一点，五邑侨乡对它的依赖更大。潮汕侨乡依靠侨汇维持生活的人口是40%～50%，而五邑侨乡人口对侨汇的依赖比前者多，如开平就有70%的人口靠侨汇维生①。华侨更多的台山依赖侨汇过日子的人口，绝不会比开平少。所以，太平洋战争爆发后，侨汇中断，遍布五邑侨乡的侨眷侨属失去了经济来源，变卖房产田地，卖儿鬻女骨肉分离的惨剧像瘟疫一样在侨乡蔓延，牵涉的人口、家庭之多，当在各侨乡之上。第二次世界大战结束后，五邑侨乡侨汇的迅速恢复，急剧增长，明显具有一种补偿性，其实也从一个侧面说明了侨汇对五邑侨乡影响之大。

如上所述，五邑侨乡在海外的移民绝大多数是劳工阶层，数额巨大的侨汇具体分摊到每一个华侨身上并不多。这个特点也正说明了时刻情系家乡的五邑华侨之多之广泛，长期持续不断的侨汇流入侨乡每一个华侨家庭，表现了海外赤子与家乡无法割断的联系是那样的紧密。有一位美国华侨写过这样一首诗："日用行需宜省俭，无为奢侈误青年。幸我同胞牢紧念，得些薄利早回旋。"② 华侨们省吃俭用获得的也只是微薄的一点积蓄，他们想到的是先把钱带回家，家乡的父老亲人时时让他们牵挂于心。

其次，从华侨人口的性别构成看。"二战"以前，五邑华侨集中的美洲华侨人口的性别比例严重失调，唐人街是个单身汉的社会。例如，在美国，1860年，华侨男女比例是18∶1，1890年，扩大到20∶1③。在一些大城市，如华侨集中的唐人街，男女性别比例失调的状况更为严重，纽约唐人街在20世纪初男女比例是110∶1，到1940年才下降到6∶1④。这种情况与在潮汕、客家、泉州华侨集中的东南亚就大为不同。新加坡华侨社会，1860年男女比例是14.4∶1，1881年下降为5.1∶1，1891年再降为

---

① 参见林家劲、罗汝材、陈树森等《近代广东侨汇研究》，中山大学出版社1999年版，第29页。
② [美]成露西：《美国华人历史与社会》，见暨南大学华侨研究所编《华侨史论文集（第1集）》，暨南大学华侨研究所，1981年，第281页。
③ 参见林家劲、罗汝材、陈树森等《近代广东侨汇研究》，中山大学出版社1999年版，第29页。[美]邝治中《新唐人街》（香港中华书局1989年版）认为是27∶1（第5页），[美]麦礼谦《从华侨到华人——二十世纪美国华人社会发展史》[三联书店（香港）有限公司1992年版]结论与邝基本相同，认为是26.79∶1（第27页）。
④ 参见[美]周敏《唐人街——深具社会经济潜质的华人社区》，鲍霭斌译，商务印书馆1995年版，第53页。

4.7∶1，1911 年是 2.8∶1，1931 年为 1.6∶1。马来联邦华侨社会，1901 年男女比例是 10∶1，1911 年下降为 4.6∶1，1931 年达到 2.05∶1①。菲律宾华侨社会，1918 年男女比例是 13∶1，1933 年大幅度下降为 4.6∶1，1939 年再降为 3.2∶1②。泰国华侨社会，1921 年男女比例是 5.6∶1，1929 年下降到 2.3∶1，1937 年更降到 1.7∶1③。印度尼西亚华侨社会，男女比例从 19 世纪后期以来一直都比较正常，比如华侨移民较早的加里曼丹，1880 年是 1.7∶1，1900 年为 1.4∶1，1930 年是 1.3∶1，同年全印尼为 1.5∶1④。

显然，美洲华侨社会男女性别比例长期严重失调，即使到了第二次世界大战前，也比东南亚华侨社会高得多。这种差别直接影响到各国华侨社会组成家庭的难易程度。大量五邑华侨年轻力壮，可是要想在一个男女比例失调极其严重的社区找到一个配偶（还不管她是否称心如意），组建家庭，对绝大多数人来讲，那简直是天方夜谭。所以，迫于现实，他们只有把娶媳妇成家的希望寄托在自己的家乡，侨居国终究不是久留之地，不论是年轻人还是中老年人，最终他们都是要回国的，因为那里才有他们渴望的家。故乡的"家"对他们不仅是一个心理上的寄托，更是一个实实在在的追求；"落叶归根"对他们来说，不仅是一个传统观念，更是一个"看得见、摸得着"的具体行为。无疑，潮汕、客家、泉州的华侨在男女比例不太失调的社会里结识异性的机会多得多，容易找到自己比较满意的配偶，落地生根，组成自己的家庭。这样，其与故乡"家"的联系逐渐变为与宗族的联系，故乡的"家"渐变为祖居所在，减少了自己核心家庭的直接感受，演变成一个具有文化优势的意识（我们来自经济文化发达、历史悠久的"唐山"）；"落叶归根"更多地成为寻祖的行为，作为一种传统观念形态深留在自己头脑之中，并在后代之中延续。

---

① 参见林远辉、张应龙《新加坡马来西亚华侨史》，广东高等教育出版社 1991 年版，第 353 页；吴凤斌主编《东南亚华侨通史》，福建人民出版社 1994 年版，第 583 页。
② 参见吴凤斌主编《东南亚华侨通史》，福建人民出版社 1994 年版，第 584 页。
③ 参见吴凤斌主编《东南亚华侨通史》，福建人民出版社 1994 年版，第 582、584 页。
④ 参见吴凤斌主编《东南亚华侨通史》，福建人民出版社 1994 年版，第 581 页；李学民、黄昆章《印尼华侨史》，广东高等教育出版社 1987 年版，第 240 页。

（五）中外文化交融深入到侨乡社会的各个角落

移民是文化的传播者，海外移民不论是到社会经济发展程度低于中国的东南亚，还是到已经完成工业革命和资产阶级革命的北美洲，都会将中国的文化传到侨居国，同时将异域文化带回来，必然在侨乡形成中外文化的碰撞。中外文化碰撞是在多方面展开的：文化教育最为突出。各个侨乡都由华侨出资开办了新式学校，西方的教育思想在中国的乡村社会得到实践；各种书室在侨村出现，使远离城镇的农村青少年接受外界社会的新信息；医院的创办，让侨乡农村的民众见识了西医的治疗方法和技术；因一些华侨在海外信仰了基督教、天主教，西方教会的势力开始在侨乡发展；排球、桌球等西方体育活动走进了侨乡青年的业余生活。人们的日常生活用具出现了一些在非侨乡地区看不到的"洋玩意"，生活习惯也掺杂了一些外来的色彩，咖啡、西餐进入了人们的饮食列表。类似文化的碰撞在广东、福建各个侨乡都能够见到。

另一方面，五邑华侨华人从北美洲带回来的西方文化对侨乡造成的冲击更为剧烈，导致中外文化的碰撞交融在五邑侨乡表现得更为强烈和突出，涉及面之广之深刻，在其他侨乡少见。例如，侨刊是侨乡一种特有的杂志，有"集体家书"之称，其本身就是中国传统文化和外来文化交汇的载体。五邑是全国侨刊乡讯最多的侨乡，仅台山县，1949 年以前就有 122 种①。1987 年，全国共有近 150 种侨刊，广东占 103 种，其中近 2/3 出自五邑；1990 年，广东省侨刊发展到 126 种，五邑就占了 74 种②。到 20 世纪 90 年代后期，五邑的侨刊已经发展到 86 种③。五邑侨乡各个管理区、各个姓氏基本上都有自己的侨刊乡讯，侨刊的普及说明外来文化触及侨乡传统社会面之广。又如，语言是中外文化交融的活化石，五邑侨乡各阶层的语言都渗透了外来语言的因素，这一点在全国侨乡还是很少见的。五邑尤其是台山至今流行着很多独特的语汇。例如，"好"称"骨"

---

① 参见郑德华、吴行赐《一批有价值的华侨史资料——台山解放前出版的杂志、族刊评介》，见广东华侨历史学会编《华侨论文集（第一辑）》，广东华侨历史学会 1982 年版，第 454 页。

② 参见陈山鹰《广东侨刊乡讯概况及其在海外的功能》，载《华夏杂志》1991 年第 3 期，第 55—57 页。

③ 参见郭志敏、战罗婷《五邑侨刊汇览》，五邑大学图书馆，1998 年，第 9 页。

(good),"很好"称"伟里骨"(very good),"好球"称"骨波"(good ball),"邮票"称"市担"(stamp)。称呼老太婆为"老缅婆"就更是一种独创了,"缅"是英语男人(man)的读音,"老华侨"为"老缅",在"缅"后面再加一个"婆"字就成了老太婆的代称。这一称谓从语言上反映了五邑侨乡华侨家庭之广大,侨眷妇女之众多。五邑侨乡流行的一些有独创色彩的语言不少还传播到了广东其他地区。

侨乡建筑更是充分地反映了中外文化交融在五邑侨乡的深入与融合。建房是所有华侨的一大人生追求,全国各个侨乡在清末民初都出现了一个房屋建设的高潮。有意思的是,五邑侨乡的乡土建筑完全有别于其他侨乡。最大的区别是,其他侨乡的房屋建筑基本上保留了当地传统的建筑样式,中国传统建筑的色彩极浓。比如,潮汕侨乡农村的侨房一般是具有潮汕传统风格的"四点金"或"下山虎",大户华侨的侨房主要表现为用材的考究、面积的广大、工艺的精美,而型制还是传统式的;客家侨乡的建筑仍然是大围屋。

但是,在五邑侨乡,西方建筑文化渗透到了乡土建筑的各个方面,形成了独有特色的一种类型。

首先,侨村建设之初均有规划,村落布局呈纵横垂直交错的棋盘状,各户宅基整齐划一,道路、排水系统根据地形进行统一安排;家畜饲养等附属建筑集中建设在村旁,实行人畜分离;房舍是"三间两廊"或"五间两廊",统一从侧面开门;与其他侨乡一样,也大量采用了西方的建筑材料,同时在房屋的窗、柱、门的造型上引进了西式建筑的样式;房屋门楣、窗楣的壁画或泥塑的图案、花纹明显吸收了西方建筑艺术的因素。

其次,一些在建筑型制上以西方洋楼风格为主的建筑群耸立在田野之间。比如,台山端芬镇汶秧村村面首排的14户9幢房屋全是两层西式洋楼,建筑式样基本一致,东面的5幢洋楼的凉台护栏采用外凸的曲线形造型,既扩展了空间,又使风格统一的村首屋面建筑富于变化,有几分浪漫的气息。门楣和窗楣多采用圆拱或三角形造型,装饰以西洋山花。类似这样的村落在台山、开平还有不少。

再次,数千座碉楼更是凸现了五邑侨乡乡土建筑的中西合璧风格。碉楼虽然不是五邑侨乡独有的,但是数量之多,类型之丰富,而且成为乡土建筑中不可缺少的重要组成部分,这在全国侨乡乃至非侨乡村落建筑中,都是独一无二的。碉楼建筑的西方风格非常突出,不仅是因为其主要采用从香港引进的水泥（红毛泥）、钢筋、坤甸木等建筑材料和西方建筑工艺，更表现在其上部的造型上。碉楼的廊、柱、顶、窗、门大量使用了西方建筑样式，比如楼顶就有平台式、穹隆式、凉亭式，柱就有西方不同时期的造型和柱饰，有的四个角呈英国城堡式的建筑，而廊、柱又带有意大利文艺复兴建筑的特点。可以说，西方古代和近代的各种建筑风格在碉楼身上都可以找到缩影，而且它很好地将各种风格加以糅合，自成一体，使人很难说某座碉楼是哪个国家哪个时期的建筑风格。

复次，大量兴建在五邑侨乡的"庐"将一般侨房与碉楼的功能相结合，成为侨乡又一种侨房建筑，其实它就是一种别墅。庐一般为两三层，开间高大，窗户较一般侨房宽敞，主楼正面的装饰浮雕往往是一些象征西方文化的图案，如带翅膀的小天使，门柱、顶层廊柱多为古罗马的柱型，窗户和柱顶造型也以西方古典式为主，在屋顶四周和门楣顶设有枪孔，枪孔发挥着碉楼的功能。庐一般为比较富有的侨户所建，它是财富的象征，五邑侨乡至今仍然将一些高层的楼房称为"庐"。

最后，西方建筑风格渗透进了宗祠建筑。祠堂是祭祀祖宗的家庙，血缘崇拜的圣殿，正俗教化的场所，其建筑理当更加讲究中国传统的风格。可是，在五邑侨乡最固守传统建筑风格的祠堂也被"西化"了。开平荻海的风采堂是余氏家族的祠堂，是一座三进十五厅堂六院的二层建筑，外观即有岭南传统祠堂建筑的肃穆端庄、规整有序的风格，又有西方建筑浪漫的气息。祠堂重心所在的中路主厅堂——风采堂采用了中国传统建筑中极其少见而西方很常见的券柱结构形式，其中柱形态丰富多变，有浓郁的西洋风情，柱头融合了爱奥尼克式和科林斯式的柱式，檐底托板具有明显的巴洛克建筑的痕迹。风采堂前的拜厅以四根铁柱支撑屋架，铁柱间的铁花装饰图案又有着伊斯兰建筑的神韵，十分精美独特。东西两斋更是体现了西洋建筑风格。开平塘口镇强亚管理区子宅村九二方公祠、台山端芬镇曹凹村曹氏祠堂等都是这种中西结合的建筑风格。

其他侨乡也有类似五邑侨乡这样的中西结合的侨房，但是，这类侨房多数建在县城或乡镇，深入到广大农村的极少，而且外来建筑文化因素对乡土建筑的渗透面也比五邑侨乡小得多。仅此而言，五邑侨乡乡土建筑在全国侨乡或非侨乡建筑中占有无可替代的地位。

从上述文教、语言、建筑的分析中，我们可以得出这样一个认识：五邑侨乡广大民众如此自觉、主动地接受外来文化，说明他们具有更加开放、自信的心态；如果说华侨文化本身就是中西文化全面融合的产物，那么五邑华侨华人、五邑侨乡就更好地体现了华侨文化的这一特质。

二、五邑华侨华人的生存环境分析

如果我们上面对五邑华侨华人类型特征的分析可以成立的话，则会引出另一个问题：这些有别于其他侨乡海外移民的特征是由哪些因素和机制促成的呢？简单地讲，这与五邑华侨华人在居住国所处的政治、经济、文化环境有直接的关系。

（一）不同社会发展进程对五邑海外移民的影响

五邑侨乡向北美的大规模移民是在1848年以后。当时的中国是清朝政府统治下日落西山的封建专制社会，政治僵化，技术落后，经济衰退，民不聊生。而以贫苦农民为主体的五邑华侨进入的美国，则是一个新兴的资本主义国家，工业革命推动了经济的迅速发展、文化的繁荣，以及人们价值观念和思维方式的转变，华侨对此感到十分陌生和新鲜，观念上受到的冲击非常强烈。同时，他们也明显地感受到了这个社会的"敌意"。

作为已经进入更高层次文明的美国民众看待这些异国、异族、异教移民的态度和行为，则是在最初的好奇之余，自觉或不自觉地表现出了高傲、鄙视和排斥。1854年，加利福尼亚州最高法院的判决书是这样污蔑华人的："华人在这个州是一群与社会格格不入的人。除非在需要时，他们不会承认任何州的法律。他们带来了偏见和族群间的仇杀，而且不顾法律的约束公然进行械斗。他们不能把文明和知识发展到一个更高的层次。他们与我们在语言、观点、肤色和体形特征等方面都不一样。在他们和我们之间，自然已经造就了一种不可跨越的鸿沟。"① 还有的人攻击华人：华人由于抽鸦片、迷信、崇拜神像而堕落，他们是"一个没有自我尊严的民族，一个没有雄心大志的民族，一个没有真理的民族，一个对自由不热爱的民族"，"华人不可能被同化"，华人是一群皇权主义者，憎恨自由制度，不欣赏美国制度和美国思想。② 这些议论明显带有政治偏见、种族

---

① 张庆松：《美国百年排华内幕》，上海人民出版社1998年版，第17页。
② 参见张庆松《美国百年排华内幕》，上海人民出版社1998年版，第81-82页。

歧视和对事实的歪曲，是别有用心的，这一点笔者在后面还要谈到。同时，我们也应该看到华侨与美国社会的文化冲突是一个客观事实的存在。华侨是弱势人群，带着封建弱势文化进入到以白人为主体的资本主义强势文化环境之中，华侨与当地白人之间的彼此相互好奇和不适应都存在。晚清政府政治落后、经济贫弱、外交无能，让自己的同胞在资本主义强权国家没有尊严，尤其在长期实行种族歧视和种族隔离政策的美国，华侨只能处于低下的地位；习惯于臣民思维的华侨来到强调公民意识的社会所表现出来的逆来顺受，并不会被所有拥有公民权的白人所认可，甚至误解为他们不热爱自由；华侨内部的族群争斗以及解决纠纷的械斗方式，给习惯靠法律进行调解的白人以华侨自甘堕落、缺乏秩序的印象；早期华侨大多是一些文化程度很低的农民，加上语言不通，使白人误以为中国文化低等、落后而增加文化优越感，慢慢就形成一种蔑视的态度。社会心理是种族歧视的基础之一，所以，上述种族歧视言论并不完全是一些反华人士的鼓噪，它也有相当的社会基础；社会上的歧视又会因排华政治运动而加深。

　　一个封建弱势文化人群在一个资本主义强势文化环境中奋斗的艰辛，在东南亚基本上不存在。中国自汉代以来便与东南亚各国有着密切的经济、文化、政治联系，东南亚对中国长期形成了一种"朝贡"关系。高度发达的中国古代文明在东南亚各国广泛传播，先进的技术、各种生产生活必需品乃至风俗习惯都源源不断地进入东南亚，受到当地统治者和民众的欢迎，对待中国文明和中国人，东南亚民族一直怀有崇敬之心。即使成为殖民地以后，西方文化也传入了东南亚，当地民众和统治者仍然对中国人比较优待。文化上的差异使主要来自潮汕、客家、泉州侨乡的华侨没有遇到五邑华侨在北美洲受到的来自文化上的歧视和排斥，他们在居住国时不时还会有似曾相识的感受。

　　中国与华侨不同侨居国社会进程的差异，必然使华侨生存的社会环境和对待异域文化的态度有所不同。

　　因此，五邑华侨一方面在北美洲的生存环境非常艰难，巨大的文化差异带给他们心理上的痛苦是东南亚华侨难以体会的，对家乡的思念也就更为强烈，"落叶归根"意识更是深埋其心中；另一方面，形势比人强，在长期耳闻目睹的西方文化氛围中生活，五邑华侨顺应潮流，不仅不排斥西方文化，反而以开放的心态接受了它，自觉或不自觉地改变了自己的一些生活习惯、价值观念和思维方式。这些转变不仅使他们逐渐调整了与当地文化的心理距离，减轻了一些不适应感，同时也十分明显深刻地改造了自己的家乡。中西文化在五邑侨乡碰撞交融之激烈、广泛、突显，与华侨自身的变化有直接的关系，它实际上就是封建文化与资本主义文化的碰撞交融在华侨言行、思想和观念上的延续和体现。

（二）不同政治、社会环境对五邑海外移民的影响

在美国，从一开始五邑华侨就受到歧视和迫害。如果说，美国是五邑华侨最主要的侨居国，那么加利福尼亚州就是早期五邑华侨最主要的淘金地，该州对待华侨的态度和政策对后来的美国政府产生了很大的影响。

1853年，加州州长约翰·毕各勒发表了加州官员的第一篇反华言论，提出了剥夺华侨合法权利的主张，从此，加州华侨的命运开始走下坡路。1854年，加州最高法院做出裁决，确认华侨在加州即没有资格入籍，也没有权利在法庭上作对白人不利的证词。1858年，加州议会又通过"防止华人和蒙古人种向这个州的继续移民"法案。到19世纪60年代，加州已经建立了一套控制和管理华侨的政策和制度。应该说，加州的排华倾向当时总体上受到了其他州和联邦政府的反对，1872年参议院几乎通过了给予华人入籍权的法案。但是，反对种族歧视、反对排华的力量仍然没有阻挡住排华势力的膨胀，社会上存在的文化差异和冲突被一些别有用心的利益集团和政客所利用，加以夸大、歪曲、渲染，借以推动国家政策的制定。1875年，美国国会通过了第一个与华人移民有关的限制性法案，它成为美国移民法律史的一个分水岭。1882年，美国国会通过了第一个排华法案，华侨通过归化成为美国公民的大门被彻底地关上了。此后，在美国的五邑华侨进入了长达60年的黑暗时期，他们在司法制度上被剥夺了最基本的平等法律保护权，在政治上被剥夺了成为公民的权利，在社会上必然遭受各种偏见、敌视和迫害。这股排华的浪潮后来还波及加拿大、澳大利亚这样一些五邑华侨集中的国家。

反观同一时期的东南亚，并没有出现像美国、加拿大这样的排华运动，华侨受到的是另一种政策对待。西方殖民统治者在东南亚面对的是散居在群山密林之中汪洋大海般的土著人口以及众多的华侨，仅靠殖民者是无法对土著居民和华侨社会实施有效管理的；语言的障碍更是增加了直接管理的困难；华侨已经成为当地社会经济发展的一部分，没有语言障碍，与当地政府和居民都有着密切的联系；再加上西方殖民者来到东南亚的目

的之一是获取中国的经济利益,所以要完全抛开华侨直接与当地土著或中国开展贸易活动根本不现实。于是,各殖民政府在一种矛盾心理的支配下对华侨采取的是两面性的政策:招徕、依靠、利用,限制、打击甚至屠杀。具体做法是将华侨社区与土著居民相对隔开,分而治之;华侨社区内部实行自治,委托信任的华侨社区首领管理华侨事务。由于中国与东南亚有长期的密切的经济、政治、文化联系,华侨给当地政府和人民带来了种种实际的好处,东南亚各地方政府基本上对华侨采取的是善待政策,允许华侨社会实行程度相当高的自治,拥有拓地、贸易、管理华侨聚居区域的全权,豁免兵役、劳役。①

与五邑华侨在北美遭受的境遇很不同,东南亚华侨所处政策环境、社会环境比较宽松。殖民政府和地方政府基本上是鼓励华侨迁入东南亚,鸦片战争以后,东南亚华侨人口数量呈不断增加的势头。例如,英属马来亚在19世纪40年代华侨约5万人,1911年为91万,1921年是117万,比19世纪40年代增长了22倍;菲律宾1886年华侨为9万多,1918年达13万,1939年增长到30万~40万②。一些以东南亚为主要迁入地的侨乡海外移民的数量一直呈上升趋势,如潮汕侨乡,1868年以前每年移居暹罗的华侨为1.75万,1900—1906年间每年4万,1918—1927年间每年也有3.6万。③

而五邑华侨在北美一开始就受到入籍权的困扰,他们被当作不能够被同化的异类,受到虐待和迫害。一位美国律师就曾经做过这样一番描述:"我本人曾亲眼看见华人在旧金山第二大街下的码头登岸的情景。我住在林肯山上,在去市区时常常路过第二大街。我曾看到他们从轮船上下来,看见沿街的白人少年在他们路过时殴打他们,另一些人则纷纷向他们扔东西——土豆、石块等一切随手可以抓到的东西。我常常看见中国人被打破脑袋血流满面。这种情况我从朋友那里也常常听到,他们也是目击者。"④在一个充满敌意、常常迫害华侨的社会环境之中,五邑华侨的迁移心理不稳定,很难有长期的发展计划,只能做短期的打算。美国全国性排华运动

---

① 参见吴凤斌主编《东南亚华侨通史》,福建人民出版社1994年版,第54-77页。
② 参见吴凤斌主编《东南亚华侨通史》,福建人民出版社1994年版,第271、275页。
③ 参见吴凤斌主编《东南亚华侨通史》,福建人民出版社1994年版,第270页。
④ 转引自杨国标、刘汉标、杨安尧《美国华侨史》,广东高等教育出版社1989年版,第207页。

兴起之后，散居在农场、矿山的华侨有的向城市唐人街集中，更多的人则打起行装愤然返回祖国，在美华侨的人数逐渐下降。1890年，美国华侨为10.7万人，10年后减少到8.8万人，1910年再降到7.1万人①。1920年更减少到6.1万，有一种估计是在美华侨的人数由排华运动前最多时的25万下降至1920年的6万多人②。1888年，美国国会通过臭名昭著的《斯考特法案》，单方面宣布1882年颁发的华侨劳工回美证无效，使2万多名华侨再也不能回到美国，即使他们在美国有家庭有财产③。歧视性的政策又中断了一些五邑华侨还希望返回美国的移民行为。

与东南亚的不同还在于，美国的排华思潮一开始就带有明显的性别歧视。1855年，美国国会通过了一个法案，规定一名外国妇女如果本身不具备入籍的资格（只有白人才具备入籍资格），即使同美国公民结婚也不能够成为美国公民。虽然当时这个法案不是专门针对华人妇女而提出的，但它实际上对华人妇女移民产生了阻碍作用。1875年通过的移民法案提出，禁止输入以卖淫为目的的妇女。美国国会认为，中国传统的礼教不允许本分的妇女出国，到美国的都是妓女。这样一种极其荒谬、歧视的论调给华人妇女出国与丈夫团聚造成了威胁。所以，我们看到五邑侨乡极少有妇女出国，基本上都是年轻力壮的男性出洋"淘金"。早在美国全国排华令通过以前，加利福尼亚州华人客商会馆就在致加州州长的一封信中指出："华人至本埠者甚多，乃独自孤身而来，不携家眷，盖中国良家妇女，缘多裹足深闺，不惯风波，甚难携家远涉重洋，而今也有来者，非尽无也。"五邑华侨并不是不想在美国组成家庭，或夫妻团聚，但是在一个歧视华侨且给华人妇女身上泼脏水的社会，如何能够使人放心家人的身家性命安全和家庭财产的安全。"因屡有禁止华人来此之令，各怀疑未能安心挈眷而来。"④

东南亚的殖民政府和地方政府曾鼓励华侨眷属前往，早年出国的华侨在有了一定的经济基础后便改变了对当地社会的态度，从而改变了他们的

---

① 参见［美］陈依范《美国华人发展史》，殷志鹏、廖慈节译，三联书店（香港）有限公司1984年版，第220、229页。
② 参见杨国标、刘汉标、杨安尧《美国华侨史》，广东高等教育出版社1989年版，第269页。
③ 参见张庆松《美国百年排华内幕》，上海人民出版社1998年版，第188页。
④ 杨国标、刘汉标、杨安尧：《美国华侨史》，广东高等教育出版社1989年版，第187页。

计划，从旅居者转变为定居者，第一个步骤就是安排他们的妻子儿女出国，纷纷将自己在家乡的眷属接出国，安家于侨居地；一些华侨青年或亲自回乡，或以照片在家乡相亲，不少女青年便随水客或亲友出洋成亲。一位原籍厦门禾山的菲律宾华侨是这样回忆他的父母的："父亲年轻时就到了苏禄，后来又回故乡成亲。我的母亲是禾山仙岳人，父亲和母亲结婚后，把母亲带到苏禄，后来又迁往三宝颜。我有一个姨母嫁给禾山围里一位姓陈的，后来他们举家来菲，去了宿务。另一个姨母嫁给了禾山殿前一位姓陈的，后来他们一家也去了宿务。"① 这样，以东南亚为主要迁入地的潮汕、客家、泉州及其他侨乡，妇女出国的人数自然就会比五邑侨乡多得多。比如，厦门侨乡1878—1901年出洋的女性华侨为30826人，年均1284人②。1878年，仅前往马来亚（含新加坡）的女性华人是1818人，10年后增加到5375人，1900年达到12329人③。华人女性的到来，使东南亚的华侨社会出现了很多核心家庭，在新的土地上担负着传宗接代的任务，男性华侨在享受正常的人伦家庭之乐的同时，与家人共同拓展事业。

政策环境和社会环境的区别，对不同侨乡的华侨产生了重要的影响。

第一，不同国家的华侨社会出现前述不同的男女性别比例，东南亚华侨社会核心家庭多（除了与本族通婚，东南亚的华侨与当地异族女性通婚的情况也比北美洲的五邑华侨多），而北美洲五邑华侨社会男女比例长期严重失调，出现以单身汉为主的畸形现象。

第二，由于组成核心家庭更容易，东南亚华侨的迁移心理和迁移行为一般比较稳定，他们更倾向于做长期的发展计划。北美洲的五邑华侨这方面的稳定性较弱，迁移心理不稳重，迁移行为比较短期。家乡才是自己最终的归属，只有在家乡才能够完成传宗接代的任务，这是他们内心的坚定的信念。

这两点告诉我们，不能简单地认为五邑华侨最爱国最爱家乡，④ 全球所有的华侨华人都有浓厚的爱国爱家情结和落叶归根意识。五邑海外移民

---

① 陈衍德：《现代中的传统——菲律宾华人社会研究》，厦门大学出版社1998年版，第32－33页。

② 参见《厦门华侨志》编纂委员会编《厦门华侨志》，鹭江出版社1991年版，第35页。

③ 参见［澳］颜清湟《新马华人社会史》，粟明鲜等译，中国华侨出版公司1991年版，第9页。

④ 参见吴玉成《广东华侨史话》，香港世界出版社1996年版，第2页。

之所以与家乡的联系更为紧密,"根"的意识更为浓厚,是因为他们所处国家的政策环境、社会环境,迫使他们难以在异国他乡与家乡的女青年成亲,或将家人接往侨居地(商人可以),绝大多数人只能把家安在故乡,把根留在家乡,这自然也就增加了其对家乡对亲人更直接、更具体、更实在的牵挂。

第三,与家乡与亲人更直接、更具体、更实在的联系,又决定五邑华侨将他们积攒的血汗钱尽可能多地汇回家乡或资补家用,维持家庭的发展,"吾台(按:台山)男界,出洋者众,妇女在家……惟日盼夫婿汇款,以供家用"①;或为自己将来回乡养老告终创造条件。而潮汕、客家、泉州等侨乡在东南亚的华侨有一些人已经将自己的家庭安在了当地,家乡留下的是年迈的双亲,他们首先要维持的是自己的家庭,其次才是家乡的父老,因此不可能像五邑华侨那样将自己积累的血汗钱大部分汇回国内。这是五邑侨乡的侨汇多过其他侨乡的主要原因。

(三)不同经济发展条件对五邑海外移民的影响

在美五邑华侨,其司法、政治方面的权利被剥夺,必然遭受到经济上的迫害和歧视。

首先,占有生产资源和经济负担的不平等。五邑华侨去北美洲的第一个高潮是由美国加州发现金矿引起的,但是,华侨一开始在矿坑、矿井的占有上,就受到歧视,他们只能在白人已经采过认为无利可图的废旧坑穴里淘金,如果华侨们淘得的数量超过一定限量,白人就会来加以驱赶。1852年,加州许多矿区不准华侨开矿,不许华侨拥有矿产。不仅如此,加州政府还对华侨课以歧视性的"外国矿工税",华侨矿工每人每月要缴纳4美元。在1850—1870年的20年间,加州政府共收取了509万美元的外国矿工税,其中,华侨缴纳了490万美元,占总数的96.36%。②仅此一项就可看到华侨承受的税务负担是多么不公平。所以,不少华侨离开了矿区,走向了铁路工地和农场。19世纪中叶以后,在东南亚,华侨不论

---

① 《妇女工艺传习所》,载《新宁杂志》1934年第32期;转引自郑德华、吴行赐《一批有价值的华侨史资料:台山解放前出版的杂志、族刊评介》,载《广东华侨历史学会通讯》1982年第4期,第32—39页。

② 参见杨国标、刘汉标、杨安尧《美国华侨史》,广东高等教育出版社1989年版,第53页。

进入农业还是工矿业，在生产资源的占有上，他们并没有遇到这样的歧视，限制他们的主要是资本和技术。

同样是开矿，马来亚是世界上最大的产锡国。1850—1882年，华侨几乎包办了当地的锡矿业，到1925年华侨在马来亚锡矿业中还占有56%的产量，后来因资本和技术原因，其长期的支配地位才被西方资本取代①。

其次，在行业准入上，五邑华侨受到歧视和限制。继开矿之后，横贯美国东西部的铁路建设和加州的农业发展，形成了五邑华侨移民美国的第二次、第三次高潮，紧接着美国全国性的排华运动形成。在长达61年的排华黑暗时期，华侨们难以进入美国资本主义工业体系，有60多种行业是禁止他们从事的，比如铁工、铜工、纸厂、面粉厂、电线厂等。华侨们只好退回唐人街，以不与白人抢饭碗的洗衣、餐饮、杂货等服务业为其经济支柱。而东南亚的华侨早在19世纪中叶以前就已经积累了一定的商业资本，到了殖民地的自然经济受到严重破坏，资本主义工业、农业、交通和金融业得到发展的19世纪后半叶，一部分华侨的商业资本也开始转向产业资本。除了金融业被西方殖民统治者垄断外，华侨进入其他行业并没有受到很多的限制，华侨商业资本投资的生产领域比较广泛。

最后，美洲的五邑华侨与东南亚的潮汕、客家、泉州等其他侨乡华侨的经济走上了不同的发展道路。五邑华侨以服务业为主，即使有的人进入了轻工业，也是与白人无争或少争的工作，如雪茄烟、火柴、制衣、家具等。作为经济支柱的服务业，不论洗衣、餐饮，还是杂货，都有一个共同的特点，即技术要求低，投资小，劳动密集。一块搓板、一些肥皂、一个熨斗和熨衣架，再加上一个狭窄的房间，洗衣店就可以开张了。这种经济模式与长期倍受歧视和迫害的华侨的心理状态是基本适应的。对于没有长期事业发展打算且不想定居的人来讲，靠自己的体力和最小的投入获得最多的效益，是最合理的行为。五邑华侨被迫选择的这条生存之道，可以使他们通过自己的勤劳苦干发展成为中小业主，"二战"以后，在北美洲坚持下来的五邑华侨靠服务业过上了衣食不愁的比较稳定的富足生活；但是，难以发展出在国民经济中占有举足轻重地位的工商家族。因为，五邑华侨资本积累慢。与故乡家庭、亲人的密切经济联系，也必然影响他们的

---

① 参见吴凤斌主编《东南亚华侨通史》，福建人民出版社1994年版，第416—417页。

资本积累过程。东南亚的华侨经济依赖19世纪中叶以前积累的商业资本，将其投向矿业、工业、农业种植园、航运业，发展为产业资本；20世纪前期，一家家华侨银行创立，华侨的产业资本逐渐向金融资本挺进，从而形成了在世界上很有代表性的华人家族集团，这大大增强了华侨的经济地位，他们的投资和经营对所在国家或地区有很大的影响。

不同经济条件促成的不同经济发展模式，以及由此确定的不同经济地位，又影响到不同侨乡的华侨华人的文化心理。中下水平业主的经济模式使绝大多数的五邑华侨具备援助家乡亲人的经济能力，为巩固家乡观念提供了物质基础。潮汕、客家、泉州等侨乡的东南亚华侨最初是依赖家族关系保障其资本安全与经营的顺利发展，当他们成长为工商家族后，因为要寻求在海外的独立发展，业缘关系超过了血缘的重要性，血缘的联系必然逐渐被利益的联系所取代，乡土观念也就会随之衰退。例如，海外潮商开始抛弃回归乡土宗族，更重视小家族的独立发展，追求自身在城市独立发展就是一个例证①。前述不同侨乡的侨汇差别，同时也与这一建立在经济基础之上的文化心理有关。

通过以上分析，我们可以得出这样的结论：华侨类型特征的出现，深受华侨所处的不同社会、政治、经济、文化环境的影响。法律、政策决定他们的社会处境和经济地位，后者致使不同国家和地区的华侨形成各自特征鲜明的心理状态和行为特点。

（原文见《五邑华侨华人史》，广东高等教育出版社2001年版）

---

① 参见林济《论海外潮商家族文化的心理嬗变》，载《华侨华人历史研究》1997年第3期，第29-38页。

近代五邑侨乡国际移民网络的构建
——以开平周运中家族为例

没有海外移民就没有侨乡，而有海外移民并不一定就会形成侨乡。海外移民必须具有相当数量，又与家乡建立起长期、稳定的紧密联系，才可能使华侨迁出地从传统的乡村转变为侨乡。在这紧密的联系中，国际移民网络的构建是近代广东侨乡形成的最基本条件和基本特征。其中，五邑侨乡国际移民网络的构建起始于19世纪60年代，这一国际移民网络不断发展完善，一直延续到今天，成为五邑侨乡常葆活力的动力。本文拟通过一个家族国际移民网络构建的案例分析，具体展示五邑侨乡海内外人员联系的发展轨迹，以加深对海外华侨社会和五邑侨乡形成的形象认识。

一、依据的主要文书和家族谱系

2005年年初，江门市博物馆征集到开平塘口镇龙安里周氏家族的纸本文物一批，共300件。最早的一件文物是清朝同治十二年（1873）周氏家族间土地买卖契书，最晚的一件是1971年华侨周雪芳、周树芳从美国汇给母亲的两笔汇款的国华商业银行香港分行人民币汇款证明书，时间跨度为98年。

这批文书主要涉开平龙安里周氏家族中的一支，即周成略—周中等—周焯等—周福祥等共四代人，并旁及周氏家族其他人员。

300件家族文物主要有族谱、书信、契书（田地买卖、借款凭执、碉楼管理合约）、口供纸、护照、司法文书（美国移民文件、中国治安纠纷文件）、侨汇凭证［晨纸（支票）副本、侨汇通知单］、股票、堂底票、学费收据、澳门彩票纸、照片、村形图等。其中，数量最多的是书信和司法文件。书信最早的一封是清朝光绪二十三年（1897）周家楦致周成略的书信。更多的书信是以周运中为中心形成的。司法文书的主体是清朝光绪二十八年（1902）至光绪二十九年（1903）间，开平县、肇庆府有关周运中与周家香因财产纠纷而发生的治安事件的系列处理文件。

这批家族文书类别比较丰富，人物关系清楚，事件关联性明显而连贯，真实性和完整性强，不仅有极高的文物价值，而且有很高的文献价值。

二、家族移民网络的构建过程

周氏家族这批文物的中心人物是周成略最小的儿子周运中。

周运中，字家雁，是周成略的第五个儿子。在周成略的 5 个儿子中，除二儿子周明（家灼）外，其他四子周中（家楦）、周连（家良）、周文（家摄）和周运中（家雁）都是美国华侨或者华人①，他们是如何去美国的，没有更加具体的记载。其中，履历比较清楚的是周运中。根据 1889 年 3 月 11 日美国加州北区法院编号 8582 号仲裁文件，周运中于 1874 年（同治十三年）出生在美国，是美国公民②。为何周运中是出生在美国，而他的其他兄长出生在中国？目前，这还是一个没有弄清楚的问题，因为笔者没有找到周成略是否去过美国的记录。

1914 年，周运中在自己存录的文件中自述：

> 我大五，周运中，字家雁，别字华祐。今年四十二岁，十一月初六日在金山大埠出世。几岁大，去唐山，读唐文，至光绪一十四年七月搭咖叻船回金山。又至光绪二十二年十一月搭差拿船返唐山，至光绪二十三年正月初五日娶妻……家雁大二次返唐山又至光绪二十四年八月搭咖叻船回美。又至光绪二十五年二月搭咖叻船大三次返唐山。光绪二十五年三月再娶妻。至民国三年正月搭差拿船回美。至大四次返唐山，系民国三年十二月搭高丽船……

1914 年后，周运中的行程就不是很清楚了。从一份 1922 年 12 月周

---

① 参见 1914 年 12 月 12 日周家雁自己存录的文件，原件收藏于江门市博物馆。
② 美国加州北区法院关于周运中的人身保护令状的仲裁令（编号 8582），特别仲裁员兼主检官 Ward MeAllster 和地区法官 Ogden Hoffman 1889 年 2 月 13 日听证，3 月 11 日裁决，原件收藏于江门市博物馆。

运中在美国加州三藩市法院的文件来看①，他那时是在美国。1941年，周运中病死于开平家乡。

周运中是一个经常往来于祖籍地和外国之间的国际移民。据上述周运中自己存录的文件反映，从清朝光绪十四年（1888）至民国三年（1914）的26年间，尤其是光绪二十二年（1896）到光绪二十五年（1899）间，周运中频繁地进出美国。不仅如此，从其他文献的记载来看，周运中还频繁地往来于中国开平和美属殖民地小吕宋之间。光绪二十九年（1903），他从小吕宋给大儿子写了一封书信，详细介绍了他离开家乡，到香港，再到小吕宋的路途经历和他在小吕宋的工作情况②。在1914年周运中自己存录的文件中，他还记录了这样的文字："光绪三十一年（1905）全家人李氏、周铎、周津、周宝五人往小吕宋。"周运中的第四个儿子周洪就是当年在小吕宋出生的。他的妻子李氏和四子周洪因此于1907年6月7日获得了菲律宾居住落地证明文件。这些文献应该反映了他们一家确实与美属殖民地菲律宾有很多的联系。因此，从光绪二十五年（1899）他第三次回开平，一直到民国三年（1914）又返回美国的15年间，他并不是固定居住在中国开平，应该是多次往返于中国开平与菲律宾之间，做苏杭丝绸生意③。

作为一个商人，周运中的苏杭丝绸生意在清朝光绪年间（1875—1908）似乎还并不太顺利，资金积累并不多。光绪二十四年（1898）七月十五日，他曾向家族的义益堂借钱买船票去美国。

> 立揭帖人周运中，今因宜银为船费以往金山等处计备，是以自问至义益堂处，揭生本银四十大元，限期五个月内一足如数清还。倘过期无还，即照每元每月加息二分寸，无得异言。此系大家相好，不用物业按当，立揭帖交与义益堂收执为凭。

这笔借款最后是"二十五年三月二十四日如数收讫"。周运中的这次

---

① 参见1922年12月周运中在加州三藩市法院为"关于本国公民之子周福来美事宜"做的宣誓文件，原件收藏于江门市博物馆。

② 光绪二十九年（1903），周运中致周柏洪书信中记述："愚自十一月初七日出港，在港十一月十五日午时开行，十七日到小吕宋，又至二十二日登岸。"原件收藏于江门市博物馆。

③ 参见1914年12月12日周家雁自己存录的文件，原件收藏于江门市博物馆。

借款和 5 个月的期限，与上引的 1914 年周运中自己存录的文件中光绪二十四年（1898）八月回美国，光绪二十五年（1899）二月又返中国开平的时间是相符的。这说明以下三个问题。

第一，在这样短的一段时间内频繁在美国、中国之间往返，确实不像是一个在唐人街底层社会做工的普通华侨的行为，应该是经商人员，40 元钱不仅是去美国的路费，还可能包含到菲律宾的路费。

第二，周运中当时经商的资金状况并不是太好，手头周转资金还不宽裕，连船票都还要向家族组织借。他在光绪二十七年（1901）又一次借银百两，这笔借款直到光绪二十九年（1903）才连本带息还清①。作为一个做海外贸易的商人，几年中连续借款，也可以想象他的经济实力并不强。

第三，从他多次借款到还款的记录来看，周运中具备偿还的能力。

大致到了民国时期，周运中经商的状况似乎有了明显的改善，经济实力增强。300 件文物中有 19 张昃纸副本，其汇兑时间如下：1900 年 3 张，1916 年 2 张，1919 年 1 张，1920 年 1 张，1921 年 1 张，1922 年 5 张，1923 年 1 张，1924 年 1 张，1935 年 1 张，1938 年 1 张，1939 年 2 张。

这些昃纸是通过美国信托银行、美国国家银行、金山大埠国家银行、金山正埠广东银行、金山埠意大利银行、香港荷国安达银行、大通银行、香港佛囒西银行、香港华俄道胜银行、香港上海银行、香港万国宝通银行等多家银行寄款汇兑的。显然，20 年代的昃纸最多，这应该从一个侧面反映了周运中贸易发展的情况。

周运中不仅在经商，而且还积极地组织家庭或者家族成员的移民，使自己的子女和兄弟姐妹的孩子移民进入美国。

周运中共有 9 子 2 女，一个女儿早夭，9 个儿子中除 7 子、8 子外，另外 7 个儿子和大女儿都移民去了美国。很有意思的是，7 个儿子中，9 子周富是 1937 年 5 月移民去美国的，时年 21 岁。其他几个儿子都是在 1914 年，从正月、三月、五月、十一月分四批移民到美国的，1914 年这个时间正是周运中回美国又返中国开平的时间，他是在 1914 年农历正月去的美国，农历十二月返回中国开平的。也就是说，周运中这趟行程有一

---

① 参见光绪二十七年（1901）七月二十六日周家雁向周作记堂借款揭帖，原件收藏于江门市博物馆。

个重要的事项，那就是办理移民，不到一年的时间就为6个孩子成功办理了移民的手续。这些孩子的年龄除长子外，其余都不大：长子周栋17岁，次子周铎年龄不详，三子周津13岁，四子周洪9岁，五子周业7岁①。

这让我想起看见的一幅天使岛的照片，那是一群刚到三藩市天使岛的华人少年男孩在接受卫生检查。这些年龄不大的孩子移民到美国后，谁来照顾？周运中为何将自己的孩子移民美国后，又匆匆返回中国开平？其实这些问题涉及在美国排华法案施行时期，中国移民进入美国的特殊方式和身份的鉴别。不管怎样，这些在文献记载中的周家孩子就成为周家在美国的第二代华侨。周运中还在1922年办理了一个叫周福的儿子去美国②。可见，他作为一个在中美之间从事贸易的商人，对家族成员的移民活动是多么热心和用心，在搭建家族的跨国移民网络方面，发挥了重要的组织作用。

他自己在建立起这个家庭、家族的跨国移民网络后，就回到了祖籍地，在那里度过了余生。

在周家的第二代华侨中，只有第九子周富后代的移民文献最多，其次是第三子周津的后人。

根据周富妻子谢氏和儿子周汉民的移民口供，周富，字瑞璧，1916在中国开平出生。1935年十一月（农历）结婚，1937年五月（农历）移民美国，时年21岁。1943年他给妻子谢慧英（璧霞）写了一封信，信中充满思念之情和普通华侨的一般心愿。

> 慧英贤妹得知，自别面之〔至〕今，不各〔觉〕五年，但未之〔知〕何时才能得到回家，以〔与〕汝共享前时之快落〔乐〕。我每在夜中时时多挂念着汝，但未汝知心中如何（笔者注：原文如此），请回音告我知。我的爱人慧英妹妹亚，我每年所寄之银交家中应用否？我前日寄回港银三千元，存在汝哲处，除买田以及交回百业四百元外，皆数尚有一千五百元左右。汝哲有对汝广告否？请回音告我

---

① 1914年周运中办理去美国的这些孩子的年龄，是根据周富妻子谢慧英口供、周富儿子周汉民口供、周津儿子周福兆口供的记录编写，原件收藏于江门市博物馆。

② 参见1922年12月，周运中在加州三藩市法院为"关于本国公民之子周福来美事宜"做的宣誓文件。但是在周运中和他儿孙的文献中，没有一个叫周福的儿子。这份文件让我们对周家孩子的身份有了一些疑问，原件收藏于江门市博物馆。

知。慧英妹妹亚,战事和平时,我当即回家以汝见面了,收到次信速速回音可也? 你的丈夫瑞璧字。

一个在外多年的丈夫对年轻妻子的思念之情溢于言表。在美国的华侨寄钱回家,最关心的大事就是买田,这在当年的美国华侨中是很普遍的心理。开平华侨将挣钱回家,买田、建房、娶老婆列为人生的三件大事。周富也不例外,即使是在战争时期,心里牵挂的还是为家庭置办田产,有恒产才能安定,是中国农民的朴素世界观。

这位周家的第二代移民后来与第二次世界大战发生了直接的联系。在他1944年11月21日的一封家书中,让我们看见了战争环境下美国华侨与家乡的联系状况和战争对周富本人生活状态的改变,他参加美军了。

  汉民吾儿知悉:久未受〔收〕到来信,甚念!自内地失落以来,未知你各人在家如何?美国邮局不接书信,中国银行不接汇款。故各人无法寄银回家。吾自入籍美军以来,不各二年,由美而至英。自开大二战线之日,本军即入法国,以后周转于法国全境。现下矣注〔驻〕营于比利市国矣。现下联军向前猛进,料战事当不久可望和平实现,若此处战事和平时,吾即返回美国。之中日和平时,吾即回家相见矣。我现在外安好如常,请勿念!若受〔收〕到此信速速回音。若美国邮局通汇时,吾当即寄银回家可也。草此。近安!并望你各人在家平安!父瑞璧字。

自太平洋战争爆发,香港被日军占领,联系中国开平侨乡与美国的国际邮路中断,周富的这封书信直到1946年6月其家人才收到。1945年10月15日,周富又给家人写回一封书信,报告他已经退伍回到美国,并通过中国银行汇款2000元回家①。

像他的父亲一样,到美国多年的周富也遇到了家人移民美国的问题。

---

 ① 1945年10月15日,《周富书信》记载:"我现下平安返回美国,本日亦退伍矣,现下亦复回平民生活。……今日我由中国银行汇来银二千元,若收此银时,从速回音告知,我再寄回可也。因现下交通未知如何?所矣〔以〕不敢寄多。收到此信速速回音!"原件收藏于江门市博物馆。

1946年间，周富的书信内容就主要是讨论他妻子和儿子移民美国的事情了。最初，周富是不同意他妻子等移民美国的。1946年4月17日，周富给妻子谢慧英的信明确解释了，不要去美国为好的理由，他说："汝每每来信云及来美国一事，我不甚赞成。因我华人在美，比在祖国大不相同，又因汝言语不通。因此，汝来我处，亦不能助我也。"但是，到11月的信中就是在讨论如何将妻儿移民去美国了。比如11月2日的一封信是这样写的：

> 汉民吾儿知悉：寄来相片二次，以及各信均矣〔已〕妥收。现付来港赤纸一张，伸港银一千元。收到时，祈交二百五十元，秋芳母亲收。余为家中新年至用。现付来口供纸一张在信内，见字祈收存！并由邮局买担保寄来口供三部，护照三部，分两次寄来，见字祈查收，交瑞年舅保存，以应来美之用。并速回音告知！各口供要小心学习，不可有误！船费迟一、二个月寄回。在家买得至田，由明年起交秋芳母亲用耕，与及保管，胜〔申〕明不得出卖！并托她料理一切家务。一切田契要寄来我处保存！我现在外安好如常，祈勿远念！望汝各人在家平安可也！收到次信速速回音。

这封信的内容很丰富，周富已经在具体操办妻儿三人的移民手续了，护照和相关的文件陆续通过邮局挂号信寄回，并对妻儿移民美国后的家务管理做出了安排。信中提到的秋芳母亲是周富三哥周津的妻子，她将成为周富家庭财产的保管者。

1948年，周富的妻子谢慧英（31岁）和两个儿子周汉民（12岁）、周汉杰（11岁）一起，移民到美国。在谢慧英和周汉民的口供中，对周家的人员情况做了比较详细的描述，使我们得以了解周运中这个家族比较真实的人物关系和生活状态，比如家族成员移民美国的情况、婚姻习俗、乡村教育、村落环境等。

周汉民和周汉杰移民美国，就成为周氏家族的第三代华侨。

周氏家族第三代华侨的迁移不仅仅只有周富的两个儿子，目前保留的这批周家文书中，我们还看到了周运中三儿子周津的女儿周雪芳和五儿子周业的儿子周汉元办理移民美国的记录，时间已经是20世纪50年代了。

1952年，周津的大女儿周秋芳就不断地和在美国的家叔和侄子商量，如何将自己的妹妹周雪芳和周运中五子周业的儿子周汉元移民去美国。与周富的妻儿移民美国不同的是，这两人是通过买别人的出世仔纸方式移民美国的，这就遇见了很多的麻烦。1952年8月30日，方兴在给周秋芳姑妈的信里就这样记录：

> 我在外查明，雪芳张纸十五岁，而来美之女纸现尚未过期。而在廿一岁时来美，可能问题。现美国移民之法律，要兄妹两人验血相同，才能证明雪芳是我的胞妹之关系，才能合美政府移民之重要条件，其余各项手续和条件其次之也。如雪芳来美之各项手续，当由我为兄者申请美国外交部，才为合法办理。

因为方兴与周雪芳是表兄妹，他担心血型不符，提出了如何办理的想法。最后周雪芳成功移民美国，也成了周家的第三代华侨。

而周汉元则是用其三伯周津第四个儿子周福林的出世仔纸办理的移民手续，具体操办人是周汉元在美国的父亲周业。他遇到的问题是，根据美国移民局的规定，1934年4月23日起出生的人①，必须在满16岁前到达美国，出世仔纸才有效。而按照出世仔纸上记载的年龄，周汉元必须在1951年农历二月初十日前到达美国，那张出世仔纸才是有效的。但是，周业在美国做口供纸时遇到了麻烦，拖延了时间。结果，周汉元在香港美国领事馆办理手续时被告知，"你之纸过期了，现在香港领事馆无法准你去美国了"②。后来，周汉元是否移民到了美国，就不得而知了。

有意思的是，周业不仅在办理自己儿子去美国，还在办理开平潭边院白水岭村谢焕灼移民美国的事宜，因为谢焕灼是买周津第六个儿子的出世仔纸去美国③。按照规矩，周家有责任办理买纸人谢焕灼的一切移民手续。

周家在美国的第三代华侨中，至少还有周津的三个儿子周福祥、周福兆、周福田④。

就这样，周运中家族从清朝同治末年到20世纪50年代的76年间，

---

① 同样是这个周业，在1951年3月29日的一封信中对美国移民局关于16岁年龄计算时间的规定，又是另外一个说法，是1934年5月24日。
② 参见1952年5月18日周业致周秋芳信，原件收藏于江门市博物馆。
③ 参见1952年5月18日周业致周秋芳信，原件收藏于江门市博物馆。
④ 参见1939年周福兆、周福田口供，原件收藏于江门市博物馆。

完成了三代至少 20 人的移民，形成了一个跨越中国与美国的国际移民家族网络（见图 1）。

第一代有：周中（家楦）、周连（家良）、周文（家摄）、周运中（家雁）。

第二代有：周焯、周诚、周栋、周铎、周津、周宝（女）、周洪、周业、周炎、周富。

第三代有：周福祥、周福兆、周福田、周雪芳、周汉民、周汉杰。

周运中家族在美国的分布也由最初的三藩市，发展到后来的洛杉矶、芝加哥等城市。周家三代华侨在美国通过人员往来、书信传递和家乡的亲人建立了联系。

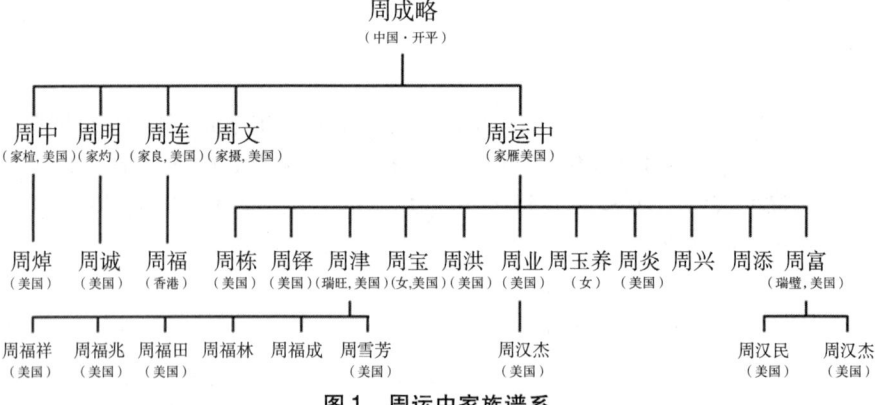

图 1　周运中家族谱系

从 20 世纪 80 年代后，随着中国的改革开放，周运中家族在开平的后代几乎全部移民到了美国和加拿大①。这个家族与家乡的联系逐渐减弱了，以至于笔者 2005 年到该村调查时，很多人已经不知道这个家族的情况了。

三、问题的讨论

首先，周氏家族三代海外移民的实践告诉我们，国际移民网络的构建是侨乡亲人和在海外的华侨华人共同努力的结果，是一种集体意识和集体

---

① 参见 2005 年 7 月 28 日在开平市塘口镇龙安里的调查。

行为。从第一代周运中在海外和侨乡间的穿梭往返，将第二代移民到了美国，使周氏家族的国际移民网络从一个点形成了有层次的网络关系。在周运中这一代其实至少还应该有周中（家楦）在发挥着最初的组织者作用，周中的儿子周焯移民到美国，可能就是周中自己努力的结果。只是受这批文书局限，我们无法更多地知道周中及其后代在美国的发展情况。到了第二代，周津、周业、周富等人成为家庭、家族移民的组织者，推动他们积极运作家庭成员移往美国的是家乡的亲人。周富的妻子不考虑丈夫的意见执意要移民美国，最后改变了周富的决定，就是一个很好的证明。周秋芳为妹妹周雪芳移民与家叔和侄子的联系也表现了侨乡亲人对这一移民网络形成的促进。第三代移民获得的来自家庭和家族自发组织的支持，应该比第二代移民时主要依靠周运中、周中的组织要多得多了。从清末到民国时期，不断地让家庭和家族中符合条件的青少年男女（主要是男性）移民到美国，已经成为周氏家族共同的愿望和自觉的行为，才促使在海外的周家移民逐渐具有了比较丰富的网络结构。周氏家族的海外移民由一个点到一个多层次、关系较复杂的网络的形成，在近代五邑侨乡具有普遍性，今天五邑侨乡依然在重复着这种构建。

其次，周氏家族的国际移民网络不是封闭的，他们在不断组织本家庭和家族成员向外移民的同时，还在组织其他家族的成员向外移民。开平潭边院白水岭村谢焕灼移民美国就是使用了周津手中的出世仔纸，得到周业的具体操办。可以相信，谢焕灼移民美国后可能就会成为另外一个家族国际移民网络编织的组织者。周氏家族国际移民网络的开放性背后是经济利益的驱动，谢焕灼是通过买周津儿子的出世仔纸获得了移民的机会。组织谢焕灼这一类的移民对于周氏家族来说是笔收入，周氏家族多年的国际移民组织活动，让他们具备了丰富的经验，使移民成功的概率大增。对谢焕灼的家族来讲，这是国际移民的风险投资，谢家的国际移民成本显然要比周家自己后人移民的成本高得多。谢焕灼移民美国，是另一个家族参加到编织国际移民网络的组织中来的反映，它说明编织国际移民网络在侨乡不仅仅是家族的重要事项，而且还是超越家族的侨乡社会集体意识和行为，对移民收益的预期超过了移民成本的压力，因而有越来越多的侨乡家庭和家族加入这一网络的编织队伍中来。

再次，国际移民网络的背后有一个自发形成的松散的组织，这个组织的成员由海外移民和侨乡亲友组成。在海外，有移民的组织者（如周运中、周津、周业、周富等），还有参与者，比如口供纸的编撰者（周汉元、谢焕灼的移民口供纸就是唐人街一个叫方广兴的华侨做的①）。在侨乡，家庭和家族成员也参与到国际移民的组织活动中，周富的妻子自己不仅是移民，而且也是积极的推动者，她与周富书信的往来商量，在她和两个儿子的移民活动中，绝不是被动地接受，而是主动地出谋献策。海内外国际移民组织成员的联系，不仅仅是依靠书信，更有人员的频繁往来。周运中频繁出入美国返回开平，除了贸易和家庭团聚的需要外，还有不断从美国移民局获得自己儿女出世仔纸的现实需要。1914 年，他 5 个儿子移民美国就是利用出世仔纸证明文件而成功的。周津也应该是多次返乡，才获得了多张出世仔纸，不仅使自己的儿子移民到美国，还能够卖给他人获得经济收益。出世仔纸的获得，是这些往来于美国和侨乡的海外移民最基本的目的和他们编织国际移民网络的基本前提条件。此外，频繁的往返还有助于他们与家乡组织者们的直接联系，强化了国际移民网络的组织活动。

最后，周氏家族国际移民网络主要建立在美国，其移民和网络构建的方式深受近代以至现代美国移民政策的影响。从第二代起，都是通过口供纸移民的方式完成的移民行动②。这就决定了近代五邑侨乡国际移民网络构建在北美地区的代表性和在其他地区的局限性。广东梅州侨乡、潮州侨乡乃至福建侨乡构建在东南亚的国际移民网络，其历史文化背景和组织方式，与五邑侨乡在北美的国际移民网络对比，应该具有不同的特点。

[本文系广东省普通高校人文社科重点研究基地重大项目："开平碉楼与村落文书研究"的阶段性成果，原文见《国际移民与侨乡研究（2010·国际移民理论）》，中国华侨出版社 2011 年版]

---

① 参见 1952 年 5 月 18 日周柏业致周秋芳信，原件收藏于江门市博物馆。
② 关于口供纸移民参见张国雄《近代五邑侨乡"口供纸"产生的背景与种类》，见胡百龙、梅伟强、张国雄《侨乡文化纵论》，中国华侨出版社 2005 年版；《五邑侨乡"口供纸"的内容与价值》，载《五邑大学学报（社会科学版）》2007 年第 4 期，第 1-6 页。

跨域视角下的美国铁路华工研究述评

2019年是美国横贯大陆铁路建成通车150周年。这条铁路的建设是推动美国近代发展、实现近代美国梦的一个极其重要的战略策划，成为连接美国东西部和美国进入太平洋的战略大通道。这一被誉为19世纪人类最伟大的工程与中国有着紧密的联系，华工是横贯大陆铁路西段——美国中央太平洋铁路建筑的主力。2014年5月，美国劳工部将铁路华工群体请入位于美国首都华盛顿宪法大道200号的劳工部大楼荣誉堂，以崇高的荣誉纪念铁路华工的巨大贡献，感谢铁路华工对美国人生活方式产生的深远且积极的影响。

同时，美国横贯大陆铁路的修建是中美两国关系史上一个重大的事件，是中美交流的重要文化资源，对当今的中美关系发展依然有着深远的影响，自然成为中美史学界研究的重要内容之一。从2013年开始，两国史学界就展开了铁路华工的合作研究，由中国社会科学出版社出版的《铁路华工的跨国生活：广东侨乡和北美铁路华工营的物质文化研究》（谭金花、芭芭拉·沃斯、莱恩·肯尼迪合著）一书，就是这一合作的最新成果。

为了推动美国铁路华工的研究更深入地开展，回顾中美两国关于铁路华工的研究历程及其成果，这样做无疑具有学术意义和学术价值。[①]

[①] 本文涉及的中美学术界相关成果主要来自国内出版的资料汇编、著作和发表的论文，主要有陈瀚笙主编《华工出国史料汇编》（中华书局1984年版）、宋李瑞芬《美国华人的历史和现状》（商务印书馆1984年版）、赵耀贵《横贯大陆铁路的无名建设者》（百家出版社2008年版）、黄安年《道钉，不再沉默：建设北美铁路的华工》（白山出版社2010年版）、生键红《美国中央太平洋铁路建设中的华工》（中西书局2010年版）、赵汝诚《旅居者与移民：美国太平洋铁路华工与爱尔兰劳工报纸形象分析》（中国华侨出版社2012年版）。其中，有关美国学术界的成果多为中文资料汇编与著述中的翻译和引用，难免有挂一漏万之嫌，笔者希望通过梳理，依然可以看到中美学术界对美国铁路华工研究的发展脉络、总体状况和各自的特点。

一、美国的铁路华工研究

根据笔者掌握的文献资料，美国学界对铁路华工的研究，最早在19世纪60年代有关加利福尼亚州历史的著作中就出现了，主要是对铁路华工历史功绩的分析和评价。此后，美国学界不断有成果面世。

1868年，在克罗尼斯的《加利福尼亚的资源》一书中，他高度评价华工的作用："若没有中国人的帮助，我国的工业不可能那么早就奠定了基础；对我国全面发展具有极大重要性的太平洋中心铁路也不可能修建得那么快。中国人不仅满足了我国对劳动力的需要，而且他们是廉价的劳动力。"① 克罗尼斯这本专著出版于横贯美国大陆铁路全线通车的前一年，克罗尼斯就华工参与西部淘金对美国近代工业化进程，以及参与连接美国东西部的跨州铁路建设对于美国而言所具有的战略意义，做出了恰如其分的肯定。

在早期的学术成果中，最重要的是1881年出版的乔治·F.西华的《美国的中国移民——论它的社会和经济方面》一书②。乔治·F.西华从1840年到1880年先后担任汕头、广州、上海美国驻华领事馆总领事和驻华公使职务，是一个在中国有40年经历的职业外交官。这个身份让他接触到大量的美国官方档案资料，比如美国国会关于中国移民的专项报告书、驻华领事馆给国务院的专项报告等。在横贯美国大陆铁路建成通车10周年之际，1879年，乔治·F.西华受美国国务卿伊械士的指令，对移民美国华工的出洋真实情况进行调查（是否与被拐卖到古巴、秘鲁的"猪仔"华工同类，是关注的重点之一），他担任广州总领事的辖区是美国华工最重要的输出地（主要是珠江三角洲地区），任职期间早就对当地华工出洋情况有所了解。

这样的职业背景和专项调查任务，促成他1880年卸任后完成了这部有分量的著作。在《美国的中国移民——论它的社会和经济方面》中，

---

① 转引自陈瀚笙主编《华工出国史料汇编（第七辑）》，中华书局1984年版，第174-185页。
② 乔治·F.西华的《美国的中国移民——论它的社会和经济方面》共400页，陈瀚笙主编《华工出国史料汇编（第七辑）》"美国与加拿大华工"进行了摘要翻译，本部分述评内容则依据陈瀚笙主编的《华工出国史料汇编（第七辑）》"美国与加拿大华工"第51-74页的内容。

乔治·F. 西华从淘金年代开始对华工的移民方式进行了分析，认为他们全部都是自由移民，是美国西部开发难得的廉价劳动力，中央太平洋铁路公司发觉华工比加利福尼亚州本地的其他劳动群体更为得力，更能使公司获得巨大的利润。这使得后来承包美国西部南北太平洋铁路工程的资本家们竞相仿效，继续引入华工成为建设主力。他还在书中对华工移民美国的成本收益进行了分析，保留了不少难得的资料。例如，书中记载，华工家乡一天的收益是一角，而在美国一天的收益是一美元，等等。乔治·F. 西华以外交官、学者身份撰著的《美国的中国移民——论它的社会和经济方面》就有了特别的学术意蕴。

19世纪，美国涉及铁路华工的研究有一个大的社会背景。19世纪60年代后期，在加利福尼亚州出现了鼓动排华的噪音，一些工会组织认为，华人对白人工人形成了竞争压力。此时，工会在加利福尼亚州对美国两大政党的影响日益深入，社会舆论中排华的声音越来越大。所以，我们看到克罗尼斯和乔治·F. 西华的著作都有一个特点，就是对"加州社会出现的华工压制了白人工人的生存空间"的论调进行了反驳。比如，排华声调中有一种观点认为，这些华工如同没有自由的黑奴，他们是被拐骗而来的。还有一种观点认为，华工抢占了白人工人的工作机会。克罗尼斯和乔治·F. 西华都运用实证资料对这些论调进行了驳斥。同时期，还有其他一些到过加利福尼亚州的学者、旅行家、记者等也持有同样的认识。这一现实针对性很强的研究命题和研究特点，在相当长一个时期的美国铁路华工研究中都有很深的烙印。

1909年，柯立奇的《中国移民》出版，这是一本被誉为20世纪初严肃介绍被人忽视的少数民族——华人的著作。他运用前人的研究成果和媒体报道、政府统计数据等资料，对起源于19世纪60年代的排华运动进行了比较详细的分析与批判。其中，铁路华工是重要的分析对象之一，他也肯定地指出包括铁路华工在内的中国移民都是自由移民，说"他们是奴隶"纯属虚构，他对"铁路华工的参与引发白人工人的不满""排华起源于工会""华工后来成为美国政党政治的牺牲品"等都有论述。同时，他对铁路华工招工起源、招募方式及华工收益的分析，也都有很高的学术价值。①

  1938年，奥斯卡·刘易斯的《四大股东》一书出版，详细介绍了美国中央太平铁路公司"四巨头"承接横贯大陆铁路西段——美国中央太平洋铁路的过程和组织建设的详情。其中，在招募白人工人极其困难的局面下，中央太平洋铁路公司从最初抱着试试看的心态招募华工，到后来一遇到艰难紧急工程，首先就想到华工的心态和行为转变的详细过程，以及华工的英勇精神、心灵手巧的才干和为铁路付出的巨大牺牲，他都进行了生动的描述。②

  1950年，陈匡民的《美洲华侨通鉴》在纽约出版发行，对铁路华工的描述和评价是：太平洋铁道之建筑，筑路工人90%为华人，该铁道得以提早完成，全为华人之功。美国记者目睹华工披荆斩棘，将他们誉为"美国之真实开路先锋"③。这不是一本学术专著，是通鉴，它反映了美国华人对先侨在美国历史中做出的贡献的认知，在美国主流社会长期缺乏对华工贡献的了解和公正评介的环境中，这是代表了美国华侨华人的一种心声。早在1928年，中国留学生吴景超在芝加哥大学完成的博士学位论文《唐人街：共生与同化》中，使用中央太平洋铁路"四巨头"之一的查尔斯·克拉克及工程监理人斯特罗布里奇的口述资料，对招募爱尔兰劳工的无奈，以及对华工规模和华工出奇高的工作效率所做出的不带偏见的评介进行了展示。克拉克说："他们干活的劲头完全符合我们的愿望，致使我们感到，只要哪儿工程紧急，最好立即派华人去。在此之前，我们总是派白人去干；如今，一遇紧急工程，我一定让华工去，因为他们很可靠，始终如一，而且有承担艰苦任务的才干和能力。"④ 这本著作直到1991年才被翻译，在中国大陆正式出版发行，这是一本大量直接利用美国各种档案文献等第一手资料和美国学术界成果而完成的有分量的著作。

---

  ① 关于柯立奇《中国移民》的述评依据陈瀚笙主编的《华工出国史料汇编（第七辑）》"美国与加拿大华工"第164－194页的内容。

  ② 关于《四大股东》的述评是综合宋李瑞芬《美国华人的历史和现状》（商务印书馆1984年）和黄安年《中央太平洋铁路的建成与在美华工的贡献》[《河北师范大学学报（哲学社会科学版）》1999年第2期] 成果而成。关于奥斯卡·刘易斯这本著作的书名有《四大股东》（宋李瑞芬）、《四大家族》（黄安年）、《四巨头：亨廷顿、斯坦福、霍普金斯和克劳克与建设中央太平洋铁路的故事》（黄安年）三种不同的翻译。

  ③ 陈匡民：《美洲华侨通鉴》，纽约美洲华侨文化社，1950年，第53页。

  ④ 吴景超：《唐人街：共生与同化》，筑生译，天津人民出版社1991年版，第35页。

1962 年，卫斯理·S. 格瑞斯华尔德的《巨人们的工程：建造太平洋铁路》出版，他将铁路华工誉为"巨人"。① 在 20 世纪 60 年代，最重要的一部著作是 1964 年出版的贡特·巴特的《"苦力"：1850—1870 美国华工史》。这是又一部严肃对待华工历史的专著。其主要内容是分析这个时期的华工是如何来到美国的，描述华人社会的轮廓，铁路华工正是产生于这个时期。贡特·巴特通过他对包括铁路华工在内的这一时期华工迁移行为及其家乡的社会环境、路途中的行为分析，同样反对将华工视为奴隶（这是排华的重要谎言之一），认为他们属于自由移民。与以前的研究相比，贡特·巴特将视角延伸到了华工的家乡——中国广东的珠江三角洲，让美国学术界对华工到美国打工的社会基础有了进一步的了解。他对迁移工具、迁移费用、迁移时间以及迁移目的等迁移细节较前人有了深入的研究。他对华工到美国后华人社团对这些同乡劳工的控制、华工在铁路工地的生产生活情况等，也都做了更深入的分析，引用的一些当事人的观察记录资料丰富了对这一劳工群体劳动生活细节的认知。与以前研究不同的是，他将铁路华工的研究视角延伸到 1869 年横贯大陆铁路通车后围绕西段——美国中央太平洋铁路开展的南北铁路网建设，同时对最终失败的南部肯塔基、孟菲斯等地种植园主希望利用华工去替代黑人工人的劳工输入的企图进行了较详细的分析，应该说这是对铁路华工研究的扩展。②

1966 年，美国学者亚历山大·塞克斯顿发表了《十九世纪华工在美国筑路的功绩和牺牲》一文，集中对铁路华工在缓解美国中央太平洋铁路公司严重欠缺劳工问题上的贡献、攻克内华达州最艰难的路段、为美国中央太平洋铁路公司加快推进筑路进程赢得时间、为美国中央太平洋铁路公司节省了大量金钱等方面的历史功绩进行了详细的论述，并对他们为此付出的巨大牺牲以及获得的不公正对待给予了揭示和同情。在论文中，他引述了中央太平洋铁路公司总裁利兰·斯坦福的一段对华工贡献的评价："没有华工，这条重要的国家交通干线的西段，就不能在国会法案所要求

---

① 转引自赵汝诚《旅居者与移民：美国太平洋铁路华工与爱尔兰劳工报纸形象分析》，邓武译，中国华侨出版社 2012 年版，第 2 页。

② 有关贡特·巴特《"苦力"：1850—1870 美国华工史》的述评依据陈瀚笙主编的《华工出国史料汇编（第七辑）》"美国与加拿大华工"第 75-163 页的内容。

的时限内完工。"①

1979 年，美籍华裔学者宋李瑞芳的《美国华人的历史和现状》一书出版，她有感于 20 世纪 60 年代以来美国缺乏严肃的分析华人群体的著作，已有的一些成果又带有美国社会对华工根深蒂固的成见的现实而开展了这项研究。② 这本著作的一个特点是大量使用了国会档案资料、19 世纪以来的研究成果、移民局的统计资料等，内容非常丰富，大段的引用为我们了解美国华人历史增添了很多感性的生动认识。其中，关于铁路华工的描述平实而有启发。最值得注意的是第三部分"中国移民先驱"的结束语。她写道："加利福尼亚早期的历史学家对华人先驱所作的贡献都是一致公认的。华人在开发地壳内部宝藏，挖掘金矿资源，为国家增加财富的工作中，是一支主力。他们耕种农田，收获庄稼，使大批涌向西部定居、征服荒野地区的人得以温饱。他们为尚未制定法律的边疆地区确立了尊严、安定、平静、良好的社会秩序。他们为加利福尼亚社会增添了色彩，他们的衣着和生活方式和西方人的习惯截然不同，他们的到来和缴纳税款，使许多县免于破产。他们在建设横贯大陆的铁路及其支线中立下的丰功伟绩所显示出的英勇气概已经载入史册。他们勤劳朴实、吃苦耐劳的品质，拯救了西部亿万英亩肥沃的农田和无数城镇地产。"③ 宋李瑞芬将铁路华工的丰功伟绩视为华人对美国早期发展贡献的一块重要基石，至今值得我们好好体悟。

1987 年，麦美玲和迟进之合著的《金山路漫漫》一书出版，它记录了华人两个世纪以来在美国大陆上求生存、争尊严、创业绩的奋斗历史。这是一本面向美国社会的通俗性读物，重点介绍"二战"后华人的奋斗和发展，对历史的描述比较简略，"铺设中央太平洋铁路"在第一章中做了介绍，其立意点是展示华工的艰难困苦和后来受到的不公正待遇。④

1991 年出版的雷蒙德·库欣、杰弗里·莫罗合著的《美国第一条太

---

① 有关亚历山大·塞克斯顿《十九世纪华工在美国筑路的功绩和牺牲》论文的引述依据陈瀚笙主编的《华工出国史料汇编（第七辑）》"美国与加拿大华工"第 293 – 304 页的内容。
② 参见宋李瑞芳《美国华人的历史和现状》，朱永涛译，商务印书馆 1984 年，"引言"，第 2 页。
③ 宋李瑞芳：《美国华人的历史和现状》，朱永涛译，商务印书馆 1984 年，第 33 页。
④ 参见 [美] 麦美玲、[美] 迟进之《金山路漫漫》，崔树芝译，新华出版社 1987 年版，第 18 – 21 页。

平洋铁路》一书，2000年出版的斯蒂芬·E. 安布罗斯的《举世无与伦比：1863—1869年建设太平洋铁路的人们》一书也是美国铁路华工研究的重要著作，铁路华工对于这条铁路与美国历史发展的贡献给予了高度的评价，与以往的著作对铁路华工功绩比较集中在铁路本身的评价相比，是个新的认识。①

在美国的铁路华工研究中，2004年铁路华工后裔赵耀贵撰写的《横贯大陆铁路的无名建设者》一书在纽约出版发行，这本以实证为特点的著作有独特的价值。赵耀贵不是专业的历史学者，他是美国宇航局的工程师，其曾祖父、祖父都是铁路华工，这让他对铁路华工群体的历史比其他人有更多的了解和特殊的情感。退休后，他用5年多的时间到加利福尼亚州、内华达州和犹他州的档案馆、博物馆、图书馆查找资料，并通过多个渠道寻访铁路华工后人，他熟悉广东方言，在对各种馆藏文献进行解读方面具有语言的优势，《横贯大陆铁路的无名建设者》的完成包含了他对华工先侨的尊重。这本著作不仅文献性很强，而且对华工何时参与横贯大陆铁路建设、华工规模的推算、无名者姓氏的挖掘考证、工资的发放、生活开销、牺牲华工人数等一些基本历史事实，都利用铁路公司的原始档案资料和其他文献进行了全新的研究，或推翻或推进了学术界原有的一些认识。例如，长期以来，中美学界认为华工参与铁路建设始于1865年，但是，赵耀贵在铁路公司原始的工资档案中发现了1864年1月、2月、4月铁路华工的工资单，这足以改变了学术界的结论。②

很有趣的是，也是在2004年，美国华裔学者赵汝诚博士的《万语千言能否构建一幅真实的图画——美国太平洋铁路华工和爱尔兰劳工报纸形象分析》学位论文完成。赵汝诚博士1952年12月22日生于加州洛杉矶，

---

① 雷蒙德·库欣、杰弗里·莫罗的《美国第一条太平洋铁路》认为横贯大陆铁路的建成标志着美国进入了一个新时代，斯蒂芬·E. 安布罗斯的《举世无与伦比：1863—1869年建设太平洋铁路的人们》评介太平洋铁路的建成是美国人民在19世纪取得的最伟大的成就。转引自赵汝诚《旅居者与移民：美国太平洋铁路华工与爱尔兰劳工报纸形象分析》，邓武译，中国华侨出版社2012年版，第1—2页。

② 这部分内容参见赵耀贵《横贯大陆铁路的无名建设者》，生键红译，上海百家出版社2008年版。旧金山州立大学加利福尼亚大学伯克利分校文化项目"寻找根"发起人邢·马克·雷评介此书对人们接受的历史事实和数据提出了质疑，解决了一些历史问题，帮助人们更好地了解中国人在建造这条横贯大陆铁路时所发挥的作用。转引自赵耀贵《横贯大陆铁路的无名建设者》，生键红译，上海百家出版社2008年版，第24页。

1981年在俄勒冈州立大学获得工程新闻学学士之后，先后在《俄勒冈人》等俄勒冈州、加利福尼亚州和马萨诸塞州的多家报纸担任记者和编辑，1995年在俄勒冈大学获新闻与传播学硕士学位，2004年在密苏里大学获新闻学博士学位。作为一个在美国出生的华人，加上赵汝诚的新闻专业修养和长期在报社的记者编辑经历，促使他将博士论文选题确定在新闻媒体视角下的铁路华工研究。2012年，五邑大学广东侨乡文化研究中心约请邓武翻译并在中国大陆出版了赵汝诚的博士学位论文，在征得赵汝诚博士家人同意并征询了博士论文指导老师贝蒂·霍钦·温费尔德博士的意见后，书名修改为《旅居者与移民：美国太平洋铁路华工与爱尔兰劳工报纸形象分析》，其中文版也是这部著作唯一一次公开正式出版发行。这部著作与前面介绍的其他著作最大的不同是，赵汝诚大量利用当年铁路沿线各种报纸对两支铁路建设大军的报道，运用媒体传播学的理论进行新闻社会学分析，这是一个新的研究视角和研究成果。在对报纸资料的对比分析中，赵汝诚认为，两支铁路建筑大军的形象是不同的，许多报纸的报道强调了两支劳工大军各自的口音，但这些报纸对爱尔兰劳工往往更加在意，往往会在报道中提及他们的名字；而对华人劳工来说，他们的名字却很少出现在报道中。这些报道对两支劳工大军都不乏贬抑，但侧重点不同，对爱尔兰人的报道总是突出他们的对抗行为、扰乱治安的行径和频繁的酗酒；对华人的描绘则是偏重他们亚洲人的面部特征、所谓的低智商和偷盗、拉皮条一类的罪案。当有霍乱、天花和麻风病流行时，这些报纸总是援引当地官员的话，将这些传染病的源头指向华人。赵汝诚博士认为，媒体通过描绘劳工群体的形象和他们之间的对话显现出种族歧视的意识。爱尔兰劳工的衣着与当地白人相似，因此他们不太容易被区分，而且他们也说英语，尽管带有口音；爱尔兰人是移民，准备在美国安顿下来。华人们却保持着传统的衣着、发型和中国的饮食，且很难用英语同当地人交流；华工作为"旅居者"，他们大都打算最终回到中国与他们的亲人团聚，也就没有必要遵从这里的习俗。这个时期的美国报纸意识到了上述差别，因此，它们对华人劳工的敌意就更加强烈了。

赵汝诚博士深感可叹，19世纪的美国报纸对赴美华人的不公正报道以及强加给他们的污辱性偏见几乎贯穿了美国的整个建设时期。他指出，这些报道中的区别大都源于社会歧视和19世纪60年代与今天不同的新闻准则，同时报纸的报道也强化了当时美国社会对待华工的歧视性认识。①

二、中国的铁路华工研究

中国学界对铁路华工的关注也不晚，但是长期以来，研究不够深入。

清末，一些使美大臣的奏章中就有所提及。在学界，梁启超的《新大陆游记》可能是最早关注评介这个群体的记录。梁启超在《新大陆游记》的附录《记华工禁约》中指出："今者，加罅宽尼之繁盛，实吾中国人血汗所造出之世界也。何也？无金矿，无铁路则无加罅宽尼，而加罅宽尼之金矿、铁路，皆自中国人之手而开采、而建筑者也。"②淘金、筑路的华工就是一个群体。

此后长期以来，有关美国铁路华工的研究在中国极少受到关注。进入20世纪中期，1976年，中国台湾出版了刘伯骥的《美国华侨史》；1984年，出版了《美国华侨逸史》。刘伯骥的系列著作应该是中国学者研究美国华侨历史最早、最翔实的，其材料主要取自英文史籍，一部分来自中国文献资料，其对铁路华工参与横贯大陆铁路建设的起因、工作状况、生活细节、历史贡献等给予详细描述也是中国学者中最早的，更为中国学术界研究铁路华工提供了很多资料线索。③

进入20世纪80年代，随着改革开放的进程，尤其是中美关系的改善，美国华侨华人历史研究逐渐被学界关注，19世纪的铁路华工自然成为论述的对象之一。一些美国华人学者有关美国华侨华人历史的著作陆续在中国大陆翻译出版，让学界和社会了解到美国华人学者对铁路华工的一些分析，如陈依范的《美国华人》（工人出版社1985年版）等。中国大陆的资料整理成果和研究成果也陆续出现，这里必须提到陈翰笙主编的十辑《华工出国史料汇编》，它由中华书局于1984年陆续出版发行，其中第一辑的《中国官方文书选辑》和第七辑的《美国与加拿大华工》收录

---

① 参见赵汝诚《旅居者与移民：美国太平洋铁路华工与爱尔兰劳工报纸形象分析》，邓武译，中国华侨出版社2012年版，第213－226页。

② 梁启超：《梁启超全集（第二册）》第四卷，北京出版社1999年版，第1200页。

③ 刘伯骥对美国华侨历史资料的挖掘积累深厚，见《美国华侨史》（中国台湾黎明文化事业股份有限公司1976年版）、《美国华侨逸史》（中国台湾黎明文化事业股份有限公司1984年版）都有专章。其中多有铁路华工的篇章，是考察中国铁路华工研究的重要成果。

了不少与铁路华工相关的重要的中外文献，至今依然是研究美国铁路华工和了解早期美国铁路华工研究的最重要的中文资料汇编。

1989年，杨国标、刘汉标、杨安尧合著的《美国华侨史》出版，这是由中国大陆学者20世纪80年代出版的第一部美国华侨通史，在该书第二章论述华工对美国西部开发的意义中有"修筑钢铁运输线"专目，主要揭示了横贯大陆铁路的由来、铁路华工参与铁路修建的过程以及表现出的不惧艰难、敢于冒险的英勇奉献精神和铁路功勋。从铁路华工研究而言，这是中国大陆最早对华工进行比较详细论述的著作。[1] 1990年，李春辉、杨生茂主编的《美洲华侨华人史》出版发行，也有专节讨论铁路华工的情况。[2]

20世纪八九十年代一批学术论文也陆续发表，代表性的有朱杰勤《十九世纪后期中国人在美国开发中的作用与处境》、丁则民《美国中央太平洋铁路的修建与华工的巨大贡献》、奚国伟《为建筑美国第一条横贯大陆的铁路作出贡献的华工》、王寅《十九世纪下半叶华工对美国铁路建设的贡献》等。[3]

改革开放以来，在关注美国铁路华工研究的学者群中，应该特别注意到北京师范大学历史系长期从事美国历史研究的黄安年教授。黄安年教授自从1999年发表了《中央太平洋铁路的建成与在美华工的贡献》一文后，[4] 就与这段历史、这个群体结下了深深的情缘，是国内长期关注、持续研究并不断有成果面世的美国铁路华工研究专家。2006年，他的《沉默的道钉：建设北美铁路的华工》画册出版，[5] 这是第一本由中国大陆学

---

[1] 参见杨国标、刘汉标、杨安尧《美国华侨史》，广东高等教育出版社1989年版，第54－68页。

[2] 参见李春辉、杨生茂主编《美洲华侨华人史》，东方出版社1990年版，第120－127页，华工筑路的待遇、对横贯大陆贡献建成的功绩是讨论的重点。

[3] 参见朱杰勤《十九世纪后期中国人在美国开发中的作用与处境》，载《历史研究》1980年第1期，第93－111页；丁则民《美国中央太平洋铁路的修建与华工的巨大贡献》，载《史学集刊》1990年第2期，第47－54页；奚国伟《为建筑美国第一条横贯大陆的铁路作出贡献的华工》，载《历史教学问题》1994年第5期，第61－62页；王寅《十九世纪下半叶华工对美国铁路建设的贡献》，载《历史教学问题》1999年第4期，第10－14页。

[4] 参见黄安年《中央太平洋铁路的建成与在美华工的贡献》，载《河北师范大学学报（哲学社会科学版）》1999年第2期，第101－117页。

[5] 参见黄安年《沉默的道钉：建设北美铁路的华工》，五洲传播出版社2006年版。

者编著的全面展示铁路华工群体的"画册"。我之所以称其为带引号的"画册",一是这本画册收集了大量的有关美国横贯大陆铁路和华工参与建筑的珍贵的历史照片,更有一大特点就是每一部分都配了大量的文字,这些详细的文字其实就是一篇篇专题论文,简单用画册难以涵盖它丰富的内涵。"沉默的道钉"包含着黄安年期望引发中美国学界更多的人予以重视的学术呼吁和学术热情。更难得的是,他后来陆续出版了《道钉,不再沉默:建设北美铁路的华工》和《沉默道钉的足迹:纪念华工建设美国铁路》两本书,文体有图册,有论文,有书评,有微博,尤其是与李炬合著的《沉默道钉的足迹:纪念华工建设美国铁路》一书更有铁路沿线重要历史遗迹与现实对比的精美图片。① 几本以"道钉"为主题的"画册"和文集,何尝不是这位老人对美国铁路华工群体恋恋不舍、长期关注这一研究群体的学术经历的记录和见证。

2010年,生键红博士的《美国中央太平洋铁路建设中的华工》出版了,这是中国大陆第一本以铁路华工为主题的学术著作,也是著者的博士学位论文。为了完成这个学位论文选题,生键红博士从2000年到2007年四次前往美国加利福尼亚州、内华达州、犹他州收集档案资料,拜访铁路华工后人,记录口述历史。这本著作从横贯大陆铁路的缘起、华工的招募、华工的筑路生活、华工的贡献以及铁路华工的去向等方面进行了分析和论述,对铁路华工从事的工种、每月的收益开支、横贯大陆铁路的历史意义等方面的分析,都对中国学术界关于美国铁路华工研究的推进有所助益。②

2017年,沈卫红博士的《金钉:寻找中国人的美国记忆》出版发行,这是一本比较特别的著作。它不像是我们常见的学术专著,更像是一本游记式的著作,随着著者的笔端,人们逐渐走进150多年前铁路华工的历史,它又时时将你拉回现实,用今天的眼光予以审视,阅读感强。沈卫红博士是广东省侨务办公室的干部,她长期关注铁路华工的历史,策划并参与了"广东华侨史"编修工程之美国铁路华工专项调查,这本著作就是这次调查的成果。在书中,大量历史和现实的文献资料、现场考察、口述

---

① 参见黄安年《道钉,不再沉默:建设北美铁路的华工》,白山出版社2010年版;《沉默道钉的足迹:纪念华工建设美国铁路》,中国铁道出版社2015年版。
② 参见生键红《美国中央太平洋铁路建设中的华工》,中西书局2010年版。

历史相互印证，铁路沿线遗址遗物与太平洋彼岸华工家乡的现实连接，追溯了150年前铁路华工群体的历史，尽量去复原他们生活的原态，很多细节来自对历史文献的到位解读和现实的结合论证，她对铁路华工的历史内涵提出了自己的思考，将我们对这个群体的关注领域予以延展和拓宽，海边的渔村、高山的伐木场、深山里的煤矿区、平原的农业小镇都进入铁路华工研究的视野，这是中国学者第一本深入考察铁路沿线重要遗址遗迹，全景式反映美国铁路华工丰功伟绩的著作。①

21世纪以来，有关美国铁路华工研究的论文主要有汪建丰的《略论19世纪美国西部开发中的铁路建设》、赵洪磊和刘鸿雁的《华工在美国西部开发中的贡献》、邓会的《略论19世纪后期美国西部铁路建设》、张敏和杨非《美国横贯大陆铁路的修建与华工的贡献》、孙丹榜的《试论横贯大陆铁路的铺设与美国西部开发》等。②

三、中美研究的比较与思考

回顾中美学术界对美国铁路华工的研究，可以概括出以下几个特点。

首先，美国对横贯大陆铁路华工的研究起步早，且持续不断，学术成果积累丰富。中国对横贯大陆铁路华工的研究非常薄弱，关注早，起步晚，学术积累很少。黄安年用"沉默的道钉"来形容华工群体被忽视的状态，意图唤起社会对他们的关注。笔者以为这个群体在美国社会和学界并不"沉默"，对之了解甚少、研究欠缺的是中国学界和社会。这固然与铁路华工的主场地在美国有关，也与历史中中美长期对立、联系交流少相关。随着改革开放的推进，中美关系成为中国最重要的外交关系之一，中国与世界的联系增多增强，关于中美之间重大历史事件的研究也就更多地进入到中国学术界的视野，所以从20世纪80年代开始，中国大陆学者对

---

① 参见沈卫红《金钉：寻找中国人的美国记忆》，广东人民出版社2017年版。
② 参见汪建丰《略论19世纪美国西部开发中的铁路建设》，载《湖州师范学院学报》2000年第5期，第46—52页；赵洪磊、刘鸿雁《华工在美国西部开发中的贡献》，载《泰山乡镇企业职工大学学报》2004年第4期，第17—18页；邓会《略论19世纪后期美国西部铁路建设》，载《苏州职业大学学报》2004年第1期，第39—42页；张敏、杨非《美国横贯大陆铁路的修建与华工的贡献》，载《绥化学院学报》2005年第2期，第100—102页；孙丹榜《试论横贯大陆铁路的铺设与美国西部开发》，载《思茅师范高等专科学校学报》2005年第1期，第29—32页。

美国铁路华工研究的成果逐渐面世。同时，我们也要清醒地看到，与包括铁路华工在内的美国华侨华人历史的重大贡献和对当今中美交流的文化价值相比，中国大陆有关的研究力量和学术成果还是很薄弱的，有待努力。

其次，长期以来，中美学者依据的研究资料，主要来自美国保存的官方档案、媒体报道及口述历史记录。美国学者对中方文献的运用极少；而中国学者的论著也多引述美国文献，对本国文献的重视不足，对其挖掘及运用远远不够。这固然与美国对铁路华工档案文献从铁路修建时起就开始保护积累，并且不断有学者对当事人及其后人进行跟踪记录等情况有关，更与对这一劳工群体研究的学术视野、价值评价有直接的联系。

最后，中美学者对美国铁路华工的研究重点也不约而同地集中在美国，主要分析美国中央太平洋铁路公司使用华工的因由（西部劳动力缺乏，白人工人数量和特性无法满足铁路建设需求，而且不如华工好管理、好使用），对华工群体的评价（劳动纪律、劳动组织、劳动精神、劳动能力等），对铁路华工贡献的肯定（对美国中央太平洋铁路工程进度、东西部人口流动、西部开发等方面的贡献），等等。其中，中美学者学术关怀的问题和研究角度也有侧重。美国学者从19世纪以来，比较重视为铁路华工身份正名，为聘用铁路华工的无奈进行申辩，对铁路华工的吃苦精神、劳动能力、劳动效率加以肯定，一直是他们的研究主题。这一学术传统和研究特点与19世纪60年代以来美国国内对华工的种族歧视政策直接相关。20世纪60年代以前的美国学者的相关研究多运用国会档案、铁路公司档案、媒体报道、当事人的历史记忆等方面资料，通过具体情况的描述来反驳种族歧视论调附加给这一劳工群体的种种不实之词。20世纪60年代后的研究，更深入地分析了对华工种族歧视意识和社会舆论氛围形成的过程、推动要素，对当年的"政治正确"进行反思。对铁路华工贡献的研究主要集中在横贯大陆铁路和西部开发，例如，亚历山大·塞克斯顿的《十九世纪华工在美国筑路的功绩和牺牲》就将"功绩"作为了论文的主题内容之一，其"功绩"考察的视角集中在铁路本身。宋李瑞芳是第一个从更加广阔的视角来评价华工"功绩"的美国学者，她的《美国华人的历史和现状》从开金矿、垦农业、维护社会秩序、文化多样性、税收促进社会发展、载入史册的铁路精神多方面对这个群体的伟大贡献进行了归纳。这是她作为一个华裔学者对美国社会长期以来不能严肃公正地对待华人这个少数族裔,一些著作充满陈词滥调的现状深感不满的心声表达。中国学者对美国铁路华工的研究,也集中在华工筑路历程的具体描述,揭示铁路华工遭受的不公平的社会、法律待遇,注重凸显华工吃苦耐劳、忍辱负重、勇于冒险、不怕牺牲的精神品质和特殊贡献等方面,"贡献"是多数中国学者都涉及的内容。

这三个特点,可以概括为一句话:长期以来的美国铁路华工研究主要还是"美国视角"的铁路华工研究,是美国历史的一部分。不仅使用的资料基本上是美国的,关注的学术场域集中在美国,讨论的学术问题基本由美国学界开拓,就连中国学者重视的"贡献"也没有超出美国的地理范围和美国学者关注的领域。这种状况具有时代的特点,同时也是学术的时代局限,当今的美国铁路华工研究理当突破这个局限。

首先,必须站在两个"场域"去认识这个劳工群体。美国铁路华工群体是中国的国际移民群体,这个群体在近现代尤其在近代的国际移民群体中有一个显著的特征,那就是他们一直生活在"两个世界"之中,劳动奋斗的"世界"是现实的、陌生的"他者的"世界,家乡是想象的、充满温情的、心理上近在咫尺的"我的"世界。[①] 早期的美国学者注意到这些人远渡太平洋到美国铁路工地打工的原因,就是为了多寄钱回家。可是他们没有更深入地分析这种行为和心理产生的文化基因、对其家乡所产生的影响及其意义,主要是以此证明这些人是自由的劳动者,他们到美国是自由的,寄钱回家也是自由的。

作为一个身心处于两个"世界"的国际移民群体,对其行为和产生的影响的价值评价就自然需要从"两个世界"着眼。按照国际移民的理论,美国铁路华工的贡献绝不止于迁入地美国,对他们的迁出地——"侨乡"也必然产生重大影响。因此,我们需要突破"美国视角"去研究铁路华工。这里需要突破的,不仅是地理意义上的"美国视角",更包括学术意义上的"美国视角"。即有关美国铁路华工的研究,需要将太平洋东西两岸的两个"场域"(美国、侨乡)结合起来考察,不仅评价他们对横贯大陆铁路建筑的意义、对西部开发的意义,还需要考察这个群体对太

---

① 参见[美]孔飞力《他者中的华人:中国近现代移民史》,李明欢译,黄鸣奋校,江苏人民出版社2016年版,"译后记",第448页。

平洋西岸家乡的意义，缺少了任何一个方面，对这个劳工群体的历史贡献的评价都是不完整的。以此切入，还可以帮助我们在近代东西方文化交流的层面上认识这个劳工群体行为的世界价值。

美国学术界也意识到了这一点。2012年年底，斯坦福大学铁路华工项目组就派人到中国大陆和台湾寻求学术合作。张国雄、姚婷的《美国铁路华工的追梦与圆梦——基于侨乡视角的考察》、刘进的《追寻沉默的美国铁路华工——以中国近现代广东五邑侨乡文书为中心的探讨》、沈卫红的《美国铁路华工研究中值得注意的几个问题》三篇论文，就是中国学者呼应美国学术界的阶段性成果。这三篇论文有一个共同特点，就是强调"侨乡视角"，第一次主要利用中国资料（尤其是侨乡的第一手乡土资料）去分析这个国际移民群体对家乡进步的影响和贡献，这是一个初步的拓展。

其次，必须以更宏大的视野去认识这个劳工群体。现有的中美研究成果对铁路华工历史贡献的分析，主体上还是集中在铁路本身。美国学者引述美国中央太平洋铁路公司四巨头等当事人对华工群体的评价所进行的论证就是典型的代表，他们多以此为据，从劳工身份、廉价劳动力、劳工缺口、华工效率等方面谈论铁路华工对美国中央太平洋段铁路建设加快推进的意义，同时强调华工的自由劳动者身份，反对以歧视意识、错误认知对铁路华工历史贡献的抹杀和忽视。中国学者的研究比较侧重讨论铁路华工的贡献，希望正确确立他们对美国发展的历史地位，而对其"功绩"的论述也较多集中在铁路自身，不论是黄安年、朱杰勤等人的论文还是生键红博士的专著，都有这样的特点。在这些研究中，宋李瑞芬《美国华人的历史和现状》的评价视野则更宽阔些，有历史的纵深感。沈卫红的《金钉：寻找中国人的美国记忆》对铁路华工的研究视野也是扩大到其前后历史发展阶段和相关的产业，这些都是值得重视的，应该继续深入研究。

笔者所说的更宏大的视野，还包括在横贯美国大陆铁路与美国近代历史的紧密联系中去评价铁路华工的贡献。

美国近代的历史是一部从东部向西部不断拓展的历史，在与英国、法国、西班牙、墨西哥的战争中，国土从立国时的东部13州扩展到太平洋东岸，从大西洋沿岸的国家演进为横跨两洋的大国。随着国土的扩张，东部经济、政治、文化中心与西部新边疆交通联系不便，严重制约着国家的统一和稳定，严重地制约着新国土（美国人也称为新边疆）的开发。在常规的东西部联系需要绕行南美且耗时6个月的情况下，加强东西部交通的联系，就成为美国这个新兴国家面临的重大战略任务。在南北战争爆发的第二年，这种战事紧张的环境下，1862年，美国国会就通过了修建横贯美国大陆铁路的法案，并于1863年开工建设，这不能说没有南北战争引发的美国政府对国家统一的考虑，可想这条铁路对美国的战略价值有多巨大。如果说南北战争是根除了南方势力分裂国家的隐患，那么这条通道将6个月的路途缩短到7天，是"一条永不能断的钢带"，把东部与西部绑在一起了，① 美国实现了真正意义上的统一。② 所以，这条铁路的战略价值怎么估量都不为过。美国历史学家乔治·克劳斯说："一条连接太平洋海岸的铁路，不仅会给工商业带来巨大的利益，而且从国家安全角度的考虑也是必需的。"③

不仅如此，美国对于横贯大陆铁路的修建还有更长远的考虑。修建这条铁路最早的动议来自1845在中国经商的阿萨·惠特尼，④ 他提议修建跨州铁路，预期利益之一就是发展太平洋贸易，重点又在中国。所以，这条铁路最早叫太平洋铁路。当时，很多人认为这是天方夜谭，彼时的西部还不是美国的领土，因此，反对西进的人士和舆论也不少。但是，修建一条连接太平洋和大西洋的跨州铁路以发展远东贸易，已经在美国人民心中播下了梦想的种子。1869年，阿萨·惠特尼的梦想成真，更有意思的是，这条铁路最艰难的西段还主要是由华工修建的。这是不是冥冥之中美国与中国之间联系的一种历史缘由呢？由此可见，横贯美国大陆的铁路无疑对

---

① 参见［美］查尔斯·俾耳德、［美］威廉·巴格力《美国的历史：从蛮荒时期到帝国时代》，魏野畤译，新世界出版社2015年版，第276页。
② 参见［美］加里·M.沃尔顿、［美］休·罗考夫《美国经济史》（第10版），王珏等译，中国人民大学出版社2011年版，第352页，"国家最终通过铁路形成一个整体"。
③ 转引自赵汝诚《旅居者与移民：美国太平洋铁路华工与爱尔兰劳工报纸形象分析》，邓武译，中国华侨出版社2012年版，第63页。
④ 参见［美］雷·艾伦·比林顿《向西部扩张：美国边疆史》，周小松、周帆、周镜译，商务印书馆1991年版，第二十九章，第295页。阿萨·惠特尼的建议是美国建立一条到达太平洋岸的铁路，这个建议被搁置后，阿萨·惠特尼发动了一场宣传运动，到处演讲，写文章，向国会提出无数申请书。10年后，阿萨·惠特尼逐渐赢得了舆论。

美国开展太平洋贸易、经营太平洋也具有重大战略价值。

从国土由东向西的拓展，从经营大西洋贸易同时关注太平洋贸易，这都是美国近代历史发展的重大事件，是近代美国梦的重要基石之一，我们是否应该从这些角度去认识华工参与横贯大陆铁路建设的意义呢?! 因此，笔者认为，铁路华工不仅仅是对横贯大陆铁路的建成通车、对西部开发做出了巨大贡献，更为美国拓展太平洋贸易国家战略的实现做出了巨大贡献，所以他们是近代美国重大历史进程的见证者、参与者、推动者，他们的业绩是美国历史的组成部分，他们的精神已经融入美国当代精神之中。

最后，必须在比较中去认识这个劳工群体。这里的"比较"主要指两个方面，一个是铁路建设者主体的比较，一个是两个"场域"的比较，即涉及研究对象也关乎研究方法。

1869年，横贯美国大陆的铁路通车后，在途经各州流行着一句俗语："这条铁路是用威士忌和茶建成的。"① 这句俗语形象生动地揭示了横贯大陆铁路主要是由爱尔兰劳工群体（威士忌）和华工群体（茶）共同修建的历史事实，两大劳工群体都为横贯美国大陆的铁路的建成通车做出了巨大贡献。在犹他州金钉国家遗址公园的金钉博物馆的一副华工与爱尔兰劳工的油画墙上有一句话："我们建造了铁路，铁路成就了美国。"2019年5月10日，犹他州将这一天确定为"铁路工人日"就是对这两大劳工群体历史贡献的充分肯定。

同时，我们进一步看到，早在1863年横贯大陆铁路全线开工之际，两大铁路公司使用的都是爱尔兰劳工，因为西段自然条件极其艰苦，致使美国中央太平洋铁路公司招募爱尔兰劳工非常困难，即使是已经在工地上干活的爱尔兰劳工，也有不少人纷纷选择离去，在东段联合太平洋铁路公司进展比较顺利，尤其是南北战争结束后每天推进一英里；而西段中央太平洋铁路公司两年铺轨还不到50公里的情况下，找到合适的劳工成为让四巨头心焦如焚的大问题。他们想过使用墨西哥劳工，甚至想使用南北战争中的南方战俘来干活，② 都没有实现。万般无奈之下，他们想到了华

---

① 转引自刘伯骥《美国华侨史》，中国台湾黎明文化事业股份有限公司1976年版，第636页。

② 转引自刘伯骥《美国华侨史》，中国台湾黎明文化事业股份有限公司1976年版，第613页。

工，结果华工的工作状态和工作效能让中央太平洋铁路公司喜出望外。在中央太平洋铁路公司的档案等文献中，有关华工和爱尔兰劳工的比较性记述和评介很多，勾画出华工和爱尔兰劳工的群体形象特征。目前，中美学术界对华工和爱尔兰劳工的比较研究多局限在招募华工的原因、种族歧视下的劳工处境等方面，两大劳工群体心理、行为和习俗的全面比较在中美铁路华工研究中还是非常欠缺的。对他们各自在筑路过程中表现出的生产生活方式、习俗信仰的差异进行细致梳理，分析其背后不同文化传统的影响，应该是横贯美国大陆的铁路历史文化研究的应有之题，也可以极大地丰富我们对铁路华工、对华侨在近代国际移民群体中的文化特征的认识。从这个意义上讲，美国华裔学者赵汝诚博士的《旅居者与移民：美国太平洋铁路华工与爱尔兰劳工报纸形象分析》很有学术开拓意义。

第二个比较就是将美国和侨乡两个"场域"结合起来研究铁路华工，这是一个有广阔学术拓展空间和学术价值的探索。美国斯坦福大学与广东五邑大学合作而开展多年的跨考古学、历史学、人类学、社会学研究铁路华工生活史，就是基于这样的设想而开展的，其阶段性成果《铁路华工的跨国生活：广东侨乡和北美铁路华工营的物质文化研究》（谭金花、芭芭拉·沃斯、莱恩·肯尼迪合著）第四章的"总结"里就提到，以往美国考古学者和中国侨乡研究学者长期各自研究铁路华工跨国生活的局限和困难："由于缺少关于铁路华工家乡的物质文化信息，美国的考古学家在分析铁路华工遗址中遗物和遗迹的时候面临了困难。……以之相似的是，在中国的侨乡学者们很难获取北美考古学家关于铁路华工的研究成果，因此无法将其与侨乡的历史、建筑和民族学的丰富资料进行比较。……显然，铁路华工和其故乡生活的物质实践紧密相连，我们不能把它们视为独立的分析个体。"[①] 这项成果通过对铁路华工群体在中美两个"场域"的生活遗物进行比较研判，对其生活传统、生活方式、适应能力、文化转变、文化坚守、文化传播等方面进行了实证性考察，为我们认识这个劳工群体的文化心理、文化行为提供了扎实的学术意见；并通过中美两个"场域"铁路华工的生活遗物所反映的文化传播性状的分析，让我们看到

---

① 谭金花、[美]芭芭拉·沃斯、[美]莱恩·肯尼迪：《铁路华工的跨国生活：广东侨乡和北美铁路华工营的物质文化研究》，中国社会科学出版社2019年版，第231页。

了铁路华工这个社会底层劳工群体横跨太平洋开展的文化交流、文化坚守与文化融入的实践,为我们评价他们对太平洋两岸的文化交流所做出的独特贡献提供了深入的认知。这种比较性的研究对中美学术界开展美国铁路华工研究是很有启发意义的。

[本文为广东省社科基金特别委托项目"广东侨乡的形成与发展"(GD13TW01-2)阶段性成果,本文为笔者与五邑大学广东侨乡文化研究院冉琰杰博士联合发表,原载《华侨华人历史研究》2020年第2期]

美国铁路华工的追梦与圆梦
——基于侨乡视角的考察

华工参与美国横贯大陆铁路的建设，对这条战略大通道的建成通车所做的历史性巨大贡献，长期以来是美国学术界研究的课题。中国学术界对华工跨国参与美国横贯大陆铁路建设的关注，更多的是从20世纪70年代后期才展开的，主要集中在华侨史研究和世界史（尤其是美国史）研究的领域。中外学术界对华工研究的时间起点虽然有所不同，但是其侧重点比较一致，即集中在美国，而且主要分析这样一个国际劳工群体参与铁路建设的前因、过程与影响，这方面中美的学术成果十分丰富。同时，我们还注意到，在资料的使用方面，中美学术界也有一个共同点，即比较多地使用了美国方面保留的官方、媒体和民间资料。20世纪70年代之后，因中国学者的参与，学术界将铁路华工研究资料的使用视野拓展到了中国官方资料和铁路华工的家乡资料。在使用铁路华工家乡也就是中国学者俗称的"侨乡"的资料时，研究的视角依然没有脱离以美国为主的传统学术逻辑，"侨乡"只是一个背景。对侨乡的着墨比较多地集中在华工出洋原因的分析上，即便是这些分析，也是比较宏观的，并不深入，主要是介绍重大历史事件的影响。

按照国际移民的理论，铁路华工的贡献绝不止于对迁入地美国的影响，对他们的迁出地——"侨乡"也必然产生重大影响。从学术上讲，仅有对美国方面的考察，我们以为是不足的。多年来，我们在铁路华工的家乡展开调查研究，思维的逻辑是将美国作为一个"背景"来考察这样一个国际劳工群体对侨乡的社会发展、文化进步的贡献。这就是本文的立意所在，这一论题不仅有学术价值，而且有现实的启发意义。

本文分析立论的资料主要来自侨乡，在全面介绍这些与铁路华工相关的侨乡文献的同时，集中讨论铁路华工跨洋迁移的动力机制、机会成本、带给华侨家庭及侨乡社会的各种影响等问题，希望从中了解铁路华工历史贡献的另外一个重要的方面，进一步形成我们对这个伟大的国际劳工群体的整体认识，以就教于国内外中美关系史研究领域的专家学者们，祈不吝赐教,以帮助我们深化侨乡视角下的美国铁路华工研究。

一、研究方法与资料

2013年年末,斯坦福大学图书馆原馆长、美国国会图书馆东方部主任邵东方代表斯坦福大学铁路华工项目课题组来到广东江门,与五邑大学广东侨乡文化研究中心签署了合作开展铁路华工研究的协议。在以往的铁路华工研究中,从侨乡角度的考察是很薄弱的,因而在这方面有加强学术研究的要求和展开学术研究的空间。双方商议展开国际学术合作,让侨乡从"背景"变成"前台",从侨乡角度去考察铁路华工,我们相信这样做一定会形成一些新的认识。

150多年前到美国参加横贯大陆铁路建设的华工,主要来自广东的珠江三角洲地区,本文将目光集中在这个群体中最主要的人群,也就是珠江三角洲地区的台山、开平、新会、恩平的华工。选择他们作为分析对象,是因为这个人群在美国铁路华工中规模最大,最具有代表性。[①] 当年受美国铁路公司委托,回到中国广东来招募铁路华工的代理人,也主要来自这个地区。在那个信息不流通的比较封闭的农耕文明时代,要招募劳工使其远渡重洋到一个陌生的国度去发展,招募者和应聘者之间没有一个基本的了解和信任,是很困难的。回自己的家乡招募乡亲,在那个年代是比较现实可行的做法。因此,到美国参加铁路建设的华工之所以主要来自这里,原因就可想而知了。而一江之隔的中山等地去美国的铁路华工较少,则反证了在传统社会条件下,劳工信息传递、劳工招募机制、劳工招募效果的规律性。

本文选择这个人群进行分析,还因为他们的家乡受到铁路华工的影响也是最大的。在中国四大著名侨乡中,[②] 五邑侨乡主要接受了欧美文化的

---

① 梁启超的《新大陆游记》附录《记华工禁约》之"旅美华人人数统计"这样记载道:"清朝光绪元年、二年间,全美有华人不下30余万,其中新宁一县(即台山)已有17万人在美。"直到20世纪80年代初,台山人仍然是美国华侨华人中占比最大的人群,唐人街流行的是台山话。在美国和加拿大传统的华侨华人社区,台山人至今依然有很大的影响。

② 近代以来,中国东南沿海地区因为国际移民的影响形成了四大著名侨乡,即广东的潮(州)汕(头)侨乡、五邑(台山、开平、新会、恩平、鹤山)侨乡、梅州侨乡和福建的泉(州)漳(州)厦(门)侨乡。历史上,广东五邑侨乡的华侨华人主要分布在美国、加拿大、澳大利亚等国家,其他三个著名侨乡的华侨华人主要分布在东南亚地区。

影响,而其他三大著名侨乡接受的主要是东南亚文化的影响,① 这个差别是由各个侨乡华工在世界的主要分布地决定的。五邑侨乡比较鲜明的欧美文化色彩,是美国铁路华工对家乡经济、社会、文化发展带来深刻影响的重要见证,对从侨乡视角去认识美国铁路华工,更具有典型性。

从 1863 年到 1869 年,美国横贯大陆铁路的建设从动工到通车历时 7 年,本文对铁路华工分析的时限将上下延伸(从 19 世纪 50 年代到 20 世纪前期)。之所以做这样的选择,主要有三点考虑:一是美国铁路华工的产生与之前 19 世纪 50 年代的淘金华工有天然的联系。对华工来讲,是淘金还是修铁路只不过是工作的不同,虽然后来铁路华工直接从侨乡招募,但是早期的很多铁路华工是从淘金华工转化而来的。二是横贯大陆的铁路通车后,铁路华工又转战美国西部的南北太平洋铁路建设工地并投入加州的农业开发之中,成为主要的劳工力量,为美国西部铁路网的形成和农业发展,同样做出了不可磨灭的贡献。三是从铁路华工的家乡来看,他们对侨乡的影响一直延续到 20 世纪前期,其标志就是五邑侨乡新宁铁路的建设,发起和主持新宁铁路建设的标志性人物陈宜禧就是当年的铁路华工。

五邑大学广东侨乡文化研究中心从 2001 年就开始参与江门市博物馆建设,具体负责文物征集的学术评估和侨乡田野调查工作。我们努力从征集的文物和田野遗存中去考察美国铁路华工在侨乡的印记。积累多年,渐有收获。2014 年,斯坦福大学铁路华工项目课题组第一次到五邑侨乡进行关于铁路华工的田野调查,我们在学术交流中,第一次向中外学术界公布了与铁路华工相关的一些侨乡资料,揭示了它们对铁路华工研究的学术价值,受到了与会中外专家学者的关注和肯定。

在深入认识现有文物、遗产学术价值的同时,我们加强了对铁路华工村落的田野调查。在这里,要特别提到一个研究人员,他就是五邑大学广东侨乡文化研究中心的梅伟强副教授。他是台山当地人,他爷爷和家族里面的先辈就是早年去美国谋生的华工,因此,他对侨乡的历史文化资料非常了解。这几年,正是在他的带领下,我们从台山侨乡挖掘出不少与铁路

---

① 关于五邑侨乡与其他三大著名侨乡在外来文化类型,以及侨乡文化内涵、乡村景观方面的差别,可参见《余论:五邑籍华侨华人的特质》,见梅伟强、张国雄《五邑华侨华人史》,广东高等教育出版社 2001 年版,第 447 – 469 页。

华工相关的新资料，较大地丰富了关于铁路华工研究的侨乡学术资源。①

经过多年的努力，目前我们对铁路华工的研究，形成了以下主要的资料构成：侨乡文献、侨乡文物、铁路华工遗物、侨乡遗产、侨乡口述记录。

本文即依据这些侨乡资料与中外官方文献，考察铁路华工赴美前的侨乡状况和赴美后的个人命运及侨乡社会的改变。

二、铁路华工的梦想

华工移居他乡是为了改变自己的境遇，为家庭、为亲人创造更好的生活条件，过上更好的日子。他们有着非常明确的目标，这个目标是他们能够克服千难万苦、忍辱负重的动力。铁路华工就是一群怀揣梦想的追梦人。

（一）产生梦想的动力机制

根据移民的理论，产生长时期、远距离、大规模的移民运动的动力源，不外内生动力和外部动力两个方面，内生动力被称为"推力"，外部动力被称为"拉力"。中国东南沿海最迟从宋代以后就是传统的国际移民输出地，出洋谋生成了当地人的传统习惯，在19世纪50年代之前，五邑侨乡男人出洋的方向与广东、福建等其他著名侨乡一样，也是到东南亚地区，他们在当年的马来半岛、印尼、缅甸等地的锡矿、橡胶园等行业艰苦创业，在丛林中开辟出居民点，兴建城镇，处处留下了至今抹不去的印记。这一时期的向外走，内生的推力无疑发挥了最大的作用。东南亚地区靠近中国的广东、福建，自然环境与广东、福建相似，有广阔的田地、矿场，又同为儒家文化圈，直接受到中国岭南文化的影响，文化的生疏感弱，因此，是广东、福建移民最好的迁移方向。

19世纪40年代末50年代初，美国、澳大利亚、加拿大陆续发现金矿，对五邑侨乡期待出洋的男人和他们的家庭来讲，在内生动力依然强劲

---

① 在我们进行铁路华工侨乡村落调查和文物、遗产挖掘过程中，还有五邑大学广东侨乡文化研究中心的刘进博士、谭金花博士、石坚平博士等参与了工作，尤其是刘进博士整理的田野调查资料对本文的撰写帮助很大，特此表示感谢。

的同时,外部的拉力变得更为强劲,大到了让当地的男人愿意放弃传统的东南亚移民方向,冒横渡太平洋之险,去自然环境、族群、文化、宗教、生活习俗有很大差异的陌生国度打拼。这是机会成本大过风险的选择结果。

19世纪中期是中国人口增长非常迅速的阶段,因此,耕地不足、粮食生产不能养活当地人的生产资料/人地矛盾,在地处沿海、耕地资源少的广东五邑侨乡表现得相当突出。以新会为例,清朝道光年间(1821—1850)当地人口增长到60万,光绪年间(1875—1908)人口上升到80万,但是耕地的开辟跟不上人口增长的速度,"计每口得田不足一亩。一亩之入,岁以谷三百斤为率,是每口仅得半年之食"①。在开平,同样是"地不足以容人",所谓"迩来地狭人稠,所谓天然物产者,既不足以赡其身家"②。光绪年间,开平的粮食产量只能满足当地人四个月的需求。③

在粮食生产总供给与总需求严重失衡的情况下,土地占有的不平均,更加深了这方面的矛盾。清朝后期,五邑侨乡的土地占有状况是,占总户数5%的地主占有60%~70%的田地,而占总户数60%的贫雇农只占有9%的田地。④开平县塘口镇潭溪乡山塘村有29户人家,世代佃耕地主田地,每年收割上缴佃租和捐税后,所剩无几。其中,经济条件稍好的5户人家每天也只能靠稀粥和米饭掺杂度日;另外,24户人家则全部靠杂粮野菜和稀粥勉强维持生计。⑤

五邑侨乡发展农业经济,尤其是粮食生产,一直是一个重要的任务。到清朝宣统三年(1911),台山县的有识之士还在《新宁杂志》上大声

---

① 光绪《新会乡土志》卷九《实业》。

② 参见《户口》,宣统《开平县乡土志》(抄本)。另外,民国《开平县志·经政略》也对比了清朝宣统年间与嘉庆年间人口的变化:"已增八倍有奇矣。版图依旧,生齿日繁,国内实业未兴,贫民生计日蹙,以致远涉重洋者日重。"这种状况在清朝光绪年间(1875—1908)的广东依然是普遍的现象。光绪十四年(1888),张之洞在《粤督张之洞等奏寓美华商请立新约以维生计折》中就提道:"臣等查广东人满为患,无业游民,皆恃出洋为谋生之路。"转引自陈翰笙主编《华工出国史料汇编(第一辑)》,中华书局1985年版,第1378页。

③ 参见《开平县粮食志》编写组《开平县粮食志》,《开平县粮食志》编写组内部刊印本,1989年,第三章。

④ 参见《开平县粮食志》编写组《开平县粮食志》,《开平县粮食志》编写组内部刊印本,1989年,第三章。

⑤ 参见刘华《从开平侨乡社会的形成看华侨爱国爱乡的光荣传统》,见《开平文史》1985年第10辑,内部刊印本。

呼吁：

> 全邑田亩，既不敷邑人之受耕，而全邑田亩之所产，又不足供全邑半年之粮需。外此强半年之仰给，唯求济于入口。而衣焉食焉及一切日用器具，无不籍资于外来。出洋庸率输进的经济，抵入口漏之壑者，亦不知凡几矣。呜呼，田野不劈，地利未兴，濯濯童童然，榛榛莽莽然，人口日以番孽，比例累进，即供给之度，亦比例而增。广海带山襟海，农林亦非不广也。第以农务未兴，食之者众，生之者寡，用之者舒，为之者疾，供给与佣庸不相调剂，人民之生计界，不其戚乎。人民之生计，苟形匮戚，斯地方凋客之弊，将必露其悲观矣。吾地方人所望之摔草爬土，日出而作，晚归得米，鼓腹酣歌，皆绵便安之活像，其可得耶？今欲筹地方之生计者，此农务之所当急兴者也。①

台山县人与耕地比例失调，所产粮食只能够供养全县人"半年之仰给"，这种状况一直延续到了美国、加拿大、澳大利亚华侨大量汇款回家的20世纪之初，"兴农"——扩大粮食生产还是台山发展经济之首要任务。可以据此推想，19世纪50年代中期，台山民众所面临的生存压力之沉重、"地方凋客之弊"之惨重。

屋漏偏逢连夜雨。清朝咸丰至同治年间席卷了大半个中国的太平天国运动（1851—1864）波及五邑侨乡，地方文献称之为"红匪"；同期叠加在五邑侨乡的是持续12年（1855—1867）的土客械斗，台山、开平、新会、恩平、鹤山全境爆发了客家人与当地人之间的激烈冲突，地方文献称之为"客匪"。② 刘平对这场亲痛仇快的12年械斗所造成的土客族群家庭破产、经济社会凋败，有深入细致的分析。③ 两场长期社会动荡的叠加，

---

① 林觐廷：《再告广海自治体各职员（续24期）》，载《新宁杂志》1911年第25期。

② 清朝康熙至雍正年间，珠江三角洲东岸的客家人被政府有组织地大量迁移到西岸。为了安置这些外来的客家人，雍正十年（1732），清政府专门从新会县分设出一个鹤山县。台山、开平、新会、恩平也接受了不少客家移民。土著和客家人共同开发着五邑侨乡，也共同承受着土地资源紧张带来的生存压力，以致后来因为争夺生存空间而爆发冲突。

③ 参见刘平《被遗忘的战争：咸丰同治年间广东土客大械斗研究（1854—1867）》，商务印书馆2003年版。

给五邑侨乡本来就食不果腹的民众所带来严重的社会后果，在光绪《新会乡土志·实业》中是这样被描述出来的："富者愈贫，贫者愈贫，教养并阙，民起为盗，赌盗相缘，而游手游食之辈遍城乡矣。"失地无业农民增多，整体生活水平下滑，强烈地刺激了青壮年男人远走他乡寻找出路的生存愿望。正如光绪《新宁县志·舆地略》所记录的："自红匪、客匪构乱后，适洋务大兴，壮者辄走外国，四野芜积。"

传统的东南亚移民方向对他们依然有吸引力，有人继续沿着传统的迁移线路出去谋生。① 到19世纪50年代中期，一些在美国发了财的乡亲带回了不同于东南亚发展的消息——到太平洋东岸的美国去淘金可以挣到更多的钱，他们衣锦还乡就是榜样的示范，② 这为热望找到更好出路的同乡人打开了一扇新的窗户，看到了可以获得更多回报的希望。当时在广东传播"美国到处是黄金"的信息渠道多种多样，美国当代历史学家贡特·巴特撰写的《"苦力"：1850—1870美国华工史》一书的第三章《中国人的到来》就提到，传播信息的有旅居加利福尼亚的中国人寄回来的家信，还有归国移民回忆在金山获得成功的报告，也有各个船运公司发布的到远方去发财致富的谣言，以及赞成和反对移民出国的印刷品、公开信。③ 在

---

① 到清朝末年也还有五邑侨乡的民众移民东南亚谋生，民国《赤溪县志》卷四就记载道："（台山）山多田少，人民生活维艰，查近20年来，县民挈眷往南洋各埠寄居谋生者，计每年不下数百家。"

② 根据贡特·巴特的《"苦力"：1850—1870美国华工史》（彭家礼摘译）（英文原著是：Gunther Barth, *Bitter Strength*: *A History of the Chinese in the United States*, *1850—1870*, Cambridge, Massachusetts: Harvard University Press, 1964）第三章引用的广州金记商行的报告，1852年年初有65名男子和1名妇女离开美国回到家乡，这些单身汉大部分是一两年前带着几袋茶叶或大米去到美国旧金山的，由于勤勉、节约、兢兢业业，他们都赚了钱，有些还积累了财产。他们回到家乡后，为美国这个黄金国土说好话，必将有更多的中国人前往美国去试试他们的财运。贡特·巴特的书的内容转引自陈翰笙主编《华工出国史料汇编（第七辑）》，中华书局1984年版，第95页。

③ 转引自陈翰笙主编《华工出国史料汇编（第七辑）》，中华书局1984年版，第97页。刘伯骥《美国华侨史》一书的第二章第四节更具体地记录了香港代理外国船务的公司经理人到广州和五邑侨乡散发的招工传单如下："美国人是非常富裕民族，彼等需要华人前往，极表欢迎。彼处有丰厚工资，大量上等房舍、食物与衣着。你可随时寄信或汇款于亲友，我等可负责传递与驳汇，稳当无误。此是一个文明国家，并无大清官吏和官兵；全体一视同仁，巨神不比细民为大。现在有许多中国人，已在彼处谋生，自非一陌生之地。在彼处承祀中国神祇，本公司亦设有代办。你无须畏惧，会逢幸运，有志者请莅临香港或广州本公司接洽，当竭诚指引进行。美国金钱极丰富而有盈余，如欲赚取工资及保障工作，可向本公司申请，便得保证。"参见刘伯骥《美国华侨史》，中国台湾黎明文化事业公司1976年版，第37页。

五邑侨乡传播美国需要劳工信息的还有专门回来招聘劳工的公司代理人,他们将劳工信息转变成具体的、有组织的移民行动,台山县大江镇水楼乡的李天沛、李天宽、李祈祐叔侄三人就是这样的"报喜鸟"。李天沛三人回到台山为铁路公司招募劳工,直接改变了本族、同乡乃至台山、开平等地很多青壮年及其家庭的命运。

美国具有更多的发财致富机会所产生的诱惑,形成了强劲的外来拉力,促使五邑侨乡希望出洋打拼的人们将目光投向了太平洋东岸,集体转向,登上了奔向美国的轮船。"家里贫穷去亚湾(古巴哈瓦那),为求出路走金山",从此成为五邑乡村的口头禅。① 19 世纪 50 年代中期之后,五邑侨乡移民的主流转向了美国、加拿大、澳大利亚,传统的东南亚方向被称为"穷州府",美国、加拿大则成为他们心目中的"金山"。称谓的对比,揭示了外部动力源的转变和吸引力的强烈反差。②

(二) 朴实的梦想内涵

青壮年男人出洋打拼的目的非常明确,就是多多挣钱,寄回家乡,让家人有钱购买米粮度日,养家糊口是他们最质朴的初始愿望。这种社会现象形成了一种社会心理,侨乡民众用儿歌等形式对这种心理做了强化和揭示。例如,台山童谣有唱:

> 爸爸去金山,
> 快快要寄银,
> 全家靠住你,
> 有银就好寄回。

---

① 参见刘重民编著《台山华侨沧桑录》,台山华侨历史学会 1994 年内部刊印本,第 33 页。刘重民是台山当地的文史学者,长期在侨乡挖掘整理华侨史料。

② 北美比其他地区更容易赚钱,这不仅是五邑侨乡民间的认识,到 19 世纪 80 年代清朝政府高官的涉外言论中对此也多有反映。光绪十四年(1888)六月十二日的《粤督张之洞等奏寓美华商请立新约以维生计折》就称"金山觅利较易"。1888 年,《不具名者为沥陈美禁华人苛例致总署函》也历数南洋、南美、俄罗斯等地的华人"工价不过比中国略昂,谋生亦比中国略易,较之旧金山及新金山则实远逊"。转引自陈翰笙主编《华工出国史料汇编(第一辑)》,中华书局 1985 年版,第 1377、1397 页。

燕雀喜，
贺新年；
爹爹去金山赚钱，
赚得金银成万两，
返来起屋兼买田。①

这些台山童谣赋予出洋打拼的青壮年男人极大的责任，他们是全家人的依托（"全家靠住你"），承载着全家的希望（"起屋兼买田"）。

从淘金的时候开始，五邑侨乡走出去挣钱的青壮年大多出自贫困家庭，②虽然路途的开销对一个贫苦家庭来说是一笔沉重的负担，但是到美国去的预期收获还是带给他们很高的期望值。1876—1880年任美国驻华公使的乔治·F. 西华所著《美国的中国移民——论它的社会和经济方面》一书，提供了这样一个分析素材。该书引述了1879年年初国会两院辩论限制中国移民入境的记录，堪萨斯州的哈斯克尔众议员说，在中国，劳动力的价格是每天壹角，而在美国则每天至少1美元，这对中国劳工来讲是"一个经常存在而且十分有力的诱惑，会把他们大批吸引到这里"。③ 光绪十四年（1888）《不具名者为沥陈美禁华人苛例致总署函》也记载称"（美国）各行工价较之中国高至十倍"④，这似乎印证了哈斯克尔众议员的说法。西华自己也有一个数据，他说在中国，一个普通劳工每月所得工资一般是6美元，每个工人无论怎样节俭，一个月最多只能储蓄1美元。⑤ 如果哈斯克尔和西华等人的记录无误，那么淘金华工和铁路华工在

---

① 陈元柱：《台山歌谣集》，国立中山大学语言历史学研究所1929年刊印本，第74、55页。

② 据丁韪良的《旧金山记》记载："往者多属贫民，积金入橐，辄动归思，无意久居。若饶余华人，更弗肯冒险远涉也。"转引自陈翰笙主编《华工出国史料汇编（第七辑）》，中华书局1984年版，第49页。

③ 转引自陈翰笙主编《华工出国史料汇编（第七辑）》，中华书局1984年版，第71页。

④ 转引自陈翰笙主编《华工出国史料汇编（第一辑）》，中华书局1985年版，第1395页。梁启超《新大陆游记》附录《记华工禁约》一节中也对比了当时中国与美国的劳工收入差距："吾东方产业之萎靡，工价低廉，以与彼宝藏新辟需工若渴之地相较，则吾民趋之，若水赴壑，亦固其所。"转引自陈翰笙主编《华工出国史料汇编（第七辑）》，中华书局1984年版，第27页。

⑤ 参见陈翰笙主编《华工出国史料汇编（第七辑）》，中华书局1984年版，第71、73页。

美国的月收入确实能够让他们在经过一段时间的努力后有积蓄汇回家中。

19世纪五六十年代去美国的船票是50美元，返程是20美元，① 路途上的其他开销是10～20美元。乔治·F.西华的分析是："就我所查访到的实际情形而论，从中国口岸，比如广州直赴旧金山的船票现在约为50美元上下。如果把出洋的其他必需费用都计算在内，总数约达60美元。如果从香港上船出发，花费还要多一些。"② 美国学者柯立奇（M. R. Collidge）的《中国移民》一书的第三章对铁路华工旅途消费的数额和借款偿还的方式、时间有这样的记载：

> 太平洋铁路公司为了在国会规定的期限内完成筑路工程，急需大批劳动力，但是不论他们出多少钱都不可能雇到足够的白人。最后该公司只得派一名代理人到中国去招募华工。他们一共招募了数千人，并为每人预先付清旅费及其他费用。每名华工都在一张75美元的即期汇票上签了字，由其在中国的亲友担保，从每月35美元的工资中分七个月扣还。这笔款付清后华工就可以随时离境返回故乡。③

其实，华工在路途的花销绝不止这些。贡特·巴特的书较具体地分析了船票之外的开销内容，比如诱惑华工去赌博输钱等，他引述英国对华商务监督的中文译员巴夏礼的话说："商人——债主为出国移民预付旅费50

---

① 关于19世纪50年代华工赴美的船资具体是多少，有40美元、50美元两种不同的说法。乔治·F.西华：《美国的中国移民——论它的社会和经济方面》（陈泽宪译，纽约，出版社不详，1881年版）一书中引述哈斯克尔众议员的说法是40美元。贡特·巴特前引书中也有"到旧金山的船资，按最低估计为每人40元，回程为20元"的记载。不过，这两位美国学者都持50美元说。例如，贡特·巴特引述1852年3月美国驻华特使伯驾给曾任国务卿的丹尼尔·韦伯斯特的报告中称："现在，一个中国人的运费为50元。"他同时还引述了加利福尼亚两家报纸的报道，认为每人50元是平均数。以上材料均转引自陈翰笙主编《华工出国史料汇编（第七辑）》，中华书局1984年版，第71、73、93页。

② 转引自陈翰笙主编《华工出国史料汇编（第七辑）》，中华书局1984年版，第73页。

③ 参见［美］柯立奇《中国移民》，张澍智摘译，纽约，出版社不详，1929年版，第三章；转引自陈翰笙主编《华工出国史料汇编（第七辑）》，中华书局1984年版，第171页。贡特·巴特前引书第五章也有类似的记载，中央太平洋铁路公司的代理人在珠江三角洲招募华工，先付给装备费和船票费75美元，由其家人担保，到铁路工地工作后，分七个月付清，转引自陈翰笙主编《华工出国史料汇编（第七辑）》，中华书局1984年版，第125页。

（美）元和其他费用20（美）元。条件是要收回200（美）元。"① 70美元是正常的开销，多出来的130美元就是华工在船上被诱骗欠下的。

不管是60美元、70美元还是200美元，华工们还没有开始挣钱就背上了一笔债务，那么，华工们到了金矿和铁路工地的收入是多少呢？

淘金华工的收入是不稳定的。西华在《美国的中国移民——论它的社会和经济方面》一书中引述了加利福尼亚立法机关一个委员会1862年的报告，报告估计每个华工一天的淘金收入是2美元。书中还引述了斯皮尔牧师《中国与美国》中的一个记录，牧师说，华工在采掘岩金时的工资最高，每人每天可以挣到3~7美元。②

铁路华工的收入普遍低于淘金华工。根据柯立奇的说法，修建横贯美国大陆铁路的华工每月所得是35美元。根据美国学者陈匡民1950年出版的《加州华人百年史》一书的记载，铁路华工每月的工资只有30美元。③横贯美国大陆铁路建成后，华工修建美国西部南北太平洋铁路每月的工资只有20美元，华人工头是40美元。④

淘金华工或铁路华工每月的收入，除去最低的生活开支和偿还债务所需，还有其他一些必需的支出。例如，淘金华工每月要向加州政府缴纳6美元的执照税，这笔执照税成为加州很多县最大、最主要的财政收入来源。⑤ 他们还要向各自所属的同乡社团缴纳会费、回乡费、特别基金等。扣除这些支出之后，华工如果没有沾染上赌博、吸鸦片烟等恶习，应该当年就可以有一些积蓄，据柯立奇前引书的记载，华工赊单的钱是分7个月还清，贡特·巴特前引书的第五章也有同样的记载，因此，华工当年有一些结余应该是可能的。

那么，华工们出发时希望赚到多少钱呢？贡特·巴特的书中对他们的"发财"目标做了一个描述：

---

① 转引自陈翰笙主编《华工出国史料汇编（第七辑）》，中华书局1984年版，第97、98页。

② 转引自陈翰笙主编《华工出国史料汇编（第七辑）》，中华书局1984年版，第66页。

③ 转引自陈翰笙主编《华工出国史料汇编（第七辑）》，中华书局1984年版，第47页。

④ 参见贡特·巴特前引书第八章的记载，转引自陈翰笙主编《华工出国史料汇编（第七辑）》，中华书局1984年版，第151页。

⑤ 乔治·F. 西华的《美国的中国移民——论它的社会和经济方面》对此有详细的分析，转引自陈翰笙主编《华工出国史料汇编（第七辑）》，中华书局1984年版，第62页。

大多数旅客都接受让他们乘船去金门湾的任何安排，而不了解这笔未来债务负担的严重程度。他们希望赚到二三百元就返回中国，对于国内每年收入很难达到此数十分之一的人们说来，这个数目具有足够的引诱力。为这一大笔收入而进行任何冒险，都不能认为是过于心切的。①

在19世纪的五六十年代能够赚到200～300美元，对生活贫困的五邑侨乡人家来说，那真是暴富了。清朝末年的银圆与美元的比值是多少呢？根据陈翰笙主编的《华工出国史料汇编》引用的《外务部档》之光绪三十二年（1906）八月初九日《旅居加拿大商民为加拿大苛征华民身税呈商部等禀文》的记载，光绪十一年（1885），1美元等于中国2银圆，这个比值到光绪二十九年（1903）也没有变化，② 相对比较稳定。到宣统二年（1910），中国银圆币值下降，1美元可换2.5中国银圆了。③ 按照19世纪80年代的比值，一个能够在外挣200～300美元的华工，将这些钱寄回家，完全可以让家人过上一个比较体面、宽裕的生活，华工会由此获得极大的成就感，这不就是他们出洋含辛茹苦拼命挣钱、攒钱的目的吗？

华工在外拼搏的梦想首先当然是希望让父母妻儿生活得更好，其次则有提升他们家庭在家族中的地位的考虑。五邑侨乡与中国其他地方的传统乡村一样，每个家庭是生活在家族治理的环境之中。一个家庭在家族中的地位，除去房派因素、读书考取功名等传统途径之外，改变家庭经济状况是侨乡多数普通家庭能够实现家族地位上升的渠道。经常有钱款汇回来的华工带给家庭的是自己家庭地位的上升，在家族里面的话语权增大；一无所获的华工带给家庭的是自己家庭地位的下降，家人在族人面前会感觉脸上无光。

华工把在美国积攒起来的钱款汇回家乡，投资于家族新村建设、祠堂建设、书舍学校等文教卫生建设、乡村交通建设，这些都是华工关心家

---

① 转引自陈翰笙主编《华工出国史料汇编（第七辑）》，中华书局1984年版，第98页。
② 转引自陈翰笙主编《华工出国史料汇编（第一辑）》，中华书局1985年版，第1481、1482页。
③ 参见宣统二年（1910）正月二十日《试署加拿大温哥华领事欧阳庚为调查华工情形致外务部申呈》，转引自陈翰笙主编《华工出国史料汇编（第一辑）》，中华书局1985年版，第1501页。

族、家乡事务的直接表达方式，他们同时也取得了对家族事务、对家乡发展更多的参与权和发言权。铁路华工在美国感受到的工业文明进步，激发出他们希望改变家乡贫穷落后面貌的强烈愿望，这逐渐成为他们超越关怀个人家庭命运之上的梦想。

三、启程追逐梦想

现实的困境和外来的希望之光，促使五邑侨乡有劳动能力的青壮年男人跪别父母，离别妻儿，踏上追逐发财致富的征程。同治四年（1865）五月十三日，《总税务司赫德为呈送所拟招工章程稿呈总署申文》写道："近数十年来，所有粤、闽及人民稠密之省，其出洋图利者甚多。"①

前引光绪《新宁县志》所记"自红匪、客匪构乱后，适洋务大兴，壮者辄走外国，四野芜积"，便是对台山县域范围出洋人数众多的描述。光绪十二年（1886）七月十四日《使美张荫桓奏筹议在美华工善后事宜片》对台山移民有更广阔视角的分析："美西各省，地广人稀，数十年来，开矿垦荒，修造铁路，渐成都市，金山大埠，尤为蕃盛。当日工作，悉赖招致华工为之力役，华人佣趁为生，愈来愈众。又值广东曾遭土匪、客匪之乱，趁洋糊口者，新宁一县至六万余人，此外各州县多寡不一，散处各埠，合计总在十万人以上。"②台山出洋风气之盛，台山人为美国华工之主体力量，于此可证。

相邻的开平县，同样是"远涉重洋者日重"③。宣统《开平乡土志·户口》更详细地记录了开平出洋华工的性别和方式，"父携其子，兄挈其弟，几于无家无之，甚或一家而十数人者有矣"。这些别妻离子的男人们是抱着一种什么样的心态迈出家门的呢？余白云的《金山歌集》"捱得穷困有日好"类别里收录的五邑木鱼调，④描述了华工出洋谋生之初的心理状态。

---

① 转引自陈翰笙主编《华工出国史料汇编（第一辑）》，中华书局1985年版，第119页。
② 转引自陈翰笙主编《华工出国史料汇编（第一辑）》，中华书局1985年版，第1351页。
③ 民国《开平县志》卷十三《经政略》，第155页。
④ 余白云的《金山歌集》是笔者2005年在清理开平市马降龙庆临村林庐家族资料时寻得，原件现存开平市碉楼文化研究所。此书是美国大光书林刊印本，具体出版时间不详，从版式考察当刊行于清末或民国时期。

敬告诸梓里，
莫短英雄气，
发财终需遇时期，
独系眼前条命否。
运一至，
转贫为富易，
十万腰缠回家里，
天伦叙乐笑微微。

自小真劳碌，
三餐共碗粥，
每受饥寒难尽录，
今幸时来唔驰卜。
发达速，
买田兼起屋，
感谢皇天撑开目，
赐我寿长享晚福。

目下难糊口，
造化睇未透，
唔信这样到白头，
只因眼前命不偶。
运气凑，
世界还在后，
转过几年富且厚，
恁时置业起洋楼。

　　通过这些侨乡歌谣，我们强烈地感受到华工们渴望发财致富的豪情壮志。歌谣的主人们不论是壮年还是青年，家庭贫困、朝不保夕、食不果腹是他们普遍的家境状况。但是，他们不气馁、不认命、不服输，认定目前的困境是暂时的，出洋打拼定会否极泰来、发达变成财主佬、大富豪。他们都怀有改变命运的强烈愿望和对美好生活的热切向往，一旦腰缠万贯，就会立即买船票衣锦还乡，买田地、建洋楼、娶媳妇、孝父母，扬名乡里，享受晚年的幸福。

梦想是美好的，发财致富的豪情是高涨的，而真正要踏上出洋之路去追逐发财致富的梦想，对于这些洗脚上田的农民家庭来讲，还是很困难的，这些家庭一开始就必须背负起沉重的负担。绝大多数淘金华工、铁路华工解决出洋路费的办法，或者靠招募公司的赊账，或者靠自己筹资。公司垫付资金的情况，在前述中外文献中已有介绍，这里通过几件重要的侨乡文献，考察华工借资出洋的详情。

讫贴①

立讫贴人廷倬、廷添。今因二年二月间，经祖掌本银陆拾两正廷俸往金山营生，廷倬掌本银陆拾两正廷傧往金山营生。及至三年八月回家，傧还银陆拾伍两正，倬收；俸还银四拾两正，经祖收。缘本缺利微，倬、添疑俸、傧有私财，争论□银多寡，是以集袊耆公处，傧再出银贰两贰□正，倬收回；俸再出银伍两六□正，倬与添均分。三面言定，二家允肯作讫。日后，俸、傧家计贫富与及他人传言多寡，不得乱听。并经祖所缺之本及倬得之利尚微，各安天命，日后子孙不得生端异议。欲后有凭，立讫贴存照，以致俸、傧所出之银亦心安意肯，日后不得多生议论，致伤兄弟之和，斯为两全其美。

见约人廷焯见约袊耆廷照、朝瑛咸丰三年十二月□□日
立讫贴人廷添酌笔

这是一份解决债务纠纷的调解合约。债务人廷俸、廷傧为了去美国淘金（"金山营生"），于咸丰二年（1852年）二月向债权人廷倬、廷添分别借银陆拾两。第二年八月，廷俸、廷傧挣了钱回家，廷傧还廷倬陆拾伍两，廷俸还经祖肆拾两。债权人廷倬和廷添不满意，怀疑债务人廷俸、廷傧在美国发财挣了很多钱，不应该只还这些（"本缺利微"），双方发生纠纷。于是，由族中长者出面进行调解。最后达成协议，廷傧再还廷倬贰两贰，廷俸再出伍两陆由廷倬、廷添均分。这样，廷倬总共得到了柒拾两，而廷添只得到了肆拾贰两捌，连本钱都没有收回来。合约要求，双方日后

---

① 《讫贴》原件现存广东省江门市文物收藏爱好者李镜尧处。

不得反悔,再生异议。

这份合约让我们看到了华工借款的一些具体情节,华工出洋的借款有的是向同族兄弟伸手;廷俸、廷傧只去了美国一年半就能够返回家乡,说明这一时期到美国去确实是可以发财的,廷傧不仅还清了陆拾两借款,还付了柒两贰的利息,而廷俸则只还了肆拾伍两陆,可见同族兄弟同时出洋打拼,各人挣钱还是有多少之别;发生这场纠纷的原因,不仅仅是廷俸没有还完廷添的借款本钱,廷倬也嫌利息低了点,还因为他们二人在美国发财的传言让债权人感觉他们还有私财,有更多的偿还能力("他人传言多寡");发生了债务纠纷是在家族中进行民间调节,双方认同的"讫贴"具有长期的约束效力("子孙不得生端异议")。

领银①

立领银数人黄官奕为因往金山获利,盘费不敷,恳求西龙社乡老黄玉涵、邓□魁,值理黄会辉、黄达德、关瑞结等,情愿发船位本银壹拾捌两正,言定以限一年为期,本息清还,每两要计息银壹两五钱正。如至期无银还,仍要每两每年又加息银壹两算,若不足数交纳,按月折计退本退利,所有付金回家务要先交与西龙社值理验明收兑,即照时价找换。该社上照数收足,除清本利,余银虽有千金以社无涉。倘有路上来回及在金山遇有不测,各安天命。或系别图生意支消无银归款,系伊父子家人填还抵足,毋得异言。今欲有凭立明领银数一纸,交西龙社值理收执为据。

一、实发到本银壹拾捌两正

合家担保父黄元盛
咸丰六年正月十二日
领银数人黄官奕

这是一份出洋华工黄官奕向乡村基层组织西龙社借钱买船票的借据。咸丰六年(1856)元月十二日,黄官奕全家担保向西龙社借款壹拾捌两购买船票("船位本银"),一年还清,每两银的年利是壹两伍钱,如果逾期不还,每两银的年利息再增加壹两;黄官奕从美国汇回来的钱首先用于

---

① 《领银》原件现存江门市博物馆。

还债，如果黄官奕在美国或回国途中出现意外，债权债务自动取消（"各安天命"）；如果黄官奕将挣的钱用于做其他事务而不寄钱回来，则由其家人负责还债。

这份借据让我们知道咸丰年间去美国的船票费是中国银壹拾捌两，还了解到出洋华工与家族组织之间的债务关系的详情，比如利息是多少，从美国寄回来的钱首先的用途是什么，在何种非正常情况下才能解除债务关系，担保人在什么情况下才承担还债义务。西龙社之所以愿意借钱给黄官奕，对他的还债能力无疑有一个比较正面的评估，估计他在美国打工挣的钱是可以偿还一年期借债的。

让贴①

立让贴人益所。今因用银急用，无处计备。父子酌议，愿将咸丰七年自己与益臣同出本银肆拾两正掌与振培往金山采金，立有按贴，言明对期本利赔还银一百贰拾两正。如过期无银交清，依壹佰贰拾两之银，每计息拾肆两，每月三分算。名下着一半本利，要明银肆拾正，出让与人。问至振能处，承让就日言定允肯，益所情愿亲□接回银肆拾两正，即将掌振培之银永推予振能管收，日后振培有金回家，所得利息尽归振能、益臣一同均分，不干益所之事。至前日振培寄归金砂之银，系益所收作利息，振能亦不得追究。后款有凭，立让贴交执为据。

代墨侄振义
同治元年十月二十九日立让贴人益所

这是一份淘金华工路费借款的债权转让合约。咸丰七年（1857），债权人益所、益臣向债务人振培提供了去美国淘金的路费借款肆拾两，规定到期连本带息壹佰贰拾两。同治元年（1862）十月，益所因为急需用钱，将债权出让给振能。双方商定，振能给益所转让金肆拾两银，今后振培偿还的捌拾两利息由振能与益臣平均分配，但是前几日，振培寄回来的一些银两作为利息，归益所拥有。

这份转让合约显示，振培去美国就是去淘金，他的肆拾两路费同样是

---

① 《让贴》原件现存江门市博物馆。

在族亲中借支的，债权转让也在同族兄弟间进行；振培出去四年间，还是有钱银寄回来的（"寄归金砂之银"），这是益所能够将债权转让给振能的保障，否则振能绝不会接受没有希望的空头债权。

这三份五邑侨乡目前发现的与美国淘金华工、铁路华工直接相关的文献很有价值，非常珍贵。

首先，这些文献产生于19世纪的五六十年代，正好与淘金华工、铁路华工的时代吻合，有的还直言就是去美国采金。其次，这些文献来自民间，提供了很多中外官方文献难以保留的历史细节，家族兄弟及家族组织是华工借款出洋的重要经济来源和渠道，债务关系主要在家族中发生，这对分析家族成员间的债务成本也是难得的真实资料。最后，华工去美国淘金修铁路主要有三种形式：一种是自费，有的人卖掉自己的家产筹备路费；一种是由铁路公司代理人垫付路费，即赊单华工；一种是向亲友借款筹资。这三份文献集中记录了在家乡借款出洋华工的详细信息，与前引中外官方文献记载的赊单华工形成互补，让我们对19世纪中期美国华工的出洋方式和债务状况有了一个比较全面的认识。

三份文献的借债与还债发生的时间都不长，咸丰三年（1853）的"讫贴"债务偿还是一年半，咸丰六年（1856）的"领银"借条规定的债务期是一年，同治元年（1862）的"让贴"中债务关系已有四年而债务人的还债行为也已经发生了，三份文献说明这些借款出洋的华工在美国能够挣到钱是一个事实和信念，债权人和债务人都对去美国挣钱抱有信心。

结合中外文献关于清朝与美国劳务收入差距的记载、美元与中国银圆比值的记载，考察咸丰年间的壹拾捌两船票价格，为我们深入分析19世纪中期到20世纪初期美国华工劳务收入对改变家庭生活的具体价值提供了一些条件。

虽然身负债务，淘金华工、铁路华工们仍然心怀梦想，义无反顾地与同族其他父老兄弟结伴而行，他们背负一卷铺盖，手提一只装着衣服鞋帽和食物的网篮，多选择拂晓前出发，要一大早乘船赶去香港，同时也是为了避免遇见别村的人，听到不吉利的话，希望借吉日吉时和父母妻子的吉言保佑他们旅途平安，马到成功。

四、华工苦楚的圆梦

淘金华工、铁路华工在美国矿场和铁路工地上拼搏,赚取血汗钱,作为参与者、推动者、见证者,为美国的国家统一、工业化建设、西部开发做出了巨大的不可磨灭的贡献。太平洋西岸的亲人更是他们时常的牵挂,这些劳工对自己的家庭、家族、家乡和国家同样贡献卓著。

与移民东南亚不同,美国淘金华工、铁路华工基本上是单身汉,相比较而言,绝大多数人更希望落叶归根,很多华工赚得一些钱就寄回了家,有的人更是衣锦还乡,这让他们和家人都感觉体面风光。正因为如此,在淘金华工、铁路华工大量产生的19世纪60年代,他们的家乡开始了社会转型的历程。推动社会转型的力量主要来自华工,是他们首先提供了社会变革需要的经济基础。

前引余白云的《金山歌集》共有31个类别,其中的"时开运转歌""指日旋东歌"两类里收集的木鱼调描述了华工挣得钱财后的喜气洋洋和回归故里的神采飞扬:

> 当年穷过鬼,
> 霎时富且贵,
> 唔难屋润又家肥,
> 回忆囊空因命水。
> 运气凑,
> 黄白从心遂,
> 否极泰来财积累,
> 腰缠十万锦衣归。
>
> 挥首太阳望,
> 还家向甲方,
> 霎时富足就回唐,
> 顺经横滨到香港。
> 趁春光,
> 约友齐同往,

十万腰缠归乡党,
天伦叙乐慰高堂。①

民间歌谣可能是想象,也可以是向往,但是必定有事实依据。上引的这些歌谣,应该就是对他们中的一些人实现了梦想的真实写照。台山还有民歌唱道:"春花里,李树开,妯娌行埋讲比赛:我仔阿爸出路去发财,月月有银寄回来,要问媒人取妹仔,夫君年尾有回来。"②这首民歌讲述了华工每月汇钱和他再次回家的故事,说明华工在美国拼搏有所得一事,不仅仅是想象,而且是可信的。清朝政府官员一些奏折中的记载,也可以证明这种事实的真实性。光绪十二年(1886)二月二十五日《两广总督张之洞、出使大臣张荫桓奏派王荣和、余镴查访南洋各埠侨工情形筹设领事折》曰:"询诸洋人,据云华工在美岁得佣值,除日用外,余悉寄以赡家,岁计约数佰万两。"③光绪十六年(1890)十月初十日,《出使英法义比薛福成通筹南洋各岛添设领事保护华民疏》同样记载曰:"考数年前美国旧金山银行汇票总账,每岁华民汇入中国之银约合捌佰万两内外。"④贡特·巴特前引书的第三章也记载道:"(华工)本人在海外过着极低的生活,把他的大部分收入积攒下来,寄给靠他的汇款养活的家庭。长年身居异国不会破坏移民同他家庭的感情联系。祠堂中他祖先的牌位和他在家乡的儿女、年迈的双亲,以及回到中国养老的希望,使得他对家庭的忠心,迎着艰险的岁月,持久不变,直到珠江三角洲的阳光和家庭的欢乐在此温暖着他那颗思家的心。"⑤

在华工看来,走时两手空空,回来时钱包满满,很快买了地,建起了新房,娶上了媳妇,在赚得的钱财和实实在在的田地、房屋、妻儿面前,所有流过的汗、受过的累、吃过的苦、忍受的屈辱,都不算什么了,都是值得的。与父母妻儿的团聚、邻里同乡的羡慕,是给他们最大的回报。在五邑侨乡村头经常响起的童谣,将美国华工最有钱张扬得妇孺皆知。

---

① 余白云:《金山歌集》,美国大光书林刊印本(出版时间不详),第21、23页。
② 台山县民间文学集成编委会编:《中国民间文学集成广东卷:台山县资料集》,台山县民间文学集成编委会1987年内部刊行本,第276页。
③ 转引自陈翰笙主编《华工出国史料汇编(第一辑)》,中华书局1985年版,第267页。
④ 转引自陈翰笙主编《华工出国史料汇编(第一辑)》,中华书局1985年版,第277页。
⑤ 转引自陈翰笙主编《华工出国史料汇编(第七辑)》,中华书局1984年版,第82页。

金山客,
冇一千有八百;
南洋伯,
银袋包,
大伯大伯;
香港仔,
香港赚钱香港使。①

十一月冬,十二月年,
阿爸金山多寄钱,
新年人人做新衣,
买个肥鹅过肥年。②

  有华工的家庭不仅过年有新衣,有丰盛的年夜饭,日常生活也发生了改变,比其他的人家更宽裕。五邑侨乡将在美国打拼的华工称为"金山伯""金山客""金山佬",他们的妻子称为"金山婆",儿子女儿分别叫"金山少""金山女",这些称谓都以"金"命名,可以想象在侨乡,富裕是金山伯及其家人的符号,所以台山民歌唱道:"金山佬,金山少,满屋金银绫罗绸。"③ 有的金山伯家庭至今还保留着一些当年带回来的生活器物,它们见证了当年侨眷家庭的生活水平,反映了他们的日常生活与美国工业文明的联系,也承载着铁路华工后人对这段历史的记忆。在台山大江镇水楼乡龙安里李祐芹(当年为中央太平洋铁路公司招募华工的代理人)的曾孙李健聪、李健柜家中,就保留着李祐芹和他的儿子李奕贤、孙子李国均当年从美国带回来的"金山箱",以及美国德士古公司的幸福牌煤油包装箱,四个TOWRE牌铝制的锅、盆至今还在使用,时间已经过去了150多年,这些生活用品的做工和质量依然受到李健聪、李健柜兄弟

---

  ① 陈元柱:《台山歌谣集》,国立中山大学语言历史学研究所1929年刊印本,第40页。"大伯"是台山方言,意思是南洋伯的钱包里面没有东西,拍它会发出"伯伯"声。
  ② 台山县民间文学集成编委会编:《中国民间文学集成广东卷:台山县资料集》,台山县民间文学集成编委会1987年内部刊行本,第226页。
  ③ 台山县民间文学集成编委会编:《中国民间文学集成广东卷:台山县资料集》,台山县民间文学集成编委会1987年内部刊行本,第275页。

二人的家人的称赞。①

在广东五邑侨乡,"金山伯"是财富的象征,成为当地人追捧的对象,有女儿的人家都以能够和金山伯攀亲为荣。

> 有女毋嫁读书君,
> 自己闩门自己瞓;
> 有女毋嫁做饼郎,
> 三年不瞓倒半年床;
> 有女毋嫁耕田人,
> 时时泥气郁败人;
> 有女要嫁金山客,
> 打转船头百算百。②

将美国华工("金山客")与读书人、农夫、做小生意的相比,是因为他们出国一趟就可以赚钱回来让家人享受("打转船头百算百"),在侨乡人们心目里华工在外挣钱很容易,虽然这有错觉的成分,但是嫁给华工可以过上不缺钱花的生活已经成为当时侨乡社会的共识。另外一首台山民歌更是形象地刻画了有女儿的人家想嫁"金山客"的急切心情。"少小离乡邦,三十才回唐;媒人来往走忙忙,女母闻声心中喜,三句唔到就揽糖。"③ 一个少小离家的华工返乡,媒人可以踏破门,被相中的女子家恨不得赶紧抓住机会马上就过门成亲。华工对家乡的这种现象还是很享受的,有的华工发财成了家再娶二房,过上了传统的一夫多妻的日子。"该回财气旺,速发数十方,青蚨满意白兼黄,少年得志做新郎。确系爽,今时不比往,置田立宅唔在讲,又娶二奶入香房。"④

---

① 2016 年 1 月 31 日,笔者与梅伟强副教授、刘进博士在台山市大江镇水楼乡龙安里调查时所得。
② 陈元柱:《台山歌谣集》,国立中山大学语言历史学研究所 1929 年刊印本,第 51 页。郁败人,即熏死人。
③ 陈元柱:《台山歌谣集》,国立中山大学语言历史学研究所 1929 年刊印本,第 30 页。台山风俗两家订婚,男家要送黄糖给女家,叫"揽糖"。
④ 《时开运转歌》,见余白云《金山歌集》,美国大光书林刊印本(出版时间不详),第 13 页。

买地、建房、娶老婆，是所有淘金华工、铁路华工的三大愿望；落叶归根，传宗接代，这样的观念在华工心里根深蒂固，他们头上"发财"的光环让很多人有了自己的田地、新房，有了自己的家。台山的李俊乾就是一个例证。

> 翁讳俊乾，号祖湛，炽乃翁之次子也。世居台山蜜冲凤仪村，为人勤俭谦厚，富冒险性，少年时乘帆船渡太平洋谋生，足迹遍新金山雪梨及北美洲碎仑等埠，往复数次，薄置田宅。尝曰："人系苦里根，未苦未成人。万般都是假，勤俭乃是真言。"虽浅俚有至理焉。

这段文字来自李俊乾的曾孙李奕钧1938年烧制的瓷画像，这幅瓷画像讲述了曾祖父李俊乾、曾祖母张氏的生平，是侨乡保存完好且十分难得的华工文物。李俊乾生于道光十一年（1831），卒于光绪二十八年（1902）。他少年时就出洋谋生，先到澳大利亚，再转去美国，按照年龄推算，他到美国时应该就是在淘金的年代。在外期间，他多次回乡，并置办了田产，修建了新房，小有成就。他为人仗义侠勇，被台山富商张纯芳赏识，许配女儿以成家。李俊乾和张氏共育有四子三女，晚年回归家乡，共叙天伦之乐。①

美国侨汇被源源不断地寄回广东五邑侨乡，还解决了当地的吃饭问题，前引光绪《新宁县志·舆地略》关于台山"岁入粮食，仅支半年，余日则仰给洋米，倘舟楫偶梗，炊烟立断"的记载，以及至今在台山市端芬镇流传的"一年生产半年粮，米缸长期通外洋"的民谚，都反映出侨乡与海外已经形成了大米供需市场，洋米成为侨乡粮食的重要来源。如果没有侨汇这个购买力，粮食市场是不可能形成的。

在华工和他们家庭的带动下，侨乡的消费习惯和习俗也发生了变化。前引《新宁杂志》1911年第25期之《再告广海自治体各职员（续24期）》就记载说，台山一地"衣焉食焉及一切日用器具，无不籍资于外

---

① 李俊乾瓷画像原件由江门文物收藏爱好者李镜尧提供。瓷画像对李俊乾的生卒年和年岁的记录自相矛盾，一方面，记载了李俊乾的生年和卒年分别是道光十一年（1831）和光绪二十八年（1902），计算下来，只有71岁；另一方面，又明确说李俊乾活了75岁。这种矛盾可能是后人的记忆出现误差所致。

来"。开平县"光绪以前，邑人留心衣食住者，多以土物为臧，其后皆以洋产为重"①，"充斥于市者，境外洋货尤占大宗"②。侨乡民众消费用品对接海外，舶来品走进寻常人家，成为日常之需，所以才有了一些华工家庭至今保留使用的美国生产的用品遗物。民国《开平县志》卷五《舆地略》总述了该县的风俗演变：

> 自洋风四簸，风俗六门有五门尤判今昔者。习俗如衣服喜番装，饮食重西餐之类；礼节如婚姻讲自由，拜跪改鞠躬之类；岁时如日三十六食不关灾，岁三百六旬不置闰之类；居处如几重城，一旦为平地百尺楼，四处皆插天之类；器用如耕田将无须服轭之犁耙，绞米有毫不费力之碓磨之类；独方言一门，至今犹昔无大变异变，变异亦不免矣。否曰那，是曰野，犹出于侨民归国者。

这段对开平风俗习惯变化的总述在五邑侨乡具有代表性，其中的习俗、礼节、居处、方言、器用的演变都与华工直接相关。

19世纪60年代开始，华工结伴在家乡建新房，他们依然遵循同族相聚的传统，大多在家族旧村旁边共同集资买地，设立新村，新房的布局和造型既基于传统，也有新的改造。民国《开平县志》卷五《舆地略》记载道："旧式居处，方向不一，门巷参差，四壁不通风，有所谓燕子门，无窗亦无天井，闭塞尤甚。近年新建之村，颇革前弊，然尚沿三间两廊之旧。"三间两廊是五邑侨乡民居的传统布局式样，华工新建房屋的平面布局基本延续了这种式样，新村房屋的规划布局依然遵循了侨乡的风水理念，讲究背山面水，讲究后排的房屋比前排高，一排一排由低到高，象征家族兴旺。同时，华工对自己新的住房通过设置天井、开窗、增加楼层等方式加以改造，使新居的通风、采光效果远超传统的民居，更加敞亮。在解决好实用的居住问题之后，华工们对于新房的建造也注意到房屋造型和装饰的需要。随着外国水泥、钢筋等近代建筑材料和混凝土技术的引进，侨乡在传统的三间两廊低矮民居的基础上出现了楼房——庐（别墅），这些楼房的造型和装饰大量吸收了欧美的建筑文化，洋气十足，成为新的侨

---

① 民国《开平县志》卷六《舆地略》，第128页。
② 民国《开平县志》卷十二《建置略》，第153页。

乡景观和标志性建筑。

　　侨乡方言的变化不只是"否"（no）、"是"（yes）这两个词的引进这样简单，见面喊"哈啰"（hello），分手说"拜拜"（bye bye），巧克力叫"朱咕列"（chocolate），奶糖叫"拖肥"（taffy），饼干叫"克力架"（cracker），球叫"波"（ball），邮票叫"市泵"（stamp），帽子叫"噏"（cap），商标叫"麦头"（mark），脸叫"飞士"（face），对不起叫"疏哩"（sorry），这些词都成为当时的一种时髦。更有意思的是，侨乡方言与英语结合，构成"半唐半番"的词汇和短句，比如光着身子叫"脱著白肋"（blank），"白肋"和台山话"脱着"（脱掉衣服的意思）结合，就表示光身裸体了。再如，鲜红的叫"红搏咯"（blood），"搏咯"与台山话的"红"结合，就成鲜红了，用英文的血来加强红色的程度。这些不符合汉语规范和英语语法的组合，在侨乡老少妇孺中运用得很自然，成为当地人们的一种语言习惯。①

　　大量青壮年男子出洋谋生，侨乡的劳动力结构和妇女的装束也发生了变化，有一些"金山婆"成为农业的主要劳动力量。美国华工的家乡传统上与中国其他地方一样是男务耕耘，女勤纺织，"光绪中叶以来，又男多出洋，女司耕作……妇女沾体涂足，杂作于田间者，北省至今犹古也。北人南来，初以妇女裸足不袜为异事，何况裸足至两膝以上，今不独田间然也"②。侨乡妇女不仅为丈夫承担了孝敬老人、哺育儿女、操持家庭的重任，还抛头露面，奔走田间，栉风沐雨，扛起繁重的农活，成为促进侨乡社会转型的又一支重要的力量。

　　美国淘金华工、铁路华工带给家乡的变化远不止这些，他们参股修公路，建工厂，兴教育，办医院，其中，最突出的是曾经参与横贯美国大陆的铁路和美国北太平洋铁路建设的陈宜禧。他在60高龄时返回广东五邑侨乡，发起并亲自主持修建了130多公里长，连接新会、开平、台山的新宁铁路。这条铁路从1906年开工，分三期建设，到1920年完成，修建铁路的资金有69%来自美国的华侨。③ 新宁铁路的修建，改变了五邑侨乡城

---

　　① 参见麦启凌、肖金声《英语与台山方言的融合同化》，见台山县文联、文化馆、《新宁杂志社》合编《台山风采》，1985年内部刊行本。
　　② 民国《开平县志》卷五《舆地略》，第111页。
　　③ 参见郑德华、成露西《台山侨乡与新宁铁路》，中山大学出版社1991年版，第43页。该书对新宁铁路修建的背景、条件、过程和影响等问题有比较详细的论述。

镇发展的格局，改变了侨乡民众出行的方式，为侨乡与国际市场货物的流通创造了条件，更传入了现代企业管理的观念、办法和工业文明，向侨乡民众大大地普及了铁路文化。铁路文化为五邑侨乡民众所熟知，在他们的建筑中也有所表现。在台山、开平乡村的一些碉楼、别墅建筑的门楣、女儿墙的壁画和灰塑中，火车作为装饰元素得到运用，奔驰的火车与河流、田野、村落、行人构成了富有近代气息的乡村景观，反映了他们对铁路文化的认知，这些与华工在美国参加铁路建设的历史有紧密的联系，华工无疑是铁路文化的传播者。

五邑侨乡的上述变化，总而言之是其经济形态、社会形态、文化形态转变的表现，也就是说，广东台山、开平、新会、恩平、鹤山这五个地域相连达9000多平方公里的区域，从珠江三角洲传统的一元文化乡村形态转变成为中西交融的二元文化乡村形态，这就是我们所说的"侨乡形态"。这里"无侨不成村，无村无侨眷"。

侨乡的地方文献进一步揭示了五邑侨乡的社会转型与美国铁路华工的直接联系。

光绪年间（1875—1908）的宁阳（后改台山县）县令李平书在其《宁阳存牍》中有一段很有价值的描述：

> 宁邑地本瘠苦，风俗素崇俭朴。自同治初年以来，出洋日多，获资回华，营造屋宇，焕然一新；服御饮食，专尚华美；婚嫁之事，尤斗靡夸奢，风气大变。①

民国《开平县志》卷二《舆地略》也有类似的记载：

> 至光绪初年，侨外寝盛，财力渐张，工商杂作各有所营，而盗贼已熄，嗣以洋货大兴。买货者以土银易洋银，以洋银易洋货，而洋银日涨，土银日跌。故侨民工值所得愈丰，捆载以归者愈多，而衣食住行无一不资外洋。……未知与道、咸间相去几何也。

台山的县令将当地社会的转变期确定在清朝咸丰年间（1851—1861）

---

① 李平书：《宁阳存牍》，粤东省城印，1898年，第55页。

与同治年间（1862—1874）之交的19世纪60年代初，开平的转变被确定在清朝光绪初年，即19世纪70年代初，比较的对象也是道光、咸丰年间。也就是说，开平的社会转型比台山稍微迟一些，这可能与台山毗邻大海，开平在台山之北，华工规模比台山小，欧风美雨的吹拂有个过程相关吧。不管是19世纪的60年代，还是19世纪的70年代，恰好都是美国淘金华工和铁路华工形成、发展，并有能量、有工具影响家乡的时期。这两段地方文献也都将变化归因于"出洋之人多获资回华""（侨民）捆载以归者愈多"，侨汇是华工推动侨乡变化的资源，也是他们撬动变化的主要工具之一，由此带来了居住、饮食、服饰、婚嫁、风气等方面的系列改变，华工也由此实现了他们的家庭梦、家族梦、家乡梦。

在此我们也注意到，并非每一个"金山客"都成功，当我们面对美国华工的圆梦美景，难以忘记梦想背后的另外一面，"金山伯"家庭收到侨汇的喜悦、新房落成入伙时的热闹、公路铁路通车的剪彩，都难以掩盖华工和他们的家庭实现梦想过程中受到的挫折和难以想象的煎熬，难以掩盖很多华工为实现梦想而葬身内华达山脉的铁路工地，或孤苦一人流落他乡不得归的事实。在侨乡文献中，这方面的记载同样也很丰富，成为侨乡民众记忆的一部分。

在侨乡村镇，有很多壮志难酬的歌谣，表现了不得志的华工们常年拼搏无所获的苦闷、无奈、悲观的情绪，这里面也有他们倔强的不服输的表达。

月亮弯弯过九州，
有人快乐有人忧，
有人发财还乡井，
有人离家外漂流。①
逗留羁旅邸，
依旧满身债，
毫无振作暗伤怀，
每念高堂年纪迈。

---

① 台山县民间文学集成编委会编：《中国民间文学集成广东卷：台山县资料集》，台山县民间文学集成编委会内部刊行本，1987年，第262页。

欲归计，
囊中冇文解，
发愤图强来他徙，
仍然屯寒事无谐。

一生条命薄，
来去都冇作，
纵使离乡转外国，
东走西奔无所获。
阴阳错，
出更门落索，
转过天涯四个角，
居弗安分行不乐。①

这些歌谣记录的不得志者，在当年不是一个小数目，在淘金华工、铁路华工中，有很多人靠省吃俭用，过着最低标准的生活，把积攒下血汗钱寄回家，改变一家老小的生活，家人的平安回信是带给他们最大的精神安慰，也是激励他们继续拼搏的强大精神动力。很多华工就是在这样的精神、梦想的支撑下，度过了艰难孤寂的岁月，忍住了身心的煎熬。很多人寄出血汗钱后没有积蓄，身无分文，只有继续拼命地挣钱，积攒下一次的侨汇，实现他们对家庭的承诺。还有的华工根本就挣不到钱，养活自己都困难，更无力偿还债务，无颜回乡。到最后，这些华工客死异乡，连姓名都不为人所知，哪有钱送自己返乡，只有依靠侨团和慈善组织将他们的骨骸送回。新会保留的华侨义冢，就是这些华工悲苦命运的血泪见证。

1992年，新会县黄坑发现了一处华侨义冢，共387个坟墓。② 义冢碑志铭文曰：

---

① 《运不通时到处难歌》，见余白云《金山歌集》，美国大光书林刊印本（出版时间不详），第12页；《远客思家歌》，见余白云《金山歌集》，美国大光书林刊印本（出版时间不详），第41页。

② 参见欧济霖、陈汉忠《新会华侨义冢》，见欧济霖、陈汉忠《新会华侨华人史话》，中国县镇年鉴社2004年版，第9页。欧济霖、陈汉忠是新会华侨义冢最早的调查研究者，新会华侨义冢得以保护下来与他们倾注的心血是分不开的。

金山各埠先友骸骨运回本邑，自光绪十四年至十八年二月，除领回安葬外，尚存三百八十七具，于本年二月二十三日安葬于此。光绪十九年岁次癸巳仲春仁育堂谨志。

　　根据碑志铭文，这387具遗骸和其他遗骸来自美国旧金山各处，被称为"先友"，是光绪十四年（1888）或之前陆续运回的，到光绪十八年（1892）二月，知道姓名的遗骸都被其亲人陆续认领回去安葬了，剩下的这无人认领的387具遗骸才被侨乡慈善组织仁育堂集中安葬。387具遗骸中，男性262具、女性25具，他们多数没有姓名，少数的或有姓无名，或有名无姓，无法确定他们是五邑侨乡何处的人士，也就联系不到他们的亲人。根据谭雅伦教授的考证，这些金山先友就是家境贫寒或者自从侨居美国后就与家庭失去联系的华工。①

　　根据五邑侨乡的习俗，遗骸运回是要重新打开坟墓，对骸骨进行收殓、清洁、整理，然后集中到旧金山再分批运回家乡，这个过程将他们之中最晚去世的时间也都向前推了很多年，那么这些先友多数应该是在19世纪80年代之前去世的。结合谭雅伦教授的分析，新会华侨义塚387具遗骸中有的就是淘金华工、铁路华工。新会华侨义塚是五邑侨乡保存的与铁路华工直接相关的重要遗物和遗址，冰冷无名的墓碑向我们揭示了这些华工生活的凄凉和悲痛。

　　凄凉悲痛的还有他们的父老妻儿。民国时期广州华兴书局刊印的《粤海春秋》记录了一位美国华工的父亲写给儿子的书信：

　　寄子书
　　提起金山怒冲天，忆着你们更凄惨。来往该时讲口响，三年两载转回乡。
　　你母叮咛言至嘱，言来至嘱万千千。临行暗拭离情泪，缘贫无奈别家庭。

---

①　参见谭雅伦、舒奋《落叶归根（摘译）——新会1893年义塚札记》，载《五邑大学学报（社会科学版）》2001年第2期，第56—61页。谭雅伦是美国旧金山州立大学亚裔研究系的教授，他在新会出生，对家乡的历史、民俗和美国华侨历史研究很深，因此，他对义塚的认识有独到之处。

岂知一往离乡井，忘却故园这一边。人话有儿到美境，穷根可断振家声。

讵知自别庭帷后，付来未够买烟钱。虽则贫穷天注定，好嫖好赌怎能胜。

日久黄金唔遂愿，早宜拨马转回程。既系他乡风景好，算来不觉十余年。

问你劬劳何时报，忘恩背义非人形。问你雁行何日叙，分离手足独茕茕。

问你妻房谁代养，空帷岑寂自悲伤。古云创业前三十，你今三十尚余零，

膝下未添男和女，妻房终日泪涟涟。你母近今年衰老，风前之烛春水冰。

我今身瘦和血弱，不曾移步出庭前。茶饭不思精神疲，时耽身席在床眠。

况今世界三欺两，道理唔通不念情。人话有儿当作冇，送终无子寡伶仃。

侧耳听闻喉哽咽，暗垂珠泪落无停。如欲见亲须速转，即刻回家莫流连。

倘若迟来难见面，相逢只恐在幽冥。异日纵然千百万，空对灵前哭几声。

纸短情长难尽述，听乎否也问心田。①

这封书信以台山木鱼调的形式叹唱了华工离家出洋的情形，描述了华工一去不归（"岂知一往离乡井，忘却故园这一边"），只寄回微薄的收入（"付来未够买烟钱"），父母老迈，妻子独守空房的凄凉景象，这是五邑侨乡无数华工父母苦盼儿归的缩影。"空帷岑寂自悲伤"的"金山婆"同样成为侨乡的一种文化现象，叹唱她们悲苦的台山木鱼调在当时也很流行。

---

① 《粤海春秋》，广州华兴书局民国时期刊印，第6页。这部书是笔者2005年清理开平市马降龙庆临村林庐家族资料时寻得，原件现存开平市碉楼文化研究所。

贤妻日里望夫归

初更起,泪汪汪,为忆夫郎别了妻房。前日有言对过汝讲,半年夫妻不成双。无事清闲担吓眼望,底望高时眼乱慌忙。不久年岁出街坊,望夫何日转回唐。正月摆灯人兴旺,踊重男女看吓灯光。话我深闺唔出街巷,罗帷寂寞独守空房。看灯几多人快乐,独我怀愁抱恨肚里捉虫。左思右想难去倘,泪如雨苦实悲伤。等我放厚脸皮唔知丑,只着带丑含羞看吓才郎。①

余白云的《金山歌集》里面就有大量表达"金山婆"哀怨的歌谣,专门分有"少妇感别歌""少妇思远客歌"类别,在其他类别的木鱼调歌中也多有反映,现选录如下:

才郎合妹意,
正是两情痴,
忽然又话往花旗,
奴况青春年十几。
忍割舍,
挺生飘异地,
帆驾太平洋万里,
丢侬孤枕冷凄其。

青春怕独寝,
君何出外羁,
虽然游历到花旗,
恨隔程途千万里。
试问汝,
韶华曾有几?
纵使富贵留欧美,
空教红粉锁双眉。

---

① 《金山婆自叹》,广州华兴书局民国时期刊印,第1页。这部书是笔者2005年在清理开平市马降龙庆临村林庐家族资料时寻得,原件现存开平市碉楼文化研究所。

光阴如急板,
得去不得返,
催奴日日减朱颜,
行乐及时唔可慢。
一声叹,
夫婿在金山,
纵使腰缠归十万,
也唔能买青春还。①

在广东五邑侨乡,华工的妻子头上顶着"金山婆"的名号,有的穿着绫罗绸缎,用着进口的化妆品,镶着金牙,戴着金戒指,也有的依然过着穷苦的生活。不论贫富,她们都在代替丈夫照料老小,操持家庭,有的还要下地耕田。人前光鲜,人后对烛独自凄凉,身心上的煎熬是常人难以想象的。最悲惨的还要数那些连丈夫的面都没有见过的"金山婆"们。在五邑侨乡有一种民俗,就是一些无法回家的华工,为了传宗接代,由他们的父母代他们找媳妇,让媳妇抱着公鸡结婚拜堂,走进家门。这样的"金山婆"对丈夫的印象就是一张照片,有的可能连照片都没有,只知道丈夫是"金山客"。为了完成传宗接代的任务,她们一般会买个儿子,成立一个完整的家,母子俩相依为命,终老一生。② 侨乡将这些"金山婆"称为"活寡"。可以说,广东五邑侨乡的"金山婆"同样为实现家庭的梦想付出了青春,付出了自己的生命,为淘金华工、铁路华工追梦与圆梦抹上了又一道沉重的色彩。

---

① 《少妇感别歌》,见余白云《金山歌集》,美国大光书林刊印本(出版时间不详),第36页;《人老何曾转少年歌》,见余白云《金山歌集》,美国大光书林刊印本(出版时间不详),第58页。
② 2016年1月31日,陪我们去台山大江镇水楼乡龙安里做调查的李灼豪就是在这样的家庭中出生的。他的爷爷是美国铁路华工,后来到加拿大去干活,开过洗衣馆,挣的钱都汇回了家,自己没有回来过,后来在加拿大去世。奶奶就是抱着公鸡嫁入李家,从恩平买了个儿子,也就是李灼豪的父亲。

五、结语

本文主要通过侨乡的资料,从侨乡的角度,对淘金华工、铁路华工的"梦想"进行了初步的探索,对于华工追梦的艰辛,他们圆梦的酸楚,抑或是幸福,都努力做了具体的描述,由此对150年前的这群追梦人和他们的梦想,以及关于他们的研究有如下几点认识。

第一,以往的研究集中在华工们奋斗的美国,侨乡只是他们奋斗的背景。也就是说,以往研究的重点放在了对华工的部分行为的探索,认识了他们出洋打工的动因,评介了他们对美国发展的贡献,这些都是很重要的,但是从逻辑上讲,这样的研究是不完整的。这些文化程度不高、出自社会底层的农民,他们的一切行为的最终目标还是在他们自己的家,只有结合他们对家庭、家族、家乡的贡献,才能形成完整的认识。华工们在迁出地、迁入地两个环境的奋斗,才是这个群体历史贡献的整体结构。侨乡方面的研究相对薄弱,有待进一步拓展。近几年来的初步探索,给了我们充分的信心;立足于侨乡研究淘金华工、铁路华工,有着广阔的发展空间,值得中外学者去开拓。

第二,从侨乡层面和角度研究淘金华工、铁路华工,首先是要努力挖掘乡土资料,弥补官方文献的不足。华工在美国的活动,不论是美国官方的记载,还是民间的文献,都比较丰富;而在侨乡,从清朝中央政府到地方政府,对他们的重视都比较少,同时期的官员奏折记录粗略,陈兰彬、梁启超等人的文字非常珍贵,地方志里面大多只有只言片语,这些无疑都是我们从侨乡角度研究华工不可缺少的资料,但是并不足够。这几年的探索启发我们,需要到侨乡民间去深入挖掘资料,拓展资料收集的视野。华工家庭和村落保存了不少文献、遗物乃至口述的材料,它们记录的视角与官方的、学者的很不同,直接与华工个体相关,且有独特的价值。同时,我们还需要在各类资料间建立起逻辑联系,像民间唱本这样的资料也保留了丰富的淘金华工、铁路华工信息,非常值得重视。当我们将注意力投向侨乡的民间,这些陆续发掘的资料不仅丰富了有关华工问题的民间资料系统,而且也为我们带来更多的学术启发和思考。

第三,淘金华工和铁路华工不论在家乡还是在美国,他们都生活在群体之中,他们的梦想既可以从个体考察,也需要从群体角度去认识,因此,他们的梦想有多重内涵。概括起来,第一层次是改善家庭生活,第二层次是提升家庭在家族中的地位,第三层次是希望家乡社会发展、进步。从关注家庭,到关注家族,再到为家乡的发展尽一分力量,这个过程是他们资源增多、实力积累的结果,更是他们希望提升自己和家庭地位的途径之一,同时这也是他们家国情怀的表达。中国传统文化讲"小康",也讲"大同","老吾老以及人之老,幼吾幼以及人之幼",讲究大家好才是真的好,所以华侨们常说"有国才有家"。在侨乡,我们看到,华工们通过参股投资、慈善捐助、文化传播来推动家乡的交通线路等基础设施建设和文化、教育、卫生事业的发展,成为侨乡社会转型及变化不可替代的力量,家乡的不断进步也反过来增强了他们的参与感、认同感、成就感和归属感。

第四,外国文献关于华工赊单出洋的方式有很多记载和研究,而对于借款出洋的情况则语焉不详,我们结合三份契约分析了华工借款出洋的方式和侨乡的债务关系,认识了这类华工出洋资源的获得方式和债务解决的机制,这对中外已有的相关记录是一个很大的补充。同时,我们结合乡村文献和中外官方文献初步讨论了淘金华工、铁路华工追逐梦想的成本和他们在美国奋斗的收益,这是解读侨乡青壮年男人不畏艰险、前赴后继奔赴美国等国家去奋斗的钥匙。而我们现在对这一问题的研究还是初步的,相信随着我们挖掘到更多的侨乡资料,未来将会推进这方面的研究,帮助我们更深入地了解华工奋斗的成本和收益,更具体地理解他们对家庭、家族、家乡的意义。

第五,通过对淘金华工、铁路华工在侨乡实现梦想的分析,可以看出,不论是买田、建房、娶妻生子,还是侨乡衣食住行、语言等方面的变化,都离不开淘金华工、铁路华工的参与、支持和引导。华工虽然人在美国,但是他们心系侨乡,美国是他们生活的现实环境,侨乡是他们生活的精神家园。① 他们从来没有"离场",从来不是家乡的"外人",书信、侨汇是帮助他们连接两个环境的桥梁和纽带,现实环境与精神家园共同构成了他们完整的世界和生活的空间。因此,淘金华工、铁路华工不仅是美国西部开发、国家统一、工化业发展的直接参与者、推动者、见证者和贡

---

① Li Minghuan. "*We Need Two Worlds*": *Chinese Immigrant Associations in a Western Society*. Amsterdam: Amsterdam University Press, 1999, pp. 17-18.

献者，同时也是侨乡梦的直接参与者、推动者、见证者和贡献者。

第六，在淘金华工、铁路华工追逐梦想的过程中，不能够忽视他们的母亲、妻子所发挥的不可替代的作用。侨乡妇女不仅替丈夫孝敬公婆，抚育儿女，操持家庭，而且从他们的儿子、丈夫那里直接地接受书信、侨汇，承担起为家庭买地、建房的任务，西方文化也随着书信传入华工家庭，并慢慢影响了侨乡妇女的观念行为。她们还参与到碉楼、别墅的修建之中，按照丈夫书信的要求向建造者提出房屋结构、造型和装饰等方面的意见，侨乡中西合璧的各种建筑的形成都离不开当地妇女的参与。因此，侨乡妇女是推动华工实现梦想的另外一股强大的社会力量。

［本文为广东省社科基金特别委托项目"广东侨乡的形成与发展"（GD13TW01-2）的阶段性成果。衷心感谢《美国研究》匿名评审专家对本文提出的中肯的修改意见，这些意见给予我们很好的启发，对更加深入分析、认识所讨论的问题有极大助益！本文为笔者与五邑大学广东侨乡文化研究院姚婷博士联合发表，原载《美国研究》2017年第6期］

中美文化交流的独特符号：丁龙研究的解构与再建构

1901年6月8日，美国哥伦比亚大学收到一个专项捐款，捐赠者提出在该校创设基金，开办汉学系，开展汉语教学和中华文化研究，为此专门提请设立"丁龙（Dean Lung）汉学讲座教授"教席，以吸引世界著名学者前来讲学研究。这是一件美国汉学史、美国华侨史和中美文化交流史上的重大事件。当时在美国引起了高度持续关注，中美学者对这一事件进行了长期的探索。在此过程中，"丁龙"（Dean Lung）被不断建构、解构。然而，120年后的今天，丁龙是何许人也？丁龙是姓名？还是名姓？或者是名？这些基本问题依然是一个百年未解之谜。故本文沿用丁龙（Dean Lung）的方式来表述研究对象。

站在当代回溯丁龙事件，其蕴含的意义和价值远远超出了丁龙其人本身，已经成为中美文化交流的一个标志性文化符号。如何更深入地认识丁龙？学术研究的积累和当代学术视域已经具备了条件。本文力图通过丁龙研究的学术回顾，梳理"解读"发展的逻辑，剖析丁龙研究的内涵不断叠加和厘正的变化，揭示其一致性和局限性，为阐释丁龙事件的当代价值提出一些思考，希望助力丁龙研究的时代性进步。

一、解读丁龙研究的文献成果

本文回顾的丁龙研究视域，包括各界解读丁龙事件所形成的文献成果。①

对丁龙的关注早在1901年哥伦比亚大学收到捐款就开始了。1901年6月8日，美国纽约富商向母校哥伦比亚大学捐款；6月13日，《纽约先驱报》报道，在哥伦比亚大学毕业典礼上，赛斯·娄（Seth Low）校长向全校宣布了设立创办汉学系和丁龙（Dean Lung）教席的专项基金消息，

---

① 本文收集的文献由第一手资料和通过文献成果获得的第二手资料组成，文中第二手资料的引述将注明来自何处。

并宣读了一段捐款人的书信内容。① 这是笔者目前所见丁龙事件进入美国媒体视野的最早报道。

至此，丁龙事件公之于众，成为各界解读研究的对象。1901年7月10日的《比林斯公报》（*Billings Gazette*）刊登了纽约邮报驻华盛顿的通讯记者就匿名人士捐款在哥伦比亚大学创立Dean Lung基金设立汉学系一事，对中国驻美公使伍廷芳的采访。② 记者最关心的是谁捐的款？伍廷芳感兴趣的是教席的设立。这是美国报纸记者对丁龙事件最早的"解读"，所提出的问题困扰了各界的丁龙解读者100多年，我们将其视为丁龙研究的初始。

从1901年到2022年的121年间，中美两国有关丁龙解读的文献成果，据不完全统计有126篇（部），文献成果形式多样。

从文献发表的时间看，对丁龙事件的解读一直持续不断，具有连续性，但是很不平衡，解读研究的文献发表的年份极其分散却又于具体某年十分集中（见表1）。121年来，形成过三次高频发阶段，第一个阶段是事件发生的20世纪初至捐款人富商去世的20世纪20年代，美国媒体的关注度很高，几成一个公众事件，产生的文献数量最多，占文献总量的36.5%；第二个阶段是世界反法西斯战争后期的1944年和1945年间，占文献总量的16.7%；第三个阶段是21世纪10年代以来，丁龙事件又一次受到中美各界高度关注，文献成果占文献总量的30.2%。

表1 丁龙研究文献成果统计表

年　份	数　量	年　份	数　量	年　份	数　量
1901—1910	41	1941—1950	21	1981—1990	1
1911—1920	5	1951—1960	1	1991—2000	3
1921—1930	4	1961—1970	3	2001—2010	4
1931—1940	2	1971—1980	3	2011—2022	38
总计					126

资料来源：笔者综合知网查询和各种解读文献提供的信息进行归纳统计。

---

① 参见陈晓平《"丁龙"讲座捐建人是"奸商"，还是慈善家?》，澎湃新闻网，2019年7月22日，见https://www.thepaper.cn/newsDetail_forward_3857429；李彬《寻找丁龙》，中央电视台新闻频道《新闻调查》，2019年9月8日。

② 本文未注明出处的美国报纸，均来自石坚平的收集。

从文献类别看，传统纸媒体报道79篇、书籍11部、论文9篇、新闻社通讯稿6篇、微博等自媒体文献13篇、网站资料6篇、电视纪录片2部（4集）。可见，传统纸媒的成果最多，占文献总量的62.7%。这些媒体报道绝大部分是美国报界在1901—1910年和1941—1950年两个阶段所发表，其中，1901年、1902年（合计34篇）和1944年、1945年（合计19篇），又占了绝对数量。前者是捐款事件发生的年份，后者是第二次世界大战取得胜利的前夕和当年，反映了丁龙事件新闻价值的张力。在美国早期报纸的成果中，多为短讯，表达了对撰稿记者解读的认同，呈现出媒体对丁龙事件关注的广泛度。如果说早期媒体扛起了丁龙解读的大旗，那么新媒体和学术成果则撑起了21世纪以来的丁龙研究，与早期美国媒体的报道形成鲜明对比，带有更多的学术规范去解构业已形成的丁龙形象。

从文献数量看，121年间，基本上平均每年有1篇（部）丁龙研究文献成果，说明对丁龙事件的解读研究还是一个小众话题，这与事件本体的文化意蕴和当代价值是不相符的，丁龙研究有极大的拓展空间。

二、丁龙研究的主体

虽然丁龙事件的解读研究至今还是一个小众的话题，但是没有影响它对中美各界人士的吸引，120多年来，对丁龙的研究汇集了多界别的力量。这些解读研究的主体，大致可以分为以下四类。

第一，中外媒体记者。美国报界是最早的参与者，如上所述，他们也积累了最多的文献成果。21世纪以来，中国大陆媒体开始发力，报界以《南方周末》（2007）①、《羊城晚报》（2010）②、《解放日报》（2014）③、《文汇报》（2017）④、《北京晚报》（2020）⑤为代表，澎湃通讯社给予丁

---

① 参见王寅《寻找失踪101年的"丁天龙"》，载《南方周末》2007年4月5日。
② 参见王海龙《丁龙：一个中国仆人的美国传奇》，载《羊城晚报》2010年8月7日。
③ 参见海龙《丁龙：你是谁——来自新闻背后核心人物的诉说》，载《解放日报》2014年4月13日，第5版。
④ 参见海龙《大师小错：钱穆说丁龙》，载《文汇报》2017年9月9日，第8版。
⑤ 参见海龙《丁龙何许人也？一张支票和一封发起信揭开"建成汉学系"的秘密》，载《北京晚报》2020年6月24日。直至2022年，《北京晚报》发表了王海龙、陈家基、李伯达4篇有关丁龙的文章。

龙事件较多的关注（2019）①，通过报纸、通讯社平台向社会大众传播他们对丁龙事件的解读，相比美国报界，中国报界总体上对丁龙的关注度还不高。陈家基的"译海拾蚌"的网易博客（2015）②和黄安年的博客（2017）③是借助自媒体平台发声的代表。

第二，学者。在美国，哥伦比亚大学是丁龙研究的重镇，该校学者最早开展此项研究。1914年，牛津大学出版的《哥伦比亚大学》一书，刊登了丁龙讲座教授及其赞助基金捐款22.5万美元的官方记录，④公布了部分资料。1947年，"丁龙汉学讲座"教席被出生于中国河北的富路特（Luther Carrington Goodrich）教授荣膺，他也是汉学系主任。⑤基于对中华文化的爱好和功底，富路特早在1931年就发表论文介绍丁龙教席情况，任职后有了更多的关注，也提出了他对丁龙事件的解读。⑥20世纪90年代，旅美学者王海龙进入哥伦比亚大学研究美国汉学史，童年时他就听说过丁龙的传说，⑦来到丁龙事件的发生地，更激起了他研究丁龙的兴趣；2000年，他在中国大陆出版的《哥大与现代中国》一书中提出"丁龙之谜"的命题，成为21世纪将丁龙探索带入学术视野的重要推手。2006

---

① 澎湃通讯社在2019年、2020年发表陈晓平、陈家基解读研究"丁龙"的文章。主要有：陈晓平《被哥大冠名"丁龙讲座"的"丁龙"是哪里人?》（2019年3月24日）、《捐建"丁龙"讲座的动机是什么》（澎湃新闻网2019年3月25日）、《董显光、钱穆等人为何虚构"丁龙"故事》（澎湃新闻网2019年6月29日）、《从"丁龙"看士绅如何遮蔽庶民》（澎湃新闻网2019年7月14日）、《"丁龙"讲座捐建人是"奸商"，还是慈善家?》（澎湃新闻网2019年7月22日），以及陈家基《寻找丁龙的真实身份（上）疫情中迎来转机的十天》（澎湃新闻网2020年6月24日）。

② 陈家基在网易博客"译海拾蚌"先后发表《寻找"丁龙"的线索在哪里?——新的思路》（2015年7月12日）、《大师也不一定全对——钱穆在"丁龙"问题上的一些错误及其影响》（2016年9月5日）、《大家一起来寻找"丁龙"的朋友——厨师马沾》（2022年7月16日）等4篇文章。

③ 黄安年博客先后发表《海龙的〈丁龙：你是谁——来自新闻背后核心人物的诉说〉和〈中国男仆的美国传奇告诉你卑微的力量〉告诉我们什么?》（2017年6月26日）、《我看丁龙（Dean Lung）研究》（2017年6月28日）、《关注Dean Lung其人其事》（2017年7月29日）、《也谈如何寻找Dean Lung（丁龙?）》（2019年9月10日）等5篇文章。

④ 参见王海龙《丁龙史实两甲子解谜》，载《读书》2022年第1期，第14—23页。

⑤ 参见王海龙《哥大与现代中国》，上海文艺出版社2000年版，"托梦中国"，第19页。

⑥ 参见陈晓平《董显光、钱穆等人为何虚构"丁龙"故事》，澎湃新闻网，2019年6月29日，见https://www.thepaper.cn/newsDetail_forward_3497259。石坚平《20世纪后半期以来丁龙故事的文学化建构》，载《五邑大学学报（社会科学版）》2024年第2期，第3—4页。

⑦ 参见王海龙《哥大与现代中国》，上海文艺出版社2000年版，第1页。

年，哥伦比亚大学东亚系安德里尔教授夫人米亚·安德里尔成为美国研究丁龙的重要学者，她的日裔美国人经历促使其对丁龙事件有特殊的感受："因为我也是移民的女儿。我的父亲在这里备尝艰辛，生活困苦。我能体会丁龙可能承受过的艰苦生活，因为我的父亲当年在这里过的也是这样的生活。因此，我觉得很有必要让人们都来挖掘丁龙的故事。"① 2006 年，米亚·安德里尔夫妇来到中国，与《南方周末》和中央电视台中文国际频道合作，积极推动寻找丁龙的活动。她为丁龙档案资料的拓展和将丁龙研究推向深入发挥了关键作用。②

在中国，1943 年，哥伦比亚大学校友、北京大学校长蒋梦麟在其英文自传《西潮》一书中，对丁龙进行解读，开启了中国学者对丁龙事件的建构。③ 20 世纪 50 年代，胡适应哥伦比亚大学"中国口述历史学部"之邀前往访学，在唐德刚采访记录整理的《胡适口述自传》中，胡适简略地提到丁龙事件。④ 1960 年，钱穆在访问哥伦比亚大学期间听说了丁龙的故事；1961 年，他在香港、台湾的多次演讲中介绍丁龙，⑤ 他的解读给中国学者的研究带来不小影响。

21 世纪以后，中国学者对丁龙的关注是从第二个十年开始的。2015 年，原广州外国语学院（现广东外语外贸大学）副教授、旅居南非华侨陈家基参与到寻找丁龙活动之中，并与各方联系，推动并直接参加了台山市侨联业已开展的寻找丁龙活动。学者自发组织的团队性研究始于 2016 年，由中山大学人类学系武洹宇博士发起，陈晓平、谭学斌、莫冠婷、叶嘉良、蔡泽赢、伍倩敏、钟元泽等人参与"丁龙（Dean Lung）专案组"，进一步在中美两国挖掘第一手资料，拓展学术研究，开始了丁龙研究的学术性解构。

第三，广播电视工作者。1944 年 7 月的某天下午七点半，哥伦比亚

---

① 李彬编导：《寻找丁龙（上）》，中央电视台新闻频道《新闻调查》，2019 年 9 月 8 日。
② 参见石坚平《21 世纪丁龙学术研究的兴起与丁龙故事的重构》，2022 年未刊稿。
③ 参见石坚平《20 世纪后半期以来丁龙故事的文学化建构》，载《五邑大学学报（社会科学版）》2024 年第 2 期，第 1－2 页。
④ 参见陈晓平《董显光、钱穆等人为何虚构"丁龙"故事》，澎湃新闻网，2019 年 6 月 29 日，见 https：//www.thepaper.cn/newsDetail_forward_3497259；石坚平《20 世纪后半期以来丁龙故事的文学化建构》，载《五邑大学学报（社会科学版）》2024 年第 2 期，第 4 页。
⑤ 参见钱穆《新亚遗铎》，生活·读书·新知三联书店 2004 年版，第 298－299 页。

广播公司（CBS）在电视广播节目"死亡谷岁月"（源于20世纪30年代一个以西部传奇故事为题材的广播节目，受众广泛）中讲述丁龙的故事，助推了社会的关注。① 2006年以来，中央电视台持续对丁龙事件进行关注，尤其2018年新闻频道编导李彬团队、纪录片频道卜亚琳团队同时发力，推出了《寻找"丁龙"》《中国人"丁龙"》两部电视纪录片，用电视语言做出了他们有关丁龙的解读。尤其李彬制作团队不仅依据中美现有研究成果进行探索，同时也参与到有关丁龙事件史料的挖掘之中，为学术研究提供了新线索。

第四，侨务工作者。21世纪20年代以后，有关丁龙的探索的主要力量转移到中国大陆；2020年，广东台山市侨联加大了寻找丁龙的活动的工作力度，与台山海外侨胞组成了"丁龙微信调查群"，其中，马卓荣、黄祥光、黄祥活、黄畅泉、黄志荣等人更是致力于中美之间的民间探索努力。2020年4月，台山侨联工作群获得突破性进展，该市白沙镇千秋里村的马万昌走进人们的视野。

上述探索主体很多元，带着不同界别的视角，共同构成了丁龙研究生态，对解开"丁龙之谜"做出了各自不同的贡献，既有开拓性，也有局限性，留下了拓展科学研究的空间。

三、丁龙研究的学术分期

120多年的丁龙研究大致可以分为如下两个阶段。

（一）"建构"阶段（1901—2000）

这一阶段是由中美两国的丁龙研究者接力完成的。从20世纪之初到20世纪中期40年代，美国纸媒体经历了10年代、20年代和40年代三个比较集中的关注期，丁龙事件的发生、捐款人卡朋蒂埃逝世和世界反法西斯战争是引发关注的背景。美国报纸和广播电视节目的讨论总体特点表现为，丁龙作为卡朋蒂埃的中国仆人、一个神秘而特殊的人物置于以卡朋蒂

---

① 参见石坚平《早期美国报刊中的"Dean Lung"（丁龙）形象建构》，载《五邑大学学报（社会科学版）》2023年第3期，第1—6页。

埃为主体的传奇叙事之中，依附于卡朋蒂埃而存在。① 20 世纪 40 年代的关注迎合了中美联合抗击法西斯的国际环境，以凸显中美友好。也因此，丁龙作为叙事主体开始出现在一些报道之中。② 美国学界对丁龙的研究，以哥伦比亚大学的富路特为代表，1931 年发表的《美国的中国研究》中对教席由来的介绍是其探索的开始。陈晓平认为，中国学者蒋彝 1964 年写的英文版《三藩市画记》中讲述的丁龙故事来自富路特；③ 而石坚平认为，只有该书中直接引语的部分是富路特的丁龙故事，其他部分基本忠于史实，没有过多的文学化描写。④

与美国不同，中国对丁龙的解读是从学界起步，而且以丁龙为叙事主体展开的。蒋梦麟最早讲述了丁龙的故事，对丁龙在美国的身份、汉学基金的由来等做了描述，建构起丁龙形象。董显光将 Dean Lung 翻译为"丁龙"，被后来研究者沿用，他生动描述了丁龙与卡朋蒂埃的一段关键性对话，借以解释卡朋蒂埃捐款给哥伦比亚大学设立汉学系的动机——报恩与偿愿，⑤ 从而建构起一个比较完整的"故事"。钱穆讲述的丁龙的故事又有了更生动的细节描述，突出了丁龙的忠恕、质朴、谦逊的形象，尤其是他对丁龙山东籍贯的解读，⑥ 长期引导着中国探索者寻找的思路。王鸿益在《为中国文化增光的丁龙》一文中，描写了卡朋蒂埃"醉酒打人"而丁龙忠恕以待的情节。⑦ 20 世纪 90 年代出版的唐德刚《胡适口述自传》

---

① 参见石坚平《早期美国报刊中的"Dean Lung"（丁龙）形象建构》，载《五邑大学学报（社会科学版）》2023 年第 3 期，第 1—6 页。

② 1945 年 5 月 15 日，美国犹他州北部卡什县（Cache County, Utah）洛根市的报纸（*The Cache American*）以"受尊敬的仆人"（*Honored Servant*）为题进行报道，5 月 17 日、18 日被各大报纸转载。

③ 参见陈晓平《董显光、钱穆等人为何虚构"丁龙"故事》，澎湃新闻网，2019 年 6 月 29 日，见 https://www.thepaper.cn/newsDetail_forward_3497259；石坚平《20 世纪后半期以来丁龙故事的文学化建构》，载《五邑大学学报（社会科学版）》2024 年第 2 期，第 3—4 页。

④ 参见石坚平《20 世纪后半期以来丁龙故事的文学化建构》，载《五邑大学学报（社会科学版）》2024 年第 2 期，第 3 页。

⑤ 参见陈晓平《董显光、钱穆等人为何虚构"丁龙"故事》，澎湃新闻网，2019 年 6 月 29 日，见 https://www.thepaper.cn/newsDetail_forward_3497259；石坚平《20 世纪后半期以来丁龙故事的文学化建构》，载《五邑大学学报（社会科学版）》2024 年第 2 期，第 2—3 页。

⑥ 参见钱穆《新亚遗铎》，生活·读书·新知三联书店 2004 年版，第 298—299 页。

⑦ 陈晓平考证卡朋蒂埃"醉酒打人"情节，是从王鸿益 1975 年发表于《中华文化复兴月刊》第 8 卷第 2 期的《为中国文化增光的丁龙》一文（第 1—5 页）开始的。

记录了胡适对于哥伦比亚大学汉学讲座是卡朋蒂埃有感于丁龙而独资捐赠的看法，在注释中唐德刚则增加了丁龙婉拒退休金不获而全款捐赠给哥伦比亚大学，引发卡朋蒂埃巨资捐赠设立汉学讲座的情节。①

这一阶段，中美两国的丁龙探索，大致建构出这样一个"故事"：Dean Lung 为丁龙，是中国山东人士，文盲、"猪仔"华工，一说是洗衣工。他与富商卡朋蒂埃是在旧金山相识，后随卡朋蒂埃来到纽约定居，是家中几个华人佣人之一，并成为近侍，极其忠诚。卡朋蒂埃性情古怪，脾气暴躁，动辄打骂佣人，很多佣人因此离去，唯丁龙一直留下来。一次饮醉后，富商突然攻击丁龙，丁龙没有怨恨他，依然细心照顾他，醒酒后，卡朋蒂埃不解，"丁龙"以孔子之言回应，使富商深为感动。一说丁龙被卡朋蒂埃解雇，第二天早晨他依然为主人准备好了早餐，富商深为感动。于是，卡朋蒂埃为感谢丁龙的忠心耿耿，在哥伦比亚大学设立基金创办汉学系，并以丁龙为教席命名，以示纪念。一说丁龙病倒，临终前告诉卡朋蒂埃，他积攒下来的工钱有一万多美金，现在还给你，答谢你的厚德，富商十分感动和佩服中华文化，于是将自己晚年全部财产的二十余万美金加上丁龙的一万多积蓄，捐给哥伦比亚大学，以设立讲座，专门研究中华文化。关于在哥伦比亚大学设立汉学系，还有另一种说法，就是由丁龙向卡朋蒂埃提出做点让美国人了解中国文化的建议，促成了富商开设汉学系的想法。丁龙也是哥伦比亚大学汉学系的捐款人之一，具体数额说法不一，有一袋金子说，有一万美金积蓄说，有二万美金说。关于丁龙捐款的由来，多数学者认为是其本人的积蓄；而唐德刚认为，这二万美金是卡朋蒂埃为感谢丁龙的忠诚而给后者赠送的巨款。

审视中美两国探索者的丁龙叙事，各自的关注点有明显区别。美国媒体多关心捐款人究竟是谁？为何要捐款？丁龙何许人也？注重第一个中国人给美国教育捐赠的意义。他们的报道有丁龙事件亲历者的讲述，也有汉学讲座教授亲身的讲述，多数是记者为吸引社会公众关注的新闻角度的理解分析。中国方面的叙事者多有哥伦比亚大学的学术交流经历，相比美国探索者，其讲述的丁龙故事具体生动，有很鲜明的文学描述色彩，类似丁龙与卡朋蒂埃的对话和两人的互动情节，就带叙述者明显的主观想象，因

---

① 参见石坚平《20 世纪后半期以来丁龙故事的文学化建构》，载《五邑大学学报（社会科学版）》2024 年第 2 期，第 4 页。

而关于"丁龙是一个怎样的人""捐款的情况如何"等问题都各有所见。在中国讲述者的不同观点之中,有一点是非常一致的,即他们的观点赋予丁龙事件浓厚的中华文化色彩。

从史源的视角看,这一阶段,中美两国研究者对第一手资料的挖掘都重视不够,很少依据第一手资料探索丁龙事件。美国方面因为多为媒体人,工作性质影响了他们这方面的努力。富路特作为汉学讲座教授,也没有对这个教席的由来进行深入的资料追寻。他在哥伦比亚大学汉学系工作时间很长,如果真的重视,很容易挖掘到丁龙事件的第一手资料。中国方面的学者同样没有真正重视对这一课题的深入研讨,多是依据表面的"只言片语"的"见闻",各取所需地讲述丁龙故事,以阐释印证自己的学术见解和学术倡导,所以出现学术上大家类似"猪仔"华工、洗衣工、山东人士这样想当然的认知,构建了多版本的丁龙的传奇故事,实在有失轻率。

(二)"解构"阶段(2000 年至今)

这一阶段之所以从 2000 年开始,是因为王海龙的《哥大与现代中国》一书出版,该书第一部分就是《托起中国梦——晚清的中国管家丁龙和哥大汉学的一段传奇》。王海龙运用在哥伦比亚大学博物馆、图书馆、档案馆收藏的 1901 年 6 月、7 月、8 月卡朋蒂埃与哥伦比亚大学两任校长的三封书信,证实了丁龙事件的真实性,首次正式地将丁龙事件作为一个严肃的学术话题加以研究,开启了近 20 年的丁龙解构的新阶段。遗憾的是,王海龙对这些第一手珍贵史料的运用不够,没有借此审视第一阶段建构的偏差,所叙述的丁龙故事依然延续了上一阶段中国学者的文学性建构。① 尽管如此,王海龙极力将丁龙故事推向中国学界和社会,先后在《羊城晚报》《民主》《解放日报》《北京晚报》和《读书》上发表文章,推进丁龙的寻找活动,同时他不断在美国进行丁龙事件相关史料的深入挖掘。2022 年,他也对《哥大与现代中国》一书叙述的丁龙的故事坦诚地表示了反思,对民国时期学术名家的回忆录、口述记录、演讲以"精英

---

① 参见陈晓平《董显光、钱穆等人为何虚构"丁龙"故事》,澎湃新闻网,2019 年 6 月 29 日,见 https://www.thepaper.cn/newsDetail_forward_3497259;石坚平《21 世纪丁龙学术研究的兴起与丁龙故事的重构》,2022 年未刊稿。

口气"迎合西方人口味,无视下层人的共享和苦难提出了批评。① 王海龙无疑是这一阶段非常重要的学者。

2000年以来的20年间,丁龙研究取得的最关键性突破,是一批第一手史料的挖掘。美国学者米亚·安德里尔对此贡献尤其突出。她将挖掘收集的范围从哥伦比亚大学扩展到美国国家档案馆、巴纳德女子学院、卡朋蒂埃的家乡纽约高威镇,获得了丁龙给哥伦比亚大学捐款的亲笔信、丁龙的照片、1894年《纽约时报》对丁龙的记录,1899年丁龙的入境申报表、1900年、1905年和1910年人口调查的丁龙信息,1905年卡朋蒂埃的证词,高威镇知情人的口述史记录,等等。② 米亚的收获大大弥补了丁龙研究文献的缺环,极其可靠而珍贵。参与到这一艰难工作的还有陈晓平、谭学斌和李彬。陈晓平找到1901年6月13日《纽约先驱日报》关于丁龙的记载③,谭学斌找到在哈弗和耶鲁大学挖掘出"岭南基金会"档案、卡朋蒂埃遗嘱和哥伦比亚大学新的捐款人"Mah Jim"、《布鲁克林日报》对丁龙在纽约活动的记录④,李彬找到哈佛图书馆藏1913年5月22日卡朋蒂埃写给岭南学校林安德医生的书信、奥克兰图书馆普林斯顿的文件,这对判断丁龙为广府人提供了重要证据⑤。王海龙、米亚和李彬等挖掘出高威镇的卡朋蒂埃遗存,并进行电子记录。

基于这些新的可靠史料的陆续发现,中美学者对丁龙事件进行了新的审视,主要集中在丁龙的身世、丁龙与卡朋蒂埃的关系、丁龙与哥伦比亚大学的关系等问题。陈晓平在《董显光、钱穆等人为何虚构"丁龙"故事》一文中,最早系统地梳理了第一阶段中美探索者对丁龙事件的叙述并进行解构,极大地推动了丁龙的学术研究。石坚平在此基础上,对中美

---

① 参见王海龙《丁龙史实两甲子解谜》,载《读书》2022年第1期,第14-23页。
② 参见李彬编导《寻找丁龙(上)》,中央电视台新闻频道《新闻调查》,2019年9月8日;李彬编导《寻找丁龙(下)》,中央电视台新闻频道《新闻调查》,2019年9月15日。
③ 参见陈晓平《"丁龙"讲座捐建人是"奸商",还是慈善家?》,澎湃新闻网,2019年7月22日,见https://www.thepaper.cn/newsDetail_forward_3857429。
④ 参见陈晓平《从"丁龙"看士绅如何遮蔽庶民》,澎湃新闻网,2019年7月14日,见https://www.thepaper.cn/newsDetail_forward_3734535。
⑤ 参见李彬编导《寻找丁龙(上)》,中央电视台新闻频道《新闻调查》,2019年9月8日;李彬编导《寻找丁龙(下)》,中央电视台新闻频道《新闻调查》,2019年9月15日。

学者各种版本的丁龙故事又进行了进一步的考证，完善了陈晓平的解构。① 陈晓平和王海龙进一步对丁龙事件的"遮蔽"也提出了自己的探讨。② 关于丁龙名实（姓丁名龙？姓龙名丁？是名字？抑或叫"丁天龙"？）、丁龙的籍贯、丁龙与卡朋蒂埃如何相识、哥伦比亚大学汉学系究竟是由丁龙倡议的还是卡朋蒂埃做出倡议的、丁龙身世等问题是这一阶段的聚焦点。

综合 20 多年来中美学者的新探索，一个更有原始史料支撑的丁龙呈现在世人面前。

丁龙，最早出现在美国报纸上的时间不是 1901 年，而是 1894 年的《纽约时报》。他 1858 年出生，身高 1.71 米，非文盲，识字有文化，为广东人，而且是广府人。他于 1875 年前后到美国旧金山，曾三次回中国，最后一次是 1894 年回国探亲；1899 年 7 月经温哥华返回美国，自称自己姓丁名龙；1905 年 6 月 25 日，离开纽约回中国后安度晚年，再没有去过美国。丁龙已婚，有三个孩子。丁龙不是"猪仔"华工，也不是洗衣工，笔者认为，他很可能是"赊单华工"。③

丁龙与卡朋蒂埃在旧金山相识，一直跟随卡朋蒂埃身边做佣人，1905 年，卡朋蒂埃说，他与丁龙相识"快 30 年"④。如此，丁龙应该是到达旧金山不久，就成为卡朋蒂埃的佣人。1888 年，卡朋蒂埃离开旧金山返回

---

① 五邑大学广东侨心文化研究院与中国华侨华人研究所于 2020 年就酝酿发起召开"丁龙及其时代"国际学术研讨会，石坚平利用所发现的新史并大力搜罗不同时期美国报纸报道，对丁龙研究进行了系统性梳理辩证，重新解读史料，形成一系列论文。参见石坚平《早期美国报刊中的"Dean Lung"（丁龙）形象建构》，载《五邑大学学报（社会科学版）》2023 年第 3 期，第 1-6 页；石坚平《20 世纪后半期以来丁龙故事的文学化建构》，载《五邑大学学报（社会科学版）》2024 年第 2 期，第 1-5 页；此外，《丁龙研究中的若干问题辨析》《21 世纪丁龙学术研究的兴起与丁龙故事的重构》等文待刊。

② 陈晓平提出"抢救庶民历史"的命题（《从"丁龙"看士绅如何遮蔽庶民》，澎湃新闻网 2019 年 7 月 14 日）；王海龙提出"为何华人社会不为人知"之问（《丁龙史实两甲子解谜》，载《读书》2022 年第 1 期）。

③ 19 世纪 40 年代到七八十年代去美国、加拿大谋生的广东广府地区华侨，多是以"赊单华工"身份前往，即招工公司垫资船票、伙食费和路途其他开支，虽然美国人称他们为"苦力"，但是他们是自由人，不是奴隶，可以自由选择自己的工作，赊账从每月工资中扣还。也有的是自己从亲朋好友处借钱买船票前往。

④ 参见李彬编导《寻找丁龙（上）》，中央电视台新闻频道《新闻调查》，2019 年 9 月 8 日；李彬编导《寻找丁龙（下）》，中央电视台新闻频道《新闻调查》，2019 年 9 月 15 日。

纽约定居，丁龙随之前往，居住在纽约东 37 街 108 号。其间，丁龙又随主人回高威镇居住一段时间。卡朋蒂埃很信任丁龙，1894 年曾带他去过英国旅行，还带他出席纽约上流社会的聚会。1901 年 8 月 23 日的《诺斯·亚当斯抄本》（North Adams）说，卡朋蒂埃到过中国好几年，从中国带回了丁龙。① 学者们至今没有人讨论这个话题，是对此表示质疑吧。

丁龙基金，最早由卡朋蒂埃于 1901 年 6 月 8 日捐助 10 万元创立；6 月 28 日，丁龙捐资 1.2 万美元；1902 年，Mah Jim 为基金捐 1000 美元。卡朋蒂埃对哥伦比亚大学明确表示，这是一个真实的人，他有感于丁龙的品格，必须用他的名字命名。

到 2022 年，中美两国学者基于新发现史料叙事建构的丁龙，解构了此前的丁龙故事，重新建构了一个更真实的丁龙，王海龙、米亚、陈晓平、李彬、石坚平等人所作的学术解构重建贡献不小。

四、丁龙与马万昌

2000 年以来，"丁龙何许人也？"一直是"丁龙之谜"最基本的问题，探索者们孜孜追寻不已。大家最初从姓名入手，米亚曾认为丁龙叫"丁天龙"，后来又认为可能姓"田"。② 陈家基根据西方人的姓名习惯，认为姓"龙"名"丁"，应该到顺德、吴川"龙"姓集中地去寻找。③ 陈晓平也曾有这样的观点，他认为"丁龙"是广府人，可能姓"田"，应该到顺德一带的客家人聚居区寻找。④ 这些看法与 1899 年丁龙的入境表不

---

① 王寅 2007 年 4 月 5 日发表在《南方周末》的《寻找失踪 101 年的"丁天龙"》一文中，引述 1901 年 8 月 23 日的《诺斯·亚当斯抄本》（North Adams），最早提到卡朋蒂埃与中国的这段经历，并引述 1918 年 2 月 1 日《纽约先驱报》（The New York Herald）和同年 2 月 3 日的《锡拉丘兹先驱报》（The Syracuse Herald）的有关报道，也表述了这种说法。

② 参见陈晓平《被哥大冠名"丁龙讲座"的"丁龙"是哪里人？》，澎湃新闻网，2019 年 3 月 24 日，见 https：//www.thepaper.cn/newsDetail_forward_3037301。

③ 参见陈家基在网易博客"译海拾蚌"先后发表《寻找"丁龙"的线索在哪里？——新的思路》（2015 年 7 月 12 日）、《大师也不一定全对——钱穆在"丁龙"问题上的一些错误及其影响》（2016 年 9 月 5 日）、《大家一起来寻找"丁龙"的朋友——厨师马沾》（2022 年 7 月 16 日）等 4 篇文章。

④ 参见陈晓平《被哥大冠名"丁龙讲座"的"丁龙"是哪里人？》，澎湃新闻网，2019 年 3 月 24 日，见 https：//www.thepaper.cn/newsDetail_forward_3037301。

符，在入境表中他明确填写姓"丁"名"龙"。①

2019年，陈晓平发现，美国1901年8月21日《中西日报》关于"业名进隆"的报道中，将 Dean Lung 译为"进隆"，这大大开阔了武环宇专案组的思路，提出丁龙可能叫"进隆"。② 陈家基受此启发，将目光投向了五邑侨乡，他还从寻找 Mah Jim 入手将注意力缩小到台山。他的热情与台山侨联和白沙侨刊编辑部文史工作者长期寻找一个叫"马万昌"的人的努力不谋而合，马卓荣、黄祥光、黄创泉等根据美国台山侨胞传回的有关马万昌在美国的后人保留有卡朋蒂埃书信的信息，一直在通过各种关系与马万昌后人联系沟通，希望取得物证。2020年4月16日，终于从美国传来了好消息，马家后人愿意提供帮助，并陆续传回书信复制件。这些物证资料包括1907年9月、11月卡朋蒂埃写给丁龙的两封书信，还有一个9月书信信封。此外，还包括马万昌儿子马维硕1972年8月18日写给儿女的一封信，告诉他们，你们的祖父马万昌在美国叫"马进隆"，他曾捐款给美国一所大学设了一个教席，你们应该去看看这把教席座椅。③用台山话读英文"Dean Lung"是"进隆"，而不是"丁龙"。据此，台山"丁龙微信调查群"根据信封找到了白沙镇千秋里村的马万昌从美国返回家先后修建的两座洋楼、马万昌老年的画像，以及在家族墓地里的"千秋里万昌翁马府君之墓"。中央电视台编导李彬闻讯马上南下参与到进一步的资料挖掘之中，制作了《寻找丁龙（三）》新闻调查和专题片。④

2020年4月的这次发现，带给丁龙研究极大的欣喜，这是一个重大的"突破"。之所以对"突破"加了引号，是因为学界在欣喜之余对马万昌后人提供的这几件物证还持保留谨慎的学术态度。从证实方面讲，书信复制件中，卡朋蒂埃和丁龙的签名笔迹与美国档案的签名极其相似，这些卡朋蒂埃给丁龙的书信保存在马万昌后人手中，很难不让人产生马万昌与

---

① 参见陈晓平《被哥大冠名"丁龙讲座"的"丁龙"是哪里人?》，澎湃新闻网，2019年3月24日，见 https://www.thepaper.cn/newsDetail_forward_3037301。
② 参见陈晓平《被哥大冠名"丁龙讲座"的"丁龙"是哪里人?》，澎湃新闻网，2019年3月24日，见 https://www.thepaper.cn/newsDetail_forward_3037301。
③ 参见陈家基《我们在台山如何寻找到真实的"丁龙"马万昌及其祖居与墓地（1）》，网易博客译海拾蚌，访问日期：2020年6月24日。
④ 参见李彬编导《寻找丁龙（三）》，中央电视台新闻频道《新闻调查》，2020年5月20日。

丁龙、与卡朋蒂埃关系的联想，更何况马维硕1972年8月的书信将马万昌与丁龙建立起联系。此外，台山是当年美国华侨的主要输出地，将丁龙置于台山范围内寻找是有理据支持的。

关于丁龙与马万昌的这些物证如果有疑，动机何在？马家后人手中有这些书信以及原来存放在千秋里洋楼中还有一些马万昌相关的物证（千秋里洋楼被盗过，前几年又请人清理，这些物证已不存在），① 这在美国的马家后人群里比较周知，他们只知道马进隆（Mah Dean Lung）给一个美国大学捐了款，有一把座椅遗存，他们并不知道"Dean Lung"早已被译读成"丁龙"而广泛流传，因而没有往那方面去联想。②

三封不同时期的书信和一个信封如果是别有用心而形成的，那会是一个多么专业、可怕而必有大求的"预谋"。从证伪方面讲，1899年丁龙的入境表中关于姓、名的明确表述怎样解释？为何信封上"进隆""万昌"名字并列使用？目前解读的一些理由还不充分，还需要提高说服力。在既不能证伪，也不能证实的情况下，学界都期盼对这些物证原件进行更加科学的鉴定，以固定证据链。

不管怎样，笔者认为，马万昌的出现对解答"丁龙之谜"提供了一个全新的方向，这是目前我们看到的"最接近真相"的一种可能。

五、"丁龙"这一文化符号的重构

"丁龙"这一文化符号的探索有120多年，除了"建构""解构"的阶段性进步之外，我们不难发现两者之间鲜明的一致性，即两个阶段不同的叙事基本上都很关注"丁龙为何许人也"这个最基本的问题。它集中了中美两国探索者最多的精力，这是很有必要的，也在情理之中。中美两国的探索者都心怀一种崇敬的情怀和使命感，从不同方向进行努力，希望拂去这位平凡而伟大的"中国人"故事的历史迷雾，让他光大于世界。他们的努力目前虽然是小众的，但这些都是非常可贵的积累！

---

① 参见陈家基《"丁龙"是如何找到的》，载《北京晚报》2020年8月26日。

② 马万昌的曾外孙黄畅泉就说："你们用丁龙中文名去找进隆怎么可能找得到呢？我们看到都不知道是找进隆啦！"参见陈家基《寻找丁龙的真实身份（上）疫情中迎来转机的十天》，澎湃新闻网，2020年6月24日，见 https://www.thepaper.cn/newsDetail_forward_7978885。

同时，笔者不得不指出，这种追求的"执着"也带来丁龙研究的局限性，忽视了丁龙史料本身包含的一些珍贵信息，影响了视域的开阔，限制了丁龙研究的张力。米亚·安德里尔基本放弃了丁龙研究，认为应该由中国学者在中国去寻找（因为丁龙返回了中国），就可看作一种"无奈"和"不甘"的表现。

可喜的是，我们看到武洹宇组织的寻找丁龙专案组继续进行着有意义的探索。陈晓平提出"抢救庶民历史"的命题，① 武洹宇、朱健刚从中西公益互动视角开展的丁龙研究，② 都带来一些新的启示，拓展了新的研究空间。这些又何尝不是对丁龙研究困境的反思呢？

笔者认为，经过120多年的探索，"丁龙为何许人也"已经基本弄清，然而他的姓名、籍贯这些基本问题中的要点，仍然需要继续探索，期盼获得进一步的科学结论。同时，我们已经到了应该跳出传统的丁龙研究局限的新阶段，如今再审视丁龙事件，不能仅仅将目光聚焦于哥伦比亚大学汉学系创办的捐款人、教席命名人，应当将之视为美国汉学史、美国华侨史、中美文化交流史的一个重要的文化象征、一个标志性的文化符号，其文化内涵、文化意义、文化价值及文化精神远远超出了"丁龙为何许人也"这一基本问题。正如哥伦比亚大学原副校长保罗·安德里尔所说："Dean Lung 不是一个学者，不是一个将军，不是一个重要的人物，他仅仅是众多美国第一代华人移民中的一个，他捐出来的是钱，但更重要的是贡献了他的视野和理想。""我们需要重新认识并嘉奖这样一种视野，同时重新认识并嘉奖这样的个人，肯定他的贡献，让世人知道并记住 Dean Lung 的名字。"③

丁龙的"视野和理想"具有更加丰富的内涵，为我们再构建提供了更加广阔的空间。笔者认为，除了武洹宇专案组的探索，我们还可以从如下三个方面进行新的研究。

第一，从美国排华视域去研究丁龙。丁龙事件产生的年代正值美国排华时期，也是美国排华的产物。1905年，《哥伦比亚大学季刊》发表了卡

---

① 参见陈晓平《从"丁龙"看士绅如何遮蔽庶民》，澎湃新闻网，2019年7月14日，见 https://www.thepaper.cn/newsDetail_forward_3734535。

② 参见武洹宇、朱健刚《中西互构下近代慈善事业的转型——以"丁龙（Dean Lung）汉学讲席"捐赠为例》，载《社会发展研究》2022年第1期，第117-134、244-245页。

③ 王寅：《寻找失踪101年的"丁天龙"》，载《南方周末》2007年4月5日。

朋蒂埃关于丁龙的讲话，他明确指出：“关于丁龙，我想说几句话。他本该很愉悦自由地在这块土地上安家并接受教育。但是，并没进行任何关于是否适合及配不配享有的考量，他就被拒绝了在此定居和获得公民的权利。这种权利，其实几乎一钱不值——差不多从南欧和西亚蜂拥而至的任何一个流浪汉和杀人犯，甚至从非洲来的未开化者都能随意获取。"① 这段话虽然难掩卡朋蒂埃的种族歧视意识，但是直接地表达了他对丁龙在美国受到不公正对待的极大愤懑。在这个讲话中，他还暗示人们：丁龙因排华政策已经被迫离开了美国。其实早在1901年7月20日他给哥伦比亚大学赛斯·娄校长的信也曾明确表述过这种愤怒："华人是最被排斥的一个群体，不管他们是出生在本土还是外国，他们本应得到尊重。我不是华人，也不是华人的儿子，我也不准备为中国的种种残酷和退化现象辩护，但这个法案犯下的罪恶却仍未终止。现在我们应该去更多地了解那些居住在亚洲大陆和岛屿上的7亿人民，而不应该轻率地认定他们全都是抽着鸦片、留着辫子的野蛮人，崇拜魔鬼的不文明人。"②

1892年，美国通过《加利法案》，延长排华法案10年，并对居住在美国的华工进行新的限制，必须每年进行一次登记以核发居留证，否则驱离。③ 李彬的《寻找丁龙》摄制组在美国国家档案馆看到的"丁龙"卷宗里，有丁龙在1892年、1893年和1894年都曾进行登记的信息，并当场向华人检查员出示了证件，号码为120904。遗憾的是卷宗里没有保留原件。关于丁龙的这个叙述符合《加利法案》后华工在美国的真实处境。米亚·安德里尔分析："我敢肯定，他在这里经历了许多磨难，受到了很多歧视和不公的对待。我想，他应该认识到了，华人移民在美国扎根是很不容易的，虽然来自各方的移民在美国都不容易，但华人移民的处境是尤其艰难的。"④ 丁龙是美国排华运动的受害者，他虽然不能改变这强加给他及同胞的不公正歧视待遇，但是他没有逆来顺受，无所作为，而选择十分绅士地从文化层面进行了有长远眼光的"反击"。他的方式很"中国"，很能引发像卡朋蒂埃这样有良知的美国人士的心灵共鸣，从而在根基上为

---

① 王海龙：《丁龙：一个被不断找寻的中国名字》，载《北京晚报》2020年6月24日，第23版。

② 李彬编导：《寻找丁龙（上）》，中央电视台新闻频道《新闻调查》，2019年9月8日。

③ 参见张庆松《美国百年排华内幕》，上海人民出版社1998年版，第191—192页。

④ 李彬编导：《寻找丁龙（上）》，中央电视台新闻频道《新闻调查》，2019年9月8日。

排华抗争打下文化基础。哥伦比亚大学赛斯·娄校长评价丁龙的1.2万美金捐款意义时就说:"这是中国人尝试让我们了解他们,并对他们公平、公正对待的反应。"① 卡朋蒂埃捐资设立"丁龙基金"就是对美国排华运动抵抗的表达。② 丁龙的"视野和理想",让我们看到了百年排华运动时期美国华工的抗争与美国社会态度的多样性。

第二,从美国早期"中国观"视域研究丁龙。笔者在梳理关于丁龙的文献时,发现一个有趣的现象,与丁龙相关的两个关键性人物都与中国有直接和间接的联系。卡朋蒂埃在1850年淘金时代来到旧金山,先做了律师,后从事地产生意,创建了奥克兰市,自任市长。他在铁路时代将土地交给美国太平洋铁路公司,成为股东,并担任加州电报公司总裁主持,建设了加州电报网工程,后还曾担任美国南太平洋铁路公司董事。③ 当时的旧金山和加利福尼亚州是华工进入美国最早、最集中的地区,在淘金尤其是太平洋铁路建设中,华工是主要劳动力,卡朋蒂埃在这里结识丁龙,形成他的"中国认识",是一种必然。哥伦比亚大学赛斯·娄校长的家族在中国广州十三行开设了最大的美国在华企业——旗昌洋行,其父经营时期成为中美丝茶贸易的巨商,为纪念其父亲的贡献,娄校长的兄弟二人在武昌捐建了一座医院。因此,赛斯·娄校长自称是"一名旧中国商人之子"④。家族的中国商业经历同样带给赛斯·娄校长"中国认识"。

建立与中国的联系是美国早期发展的一个重要方向和战略,也是经营西部的一个动力,在从东部13州逐渐向西部开拓的过程中就开始实施了。1845年1月,一个长期从事中美贸易的美国商人阿萨·惠特尼向国会提出了"太平洋铁路建设方案",⑤ 彼时,西部还不是美国的版图,超前的计划反映了美国有识之士开拓太平洋贸易,建设欧洲、北美洲、亚洲贸易

---

① 1901年10月15日,《圣克鲁斯哨兵报》(*Santa Cruz Sentinel*)。
② 参见陈晓平《"丁龙"讲座捐建人是"奸商",还是慈善家?》,澎湃新闻网,2019年7月22日,见 https://www.thepaper.cn/newsDetail_forward_3857429。
③ 参见王海龙《哥大与现代中国》,上海文艺出版社2000年版,第11页;陈晓平《"丁龙"讲座捐建人是"奸商",还是慈善家?》,澎湃新闻网,2019年7月22日,见 https://www.thepaper.cn/newsDetail_forward_3857429。
④ 参见陈晓平《"丁龙"讲座捐建人是"奸商",还是慈善家?》,澎湃新闻网,2019年7月22日,见 https://www.thepaper.cn/newsDetail_forward_3857429。
⑤ 参见沈卫红《金钉:寻找中国人的美国记忆》,广东人民出版社2017年版,第29—32页。

走廊，确立美国成为大西洋、太平洋中心的宏大愿景。1862 年，美国国会通过的兴建横贯美洲大陆铁路的法案并取名《太平洋铁路法案》，就明确昭示了美国开拓中国市场的战略意图。太平洋将中美两国联系在一起，构建跨洋市场是美国早期"中国观"的重要内容之一，在旧金山发家的卡朋蒂埃就对这一战略有自己的理解。从 1901 年 6 月 13 日的《纽约先驱报》第 7 版哥伦比亚大学毕业典礼的报道中，赛斯·娄校长公布的捐款人的一段书信内容，我们就可以看出他的见解："无论美国人喜欢与否，由于命运的安排，中美之间已形成一种紧密的'邻人'关系，工商业方面的互动将会发展到每年数十亿美元。"他将太平洋称为"中美海"，认为哥伦比亚大学在促进中美相向而行中如果不能先行一步将成为历史的遗憾。① 赛斯·娄校长在给卡朋蒂埃的回信中也表示："作为一名旧中国商人之子，我同意你的看法……在将来美国和中国会紧密相连，人民越是相互了解，结果就会越好。"② 由此可见，丁龙事件是美国早期"中国观"的重要内容之一，反映美国学界、商界希望加强中美两国联系的战略思考和文教领域的实践。早在"丁龙基金"创设前几年，哥伦比亚大学就有语言学家提议创办汉学系，以回应时代需要，占领学术制高点，引领潮流。正如王海龙所说，只有丁龙才获得成功。这是一个历史的创举。③ 丁龙播下了种子，卡朋蒂埃和哥伦比亚大学是土壤，是天时，两国人士共同参与的创举为美国的早期"中国观"贡献了智慧，丰富了文化内涵并成为历史传统；同时，也赋予丁龙事件新的文化价值。

第三，从中美文化交流视域研究丁龙。丁龙事件是从文化教育入手，搭建中美两国互相理解、互相尊重、相互学习的桥梁，在近现代中美文化交流史中，占有重要地位和持久的影响力。

1901 年 6 月 28 日，丁龙给哥伦比亚大学赛斯·娄校长的捐款信中表明，1.2 万美元的用途是"支持在贵校设立中国研究"，在"Dean Lung"签名下面还特别签注为"一个中国人"。④ 这封书信和特殊的签注具有鲜

---

① 参见陈晓平《"丁龙"讲座捐建人是"奸商"，还是慈善家？》，澎湃新闻网，2019 年 7 月 22 日，见 https://www.thepaper.cn/newsDetail_forward_3857429。
② 李彬编导：《寻找丁龙（上）》，中央电视台新闻频道《新闻调查》，2019 年 9 月 8 日。
③ 参见王海龙《丁龙史实两甲子解谜》，载《读书》2022 年第 1 期，第 14—23 页。
④ 参见李彬编导《寻找丁龙（上）》，中央电视台新闻频道《新闻调查》，2019 年 9 月 8 日。

明的态度和深刻的内涵，丁龙迫切希望美国研究中国文化、中国历史、中国社会、中国人等，以普通中国人的立场向美国文化殿堂呼吁，寄托了他对哥伦比亚大学殷切的期望。可见，面对排华运动的迫害，丁龙坚信中华文化力量，冷静理智地相信文化的交流终将拉近中美两国的距离，化解美国对中国、对中国人的错误认知，期望改变美国对待华人不公正的状态。

丁龙的这一"视野和理想"深得卡朋蒂埃赞叹。1901年6月初，卡朋蒂埃给赛斯·娄校长的第一封信就表明这个捐款的唯一条件是以"丁龙"命名，同年7月的书信又告诉校长，丁龙是一个真实的人，不是神话。他饱含深情地说："在我有幸所遇出身寒微但却生性高贵的天生的绅士性格的人中，如果真有那种天性善良，从不伤害别人的人的话，他就是一个。"① 近30年的相处，丁龙及其他中国佣人（比如同样与富商建立深情厚谊的 Mah Jim）的言行，让卡朋蒂埃真切地认识到中国人、中国文化，才会有这样溢于言表的敬佩赞叹，也才会有捐巨款成就"丁龙"之名的创举。1924年11月14日，哥伦比亚大学校长尼古拉斯·默里·巴特勒在该校的中国艺术与文化展览开幕式上讲话时披露，卡朋蒂埃当年捐款时表示："我对中国的精神、中国人上千年来信守的人生原则感兴趣。我希望我的母校是一个不久的将来可以学习和研究他的地方。"② 卡朋蒂埃晚年的密友普林斯顿认为，他们两人都认为美国人对中国人缺乏了解，必须采取措施，创造机会，让美国人熟悉中国文明，理解中国的处境。③ 丁龙和卡朋蒂埃以文化为桥，消除文化隔膜，促进民心相通，最具战略的眼光和持续力，这在排华情绪主导国家舆情和法制的至暗时代产生的振臂一呼，尤显精神的光芒。赛斯·娄校长在给卡朋蒂埃的回信中就对他给予了高度的评价："我认为没有比你所选择的方式更好的办法，来让我们的人民正确地了解中国了。"④

哥伦比亚大学创办汉学系后，开美国汉学教育之先河，成为美国汉学研究、中国研究的资料中心和学术中心，世界各国汉学与中国问题研究专

---

① 王海龙：《哥大与现代中国》，上海文艺出版社2000年版，第15页。
② 参见1924年11月15日《新闻晚报》（The Evening News）、11月16日《布法罗新闻报》（The Buffalo News）。
③ 参见陈晓平《"丁龙"讲座捐建人是"奸商"，还是慈善家？》，澎湃新闻网，2019年7月22日，见 https://www.thepaper.cn/newsDetail_forward_3857429。
④ 李彬编导：《寻找丁龙（上）》，中央电视台新闻频道《新闻调查》，2019年9月8日。

家汇聚哥伦比亚大学进行学术交流成为传统,"丁龙汉学讲座教授"教席是国际顶级汉学研究的象征。1902年2月,清朝政府向哥伦比亚大学捐赠《古今图书集成》,成为哥伦比亚大学图书馆的镇馆之宝。这座以普通华工命名的文化桥梁,得到中国政府的加持和全世界汉学家的向往。经过100多年的历史积淀,哥伦比亚大学本身已经成为一个世界性的文化现象,中美两国学者共同以汉学系和"丁龙汉学讲座教授"的发展成就作为研究对象,必将在已有的探索基础上极大地拓展丁龙研究的广度和深度,展示中美文化交流的历史面貌和当代价值。

（本文为笔者与五邑大学侨乡文化研究院石坚平博士联合发表,原载《华侨华人历史研究》2024年第2期）

唐人街经济结构中的五邑华侨因素

唐人街的形成与发展是中国国际移民的产物,而且与中国某一地域的国际移民关系极为紧密,① 因而从某一侨乡的人口角度分析唐人街的经济结构及其功能,就是一个对深化唐人街研究很有意义而人们涉及又较少的课题。笔者拟通过对广东五邑华侨与唐人街经济结构关系的分析,在这方面做一些初步的探索。

在五邑华侨分布较集中且曾形成全国性排华运动的美洲和澳洲,功能发生重大转变后的唐人街并不是简单的移民聚居区、避难所,它同时拥有生命力强大的民族经济模式。② 早期唐人街的经济结构按从业人员构成划分,主要由三部分组成:一是商人,经营进出口贸易;二是小业主,开洗衣店、杂货店、餐馆;三是工人,为华侨以及外族业主开办的企业提供劳动力。若按产业结构划分,主要有以洗衣和餐饮为主的服务业,以及主要以唐人街华侨为服务对象的杂货、屠宰、肉食和各种零售等商业。其中,劳动密集型的洗衣业、餐馆业及杂货零售业是三大支柱产业,它们吸纳了大部分涌进唐人街的华侨,占华侨就业率的极大比例。③ 这种经济结构的形成既是种族歧视政策的产物,又与五邑国际移民运动密切相关。

一、洗衣业与五邑华侨

在美国,五邑华侨既是唐人街这种经济结构的主要探索、创建者,又是其受益者。从整体看,五邑华侨在洗衣和餐饮这两大支柱产业中占有绝

---

① 参见张国雄《广东五邑海外移民与唐人街》,载《南方人口》2000年第3期,第13—18页。

② 关于唐人街的性质,我们采用周敏在其《唐人街——深具社会经济潜质的华人社区》(商务印书馆1995年版)一书中提出的观点,即唐人街具有自己的民族经济模式,这是其发展的内部机制、动力和潜质。参见该书"中译本序"。

③ 参见麦礼谦《从华侨到华人——二十世纪美国华人社会发展史》,三联书店(香港)有限公司1992年版,第80—92页。

对优势。

洗衣作为一个行业是19世纪中期出现在五邑华侨最集中的加州旧金山；到19世纪70年代，随着华侨东移而在美国中部和东部的一些城市扎下根来；① 到20世纪初，洗衣业发展成为美国华侨的第一产业。② 在洗衣业发源地旧金山，虽然我们不能肯定1851年开设第一家洗衣店的李华是五邑人，但可以确定的是，当地洗衣业的从业人员绝大多数是台山、新会、开平、恩平华侨，大部分洗衣店被他们所控制。③ 东部的纽约是洗衣业十分发达而且最有组织的城市，20世纪30年代，在旅居纽约的30000多名华侨中，洗衣工人就有16000人；20世纪40年代，洗衣店发展到了5000多家，除一部分人落户在唐人街，还有很多人散布在这个城市的其他街区。该地区将20世纪30年代出现的洗衣工厂叫作"洗衣偈"，因为"偈"在台山口语中与"机"同音④，这反映出台山华侨在当地洗衣业中的强劲势力。而在美国首都华盛顿，1884年台山梅姓华侨开设了第一家洗衣店后，台山以及新会的李姓紧随其后，1890年洗衣店增至19家，20世纪的三四十年代达到500多家，⑤ 从业人员同样以台山、新会、开平、恩平华侨为主。台山梅姓、陈姓居多的芝加哥，洗衣业同样很发达，1892年有洗衣店65家，1903年增至200多家，1928年达500多家。⑥ 后来，回国兴建新宁铁路的陈宜禧在19世纪70年代也曾在西雅图开设过洗衣店。⑦ 五邑华侨对美国洗衣业的垄断是一种普遍现象。

在五邑华侨占华侨总人数60%的加拿大，洗衣业的兴起与发展同样与五邑华侨有紧密的联系。例如，蒙特利尔的洗衣业也是早期从铁路失业

---

① 参见麦礼谦《从华侨到华人——二十世纪美国华人社会发展史》，三联书店（香港）有限公司1992年版，第81页。

② 参见吴景超《共生与同化：唐人街》，筑生译，天津人民出版社1991年版，第80—90页。

③ 参见陈依范《美国华人发展史》，殷志鹏、廖慈节译，三联书店（香港）有限公司1984年版，第24页。

④ 参见方富尔《纽约华侨洗衣馆的变迁》，见中国人民政治协商会议广东省广州市委员会文史资料研究委员会《广州文史资料（选辑）》，广东人民出版社1981年版，第124页。

⑤ 参见沈立新《世界各国唐人街纪实》，四川人民出版社1992年版，第405页。

⑥ 参见郭国贲《烟与火：蒙特利尔的华人》，北京大学出版社1996年版，第16页；沈立新《世界各国唐人街纪实》，四川人民出版社1992年版，第232页。

⑦ 参见刘伯骥《美国华侨逸史》，中国台湾黎明文化事业股份有限公司1984年版，第180页。

进入唐人街的华工们的主要就业门路，1891年以前，该市有洗衣店21家；1911年，发展到1063家，在当年的1197名华侨中，有近千人在从事洗衣店的经营和劳动。① 在该市，台山华侨居主体地位，据说直到现在每两个华侨中就有一个是台山人或其后裔；早期来自台山、新会、开平的李、黄、谭被称为"蒙特利尔三大姓"②。因此，有充分理由可以相信五邑华侨对该城洗衣业的控制。这种情况在温哥华、温尼伯等城市也有所反映。

在欧洲一些城市的唐人街的洗衣业中，同样可以看到五邑华侨的重要地位。例如，英国利物浦洗衣业的兴起、发展就与台山华侨余进、梅轩利直接相关，台山话也因此成为英国洗衣行业的通用语。③

二、餐饮业与五邑华侨

唐人街的餐饮业经历了两个发展阶段。④ 第一阶段是在19世纪50年代至19世纪末，以单身华工为主要服务对象的形成期：排华之前，唐人街的餐饮业多是为经唐人街中转的新华侨或到唐人街采购、度周末的华工提供服务，餐馆规模比较小，数量有限，1870年在美国受雇华侨50名以上的36种职业中，餐馆工人排25位，餐饮业主则居32位，⑤ 这是餐馆业的萌芽期；排华运动兴起后，由于大批华工的涌入，唐人街成了单身汉的天下，餐馆的生意火爆起来，餐饮业便成为重要的产业。第二个阶段是20世纪初至今的发展期：唐人街的餐馆服务对象由以单身华侨为主转为向广大美国人开放，进中国餐馆饱尝一顿中国饭菜成为美国人游唐人街的一项必不可少的重要活动，现在每年餐饮业为唐人街带来300万游客和

---

① 参见沈立新《世界各国唐人街纪实》，四川人民出版社1992年版，第232页。

② 陈国贲：《烟与火：蒙特利尔的华人》，北京大学出版社1996年版，第16页；沈立新《世界各国唐人街纪实》，四川人民出版社1992年版，第232页。

③ 参见梁国钧《英国华侨的成因与生活状况》，载《台山文史》1987年第8期，第51页。

④ 华人经营的餐馆业兴起于何时？有一种观点认为是20世纪，见［美］麦礼谦《从华侨到华人——二十世纪美国华人社会发展史》，三联书店（香港）有限公司1992年版，第85页。我们认为这种看法忽略了餐馆业的萌芽、形成阶段，虽然在20世纪以前唐人街上华人开设的餐馆数量少、规模小，但是它毕竟已经成为唐人街经济构成中的一个部分，因此应该将其看作形成期。

⑤ 参见吴景超《共生与同化：唐人街》，筑生译，天津人民出版社1991年版，第41页。

10亿美元的收入。① 1920年对华人职业的统计显示，厨师，饭馆服务员，饭馆、咖啡馆和快餐馆老板分别排第二、第三、第五位。② 在洗衣业还没有衰落以前，餐饮业堪称唐人街上的第二大支柱产业。

不论是在形成期还是发展期，五邑华侨对唐人街餐饮业的贡献都是功不可没的。旧金山的餐馆业大部分同样为台山、新会、开平、恩平华侨所控制。③ 从以台山为主的五邑华侨占纽约华侨数量的极高比例以及纽约唐人街通用台山话来看，作为第二大支柱产业中餐馆的业主和工人理应以台山、新会、开平等五邑华侨为主体。芝加哥唐人街上餐馆的兴起一开始就受到台山梅宗周的影响，在其倡导下，1893年，第一间中餐馆"琼彩楼"在唐人街开张。梅宗周还将中餐馆的发展与其推动华侨与芝加哥人增进相互了解的设想结合起来，他鼓励乡亲们到全市其他街区开设餐馆。④ 就这样，芝加哥餐馆业走出了一条与旧金山、纽约等城市餐馆业不同的发展道路，一开始它就是以非华人为主要服务对象，这可能也与芝加哥唐人街发展初期华侨人数不多的实际情况有关。

在加拿大的蒙特利尔，中餐馆从业人员的绝大部分也来自台山、新会、开平。在澳大利亚墨尔本唐人街的70多家中餐馆的业主中，来自台山、新会、开平、恩平籍的华侨最多，规模最大、最著名的中餐馆就是由台山华侨所开的。⑤

三、商业与五邑华侨

从唐人街商业领域的总体情况看，五邑华侨所占的地位似乎不如前两种产业显著，在不同的国家、不同的城市又表现不同。

美国旧金山是五邑华侨最为集中的城市，他们在唐人街商业领域的表

---

① 参见陈依范《美国华人发展史》，殷志鹏、廖慈节译，三联书店（香港）有限公司1984年版，第70页。

② 参见吴景超《共生与同化：唐人街》，筑生译，天津人民出版社1991年版，第80-90页。

③ 参见陈依范《美国华人发展史》，殷志鹏、廖慈节译，三联书店（香港）有限公司1984年版，第24页。

④ 参见刘伯骥《美国华侨逸史》，中国台湾黎明文化事业股份有限公司1984年版，第250页。

⑤ 参见沈立新《世界各国唐人街纪实》，四川人民出版社1992年版，第229页。

现，主要在杂货店方面，① 唐人街上大部分杂货店业主和雇员是台山、新会、开平、恩平同乡。芝加哥唐人街的形成如前所述，离不开梅宗周，他对这里的商业拓展同样功不可没。在克拉克街经营的古玩、药材、中国杂货的"协隆号"商店就奠定了梅氏家族在芝加哥唐人街商业领域的地位。② 考察五邑华侨在美国唐人街商业领域的影响还不得不提到西雅图。西雅图唐人街的开拓者陈程学于1868年开设的华昌公司就是最老的且人尽皆知的批发与零售兼而营之的商号。它既经营茶叶、爆竹、葵扇等杂货，又制造雪茄，兼营缝纫服务，还办理中美间的进出口业务。陈程学曾经一次就运送4000袋美国面粉到香港，更经常通过香港将中国茶叶输往美国。陈程学的华昌公司后来的合作伙伴陈观也是新宁（今台山）人。1875年，又有一位新宁同乡（陈程学的堂侄）来到西雅图，他就是后来在家乡创办新宁铁路的陈宜禧。这位11岁就到美国闯荡，做过金矿工人、开过洗衣店、参加过美国太平洋铁路建设的汉子先在陈程学的华昌公司打工；1888年，他离开华昌公司，与人合伙在华盛顿街开设了广德公司，开展劳务中介和承揽西雅图市镇建设业务，自任总经理，成为有名的商业家。陈程学、陈观、陈宜禧被誉为开拓西雅图唐人街商业的核心人物。③ 在这条19世纪80年代以前清一色讲台山话的唐人街上④，离不开陈氏家族打下的基础，台山、新会、开平、恩平华侨在杂货、进出口等商业方面的发展理应很有成效。纽约唐人街的商业发端据说是从1866年由旧金山来的一位叫作李记的华侨开设的商店算起，⑤ 这位华侨是否五邑人不得而知，但是，莫特街32号那间创办于1891年至今仍在经营的唯一一家百年老店"广源盛"号商店，是台山人的产业则是事实。⑥ 考虑到20世纪五

---

① 参见陈依范《美国华人发展史》，殷志鹏、廖慈节译，三联书店（香港）有限公司1984年版，第24页。

② 参见［美］陈依范《美国华人发展史》，殷志鹏、廖慈节译，三联书店（香港）有限公司1984年版，附录，第343页。芝加哥华侨华人大多来自台山，梅姓为三大姓之一，杂货店、古董店是他们主要从事的行业之一。

③ 参见谭思哲《江门五邑海外名人传（第一卷）》，广东人民出版社1993年版，第9－19页。

④ 参见沈立新《世界各国唐人街纪实》，四川人民出版社1992年版，第412页。

⑤ 参见吴泽霖《美国人对黑人、犹太人和东方人的态度》，中央民族学院出版社1992年版，第146页。

⑥ 参见沈立新《世界各国唐人街纪实》，四川人民出版社1992年版，第422页。

六十年代以前纽约城里台山等五邑华侨在人数上的优势和在中华公所里的势力，那么他们在唐人街商业活动中同样应该取得相应的地位。

加拿大唐人街商业领域中，五邑华侨的势力就不可小视了。台山籍的华商李氏就是加拿大华商界的开创者。同治年间（1862—1874），已在美国经商的台山水楼乡人李佑芹移至维多利亚，在科莫兰特街创立"广安隆"商店，专事中加贸易，李佑芹后来成为加拿大侨界领袖，发起成立了加拿大中华会馆并当选为总理。光绪元年（1875），同样在澳门、香港、檀香山、旧金山开设商埠经营中美贸易的水楼乡人李天宝，从旧金山来到维多利亚科莫兰特街投资开设了"泰源号"商行，委托族侄李奕德料理，也专事中加贸易，因经营有方，发展很快，李天宝位居加拿大华商领袖地位达30年之久。李天宝另一位族侄李奕卫也是在泰源号习商而成为华商界的领袖。光绪初年，李勉辰（唐美村人）之父李英三也从经商已有基础的美国加州奥克兰到达维多利亚，设"宝源号"于唐人街，专营杂货，后从台山将其子李勉辰带来，父子又合创"英昌隆"商号，从事中加贸易，成为中国天津永利威五加皮、玫瑰露酒的加拿大总代理，后又经营农场，获利甚丰。1898年，孙中山由英国蒙难第一次来到加拿大就在"英昌隆"住了几日。光绪年间（1875—1908），水楼乡的李福基来到维多利亚，开设"广万丰"商店，经营丝绸、鞋帽及工艺品。光绪二十五年（1899），康有为从日本来到加拿大创立的保皇会就设在"广万丰"的3楼，由此可见，李福基在华侨界影响之大，他后来在日本参加同盟会，成为加拿大华侨参加革命的第一人。在加拿大华商界影响较大的，还有开"利源号"于温哥华的李骥（也是水楼乡人，李奕卫的堂侄）。①

在南美洲的秘鲁首都利马，鹤山、台山、新会等五邑华侨也争得了商界的一席重要之地。1897年，台山籍客家人邹子才来到秘鲁，第二年便创办了经营土产批发和中药材等商品进出口业务的保安公司，后来业务向农场种养业发展，到21世纪初，保安公司跻身于秘鲁华侨社会八大商庄之列。而秘鲁其他一些城市（如兰巴耶克省首府契克拉约市）的华侨多

---

① 参见《加拿大李氏先贤小传》，见《全加李氏第三届恳亲大会纪念特刊》，1985年，第47－50页。

数来自台山和鹤山，家具商店和土产杂货批发零售是其主业之一。① 五邑华侨华人在这个国家商业领域中的地位，从秘鲁中华通惠总局编印的《1886—1986秘鲁中华通惠总局与秘鲁华人：秘鲁中华通惠总局成立一百周年纪念特刊》一书可见一斑，该书所列的当今工商界65位著名华人中，鹤山、台山、新会、开平籍人士就占21人。1947年，与美国近邻的墨西哥约有华侨20000人，其中以台山、新会、开平、恩平籍华侨最多，台山人又占其中的大多数。唐人街经营古玩、杭州刺绣、丝绸、药材、瓷器、茶叶、中式服装等杂货店和百货商店，均为五邑华侨华人经营。②

在澳大利亚，两大华侨华人中心悉尼和墨尔本同样能够看到五邑华商活跃的身影。维多利亚省是以台山为主的五邑华侨很集中的地区，其不仅在首府墨尔本餐馆服务业占主导位置，在唐人街经营杂货和进出口业务的商业方面，同样有出色的表现。五邑华侨华人在澳大利亚第一大都市悉尼唐人街商界的表现，从总体规模看，似乎在中山及南海、番禺、顺德三邑人之下，但是其影响不可小视。梅光达是五邑华侨华人在商界最出色的代表。1881年，他来到悉尼不久就开设了一家规模颇大的专营中国丝绸和茶叶的进出口商行，随之开张的中国茶楼吸引了大批游客和澳大利亚社会名流争相前往品茗。梅光达在商业上的成功不仅为中国商品打开了市场，同时他也成为悉尼报刊上经常出现的新闻人物。经营的红火促使梅光达在悉尼其他街区和新南威尔士别的城镇陆续开设了多间分店，经香港转口的茶叶是梅光达商店里的抢手货。1894年，他又积极拓展澳大利亚羊毛输往中国的业务。③ 五邑华侨在悉尼商业领域的整体情况和地位还可从两个侧面得到反映：其一，1892年，悉尼成立了保护共同利益协调相互关系的商业社团组织——联益堂，它由8家经营进出口业务的华侨商行组成，这8家商行分别代表各县商人的利益，其中就有台山、新会、开平、恩平商人。联益堂1903年10月的解散还与梅光达1903年7月过早逝世而无法协调悉尼唐人街两大华商矛盾有关，由此也可以看到梅光达在悉尼华商

---

① 参见秘鲁中华通惠总局《1886—1986秘鲁中华通惠总局与秘鲁华人：秘鲁中华通惠总局成立一百周年纪念特刊》，香港勍华文化服务社1986年版，第93、238页。

② 参见《墨西哥华侨现状》，见广东省档案馆、广州华侨志编委办、广州华侨研究会等编《华侨与侨务史料选编：广东（1）》，广东人民出版社1991年版，第874页。

③ 参见谭思哲《江门五邑海外名人传（第一卷）》，广东人民出版社1993年版，第40－48页。

界的重要影响和地位。其二，1918年，成立了一个由经营中澳进出口业务的商人共同发起的企业——中澳轮船公司，这个公司的顾问局又由新南威尔士中华商务总局、国民党、华人共济会、温和派等党团派别组成。由这五个党团派别派出的15个顾问中，台山、新会、开平、恩平华商就有7人，他们或是进出口商，或是香蕉等水果批零商，或是日杂百货商。① 澳大利亚华商上层人员的构成清楚地表明了五邑华侨华人在唐人街商界的地位。

　　东南亚唐人街的商业领域总体上讲，来自福建、潮汕、客家的华侨经济实力最强，但是，这并不排除在一些城市或某个行业五邑华侨居统治地位的情况。马来西亚沙巴州西海岸内陆城市根地咬华人社区的商业活动基本上是五邑华侨的天下，1930年，唐人街的商店有19间，五邑华侨就占15间；到1951年，全埠商店发展到24间，五邑华侨拥有18间，潮州、福建、客家华商各占一二间，基本格局仍然没有变；至1979年，该城唐人街经商人员中有70%还是五邑籍华商，开平最多，台山其次。② 古打毛津唐人街的商业领域，五邑华商也居重要一席，缝纫业完全是他们的天下，1979年，39间商店中，五邑华商拥有1/3。③ 马来西亚的槟榔屿1876年开埠后，台山端芬的梅氏家族华侨即由缅甸的仰光来到这里，在漆木街开设了家具商店和建筑公司，其中一位叫梅百星的商人原来在仰光就很有成就，经营有米店、当铺、烟酒杂货，他到达槟榔屿后开设的"梅同安"号商店很快成为当地头号杂货商店，其本人也成为该城的经济名人。④ 新加坡的水仙门大街是一条主营西服的商业街，它的兴起和发展均与台山广海镇的郑氏家族有关。据说光绪六年（1880）郑章广兄弟3人来到新加坡学缝纫，很快就站稳了脚跟，并自立门户；10年后，广海的同族乡亲纷纷前来拜师于郑章广兄弟门下，到20世纪初，水仙门的郑氏西服商店发展到七八十家，1000多名郑姓族人成为这条大街上生产经销西服的专

---

　　① 参见［澳］杨进发《新金山：澳大利亚华人，1901—1921年》，姚楠、陈立贵译，上海译文出版社1988年版，第135、310页。

　　② 参见《马来西亚　沙巴州西海岸　四邑公会庆祝三十周年纪念特刊》，1979年，第292、345页。

　　③ 参见《马来西亚　沙巴州西海岸　四邑公会庆祝三十周年纪念特刊》，1979年，第295页。

　　④ 参见《霹雳古冈州公会五十周年金禧纪念刊》，1978年，第226页。

业户，所以当地人又习惯把水仙门大街称为"老郑街"。①

四、小结

上述情况表明，对唐人街的经济结构，完全可以从侨乡地域人口角度加以讨论。来自某一地域的华侨对某一行业的控制，是唐人街经济的一大特色，这种经济构架是唐人街各种社会势力、各地社团得以生存并相互制约的基础，唐人街早年各地方势力的冲突，实质上也是经济领域控制与反控制斗争的表现。

同时，从以上分析我们不难看出五邑华侨华人群体是研究美国、加拿大等国家华侨华人社会、政治、经济的一把重要的钥匙。

[原载《五邑大学学报（社会科学版）》2002 年第 2 期]

---

① 参见陈国贲《烟与火：蒙特利尔的华人》，北京大学出版社 1996 年版，第 16 页；沈立新《世界各国唐人街纪实》，四川人民出版社 1992 年版，第 120 页。

唐人街中的五邑侨团

侨团是华侨华人社会的重要支柱。它主要以唐人街为活动范围，控制着华侨华人社区的政治、经济、文化生活，有人把它称作"唐人街上的政府"[①]。有五邑华侨华人的地方，就有五邑侨团。解剖五邑侨团的结构，分析其功能，不仅是认识五邑华侨华人群体特征的需要，同时也是研究海外华侨华人社会运作规律的途径之一。

一、五邑侨团的特点

海外五邑侨团究竟有多少，迄今无一个确切的数据，而且也很难有一个确切的统计。根据我们掌握的资料统计，海外的五邑侨团有133个，它们具有以下三个特点。

（一）分布很不平衡

这133个侨团分布在美国、加拿大、墨西哥、巴拿马、特立尼达和多巴哥、秘鲁、马来西亚、新加坡、越南、澳大利亚、新西兰、英国等国家。从洲别看，美洲的侨团数量最多（81个），亚洲的侨团数量第二（42个），大洋洲的侨团数量第三（7个），欧洲的侨团数量最少（2个）；从国别看，美国、加拿大、马来西亚的侨团数量（105个）占总数的79%。这个特点与五邑华侨华人在世界上的分布格局是一致。因此，以下的分析基本上可以反映五邑侨团的总体特征。

同时，必须指出，这个统计很不完全，离实情还相差甚远。例如，据《台山报》1999年3月23日《我市旅外乡亲近百三万》报道，仅台山在海外的侨团就有556个。一些五邑华侨华人数量很多的国家的侨团数量在现有统计资料中还没有确切反映出来，如委内瑞拉等。这些国家肯定也存在有五邑侨团，只是我们手中缺乏资料才不得不暂缺。即使已有确切侨团

[①] 邝治中：《新唐人街》，香港中华书局1989年版，第92页。

数量的国家，也存在资料遗漏的情况。以侨团最多的美国为例，纽约的一个由讲台山话的劳工阶层组成的协胜公所，就因其具体地址不详，我们无法将其计算在内①。不过，这并不影响我们对五邑侨团的整体认识。

（二）"乡党莫如齿"

海外侨团主要分为地缘、血缘、业缘三类。五邑侨团的业缘组织不多，目前统计的133个团体中，业缘组织只有11个，不到总数的1/10。五邑业缘组织又主要分为同学会（以台山和开平两市居多）、商会两类。按地缘组织的会馆、联谊会、同乡会有91个，按血缘组织的堂、公所、互助会有31个。值得注意的是，五邑地缘组织数量虽然最多，但这并不能反映"地缘"这条联结五邑乡亲的纽带一定比"血缘"纽带更强有力，因为很多五邑地缘组织身上有着深深的血缘印痕。

在这里，我们以美国旧金山的五邑地缘组织为例，做一个分析。

首先，五邑侨团的分合，血缘发挥了相当大的作用。1862年，新宁的余姓，开平的邓、胡、谢、朱、潘、利、区及恩平的郑姓从各自原有的冈州、宁阳、恩平会馆中分裂出来，另组织了"合和会馆"②。合和会馆的出现就反映了血缘的力量。起源于开平水口的"龙冈公所"（刘、关、张、赵4姓）和"溯源堂"（雷、方、邝3姓），看起来是依赖于一个地方，实际上是源出一脉，是以忠义为基础的姓氏文化把他们连在了一起。

其次，会馆内部组织以姓氏为单位。这一点与香山、东莞、增城、博罗、南海、番禺、顺德及广东客籍的梅县、宝安、惠阳等地华侨华人地缘团体内部以地域为单位的运作方式有明显的区别。台山华侨华人的宁阳会馆、以开平和恩平华侨华人为主体的肇庆会馆、新会和鹤山华侨华人的冈州会馆的内部组织都以姓氏为单位，董事名额按团体分配。例如，宁阳会馆1922年有董事40名，黄、李两姓各6名，陈姓4名，伍、朱、雷各3名，刘、马、谭各2名，赵、曾、林、麦、叶、蔡、甄、梅、邝各1名③。而香山、东莞、增城、博罗4县华侨华人成立的合和会馆内部则按地区分为12堂，37名理事依照规定名额选派出来，主席、通事由各堂依

---

① 参见陈国霖《帮会与华人次文化》，香港商务印书馆1992年版，第70页。
② 莫铿等：《旧金山侨团礼仪规范》，1991年，第407-409页。
③ 参见莫铿等《旧金山侨团礼仪规范》，1991年，第407-409页。

次序轮选①。

这个特点说明，五邑华侨华人比非五邑籍的华侨华人群体有着更为浓厚的血缘宗族观念，崇尚家族主义，看重同宗关系，"乡党莫如齿"的意识深入人心②。直到20世纪80年代初，还有美国陈姓华侨向冈州总会馆反映旧金山一些新会籍陈姓乡亲没有加入会馆内部的姓氏团体——颍川总堂，从而影响了由团体推荐出来的理事所具有的代表性，反映者认为这是一个"最现实、最严重的问题"③，所以在美国华侨华人社会，五邑人以宗派组织多而出名。大量血缘因素掺进五邑地缘性侨团，自然会造成侨团内部更多的利益冲突，凝聚力受到一定的削弱。因为，血缘比地缘具有更大的排他性。

（三）成立早，势力大

五邑华侨是在海外建立侨团的先行者，创建活动可以追溯到19世纪初。五邑华侨建立的第一个侨团是1819年台山端芬人曹亚珠在新加坡创建的"曹家馆"④，这也是新马一带的首个宗亲组织。1822年，宁阳会馆在新加坡成立⑤，在当地，它是第一个地缘侨团，在新马地区也是最早的侨团之一。美国的第一个侨团也是五邑华侨建立的，即1849年旧金山成立的"冈州会馆"；它与1854年在澳大利亚墨尔本创建的"四邑会馆"、1860年在秘鲁利马创建的"古冈州会馆"、1906年在英国利物浦创建的

---

① 参见莫铿等《旧金山侨团礼仪规范》，1991年，第410页。
② 参见《四邑历史地理与人文风尚》，见《马来西亚 沙巴州西海岸 四邑公会庆祝三十周年纪念特刊》，1979年，第331页。
③ 陈文觉：《我对冈州总会馆的几点小意见》，见《美国冈州总会馆第四届恳亲代表大会特刊》，1982年。
④ 林远辉、张应龙：《新加坡马来西亚华侨史》，广东高等教育出版社1991年版，第257页。
⑤ 关于新加坡宁阳会馆成立的时间，有1819年和1822年两说。方雄普、许振礼《海外侨团寻踪》（中国华侨出版社1955年版）称成立于1822年（第252页），附录部分写明是1819年（第369页），依据不明。《新加坡广惠肇碧山亭主办超度幽魂盛会特刊1978—1979》（1979年内部印本）载陈国栋《宁阳会馆史略》，称宁阳会馆是由曹亚珠创建于1822年5月26日。林远辉、张应龙《新加坡马来西亚华侨史》引吴华《新加坡华族会馆志》（新加坡南洋学会1975年出版）也主1822年（第257页）说。故本书从之。

"四邑总会馆"等,都是目前所知所在国家最早的侨团①。

侨团是在移民有了一定的人口规模,有了一定的经济条件和社会需要后的产物,能够在华侨社会最先创建自己的团体,这件事的本身就从一个侧面反映了这一移民群体在当地侨界的影响。旧金山的中华总会馆是全美华侨的最高机构,其55名商董中,宁阳会馆27名、肇庆会馆(主要是开平、恩平华侨)8名、合和会馆6名、冈州会馆5名,也就是说,五邑华侨的社团占了绝大多数(46名)。台山华侨的宁阳会馆又有极大的势力,中华总会馆的总董每任2个月,一年6任,按"宁阳—肇庆—宁阳—合和—宁阳—冈州—宁阳—阳和—宁阳—三邑"次序轮值,直到1988年,经过长期努力,人和会馆才得以参与轮值。这样,宁阳会馆每年可以轮值6个月,其他侨团每年只能轮值2个月②。被称作纽约"唐人街的政府"的中华公所,其主席有"唐人街市长"之称,这个职位任期2年,长期以来一直由宁阳公所和联成公所(为新会、鹤山华侨控制)轮流出任③。在美国侨界的一些公益性机构中,五邑华侨同样有很大的影响。例如,光绪二十六年(1900),旧金山成立了"东华医局",经费来自各侨团捐助,首批的5150美元捐款中,五邑侨团或以五邑人为主的侨团就捐了2000美元(宁阳1100美元、冈州500美元、合和250美元、肇庆150美元)④。

从上述现象我们不难发现,五邑华侨代表的五邑文化之所以能够在一些国家和地区的华侨华人社会产生重要影响,成为主要代表,并不能简单地归因于他们人口规模大、控制了唐人街的部分支柱产业、经济实力较强,其侨团的社会影响以及由此决定的社会地位较高的侨团领袖也反过来产生了很大的促进作用,通过对侨团上层机构的控制,从而在组织上保证了五邑华侨华人在当地侨界的重要地位和作用。

---

① 参见方雄普、许振礼《海外侨团寻踪》,中国华侨出版社1995年版,附录4"海外部分社团名录及地址"。
② 参见莫铿等《旧金山侨团礼仪规范》,1991年,第403页。
③ 参见邝治中《新唐人街》,香港中华书局1989年版,第93—94页;陈国霖《帮会与华人次文化》,香港商务印书馆1992年版,第69—70页。
④ 参见刘伯骥《美国华侨史》,中国台湾黎明文化事业有限公司1982年版,第118页。

二、五邑侨团的功能

五邑华侨伍佩琳的《冈州事迹说因由》一诗揭示了侨团产生的必要性。"先侨远涉重洋来，人人胝手兼胼足。精诚团结互相助，设立会馆计划周。"①

侨团产生的因由也就决定了它的功能，这在各侨团的章程中有明确的表述。英国四邑总会馆的宗旨也是"联络旅英梓里感情，增进团结互助精神，共谋事业发展及社会福利，安置及照顾老弱梓里，维护会员正当权益，发扬中国固有文化道德及优良传统"②。从这些侨团的宗旨看，它们都避免牵涉所在国家的政治、宗教问题，是社会公益性的非政治组织。当然，它们也不可能完全脱离政治，仍然有一定的政治态度和政治立场。只不过侨团绝非出于政治和宗教的目的而成立，不支持任何政党，也不替代任何政党，这一点是十分明确的。五邑侨团的具体功能主要有如下四个方面。

（一）加强交流，联络情感

首先，这是侨团最主要的功能。侨团往往通过各种庆祝活动，以及提供娱乐休闲场地，为日常分散在各方的中青年华侨和休养在家的老年华侨创造相聚的机会和条件。人们久别以后的问候是那样亲切温馨，从团体和个人处获得亲友及故乡的最新信息又是如此满足心里的渴望，人们通过侨团获得了"根"的感觉。所以，华侨华人们（尤其中老年）都很看重侨团开展的活动，把它视为自己精神生活中的大事，每一次分手都相约着下一次的聚会。侨团也因此成为华侨们心中的旗帜、凝聚的中心。

其次，侨团承担着弘扬中国传统道德文化的义务。各种祭祖、节庆活动的开展和侨团刊物的发行，实际上是侨团在努力向分散的人们传播、延续中华传统文化，规范他们的道德行为。正是由于侨团的存在，这些远在异邦的移民"虽然肉体离开了古老中国的社会结构，但是仍然不可避免

---

① 《美国冈州总会馆第四届恳亲代表大会特刊》，1982年，第53页。
② 《本会组织章程》，见《英伦四邑总会馆八十周年纪念特刊：1906年至1986年》，1986年，第32页。

地置身于另一个尽管是改装过的、却极为熟悉的社会结构"① 之中。侨团领袖还承担起了青年华侨"代理父母"的角色,更有义务在他们身上延续中国传统文化和道德观念。侨团的"教化"功能在华人社会形成的文化和道德网络,为乡亲们情感的交流、增进,提供了文化、道德的基础。

(二) 发展社会福利,举办公益事业

福利公益是团结侨团成员的重要手段,其工作的好坏直接关系到一个侨团凝聚力的强弱,所以各个侨团都很注重这一方面人力物力的投入。

1. 购地建公坟

筹资购地兴建坟场这一公益福利事项,自清朝末年以来就为各五邑侨团所重视。将逝世的同乡集中安葬在一个公共墓地,这是为死者营造的另一个世界的社区,让他们在那里仍然如生前一样能够时常聚会、交流情感,即所谓"生相近,死相迫"②。光绪三十年(1904),新加坡的鹤山华侨踊跃捐款修建总坟,就是为了"首联桑梓之谊,俾拜扫之有方;次为安葬先人金塔,不致有丧失之虞"③。侨团将其作为一项重要的福利工作认真对待。此举有一个直接而重要的目的,那就是借此显示侨团的势力,从精神上加强会员与会员之间、会员与侨团之间的依赖和联系,借此团聚乡亲。

2. 办学校设奖学金

随着一代代年轻华侨的增加,教育的问题就摆在了侨团的面前。加拿大台山总会馆1984年章程就将"兴办教育"列为9大会务之一④。第二次世界大战以后,中文学校的产生成为唐人街上的一景,五邑侨团是兴办学校的重要力量之一。英国四邑总会馆认为:"会馆既是邑侨心中的旗帜,向心凝聚的中心,负起兴办学校之事责无旁贷,顺理成章。"⑤ 旧金

---

① 陈国贲:《烟与火:蒙特利尔的华人》,北京大学出版社1996年版,第191页。
② 郑玄注:《十三经注疏(标点本)》第四册(上),北京大学出版社1999年版,《周礼·地官·大司徒》,"族墓地",第262页。
③ 宋学荣:《忆鹤山会馆总坟史略》,见《新加坡鹤山会馆成立56周年、醒狮团成立75周年、会馆重建落成典礼三庆特刊》,1996年,第40页。
④ 参见《全加台山邑侨第五届恳亲大会暨庆祝邑侨来加一百三十周年纪念特刊》,1990年,第113页。
⑤ 《本会组织章程》,见《英伦四邑总会馆八十周年纪念特刊:1906年至1986年》,1986年,第32页。

山的冈州会馆早在21世纪初新馆址规划、建设时，就将"冈州学校"安排在了正堂①。澳大利亚墨尔本的"四邑华文学校"成为唐人街上的重要文化景观②。鹤山华侨在越南堤岸市开设的"同义学校"在越南华侨教育史上占有很高的地位③。马来西亚霹雳州金宝古冈州会馆1956年在会馆附设义学部，"收容会员中之贫苦子弟，以补救超龄失学儿童"，使"不少同乡男女身受其惠"④。同时，五邑各侨团还设有各种奖学金，每年奖励品学兼优的子弟。

3. 关怀残疾孤老

早期的五邑华侨绝大部分都是单身到侨居国谋生的年轻人，"二战"后的移民也以青年为主，几十年后他们都陆续进入了老龄阶段。随着唐人街的发展，老人生活成为华侨华人社区的一个重大社会问题。关怀老人也就因此成为五邑侨团福利公益事业的重要内容。例如，澳大利亚墨尔本冈州会馆通过开办老人院，为同乡长者提供养老服务。1962年7月，在香港富商陈经纶的倡议下，墨尔本成立了"冈州老人院"，收容本会及其他华族老人，院内有专人常驻照料⑤。又如，马来西亚沙巴州西海岸四邑公会、新加坡四邑陈氏会馆节假日去安老院分派红包，为会员发放养老金，嘘寒问暖⑥。再如，英国四邑总会馆、加拿大各台山会馆等侨团新年元旦召开敬老大会，号召人们关心老年乡亲⑦。

五邑侨团对残疾同乡侨团也给予力所能及的帮助。马来西亚沙巴州西海岸四邑公会福利部互助会章程第五章第十八条明确规定：凡该会会员

---

① 参见刘伯骥《美国华侨史》，中国台湾黎明文化事业有限公司1982年版，第154页。
② 参见沈立新《世界各国唐人街纪实》，四川人民出版社1992年版，第232页。
③ 参见《越南鹤山同义学校简史》，见《新加坡鹤山会馆庆祝银禧暨互助部七周年纪念特刊》，1965年，第70页。
④ 《金宝古冈州会馆简史：附属组织》，见《霹雳古冈州公会五十周年金禧纪念刊》，1978年，第196页。
⑤ 参见《会史简介》，见《澳洲墨尔本冈州同乡会特刊》，1985年，第1页。
⑥ 参见《族人概况与福利四邑历史地理与人文风尚》，见《马来西亚 沙巴州西海岸 四邑公会庆祝三十周年纪念特刊》，1979年，第193页；《马来西亚沙巴州西海岸四邑公会有限公司章程草案》，1965年，第388页；《新加坡邑陈氏会馆第一百四十八周年纪念特刊》，1996年，第61页。
⑦ 参见《本会组织章程》，见《英伦四邑总会馆八十周年纪念特刊：1906年至1986年》，1986年，第76页；邝日雄《敬老文娱晚会致辞》，见《全加台山邑侨第五届恳亲大会暨庆祝邑侨来加一百三十周年纪念特刊》，1990年，第44页。

"身体受严重之伤害,以致双目失明,或损失双手,或损失双足,或损失一手一足,确系不能工作"者,经董事会审核批准,可分月或分期领取善后金①。霹雳州古冈州公会、金宝古冈州会馆也都开设了留医所(1965年成立)、疗养院(1953年成立),为本会身患疾病者尤其是经济困难无力求医者提供服务②。

4. 开展文体活动活跃业余生活

五邑侨团随着其功能的变化逐渐向文化教育方面转移,各种文化娱乐团体如剧团、音乐会、乒乓球会、国术馆等相继出现。其中,五邑侨团组织的醒狮团在唐人街声望颇高。1850 年,加利福尼亚并入美国版图,旧金山全市巡游以示庆祝,刚成立一年的冈州会馆出动龙狮助兴,博得当局的赞赏③,给初次见识的美国人留下深刻的印象。在东南亚的新马地区,来自鹤山的冯庚长被尊称为"广东狮王"。他带来的那头瑞狮被同行与报界公推为"狮王之王"④。鹤山狮艺以其柔和细致、融武术于舞狮技艺之中,而在唐人街狮舞中别具风格,独树一帜。这些文化娱乐活动的开展,既丰富了华侨华人的业余文化生活,同时又寓中华传统文化于娱乐之中,对海外乡亲们起到了潜移默化的"教化"作用。

(三)扶持互助,发展工商

华侨们背井离乡来到异国他乡,图的是发财致富来日衣锦还乡、光宗耀祖。单枪匹马在异国创业是十分艰难的,侨团在成立之初就以"互相扶助""发展工商事业为宗旨"⑤。早期侨团的互助功能主要是接待新来的移民,介绍工作,发展到后来,则在提供工作机会的同时,开展资金上的

---

① 参见《四邑历史地理与人文风尚》,见《马来西亚 沙巴州西海岸 四邑公会庆祝三十周年纪念特刊》,1979 年,第 382 页。
② 参见《霹雳古冈州会所留医所细则》,见莫铿等《旧金山侨团礼仪规范》,1991 年,第 104 页;《金宝古冈州会馆简史:附属组织》,见《霹雳古冈州公会五十周年金禧纪念刊》,1978 年,第 196 页。
③ 参见刘伯骥《美国华侨史》,中国台湾黎明文化事业有限公司 1982 年版,第 151 页。
④ 《鹤山会馆武术醒狮团史略》,见《新加坡鹤山会馆成立 56 周年、醒狮团成立 75 周年、会馆重建落成典礼三庆特刊》,1996 年,第 149 页;《鹤山狮王》,见《新加坡鹤山会馆成立 56 周年、醒狮团成立 75 周年、会馆重建落成典礼三庆特刊》,1996 年,第 153 页。
⑤ 《1930 年金山正埠合和总会馆新订章程》,见莫铿等《旧金山侨团礼仪规范》,1991 年,第 60 页。

互助活动。一些经济实力大的血缘性侨团给予新来的同胞（多是亲戚）衣物方面的装备，还提供一笔钱让他去做买卖①。而英国四邑总会馆则以"月会"的形式，帮助乡亲发展产业。1915 年，随着到英国的邑人日益增多，现有的洗衣馆难以消化过剩的劳动力。四邑总会馆为了给同乡提供更多的就业机会，决定筹组四邑月会，"使邑侨有另创生意的机会"。此法一出，皆大欢喜。不久，洗衣馆如雨后春笋般陆续出现在英国很多城市，②四邑华侨既因此缓解了就业的压力，又逐渐垄断了英国的洗衣业。当然，通过集腋成裘的方式为同乡解决创业资金的困难，有不少限制因素，不是大多数侨团能够做到的，多数五邑侨团则是通过"同业护侨"活动为同胞们创造良好的外部发展环境。以五邑华侨为主体的美国纽约华侨洗衣馆联合会在 1933 年和 1934 年两次派出代表去纽约市参议会交涉，将牌照费由 20 元降为 10 元，保证金由 1000 元降为 100 元，取消牌照发放的不平等规定③，就是一个侨团团结互助、共谋工商事业发展的典型事例。

（四）裁决纠纷，协调关系

五邑地缘、血缘侨团的成立还有一个非常重要的功能，即在经济、文化等方面，对外抵御外族的种族歧视，对内调解矛盾增进团结。1984 年修订实施的加拿大《台山总会馆章程》第四条"会务"之第五款就规定："凡会员间之纠纷，尚无法解决时，如双方当事人向本总会馆投诉请求调解，本总会馆应予受理，秉公调解，以息纷争。"④ 在东南亚、澳洲的一些五邑侨团章程中，同样有诸如"排解纠纷"的规定。在这些正面的理性的规定背后，还有一段早期华侨社会经历过的亲痛仇快、无法回避的历史。

五邑华侨在海外生存不仅要对付外民族的歧视，同时民族内部的矛盾

---

① 参见麦金玲、迟进之《金山路漫漫》，崔树芝译，新华出版社 1987 年版，第 67 页。
② 参见《本会组织章程》，见《英伦四邑总会馆八十周年纪念特刊：1906 年至 1986 年》，1986 年，第 29 页。
③ 参见麦礼谦《从华侨到华人——二十世纪美国华人社会发展史》，三联书店（香港）有限公司 1992 年版，第 83—84 页。
④ 《全加台山邑侨第五届恳亲大会暨庆祝邑侨来加一百三十周年纪念特刊》，1990 年，第 113 页。

也很突出，纷争不断。早期的华侨在异族压抑下的偷生中，相互之间还常常因为争夺金坑等经营的经济利益而发生激烈的冲突。语言、习俗等文化方面的差异形成的地域、宗族偏见，使这种主要起因于经济利益的争斗打上了地域、宗族的烙印。其实地域、宗族利益的冲突也是侨团产生的条件之一。同一地域或同一宗族的人群，为了应对怀有敌意的外部社会，于是组织起来形成集体防御和集体进攻。五邑地缘、血缘侨团在早期华侨社会内部的争战中也起了不值得肯定的作用，这在美国和加拿大表现尤为突出。

五邑侨团内部派系林立，不同姓氏之间、同姓不同宗之间都存在矛盾冲突。以美国旧金山最大的五邑侨团——"台山宁阳总会馆"主席一职的争夺为例。宁阳会馆主席历来由各姓轮派，而各姓内部又根据房份的多寡轮充，但是每当轮职时就矛盾百出。光绪二十六年（1900），由伍姓出任，翰苑、柱国两房相争激烈。1920 年，李姓轮职，李陇西堂的国泰房与怡祖房相争数月才有了结果①。主席之争的背后，是各房各堂对利益的争夺和实力的较量。在加拿大蒙特利尔，来自五邑的李、黄、谭三大姓之间围绕地域和经济权利问题展开过长期激烈的争斗。当地侨团黄姓在与喜欢用拳脚解决问题的谭姓之间的暴力冲突中，经常失败。蒙城的失利并不影响他们联络在温哥华的黄姓家族打击对方。每有谭姓家族成员途径温哥华回国，在车站就会有一个黄姓的人在此"恭候"。以经贸为主的李姓，其宗亲会也经常为自己一个成员或在赌场上受黄姓、谭姓欺侮，或在洗衣店交易中受骗，或经营的"地理特权"受到损害，而以集体的有组织的方式对黄姓和谭姓展开进攻②。五邑各地缘或血缘侨团在自己的地盘上积极筹款、购地，建馆所，就是一种对某一地域某一行业控制权力的展示。

唐人街中五邑华侨的暴力争斗，不仅仅存在于内部不同地域、不同宗族的侨团之间，更发生在五邑侨团与非五邑侨团之间。美国旧金山华侨社会早年发生的华侨间的长期械斗，曾惊动了清朝政府，给华侨形象带来很坏的影响。

面对华侨社会的四分五裂、帮派林立，包括五邑在内的一些有远见、

---

① 参见刘伯骥《美国华侨史续编》，中国台湾黎明文化事业有限公司 1981 年版，第 201 页。

② 参见陈国贲《烟与火：蒙特利尔的华人》，北京大学出版社 1996 年版，第 208 - 214 页。

胸襟宽广的侨领逐渐认识到只有团结起来，消弭纷争，才能够共图发展。随着美国华侨人口结构的变化，商人比重的增加，家庭的增多，尤其是1911年辛亥革命的成功，使华侨的民族觉悟有了提高，他们开始突破狭隘的地域、宗族观念，共同利益的认同逐渐增多。侨团裁决纠纷、协调矛盾的功能增进了更多正面的、理性的成分。1913年5月15日，旧金山成立的"美洲华侨和平总会"是这一转变的重要标志。和平总会的出现，五邑华侨和侨团功不可没。出自冈州会馆的首任和平总会主席李宝湛为该会成立所写的"序"中有这样的表述："我华侨旅居美国，堂斗之事，日有所闻……，不独贻讥外国，亦且自害同群。本同人等久思设法维持治安，徒以时机未熟，蹉跎至今。方今民国成立，国会已开，五族一家，国民平等，祖国既群趋于共和，我辈岂宜复狃于陋习？是以联合各界，组设和平会，以为和平之进行，保公安而联亲谊，无事则互相亲爱，有事则合力排解，务使恶感全消，亲情益洽。"该会宗旨为"专为调和堂界，排难解纷，保持和平。"① 此后，虽然五邑侨团参与的争斗并未完全消除，但是和平协商成为化解矛盾的主要手段这一大的趋势已不可扭转，五邑侨团在维护会员利益和侨界共同利益方面发挥的积极作用也越来越大。

[原载《五邑大学学报（社会科学版）》2001年第1期]

---

① 刘伯骥：《美国华侨史续编》，中国台湾黎明文化事业有限公司1981年版，第225页。

唐人街民族经济模式的形成与五邑华侨

唐人街在形成后，为什么在美洲、澳洲这些种族歧视、排华气氛浓厚的社会环境中，不仅没有逐渐消亡，反而生存下来，并且还表现出了强劲的生命力？显然，简单地将唐人街看作一个完全与外界隔离的贫困落后的移民聚居区是很难令人信服的。美籍华裔学者周敏运用"民族聚居区经济"模式理论对唐人街存在和发展的内在机制、动力的揭示，为我们提供了一把解答这个问题比较有说服力的"钥匙"。不过她研究的重点是1965年后中国新移民对唐人街经济发展的作用，认为从此以后，过去那个以"自给自足的、小型的附属性的民族经济"为基础的陈旧的唐人街变成一个崭新的稳固的有凝聚力的民族经济聚集区①。我们认为，同样可以运用这一理论去分析1965年以前的唐人街，分析它发展的内在机制和动力。因为一个明显的事实是，正是唐人街在19世纪六七十年代至20世纪60年代条件最恶劣的100年间的顽强生存与发展，才为新移民提供了熟悉美国、提升自己地位的"基地"；唐人街内在发展的机制和动力不可能完全是在1965年前后才形成的。如果这个想法成立，那么不可忽视五邑华侨对唐人街（尤其是美洲和澳洲）内在机制和发展动力形成所做的贡献。文中所指的"五邑"即中国三大侨乡之一的广东江门五邑地区，包括台山、新会、开平、恩平、鹤山。这些地区出去的华侨在欧美（尤其是美国、加拿大）形成的唐人街构成了人口的主体，迄今在华人社区的政治、经济、文化领域仍然是一支不可忽视的力量。

一、五邑华侨既给唐人街带来了就业压力，又促成唐人街更多的商业机会和劳务市场的出现

排华运动兴起后，离开矿区、铁路建筑工地、农场及其他工作场地的

---

① 参见周敏《唐人街——深具社会经济潜质的华人社区》，鲍霭斌译，商务印书馆1995年版，第111页。

五邑华侨，除了一部分人返回了国内，其余的人涌进了规模不大、容纳能力有限的唐人街。1886年1月至4月，2万人流入了旧金山唐人街，悉尼和墨尔本在19世纪七八十年代开始成为华侨逐渐集中的重要中心（1881年墨尔本有1057人、悉尼1321人，10年后墨尔本有2143人、悉尼有3499人①便是明证）。以往唐人街主要是为过往的新移民和在矿区等地工作的华工服务，这个功能决定了唐人街在侨居国的华人社会中处于从属地位，因此，唐人街是新移民的中转站、矿区和铁路工地华工的物质供应站和休闲场所，不是大多数华侨的生产、生活地，也就此决定了与之相适宜的服务业内容和商业规模。在种族歧视的驱动下，源源不断涌入的人流迫使唐人街的主要功能发生转变，由过去的服务基地演变为华侨生产、生活的社区，这对唐人街的现有基础和经济结构是一个挑战。唐人街并不是在做好了准备的情况下迎接这一挑战的，它是被迫应战的。转变之初，涌入者的规模大大超出了现有服务业、商业所能够提供的工作岗位，可以想象唐人街当时面临着何等的安置生活、吸纳就业的压力；在人们为进入语言、习俗、人际关系相同或相近的环境获得安全感而感到舒心、安全的同时，因生活质量下降或一次次找工作都失败所滋生的挫折感、因无所事事而焦躁的情绪也会随之在这个群体中蔓延。但是，大批华工集中到唐人街的同时，也是一个庞大消费群体的出现，唐人街获得了一个稳定、独特的消费市场，这就为其经济规模的扩大和经济结构的调整提供了条件。

　　五邑华侨在这一转变中做出的贡献，就是适时地发展起劳动密集型的洗衣、餐馆业及杂货业，它们在五邑华侨最为集中的美国被称为三大支柱产业。例如，洗衣技术简单，固定资本投入低，只要一块搓衣板、一个熨斗、一张熨衣架、几块肥皂加上一间租金低廉的房子就可以开业。大批五邑籍矿工、铁路工人被排挤后进入唐人街，只好去干别人不愿干的极其劳累而又工资很低的活；对于主要来自农村，身体健壮，能够吃苦耐劳，但身无技术、资金的这些劳动者来讲，洗衣是他们能够找到的最适合的工作。于是，这些单身的男性华侨，或是弯腰坐在洗衣盆前或是手持熨斗站立在熨衣架旁，干起了在他们的家乡被男人们视为低贱不屑插手而由妇女独揽的活，靠延长工时、增加服务去赚取可怜的工资。不过，其生存有了

---

① 参见［澳］杨进发《新金山：澳大利亚华人，1901—1921年》，姚楠、陈立贵译，上海译文出版社1988年版，第6页。

保障。

此外，唐人街初期的房地产出租市场也随之出现。美国旧金山、纽约、芝加哥乃至加拿大的蒙特利尔城市唐人街街区的扩展，实际上也是房地产业从无到有、由小到大扩张的表现。大量华工进入唐人街，首先要有住的地方，唐人街的居住分布有着浓厚的地缘、血缘色彩，多是以村落或者家族为单位，吃住在一起，这种早期的生活管理单位被称作"坊"。由于绝大多数人是单身，并且没有长久留居的打算，所以采取了租房的形式。纽约的吉恩·殷这样回忆道："我们姓殷的都是堂兄弟，所以全住在一起，大伙凑钱，合租了一套房。……合租房子住就是有这个好处。一般是6至10个人合租一套房子，全部开销大家共同分担。一时找不到工作的人也可以不出钱留住在这儿。"① 唐人街的居住条件非常拥挤不堪，为了省地方，床都钉在木板墙上，而且是双层或三层；有的房子实在住不下，人们只好轮班睡觉。因此，求租的范围随着人口的不断膨胀必然逐渐突破唐人街原有的街区，向四周扩展。房屋出租无疑就形成一个有发展前景的市场，同乡会馆、团体或有经济实力的商人不论是为了安置乡亲以增加凝聚力，还是出于商业目的的考虑，都势必介入这个领域。纽约唐人街随着人口的增长（1870年120人，1880年853人，1890年2559人，1900年6321人，1920年8812人，1939年30000多人②），由最初的莫街（Mott）、柏克（Park）、多义（Doyer）3条街发展到20世纪30年代的26条街、600多间大小商店，欧籍居民逐渐随之他迁③，这个过程也就是华侨住宅区扩张的表现。新扩展街区的房地产无疑也由非华籍人士手中转入会馆、团体或华籍商人门下，尤其一些商人同时变为房产的拥有者。根据1972年的调查，美国旧金山唐人街的房屋大部分为1906年大地震后所建，除了餐馆、商店外，还有几千套居住条件很差的住房单元④，这说明重建时住房是一个重要的规划因素。俄勒冈州波特兰市的唐人街始创于1868年，最初只是在靠近太平洋铁路的火车站附近的西南二街租地自建

---

① 麦金玲、迟进之：《金山路漫漫》，崔树芝译，新华出版社1987年版，第64页。
② 参见刘伯骥《美国华侨史续编》，中国台湾黎明文化事业股份有限公司1981年版，第32-35页。
③ 参见刘伯骥《美国华侨史续编》，中国台湾黎明文化事业股份有限公司1981年版，第32-35页。
④ 参见麦金玲、迟进之《金山路漫漫》，崔树芝译，新华出版社1987年版，第140页。

木屋。随着华侨抵达人数的日增，唐人街也由西南二街扩展到阿达街，纵横达3条街，重新兴建楼宇，临街的中式楼房楼下开设商店，楼上是出租的宿舍，出租屋约12尺宽20尺长，均架设上下层床铺，每房至少住15人①。由此可见，当时已经出现了房地产市场为华工提供相对低廉的出租屋的情况，华工们求租房屋也就更为方便了。

因为唐人街有华工们熟悉的工作、生活环境，家庭成员、亲属和乡里都可以成为他们获取就业机会和商业信息的渠道，这样就保障其免受语言障碍、受文化教育程度低、对大社会了解不够等缺陷的困扰，也用不着为寻找所谓"好"的工作到大劳务市场去花费大量的且回报极低的时间和精力。唐人街虽然工资低，但是加班加点地工作仍然可以获得他们希望的收益，为家庭积蓄些钱。在主客观因素的制约下，唐人街就出现了由本族成员组成的稳定的劳务市场。由于供求有利于业主，加上地缘、血缘的因素，业主就有了低廉劳动力的稳定供应，唐人街上的华人工商业于是可以凭着自己低廉的成本在大的经济环境中提高竞争能力。唐人街的劳务市场具有工人、业主互利互赖的属性。

大量五邑华侨涌入唐人街劳务市场，既为五邑华侨开设的洗衣、餐馆业提供了劳动力，又为南海、番禺、顺德华侨控制的制衣、修理、屠宰以及中山华侨独有的鱼店、女服等行业的发展创造了条件②。尤其是在美国旧金山、纽约等城市，唐人街制衣业自1965年以后迅速兴起，发展成为其第二大支柱产业，这更是离不开华工稳定、低廉的劳务市场。

二、五邑华侨在唐人街的聚集所形成的特定消费市场带来经济活力，推动了民族经济发展

从消费角度考察五邑华侨对唐人街民族经济形成、发展的影响，最明显的莫过于五邑华侨主营的餐馆业。餐馆业的兴起在唐人街的民族经济成分中内向型色彩是最突出的。当唐人街还是新华侨的中转站、矿区华工的

---

① 参见刘伯骥《美国华侨逸史》，中国台湾黎明文化事业股份有限公司1984年版，第139页。

② 参见陈依范《美国华人发展史》，殷志鹏、廖慈节译，三联书店（香港）有限公司1984年版，第67页。

物质供应基地和休闲娱乐场所时，数量不多、规模不大的中餐馆的出现本身就是满足华侨们对家乡饮食文化需要的产物，有特定的服务对象（本民族成员），一开始它就是脱离侨居国大经济而独立存在的。排华运动时期，包括五邑移民在内的华侨大量涌入唐人街，或在洗衣房，或在杂货店，或在其他行业挣钱，这为以单身男性为服务对象的餐馆业提供了一个更大的、稳定的消费市场，餐馆业迎来了一个大的发展机遇，因此，逐渐发展成为唐人街民族经济中的支柱产业。即使在同时逐渐孕育出外向特点的时期，餐馆业所具有的特定服务对象、稳定的消费市场仍然是其发展的主要动力。

其次，杂货批零以及进出口贸易的兴起与发展也同样得益于特定的消费市场。唐人街上的商店按服务对象分为两类，一类以华侨华人社会为主，一类以美国社会为主①。从起源看，第一类服务对象一直是唐人街商店的主体，那些零售店、衣服店、蔬菜水果店、药材店以及古玩店、当铺等都是针对华侨基本而又特殊的消费需要出现的，各店铺陈列的铜壶、铁锅、葵扇、围巾、棋子、药材及各种珍品，外加咸鱼、腊鸭、火腿、茶叶、陈皮调料等食品满足了远在异国华侨的饮食消费和其他生活消费的特定需要，商店的发展也与特定消费群体人数的增减、经济状况的好坏紧密相连。进出口贸易也是随此而产生的，其中，不乏五邑商人涉足，虽然这并不是五邑华侨控制的行业。

我们列举这两个方面的情况是为了说明，1965年以前唐人街民族经济的顽强生存，日益兴盛，同样得益于这个经济所具有的内向发展机制的保证，使它有足够的活力在侨居国大经济之外相对独立地发展，较少受到外部经济波动的影响。据此，五邑华侨人口群体在唐人街的聚集就为这个机制的形成提供了不可缺少的至关重要的条件，无疑这又是他们对唐人街民族经济模式的建立间接做出的贡献。

---

① 参见麦礼谦《从华侨到华人：二十世纪美国华人社会发展史》，三联书店（香港）有限公司1992年版，第87页。

三、五邑华侨控制的两大支柱产业为唐人街的民族经济模式抹上了一层外向型的色彩

唐人街里由五邑华侨控制的洗衣业从其创办之初就有明确的定位,主要为白人服务。在美国,它首先在 19 世纪中期的旧金山出现,这与美国西部开发时的人口结构有直接的联系。西部开发之初,居民多为男性,他们多喜欢穿那些可以拆洗的硬前胸和硬衣领的衬衣。最初几年,他们的衣服脏了,常常将衣服送给印第安妇女或西班牙妇女洗,而一些纨绔子弟甚至把衬衣送到香港去洗涤,当然费用也就很高。据说送一打衬衣到香港洗来回要 4 个月,洗衣费是 12 美元,而送往檀香山是 8 美元。显然这是一个有钱可赚且市场需求也很大的工作,一些聪明的华侨早就看准了这一行业机会。1850 年,第一家洗衣店在旧金山出现,一打衬衣只收 5 美元(后来降到 2 美元),① 而且洗得同样干净,一下子引起了轰动,很多五邑华侨后来跟进,洗衣店纷纷开张,很快占领了洗衣市场,并由美国西部发展到美国中部和东部,有华侨的城市基本都设有五邑华侨洗衣店,于是洗衣成为五邑华侨在美国乃至加拿大的垄断性产业。五邑华侨开设的洗衣店不仅集中在唐人街,而且还散布在城市的其他街区,为市民提供就近方便的服务,华侨洗衣工肩挑箩筐走街串巷上门收接脏衣或送回洗干净的衣服的身影,就成为城市里的一道人们十分熟悉的风景。不论是唐人街内还是唐人街外的洗衣店,以白人消费者为主要服务对象这一点是共同的。

五邑华侨控制的餐馆业与洗衣业相比是一个具有双重特征的产业,在其兴起和后来发展中立足于本民族内部消费市场这一点一直存在,因为最初主要是为了满足单身汉社会的消费需要;同时,在其发展中又孕育出对外服务的属性,而且还越来越明显,以至成为唐人街招徕游客的重要产业。唐人街早期的餐馆只有华侨光顾,自从 1896 年纽约一些记者报道中国烹调独特的风味和精美的技术后,始有非华裔人士前来品尝。② 1896

---

① 参见杨国标、刘汉标、杨安尧《美国华侨史》,广东高等教育出版社 1989 年版,第 107 页。
② 参见刘伯骥《美国华侨史续编》,中国台湾黎明文化事业股份有限公司 1981 年版,第 32 - 35 页。

年，李鸿章的访美更是将以"杂碎"为代表的中国菜肴推出了唐人街，为他种族的民众所接受，他们公认中国小吃店是最可口的小吃店。唐人街的中餐受到欢迎，不仅是其味美，还在其价廉。早年有人对美国纽约各式餐馆做过一个对比，在西式的高档餐馆吃一顿讲究的饭菜要花掉一盎司黄金（这当然不是一般的人能够消费得起的），到一般西式餐馆吃一顿不错的饭要 5 美元，在专供下层百姓就餐的最低档的餐馆吃一顿最可怜的所谓"丰足饭菜"也得花 2 美元。相比之下，唐人街餐馆价格的低廉简直让人惊喜，吃顿丰盛的饭只需花 1.5 美元；如果包伙，一周只收 16 美元，而在别的餐馆包饭，收费则高达 20～30 美元①。低价格、分量足的大众化特色，不仅满足了其他种族民众对中华饮食文化的好奇，又使他们达到了填饱肚子的生理目的。中餐馆业也随着那一个个流动的活广告，在唐人街以外的街区开拓出市场，拓展到了其他种族聚居的街区。最早到唐人街外去拓展餐饮业务的还是五邑华侨，1898 年新会籍华侨钟爵在纽约唐人街外的十三街接十四街的地方开设了"中原楼"，这是中国餐馆专以杂碎为号召而供西方人就餐的第一家，钟爵也因此赢得了"杂碎王"的美誉②。不断扩大的外族消费者队伍，是以唐人街为主体的中餐馆产业长盛不衰的动力之一。

通过对唐人街这两大支柱产业属性的分析，可以清楚地看到，唐人街民族经济模式的形成离不开外部大经济环境，它并不是在完全隔绝的状态下发展的，与外部的经济联系是其不断发展过程中不可缺少的重要因素。事实上，唐人街的民族经济与外部大经济之间存在一种共生的关系③。五邑华侨从事的行业不是机械制造这样的主流经济部门，它既是白人涉足很少、竞争较小而社会需求潜力又很大的行业，也是外部大经济的一个补充。虽说洗衣、餐馆业都是服务性质的工作，是附属在外部大经济体上的独特组成部分④，但是，绝不能小看这种附属地位，五邑华侨正是通过勤

---

① 参见刘伯骥《美国华侨史续编》，中国台湾黎明文化事业股份有限公司 1981 年版，第 27 页。
② 参见刘伯骥《美国华侨逸史》，中国台湾黎明文化事业股份有限公司 1984 年版，第 143 页。
③ 参见吴景超《共生与同化：唐人街》，筑生译，天津人民出版社 1991 年版，第 93 页。
④ 参见梁国钧《英国华侨的成因与生活状况》，载《台山文史》1987 年第 8 期，第 51 页。

奋努力提供这些服务和商品，为人们日益富裕的生活增添了新的享受和便利，他们发掘了这种社会需要并使之深入到白人社会的各个阶层，从而不论是对个人生活还是对社会经济都产生了深刻的影响，并与之形成了依赖关系。1877年，旧金山的华侨洗衣店就付了152000美元的租金和向政府交纳了68000美元的水费①，现在餐馆业一年就给旧金山带来300万游客和10亿美元的旅游收入。产生这种共生关系的基础是城市劳动分工的日益细致，这也是在排华势力甚嚣尘上、种族歧视气氛浓郁近乎窒息的时代仍然无法将华侨完全驱赶出侨居国的根本原因所在。

洗衣业、餐馆业的外向属性不仅是外部大经济发展需要的产物，而且对唐人街民族经济的发展同样起到了十分重要的作用。首先，它突破了唐人街的地域范围，拓展了民族经济的市场，扩大了民族经济的规模，拓宽了华侨的就业渠道，为民族经济的发展赚取了必要的资金从而弥补了自有资金不足的缺陷，增大了民族经济发展的活力。可以设想，如果唐人街的民族经济是单一属性的经济，那么它根本不可能有今天的繁荣，很难想象1965年以前唐人街中那大量的华侨会是一种什么样的生活境遇，尤其在北美。其次，这两大行业是一个窗口，华侨通过为非华裔消费者的服务，了解了外部社会的卫生习惯、社交礼仪、口味爱好、价值观念及市场竞争规则，这对提高服务质量，开发新的服务项目，增强适应主流社会的能力，都是非常重要的。正是在这些行业的对外经济服务中，五邑华侨逐渐学会了依靠更高的质量、更整洁的环境、更周到的服务去赢得顾客的信任，烹调时在不改变中国菜肴整体风格的前提下增添一些西式调料以适应非华裔消费者的饮食习惯和口味，从而在激烈的竞争中立于不败之地。

基于以上分析，笔者认为，1965年以前的唐人街民族经济模式并不是单一的、自给自足的，外向型经济的属性已经是一个客观的存在，它已经具有了二元结构的特点；内向、外向共存的产业结构，使其获得了两大发展动力，形成了特有的经济运行机制。唯其如此看待，才能够比较正确理解唐人街产业的兴替、结构的变化。洗衣业这样主要依赖外部消费市场

---

① 参见陈依范《美国华人发展史》，殷志鹏、廖慈节译，三联书店（香港）有限公司1984年版，第77页。

的产业，固然为早期唐人街缓解就业压力、拓展民族经济市场、增强民族经济活力发挥了不可估计的作用，但问题的另一面也恰恰出在与外部的密切联系上。依赖外部消费市场也就会受制于外部消费市场，外部经济环境技术条件的任何变化都会影响到这类产业的兴衰。20世纪30年代洗衣机械化的出现，改变了白人的消费行为和习惯，洗衣市场逐渐萎缩，这就直接冲击了由五邑华侨控制的手工操作洗衣业，它也就理所当然地从唐人街民族经济的第一支柱产业的地位上退了下来，尽管现在还有一些华侨华人在经营，但是已经无法改变它正在消亡的命运。五邑华侨自然是首当其冲，例如，加拿大蒙特利尔的台山籍华侨余翠珠和丈夫经营的洗衣店随着洗衣机走入家庭，他们的服务对象也就由面向全社会收缩到单身汉，很多洗衣店纷纷倒闭，生意越来越难做，后来他们也只好停业①。代之而起的制衣业能够从小到大发展成为唐人街新的支柱产业，其实就从另一个侧面印证了这一规律。餐馆业同样具有为非华裔消费者服务的属性，为什么反而经久不衰，越来越红火呢？因为餐馆业不像洗衣业那样单纯对外服务，它具有对内、对外的双重属性，为本民族成员服务一直是它的一个主要功能，在其消费群体中，华人始终占有很大的比例。它工作日和节假日都招待上班或度假的非华裔消费者，周末的早茶和午餐围坐在大圆桌四周的则是黄皮肤黑头发的本民族消费者，每逢喜庆宴会，华侨华人更是选择到唐人街的中餐馆一聚，制衣业的兴起也为唐人街外卖快餐店带来了火爆的生意，以至于营业额随制衣业的淡旺季变化而起伏。这就保证了唐人街的餐馆业有一个长期、稳定的消费市场，从而使其具备了相对的独立性，抗外界干扰的能力强。这个产业与洗衣业的区别还在于，它代表了中国文化的一个方面，不仅能够给其他民族成员带来独特的物质享受，而且能够满足他们对异族文化风情的好奇，达到精神消费的目的。饮食文化的不可替代性，使餐馆业得以保持长久的魅力。

通过上述五邑华侨与唐人街经济模式之间相互关系的分析，可以看到三个基本的事实：第一，1965年以前（主要在20世纪初），五邑华侨向唐人街的聚集所形成的强大消费群体，为唐人街经济的发展提供了强大的动力，这是唐人街经济持久不衰的根源所在。第二，唐人街在1965年以

---

① 参见陈国贲《烟与火：蒙特利尔的华人》，北京大学出版社1996年版，第50页。

前就已经形成了自己独有的、稳定的"民族聚居区经济"模式，而且它并非单一的、自给自足的，不仅洗衣业具有明显的外向型经济特点，而且餐馆同样具有一定程度的外向性。非华裔顾客的消费需要是唐人街经济发展的重要动力之一。第三，五邑华侨占垄断地位的洗衣业、餐饮业及较有优势的杂货零售业，成为唐人街经济的重要支柱，是唐人街经济进一步发展的基础，而且相互依赖、支持。没有洗衣业的大众消费市场，餐馆、杂货零售难以发展成后来人们看到的经济规模；而没有餐馆、杂货零售业的发展，广大洗衣业的五邑华侨劳工又缺乏后勤保证。五邑华侨控制的洗衣、餐馆同时与南海、番禺、顺德、中山华侨控制的制衣、屠宰、修理、鱼店、女服等业互为依存，构成了独具特色的唐人街经济结构。总之，1965年以前，唐人街"民族聚居区经济"模式存在的不争事实，是唐人街华侨华人社区得以在种族歧视气氛浓郁近乎窒息的困难的环境下顽强生存发展的根本原因所在。

[原载《湖北大学学报（哲学社会科学版）》2001年第1期]

九十年代广东五邑侨乡新移民的涉外婚姻观

本文以1994年江门市及下属的新会、台山、开平、恩平、鹤山五市（即五邑）的中国公民与外国公民（外国人和外籍华人）在江门市民政局登记结婚的776对夫妇资料为分析样本，讨论新移民的涉外婚姻观念和行为，希望能从侧面了解新移民的心态，认识其运动轨迹和内在规律。

一、婚龄差分析

婚龄差分析：大多数新移民能以较平常的心态对待涉外婚姻，也有一些人对婚姻中的非感情因素考虑较多。

婚龄是婚姻这一社会现象中男女当事人双方都会慎重考虑的因素，它关系到配偶的身体、生理健康，对婚姻质量有较大的影响。婚龄差的选择，是双方个人意愿的反映，但更多地受到社会客观因素的影响，是一种社会行为的表现。

本文依据的776个新移民样本中，初婚686人（女性587人、男性99人），占总数的88.40%；因丧偶、离婚而再婚者90人（女性58人、男性32人）。其配偶的婚姻记录：初婚者517人，占总数的66.62%，比新移民的初婚人数低21.78个百分点；再婚者259人，比新移民中的再婚者人数多。在这776对夫妇中，双方皆为初婚的，有494对；双方皆为再婚的，有69对；一方初婚，另一方再婚的，有213对（以新移民初婚、国外配偶再婚的情况为主，192对）。

根据这776对夫妇的结婚年龄①，进行婚龄差统计，他们的平均婚龄差是9.55岁，明显高于广东省国内婚姻的婚龄差②。在不同的年龄组、不同的婚姻状况中，婚龄差异的大小又有所不同（见表1）。

---

① 结婚年龄是根据涉外婚姻登记表上的出生年份进行推算得出的结果。
② 参见黄春红《夫妻年龄差的变化与人们的婚姻观》，载《南方人口》1989年第3期，第58-59页。

从表1至表3我们可以看到这样几个特点。

1. 婚姻类别

夫妇双方皆为初婚的,集中在35岁以下年龄组(有394对,占初婚总对数494对的79.76%);一方为初婚,另一方为再婚的,主要分布在30岁以上年龄组(有208对,占213对同类婚姻的97.65%)。(见表2)

2. 婚龄差

最小年龄组与最大年龄组婚龄差的差异极大,高达29.52岁,30岁以下的270对夫妇(占总对数的34.79%)的婚龄差与广东省国内婚姻的婚龄差(3.47岁)基本相同。(见表1、表2)

丈夫年龄比妻子大,同样是涉外婚姻的一个普遍现象。年龄越大,丈夫年龄大于妻子的百分比越高;反之,则越低,最小年龄组与最大年龄组相差49.37个百分点。(见表3)

35岁以上年龄组中,夫妇年龄差大于5岁的,占多数。35岁以下年龄组中,婚龄差在4岁以内的占多数,而且,丈夫比妻子年龄小和夫妻年龄相等的也集中在35岁以下年龄组。(见表3)

表1 不同年龄组的婚龄差

丈夫年龄	20—24岁	25—29岁	30—34岁	35—39岁	40—44岁	45—49岁	50—54岁	55—59岁	60岁以上
年龄差(岁)	2.32	3.52	6.08	9.47	12.65	15.96	19.2	21.37	31.84

注:根据江门市民政局涉外婚姻登记处婚姻登记表整理。

表2 不同婚姻状况中的婚龄差

丈夫年龄	初婚		再婚		一方初婚,另一方再婚	
	对数	婚龄差(岁)	对数	婚龄差(岁)	对数	婚龄差(岁)
20—24岁	77	2.19	2	11	—	—
25—29岁	185	3.48	1	2	5	5.4
30—34岁	132	6.63	13	2.15	41	5.53
35—39岁	47	10.72	11	4.81	37	9.27
40—44岁	26	13.53	9	6.77	31	13.64
45—49岁	14	18.21	7	9.42	31	16.41
50—54岁	4	26	4	9.75	12	21.6

续表

丈夫年龄	初婚		再婚		一方初婚，另一方再婚	
	对数	婚龄差（岁）	对数	婚龄差（岁）	对数	婚龄差（岁）
55—59岁	4	25.25	4	4	21	23.95
60岁以上	5	34.8	18	26.16	35	34.34

注：根据江门市民政局涉外婚姻登记处婚姻登记表整理。

表3 夫妇婚龄差的百分比

丈夫年龄	A 丈夫＞妻子（对数）		B 丈夫＜妻子（对数）		占各年龄组夫妇对数（%）		
	4岁以内	5岁以上	4岁以内	5岁以上	A	B	相等
20—24岁	40	—	21	6	50.63	34.18	15.19
25—29岁	87	54	18	8	73.82	13.61	12.57
30—34岁	40	99	23	12	74.73	18.82	6.45
35—39岁	15	75	2	1	94.74	3.16	2.10
40—44岁	3	56	4	3	89.4	10.6	—
45—49岁	3	48	—	1	98.08	1.92	—
50—54岁	1	18	1	—	95	5	—
55—59岁	1	24	1	1	86.20	6.90	6.90
60岁以上	—	58	—	—	100	—	—

注：根据江门市民政局涉外婚姻登记处婚姻登记表整理。

造成涉外婚姻的平均婚龄差明显高于国内的主要在于35岁以上年龄组的双方初婚和一方再婚两类。有两个特点：第一，随着年龄增长，对数减少，婚龄差拉大，有22对样本相差20岁，其中60岁以上年龄组中有一对相差50岁（样本278）。第二，35—49岁年龄组，夫妻岁数多数相差10岁以上；50岁以上年龄组，夫妻岁数相差多数在20岁以上，其中，夫妻岁数相差50岁的有5对（样本056、278、538、638、839），夫妻岁数相差最大的为56岁（样本056）。

这些现象说明：35岁以下年龄组夫妇中（共456对，占总对数的58.76%），相当部分的新移民在对待涉外婚姻中的年龄因素上是以较平常的心态对待的，其考虑与国内婚姻接近（婚龄差不大，认为丈夫年龄小于妻子或夫妇年龄相等是正常的婚姻现象），要求配偶也是初婚的新移民多。由此应该说，他们比较注重婚姻中的感情因素，因为年龄相近，其情趣、志向、性格方面共同的因素相对要多一些。此为其一。其二，35岁以上年龄组初婚或一方初婚的夫妇（共有267对，占总对数的34.41%）中，也有相当一部分初婚的新移民，对待涉外婚姻的非感情因素考虑较多；婚龄差与国内婚姻的普遍情况相比，明显异常；"老夫少妻"特殊型婚姻明显存在。他们仍然把涉外婚姻作为提高自己和家人的社会地位，改善经济条件的手段。

二、择偶条件分析

择偶条件分析：新移民多选择条件相同或相近的人结为夫妇，说明他们较重视婚姻的质量。

人们在选择配偶时，都是按照自己心中的标准进行的。这种标准看似受个人意志决定，实际上都受到当时社会的物质和精神条件的制约。

1. 文化程度

20世纪90年代，五邑侨乡的新移民属中等层次文化型的人口集团，他们对配偶的文化教育水平有什么要求呢？表现出什么样的行为特征呢？根据登记时他们自报的材料，夫妇文化程度的相关情况见表4。

表4　新移民和配偶文化程度比较

配偶文化状况	新移民文化状况										
	小学		初中		中专		高中		大专		本科以上
	人数	占比(%)	人数	占比(%)	人数	占比(%)	人数	占比(%)	人数	占比(%)	人数	占比(%)
小学	14	38.90	38	11.38	4	10.83	15	5.02	1	3.04	—	—
初中	9	25	113	33.83	6	16.24	64	21.41	2	6.08	1	3.58
中专	—	—	4	1.2	1	2.71	4	1.34	—	—	2	7.16
高中	6	16.69	105	31.44	14	37.85	144	48.17	13	39.41	9	32.15
大专	—	—	7	2.1	2	5.42	3	1.01	5	15.16	—	—
本科	7	19.41	67	20.05	10	26.95	69	23.05	12	36.31	16	57.11
合计	36	100	334	100	37	100	299	100	33	100	28	100

注：根据江门市民政局涉外婚姻登记处婚姻登记表整理。

有 1/3 的新移民对配偶的文化教育水平存在求同心理，会选择与自己文化程度相同的人结婚。随着文化教育水平的上升，新移民中的求同人数在增加，受教育的程度越高，求同心理越强。例如，高中求同者接近 1/2；本科求同者超过 1/2，而且没有选择小学文化程度的配偶，选择初中文化程度的比例也比大专、高中的少得多。

同时，从总体上看，与文化程度不同的人结婚的求异人数，明显超过求同的人数，在求异者中，选择比自己文化程度高的人为配偶的"高攀"现象，十分突出（小学占 61.10%、初中 54.79%、中专 70.22%、高中 24.06%、大专 36.31%），而且文化程度低的新移民的"高攀"的愿望更明显，我们还注意到，"高攀"者的行为又非常实际，主要选择与自己文化程度相近的人结婚。即使大专、本科中的"低就"求异，多数人也要求配偶的文化程度相近，新移民选择高中文化程度的配偶比选择中专和初中的要多。

2. 职业

职业是婚姻中一个非常重要的择偶条件，它直接关系到双方婚后的经济状况和家庭的社会地位。五邑侨乡的新移民属体力型的人口集团，对配偶职业条件的选择很有特点。

本文依据的 776 个分析样本中，有 108 对夫妇（含新移民 27 人、外国公民 81 人）因为其中一方的职业情况不明，难做比较，其余 668 对夫妇从事的职业很广泛，新移民除待业人员外，有 19 种职业，国外配偶职业更达 30 余种之多。为避免分类过细，影响对其特点的把握，根据职业类型并参照 1982 年人口普查的职业划分，我们对 668 对夫妇的职业进行了归类处理，不同职业的新移民对配偶的职业选择见表 5。

表 5 中的 1、2 类为体力型劳动者，3、4 类属智力型劳动者，"其他"部分很难把它归入哪一类，因为主要是退休人员（32 人）和在校大学生（26 人），后者当然是后备的智力型劳动者，但是前者退休前有的可能是工人，有的可能是技术人员，情况很难断定，故不做比较。

表 5 新移民和配偶职业比较

配偶职业状况	新移民职业状况											
	工人		农民		其他体力劳动者		技术人员		管理人员		待业	
	人数	占比(%)	人数	占比(%)	人数	占比(%)	人数	占比(%)	人数	占比(%)	人数	占比(%)
1. 工人	58	29.15	65	39.39	20	28.57	17	24.64	7	14	32	27.83
2. 其他体力劳动者	85	42.71	67	40.61	32	45.72	25	36.23	20	40	53	46.09
3. 技术人员	19	9.55	11	6.67	8	11.43	7	10.14	6	12	7	6.09
4. 管理人员	21	10.55	7	4.24	4	5.71	17	24.64	12	24	9	7.82
5. 其他	16	8.04	15	9.09	6	8.57	3	4.35	5	10	14	12.17
合计	199	100	165	100	70	100	69	100	50	100	115	100

注:"其他体力劳动者"包括餐饮服务业的厨师,厨工、点心师、售货员、服务员;"专业技术人员"包括教育文化、经济、医疗、法律、工程方面专业技术人员;"管理人员"包括政府机关负责人、办事员、公司职员、商业经理等;"其他"包括退休人员、无业人员、在校大学生(1人)。根据江门市民政局涉外婚姻登记处婚姻登记表整理。

表 5 清楚地告诉我们，新移民对配偶职业的求同特点和求异特点都十分突出。体力型新移民的择偶职业要求，与国内婚姻相同。绝大部分选择 1、2 类体力劳动者为配偶（工人 71.86%、农民 80.00%、其他体力劳动者 74.29%、待业 73.92%），而且选择的职业又主要集中在机械、运输、车衣工人和厨师、厨工、点心师方面，比如工人、农民选择从事餐饮业配偶的分别就有 72 人和 52 人。智力新型移民虽然也表现出一定的求同倾向，技术和管理人员选择 3、4 类智力型劳动者为配偶的分别有 34.78% 和 36%，但是，主要的特点与国内不同，求异选择 1、2 类体力型劳动者的明显比求同者多，分别为 60.87% 和 54%，不管求同还是求异，有一点是相同的，都是主要选择社会地位偏低的体力型职业。

3. 民族、籍贯

20 世纪 90 年代五邑侨乡的新移民都是汉族，他们对配偶的民族要求，具有非常鲜明的求同性，776 位配偶只有 38 人是非汉族的外国人（美国人 19，越南人 7，加拿大人 4，日本、韩国、法国人各 2，老挝、柬埔寨人各 1），占总数的 4.9%。另有 6 名中国香港人的民族属性不清楚，故不予分析。剩下的 732 人都属汉族，占总数的 94.33%。其中，出生在国外和港澳地区的汉族人有 144 人（出生越南的有 71 人、老挝 3 人、柬埔寨 3 人、菲律宾 1 人、泰国 1 人、印度尼西亚 1 人、印度 1 人、马来西亚 2 人、缅甸 3 人、新加坡 2 人、古巴 1 人、秘鲁 1 人、美国 13 人、加拿大 4 人、英国 1 人、中国香港 32 人、中国澳门 4 人），占汉族总人数的 19.67%。

732 位汉族配偶的绝大部分在婚姻登记表填报了自己的籍贯，除 42 人（出生越南的 37 人，老挝 2 人，菲律宾、泰国、美国各 1 人）籍贯不明外，其他 690 人与新移民的籍贯同镇 119 对（17.25%），同市 287 对（41.59%），同地区 113 对（16.38%），同省 128 对（18.55%），省外 43 对（6.23%）。

新移民对籍贯的要求，从地理上看，呈现出"向心状"的特点，2/3 以上的新移民，选择祖籍五邑地区的人为配偶；其中，祖籍"同市"以内通婚的，占总人数的 41.60%；祖籍"同镇"结婚的人比"同地区"的还要多，如果考虑到有的人填表时的随意性（在婚姻登记表"籍贯"一栏中，有的详细填写到镇，有的只简单填写了所在市），祖籍"同市"

的人中可能还有"同镇"的，那么"同镇"通婚的实际比例似乎更高一些。除同地区外，同省是新移民的首选目标，与祖籍外省通婚的人最少。

上述文化程度、职业、民族、籍贯的分析，使我们看到新移民在择偶时，一般都趋向于选择条件相同或相似的人结为夫妻，这种"同类匹配"的心理和行为与国内婚姻的择偶模式是一致的。同时，在文化程度和职业选择中，也存在"高攀""低就"的"异类匹配"现象，这同样是当代中国婚姻的特点。中国现代婚姻文化对新移民涉外婚姻观念和行为的影响之深，由此显而易见。

新移民对待择偶条件的相同或相似要求，当然与他们重视婚后生活的物质条件，希望改变自己和家人的经济与社会地位有直接的关系。文化程度方面的求同、"高攀"就反映了新移民对配偶的社会地位、职业、收入、未来发展前景、个人能力的综合考虑，因为一个人受教育的程度与这些方面是直接相关的。至于从事智力型职业的新移民选择体力型劳动者为配偶，更是出于同样的动机。同时，我们应该看到，新移民表现出的择偶模式，也反映了他们对婚姻质量的关心，与国内婚姻相比，新移民涉外婚姻在结合的途径上，给他们相互之间的直接了解、感情的建立带来了障碍。文化程度、职业、民族、籍贯的"同类匹配"现象，说明新移民仍然希望通过间接途径来了解对方，考察对方，尽量缩短双方感情、生活习惯等方面的距离。他们相信"同样的文化背景、同等的受教育水平、同样的生活方式或社会地位，会使婚姻更美满"。因为一般来说，文化程度、职业、民族、籍贯相同或相近的人之间，共同的价值观念、生活方式、脾气秉性、兴趣爱好，以及语言、志向……更多一些，双方能更好地相互适应，更容易生活在一起。"异类匹配"的"高攀"求偶，不是越高越好，强调相近，就很能说明问题。

三、择偶方式分析

择偶方式分析：在涉外婚姻的决定过程中，新移民居自主地位。

择偶方式表达了新移民在婚姻缔结过程中自主权的大小，这是考察新移民对待涉外婚姻态度的一个重要方面。

20世纪90年代五邑侨乡新移民的择偶方式除27人情况不明外，其他 749 人分为三类："亲友介绍"的 651 人，占 86.92%；"自己认识"的 97 人，占 12.95%；经婚姻中介机构（珠海市侨乡婚姻介绍所）介绍的 1 人（样本 413），占 0.13%。下面主要分析前两种择偶方式。

"自己认识"的情况是多样的：有的是街坊、同乡（如样本 005、442），有的是师生（样本 043），有的是中学同窗（样本 172），有的是同一个单位的同事（样本 104），多为外国公民在广东投资办厂开公司，还有的是在外国公民回国旅游时相识的（样本 659），这种在工作、学习、生活中相识进而相爱的方式，更多地体现了新移民的个人意志和愿望，最终选择的决定权一般掌握在他们自己手中。

"亲友介绍"中是亲戚介绍的多，还是朋友介绍的多，受资料的限制无法进一步区分。从涉外婚姻的特殊性来看（多是在国外的亲友向新移民介绍），可能亲戚介绍的占大多数。这是否说明，在该类方式下，新移民的涉外婚姻主要是从家庭利益出发，很少考虑个人的愿望和要求，由于缺乏对新移民择偶自主权的调查资料，难以对此做出直接的回答，不过有些现象似乎可帮助我们从旁予以揭示。例如，婚龄差反映出大部分新移民对待涉外婚姻的较平常心态，择偶条件反映出多数新移民希望通过间接途径缩短双方感情、生活方式的距离以克服直接途径的障碍，似乎说明以"亲友介绍"的方式也很重视新移民本人的意见，并非主要从改变家庭的经济、社会地位考虑。再具体分析这种择偶方式，有两点应当看到。其一，有的在介绍以前就相识。如样本 108 男方移民国外前原在恩平市政府工作，通过女方外婆（同事）认识了对方，后经人介绍建立恋爱关系。样本 172 双方在介绍以前就是同学。由于对方早有直接的了解，介绍更多地成为一种形式，新移民个人的意见比较重要。其二，作为介绍人的亲戚大都住在国外，他们不仅具体知晓新移民的条件，而且对拟介绍者的情况有一定直接的了解，虽然不排除有的人"包办"，但是绝大部分介绍人是自觉或不自觉地从双方条件的相同或相似角度考虑并予以介绍的（择偶条件的分析已经证明了这一点）。也就是说，他们也较重视新移民本人的意愿。尤其是他们希望自己的亲人出国后生活比较稳定，在新移民多数人语言存在困难，只能适应体力劳动职业的情况下，新移民本人对这桩婚姻的态度就显得更重要了。因此，笔者认为"亲友介绍"仍然属于自主婚姻，最终选择的决定权仍然主要掌握在新移民自己手中。这并不否定家人

（尤其亲戚介绍人）意见的重要性，可见新移民重视家人意见的程度应该比"自己认识"的高。

明确了新移民在涉外婚姻决定过程中的地位以后，我们对前述新移民运用择偶权所表现出的对待涉外婚姻的心态和行为的分析，就有了更可信的基础。

（原载《南方人口》1997年第2期）

九十年代广东五邑侨乡涉外婚姻移民的人口构成

涉外婚姻产生的移民是广东新移民的重要组成部分,分析其人口构成,有助于人们从侧面认识新移民的特征,以及如何进一步做好新移民工作。

本文以 1994 年江门市及下属新会、台山、开平、恩平、鹤山五市(即五邑)在江门市民政局登记的 776 位与外国公民(包括外籍华人)结婚的中国公民为分析样本。当年这类登记者超过与海外华侨结婚的人数,它们与新移民的身份更为接近。20 世纪 90 年代涉外婚姻的登记者中,与港澳台同胞、海外华侨结婚的大多数人需要经过多年才能出境与配偶团聚,而与外国人、外籍华人结婚者最迟一年半即可出境。到 1996 年,他们中的绝大部分已经成为新移民,以此考察 20 世纪 90 年代五邑地区同类新移民的特征应当是可行的。

一、性别年龄构成

性别与年龄构成以新移民个体的生理特征为标准,是对这一人类集团人口形态比例关系的反映,也是人口构成中最基本的部分。

根据 1994 年婚姻登记者性别的统计,女性有 645 人,占样本总数的 83.12%;男性有 131 人,占 16.88%。这说明涉外婚姻产生的新移民中,女性仍占有绝对优势。同时,与 20 世纪 80 年代相比,涉外婚姻中男性移民的增多,是一个值得注意的现象。以占样本总数 59.79%(464 人)的台山市为例,从 1980 年起,涉外婚姻中已出现男性移民的现象,并逐年增多;1983 年就有 4 名美籍女华人与台山男青年登记结婚[①];到 1994 年,台山市涉外婚姻中,与外籍女性公民结婚的中国男性公民达到 76 人。这

---

① 参见吴行赐、李真《"金山客"回唐山择偶成亲现象剖析:台山县近年涉外婚姻问题研究》,载《开放时代》1985 年第 2 期,第 36 – 39 页。

一变化是女性华人回乡择偶寻亲人数上升趋势的反映,更是20世纪80年代已加入所在国国籍的女性新移民回乡择偶进入快速增长期的结果。1994年登记的76位国外女性配偶中,外籍女性4人(这也是一个新的现象);女性华人中有3人为华裔,出生在美国;43人为1979—1990年的新移民(绝大部分为台山籍),另外的26人或为20世纪五六十年代的移民,或情况不明。如果把女性华侨回乡寻亲的因素也考虑在内,那么20世纪90年代五邑侨乡涉外婚姻中的男性移民数量更大,增长趋势更为明显。

776位新移民的年龄是依据登记表中的出生年份推算所得,有的可能是虚岁,有的是实岁。他们的年龄分布在20—59岁的年龄段,序列连贯。年龄构成见表1。

表1 新移民的年龄构成

年龄组	人数	占比（%）	女		男	
			人数	占比（%）	人数	占比（%）
20—24岁	316	40.7	299	38.5	17	2.2
25—29岁	210	27.1	176	22.7	34	4.4
30—34岁	148	19.1	110	14.2	38	4.9
35—39岁	44	5.6	33	4.2	11	1.4
40—44岁	29	3.7	15	1.9	14	1.8
45—49岁	13	1.7	5	0.7	8	1
50—54岁	6	0.8	3	0.4	3	0.4
55—59岁	10	1.3	4	0.5	6	0.8

资料来源：根据江门市民政局涉外婚姻登记处1994年登记材料整理。下表未注明资料来源者,同此,不另注。

新移民的年龄构成有以下两个特点。

(1) 30岁以下的新移民占有相当大的比例(67.8%),50岁以上的只有2.1%;776人的平均年龄为27.87岁(女性26.70岁、男性29.04岁)。年龄构成类型为青年型。

(2) 女性年龄跨度比男性稍大,从20岁至59岁;男性年龄从22岁至58岁。两者的起始年龄显然受到婚姻法的影响。从年龄变化的向度看,男性占同龄组的比重与女性的差距不断缩小并超过了女性,这在女性人数大大多于男性的情况下是值得注意的现象，似乎男性在年龄上的婚姻适应度实际略大于女性。

二、文化程度构成

文化构成是新移民人口集团质量的反映，表达了他们在祖国受教育的程度。

根据新移民自填的婚姻登记表反映，除了9人（女性7人、男性2人）情况不明外，767人均受过教育，最高学历为硕士。20世纪90年代，五邑地区的新移民属于文化型的移民集团。其文化程度构成见表2。

表2 新移民的文化程度构成

类别	小学	初中	中专	高中	大专	本科以上
人数	36	334	37	299	33	28
占比（%）	4.7	43.55	4.82	38.98	4.3	3.65

注："本科以上"的28人中，有5人（女4人、男1人）是在校本科大学生。

87.37%的新移民接受过中等教育，文化程度的中位数是介于初中与高中之间的中专，与20世纪90年代五邑地区人口的文化程度的结构（见表3）相比，明显高于后者，五邑地区人口的文化程度中位数等于小学①。因此，这类新移民在其迁出地的五邑地区，属于文化程度较高的群体，是中等层次文化型的人口集团。

表3 1990年五邑地区人口的文化程度构成

类别	小学	初中	中专	高中	大专	本科以上
人数	1426488	916813	39191	290043	21113	7459
占比（%）	52.811	33.942	1.451	10.738	0.782	0.276

资料来源：《广东省第四次人口普查手工汇总资料》（广东省人口普查办公室编，1990年1月内部发行）。

注：本表的占比（%）根据《广东省第四次人口普查手工汇总资料》数据推算。

---

① 根据广东省人口普查办公室编《广东省第四次人口普查手工汇总资料》提供的1990年江门市有文化程度人口数（2701107人）推算，依表3判读。

进一步按年龄组的划分,对新移民的文化构成进行考察(见表4),我们发现,20—24岁年龄组高中程度的人数超过初中人数,中专程度人数超过其他年龄组的总和,大专以上程度的人数明显比其他年龄组多;25—54岁各年龄组初中程度的人数(除30—34岁年龄组相等外),都多于高中程度的人数;55—59岁年龄组小学程度的人数超过了同年龄组初中和高中程度的人数。表现出年龄越低、文化程度越高,年龄越高、文化程度越低的规律。高等和中等文化程度的人集中在青年群体。这无疑与改革开放以来五邑地区教育事业的发展直接相关。

表4 新移民年龄组的文化程度构成

年龄组	小学人数	初中人数	中专人数	高中人数	大专人数	本科以上人数
20—24岁	3	117	23	138	31	14
25—29岁	6	111	9	67	15	7
30—34岁	7	62	2	62	4	5
35—39岁	5	22	1	20	1	—
40—44岁	5	12	1	8	—	2
45—49岁	3	4	1	2	1	—
50—54岁	2	4	—	—	1	—
55—59岁	5	2	—	2	—	—

三、职业构成

职业构成是新移民的经济状况和劳动适应能力的反映。

本文依据的776个分析样本中,有27人(女性24人、男性3人)无职业登记资料。可供分析的749个样本中,待业者(包括家庭主妇)115人(女性104人、男性11人),另外的634人的职业构成(见表5)告诉我们:20世纪90年代,五邑地区新移民出国前从事的职业,比较广泛,如技术类人员就有教师、护士、会计、出纳、银行职员、导游等职业。同时，其从业类型又非常集中。从事生产、运输工人和有关人员，从事农业人员和各类技术人员的数量分居第一、第二、第三位，比例高达77.76%。此其一。其二，新移民的职业构成仍然属体力型，有相当部分从业人员从事的是主要体力而不是技术的职业。按1982年全国人口普查职业分类的体力型、智力型统计标准，表5中第4项至第8项体力型职业从业人员有509人[①]，占总从业人数的80.28%。在居第一位的从工人员中，也有一半多是不识字者都可胜任的车衣工（127人）。其三，各类专业技术人员超过商业、服务业人数，是20世纪90年代五邑地区新移民中一个值得注意的现象，说明新移民的素质有了较大的提高。这至少是因婚新移民的特征之一。

表5 新移民的职业构成

职业分类	人数	占比（%）
1. 各类专业技术人员	69	10.88
2. 国家机关、企事业单位负责人	14	2.21
3. 办事人员和有关人员	42	6.62
4. 商业工作人员	22	3.47
5. 服务性工作人员	36	5.68
6. 农业人员	184	29.02
7. 生产、运输工人和有关人员	240	37.86
8. 个体劳动者	27	4.26

注："各类专业技术人员"含在校大学生5人。

四、结论

上述人口构成分析揭示，20世纪90年代，五邑地区新移民具有青年型、中等文化型、体力型的特征。这对五邑地区海外华人华侨的发展有重要意义。

首先，以青年为主的新移民扩大了海外华人华侨的育龄人群，会对其人口增长及构成产生一定的影响。其次，这些新移民长期生活在祖国，共

---

① 本文把个体户归入体力型职业。

同的社会经济条件、生活方式、地理环境、语言、习俗等，使他们形成了共同的心理特征；家庭教育、社会教育和系统的学校教育，使他们大致形成了固定的思维方式和价值观。心理素质的共同性和稳定性，势必影响新移民在居住国的行为方式和抗非民族文化同化的能力，他们的自我意识和民族归属感强，还会对华裔的民族、文化认同产生一定的影响。① 最后，新移民的青年型及体力型特征，为迁入国提供了廉价的劳动力，对其经济和社会的发展起着一定的推动作用。

同时，也应该看到，五邑地区的新移民受教育的程度虽然在国内是比较高的，但是在迁入国属于偏低的情况，而且大多数是下层劳动者，多数人存在语言障碍，劳动能力较弱，在迁入国择业余地不大，一般只能从事依靠繁重体力劳动的物质生产。这样，五邑地区的新移民就很难进入主流社会，仍然在重复第一代移民的道路。

由此可见，新移民为华人华侨社会注入了新的血液，是加强海外华人华侨与祖国联系的重要纽带，有助于缓解华人华侨社会的"断层"问题。应该成为今后我国侨务工作团结和依靠的重要对象之一。因此，必须高度重视并大力推进新移民的工作。提高新移民的智力因素，有针对性地开展新移民的各种职业技术和语言培训，提高他们在迁入国的社会和经济适应能力，是首要任务之一。

（本文的撰写得到鲁仲金等同志的支持，谨此致谢！原载《南方人口》1996年第4期）

---

① 因婚新移民的配偶有的就是华裔，这些新移民所具有的民族文化心理和行为必然通过日常的生活对家庭成员产生影响。

九十年代广东五邑侨乡因婚移民的地理特征
——广东新移民研究之一

人们一般把改革开放以来通过各种方式移居国外的原中国籍公民称为"新移民"。加强对新移民的研究,是新时期开展侨务工作的客观需要,同时可以拓宽华侨史的研究领域,丰富华侨史的研究内容。

因婚而进行的国际迁移是新移民的重要组成部分,分析其地理特征,对于揭示新移民的内在机制无疑有很大的帮助。

一、资料来源及处理方法

涉外婚姻在我国是一个外延比较宽泛的概念。目前,港澳台同胞与内地公民、华侨与国内公民,以及包括外籍华人在内的外国公民与中国公民的婚姻,均由民政局涉外婚姻登记处负责办理登记手续,颁发结婚证书。从 1985 年起,广东五邑侨乡台山、开平、恩平、新会、鹤山等市的涉外婚姻登记,由广东省民政厅下放到地方民政局承办:港澳同胞及海外华侨的婚姻登记在各市民政局办理,台湾同胞及外国公民与内地或中国公民的结婚证书则统一归口由江门市民政局发放。根据江门市民政局提供的数据,1990—1995 年,五邑侨乡涉外婚姻登记总对数为 16321 对。其中,与港澳同胞结婚的有 5785 对,与台湾同胞结婚的有 200 对,与华侨结婚的有 6118 对,与外籍华人结婚的有 3973 对,与非华人的外国公民结婚的有 245 对。年度变化见表 1。

表1　1990—1995 年涉外婚姻涉及人数年度变化

类别	1990 年	1991 年	1992 年	1993 年	1994 年	1995 年
	人数	人数	人数	人数	人数	人数
港澳同胞	1039	841	934	945	945	1081
台湾同胞	8	14	43	52	38	45

续表

类别	1990年 人数	1991年 人数	1992年 人数	1993年 人数	1994年 人数	1995年 人数
海外华侨	1137	1249	964	1116	751	901
外籍华人	365	526	620	935	745	782
非华人的外国公民	5	38	93	46	31	32
合计	2554	2668	2654	3094	2510	2841

可见，五邑地区涉外婚姻居第一位的是海外华侨，外籍华人为第三。同时又存在这样一个变化：港澳同胞和海外华侨回乡结婚的人数似乎比较稳定，台湾同胞和外国公民则明显增加。

本文对新移民地理特征的分析，拟选择中国公民与外国公民（包括外籍华人，下同）结婚的夫妇为样本。这样做是基于如下考虑：一是，中国公民领取了结婚证书不是马上就能出国，只有与外国公民结婚的中国公民才可能较快地移居国外。因为各国办理本国公民配偶的移民签证一般优先于侨民配偶的移民签证。据民政和公安部门介绍，外国公民为初婚者，其配偶可在半年至九个月间出国，为再婚者则多至一年到一年半；与海外华侨结婚者，则需等待更长的时间才能夫妻团聚。例如，1992年8月与美国永久居民结婚的中国公民的移民签证，一直排到1996年2月才到期。即便与台湾同胞结婚的内地公民也要等待一个相当长的时间。因此，登记者与新移民不能完全等同，只有与外国公民结婚的中国公民的身份才与新移民更为接近。二是，与港澳台同胞结婚者的迁移方向一目了然。与五邑侨乡的中国公民结婚的海外华侨，其地理分布与外国公民基本上是一致的。因此，可以通过后者来揭示新移民的地理特征。

在中国公民与外国公民的婚姻中，又以1994年的776对登记者为分析样本。因为这一年的总人数在六年中，不是最多的，也不是最少的，而且这类婚姻的对数超过了海外华侨，以此为据，分析的结果应该具有一定的代表性。

二、新移民迁出地的分布特征

1994 年，776 对登记者样本中的中国公民分布在五邑各市。但是，很不平衡。仅台山一市就有 464 人，占样本总数的 60%。其他五个城市中，开平市有 156 人，占五市之和的一半。此外，江门市 51 人、新会市 47 人、恩平市 35 人、鹤山市 23 人。

进一步从各市内部来看，新移民迁出地的分布同样具有不平衡的特点。

台山市的分布相对其他市而言，比较广泛，在该市的 24 个镇中，有 19 个镇产生了新移民。这些镇之间新移民的数量差距很大，像北陡、那扶、公益、深井等镇只有几个人，海晏东、中、西三个镇 13 人，而市政府所在地的台城镇就有 124 人。这种差距在地理上也得到突出的反映，产生新移民 10 人以上的 12 个镇——台城（124 人）、端芬（49 人）、斗山（46 人）、三合（40 人）、冲蒌（33 人）、白沙（28 人）、四九（27 人）、三八（22 人）、广海（22 人）、大江（19 人）、水步（16 人）、都斛（15 人）集中分布在台山中部大同河流域的平原以及北部益河、新昌水两岸的平原丘陵地带，这里也是台山市经济文化最繁荣的地带。

开平市新移民迁出地的分布从表面上看似乎也很广，该市 17 个镇中仅三个镇无新移民产生，但是结合数量来看，新移民迁出地的集中性较台山市更突出，市政府所在地的三埠镇就占了一半，达 83 人。10 人以上的赤坎（16 人）、赤水（14 人）、百合（12 人）、蚬冈（10 人）四镇除赤水镇外，都与三埠镇相距不远，集中分布在开平市中部潭江两岸的冲积平原。

其他四市迁出地的集中性与开平相似，市政府所在地都占一半以上，分布面比开平市要窄。江门市的 51 人全在市区内，所辖的外海、潮连未见。新会市移民迁出地涉及 21 个镇中的 11 个镇，47 人中，会城镇有 24 人，几乎占一半。恩平市 17 个镇，只 6 个镇有新移民迁出，而这 6 个镇又集中在恩平东北部潭江支流锦江所经的平原丘陵地带；该市的 35 位新移民中，恩城镇有 18 人。鹤山市的 23 人，基本上迁自沙坪（12 人）和合成华侨农场（5 人）。

综合江门等六市迁出地的分布特点，各市政府所在地迁出移民最多；

农业开发条件和工业基础好，文化繁荣的平原丘陵地带迁出地的分布最集中。

三、新移民迁入地的分布特征

首先，我们把五邑地区作为一个整体来考察新移民的流向结构，其分布的基本格局见表2。

表2　五邑地区新移民的分布情况

数量	北美洲	南美洲	大洋洲	欧洲	亚洲	总数
移民人数	690	22	34	22	8	776
百分比（%）	88.92	2.83	4.38	2.83	1.04	100

由表2可知，20世纪90年代五邑地区新移民分布在除非洲以外的各大洲。同时，迁入地分布的不平衡性也非常突出：北美洲集中了绝大多数的新移民，南美洲等四洲移民数量之和远不能与之相比。

从国别统计上来看，上述分布特点是由迁入国移民数量的明显差别决定的。接受五邑地区新移民的国家和地区共有23个：北美洲3个（美国、加拿大、多米尼加），南美洲7个（委内瑞拉、秘鲁、巴西、巴拉圭、哥伦比亚、厄瓜多尔、荷属阿鲁巴），大洋洲3个（澳大利亚、新西兰、斐济），欧洲6个（英国、瑞典、法国、挪威、比利时、丹麦），亚洲4个（新加坡、日本、韩国、越南）。各国迁入的新移民数量多寡悬殊，美国接受的新移民达573人，远远超出其他22个国家和地区新移民的总和。加拿大居第二位，有116人。

各迁入国的移民数量不仅决定了各大洲之间的不平衡，而且形成了各大洲内部迁入地的集中性。北美洲已如上述，南美洲7国中委内瑞拉迁入16人，大洋洲迁入国主要分布在澳大利亚（19人）和新西兰（12人），欧洲的新移民集中在英国（16人）。

经过进一步的考察，新移民迁入人数居前两位的国家是美国和加拿大。

在美国，新移民分布范围广，达22个州，主要迁入西部的加利福尼亚州（215人）、华盛顿州（25人），东部的纽约州（158人）、马萨诸塞州（37人）和中部的伊利诺伊州（30人）。移民的聚居性在各州内部同样存在。例如，在迁入移民最多的加利福尼亚州中，旧金山（三藩市）有97人，洛杉矶市也有57人。迁入纽约州的158名新移民基本上都居住在纽约市，迁往马萨诸塞州的新移民集中在波士顿市和马萨诸塞州（麻省），伊利诺伊州则集中在芝加哥市，华盛顿州集中在西雅图市。即使新移民数量不多的一些州也具有这个特点。例如，佛罗里达州8名新移民聚居在迈阿密市，内华达州5名新移民聚居在拉斯维加斯市。

在加拿大，116位新移民主要迁往安大略省（45人）、不列颠哥伦比亚省（30人）、魁北克省（11人），以及马尼托巴省、阿尔伯达省和萨斯喀彻温省（三省共有30人）。各省内部分布也很集中。安大略省以多伦多市最多（34人），不列颠哥伦比亚省则聚居在温哥华市（30人）。

其次，结合五邑侨乡各市考察新移民迁入地的分布情况，可以看到如下两个特点。

第一，各市新移民流向略有区别，最典型的是台山和恩平。台山市新移民流向最多，迁往14个国家，美国和加拿大是主要流向，大洋洲是澳大利亚和新西兰，欧洲是英国，台山市代表了五邑侨乡新移民迁入地的特点。开平、新会、江门市区和鹤山与台山相似，只是迁入国不如台山多。恩平市新移民主要迁往美洲的美国、加拿大、多米尼加、委内瑞拉和荷属阿鲁巴。国与国比，移往美国最多（16人），其次是委内瑞拉（12人）。值得注意的是，1994年与委内瑞拉公民结婚的16位中国公民里面，恩平市占有绝对数量，似乎美国并不是恩平市新移民的第一择居国。这里有一个说服力较强的旁证材料。据江门市公安局提供的数据反映：1988—1995年的八年间，以"探亲"为由办理护照去委内瑞拉的，江门市共有1965人，其中，恩平市有1604人；以"定居"为由办理护照的共有4166人，其中，恩平市有3470人。而同时期，恩平市办理护照准备去美国的分别为175人和1098人。这些办了护照的人虽然至今也还有人没有跨出国门，探亲者并不都有移民倾向，但是，这些数据明白无误地证明了委内瑞拉在恩平市新移民迁入地中的绝对重要地位。如果无大量同乡亲友在委内瑞拉，就不会有这么多的人申请去那里探亲定居。

迁入地最集中的是鹤山市。该市23人，除2人与瑞典公民结婚外，16人与美国公民结缘，5人与加拿大公民联姻。瑞典并不是鹤山市新移民的持续迁入地。1994年9月28日，与瑞典公民登记的两对婚姻（样本

632、样本633）有一定的特殊性。这两位中国公民姓滕，是兄妹，原籍广西，出生在越南。1978年，因越南排华而来到鹤山合成华侨农场工作，其亲人有的以难民身份去了瑞典。两位瑞典公民也是越南难民，分别于1988年和1989年经香港去了瑞典，在同一所学校读书。1994年，他们由滕氏兄妹在瑞典的二姐夫介绍相识，来中国成亲。这两对婚姻具有团聚的性质。江门市公安局提供的材料也反映：1988年以来，申请去瑞典探亲、定居的鹤山人各有1位。由此似乎可以说明，鹤山市因涉外婚姻进行的新移民与其他几个市不同，迁入地集中在美国、加拿大。

第二，五邑各市在美国和加拿大的新移民都具有集中性，共同聚居在几个州，见表3。

表3　五邑地区涉外婚姻新移民在美国的分布情况

国别/州别	台山人数	开平人数	江门人数	新会人数	恩平人数	鹤山人数
在美国的总人数	369	109	38	25	16	16
加利福尼亚州	141	56	8	5	3	2
纽约州	104	13	11	13	6	11
在加拿大的总人数	58	32	7	10	4	5
安大略省	23	13	1	5	1	2
不列颠哥伦比亚省	11	6	6	3	3	1

美国的加利福尼亚州和纽约州是聚集五邑侨乡新移民最多的地区，这一点并不因为1994年江门、新会、恩平、鹤山四市的统计基数比台山、开平两市少而改变。同时，这些新移民又集中在美国这几个州的几个城市。例如，五邑各市迁往纽约州的新移民聚居在纽约市，聚居在美国旧金山和洛杉矶的新移民也占各市在加州人数的绝大多数。加拿大不列颠哥伦比亚省的新移民大多择居在温哥华市。

结合迁出地和迁入地的基本格局，可以得出这样一个认识：20世纪90年代，五邑侨乡涉外婚姻新移民的地理特征是历史时期移民地理特征的延续，新移民仍主要产生于传统的侨乡村镇；新移民既散布在世界各地，又巩固了传统的聚居区。"台山是美洲华侨之乡"仍是新时期五邑地区跨国移民的现实。传统的主要依靠在外亲友介绍认识的方式无疑是延续这一地理特点的直接原因。

在新的历史条件下,五邑侨乡新移民迁入地也呈现出一些新情况。随着日本、韩国在广东投资的扩大,以及越南难民在迁入国的发展,越南归侨在五邑华侨农场的安置等新因素的介入,与五邑侨乡结婚的外国公民来源地较过去有所扩大。尽管目前它们在新移民的地理特征上表现得还不突出,但是,必将引导新移民分布的多向性发展。

(本文的撰写得到鲁仲会等同志的帮助,谨此致谢!原载《华侨华人历史研究》1996年第3期)

多元荟萃，交流融汇
——澳门文化散论

在学者们的眼中，澳门是16世纪至18世纪中西贸易的重要国际港口城市、天主教在远东最重要的传教基地、中西文化交流最重要的枢纽之一，它拥有中国历史上的许多个第一：亚洲第一所西式医院、亚洲第一所西式大学、远东第一所印刷厂、中国境内第一份报纸等。如果要感性地体验它，最好的办法是放弃走马观花的乘车方式，背上行囊，手持一张澳门地图，穿街过巷，沿途真切、直观的收获可以大大抵消步行的疲劳。

澳门是一个小而精致的城市，非常适宜漫步旅行。穿行在城市心脏——新马路两旁具有岭南风格的骑楼下，可以遮阳、避雨、挡风。万花筒般的诱惑也迎面而来：高高耸立的大西洋银行大厦与建于1902年的老楼前壁和谐有机地融为一体，不禁让人感受到澳门人对历史的尊重；主教堂前的级级石阶，记述着几百年来教徒们做礼拜的虔诚；议事亭前地、板樟堂前地和营地街市构成的政治、商业、宗教三位一体的空间综合体，是亚洲独一无二的具有南欧中世纪城市心脏地带空间特征的建筑群落，今天依然葆有蓬勃的活力；议事亭前大面积用葡式碎石铺设的地面，形成了澳门独特的城市风格和标志；有近80年历史的中央酒店高楼，已经失去了当年作为博彩中心的风光，见证着澳门博彩娱乐业的"后浪推前浪"；修饰一新的福隆新街在这昔日繁华的烟花之地，大红色的门窗、遮阳窗扇和白白的素墙形成强烈的反差，依稀散发着当年灯红酒绿、风花雪月的气息。

澳门更是一座文化底蕴深厚、文化色彩斑斓的城市，这是它最大的魅力。与其他同样承载着中西文化底蕴的城市不同，澳门文化更贴近生活，非常的平民化，感受澳门文化最好的地方是在高楼后的小街古巷。由大街转入宁静的小巷，走走停停，不时会有惊喜的发现，或是一处墙面、门窗斑驳的中式老宅，或是一座香火不绝的庙宇，或是一幢风琴声依然悦耳的教堂，或是一棵浓密树荫如华盖的古树，或者拐过一个巷口，一组葡式建筑突然出现在眼前，类似欧洲中世纪广场的公共空间豁然开朗，调节了城市的节律……哪怕是石砌的围墙上一盏盏欧洲古典风格的路灯,都会让人驻足观赏。物换星移,却抹不掉澳门民众的群体记忆。

流连于澳门的大街小巷,那是一种烦嚣中宁静的享受,独有的澳门文化并不是远离普罗大众的象牙塔那么高不可攀,它与整座城市共呼吸,与这座城市民众的日常生活水乳交融,不可割离,随处可见、可触、可感。它更像涓涓的细流一点一点地沁入心田,滋润着城市人浮躁功利的心灵。澳门就是这样安静平易得让人感到亲切,令人时时想亲近它,想探究它无限魅力的秘密。

一、澳门文化的多元汇流

到澳门做文化之旅,最强烈的感受自然是这个城市文化的多元性。直观感受到的建筑群落,在表现形式上,有中式的庙宇、大宅,有西式的教堂、高楼、剧院、炮台;其建筑风格则丰富多彩,有中国岭南风格的庙宇和清末院落式风格的富商宅第,也有巴洛克式、南欧式、印度式和外观为西式新古典主义或折中主义而内部具有强烈岭南住宅特色的中西混合风格。透过建筑群落,我们感触到的是澳门民众精神生活中,中国儒、道、佛文化及民间信仰与西方宗教信仰的相互尊重与包容。澳门是多元文化和平共存的最佳范例。

如果仅仅点出澳门文化的多元性,似乎有些浅尝辄止的感觉。澳门文化的多元性实际上表现为中外不同国家、不同地域、不同宗教、不同传统的文化在此交汇。

移民是促成中外文化在澳门交汇的媒介。

早在5000多年以前,澳门已经有了土著居民,这些先民过着渔猎的生活,创造着海洋文化,澳门的地理环境为先民们的生活和文化传统打下了深深的烙印。

迁入澳门的岛外华人,最早来自广东,这当然是广东人得了地利之先,时间不晚于明朝正德年间(1506—1521),也就是16世纪的初期。因为正德年间,福建移民在澳门望厦村集资建造普济禅院的最初动机,就是由于拥有同村观音古庙的当地人排挤外来人在观音诞辰进庙膜拜,只许本地村民进香,只好另起炉灶。这些控制了古观音庙的本地村民,应该多数为广东移民。这些广东移民主要来自珠江三角洲的广府地区,广府也是后来陆续迁入澳门最多的广东人的迁出地。在清朝乾隆前期出版的《澳门纪略》中，记载澳门与内地的联系，水路有"省渡、石岐渡、新会江门渡"，意思是澳门与今天珠江三角洲的广州、中山、江门、新会交通很便利。这就不难理解为什么澳门的"工匠、店户，则多粤人"了。其实早在明朝万历年间（1573—1620）就有地方官员提到，在葡萄牙人的"通事"中，就有提及广东的东莞人、新会人。明清时期的文献涉及的广东人，集中在珠江三角洲地区。

从岛外前来的华人第二大群体，是福建移民。他们或是走海路，乘船而来；或是先在珠江三角洲落脚，再南下。其中，香山县（今天的中山市）在宋元时期就已经有福建移民来此落户定居了。他们在香山形成了隆都、东乡、三乡三大福建人聚居区，这些福建人来自闽南，以刘、黄、郑三姓为主。根据20世纪90年代的调查，这三大片区说闽南语的人口还有14多万人。澳门在历史上归香山县管辖，福建人到了香山县，逐渐向南移居澳门是自然成章的事情。福建人南来澳门，发展成为澳门华人中的第二大群体。明朝万历年间（1573—1620），在葡萄牙人"通事"中就有提及福建漳州人、泉州人，而且商人中以福建人势力最强，"大蠹则在闽商，其聚会于粤，以澳门为利者，亦不下数万人"①。《澳门记略》也说："商侩、传译、买办诸杂色人，多闽产。"

除了广东、福建移民之外，来自内地的还有浙江等地的移民，不过他们的数量很少。

从16世纪中期开始，外国移民迁入澳门，使澳门居民的构成更加多元复杂。最早进入澳门的外国移民主要是来自东南亚的商人，而且在数量上形成规模，在澳门文化中打下深深的烙印。不过，对澳门的发展产生了深远影响的还是葡萄牙移民，他们最早在澳门建房屋、盖教堂、修街道、筑城墙、垒炮台，将一个渔村变成了"华洋杂居"的国际城市。此外，还有来自西班牙、荷兰、英国、法国、意大利、比利时、丹麦、瑞典、日本、印度、暹罗、菲律宾、马来亚、越南、印尼、柬埔寨甚至朝鲜的移民。当然，作为外国移民主体的应该是葡萄牙人。

移民不仅仅是人口的位置移动，更是一种文化的传播。国内外主要移民群体的构成，引导我们更深入地认识多元文化属性。

---

① 严从简：《殊域周咨录》卷九。

广东、福建移民虽然带来的都是中国传统文化，但是我们知道，中国地域广阔，不同区域、不同民系相互之间存在明显的文化差异。澳门的广东移民和福建移民，就分别属于珠江三角洲的广府文化区和闽南的福佬文化区。广府文化尚鬼敬神，每家都是一个人神共居的空间，入门有门官，堂屋有观音、白帝、天后、华光、关帝、金花、马王神，卧室有阿婆神、水井有井神，厨房有灶神，厕所有紫姑神；继承南越人杂食习俗，天上飞的、地上走的、水中游的，无所不食；面向海洋，性格开放，易接受新事物，乡土观念很强。福佬人迫于地狭人稠，人口与资源、环境的矛盾突出，很早就有人出洋谋生，培育了开拓、创造精神，因此福佬文化极富经商意识和竞争意识，甚于广府。同样，福佬文化也非常敬奉神明，祭神活动遍及千家万户，各种消灾降福的正神都受到祭拜，连凶煞恶神也得到赔情，希望厄运远离人群。福佬文化具有深厚的中国传统文化底蕴，其最具特色的工夫茶表达了福佬人饮茶的民俗美、艺术美和程式美，饮茶演变为一种艺术。广府文化和福佬文化进入澳门，既形成了澳门人祭拜各种神明的共同特点，又在不同的方面做出了各自的贡献。澳门中式普通民居和大户宅第的平面布局以三间两廊为主体，这是珠江三角洲传统民居的普通形制；而妈祖文化的流行则是福佬文化的遗传和发扬光大。

同样，更深入地看，澳门的外来文化也有不同的属性，不可泛泛而谈。明朝到近代前来澳门贸易和定居的欧亚十多个国家和地区的移民，带来了东西方各自民族不同的职业技艺、不同的文化思想，展示着多姿多彩的文化生活。而作为移民主体的葡萄牙，位于南欧，濒临大西洋，其文化在欧洲与东欧、西欧、北欧有所不同，它与西班牙一样同属于拉丁文化系统，葡语也是拉丁语系。葡萄牙的文化内涵和特征与东方的日本、印度等国的文化相比，更是差别极大。在澳门的外来文化中，葡萄牙文化具有无可争辩的地位。换言之，拉丁文化是澳门外来文化的主体。以语言为例，16—18世纪，葡萄牙语是东方商业的通用语言，直到18世纪中期，随着葡萄牙在中西贸易中的地位逐渐削弱，葡语才被英语替代，所以16世纪以来，在澳门，葡语一直是主要的外语，在澳门的中国人最早学习的外国语言就是葡语。人们用汉字注葡文读音，形成的澳门"洋泾浜葡语"比"洋泾浜英语"的资格更老。

因此，我们是否可以这样进一步描述澳门的多元文化：澳门汇集了东西方多民族多宗教的文化，其中，中国岭南的广府文化、福建的福佬文化和葡萄牙的拉丁文化是澳门多元文化的主干,是澳门文化生态不可缺少的最重要的组成部分。

二、澳门文化的多元表现

多元的澳门文化在表现形态上,首先主要是交汇,其次是融合。

漫步澳门街头巷尾,熙熙攘攘的人流中,黄皮肤、黑眼睛、黑头发的人群与金发碧眼、高眉隆鼻的白种人群相互掺杂,构成了一副色彩鲜明的国际人口现象,各自的特点一目了然。抬头看中式、葡式建筑,低头观整洁的街巷道路,中国传统的石板路与葡萄牙碎石路也是澳门的一道风景。尤其是葡萄牙碎石铺设的路面,从材料、方法、内容多方面都可以感受到浓郁的葡萄牙海洋文化。细小的碎石从葡萄牙进口,一块一块拼接,构成的图案有海洋里的生物,如海马、龙虾、鱼、鲸、贝、螺,也有葡萄牙航海的工具,如古老的帆船、船舵、罗盘,还有骏马上身披风衣的葡萄牙骑士。在这里,你绝不会有与其他城市识曾相识的感觉,也绝不会有形象模糊、难以辨认的困难。

在澳门,人们还会轻易地发现,这里真是庙宇多、教堂多。中国道教、佛教及各种民间信仰神仙都有自己的庙堂。遍布澳门各个角落的40多处庙宇无不是香火袅绕,延绵不绝。外来的基督教旧教和新教的几十座教堂,几百年来向各自的教徒宣讲着教义,互不干扰,塔楼的钟声各自依时敲响,在澳门的上空组成了和谐的乐曲。西方宗教和中国宗教有不同的信仰教规,这种教义的差别在澳门并没有形成宗教冲突。天主教只敬奉上帝,反对崇拜其他任何偶像,甚至反对信徒祭祀祖先;而中国的神仙信仰允许崇拜多神,并且敬畏祖先。观音、天后、关公北帝、谭先仙、医灵、神农、孔圣、鲁班、华光、金花、马王,不一而足,甚至天地、日月、星辰各路神仙无不敬奉参拜。本质上相互对立的宗教文化,却能够在此和平共处,长期共存。

此外,中外不同宗教教堂庙宇相互为邻的现象,其实也是在各自张扬,各自尽力表现,各自争取发展。澳门有86.13%的人口是有信仰的教徒,各自围绕在自己敬奉的神灵偶像周围。各种宗教通过学校、团体、教堂庙宇的活动长期坚持培养自己的信徒,争取壮大自己的队伍。

各种节日繁多,是澳门的又一个特点。这里既有中国各种传统的民俗活动，又有葡萄牙的不少节庆，还有基督教的种种盛典，相互争奇斗妍，各显神通。这些不同民族、宗教的各个节庆，都有自己特殊的程式、活动内容和寓意，是异质文化的充分展示，缤彩纷呈。

澳门社团众多，在世界各国各地区中都是绝无仅有的。澳门的城市人口有40多万，而各种社团就有2200多个，也就是说，平均每200人左右就有一个社团。澳门的社团形形色色、五花八门，有政治的、经济的、劳工的、文化的、公益的、教育的、文艺的、卫生的、体育的、宗教的、社交的、游乐的、街坊的、氏族宗亲的、同乡的社团等，应有尽有。物以类聚，人以群分。人们组建社团最根本的目的是维护自己政治、经济、信仰、社会等各种物质和精神的利益，社团也因此成为保护、延续、发展不同利益人群的平台和工具，它开展的活动即是在增进成员对社团的亲和力，又是在吸引更多的人参加。从文化的角度看，各种社团又无不是对各自文化的坚守和延续。其中，政治的、文化的、教育的、宗教的社团更是承担着保护和发展中外文化的重任。澳门众多社团的存在，实际上就是多元文化共处一岛的表现。

所以，澳门多元文化的表现最突出的，是各种文化都以最适合自己的方式，努力保持自身的文化特色，坚守自己的文化传统，不至于完全被对方取代、消灭、同化。否则，也就没有澳门多元文化之说了。正是中外不同文化坚持了自己的个性，以自己的手段、方式，极力向世人表现自我，宣示自己的存在，扩大自己的影响，才有了今天不同内涵的澳门文化表现。

既然是多元文化的和平共处，也就难免相互影响了。以葡萄牙拉丁文化为代表的外来文化要在澳门生根，如果顽固地坚守本土的特点，而不进行变通，不吸收澳门原生文化的营养，那么它的生存会很困难。同样，面对澳门开埠后的异域文化传入，本土原生的文化要发展，传统要继承，也必须吸收对方的优点和长处，补充自身的不足。在一个文化交汇的环境，不同文化之间相互的学习、吸收是必然的文化现象；绝不会存在原汁原味、完全排斥对方、固守自身文化的现象，这是文化交流发展的规律。因此，澳门文化又存在相互融合的特性。

我们以为，澳门多元文化的融合，有两层含义：一种是表层的相互吸收，另一种是新文化的诞生。

澳门新口岸边高高屹立的观音像，是澳门文化的又一个标志性建筑。

观音是中国宗教敬奉的神灵，但是，仔细观赏这座由葡萄牙人设计的观音塑像，从观音的面像、饰物等方面会发现它已经注入了西洋的风格。同样，在路环的圣方济各教堂的圣母和圣子图中，可以看到的天主教偶像则穿着中式的服装。大三巴牌坊上，天主教的圣母与中国传统的龙构成一个图案，圣经故事的图像旁刻题着"念死者无为罪""鬼怪诱人为恶"的中文箴言。这种"你中有我，我中有你"的文化现象比比皆是、随处可见。在澳门，不同文化的相互影响不限于中西文化之间，还发生在外来文化之间。同样在大三巴牌坊上，我们还看到了西方的百合花与日本的菊花浮雕融于一壁。

因此，我们认为前面谈到的多元交汇的文化，已经不是在中国广东的广府文化、福建的福佬文化和在葡萄牙本土的拉丁文化了，它们与各自典型的母体文化已经有了变异。这种变异来自对其他文化元素的吸收。我们只能说，这些多元不同的文化是"澳门的广府文化""澳门的福佬文化""澳门的葡萄牙拉丁文化"了。

同时，我们还要进一步指出的是，虽然它们在相互学习，吸收对方的文化元素，但是，被接纳的异质文化元素只是进入各自文化的表层，没有对自身文化的深层结构构成颠覆，不同文化的主体没有变，文化主体的属性没有变，其文化精髓还在发挥决定性的影响。我们绝不会将新口岸的观音当作天主教的偶像，因为它是中国的神灵；我们也绝不会因为圣母、圣子穿了件中式服装，就将他们从天主教的圣坛请下来，供奉在道观佛庙，接受道教徒佛教徒的顶礼膜拜；我们更不会因为葡萄牙碎石铺设的路面融进了"中国福""中国金钱"的题材，就误将它当作中国传统的道路文化。中外文化相互吸收的异质文化元素，主要是对自身进行了一个更能适应环境的"包装"，这是为了提高生存能力，更方便、更容易被不同文化的人群所理解和接受，以便扩大自身的影响。这就是为什么我们认为这是一种表层的融合。我们将这种表层的融合视为广义的澳门文化融合。

澳门多元文化除了广义的融合之外，也确实存在文化的突破和文化的创新，也就是我们认为的狭义的融合。从16世纪中期至今，澳门多元文化的接触、碰撞、共存，已经经历了450多年的风风雨雨。在不同文化坚守自身特点的同时，多元文化的土壤也必然生长出吸收众多文化之长的澳门新文化。这也是在一个文化交汇的环境中，多元文化交流发展的必然规律。

澳门土生葡人中的混血后代就是这种新文化最典型的代表之一。这些混血后代是葡萄牙血统与中国血统、葡萄牙血统与日本血统、葡萄牙血统与欧洲其他民族血统、葡萄牙血统与亚洲不同民族血统大融合的结晶，他们在人口的生理特征、心理特征方面都有别于单纯的中国人、葡萄牙人，以及其他的欧洲人和亚洲人，形成了新的族群。这一族群虽然现居于澳门的数量不大，但是不可否认，它是澳门特有的人口文化现象。

450多年不同肤色、种族的人群长期和平共处，使澳门也成为世界各种语言的汇集之地，这为澳门土语的出现提供了肥沃的土壤。澳门土语是澳门特有的语言文化现象，是一种由古葡文、葡文、广州话、英语，以及少许的西班牙语、意大利语混合而成的澳门方言，是澳门土生葡人的常用语言，被他们称为"巴度亚"。作为澳门语言文化创新标志的澳门土语，同样也是澳门新文化的代表。

澳门大街小巷的路牌很有特点，蓝白色调的瓷砖上烧制了葡文和中文两种文字的街巷名称，即不同于内地拼音和汉字的路牌，也不同于香港英语和汉字的路牌，是最典型的中葡文化融合的产物，同样也是澳门鲜明的城市文化标志。像路牌这样融合中外文化为一体的，还有中学和大学的校徽。

在不同文化碰撞的基础上创新出来的这种新澳门文化，真正产自澳门本土，是多元文化融合的见证。

澳门文化的多元表现形态告诉我们：在澳门，文化交汇是主体，简单地强调澳门文化的融合是不恰当的；同时，只讲交汇而看不到实际存在的文化融合，也是片面的。不论是努力顽强地保持自身文化特点的各种中外文化，还是在多元文化环境下取得突破和创新的澳门新文化，都是澳门文化的重要组成部分。

和平共处的各种中外文化和融合创新的新文化，在澳门的政治、文化、社会、宗教、教育等方面的历史发展中，在不同的领域占有不同的表现地位。在澳门回归以前，葡萄牙文化占据了立法、行政、司法等官方领域，澳葡当局的商贸、外交、谈判、行政、法律文书往来都是以葡萄牙文为官方语言，葡文具有法律上的至高地位。澳门回归以后，葡萄牙文化在这些领域的至高无上的地位受到动摇，但是为了落实"一国两制"，从澳门的实际出发，葡萄牙文化仍然保持了惯性的发展，葡文依然作为官方语言与中文具有同等的法律地位。离开官方上层社会来看民间社会，在俗文化领域，中国文化具有强大的影响。澳门人口中，华人占有90%以上，而葡萄牙人不到5%。汉语拥有最大的人群，澳门回归之前，近93%的澳门人说的是汉语，讲葡文的只有1.88%；澳门回归后，说汉语的人数上升到97%，说葡文占有的人数下降到0.7%。即使在葡文具有至高无上的法律地位的回归之前，澳门的教育、餐饮、娱乐、卫生领域主要还是使用汉语和中文，百姓家庭、亲朋、邻里之间交流的语言和文字更是中国的。中国道教、佛教，不仅庙宇的数量超过了西方的天主教和基督教，而且教徒的数量也是西方宗教难以匹敌。

三、澳门文化的形成机理

澳门是中国最早被西方人管治的城市，而且这种殖民管治数百年间一直没有中断。为什么中外多元文化进入后，殖民文化没有控制整个社会，中国文化仍然具有强大的势力？文化交汇是澳门文化主要的表现形态，文化融合则居其次？澳门文化的这种表现，确实是世界文化史上一个很有趣的范例。

我们初步认为，澳门文化的发展演变与澳门特殊的地理条件和葡萄牙的管治方式有直接的关系。

首先，从地理条件和环境来看。明朝嘉靖《香山县志》称："香山，水国也。"澳门只是香山县的一个海岛，孤悬海中。随着西江三角洲的发育，泥沙逐渐堆积，才在香山县与澳门岛之间出现了一条沙堤，这条沙堤叫作"莲花茎"。19世纪40年代以前，澳门半岛还是一个狭长的地区，面积不到3平方千米。即使到20世纪80年代也才15平方千米多。这样一个只有北面与大陆相连的弹丸海岛，土地资源、淡水资源非常贫乏，在农业社会时期要自力更生，这是极其困难的。而澳门背靠的是一个土地辽阔、人口众多、历史悠久、文化深厚的大陆，澳门的人口、文化深受大陆的影响，大陆是澳门的后盾，仅食物淡水一项就完全依赖大陆的供应。也就是说，大陆控制着澳门发展的战略资源。明朝万历年间（1573—1620）在莲花茎建成的关闸，就是明朝政府通过对澳门的食物供应控制澳门的一个重要手段。关闸中央大门上刻写的"畏我威，怀我德"，反映澳门的命脉完全被大陆掌握。特殊的地理位置和环境决定了澳门的发展离不开大陆，也决定了任何澳门的管理者要想实施有效的管治，必须首先考虑处理好与大陆的关系。澳葡当局曾经也想突破明清政府的限制寻求发展，但是，中葡之间发生冲突时，中方的一个撒手锏就是关闭关闸，迫使澳葡当局就范。1636年，葡属印度的官方史学家就曾经发出过这样的直言不讳的感叹：中国皇帝仅需切断粮食供应就足以毁灭我们的城市，原因是再没有其他途径可以获得所需的粮食。

一句话，澳门太小了，对大陆的依赖太深了。在这方面，澳门与香港就有很大的差别，仅香港的面积就比澳门大很多倍。西方有句谚语，叫作"形势比人强"。澳葡当局面对澳门的管治，面对当地的民族文化和民间力量，常常有一种有心无力的无奈。说他们是发自内心地尊重中国文化，宽容地对待不同宗教、不同文化的发展，真诚地想营造多元文化和谐共存的环境，那可能是对一心实施殖民统治的澳葡当局本意的曲解，可能在很大程度上是不得已罢了。

其次，从葡萄牙的海外扩张理念和对澳门的战略目标来看。作为最早崛起的西方殖民主义国家，葡萄牙从13世纪后期开始就依靠强大的海军，向海外进行贸易和探险活动。而葡萄牙就是一个独立于12世纪封建专制的帝国，它的海外扩展是封建王朝生存的支柱之一。马克思在《资本论》中将葡萄牙归属于一个从事海上活动的"商业民族"。到16世纪中期葡萄牙人入据澳门时，欧洲已经出现了资本主义萌芽和文艺复兴运动，但是葡萄牙仍然保持着传统的社会制度和思想意识形态。社会制度的属性对葡萄牙的海外殖民活动目标和管理方式产生了深远的影响。

葡萄牙的海外殖民活动是以垄断欧洲和远东的贸易为最大的战略目标，因为它是一个封建的欧洲小国，生产力发展水平不高，迫切需要对外掠夺，但是，与后来英国基于国内资本主义工业发展的需要，急于向海外拓展商品市场和争夺原材料供应地的殖民扩张不同，葡萄牙的海外扩展仍然保持了中世纪东西方贸易的性质。也就是说，葡萄牙的海外扩张与英国等资本主义国家对海外殖民地的掠夺是有本质区别的。像"主权"这种在17世纪才出现的近现代民族国家的观念，里斯本封建王朝和殖民主义者并不具备，也没有这样的意识。黄鸿钊认为，葡萄牙谋求的是"商业霸权"而不是如后来的英国等是争取"殖民霸权"。这是很有道理的。

既然是为了垄断欧洲与远东的贸易，那么如何获取贸易特权就成为最直接具体的目标。至于如何在澳门进行制度建设、文化扎根、代理人培养等这样一些深层次的考虑，葡萄牙政府就不像英国对待海外殖民地那样用心，那样有整体的布局和安排。从国家层面讲，一直到 1917 年《澳门省组织章程》出台前，葡萄牙封建王朝对澳门几乎没有制定出任何行之有效的特殊政策和管理措施，远在千里之外的里斯本政府对澳门实行着中央集权管理。连 1913 年的澳门总督都抱怨，澳门像这样一直受中央集权统治，千万别想进步。一个殖民主义的所有资本、商业、工业和生活，不能受制于数千里之外那几个政务缠身管理者的喜怒哀乐，他们对澳门情况一无所知，凭空制定的政策只能是幻想。1917 年的《澳门省组织章程》才是最为全面的有关澳门政治、行政、财政、军事和市政组织及其运作的法规，赋予澳门有行政财政自主权。但是，1930 年作为新政海外改革标志的《殖民地法案》的出台，又强化了殖民地管理一体化的中央集中权体制。葡萄牙政府对澳门管理政策的摇摆和脱离实际的措施，严重影响了这个欧洲小国对澳门的长远管治。

因为葡萄牙政府对澳门的企图和管治集中在商业贸易，以保护封建王室的贸易利益为目标，制度建设、文化扎根、代理人培养等方面就不是葡萄牙政府首要考虑的事项，长期以来，葡萄牙政府对这些建设显得有些漫不经心，也就不需要派出这些领域的专业人士前来治理。最早来到的主要是一些被中国人视为十恶不赦的"海盗"。这些海盗与海商有着难以分割的联系，因为入居澳门的早期葡萄牙人就是这样一支海盗兼商人组成的队伍。他们擅长掠夺，而对行政治理并不内行。18 世纪后期，英国人都说里斯本政府对澳门一无所知，那里是流氓和亡命之徒的福地。要依靠这样一些人来进行政治、文化建设和社会整合，无异于缘木求鱼。即使后来葡萄牙政府派出了一些以政治为职业的议员等专业人士，由于葡萄牙的战略目标在于贸易垄断，因此，他们的很多精力都花在了频繁地走上层路线、通关节、建人脉、争取贸易特权等方面，热衷于获得明清政府的好感，建立所谓的"友谊"。1843 年，里斯本当局给新上任的澳门总督的指令就是，以发展澳门的贸易为目标，注意保持与中国政府官员之间的传统联络管道，使中国人对葡萄牙人的好感能够持续发展，从而维护从中国获得的传统贸易权利。武力不是葡萄牙人手中的王牌，行贿倒是他们最惯常使用且百试不爽的手段。葡萄牙学者也指出，澳葡当局的议员一般没有什么文化，毫无政治经验，以礼物、贿赂和屈从来面对华人的压力，试图保持在澳门取得的脆弱的利益平衡。这里所说的他们毫无政治经验，实际上也反映了葡萄牙缺乏像近现代那样以英国为代表的海外殖民政策和管理经验。

其实，葡萄牙对澳门的管治理念和方式，直到 20 世纪还看得出它浓厚的痕迹。与英国在香港思虑深详、布局宏远、精心组织的殖民统治相比，仅以文化、教育、社会领域的管治为例，葡萄牙政府就不像它过去的盟友那样处心积虑、用心尽力。

最后，从葡萄牙在澳门形成的管治传统来看。葡萄牙人在澳门经历了一个由内部自治到殖民管治的过程，分界点是 1846 年。不论是在内部自治时期还是在殖民管治阶段，葡萄牙人在治理澳门时的治理特点与对其他殖民地的治理特点是不一样的。

16 世纪中期，葡萄牙人进入澳门后，逐渐形成了一个以商人为主的管理组织，后来发展为澳葡议事会。关于澳葡议事会对居澳葡萄牙人的内部管理，吴志良有很好的概括。他认为，澳葡议事会与其他葡萄牙居留地不同，它不依靠可以出租的土地物业获得利益，是由居澳葡人自愿捐款和向进出澳门港口的葡萄牙船只收税取得公共事务的经费，自给自足。其事务主要是管理市政卫生、市容，负责葡人社区的治安和司法，支持医院和仁慈堂的运作等。名义上，澳门的葡萄牙人接受数千里外的里斯本王室和法律的管理，实质上，他们是受到明清政府的严格制约。在中葡二元领导下，议事会奉行的是双重效忠原则。居澳的葡萄牙人不这样做是不行的，就像他们自己说的，要么让步，要么饿死。1803 年的澳门主教贾廷诺明确地指出，葡萄牙人在这儿无一寸土地，连购买都不成，甚至不能拆建墙壁或在家中开洞挂窗或修理天花板，这一切都需要得到县丞的许可。可见，澳葡议事会对居澳葡人内部事务管理的授权和权限的大小，主要不是来自里斯本，而是来自明清两朝政府。以交纳地租来换取有限的居澳权和内部管治权。

鸦片战争以后，葡萄牙人极力要改变这种现状，他们想取得英国获得的同样的权益。1843 年，议事会向钦差大臣耆英提出了九项要求，实质就是要变澳门居留地为葡萄牙的殖民地。清朝政府予以拒绝。议事会九条要求的失败，增强了葡萄牙政府在国际强权形势下的失落感，更迫切地希望在澳门能够行使主权。

1846 年，新到任的总督亚马留强制推行领土扩张和新的税收政策。他通过在澳门城与关闸之间开辟一条道路的方式将澳葡的居留区扩展到了关闸，强占了关闸内一华人的土地和财产，最后驱逐了澳门的海关关员，停止向清朝政府交纳实行了 200 多年的地租，占领了氹仔，夺得了澳门的控制权，开始在澳门推行殖民政策。此时的清朝政府处于内外交困的境地，但是，对葡萄牙谋求澳门主权的要求一直没有应允，1887年，终于与葡萄牙签订了对方盼望已久的《中葡和好通商条约》。清朝政府虽然对葡萄牙寻求的利益做出了一些让步，但是葡萄牙追求的完全主权并没有实现，只是得到了"永居管理澳门"的权利，主权仍然被中国政府所拥有。这样的结局是亚马留等殖民主义者做梦也没有想到的。

笔者通过对葡萄牙在澳门的管理方式转变的简单回顾，是要表明这样一个现实：葡萄牙在澳门的管理方式不完全是由里斯本当局说了算，明清两朝政府对居澳葡人的特殊政策才是关键的因素，即使在中国已经很贫弱的情况下，近代葡萄牙人也无法改变在澳门的法律地位，无法改变依附中国政府的客观事实，无法割断澳门与大陆的血肉联系。这是几百年来形成的中葡关于澳门互动的传统模式。

澳门的特定地理环境、葡萄牙海外殖民政策的特点和在澳门的管治传统，决定了葡萄牙在澳门不可能推行英国式的殖民统治，完全压制中国民众的力量，遏制中国传统文化在澳门的传承。中国文化不间断地强势发展也就构成了澳门中外多元的文化格局，构成了中外多元文化交汇的表现形态；如果失去了中国文化的强大支柱，澳门的多元文化局面也将不复存在。

四、澳门文化的地位影响

澳门紧傍珠海，国际化程度很高，450多年形成的澳门文化应该放到中华文明与世界其他文明对话的大背景下来认识。

自从葡萄牙人在16世纪中期留居澳门，就掀开了中华文明演进历程中又一次文明对话的新篇章。在中国5000多年的历史长河里，曾经出现过多次的文明对话，其中，最重大的有三次。第一次文明对话发生在上古时代，也就是黄河流域与长江流域的炎帝部落、黄帝部落和蚩尤部落之间的大融合，形成了以中原黄帝部落为代表的中华新文明。第二次文明对话源于汉代，延于唐宋，历时1000多年，主要表现为以儒家为代表的汉文明与印度佛教文明的碰撞、融合，印度佛教被改造为汉传佛教。陈寅恪称之为中国文化新儒学的创立。第三次文明对话，也就是中华文明与西方基督教文明的对话，肇始之地就在澳门。澳门文化可以说是代表了第三次文明对话的一些本质特征。

第一次文明对话是在今天中国的大地上发生，参与对话的文明具有本土的色彩，没有外来的文化因素。第二次文明对话是中外文明之间的第一次深刻的接触，中华文明面对的是东方印度的佛教文明。而第三次文明对话大大突破了以往文明对话的地理范围，数千里之外的西方文明走上了与中华文明对话的演进舞台。它的序幕便是在澳门拉开的，而且澳门在相当长的时间内是第三次文明对话的主要舞台。澳门文化的多元特征其实是以中西文化为基础，外来文化中最重要的是基督教文明。

第一、第二次文明的对话，中国是主动的，并且将这种主动性一直贯穿下来。与前两次很不同的是，在第三次文明对话的过程中，中国是被动的，以基督教文明为代表的外来文明一次次敲叩中国的大门，最后古老的中国不得不打开大门，让西方文化进入。完全可以讲，第三次文明对话不是平等的对话。在中国文献或民间记忆中，关于葡萄牙人以"借地晒物"为名混进澳门的认识，最形象地反映了中西文明主体对待这次对话的各自态度和行为特点。

从内涵层次来看，第三次文明对话远远超过了前两次的器物层面和价值观念层面，还涉及生活方式层面、社会制度层面，是一次全方位的文明对话。第一和第二次文明对话的世界背景比较一致，是奴隶社会、封建社会同质文明之间的对话。而第三次文明对话是在新航路已经开辟，世界连为整体，人类社会已经进入资本主义时代的环境下进行的。这次文明对话不是简单的东西方不同地域文明之间的对话，更是不同质的西方资本主义新文明与东方封建的古老文明之间的交流，资本主义文明处于强势的地位。因此，对话的全面性、深刻性，及其对中国社会造成的空前震动和深远影响，都大大超过了前两次，在这个意义上讲，第三次文明对话是中华文明发展历史上最重要的一次。最早进入澳门的葡萄牙虽然是处于封建时代末期，我们也看到这个欧洲小国自身社会制度的演变，以英国为代表的欧洲大陆社会制度向资本主义的过渡不能不对葡萄牙产生影响，何况还有随后前来的荷兰、法国、英国也参与到澳门文化的孕育之中。因此，澳门文化是我们为认识第三次不同文明之间对话而不得不首先翻阅的一页。

近现代中西文化的交流对话，不仅仅在澳门进行，中国东南沿海很多城市都是这一次交流对话的舞台。但是，以澳门为起点则不遑多让。更难得的是，第三次文明对话在澳门的连续性。西方文化传入中国的高潮期过后，受限于当时的国际形势，中华文明与西方文明的对话进入了低潮，甚至是停滞。而澳门则将此对话延续了450多年，长期保持，发展序列非常完整，它是第三次文明对话最完整的画卷。

在近现代中华文明与西方文明对话的过程中，战争成为推动对话的重要方式，西方列强对中国进行了多次武装掠夺，即使一些国内战争的背后也很容易发现列强的身影。在澳门，文明的对话一直比较和平。澳葡当局与明清政府有过小的摩擦，荷兰人、法国人与葡萄牙人在澳门也有过小的冲突，但是，这些不是澳门中外文化交流的常态。不同民族、不同地域、不同国家、不同传统、不同宗教的文化在这里展现的是和平共存的理念，为世界文化交流提供了一个极其有益而又十分难得的现实范例。在全球化的今天，如何保持文化的多样性，不同文明之间如何和平地展开对话，都可以从澳门文化中得到很多宝贵的启示。

当我们将目光和思绪从澳门的历史、澳门文化抽象的意蕴又转回到现实、直观的城市，亲切之中已经增添了浓厚延绵的感觉，澳门不仅处处流露出文化的气息，而且具有历史的穿透力和震撼力。漫步澳门，我们不是在进行简单的城市文化旅游，而是在真切地蹚过第三次文明对话的长河，与这条长河中的人们展开时空的对话。

历史与今天的对话需要时间，每一次游历都会有新的发现，这就是澳门拥有持久魅力的秘密所在。

（本文为《澳门文化源流》（广东人民出版社2005年版）一书的余论）

中国历史上移民的主要流向和分期

中国历史上移民的主要流向和历史分期,是中国移民史研究中的一个实践和理论意义都十分重要的课题。它极有助于我们对中国移民史的运动规律的认识。学术界迄今尚未就此展开讨论。笔者不揣冒昧,愿抛出刍议,以期引出美玉,并敬请专家学者赐教。

一、分期的标准:主流移民

在讨论分期标准之前,有必要对中国移民史的研究对象略加分析。

所谓移民,是指因各种原因长久离开原居地在别处居留下来重建家园的人口。这是一般人口学科所下的定义。对中国移民史的研究来说,这个定义就过于宽泛了。首先,历史时期出现的人口移动数不胜数,中国移民史不可能对发生过的所有移民都进行整理研究(也没有这个必要)。其次,移民有群体和个体之分,作为一种人口现象都蕴含有一定的意义。例如,历史文化名人李白、苏轼、朱熹等的个体迁移,对认识其作品的内容、风格及思想的变化非常重要。而在以探讨历史时期人口迁移规律的中国移民史研究看来,舍去这样一些并不能够反映一个时期移民趋势的个体移民,不会削弱其研究的价值。它只研究群体移民行为。最后,也不是所有的群体移民都可以纳入中国移民史的研究范围。历史上,有些群体移民只发生在同一地理区(或平原,或丘陵,或山地)内县与县之间,迁移距离不长,它们可以成为地方经济史、人口史、社会史的研究内容,但对于中国移民史的研究来说意义不大。因此,对中国移民史的研究对象做进一步的界定是非常必要的。中国移民史所说的"移民"应是"具有一定数量、一定距离、在迁入地居留了一定时间的移动人口"[1]。

经过以上界定后,展示在我们面前的移民运动的数量仍然很可观,它们是进行分期研究的基础。

---

[1] 葛剑雄:《〈中国移民史〉发凡》,载《历史地理》1990年第3期,第130-142页。

分期，是中国移民史研究的一个重要组成部分。其目的在于通过对众多移民运动的比较分析，寻找时代的特征，并从其变化中把握中国移民史的发展脉络。在这个任务面前，各次移民运动的地位并不是均等的。有的能够反映一个时期人口迁移的趋势，是所有移民运动的主干；有的只是枝蔓，使移民运动表现得更加丰富多彩罢了。这样，要着手分期的研究，就需要进一步对移民做主流移民和非主流移民的划分。主流移民的特征将其所处的时期与其他时期区别开来，是分期的依据。

那么，什么是主流移民呢？换言之，划分主流移民和非主流移民的标准是什么呢？由于分期研究尚未受到重视，这个问题还没有现成的答案可寻。笔者以为似乎可以从以下五个方面去考察。

第一，时间。任何移民运动都有一个兴起、发展、结束的过程。主流移民运动在同时期的所有移民运动中，持续的时间最长，而且高潮起伏，迁移潮一浪接一浪地冲击着迁入地。

第二，规模。在同时期的移民运动中，主流移民的数量最大。不排除在某个阶段主流移民数量比非主流移民小的可能，但是，移民过程保证了主流移民在总量上的领先地位。

第三，空间。主流移民都是在大地理区之间迁移，如流域与流域之间（黄河流域与长江流域，黄河流域与辽河、松花江流域），或流域内上、中、下游之间；因此，也是跨大行政区的迁移，距离长。此其一。其二，主流移民的主要迁移方向突出而稳定，而非主流移民缺乏主要迁移方向。

第四，影响。移民是一种社会经济现象，任何移民运动都会引起现有人口的分布和经济地理格局发生程度不同的变化。由于迁移时间、迁移规模、迁移空间的不同，主流移民和非主流移民引起这种变化的大小存在明显的差别。主流移民对人口分布和经济地理格局的改变，具有全局的意义，十分重大，非主流移民根本无法与之相比。

第五，有些非主流移民可能具有以上某一项特征，但是，主流移民必须同时具有上述四个特征。这也是它们的区别所在。

如果以上标准是合理的，我们就可以对"主流移民"下这样一个定义：在一个时期内的所有移民运动中，迁移时间最长，迁移规模最大，在大地理区之间展开，其影响也最显著的那部分移民就是主流移民。它们所具有的特征反映了那个时期人口迁移的规律。

二、从时间、空间、规模看移民的分期

本文所指"中国移民史"的时间上下限,采用葛剑雄上起有确切文字(甲骨文)记载的商代,下至 20 世纪前期的意见。① 这并不是说商代以前就不存在移民了。事实上,移民是与中国历史同时产生的,从某种意义上讲,没有移民也就没有中国的历史。1949 年以来的考古成果表明,在氏族公社时期,今中国范围内有几大不同地域、不同类型的文化共存,如黄河流域的仰韶文化、长江流域的河姆渡文化和大溪文化、辽河流域的红山文化等。同类文化地域性的形成,移民对其所起的作用不可否认。问题在于,移民有多大规模,什么时候进行的迁移,一次迁移的距离有多长,等等,都不可能从目前的考古成果中找到答案。何况还有很多目前考古工作尚未揭示的移民运动不为我们所了解。因此,目前将中国移民史的上限确定在商代,是合理可行的。

从商代以来的 3000 多年间,中国移民运动的发展波澜壮阔,主流移民特征的变化极有规律。

(一) 先秦时期黄河中下游的多向移民

从一些零散文字简略而间接的记载中,我们对秦统一以前 1300 多年间的移民运动的了解,较商代以前要具体丰富得多。商、周的迁都,西周分封以及春秋战国时期各国争战所导致的疆域变迁,为我们提供了了解、认识那个时期移民运动的一些线索。因为这些政治、军事行动必然引发移民运动的出现。虽然这些只是当时实际存在的移民运动的一部分,要依此谈论主流移民的特征、迁移的规律,条件尚不充分。但是,它们毕竟反映了一些值得注意的现象。

首先,黄河中下游是移民最频繁的地区。商王朝立国后的六次迁都,西周分封的燕、鲁、齐、卫、宋、晋、蔡等绝大部分诸侯国,都是在这一地区。春秋战国时期林立的诸侯国,同样以黄河中下游为多。即使可与中原诸国争雄到战国时疆土最辽阔之南方楚国,其发展的主要方向也是在靠近黄河流域的江淮之地。不论是与同处长江流域之吴、越争战,还是战国

---

① 参见葛剑雄《〈中国移民史〉发凡》,载《历史地理》1990 年第 3 期,第 130 – 142 页。

后期都城由郢迁陈，迁寿春，都反映了这一战略态势。上述政治、军事斗争引发的移民运动主要在以黄河中下游为中心的地区进行，应是不证之事实。

其次，这些迁移大多具有一定规模。迁都实际上是宗族、臣民的人口大转移，分封也以集团性迁移为基础，绝不是几个贵族到封地去轻松地接管。因为西周灭商后，很多分封之地仍存在着强大的敌对势力。例如，周武王封太公于营邱建齐国，以控制山东半岛东部最大的敌对势力莱夷。太公就国，其初颇为不顺，几经较量齐国才巩固了自己的统治。① 如果没有一定数量的同族人为后盾，恐怕不少异地受封者只有愧对周王了。

再次，移民由甲地到乙地的迁移时间比较短。如楚国都城由郢迁陈，就是在公元前278年这一年完成的。同时，迁都、分封的迁移距离又比较长。姜太公就是由黄河中游的关中"东就国"迁至黄河下游的山东半岛。② 楚国迁都也是由黄河中游到淮河上游。

最后，在这一千多年间，上述移民不像后世移民那样存在一个持续、稳定的主要流向。

另外，一些未被文献记载而又实际存在的移民的情况，虽然目前我们对之极不了解，但是从如下两个前提可以做点合理的推断。一是到战国中期，人口约在2000万以上。二是他们分布在北起阴山山脉和辽河下游、辽东半岛，东至于海，南到南岭山脉，西抵今陕西北部、甘肃洮河、四川盆地和湖南西部这样辽阔的土地上。③ 地旷人稀是当时的普遍现象。当然，在此地域之外肯定还有人类活动存在，但人口密度只会更小。从商、周都城及绝大部分诸侯国地理位置来看，人口分布的不平衡为又一突出特点，那么，在人口分布比黄河中下游稀疏得多的其他地区内所发生的移民运动，因这些区域人口规模小、空旷地更多而使新移民谋生容易，其迁移规模、迁移距离理应比发生在黄河中下游地区的移民要小、要短，而且更为繁杂无序。

（二）秦统一到宋朝由北向南的移民

秦始皇统一中国，实行中央集权，推行郡县制，以春秋战国时期的书

---

① 参见《史记》卷三十二《齐太公世家》。
② 参见《史记》卷三十二《齐太公世家》。
③ 参见葛剑雄《中国人口发展史》，福建人民出版社1991年版，第107页。

社制度为基础统一了全国的户籍管理制度，首次进行了全国性的人口调查，加强了对人口这种最基本的战略资源的管理。于是，有关人口运动的记载，秦及以后各朝日益丰富、详细，移民运动也随之生动而具体地展现在我们面前。

从公元前221年秦统一到两宋的1000多年间，移民运动频繁而复杂。

在西汉，关中地区有关东迁入关中和关中向外迁移的移民，西北地区有汉民族的徙边屯戍和匈奴等少数民族的内徙，东南、西南、东北也都有移民运动发生。①

东汉末年的军阀混战使中原民众纷纷外逃，大致有七个迁移方向：益州、荆州、江东、幽州、辽东、鲜卑、交州。而河陇一带的羌族则内徙关中等地，参与逐鹿中原。三国鼎立局面形成之后，魏、蜀、吴为了巩固其政权，相互掠夺交界地带的汉族和羌、氐等族民众，强制向冀州、江东、益州迁移。②

西晋统一时期，中原因连年战乱，人口锐减，田园荒芜，北方匈奴、鲜卑等游牧民族纷纷"慕化"降附，请迁内地，与部分从南方返迁的汉族民众一道，为中原地区经济的恢复和发展做出了贡献。在魏晋时期，东北的鲜卑族一批又一批迁到了西北地区，改变了当地的民族构成。③

西晋末年的"永嘉之乱"，推动了北方人大批涌向长江流域和岭南地区。南移潮一直持续到刘宋。在北魏与齐、梁、陈南北对峙之世，江、淮一带民众又多被掠北迁，孝文帝的改革也促使一些避难江东的中原士族相率慕化北归。④北方和东北边外的匈奴、鲜卑、高车、柔然，西北的氐、羌等族一批又一批迁入中原。而已居内地多年的各族民众又由于种种原因，在内地来回迁徙，或返迁边疆。⑤

唐朝前期，因隋末动乱而迁入北方边地的人口大部分返回了原籍。⑥

---

① 参见葛剑雄《西汉人口地理》，商务印书馆2014年版，第三篇，第八章、第九章、第十章、第十一章。
② 参见钮仲勋《东汉末年及三国时代人口的迁徙》，载《地理学资料》1959年第6期，第108页；周伟洲《中国中世西北民族关系研究》，西北大学出版社1992年版，第17页。
③ 参见周伟洲《中国中世西北民族关系研究》，西北大学出版社1992年版，第22、23页。
④ 参见谭其骧《晋永嘉丧乱后之民族迁徙》，见谭其骧《长水集（上册）》，人民出版社1987年版，第223页。
⑤ 参见周伟洲《中国中世西北民族关系研究》，西北大学出版社1992年版，第223页。
⑥ 参见冻国栋《唐代人口问题研究》，武汉大学出版社1993年版，第280页。

"安史之乱"使中原大地再次成为主战场，人口大量迁出。"三川北虏乱如麻，四海南奔似永嘉。"①

两宋时期，宋金、宋元的对峙，一次又一次促成北方民众南迁。② 同时，女真和蒙古等少数民族也渐渐在中原定居下来。

从上述列举中，已经可见这个时期移民次数之多。那么，哪些移民是主流移民，代表了时代的特征呢？谭其骧在总结"永嘉之乱"以后的人口迁移特点时明确指出："南渡乃是正流。"③ 其实，不仅魏晋南北朝时期的北人南迁为主流移民，被虏北迁和慕化北归的移民难以与之相比，就是秦汉和隋唐两宋的所有移民中，北人南迁也是"正流"，其他移民都只是支流。此为学术界之共识。

由北向南的迁移，是从西汉末年开始的，基本结束于南宋，持续了1000多年。其中，西晋永嘉之乱、唐朝安史之乱以后的南迁、两宋之际的南徙，是规模和影响最大的三次。每次又可分为若干阶段，高潮起伏。移民规模之大，可从西晋永嘉之后90万人南迁、南方六人中有一个为北方移民④，以及靖康之乱造成500万人南下⑤窥见一斑。移民迁出地几乎包括今北方各省，又以黄河中下游之河南、山东、陕西为多。这些移民在1000多年里沿着相同的迁移路线，迁入了上至四川盆地、下至江东的长江流域，下游的江东又为主要迁入区。还有一些北方移民一直南迁到了岭南。⑥

（三）元明清时期由东向西的移民

较之此前和以后的移民运动，有关这个时期的研究比较薄弱。尤其是一些著名的移民运动（如两湖移民）因官方文献的严重缺载，研究进展缓慢，已有的成果与其实际地位很不相称。因此，这里不得不较多地引述

---

① 李白：《永王东巡歌十一首》，见《全唐诗》卷一六七。
② 参见吴松弟《北方移民与南宋社会变迁》，台湾文津出版社1993年版，第二章，第一节、第二节、第三节。
③ 谭其骧：《晋永嘉丧乱后之民族迁徙》，见谭其骧《长水集》（上册），人民出版社1987年版，第223页。
④ 参见谭其骧《晋永嘉丧乱后之民族迁徙》，见谭其骧《长水集》（上册），人民出版社1987年版，第219－220页。
⑤ 参见吴松弟《北方移民与南宋社会变迁》，台湾文津出版社1993年版，第136页。
⑥ 参见葛剑雄《中国人口发展史》，福建人民出版社1991年版，第十五章，第一节。

文献来考察主流移民的特征。

（1）《明史》太祖本纪、成祖本纪、食货志记载了明朝十几次移民的情况。洪武三年（1370）六月，"徙苏州、松江、嘉兴、湖州、杭州民无业者田临濠，给资粮牛种，复三年"①。洪武四年（1371）六月，"徙山后民三万五千户于内地，又徙沙漠遗民三万二千户屯田北平"②。洪武九年（1376）十一月，"徙山西及真定民无产者田凤阳"③。洪武二十一年（1388）八月，"徙泽、潞民无产业者垦河南、北田"④。洪武二十二年（1389）四月，"徙江南民田淮南"⑤。洪武年间，还曾"徙江南民十四万于凤阳"，"屡徙浙西及山西于滁和北平、山东、河南。又徙登、莱、青民于东昌、兖州。又徙直隶、浙江民二万户于京师充仓脚夫"⑥。"命户部籍浙江等九布政司、应天十八府州富民万四千三百余户，……徙其家以实京师。"⑦ 永乐元年（1403）八月，"徙直隶江苏等十郡、浙江等九省富实北京"⑧。永乐二年（1404）九月，"徙山西民万户实北京"⑨。永乐三年（1405）九月，"徙山西民万户实北京"⑩。永乐十四年（1416）十一月，"徙山东、山西、湖广流民于保安州。"⑪ 永乐年间（1403—1424）还"选应天、浙江富民三千户充北京宛、大二县厢长，附籍京师"⑫。从这些记载看，明代移民集中在洪武、永乐年间，主要有三类：一类是向南京、北京和朱元璋故乡凤阳迁移的内聚型移民，一类是自狭乡到宽乡的开发型移民，一类是戍边卫所移民。其规模在数万和数十万之间。

其中，"洪洞移民"的传说在民间流传甚广。它实际始于金朝天辅年间（1117—1123）。金太祖定山西后就曾徙民实上京。而明初洪武、永乐

---

① 《明史》卷二《太祖本纪》。
② 《明史》卷二《太祖本纪》。
③ 《明史》卷二《太祖本纪》。
④ 《明史》卷三《太祖本纪》。
⑤ 《明史》卷三《太祖本纪》。
⑥ 《明史》卷七十七《食货志》。
⑦ 《明史》卷七十七《食货志》。
⑧ 《明史》卷六《成祖本纪》。
⑨ 《明史》卷六《成祖本纪》。
⑩ 《明史》卷六《成祖本纪》。
⑪ 《明史》卷七《成祖本纪》。
⑫ 《明史》卷七十七《食货志》。

年间为其高潮所在。前述洪武九年（1376）、洪武二十一年（1388）、永乐二年（1404）、永乐三年（1405）、永乐十四年（1416）之山西移民便是其中的一部分。山西移民多出自晋中与晋南的太原、平阳、泽州、潞州、辽州、汾州、沁州等府，主要迁往北京及河南、河北、山东、安徽。由于政府的移民机构设在平阳府洪洞县，移民在此办理迁移手续，出发前往各地，于是相沿成语，洪洞就成了山西移民心目中故乡的商标。① 永乐以后，"洪洞移民"便基本结束了。从其高潮看，持续了近50年。

向云南的移民也较突出，主要形成于洪武年间，以卫所军人及其眷属的身份出现，移民数量近百万。②

（2）当明朝政府有组织地进行上述移民时，以今湖南、湖北为轴心，也在展开着一场声势浩大的移民运动。民间广为流传的"江西填湖广，湖广填四川"民谚就是对它的概括。一个"填"字突出了它的地位。由于这场移民运动的主体为社会下层民众，迁入地也非京畿重地和重要边陲，故《明史》《明实录》等官方文献对其严重阙载。族谱和地方志成了我们认识这场移民运动基本情况的主要依据。笔者据此进行的专题研究获得如下认识。③

这场移民运动分迁入两湖和迁出两湖两个部分。

迁入的过程发端于唐代，真正形成声势则是在元末，结束于清中期。其间高潮迭起，元末明初的移民最为壮观。民国二年（1913）《胡氏族谱》卷一《五分合修谱总序》有这样一段描述：

> 洎乎元明革命，赣省兵燹迭见，人民不遑宁处，其由江右而播迁荆楚者，几如江出西陵（笔者按：西陵峡），其奔流放肆大（笔者按：原文如此），南合湘、沅，北会汉、沔，其势益涨。而其源则固同发于岷山也。

永乐到明末农民起义之前的200多年迁移比较平缓，持续不断。明末

---

① 参见郭豫才《洪洞移民传说之考实》，载《禹贡》1937年第7卷第10期，第1—10页。
② 有关明代云南移民有300万～400万。笔者以为不到百万，另有专文详考，此不赘述。
③ 参见张国雄、梅莉《明清时期两湖移民的地理特征》，载《中国历史地理论丛》1991年第4期，第77—109页；张国雄《封建社会后期两湖移民过程的时空特征》，载《中国史研究》1996年第2期，第104—113页。

农民起义后，再次把迁入两湖推向高潮。魏源在其《湖广水利论》中言：

> 当明之季世，张贼屠蜀，民殆尽；楚次之，而江西少受其害。事定之后，江西人入楚，楚人入蜀。故当时有"江西填湖广，湖广填四川"之谣。

迁出两湖的过程比魏源的了解要早得多，两湖在元代就有了迁往四川的移民。魏源了解的只是迁出过程的最大高潮期。另据民国十九年（1930）《云阳涂氏族谱》卷十九《功亮公传》记载：

> 四川经明季流贼之乱，杀戮惨酷，居人死亡殆尽。川东各属尤空旷，草蓬然然植立，弥山满谷，往往横亘百数十里无人烟。康熙中，地方既救平，大吏乃招两湖商农实之。荆楚间人前往懋迁及占籍者，所在多有。

民国十九年（1930）《云阳涂氏族谱》卷首《序》又称：
清雍、乾间，湖南北人率溯江西上，徙家受田，不数传蔚为大姓巨室者，所在皆者。

到道光、咸丰年间，迁出也进入了尾声。从迁入和迁出最大移民高潮的时间看，两个过程存在明显的相继性。

两湖移民的地理特征非常鲜明。迁入今湖南、湖北的移民来自江西、安徽、江苏、浙江、四川、贵州、山东、河北、河南、内蒙古、陕西、山西、福建、广东等省区。黄河流域和岭南的移民约占移民总数的10%，长江流域占90%。而上游四川、贵州移入者也不多，绝大部分长江流域移民来自中下游的江西等省。其中，江西又占长江流域移民总数的90%。这些江西移民集中迁自开发程度高的赣江中下游和鄱阳湖区。两湖向外移民其迁入地有四川、陕西（陕南汉中、安康地区）、贵州、云南、广西、江西、安徽、江苏等省区。向长江下游三省的移民只是一种回流，规模很小。上游的四川、陕南、贵州、云南才是主要迁移方向，迁入四川的移民又最多。因此，两湖移民运动在地理上主要表现为长江流域内的由东向西迁移。如果再考虑到两湖向四川等省的移民的同时，江西、安徽等省移民也向西延长了迁移路线，而且在迁入四川的十几个省的移民中，以两湖为主体的长江中下游移民在数量上占有绝对优势这些背景因素，我们完全可以说，两湖移民的地理特征反映了长江流域内的迁移大趋势。

（3）在清朝，不仅长江流域移民频繁，关东、口外、台湾等边疆地区也开始成为移民的热点区。

清顺治年间（1644—1661）曾以优惠条件吸引关内汉族民众到辽东耕垦，到康熙七年（1668），又以东北为满族"龙兴之地"废止了招民开垦例，推出了封禁政策，以保"圣地"之纯洁。乾隆、嘉庆年间（1736—1820）又多次重申前禁。虽然仍有汉人冒险闯关外，封禁政策还是发挥了约束向关外移民的作用。在19世纪50年代以前，东北除奉天的内地移民较多以外，吉林、黑龙江地区长期维持着人烟稀少的状况。①

直隶、山西等省长城口外的蒙古族游牧区在康熙年间（1662—1722）有十余万山东移民前往耕垦。② 其后，山西、直隶民众也加入了开垦队伍。这些人多为春去冬归，定居者为少数。乾隆十三年（1748），清廷始限令汉人将所典蒙古地亩归还原主。乾隆三十七年（1772），又限止口内汉人到蒙地。嘉庆十二年（1807），申令不准私行耕种租佃撂荒。一系列措施也使向口外的移民受挫。③

向台湾的移民始于明后期。清康熙二十二年（1683）平定反清的郑氏政权以前，移民被严厉查禁。解禁后，福建、广东的移民才又不断迁入台湾西部平原。乾隆年间（1736—1795），台湾已有"闽人约数十万，粤人约十余万"④。到嘉庆年间（1796—1820），台湾人口已接近200万，大部分当为闽、粤移民。⑤

清朝的这些移民运动相对它们后来的发展，还只是一个序幕（台湾除外），没有形成大的气候。

综观元明清时期的主要移民运动，两湖移民的地位十分突出。

论时间，两湖移民运动持续最长。明代的其他移民多在洪武、永乐年

---

① 参见姜涛《中国近代人口史》，浙江人民出版社1993年版，第203-206页。
② 参见《清圣祖实录》卷二百五十，康熙五十一年（1712）五月壬寅："山东民人往来口外垦地者，多至十余万。"
③ 参见姜涛《中国近代人口史》，浙江人民出版社1993年版，第211页。
④ 《清高宗实录》卷八百四十五，乾隆三十四年（1769）十月。
⑤ 参见葛剑雄《中国人口发展史》，福建人民出版社1991年版，第387页。

间,"太祖时徙民最多"①。即使"洪洞移民"从金朝起算也只有300年。显然,它们是无法与持续不断、高潮迭起的两湖移民运动相比的。清代出现的沿边移民同样如此。

论规模,两湖移民的数量最大。明清时期其他移民从数万到数十万不等,远比两湖移民逊色。两湖移民的数量究竟有多少?目前尚难弄清。不过可以通过家族做一间接的估测。湖南、湖北有92%为移民家族,那么其人口的90%左右也当为移民及其后裔。明万历年间(1573—1620),两湖人口不少于1200万②,其中的1000万应是非土著籍居民和其后裔。虽然尚不能把原始移民和后裔析离开来,做进一步估算,但是从人口规模上不难看出迁入两湖的移民队伍之庞大。而长江上游四川几省接受的两湖籍移民肯定在百万以上。康熙年间(1662—1722),两湖仅宝庆、武冈、沔阳几地迁入四川的移民,就"不下数十万"③。如果把雍正、乾隆移民高潮的移民也包括在内④,保守估计,迁入四川的移民就在百万以上。湖南、湖北及四川几乎是移民的社会,这种现象在同时期的其他地区是不存在的。

论地域,元明清时期的主要移民运动都存在跨大地理区的现象,两湖移民与其他移民不同的是,来自主要迁出地的移民的主要迁移方向很突出很稳定。江西移民绝大部分迁入两湖,而湖南、湖北移民又主要迁往四川。合而论之,由江西而湖南、湖北,由两湖而四川这由东而西的迁移,表现了极强的惯性。相反,如洪洞移民则缺乏这个主要的迁移方向。

因此,应该说两湖移民是这一时期的主流移民,它所表现的由东向西的迁移特征,其意义超出了本流域的范围,具有全国性,即改变秦汉以来由北而南的主流移民方向。

(四)近代沿边多方向的移民

随着内地人口的迅猛增长,黄河、长江流域及东南沿海地区开发空间

---

① 《明史》卷七十七《食货志》。
② 这个数据是根据葛剑雄关于明代人口年均增长率为5‰的意见,以洪武十四年(1381)湖广4593070口数为基数,推算所得。
③ 道光《南部县志》卷二十八《艺文志》,见李先复《楚民寓蜀疏》。
④ 雍正年间(1723—1735)两湖移民四川的规模,可从道光《夔州府志》卷二十四《政绩志》所载"雍正五年,楚省饥民入川觅食者,日以千计"窥见一斑。

的缩小（两大流域的平原、丘陵已很少开发的余地），城镇经济的发展，边疆局势的紧张，清道光以后，向关外、外口、海外、山区、城镇的移民形成了潮流。

在东北，由于沙俄在第二次鸦片战争后轻易地割占了黑龙江以北和乌苏里江以东的大片土地，清廷内外出现了"移民实边"的议论，封禁政策渐渐松弛。光绪年间（1875—1908），东三省全部开禁。一时间络绎不绝的移民似潮水般涌向关外，东三省人口迅速增长。奉天咸丰初年的人比乾隆后期增长了三倍多，吉林增长了二倍多。① 到光绪二十三年（1897），奉天人口又由咸丰十一年（1861）的282.7万增加到495.7万，吉林由33万增长到77.9万。东三省人口在光绪三十三年（1907）已达1445万，四年之后［宣统三年（1911）］又上升到1841万。② 这惊人的变化主要靠移民来实现。到了民国时期，"闯关东"之潮有增无减，而且多向北部之吉林、黑龙江扩散。例如，黑龙江在民国七年（1918）到民国十一年（1922）间，迁入人口70.6万；民国十二年（1923）到民国十九年（1930）间，又迁入187万。③ 在民国十二年（1923）到民国十九年（1930）的八年中，移入东三省的人口有300万。④ 东三省的总人口也由民国十年（1921）的2315万增长到民国十九年（1930）的2919万。⑤ "闯关东"的移民以山东籍最多，其次为直隶，再次为河南、山西。

口外蒙地也以同样原因于光绪年间（1875—1908）开禁放垦，哲里木盟首先设局招垦，后套地区也迅速跟进。与"闯关东"相比，走口外的移民规模要小得多，中西部广大蒙地招垦成效很小。这与自然条件不如东三省和东部蒙地优越，以及经办官吏的巧取豪夺都有关系。走口外的移民以山西、河北、陕西为多。⑥

向海外的移民自秦代以来不乏其人，但是，在近代以前规模都很小。随着清代人口的迅速增长，人口压力加大，东南沿海之福建、广东过剩人

---

① 参见梁方仲编著《中国历代户口、田地、田赋统计》，上海人民出版社1980年版，第263页。
② 参见姜涛《中国近代人口史》，浙江人民出版社1993年版，第207页。
③ 参见李德滨、石方《黑龙江移民概要》，黑龙江人民出版社1987年版，第98页。
④ 参见陈彩章《中国历代人口变迁之研究》，商务印书馆1946年版，第102页。
⑤ 参见姜涛《中国近代人口史》，浙江人民出版社1993年版，第258页。
⑥ 参见姜涛《中国近代人口史》，浙江人民出版社1993年版，第212页。

口纷纷向外寻求生路，嘉庆以前多迁往台湾。到嘉庆末年，因台湾租赋太重，向台湾的移民进入了低潮①，闽、粤移民把目光转向了海外。同时，19世纪初奴隶贸易的废止，使南北美洲和西印度群岛的种植园和矿场主们把目光转向了中国。② 这也导致了向海外移民高潮的到来。鸦片战争后，闽、粤出洋华侨的人数剧增。光绪十九年（1893），清政府废除了实施200多年的歧视性禁律，允许华侨回国谋生置业并随时出洋经商，从此华侨受到了保护和重视。③ 清政府政策的转变，间接反映了向海外移民形成的气势，也必然进一步促进华侨队伍的壮大。光绪前期，全球华侨有300万，到宣统三年（1911）达到630多万。第一次世界大战以后，出洋再掀高潮，民国二十七年（1938）全球华侨已有920多万。④

南方各省交界的山区（如闽、浙、赣间的封禁山区，川、陕、鄂间的大巴山和南山老林等）也成为移民的目标。从明代到清乾隆年间，这些山区就有"棚民"存在，嘉庆以后至近代继有迁入，其规模比上述方向的移民相比就小得多了。迁往山区的移民多为邻省或本省民众。此外，西北的新疆也曾招徕内地民众前往耕垦。

近代移民与以前的移民运动相比，最大的特点是呈多向性。其中，黄河中下游地区的移民"闯关东"和闽、粤移民走海外的规模最大，持续时间最长，是这一时期的主流移民。

三、从人口分布和经济地理的变化看移民的分期

历史时期主流移民特征的改变，在人口分布和经济地理上打下了远比非主流移民深刻得多的烙印。

（一）先秦时期对黄河中下游开发的贡献

先秦时期，黄河中下游地区的人口密度最大，地区开发程度最高，是

---

① 参见姜涛《中国近代人口史》，浙江人民出版社1993年版，第247页。
② 参见［澳］颜清湟《出国华工与清朝官员：晚清时期中国对海外华人的保护（1851—1911）》，粟明鲜、贺跃夫译，中国友谊出版社1990年版，第36页。
③ 参见［澳］颜清湟《出国华工与清朝官员：晚清时期中国对海外华人的保护（1851—1911）》，粟明鲜、贺跃夫译，中国友谊出版社1990年版，第280页。
④ 参见陈彩章《中国历代人口变迁之研究》，商务印书馆1946年版，第141页。

公认的事实。这种格局的形成，当然不能仅仅归因于移民，同时也不可否认黄河中下游地区那远较其他地区频繁的人口移动为此做出的贡献。商、周时期，黄河中下游除了活跃着以农业为主的华夏族以外，还分布着农业落后、以游牧和渔猎为主的戎狄和夷族。商人立国前后在黄河下游地区进行的十几次迁移，同时也是农耕经济的传播和转移。周人得关中平原之地利，选择农耕为主要生产方式，并加以发扬光大。《史记》卷四《周本纪》就记载："（关中）膏壤沃野千里，自虞夏之贡以为上田，而公刘适邠，大王、王季在岐，文王作丰，武王治镐，故其民犹有先王之遗风，好稼穑，殖五谷。"经过周人先王的迁居，关中不仅建设成为重要的农耕区，灭商后的大批分封还将先进的农耕技术带到了中下游的其他地区，促进了当地农耕经济的发展，扩大了农耕区域。这里仍以齐国为例。姜太公所封之齐都营邱一带原为东夷蒲姑居地，"少五谷而人民寡"。太公定居后，一方面与莱夷进行军事对抗，争夺地盘；另一方面则积极发展耕织结合的农业经济，"劝以女工之业，通渔盐之利"①。齐国经过七八世之努力奋斗，最后战胜莱夷，控制了山东半岛东部地区，与其说是军事斗争的胜利，不如说是农耕经济发展的结果。春秋战国时期，黄河中下游地区大部分源出于西周分封而林立的诸侯国以及它们相互间对边境隙地的争夺，同样反映了人口的增长和农耕区的拓展。

（二）由北向南移民加快了人口和经济重心的南移

自秦统一到两宋时期，中国人口分布和经济地理最重要的变化恰恰发生在黄河和长江流域之间。即，唐宋时期南北户口之比发生了根本的转变，北多南少成为历史，长江下游之江东成为新的人口最稠密的地区。经济重心也移向了南方。国家财政收入由秦汉以来对关东的依重，转而"常转漕东南之粟"②。"国家根本，仰给东南。"③ 太湖和宁绍平原变成了米粮仓，"苏湖熟，天下足"的民谚应运而生并广为流传。

面对这两个根本性的变化，不能不使人联想到1000多年间那一批又一批南下的移民。

---

① 《汉书》卷二十八《地理志》。
② 《新唐书》卷五十三《食货志》。
③ 《宋史》卷三百三十七《范祖禹传》。

人口分布的转变经历了一个由量变到质变的过程，南下的移民似一块块砝码般地不断增加着南方人口在全国总人口中的比重。东汉时期各郡国户口较西汉普遍减少，只有 38 个郡国例外。这 38 个郡国有 15 个在黄河中下游，另 23 个在长江流域和岭南。① 西汉末年，移民的南下是一个关键因素。"永嘉之乱"南下的 90 多万人南迁，至少使南方增加了 1/6 的人口。唐贞观十三年（639）南北户口之比首次出现 6∶5，南方超过北方。到天宝元年（742）北方又占了优势，北南户口之比变成了 6∶5。这一拉锯变化到南宋初年以南方最终超过北方而结束，南北户口之比为 6∶4。② 对此，应充分肯定唐"安史之乱"后"四海南奔似永嘉"，"衣冠南避寓于兹土（笔者按：太湖平原之吴县），参编户之一"③，以及北宋靖康之乱后那 500 万北方移民南下对人口分布格局的最终改变所做的贡献。

唐宋时期以太湖平原为中心的长江下游经济区的崛起，是社会、经济、技术诸种因素综合作用的结果。而大批北方移民的迁入则提出了加快开发的要求并提供了充足的劳动力。太湖平原塘浦圩田系统在唐末五代的形成绝非偶然。北方衣冠"参编户之一"的吴县在五代时为吴越之地，吴越又是太湖塘浦圩田系统形成的关键时期，不难设想北方移民在其中发挥的作用。北人南迁还促进了南方耕作制度的改变。麦、菽旱作的种植较以前广泛，南宋初得以普及，这一进步既源于提高土地利用率，增加粮食产量的动机，也有满足北方移民饮食习惯的愿望。庄绰《鸡肋编》卷上就言："建炎之后，江、浙、湖、湘、闽、广，西北流寓之人遍满。绍兴初，麦一斛至万二千钱，农获其利，倍于种稻……，于是竞种春稼。"长江下游平原被建设成为旱涝保收的粮仓和国家财赋重地，移民功不可没。

（三）由东向西移民与"湖广熟，天下足"

元明清时期，中国人口分布的格局没有根本的改变，主要是流域内的调整。长江中游商品粮基地的建设则是经济地理变化的一件大事。

---

① 参见梁方仲编著《中国历代户口、田地、田赋统计》，上海人民出版社 1980 年版，甲表 9，第 28－33 页。
② 参见葛剑雄《中国人口发展史》，福建人民出版社 1991 年版，第 342、343、345 页。
③ 《文苑英华》卷八百零四《吴县令厅壁记》。

在流域内的人口调整中,长江上中下游之间的调整占有重要地位。"江西填湖广,湖广填四川"改变了本流域内的人口分布格局,使之趋于均衡合理。从人口统计数据的一般情况看,今湖南、湖北作为迁入地,其人口增长幅度在明代并不大,人口密度仍较低。如果把接受移民数量很少的广大湘鄂西山区排开来看两湖平原、丘陵地区的人口变化,结论就不一样了。以江西为主体的移民主要分布在鄂东、江汉——洞庭平原、湘中,清前期两湖由人口输入转为人口输出,迁出地又集中在这几个地区。这一事实使我们有理由相信,两湖平原、丘陵地区的人口密度因"江西填湖广"运动而提高的幅度比目前看到的要大得多。清前期的"湖广填四川"使四川在道光末年就成为全国第一人口大省①,其人口密度由乾隆五十年(1785)的16.67人/平方千米上升到嘉庆十七年(1812)的40.22人/平方千米。乾隆年间(1736—1795),湖北人口密度和人口数量占全国总数之百分比就都超过了江西,湖南逼近江西。② 长江上中下游的人口差距得以大大缩小。

继"苏湖熟,天下足"之后,全国第二个也是唯一一个获得"天下足"殊荣的地区,便是两湖。"湖广熟,天下足"的真正实现是在明代中后期。大量商品粮的输出程度不同地缓解了黄河、长江流域和岭南十几个省的粮食供需矛盾。主要输出方向又在长江下游,"江、浙百姓全赖湖广米粟"③。其政治、经济意义最大之处在于保证了以太湖平原为中心的江浙地区继续作为国家财赋基地的地位。同时,还保证了资本主义萌芽在江浙地区的产生和缓慢发展。移民与这一重大经济地理现象的联系是明显而紧密的。"湖广熟,天下足"之产生的重要内因之一,是江汉——洞庭平原在明清时期的大开发。江汉——洞庭平原的自然条件与下游平原相似,大开发的技术条件在唐末五代也已成熟,为何到明清时期大开发才得以实现呢?原因就在明以前劳动力的缺乏。④ "江西填湖广"正好解决了这一

---

① 参见严中平等《中国近代经济史统计资料选辑》,科学出版社1955年版,"附录·清代乾、嘉、道、咸、同、光六朝人口统计表"。
② 参见梁方仲编著《中国历代户口、田地、田赋统计》,上海人民出版社1980年版,第263、272页。
③ 《清圣祖实录》卷一百九十三,康熙三十八年六月。
④ 参见石泉、张国雄《江汉平原垸田兴起于何时》,载《中国历史地理论丛》1988年第1期,第131-140页。

困难。江西等省移民的迁入，使两湖丘陵地区的农业生产有了新的进步，更重要的是将平原湖区改造为粮产区。"湖广熟"就是指的鄂东、江汉——洞庭平原、湘中这几个地区的丰收。① 移民分布区与此在地理上的完全重合，指示了移民与两湖商品粮基地建设的因果关系。清前期四川大量商品粮东下在沙市、汉口集散，同样是移民带来的必然结果。因为四川商品粮产自盆地地区，两湖移民恰恰分布在其中。② 移民最大高潮与商品粮输出在时间上的先后相接，也是一个明确的指示。

（四）多向移民与中国人口分布东西对比格局的形成

中国沿边地区土地辽阔，原有人口基数低，近代的沿边多向移民运动中，唯有"闯关东"对东三省人口状况的改变最为显著。

东三省人口原以辽河中下游的奉天为多，北部的吉林、黑龙江人烟更为稀少，主要活动着以渔猎为主的满族和以游牧为主的蒙古族。"闯关东"的洪流渐渐改变了这一状况。清朝咸丰十一年（1861），奉天与吉林的人口之比为1∶8.6，清朝光绪二十三年（1897）缩小到1∶6.4，到清朝宣统年间（1909—1911）又进一步缩小到1∶2弱。③ 黑龙江的人口由清朝嘉庆年间（1796—1820）的16万，增加到清朝宣统年间（1909—1911）的185万。④ 所以有人说，20世纪二三十年代向东北移民的狂潮"其规模之大，可以算得是人类有史以来最大的人口移动之一"⑤。东三省因之成为当时中国人口增长最迅速的地区之一，与内地的人口差距在明显缩小，这一变化还改变先秦以来中国人口分布南北对比的传统格局，开始

---

① 有关"湖广熟，天下足"的详细论述，参见张国雄《"湖广熟，天下足"的经济地理特征》，载《湖北大学学报》1993年第4期，第70－79页；张国雄《"湖广熟，天下足"的内外条件分析》，载《中国农史》1994年第3期，第22－30页。

② 参见张国雄、梅莉《明清时期两湖移民的地理特征》，载《中国历史地理论丛》1991年第4期，第77－109页；张国雄《封建社会后期两湖移民过程的时空特征》，载《中国史研究》1996年第2期，第104－113页。

③ 参见梁方仲编著《中国历代户口、田地、田赋统计》，上海人民出版社1980年版，第268－271页。根据甲表86和严中平《中国近代经济史统计资料选辑》（中国社会科学出版社2012年版）附录测算。

④ 参见梁方仲编著《中国历代户口、田地、田赋统计》，上海人民出版社1980年版。甲表86、88，第268－271、273－279页。

⑤ 李德滨、石方：《黑龙江移民概要》，黑龙江人民出版社1987年版，第98页。

呈现出东多西少的分布特征。

同时,东三省的地区开发也取得了明显的进步。① 移民使关外尤其吉林、黑龙江地区原来大片的围场和闲荒地变成了农田。近代以前,东三省的农田面积很小,在全国没有它们的地位。经过近代移民的开垦,到民国二十三年(1934),都跨入了全国十大农业省的行列。辽宁耕地 731834 顷②,居第七位;吉林 782790 顷,居第六位;黑龙江 611385 顷,居第十位。③ 仅黑龙江就形成了松嫩平原克山、海伦、绥化、拜泉产粮区,以哈尔滨为中心的双城、五常以及三肇地区产粮区,与三江平原和以牡丹江为中心的产粮区。东三省初步成为我国又一个商品粮生产基地,其大豆、小麦等粮食还大量出口国外。④ 村镇、城市也随之大量出现,肇州、泰来、巴彦等城镇原来就是蒙古、旗人的屯田之地。黑龙江绥化、巴彦、呼兰"三城相望,粮产富饶,商贾因之麇集,汉民居户不下十有余万"⑤。同时,采矿业、手工业和交通运输业等也有所进步。东三省作为一个新兴的经济区正在形成。

以闽、粤移民为主体的华侨则促进了中国对世界各国政治、经济、社会、文化的了解,扩大了中国人的视野,加强了中国与世界经济、政治的联系。19 世纪 80 年代每年 1400 万两侨汇⑥已成为平衡清政府外汇收支的一个重要因素。从 1862 年到 1949 年,华侨投资国内建厂 25510 个,投资金额累计 632716382 元人民币,⑦ 从而为民族工业的发展、城镇的兴盛做出了突出贡献。

---

① 《海关十年报告(1922—1931)》,转引自姜涛《中国近代人口史》,浙江人民出版社 1993 年版,第 257 页。

② 注:1 顷≈66666.67 平方米。

③ 参见严中平等《中国近代经济史统计资料选辑》,科学出版社 1955 年版,第 356 页。

④ 参见李德滨、石方《黑龙江移民概要》,黑龙江人民出版社 1987 年版,第 107 页。

⑤ 光绪《黑龙江述略》卷二《建置》。

⑥ 参见[澳]颜清湟《出国华工与清朝官员:晚清时期中国对海外华人的保护(1851—1911)》,粟明鲜、贺跃夫译,中国友谊出版社 1990 年版,第 271 页。

⑦ 参见林金枝《近代华侨投资国内企业的几个问题》,载《近代史研究》1980 年第 1 期,第 199–230 页。

四、结论

通过以上考察，我们对中国移民史的分期似可做以下三点概括。

（1）根据主流移民特征的变化，中国移民史可分为四期：①先秦黄河中下游多向移民期；②秦统一到两宋从黄河中下游向长江中下游的由北向南移民期；③元明清长江流域内由东向西移民期；④近代沿边多向移民期。

从地理角度看，第一期是在中华文明最重要的发祥地——黄河中下游展开，形成了中国人口分布北重南轻的格局。第二期在黄河和长江两大中华文明发祥地之间进行，改变了北重南轻的人口分布状况。此后南北之间的移民很少出现。第三期长江流域内人口分布的调整，巩固了全国人口分布南重北轻的态势。第四期不仅使中国移民运动成为国际移民的一部分，而且"闯关东"使东北人口速增，中国人口分布从传统的南北对比格局逐渐向东西对比转移。这四个时期构成了中国移民史发展变化的基本轮廓，为现代人口分布奠定了基础。胡焕庸在20世纪30年代提出的著名的中国人口"瑷珲－腾冲"分界线（东多西少），就是四个移民期逐步展开的产物。

（2）四个时期主流移民迁移的方向，持续的时间，展开的地域虽各不相同，但是表现出了一个由人口密集、经济开发程度高的地区向人口稀疏而开发程度低的地区离心状转移的共同特点。促使主流移民特征变化的根本原因，既不是政治的，也不是军事的，而是地区开发这一经济因素。主流移民与区域开发互为因果。从这个意义上讲，历史时期的主流移民都是开发型移民。

（3）主流移民的特征并不是待前一个时期结束以后才形成，它往往在上一个移民期就萌发了。例如，由东而西的迁移在唐宋就已出现[①]，"闯关东"在清前期也已发生。换言之，历史时期的离心状人口迁移绝不是待中心区饱和以后才进行，人口密集区的形成和向外扩散可以共存；而

---

① 据《宋史》卷一七十四《食货志》记载："自荆南、安、复、岳、鄂、汉、沔汀莱弥望，户口稀少。且皆江南狭乡百姓，扶老携幼，远来请佃。"《宋史》卷八十八《地理志》亦言："（荆湖）南路有袁、吉接壤者，其民往往迁徙自占。"

形成过程中的主要扩散方向,可能正标示了下一个人口密集区的所在。这似为主流移民运动的又一个特点。

[原载《北京大学学报(哲学社会科学版)》1996 年第 2 期]

附录

张国雄主要著述目录

一、著作

[1]《五邑文化源流》(张国雄、刘兴邦、张运华等著),广东高等教育出版社1998年版。

[2]《五邑华侨华人史》(梅伟强、张国雄主编),广东高等教育出版社2001年版。

[3]《开平碉楼与村落》(张国雄著,谭伟强摄),中国华侨出版社2011年版。

[4]《赤坎古镇》(张国雄著,李玉祥摄),河北教育出版社2004年版。

[5]《岭南五邑》(张国雄著,李玉祥摄),生活·读书·新知三联书店2005年版。

[6]《澳门文化源流》(张国雄、冈虎、张运华等编著),广东人民出版社2005年版。

[7]《开平碉楼与村落田野调查》(张国雄、梅伟强编著),中国华侨出版社2006年版。

[8]《开平碉楼与村落研究》(黄继烨、张国雄、梅伟强等编著),中国华侨出版社2006年版。

[9]《良溪古村》(张国雄著),岭南美术出版社2011年版。

[10]《台山历史文化集(第二编)台山口供纸》(张国雄著),中国华侨出版社2007年版。

[11]《百年侨校:台山一中历史文化论》(黄海娟、张国雄著),中国华侨出版社2009年版。

[12]《有国才有家:南洋华侨郑潮炯的史诗》(张国雄、李镜尧著),中国华侨出版社2015年版。

[13]《丰碑:华侨华人与世界反法西斯战争》(中国侨乡文化研究中心、中国华侨华人研究所编,张国雄、李明欢、张春旺主编),中国华侨出版社2020年版。

[14]《中国大事周刊》（新西兰华侨联合总会编，粟明鲜、张国雄、张春旺整理），中国华侨出版社 2019 年版。

[15]《明清时期的两湖移民》（张国雄著），陕西人民教育出版社 1995 年版。

[16]《两湖平原开发探源》（梅莉、张国雄、晏昌贵著），江西教育出版社 1995 年版。

[17]《长江人口发展史论》（张国雄著），湖北教育出版社 2006 年版。

二、论文

[18]《习近平侨务"大局观"的继承与发展》，载《五邑大学学报（社会科学版）》2015 年第 1 期。

[19]《侨乡文化与侨乡文化研究》，载《五邑大学学报（社会科学版）》2015 年第 4 期。

[20]《人类命运共同体视野下的"侨"研究》，载《华侨华人历史研究》2018 年第 1 期。

[21]《地域视野下的侨乡文化——以广东侨乡为例》（冉琰杰、张国雄），载《广东社会科学》2020 年第 6 期。

[22]《侨乡文化的国际性与侨乡文化研究的国际合作——以北美铁路华工研究为例》，载《韩山师范学院学报》2020 年第 5 期。

[23]《试论中国侨乡发展的分期及其形态变化》，载《五邑大学学报（社会科学版）》2023 年第 1 期。

[24]《中国式现代化视野下的侨乡建设》，载《华侨华人历史研究》2023 年第 2 期。

[25]《自觉与自信：近现代侨乡民众的"现代化"观念》，载《五邑大学学报（社会科学版）》2024 年第 1 期。

[26]《试析五邑民居的文化地理基础》，载《五邑大学学报（社会科学版）》1999 年第 1 期。

[27]《开平碉楼与村落研究二十年》，收入《开平碉楼与村落研究》，中国华侨出版社 2006 年版。

[28]《中国碉楼的起源、分布与类型》，载《湖北大学学报（哲学社会科学版）》2003 年第 4 期。

[29]《开平碉楼的类型、特征、命名》，载《中国历史地理论丛》2004

年第 3 期。

[30]《试析开平碉楼的功能——侨乡文书研究之三》，载《五邑大学学报（社会科学版）》2004 年第 4 期。

[31]《开平碉楼的设计——开平碉楼文书研究之一》，载《五邑大学学报（社会科学版）》2006 年第 4 期。

[32]《开平碉楼的建造——开平碉楼文书研究之二》，收入《开平碉楼与村落研究》，中国华侨出版社 2006 年版。

[33]《开平近代村落的规划、建设与管理——以塘口镇潭边院为例》，收入《开平碉楼与村落研究》，中国华侨出版社 2006 年版。

[34]《碉楼人家 文化记忆》（张国雄、谭伟强），收入《开平碉楼与村落研究》，中国华侨出版社 2006 年版。

[35]《初中学生视野里的侨乡校园生活——以开平开侨中学方其赏日记为例》，收入《国际移民与侨乡研究（2014·日常生活）》，中国华侨出版社 2021 年版。

[36]《开平碉楼与村落的文化景观价值》，收入《开平碉楼与村落》，中国建筑工业出版社 2008 年版。

[37]《从开平碉楼看近代侨乡民众对西方文化的主动接受》，载《湖北大学学报（哲学社会科学版）》2004 年第 5 期。

[38]《试析开平碉楼与村落的真实性与完整性》，载《五邑大学学报（社会科学版）》2008 年第 4 期。

[39]《开平碉楼与村落的遗产属性与保护措施》（张国雄、谭金花），载《文化遗产》2007 年第 1 期。

[40]《潮州厝的世界文化遗产价值》，收入《潮汕文化论丛》，广东人民出版社 2022 年版。

[41]《侨批文书的遗产价值》（张国雄、赵红英），收入《中国侨批与世界记忆遗产》，鹭江出版社 2014 年版。

[42]《五邑文化刍议》，载《五邑大学学报（社会科学版）》1999 年第 4 期。

[43]《广东五邑侨乡人口的形成及其特色》，载《南方人口》1998 年第 3 期。

[44]《罗贵祖"传奇"之文化意义》，载《五邑大学学报（社会科学版）》2009 年第 4 期。

[45]《进入政府视野的良溪古村与家族文化》,载《五邑大学学报(社会科学版)》2011年第4期。

[46]《广东、五邑侨乡的海外移民运动》,载《华侨华人历史研究》1998年第3期。

[47]《近代五邑侨乡国际移民网络的构建——以开平周运中家族为例》,收入《国际移民与侨乡研究(2010·国际移民理论)》,中国华侨出版社2011年版。

[48]《近代五邑侨乡"口供纸"产生的背景与种类》,收入《侨乡文化纵论》,中国华侨出版社2005年版。

[49]《五邑侨乡"口供纸"的内容与价值》,载《五邑大学学报(社会科学版)》2007年第4期。

[50]《九十年代广东五邑侨乡涉外婚姻移民的人口构成》,载《南方人口》1996年第4期。

[51]《九十年代广东五邑侨乡新移民的涉外婚姻观》,载《南方人口》1997年第2期。

[52]《九十年代广东五邑侨乡因婚移民的地理特征——广东新移民研究之一》,载《华侨华人历史研究》1996年第3期。

[53]《广东五邑海外移民与唐人街》,载《南方人口》2000年第3期。

[54]《唐人街经济结构中的五邑华侨因素》,载《五邑大学学报(社会科学版)》2002年第2期。

[55]《唐人街民族经济模式的形成与五邑华侨》,载《湖北大学学报(哲学社会科学版)》2001年第1期。

[56]《唐人街中的五邑侨团》,载《五邑大学学报(社会科学版)》2001年第1期。

[57]《从粤闽侨乡考察二战前海外华侨华人的群体特征——以五邑侨乡为主》,载《华侨华人历史研究》2003年第2期。

[58]《美洲华侨的旗帜——司徒美堂》,载《五邑大学学报(社会科学版)》2003年第1期。

[59]《从赴美华工历史看美国太平洋大国是如何崛起的》(刘逊、张国雄、王琼),载《红旗文稿》2014年第17期。

[60]《跨域视角下的美国铁路华工研究述评》(冉琰杰、张国雄),载《华侨华人历史研究》2020年第2期。

［61］《美国铁路华工的追梦与圆梦——基于侨乡视角的考察》（张国雄、姚婷），载《美国研究》2017 年第 6 期。

［62］《中美文化交流的独特符号：丁龙研究的解构与再建构》（张国雄、石坚平），载《华侨华人历史研究》2024 年第 2 期。

［63］《岭南文化的近代演进与"岭南学"》，载《华南师范大学学报（社会科学版）》2009 年第 4 期。

［64］《多元荟萃　共存融合——澳门文化散论》，收入《澳门文化源流》，广东人民出版社 2005 年版。

［65］《中国历史上移民的主要流向和分期》，载《北京大学学报（哲学社会科学版）》1996 年第 2 期。

［66］《明清时期两湖开发与环境变迁初议》，载《中国历史地理论丛》1994 年第 2 期。

［67］《明清时期两湖移民的地理特征》（张国雄、梅莉），载《中国历史地理论丛》1991 年第 4 期。

［68］《"湖广熟，天下足"的经济地理特征》，载《湖北大学学报（哲学社会科学版）》1993 年第 4 期。

［69］《明清时期两湖外运粮食之过程、结构、地位考察——"湖广熟，天下足"研究之二》，载《中国农史》1993 年第 3 期。

［70］《"湖广熟，天下足"的内外条件分析》，载《中国农史》1994 年第 3 期。

［71］《广东开平侨乡国际移民的构建》，收入《国际移民与社会发展》，中山大学出版社 2012 年版。

［72］《侨批档案：近代中国国际移民的集体记忆》，收入《比较、借鉴与前瞻：国际移民书信研究》，广东人民出版社 2014 年版。

［73］《从"银信"到"侨批"演变的历史文化因由》，载《学术研究》2024 年第 12 期。

后 记

《张国雄自选集》的选编给了我一个回顾自己学术发展历程的机会，本书收集整理了我从20世纪90年代初在武汉大学历史系攻读在职博士到今天在广东五邑大学工作期间33年来正式发表和出版的成果。著述不多，大致每年1.6篇论文，每两年一本著作（包括合著），并不高产。聊以自慰的是，我一直在做学术耕耘，没有蹉跎岁月，完成了一个社会科学工作者的本职工作。尤其是从北京大学到当时广东新办的侨校——五邑大学工作，还能闯出一片学术天地，借以告慰石泉、李涵、侯仁之三位老师当年的期望和担忧，我甚感欣慰。

33年间，我的学术兴趣和学术方向经历了三个阶段的转变，即从两湖平原历史经济地理、长江流域历史人口地理领域转向华侨华人历史研究，再到中国侨乡文化研究，并在此基础上创建了广东省侨乡文化重点学科。前两个领域是在老师的指引下，在前人的基础上前行，最后一个领域是经历了一定的学术积淀后与同事共同开拓。它们扩展了我的学术视野，提高了我的学识，培养了我的学术能力，成就了我的学术贡献。阶段性的发展特征让我决定将《张国雄自选集》的内容主要放在侨乡文化阶段，其次是华侨历史，因为这两方面的内容都是我到广东工作后的学术记录。在选编过程中，我决定对史料表述进行核实和改正，在尽量保留学术成果的原貌的同时也反映在广东侨乡这片沃土上我真实的学术成长经历。因此，敬祈读者批判性阅读赐教。

学术研究与个人的兴趣爱好直接相连，回顾自己的学术道路，我也遵循了这样的发展规律。同时，深深体悟到自己的学术研究与国家、广东省重大涉侨文化建设项目的开展紧密相关，与广东五邑大学"侨特色"的学科建设紧密相关。它们不仅为我个人的学术发展提供了难得的机遇和资源，更让我与世界文化遗产"开平碉楼与村落"、世界记忆遗产"侨批档案——海外华侨银信"的保护利用建立起联系。因此，我自己亦非常喜欢被称为"碉民"，而且学界对我做出的成绩的不吝鼓励、褒奖，使我感到十分幸运，无限感恩！没有侨乡沃土，就没有今天的我。让我也很快慰的是，自己的学术敏感和学术情怀让我紧紧地抓住了机遇，投入这些事业之中，形成了自己的学术风格，成就了自己，回馈了社会，为中国"侨文化"的学术发展增添了砖瓦。

一路走来，尤其是身为一个"北佬"进入广东"侨文化"研究，在艰难的起步阶段和曲折的发展过程中，结识了很多师长朋友，尤其是梅伟强、胡克章、谭伟强、张建文等学校同事和侨乡朋友，他们给予我无私的帮助和支持；更有李海志、胡百龙、王克、张焜等学校领导为我排解困难，激励我前行，才有了今天的我。

更要感谢的是我的爱人武建军！我们在知青点相识。婚后，她长期在背后默默地支持我的工作，从来没有在我面前抱怨过家用经济、教育孩子的困难，只要是我喜欢做的，她就让我全身心去努力，家里的事都落在了她的肩上。没有我爱人的付出，就没有一个能够让我醉心学术的后院，她的无私成就了我的"自私"。

《张国雄自选集》能够面世，离不开中山大学出版社嵇春霞、廖丽玲、翁慧怡等编辑的职业精神和专业能力，她们让我弥补了文献、数据、表述上的一些不足，对本书质量的提高提供了非常有力的帮助，才使我得以在此与您分享一个高校学者的学术心得。

张国雄
2024 年 7 月 8 日于广东江门玉圭园